Ausrüstung

Proviant

In der Wildnis

Anhang

001ou18 Foto: sj

Rainer Höh
Outdoor-Handbuch

Dem Manne, der diese Nacht auf dem Pfad unterwegs ist;
möge ihm der Proviant nie ausgehen,
mögen seine Hunde nicht lahmen,
mögen seine Zündhölzer nie versagen!

Jack London

Impressum

Rainer Höh
Reise Know-How Outdoor-Handbuch

erschienen im
Reise Know-How Verlag Peter Rump GmbH
Osnabrücker Str. 79
33649 Bielefeld

12., neu bearbeitete und aktualisierte Auflage 2018

Gestaltung
Umschlag: G. Pawlak, P. Rump (Layout);
Caroline Tiemann (Realisierung)
Inhalt: G. Pawlak (Layout); Caroline Tiemann (Realisierung)
Fotos: der Autor (rh), Stefan und Jennifer Höh (sj),
Christian Höh (ch), Kayalar (ka), Johannes Unger (ju)
Titelfoto: Stefan und Jennifer Höh (Motiv: Flussufer in Alaska)
Zeichnungen: Antonia Lorys

Lektorat (Aktualisierung): Caroline Tiemann

Druck und Bindung
D3 Druckhaus, Hainburg

ISBN 978-3-8317-3148-0
Printed in Germany

Dieses Buch ist erhältlich in jeder Buchhandlung Deutschlands, der Schweiz, Österreichs, Belgiens und der Niederlande.
Bitte informieren Sie Ihren Buchhändler über folgende Bezugsadressen:

Deutschland
Prolit GmbH, Postfach 1109,
D-35461 Fernwald (Annerod)
sowie alle Barsortimente

Schweiz
AVA Verlagsauslieferung AG,
Postfach 27, CH-8910 Affoltern

Österreich
Mohr Morawa Buchvertrieb GmbH
Sulzengasse 2, A-1230 Wien

Niederlande, Belgien
Willems Adventure
www.willemsadventure.nl

Wer im Buchhandel trotzdem kein Glück hat, bekommt unsere Bücher auch über unseren **Büchershop im Internet: www.reise-know-how.de**

Wir freuen uns über Kritik, Kommentare und Verbesserungsvorschläge, gern per E-Mail an info@reise-know-how.de.

Alle Informationen in diesem Buch sind vom Autor mit größter Sorgfalt gesammelt und vom Lektorat des Verlages gewissenhaft bearbeitet und überprüft worden.

Da inhaltliche und sachliche Fehler nicht ausgeschlossen werden können, erklärt der Verlag, dass alle Angaben im Sinne der Produkthaftung ohne Garantie erfolgen und dass Verlag wie Autor keinerlei Verantwortung und Haftung für inhaltliche und sachliche Fehler übernehmen.

Die Nennung von Firmen und ihren Produkten und ihre Reihenfolge sind als Beispiel ohne Wertung gegenüber anderen anzusehen. Qualitäts- und Quantitätsangaben sind rein subjektive Einschätzungen des Autors und dienen keinesfalls der Bewerbung von Firmen oder Produkten.

002ou18 Foto: sj

Inhalt

Über dieses Buch **10**
Naturschonung ist oberstes Gebot 11
Natur bewusster erleben 13

Ausrüstung

Allgemeine Anforderungen **20**
Rucksack **23**
Grundanforderungen 23
Rucksackmodelle 24
Rucksackdetails 29
Tipps zum Packen 44
Gewicht sparen 45
Schultern des Rucksackes 46

Schlafsack **47**
Füllkonstruktion 47
Material 52
Füllung 53
Schlafsackdetails 57
Schlafsackzubehör 60
Isoliermatte 62
Minimaltemperatur 63
Verstauen/Aufbewahren 64
Welcher Schlafsack für welchen Zweck? 64
Waschen 64
Tipps zum Schlafen 65

Zelt **67**
Welches Zelt für welchen Zweck? 67
Zeltformen 68
Einwand- oder Doppeldachzelt? 72
Materialien 73
Beschichtungen 73
Ventilation 75
Gestänge 76
Aufbaumethoden 78
Zeltdetails 80
Aufbauen/Verpacken 84
Zubehör 85

Kocher **86**
Brennstoffe 87
Kochertypen 89
Kochen im Zelt 96

Bekleidung **97**
Funktionale Kleidung und ihre Aufgaben 98
Materialien 103
Beschichtungen 106
Mikroporöse Membranen 108
Imprägnierung von Funktionskleidung 110
Hardshell und Softshell 112
Schichtsystem 113
Kleidungsdetails 122
Farbe 124

Schuhwerk **125**
Grundanforderungen 125
Kleines Schuhlexikon 126
Gewicht 128
Material 129
Wasserdicht oder nicht? 129
Schuhdetails 130
Schuhtypen 133
Welcher Schuh für welchen Zweck? 136
Schuhkauf 136
Einlaufen 137
Schuhpflege 138
Fußpflege 138

Sonstiges Zubehör **140**
Wanderstab 140
Messer und andere Werkzeuge 140
Lampen 146

Behälter und Verpackungen 147
Koch- und Essgeschirr 150

Checklisten 156
Verbandszeug/Erste Hilfe 157
Allgemeine Checkliste 158
Zusätzliches für Winter-/Hochgebirgstouren 160
Survivalkit 160

Proviant

Grundanforderungen 164
Essen oder Ernähren? 164
Gewicht – oder: „Manche mögen's trocken" 164
Schnelle Zubereitung – oder: Fertigfutter? 165
Verpacken – oder: Pack'n'carry 167

Bedarf 169
Nährstoffe 169
Energiebedarf 174

Lebensmittel für die Outdoor-Küche 175
Proviantliste 181

Trocknen von Lebensmitteln 182
Trocknen an der Sonne 182
Trocknen im Backofen 183
Trocknen im Dörrapparat 184
Trocknen von Obst u. Beeren 185
Trocknen von Gemüse 189
Trocknen von Fleisch u. Fisch 189
Aufbewahren 193
Rehydrieren (Einweichen) 193

Energierationen (Trail Snacks) 194
Rezepte für Trail Snacks 196
Klassische Energierationen 198

Unterwegs in der Wildnis

Wandertipps 202
Routenwahl und Planung 202
Hindernisse und Hilfsmittel im Gelände 203
Rutschstopp 206
Abseilen (Rappellen) 207
Durchwaten von Bächen 208
Floßbau 214
Nachts wandern 220
Winterwandern 220

Orientierung 234
Orientierung ohne Kompass 234
Landkarte 235
Kompass 243
Höhenmesser 246
Kompassarbeit 247
Kompassfehler 257
Ausgleich der Missweisung 258
Vereinfachte Orientierung 261
Bestimmung der Himmelsrichtung mit Hilfe von Sonne und Sternen 265
Orientierung mit Hilfe des GPS 270

Wetter 275
Vor dem Start 275
Eine Lektion Wolken 276
Wetterfronten 281
Allgemeine Wetterzeichen 283
Luftdruck und Wetter 285
Lokale Winde 286
Gewitter 286

Camp 290
Auswahl der Campstelle 291
Campleben 292
Wintercamp im Schnee – nur etwas für Eisbären? 295

Feuer 297
Feuer ja oder nein? 298
Feuerstelle 298
Feuer vorbereiten 300
Feuer anzünden 305
Feuerarten 307
Feuer unter erschwerten Bedingungen 313
Feuer löschen 315

Wasser 316
Wasser finden 318
Wasserverschmutzung 321
Wasser entkeimen 324
Wassermangel 327

Kochen 328
Grundlegendes zur Outdoor-Küche 328
Proviant aufbewahren, schützen, kühlen 329
Kochen in Wasser 332
Dämpfen und Garen 333
Grillen und (Über-)Backen 334
Braten 334
Die Outdoor-Bäckerei 336
Rezeptvorschläge 340

Knoten 350

Gefahren unterwegs 366
Subjektive und objektive Gefahren 366
Unterkühlung/Hypothermia 367
Erfrierungen 373
Hitzestau/Hitzschlag 377
Lawinengefahr 378
Schneeblindheit 386
Höhenkrankheit 388
Bären, Wölfe und andere „Schrecken der Wildnis" 389

Survivaltipps für den Notfall 407
Survival: Notprogramm, Spielerei oder Unfug? 407
Den Notfall vermeiden 408
Verhalten in Notsituationen 409
Verirrt – aber nicht verloren 414
Feuer im Notfall 418
Wetterschutz 421
Wasser 429
Nahrung aus der Natur 429
Notsignale 444
Technische Ortungshilfen 447

Anhang

Literaturtipps 450
Geografische Buchhandlungen 451
Ausrüstungsfirmen 452
Lawinenwarndienste (Europa) 454
Register 459
Der Autor 468

Über dieses Buch

Das vorliegende Handbuch behandelt alle Themen, die für Wandertouren in der Wildnis wichtig sind, von der Planung und Zusammenstellung der Ausrüstung über die „Rucksack-Küche" bis zum Outdoor-„Alltag". Mit viel Fachwissen und jahrelanger Praxiserfahrung liefert der Autor sowohl Einsteigern als auch Outdoor-Fortgeschrittenen das nötige Know-How fürs Erleben und Überleben in der Wildnis.

Das erste Kapitel beschäftigt sich mit der für Touren in der freien Natur erforderlichen **Ausrüstung,** von der Kleidung über Rucksack, Schlafsack und Zelt bis hin zu Kocher, Werkzeug und sonstigem Zubehör. Dabei werden die einschlägigen Materialien und Produktvarianten beschrieben und ihr Einsatz mit zahlreichen praktischen Tipps erläutert. Immer wieder stellt der Autor einzelne **Produktbeispiele** vor, die er für empfehlenswert hält. Abgeschlossen wird der Ausrüstungsteil durch detaillierte **Checklisten.**

Das Kapitel **Proviant** behandelt die allgemeinen Grundanforderungen für die Outdoor-Verpflegung, informiert über den Nahrungsbedarf und stellt eine Auswahl besonders geeigneter Lebensmittel vor. Es enthält eine konkrete Proviantliste für längere Touren. Schließlich wird ausführlich beschrieben, wie man **Trockennahrung** und **Energierationen** zu Hause selbst herstellen kann.

Das Kapitel **Unterwegs in der Wildnis** informiert umfassend über alles, was für die sichere und erfolgreiche Durchführung einer Tour erforderlich ist: von der Planung und Wahl der Route über das Vorwärtskommen im Gelände, von Flussdurchquerung und Floßbau bis zu Orientierung, Camp Einrichten und Feuermachen, zu Wasserversorgung, Kochen und Backen unter freiem Himmel, einschließlich einer großen Auswahl an Rezepten. Auch Wintercamping und Schneetouren kommen ausführlich zur Sprache, ebenso der Umgang mit Kompass und GPS, die Deutung von Wetterphänomenen wie auch das fachgerechte Knüpfen von Knoten.

Der Abschnitt **Gefahren unterwegs** macht mit den Risiken vertraut, denen man bei einer Tageswanderung im Mittelgebirge zum Teil ebenso ausgesetzt sein kann wie bei einer Wildnistour in Alaska. Dabei geht es um Themen wie Unterkühlung und Erfrierungen, Lawinen und Schneeblindheit, Höhenkrankheit und Blitzschlag. Ein eigener Abschnitt beschäftigt sich mit dem Verhalten in Bärengebieten. Man lernt, potenzielle Gefahren zu erkennen und zu vermeiden, und erfährt, was zu tun ist, falls doch einmal was passiert.

Der Abschnitt **Survival** informiert über das Verhalten in Notsituationen, wobei der Autor sich bemüht, realistische und zweckmäßige Tipps von solchen zu unterscheiden, die in manchen Survivalkursen gern vorgeführt werden, aber für die Praxis nicht geeignet sind.

Der **Anhang** enthält eine Auflistung von weiterführender Literatur sowie von geografischen Buchhandlungen und Ausrüstungsfirmen. Zu allen Materialien und Ausrüstungsdetails finden sich über das Register die entsprechenden Abschnitte.

004ou18 Foto: si

Naturschonung ist oberstes Gebot

Für jeden, der die Natur genießen will, sollte klar sein, dass sie auch erhalten, sprich: geschützt werden muss. Zu diesem Zweck sind eine Reihe von Ge- und Verboten unvermeidbar, auch wenn sich manche daran stoßen. Wildnis soll wild sein und schrankenlos, erwartet man. Doch diese Zeiten sind leider längst vorbei. Dazu gibt es schlicht zu viele Menschen. **Regeln sind unverzichtbar,** und sie können natürlich nur dann helfen, wenn sie auch beachtet werden. Aber Verbote respektieren allein genügt noch nicht. **Eigenverantwortung** ist gefragt. Naturschutz muss durch Naturschonung ergänzt werden.

„Naturschonung? Hä?! Ich kenne bloß 'ne Fichtenschonung!", wird mancher stutzen. Zugegeben – der Begriff mag verwirren. „Naturschutz" ist bekannt und zu einem beliebten Schlagwort geworden. Jeder ist dafür, und doch wird's immer schlimmer. „Naturschonung" hingegen ist ein Begriff, der offensichtlich erst noch geprägt werden muss. Die meisten halten es schlicht für einen Versprecher, weil sie den Unterschied zwischen Schutz und Schonung nicht sehen. Und der wäre?

Respekt vor der Natur heißt auch: keine Spuren hinterlassen

Schützen tut man etwas vor anderen, schonen muss man es selbst und ganz allein. Das ist längst nicht so spektakulär wie große Naturschutz-Aktionen, nichts als schnöder **Verzicht** wird verlangt. Aber nur so können die oft sehr sensiblen Naturlandschaften und Wildnisgebiete bewahrt werden.

Man darf sich selbst keine Ausnahmegenehmigung erteilen – erst recht nicht, wenn man genau weiß, dass hundert andere hinter einem kommen. Aber Hand aufs Herz – wer von uns hat denn nicht schon gedacht, er selbst verhalte sich ja so rücksichtsvoll, dass er auch dort umherstreifen könne, wo dies zum Schutz der Natur verboten ist? Machen wir uns nichts vor! Wenn es um die Erhaltung empfindlicher Biotope geht, muss es mit solchen „Sondergenehmigungen" aber ein für alle Mal vorbei sein.

Natürlich erfordern häufig besuchte Gegenden mehr Einschränkungen als menschenleere Wildnisgebiete. Aber auch in scheinbar unberührter Wildnis sollte man stets verantwortungsbewusst handeln und sich behutsam bewegen. Selbst wenn kleine Schäden vielleicht keine große Auswirkung haben – man vermeidet sie einfach aus Rücksicht und **Liebe zur Natur** und aus Ehrfurcht vor allem Lebenden. Wer seine Axt unnötig in den Stamm einer lebenden Fichte haut, der richtet zwar keine weltbewegenden Schäden an, aber es mangelt ihm doch an der nötigen Sensibilität.

Selbst so urwüchsig und unverwüstlich wirkende Regionen wie die nordische Tundra und Taiga sind weit empfindlicher, als viele glauben. Durch das raue Klima und die kurze Vegetationsperiode brauchen Pflanzen sehr lange, um sich von Schäden zu erholen. In der Zwischenzeit kann die Erosion bereits zerstörerische Ausmaße angenommen haben – und aus einer kleinen Feuerstelle ist vielleicht schon ein kahler Hang geworden.

Also: keine großen Worte machen, sondern sich bewusst und behutsam bewegen und keine Spuren hinterlassen – nicht die kleinsten. Da kann man ruhig einen Sport daraus machen, auch wenn es manchem übertrieben vorkommen mag.

Der Wildnis-Ehrenkodex

Als Naturfreund sollte man die folgenden Regeln nicht nur als Gesetze und Bestimmungen betrachten (gegen die man verstoßen kann, solange es keiner merkt), sondern als Selbstverständlichkeit. Alle Bemühungen werden nicht ausreichen, solange Wanderer nur deshalb nicht in gesperrte Schutzgebiete eindringen, weil sie Strafen fürchten. Erst wenn sie verstehen, was sie zerstören oder gefährden würden, und deshalb verzichten – erst dann hat die Natur eine Chance.

- **Schutzgebiete und Sperrzonen** respektieren – auch wenn der Grund nicht sofort ersichtlich ist (manche Vogelarten reagieren z.B. während der Brutzeit sehr empfindlich auf Störungen).
- **Zelten** nur dort, wo man keine Schäden anrichtet und keine bleibenden Spuren hinterlässt.

- **Feuerstellen** – soweit dies überhaupt gestattet ist – möglichst nur auf Fels-, Sand-, oder Kiesufern anlegen und anschließend restlos beseitigen (Holzreste verteilen, Steineinfassung beseitigen, Brandstelle wieder mit Kies oder Sand bedecken etc.). Es freut keinen, wenn er an jeder nur denkbaren Raststelle ein halbes Dutzend oder noch mehr alte Feuerstellen vorfindet.
- **Feuer** stets gründlichst löschen. Lieber einen Eimer mehr darüber schütten und tüchtig durchrühren, bis alles schwimmt. Das Feuer auf gleiche Weise auch abends löschen, ehe man ins Zelt kriecht, denn man kann nie ausschließen, dass nachts noch Wind aufkommt, auffrischt oder die Richtung dreht und die Funken auf das Zelt weht oder gar in den nahen Wald. Waldbrand-Warnstufen beachten!
- **Schilfgürtel und Ufergehölze meiden.** Sie sind Zuflucht und Gelegezonen vieler Vogelarten. Selbst ein einzelnes Boot richtet hier mehr Schaden an, als die geknickten Schilfhalme erkennen lassen.
- **Rastplätze von Zugvögeln,** z.B. auf Sand- und Kiesbänken, weiträumig umfahren.
- **Anlegen** nach Möglichkeit nur an Stellen, an denen die Ufervegetation nicht beschädigt werden kann.
- **Abfälle** gehören weder in den Wald noch ins Wasser. Grundsätzlich alles wieder mitnehmen. Nur Papierreste kann man verbrennen und organische Abfälle je nach Region vergraben – aber nicht überall! In Bärengebieten gelten besondere Bedingungen (siehe Kapitel „Bären“).
- **Toiletten** sind natürlich nicht immer zur Stelle, wenn man sie braucht (und hier hat auch das „Wieder-Zurückbringen“ des Abfalls seine Grenzen). Aber selbst ohne Klappspaten ist es kein Problem, mit einem Stock ein kleines Loch zu scharren und nachher so zuzudecken, dass keine Spur zurückbleibt – auch kein Klopapier, das als Fahne der Geschmacklosigkeit im Dickicht flattert.
- **Wasch- und Spülmittel** sparsam verwenden und nur solche, die biologisch abbaubar sind. Oft reicht es durchaus, wenn man seine Töpfe mit Sand oder Kies ausscheuert.
- **Lärm und andere Störungen** wird man schon im eigenen Interesse unterlassen, wenn man die Natur erleben will. Je vorsichtiger und behutsamer man sich bewegt, desto mehr hat man von seinem Aufenthalt in der Natur.

Natur bewusster erleben

Die große Chance, die jede Tour bietet – egal ob es sich um einen Sonntagsspaziergang handelt oder um eine Yukon-Floßfahrt – ist das Erlebnis der Natur. Wer nur aus sportlichem Ehrgeiz eine bestimmte Route „bewältigen“ will, der wird nicht die Natur erleben, sondern nur sich selbst sehen. Er verpasst das Beste – und zwar nicht nur aus Eile, sondern aus Blindheit. Damit eine Wanderung oder Kanutour etwas mehr bringt als das stolze Bewusstsein, einen Gipfel oder einen Fluss „bezwungen“ zu haben, muss man mit wachen Sinnen unterwegs sein. Mit offenen Augen und Ohren – und mit offenem Herzen. Dann wird man aufhören, nur sich selbst als den „Bezwinger der Wildnis" zu sehen, und anfangen, die Natur zu erleben – und sich selbst als kleines Teilchen in einem ebenso gigantischen wie harmonischen Organismus.

Aber was kann man tun, um die Natur bewusster zu erleben? Wie kann man so etwas lernen oder einüben? Es ist gar nicht so einfach, dazu eine erste Anleitung zu geben. Keinesfalls will ich Regeln aufstellen oder gar den Zeigefinger erheben. Aber vielleicht kann ich aus eigener Erfahrung einige Hinweise geben, die der einen oder dem anderen helfen, ihren eigenen Weg zu tieferem Naturerleben zu finden. Wer schon viel draußen unterwegs war, wird mit alldem vertraut sein und es vielleicht für überflüssig halten, dass man darüber viele Worte macht. Wer es noch nicht kennt, dem wird manches vielleicht unverständlich und etwas seltsam vorkommen. Macht nichts. Vielleicht lohnt es sich doch, das eine oder andere auszuprobieren?

Zur Ruhe kommen

Wesentliche Voraussetzung, um das „Da-draußen" überhaupt wahrzunehmen, ist, dass das „Da-drinnen" zur Ruhe kommt. In der Stille der Wälder beim Wandern oder mit dem Kanu auf der Weite eines Flusses hat man die beste Gelegenheit dazu. Versuchen Sie, die Alltagsprobleme hinter sich zu lassen. Leben Sie im „Jetzt-und-hier". Achten Sie auf den Weg, das Wasser, die Bäume, den Wind. Lassen Sie die Gedanken treiben. Falls das nicht gleich gelingt und berufliche oder sonstige Probleme einen weiter verfolgen, so hilft es nicht, sie krampfhaft beiseite zu schieben. Lassen Sie sie ruhig noch wirken. Versuchen Sie, die Probleme interessiert, aber unbeteiligt zu beobachten. Reden Sie vielleicht auch mit Ihren Wanderfreunden darüber. Aber versuchen Sie dann immer wieder, auf das zu achten, was da draußen um Sie herum geschieht. Versuchen Sie, die Stille oder das leise Rascheln der Blätter und das Plätschern des Wassers auf sich wirken zu lassen. Die innere Ruhe kann man nicht erzwingen. Sie muss „kommen". Aber man kann sehr wohl etwas dazu tun, um sie in sich hinein und in sich wachsen zu lassen.

Den eigenen Rhythmus finden

Versuchen Sie, beim Wandern oder Paddeln einen Rhythmus zu finden – Ihren eigenen Rhythmus. Nicht hasten, nicht vorwärts drängen, nicht auf ein Ziel zustreben, sondern einfach unterwegs sein. Wer es noch nicht selbst erlebt hat, der wird sich kaum vorstellen können, welch eine beruhigende, entspannende, ja meditative Wirkung es hat, wenn man sich im eigenen Rhythmus fortbewegt. Dann gelangt man auch innerlich leichter zu einem eigenen Rhythmus. Dann können die Gedanken sich ungezwungener bewegen, dann wird man offener und aufnahmebereiter, um Dinge zu erleben, die sonst übersehen werden. Dann wird man die kleinen Wunder erleben, an denen der Gipfelstürmer vorüberhastet.

Am Lagerfeuer

Abends am Lagerfeuer hat man hervorragend Gelegenheit, diese „Meditation" fortzusetzen. Es ist schön, in einer guten Gruppe zusammen zu reden, zu lachen, zu singen und auch einmal ausgelassen zu sein. Aber es ist auch immer wieder eine gute Erfahrung, einmal zusammen zu **schweigen,** ruhig zu sitzen, die Flammen zu beobachten, auf das Knacken des Feuers oder die Geräusche der Nacht zu lauschen und die Gedanken und Stimmungen zu **beobachten,** die dabei in einem auftauchen (und die sonst vielleicht nie Gelegenheit hätten, ins Bewusstsein zu gelangen).

Bleiben Sie ruhig einmal länger auf, nachdem die andern in den Schlafsack gekrochen sind. Sitzen Sie still am Feuer, schüren Sie es, beobachten Sie das flackernde Spiel der Flammen, kochen Sie einen Tee, riechen Sie den würzigen Duft des Holzrauchs und genießen Sie die besondere Atmosphäre der Wärme und Geborgenheit, die so ein kleines Feuer schafft, wenn man alleine draußen in der Nacht sitzt.

Sich als Teil der Natur erleben

Wir sind nicht die Hauptdarsteller dort draußen in den Wäldern, und die Natur ist nicht unser Abenteuerspielplatz. Bescheidenheit ist angesagt – und **Demut** (wenngleich dieser Begriff so sehr aus der Mode gekommen ist, dass man sich kaum noch getraut, ihn zu benutzen). Man braucht aber nur die Augen aufzusperren, um zu sehen, wie klein man selbst zwischen diesen Bergen und Wäldern ist. Versuchen Sie, sich in den großen Organismus der Natur einzufügen, Ihren Platz darin zu finden, Zusammenhänge und gegenseitige Abhängigkeiten zu erkennen. Versuchen Sie, ein Gefühl dafür zu entwickeln, was es bedeutet, **Teil dieses Gefüges** zu sein. Pflegen Sie dieses Gefühl. Spüren Sie die Harmonie und die Kraft, die man aus diesem „Teilsein" und „Einssein" mit der Natur gewinnt.

Mit allen Sinnen erleben

Schärfen Sie alle Sinne – nicht nur die Augen. **Spüren Sie bewusst** die Wärme der Sonne auf der Haut, den Wind im Gesicht und auch die klatschenden Regentropfen. **Akzeptieren** Sie auch das Unangenehme am Wetter. Eintönig-angenehmes Lau-in-Flau haben wir zu Hause in klimatisierten Räumen genug. Das Leben liegt in den Gegensätzen. Nur wer Regen, Sturm und Kälte gespürt hat, kann die Wärme der Sonne und des Feuers nachher richtig **genießen und schätzen.** Schimpfen Sie also nicht auf das „schlechte" Wetter. Erleben Sie es einfach. Rebellieren Sie nicht innerlich dagegen. Es ist eine Chance.

Fühlen Sie mit den Händen die Rinde der Bäume, die feuchte Walderde, den Ufersand, die Oberfläche von Felsen und Steinen, trockene Tannennadeln oder das weiche Moos.

Spüren Sie beim Gehen den federnden Waldboden, den Steingrund, dicke Moospolster oder weichen Sand. **Atmen Sie tief** und unterscheiden Sie die Gerüche von feuchtem Waldboden, harzigen Kiefern, trockenem Weidenholz und Moorflächen. Schließen Sie einmal bewusst die Augen und **lauschen Sie** den Geräuschen der Natur, versuchen Sie sie zu unterscheiden und zu deuten. Versuchen Sie, sich mit geschlossenen Augen ein Bild von Ihrer Umgebung zu machen.

Alleinsein mit der Natur

Auch wenn man auf größeren Touren aus Sicherheitsgründen besser mit anderen zusammen reist, sollte man sich das Erlebnis nicht entgehen lassen, gelegentlich ganz allein mit der Natur zu sein. Man kann dazu während der Tour vom Camp aus einmal einen kleinen Streifzug auf eigene Faust unternehmen oder zu Hause im Wald eine Stelle suchen, an der man **keinen anderen Menschen sieht oder hört.** Setzen Sie sich einfach hin. Nicht nur für ein paar Minuten, sondern länger. Beobachten Sie die kleinen Dinge um sich her und stehen Sie nicht gleich auf, wenn es Ihnen langweilig oder unangenehm wird. Wenn man so etwas nie zuvor getan hat, kann das Alleinsein ein Gefühl des Unbehagens und der Beklommenheit auslösen. Auch das „Nur-dasitzen" kann nach dem ständigen Aktivsein in Beruf und Alltag zunächst etwas Beklemmendes haben. Machen Sie sich nichts daraus. Versuchen Sie, ruhig und entspannt sitzen zu bleiben und zu warten, bis **Unruhe und Spannungen abklingen.** Es lohnt sich! Das werden Sie spüren.

Noch eindrucksvoller ist das Erlebnis, wenn man eine Nacht ganz allein und ohne Zelt draußen im Wald verbringt – nur mit Schlafsack, Liegematte und einer Plane oder einem Biwaksack. Die meisten müssen hierfür eine deutliche Hemmschwelle überwinden, aber am nächsten Morgen wird man mit sich und der Welt zufrieden sein und diese Erfahrung gegen nichts eintauschen wollen.

Das einfache, unmittelbare Leben

Ein ganz wesentliches Element jeder Wildnisreise ist das unmittelbare und einfache Leben draußen in und mit der Natur, aus dem sich ganz von allein eine tiefere Beziehung zur Natur ergibt. Zu Hause in einer extrem arbeitsteiligen Welt bezahlt man andere dafür, das zu tun, was eigentlich zu einem ganzheitlichen Leben dazugehört. Draußen in der Wildnis kehrt man zurück zu den **Wurzeln des Daseins:** Man kocht seine Mahlzeiten selbst, macht das Feuer, sägt Holz, holt Wasser, bäckt sein eigenes Brot und übernimmt die unmittelbare Verantwortung für sein Leben. Wenn das manchmal auch eine ungewohnte Mühe oder Verzicht auf lieb gewordenen Komfort bedeutet, so wird man dieses einfache, elementare Leben doch rasch schätzen und genießen ler-

032op Foto: rh

nen, weil es als eine Art **Urbedürfnis** in jedem von uns schlummert. Es bringt zudem ein Maß an **Unabhängigkeit und Freiheit,** wie man es sonst kaum kennenlernen wird. Man lernt wieder zu improvisieren, schöpferisch zu sein und sich selbst zu helfen.

Machen Sie ruhig auch einmal in einer nicht zu abgelegenen Region den Versuch, mit einfachsten Mitteln (vielleicht nur mit dem Schlafsack, einer Plane, der Kleidung, die Sie am Körper tragen, und einem Messer) mehrere Tage draußen unterwegs zu sein. Sie werden staunen, wie wenig man tatsächlich braucht und wie großartig man sich dabei fühlt – und auch noch eine ganze Zeit danach.

Wer auf diese Weise unterwegs ist – mit offenen Augen und Ohren – der wird **als ein veränderter Mensch zurückkehren** und nicht nur einen Berg, einen Fluss oder eine Route „bezwungen“ haben. Diese Erfahrung kann man in den heimischen Wäldern fast ebenso gut machen wie in der fernen Wildnis.

Mit dem Floß auf dem Yukon River

064op Foto: rh

Ausrüstung

008op Foto: rh

066op Foto: rh

Ausrüstung für eine Winterwanderung

Firstzelt

Mukkluks aus Elchfell

Allgemeine Anforderungen

Die Ausrüstung für Wildnistouren kann nicht sorgfältig genug ausgewählt und zusammengestellt werden. Man sollte stets daran denken, dass unter Umständen Gesundheit und Leben von ihr abhängen können. Wenn ein Ausrüstungsteil sich unterwegs als ungeeignet erweist oder unbrauchbar wird, lässt es sich nicht ohne Weiteres ersetzen. Man sollte sich also beim Kauf und bei der Zusammenstellung der Ausrüstung viel Zeit lassen, die Artikel eingehend überprüfen und dabei die Anforderungen im Auge behalten, denen sie genügen sollen. Gleichzeitig jedoch auch darauf achten, dass sie möglichst vielseitig verwendbar sind, um auch für die nächste Tour noch gerüstet zu sein. Besonders wer noch über wenig Erfahrung verfügt, tut gut daran, neue Ausrüstungsgegenstände zunächst auf kürzeren Touren in weni-

003ou18 Foto: si

ger entlegenen Gebieten zu testen, um eventuelle Schwächen und Mängel zu erkennen, bevor er in abgeschiedenen Wildnisgebieten auf diese Gegenstände angewiesen ist.

Wer nur kürzere Touren in Mitteleuropa oder anderen zivilisationsnahen Regionen plant, der muss nicht unbedingt die teuerste Ausrüstung kaufen. Artikel der mittleren Preislage erfüllen für alle – außer für wirklich extreme – Einsätze fast immer genauso gut ihren Zweck. Man kann durchaus auch „over-equipped" sein und unnötig Geld ausgeben. Wer hingegen anspruchsvolle Unternehmungen in echte Wildnisgebiete plant, der sollte stets die für den entsprechenden Einsatz beste Ausrüstung auswählen – auch wenn sie teuer ist. Oft macht sich der höhere Anschaffungspreis dann schon durch die längere Lebensdauer (vielleicht nicht nur der Ausrüstung!) wieder bezahlt.

Ich möchte nicht bestreiten, dass man eine Wildnistour auch mit billiger Ausrüstung durchführen und unversehrt überstehen kann, wenn man alle anderen Sicherheitsmaßnahmen streng einhält. Meine ersten Gehversuche in Lappland habe ich aus schierem Geldmangel (ich war damals Schüler) mit einer Ausrüstung unternommen, bei der sich heute wahrscheinlich jedem Anfänger die Haare sträuben würden. Aber für Touren, auf denen man wirklich auf seine Ausrüstung angewiesen ist, kann ich von solchen Risiken nur dringend abraten.

„Auf Komfort kann man verzichten, nie aber auf Sicherheit!", lautet eine Grundregel für Wildnisausrüstung. Aber die Grenzen zwischen Komfort und Sicherheit sind fließend. Was unter normalen Bedingungen noch als Komfort empfunden wird, kann unter extremen Verhältnissen zur lebensnotwendigen Sicherheitsreserve werden.

Andererseits darf man sich keinesfalls zu der Annahme verleiten lassen, eine teure High-Tech-Ausrüstung allein könne Sicherheit garantieren. Ein häufiger und manchmal verhängnisvoller Fehler! Auch die beste Ausrüstung kann fehlende Erfahrung nicht ersetzen. Und es gibt eine ganze Reihe von Faktoren, die für die Sicherheit unterwegs noch viel wichtiger sind.

Gute Ausrüstung gibt es nur im Fachhandel. Preiswerte Artikel aus dem Supermarkt sind für anspruchsvollere Touren in den allermeisten Fällen ungeeignet und bedeuten ein unnötiges Risiko. Auch die meisten Artikel, die man billig in Armeewaren-Shops bekommt, sind für Wildnistouren ungeeignet. Sie sind zwar robust, aber meistens viel zu schwer und aus ungeeigneten Materialien hergestellt. Ausnahmen sind natürlich immer möglich.

Für jedes Teil der Ausrüstung gilt: Auf den Einsatzzweck kommt es an

Welchen Kriterien muss die Ausrüstung genügen?

Hier zunächst eine Zusammenstellung der grundlegenden Anforderungen, die jeder Artikel erfüllen sollte. Speziellere Kriterien für einzelne Ausrüstungsgegenstände und bestimmte Einsatzzwecke werden in den entsprechenden Kapiteln behandelt.

Ausrüstung für Wildnistouren muss sein:

- **leicht** (besonders dann, wenn man sie auf dem Rücken tragen muss)
- **platzsparend** (der Stauraum nicht nur im Rucksack ist begrenzt)
- **haltbar** (das Material ist starker Beanspruchung ausgesetzt)
- **leicht zu reparieren** (mit einfachen Hilfsmitteln, ohne großen Aufwand)
- **einfach zu handhaben** (auch bei Dunkelheit, mit klammen Fingern etc.)
- **einfach konstruiert** (je weniger kompliziert, desto weniger störanfällig)
- wenig Feuchtigkeit aufnehmend und **schnell trocknend** (Gewicht und bei Kleidung auch Auskühlung)
- **vielseitig** (ein guter Poncho kann zahlreiche Gegenstände ersetzen)
- **möglichst preiswert** (was allerdings mit den anderen Kriterien leider meist nicht vereinbar ist)

Darüber hinaus muss die Ausrüstung speziellen Anforderungen entsprechen, je nachdem, wie lange die Tour dauern soll, zu welcher Jahreszeit, in welcher Klimazone und in welcher Höhenlage sie stattfindet, welche Geländearten zu bewältigen sind und ob man z.B. zu Fuß unterwegs ist, mit dem Kanu oder per Hundeschlitten. Bevor man in ein Geschäft geht oder einen Katalog studiert, sollte man daher klar definieren, für welchen Einsatz man die Ausrüstung benötigt, und eine detaillierte Checkliste zusammenstellen, die sämtliche Kriterien enthält, welchen die einzelnen Artikel genügen müssen.

Und genieren Sie sich nicht, dem Fachhändler „Löcher in den Bauch zu fragen" und sich alles genau zeigen zu lassen – jedes Detail. Denn auch ein sehr teures, hochwertiges Ausrüstungsstück kann ungeeignet sein, wenn es nicht Ihren speziellen Anforderungen entspricht. Im Fachgeschäft muss es möglich sein, im Schlafsack Probe zu liegen, ein Zelt aufzustellen und es von innen unter die Lupe zu nehmen oder einen Rucksack (richtig bepackt!) auszuprobieren. Dazu genügt es nicht, einfach ein Bergseil und zwei Hanteln hineinzuwerfen. Dann mag zwar das Gewicht stimmen – aber die Gewichtsverteilung absolut nicht. Der Rucksack muss mit mindestens 15 kg (wenn er für Größeres herhalten soll, auch mit mehr) korrekt bepackt sein. Dann schultern Sie ihn, lassen sich vom Händler beim richtigen Einstellen helfen, gehen hin und her und bewegen den Oberkörper seitlich und nach vorn. Der Rucksack muss perfekt sitzen. Wenn schon im Laden etwas nur ein bisschen drückt oder stört, dann kann es beim stundenlangen Marschieren unterwegs leicht zur Qual werden. Nehmen Sie sich viel Zeit. Überspitzt könnte man vielleicht sagen: Solange der Händler nicht anfängt, ein bisschen genervt zu werden, haben Sie noch nicht genügend probiert. Andererseits muss man natürlich auch einräumen, dass viele der kompetenten Fachhändler sehr hilfsbereit und geduldig sind.

Rucksack

Das Problem ist so alt wie die Menschheit: Wie transportiere ich meine Ausrüstung so kraftsparend und bequem wie möglich? Für den Fußwanderer bleibt praktisch nur eine einzige Lösung: der Rucksack. „Nur?!" wird mancher nach einem ersten Sichten von möglichen Modellen verzweifelt stöhnen. Tatsächlich ist die Flut an unterschiedlichsten „Rückentragegeräten" so enorm, dass man ohne praktische Orientierungshilfe hoffnungslos verloren ist.

Grundanforderungen

Den idealen Rucksack gibt es nicht. Rucksackkauf ist wie Schuhkauf eine äußerst individuelle Angelegenheit. Ich kann nicht jedem Schuhgröße 43 als die beste empfehlen, nur weil sie mir passt, oder Gummistiefel als die Nummer eins anpreisen, weil ich gerne in nördlichen Regionen mit feuchten Moorböden wandere. Dennoch gibt es eine Reihe von Anforderungen, denen jeder Rucksack genügen sollte:

- Vor allem muss er die **Last optimal verteilen** und direkt auf das Skelett übertragen; hierzu muss
- das **Tragesystem** die richtige Größe haben und richtig eingestellt sein, sonst wird das Tragen zum Ertragen. (Es ist manchmal kaum zu fassen, wie mühsam das Schleppen werden kann, wenn die Einstellung nicht stimmt, bzw. um wieviel bequemer man die gleiche Last trägt, nachdem das Tragesystem genau angepasst ist!)
- Der Rucksack braucht einen körpergerechten **Schnitt** und die richtige **Polsterung** von Tragegurten, Hüftgurt und Rückenauflage entsprechend der maximalen Traglast.
- Die Last muss gut **kontrollierbar** sein; d.h. der Rucksack darf nicht pen-

003op Foto: rh

Leichter Daypack
für Regenkleidung und Imbiss

deln und das Gleichgewicht stören (was allerdings ab einem bestimmten Maß die Lastübertragung beeinträchtigt, sodass man entscheiden muss, wo man die Prioritäten setzt).

- Die **Bewegungsfreiheit** sollte möglichst wenig eingeschränkt werden (besonders in schwierigem alpinen Gelände, beim Klettern und auf Skitouren).
- Wichtig ist robustes **Material** mit wasserdichter Beschichtung (auch wenn, von wenigen Spezialmodellen abgesehen, kein Rucksack auf Dauer absolut wasserdicht sein kann) und
- **solide Verarbeitung** von Nähten, Befestigungen und Aufhängungen etc., dazu robuste Reißverschlüsse, Schnallen und Riemen.
- Alle **Öffnungen und Reißverschlüsse** sollten durch gut sitzende und großzügig dimensionierte Deckel oder Abdeckstreifen geschützt sein.
- Für **Lasten von 10–25 kg** ist ein guter Innengestell-Rucksack geeignet; für Lasten **über 25 kg** würde ich einen Außengestell-Rucksack bevorzugen. Aber es gibt auch exzellente Innengestell-Modelle, die für schwere Lasten geeignet sind.

Spezielle Anforderungen

- **Tagestouren** (Last bis 6–8 kg): Daypacks, die auf Hüftgurt und aufwendige Verarbeitung verzichten können.
- **Hüttenwanderungen** (Last 6–12 kg): Touren- oder Trekkingrucksack der mittleren Preislage mit Innengestell und gut sitzendem Hüftgurt.
- **mehrtägige Wanderungen** (Last 10–15 kg): Trekkingrucksack der mittleren Preislage mit Innengestell und gut sitzendem Hüftgurt.
- **längere Trekkingtouren** (15–25 kg): Trekkingrucksack der oberen Preislage mit aufwendig gearbeitetem Tragesystem und spezieller Polsterung oder guter Außengestell-Rucksack.
- **Expeditionen, Materialtransporte** (über 25 kg): hochwertiger Außengestell-Rucksack bzw. Packrahmen.
- **Pfade, anspruchsloses Terrain:** Priorität Lastverteilung: hoher Schwerpunkt, Last überwiegend auf den Hüften.
- **Schwieriges Terrain, Klettern, Skiwandern:** Priorität Lastkontrolle: tieferer Schwerpunkt, Last eng am Körper und mehr auf den Schultern als auf den Hüften, Bewegungsfreiheit für die Arme, Kopffreiheit, auch wenn man einen Kletterhelm trägt.
- **Bootstouren mit Materialtransport:** wasserdichte Container oder wasserdichte Bootssäcke jeweils mit Schultergurten (Container auch mit Hüftgurt).

Rucksackmodelle

Nach der Konstruktionsweise des Tragesystems unterscheidet man drei Grundformen:

- **Softpacks** ohne Traggestell;
- **Innengestell-Rucksäcke** mit integriertem, von außen nicht sichtbarem Traggestell;
- **Außengestell-Rucksäcke** (auch Traggestell-, Gestell- oder Kraxen-Rucksäcke), bei denen der Packsack auf einem separaten Traggestell befestigt ist.

Für **unterschiedliche Einsatzzwecke** gibt es z.B.: den Daypack, den Wochenend-, Touren- oder Wanderrucksack (alle drei sind ähnlich konstruiert und unterscheiden sich vor allem durch das Volumen; die Übergänge sind fließend), Kofferrucksäcke, Hochtouren-, Kletter-, Trekking- und Expeditionsrucksäcke sowie eine Reihe von Spezialmodellen für extremes Felsklettern, Skitouren, Snowboarding, Mountainbiking und schließlich wasserdichte Container oder Bootssäcke mit Tragesystem für Kanutouren, Rafting etc. Außer den genannten Modellen werden Zwischenmodelle angeboten, die einen Übergang zwischen zwei oder mehreren Kategorien darstellen.

Beim Rucksack wird diejenige Seite als **Vorderseite** (Front) bezeichnet, die beim Tragen eigentlich nach hinten weist. Die Seite, an der sich das Tragesystem befindet, ist folglich die Hinterseite. Ein Frontlader-Rucksack muss also nicht etwa von der Rückenseite her bepackt werden, sondern von der dem Rücken abgewandten Seite.

Daypacks (Tagesrucksäcke)

Daypacks haben ein Volumen von 10–30 Litern, bieten Platz für Regenschutz, einen Pullover, Tagesproviant und Kleinigkeiten und sind für eintägige Wanderungen gedacht. Sie werden aber auch als Schultasche, zum Einkaufen oder Radfahren benutzt. Das Angebot reicht von labberigen Billigteilen aus dem Supermarkt bis zu ausgeklügelten High-Tech-Modellen. Letztere haben meist gepolsterte Tragegurte, und der Rücken ist mit Schaumstoff oder festem Kunststoff gepolstert, damit sich harte Gegenstände nicht so penetrant ins Kreuz bohren. Da sie nur für Lasten von etwa 5–8 kg ausgelegt sind, brauchen sie weder ein Traggestell noch einen Hüftgurt. Manche Modelle sind jedoch mit einem ungepolsterten Bauchgurt ausgestattet, der keine Last übernehmen soll, aber den Rucksack besser fixiert. Verschiedene Daypacks sind so „soft", dass sie zu einer kleinen Nierentasche verpackt am Körper getragen werden können oder sich zusammengefaltet in der Außentasche eines größeren Rucksacks verstauen lassen. Das kann ganz praktisch sein, wenn man während einer längeren Tour von einem Camp aus eintägige Abstecher unternehmen will.

Touren-, Wochenend- oder Wanderrucksäcke

Tourenrucksäcke haben ein Volumen von 35–50 Litern und sind für Sommertouren von Hütte zu Hütte meist ausreichend, auch wenn man länger als ein Wochenende unterwegs ist. Sie haben einen gepolsterten Rücken, aufwendiger gearbeitete Tragegurte (breiter, besser gepolstert und manchmal S-förmig geschnitten) und manchmal auch einen Brustgurt, der die Brustmuskulatur entlastet und den Rucksack stabilisiert. Besonders die größeren Modelle verfügen bereits über Versteifungen im Rückenteil oder über ein einfaches Tragesystem und haben einen Hüftgurt, der einen Teil der Last übernimmt. Fast alle Modelle besitzen mehrere Außentaschen (manche auch eine Deckeltasche), um Gegenstände griffbereit zu verstauen. Ältere Rucksäcke dieser Kategorie, wie sie heute jedoch nur noch selten hergestellt werden, haben den Nachteil, dass ihre niedrige und weit nach hinten ausladende „Kartoffelform" eine sehr ungünstige Gewichtsverteilung bewirkt, sodass man bei schwererem Gepäck den Oberkörper deutlich nach vorn neigen muss, um die Balance zu halten. Solche Modelle sind für Lasten über 6–8 kg kaum geeignet, während man in den besseren Modellen etwa 10 kg transportieren kann, mit gutem Traggestell und Hüftgurt sogar 12–15 kg.

Kletter- und Hochtourenrucksäcke

Hochtourenrucksäcke ähneln in der Grundausstattung dem Tourenrucksack. Sie zeichnen sich vor allem durch ihre schlanke Form aus, die die Armbewegungen beim Klettern nicht behindert. Sie müssen besonders stabil sitzen, ohne die Bewegungsfreiheit einzuschränken (nicht zu hoher Schwerpunkt), und sind meist mit verschiedenen Riemen und Schlaufen ausgestattet, an denen man Eispickel, Steigeisen, Ski etc. befestigen kann. Die Hochtouren-Modelle haben aufwendigere Tragesysteme und sind größer als die reinen Kletterrucksäcke, um Platz für das umfangreichere Gepäck zu bieten, das man auf mehrtägigen Alpintouren benötigt. Rucksäcke dieser Kategorie sind meist auch für Skitouren und Abfahrten gut geeignet, bei denen stabile Fixierung, relativ niedriger Schwerpunkt und Ellbogenfreiheit für die Stockarbeit wichtig sind.

Kofferrucksäcke

Kofferrucksäcke sind – wie der Name vermuten lässt – ein Mittelding zwischen Koffer und Rucksack. Sie sind besonders für Globetrotter ideal, die zwischendurch einmal wandern wollen. Sie sind meist etwas kastenförmiger geschnitten als Trekkingrucksäcke. Mittels eines auf drei Seiten umlaufenden Reißverschlusses lässt sich die ganze Frontpartie öffnen, sodass man den Rucksack wie einen Koffer packen kann. Das komplette Tragesystem kann man unter einer Abdeckplane mit umlaufendem Reißverschluss verschwinden lassen, sodass es beim Transport in öffentlichen Verkehrsmitteln nirgends hängen bleibt (besonders im Flugzeug wichtig) und nichts abgerissen werden kann. Auf kürzeren Strecken lässt sich der Kofferrucksack mit Handgriffen (manchmal versenkbar) oder einem Schulterriemen transportieren wie eine Reisetasche. Die meisten Modelle dieser Kategorie sind komplette Rucksäcke mit integriertem Traggestell und Hüftgurt. Allerdings sind die Gurte oft dünner und weicher, damit sie sich besser verstauen lassen. Für längere Wanderungen können diese „Zwitter" nicht den Komfort reiner Trekkingrucksäcke bieten. Wer aber nur gelegentlich wandert, dafür jedoch viel mit öffentlichen Verkehrsmitteln unterwegs ist und ein leicht zugängliches und „zivil" wirkendes Gepäckstück benötigt, um an der Hotelrezeption nicht seltsam angeguckt zu werden, dem ist ein Kofferrucksack durchaus zu empfehlen.

005ou18 Foto: sj

Trekkingrucksäcke

Trekkingrucksäcke nennt man gewöhnlich größere Wanderrucksäcke mit integriertem Traggestell, die ein Volumen von 50–70 Litern (Expeditionsmodelle 80–115 Liter) haben und mit ausgefeilteren Tragesystemen ausgestattet sind. Sie haben den Außengestell-Rucksäcken längst den Rang abgelaufen, und die besseren Modelle dieser Kategorie kann man auch als Expeditionsrucksäcke bezeichnen.

An die Stelle des sperrigen Außengestells treten hier (meist zwei) anatomisch vorgeformte **Aluminium-Schienen,** die in Stoffkanälen an der Rückenseite des Packs verlaufen und bei vielen Modellen herausgenommen und individuell angepasst werden können. Die senkrecht eingesetzten Streben verlaufen meist parallel oder V-förmig, manchmal auch T-förmig. Auf diese Weise kann man kompaktere und leichtere Rucksäcke bauen, die enger am Körper anliegen, besser kontrollierbar sind und sich weniger leicht im Dickicht verhaken. Mit **„Integrierten"** der Spitzenklasse kann man heute Lasten bis zu 30 kg ebenso komfortabel transportieren wie auf einem Außentraggestell. Solche Rucksäcke haben ein ausgeklügeltes und aufwendiges Tragesystem, das sich an die

Modell-Vielfalt – heute dominieren die Innengestelle

individuellen Rückenmaße anpassen lässt, und sind dann auch so teuer wie Außengestell-Rucksäcke.

Die Rucksäcke dieser Kategorie sind die großen „Allrounder", die je nach Größe und Qualität nahezu für alle Touren eingesetzt werden können.

Produktbeispiel

Ein hervorragendes **Allround-Modell** ist der 2360 g wiegende *VERO 55* des Rucksackspezialisten *Mountainsmith*. Mit einem variablen Volumen von 50 l (Standard), das sich auf 72 l erweitern lässt, ist er für die Wochenendtour nicht zu groß und reicht doch auch für die meisten längeren Treks. Zudem ist er mit zahlreichen Befestigungsmöglichkeiten und cleveren Details ausgestattet: z.B. Fixierungen für Eisäxte und/ oder Axt, Teleskopstöcke, Ski oder Snowboard, Schaufelfach und Seilbefestigung, abnehmbare Deckeltasche (6 l), die sich als Daypack nutzen lässt, Landkartenfach, elastische Außentaschen (z.B. für Wechselkleidung, Windjacke oder Watschuhe etc.), Riemen mit Blitzschnalle für die Isomatte, zwei wegfaltbare Außentaschen für Wasserflaschen, elastisches Innenfach, vier solide Kompressionsriemen, zwei sehr praktische Taschen am Hüftgurt (eine mit Reißverschlüssen und Schlaufe zum Einhängen eines Werkzeugs), große Seitenöffnung für gute Zugänglichkeit, robuste und weitgehend wasserdichte Reißverschlüsse – und einiges mehr. Das gut verstellbare Load-Dispersion-Tragesystem mit sehr soliden X-Streben, kombiniert mit einem verwindungsfesten, beweglichen Dual-density Hüftgurt und verstellbaren Schultergurten sorgen für hervorragende Trageeigenschaften: optimale Bewegungsfreiheit, gute Lastkontrolle, kein Aufschaukeln. Durchgehend sauber verarbeitete Nähte, das robuste Material, solide YKK-Reißverschlüsse und Schnallen sowie die durchdachte Ausstattung machen den *VERO* zu einem hervorragenden und sehr vielseitigen Rucksack der Spitzenklasse, mit dem sich auch schwere Lasten vergleichsweise mühelos tragen lassen.

Außengestell-Rucksäcke

Diese auch als Traggestell-, Gestell-, Kraxen- oder Expeditionsrucksäcke bezeichneten Tragegeräte sind durch den Siegeszug der Integrierten etwas in Vergessenheit geraten. Nicht ganz zu Recht, wie ich meine. Zwar haben die etwas sperrigen Außengestelle unbestreitbar einige Nachteile: Sie lassen sich in öffentlichen Verkehrsmitteln schlecht verstauen, verhaken sich leichter im Unterholz, erlauben weniger gute Lastkontrolle und behindern etwas die Bewegungsfreiheit der Arme (für Ski- und Klettertouren daher kaum geeignet). Aber hinsichtlich der Lastübertragung und Rückenventilation sind sie nach wie vor unübertroffen. In Verbindung mit geeigneten Packsäcken kann man den Schwerpunkt sehr hoch legen und bei Bedarf auch rasch verändern. Außerdem ermöglichen sie es, den Packsack abzunehmen und auf dem Traggestell alle möglichen Arten von Gepäck zu transportieren – ganz gleich wie groß oder sperrig: von Tonnen und Kisten über Schlauchboote bis zur kompletten Elchkeule, wenn es sein muss.

Außengestelle mit **fest angebrachtem Hüftgurt** haben einen Nachteil, der besonders in anspruchsvollerem Gelände spürbar wird: Da der Körper fest in den starren, verwindungsfesten Rahmen eingebunden ist, wird der natürliche Bewegungsablauf (z.B. Drehungen der Hüfte und der Schultern) behindert. Dieser Mangel wird durch das von *Fjällräven* entwickelte **Gyro-Prinzip** behoben, bei dem der Hüftgurt frei beweglich am Traggestell eingehängt ist. So kann sich das Becken mitsamt dem Hüftgurt ungehindert bewegen (sogar besser als bei den meisten Innengestell-Rucksäcken), die Last bleibt stabil, und die Lastübertragung auf Becken und Beine ist ausgezeichnet. Für schwere Lasten und auf rauem Terrain sind solche Traggestelle die beste Wahl.

Preistipps

Ein guter Trekkingrucksack kostet zwischen 100 und 250 €, wobei die Modelle im Bereich von 100–150 € für die meisten Zwecke ausreichen, sofern keine allzu schweren Lasten zu transportieren sind (max. 15–18 kg). In der Kategorie 150–250 € findet man bereits exzellente Spitzenmodelle für Lasten bis ca. 25 kg. Für besonders schwere Lasten ausgelegte Modelle können 300–400 € kosten, da dann der Aufwand bei Material und Verarbeitung erheblich zunimmt. Billigmodelle findet man im Internet bereits ab 20 €. Hier ist natürlich Vorsicht geboten und man sollte diese Modelle vor größeren Einsätzen testen. Kleinere Tourenrucksäcke guter Qualität bekommt man für 80–120 €. Für einen ordentlichen Daypack sollte man ungefähr 50 € veranschlagen.

Rucksackdetails

Tragesystem

Das Tragesystem ist der entscheidende Bestandteil des Rucksacks. Von ihm hängt es ab, ob die Wanderung zu einem echten Erlebnis wird oder zu einer verfluchten Schinderei. Ein schlecht sitzendes oder falsch eingestelltes Tragesystem macht das Tragen zur Qual, bis jeder Muskel schmerzt und man frustriert aufgibt. Die wesentlichen Bestandteile eines Tragesystems für größere Rucksäcke sind: **Gestell, Hüftgurt** und **Schultergurte.** Alle drei Komponenten müssen optimal konstruiert und richtig aufeinander abgestimmt sein. Herstellerangaben, für welche Rückengrößen ihr System passend sein soll, können hilfreich sein, müssen aber noch lange nichts besagen. Da hilft nur sorgfältiges Probieren – natürlich mit voll bepacktem Rucksack. Nehmen Sie sich viel Zeit und sparen Sie keinesfalls an dieser Stelle – es würde sich schnell bei längerem Tragen rächen!

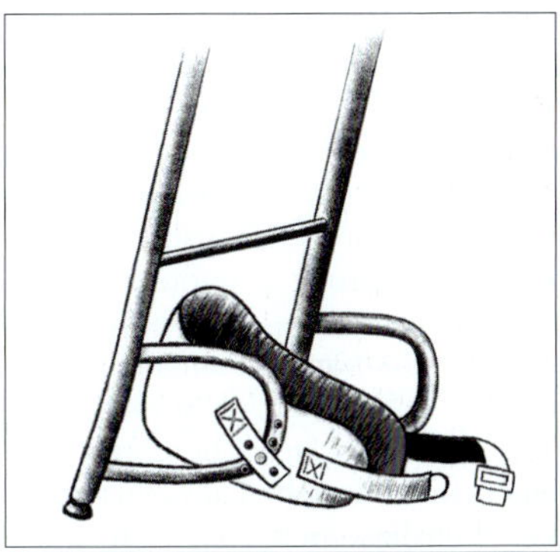

Gyro-Prinzip
(der Hüftgurt kann sich frei bewegen)

Außengestell

Die Traggestelle oder Packrahmen der Außengestell-Rucksäcke gehen zurück auf die Zeiten von Trapper Joe und Snowshoe-Charly, als man sich so eine Art hölzernes Gartentürchen auf den Rücken schnallte und einen alten Sack draufhängte - oder eine Elchkeule. Seither hat der Packrahmen natürlich einige wesentliche Verbesserungen erfahren. Außengestelle werden heute überwiegend aus Duraluminium-Rohren mit rundem Querschnitt hergestellt, wobei zwei senkrechte Streben mit mehreren Querstreben verschweißt werden.

Einfachere Modelle bestehen aus geraden Rohren, bessere Gestelle sind durch eine leichte S-Form der Rückenkontur angepasst, was zu etwas besserer Lastkontrolle beiträgt. Manche Hersteller beschichten das Metall zusätzlich, sodass es nicht abfärbt und bei Frost die Finger nicht daran festfrieren. Kunststoffkappen verschließen die Enden der Rohre, um das Eindringen von Schmutz zu verhindern. Für manche Traggestelle gibt es aufsteckbare Zusatzbogen, die den Rahmen nach oben verlängern, falls man umfangreichere Lasten zu tragen hat. Nach meinen Erfahrungen kann ein gut gepackter Sack jedoch 30–40 cm über den Rahmen hinausragen, ohne eine Verlängerung zu erfordern.

Am Rücken liegt der Packrahmen nur mit **Stützbändern** auf; der Metallrahmen selbst darf den Körper natürlich an keiner Stelle berühren. Die Stützbänder bestehen aus einem dünnen Kunstfasernetz, das sich unterschiedlich spannen lässt. Durch dieses luftdurchlässige Netz mit kleiner Auflagefläche und viel Raum für ungehinderte **Luftzirkulation** zwischen Rücken und Packsack bieten Außengestell-Rucksäcke eine unübertroffene Ventilation. In der Höhe verstellbare Stützbänder gewährleisten eine optimale Anpassung an den Rücken. Rucksäcke mit Außengestell werden heute kaum noch angeboten. Traggestelle bzw. Lastenkraxen gibt es u.a. noch von *Tatonka, Ferrino* und *Fjällräven* zu Preisen um 150–200 €.

Innengestell

Die an der Rückenseite in Stoffkanäle eingefügten **Aluminium-Schienen** geben dem Rucksack seine Stabilität und übertragen die Last direkt auf den Hüftgurt. Sie sind fast immer leicht S-förmig der Anatomie der menschlichen Wirbelsäule angepasst und sollten herausnehmbar sein, um eine individuelle Anpassung zu ermöglichen. Ob die Schienen parallel oder V-förmig verlaufen, enger zusammen oder weiter auseinander, macht meines Erachtens keinen sehr großen Unterschied; insgesamt habe ich jedoch den Eindruck, dass parallel und weiter auseinander verlaufende Schienen etwas größere Stabilität der Last ergeben, während engere oder V-förmige Schienen etwas bessere Lastübertragung und Bewegungsfreiheit gewährleisten.

Manche Hersteller verwenden anstelle der Alu-Schienen größere **Platten aus einem harten Kunststoff,** die ähnlich wie ein Schalensitz im Renn-

067op Foto: rh

wagen der Rückenkontur angepasst sind. Solche Platten bieten sehr hohen Tragekomfort, gute Lastkontrolle kombiniert mit guter Lastübertragung (und daher hohe Lastkapazität), sind aber etwas schwerer und müssen von Anfang an richtig sitzen, da sie sich nicht individuell anpassen lassen.

Hüftgurt

Als ich meine ersten größeren Wanderungen unternahm, wurde ein Hüftgurt von vielen noch als eine Art Luxus betrachtet. Inzwischen hat man längst gemerkt, dass der Hüftgurt der vielleicht wichtigste Bestandteil des Tragesystems ist. Um Lasten von mehr als 8–10 kg über längere Strecken einigermaßen angenehm tragen zu können, muss das Gewicht möglichst direkt auf das Skelett der Beine übertragen werden, denn die sind das Tragen gewöhnt und wurden von der Natur dafür geschaffen. Daher sollte man dem Hüftgurt beim Kauf ganz besondere Aufmerksamkeit widmen.

Schmale, ungepolsterte Gurte – korrekt als **Bauchgurte** bezeichnet – kommen ausschließlich für Daypacks in Frage, die für Lasten von 5–8 kg ausgelegt sind. Sie werden tatsächlich in Bauchhöhe befestigt und dienen lediglich zur Stabilisierung des Rucksacks.

Aufstieg in den kanadischen Rockies

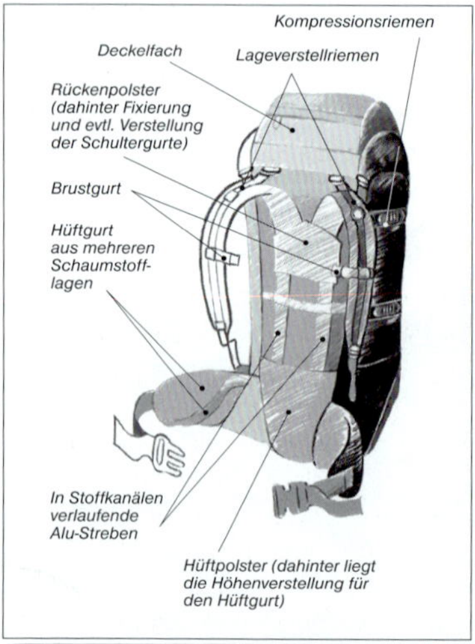

Tragesystem bei Integrierten

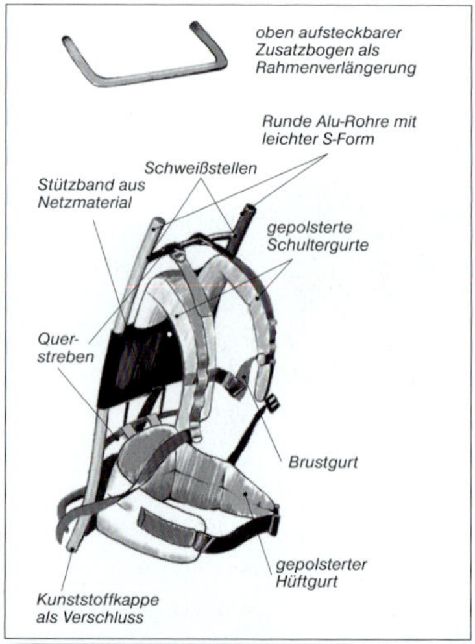

Außengestell

Ein Hüftgurt hingegen, der diesen Namen verdient, kann je nach Gelände 40–80 % der Traglast direkt auf Hüften und Beine übertragen und die **Schultern und Bandscheiben entscheidend entlasten.** Um dies zu leisten, muss der Hüftgurt richtig geschnitten und gepolstert sein. Je schwerer die Last, desto steifer und verwindungsfester muss der Gurt sein; denn je höher die Verwindungssteifheit ist und je direkter der Hüftgurt mit dem Gestell verbunden ist, desto besser ist die Lastübertragung und höher folglich auch das tragbare Gewicht.

Andererseits wird mit zunehmender Steifheit die Bewegungsfreiheit der Hüfte eingeengt, und die Flexibilität des ganzen Rucksacks (wichtig in schwierigem Gelände oder bei Kletterpassagen) nimmt ab. Generell soll der Hüftgurt **lieber zu fest als zu locker** sein, damit er seinen Zweck erfüllt.

Für guten Tragekomfort muss er genau der Anatomie des Körpers angepasst sein (also aufwendig gearbeitet) und verschiedene **Polsterzonen** haben. Um Festigkeit und Tragekomfort zu verbinden, bestehen gute Hüftgurte aus zwei Lagen Polsterschaum – außen fest, innen weich. Zu breit darf der Gurt nicht sein, damit er möglichst nur an den Knochen aufliegt und keine Muskeln einklemmt. Die Innenbezüge des Gurtes und des Rückenkissens müssen aus rutschfestem und at-

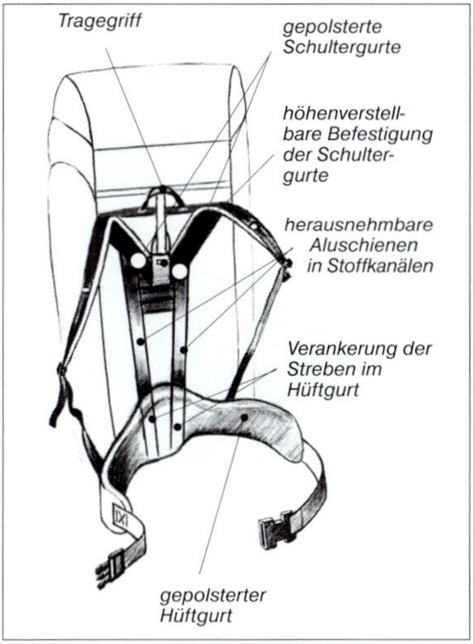

Innengestell

mungsaktivem Material bestehen, um guten Sitz und Ventilation zu gewährleisten.

Die **Befestigung** des Hüftgurtes spielt besonders bei Außengestellen eine wichtige Rolle. Hier scheint mir das von der schwedischen Firma *Fjällräven* entwickelte „Gyro-System" eine besonders vorteilhafte Lösung darzustellen. Dabei ist der Gurt nicht auf der Rückenseite fest mit dem Rahmen verbunden, sondern an beiden Seiten frei beweglich eingehängt, was hervorragende Lastübertragung bei exzellenter Bewegungsfreiheit ermöglicht (siehe oben: „Außengestell-Rucksäcke"). Andere Firmen bieten vergleichbare Lösungen.

Sehr wichtig ist der richtige **Sitz des Hüftgurtes.** Die Mitte der Polsterung muss an den Hüftknochen (oberer Beckenrand) aufliegen, sodass die Verschlussschnalle knapp unterhalb des Bauchnabels abschließt. Sitzt der Gurt zu tief, engt er die Gesäßmuskulatur ein, was sich beim Gehen rasch unangenehm bemerkbar macht, sitzt er zu hoch, so schneidet er in den Bauchraum ein und rutscht. Hat der Gurt die richtige Position, dann ziehen Sie ihn kräftig an – wirklich kräftig! Ein Hüftgurt, der zu lose sitzt, rutscht, scheuert und beeinträchtigt die effektive Lastübertragung.

Für die **Lastverteilung** gilt die Faustregel: 30 % auf die Schultern, 70 % auf die Hüften. Das kann natürlich nur ein Richtwert sein, der eine ungefähre Vorstellung vermittelt, denn unterwegs wird erstens niemand dazu in der Lage sein, den Prozentsatz der Lastverteilung zu ermitteln, und zweitens

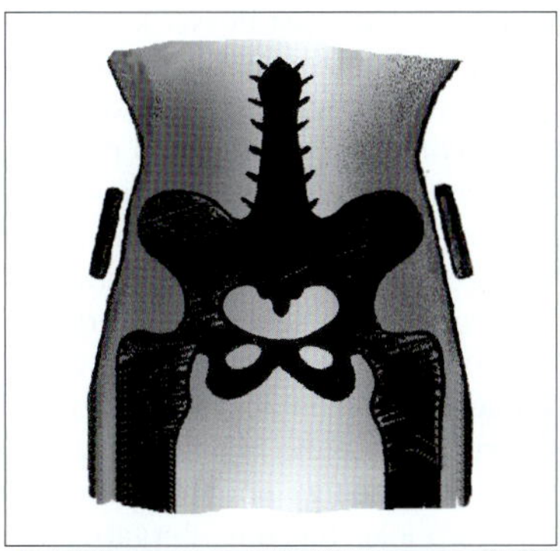

Sitz des Hüftgurtes

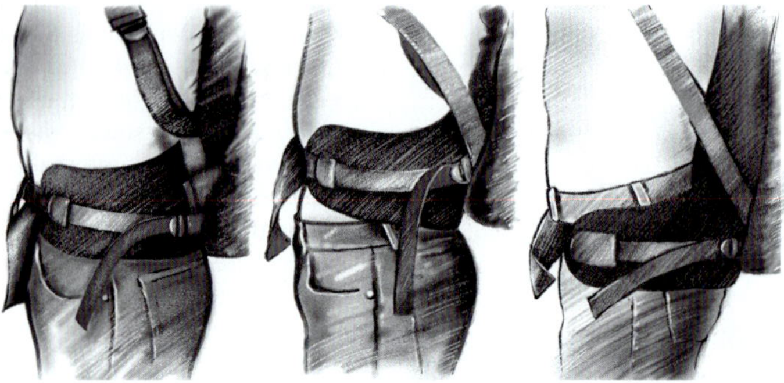

richtiger Sitz auf dem Hüftknochen — *zu hoch: schnürt den Bauch ein* — *zu tief: engt die Gesäßmuskulatur ein*

muss die Lastverteilung den jeweiligen Verhältnissen angepasst werden: in der Ebene und auf guten Wegen etwas mehr auf die Hüften, in schwierigem Gelände mehr auf die Schultern, damit man die Last besser kontrollieren kann. Auf langen, gleichförmigen Strecken wird man es außerdem als angenehm empfinden, wenn man die Lastverteilung von Zeit zu Zeit variiert (durch Straffen oder Lockern der Schultergurte), damit Schultern und Hüften sich zwischendurch erholen können. Besonders bergab auf guten Wegen kann man zeitweise auch die ganze Last auf die Hüften verlagern, was gleichzeitig einen günstigeren Schwerpunkt für das Bergabgehen ergibt (da der Rucksack leicht nach hinten kippt) und die Rückenventilation verbessert (die Luft kann dann zwischen Rücken und Packsack zirkulieren).

Das **Rückenpolster,** das bei keinem guten Integral-Rucksack fehlen darf, muss aus einem möglichst luftdurchlässigen (atmungsaktiven) Material bestehen, das Feuchtigkeit gut ableitet. Da ein Rucksack mit Integralgestell auf einer großen Fläche am Rücken auf-

Sitz des Hüftgurtes

Der Rucksack als Windschutz

liegt, kann der Schweiß schlecht verdunsten – und wer mit einem schweren Rucksack durch die Wildnis wandert, der produziert eine ganze Menge Schweiß! Wird diese Feuchtigkeit nicht optimal abgeleitet, so riskiert man erstens einen Hitzestau (weil die Kühlung durch das Verdunsten wegfällt), und zweitens hat man einen klatschnassen Rücken und wird bei der nächsten Rast rasch frieren.

Tipp: Bei kurzen Rasten nehme ich den Rucksack nicht ab, sondern lockere oder öffne nur den Hüftgurt und setze mich so hin (z.B. an einer Böschung oder gegen einen Felsen), dass der Rucksack fest auf dem Boden steht und die Schultergurte ganz entlastet sind. Auf diese Weise habe ich einen Windschutz für den verschwitzten Rücken und oft gleichzeitig noch eine angenehme Rückenlehne.

006ou18 Foto: si

Schultergurte

Die Schultergurte bestehen aus Schaumstoffpolstern mit einem Synthetikbezug, der möglichst luftdurchlässig sein und Feuchtigkeit gut ableiten soll. Sie dürfen nicht zu schmal sein, und das Polster soll zwar bequem, aber trotzdem fest sein. Gute Hersteller verwenden deshalb auch hier zwei Schaumstofflagen: außen hart für Stabilität, innen weich für den Komfort. Der Bezug im Schulterbereich darf keine Falten bilden und keine dicken Nähte besitzen, um Druckstellen zu vermeiden. Bei den Schultergurten an Außengestellen ist unbedingt darauf zu achten, dass die Polsterung bis dicht an die obere Aufhängung heranreicht.

Anatomisch geschnittene Schultergurte (nach außen gebogen, leicht S-förmig oder nach unten verjüngt) liegen besser an als gerade geschnittene Gurte und verteilen die Last besser. Der Abstand der Gurte an der oberen Aufhängung muss entweder genau für den Träger passen, oder die Gurte müssen seitlich versetzbar sein. Schultergurte, die zu eng zusammenlaufen, drücken sehr unangenehm auf den Trapezmuskel am Hals.

An allen besseren Schultergurten ist zusätzlich ein **Brustgurt** angebracht, der die Brustmuskulatur und Schultern etwas entlastet und mithilft, den Rucksack zu stabilisieren – besonders hilfreich beim Skifahren und Klettern. Er sollte in der Höhe verstellbar sein und sich fixieren lassen, damit er nicht etwa am Hals drückt oder bei Frauen auf der Brust.

Tipp: Wohin mit den **Händen,** wenn man ohne Stöcke wandert? Zeitweise habe ich sie mit den Daumen unter die Tragegurte gehakt – und prompt blaue Daumennägel bekommen! Eine sehr einfache und angenehme Lösung sind zwei **Gurtschlaufen,** die an den Schultergurten (viele Modelle haben dort geeignete Ringe) oder höher oben am Packsack befestigt werden und etwa bis auf Ellbogenhöhe herunterreichen. Darin kann man dann die Daumen oder die ganze Hand einhängen und gleichzeitig die Last kontrollieren und den Rücken entlasten. Außerdem hat man dann ein Gegengewicht und wird nicht so vom Rucksack nach hinten gezogen. Klingt banal – aber probieren Sie's. Ich find's famos! Übrigens gibt es solche Teile als **Arm-Relax-Schlaufen** zu kaufen (z.B. bei *Globetrotter* in Hamburg).

Arm-Relax-Schlaufen

Verstellbarkeit

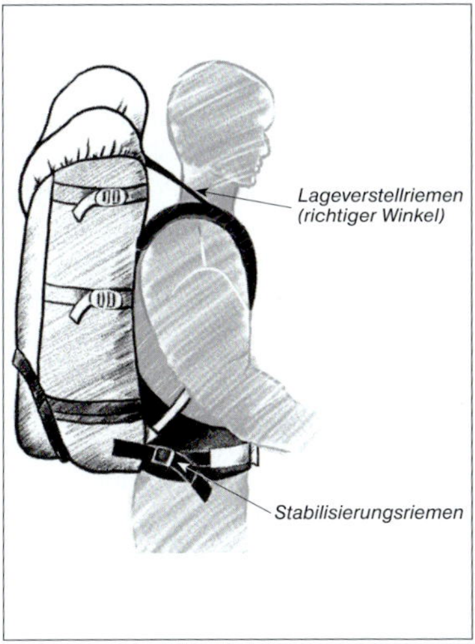

Lageverstell- und Stabilisierungsriemen

Wie wichtig ist die Verstellbarkeit des Tragesystems überhaupt? Am besten ist es natürlich, wenn das Tragesystem gleich beim Kauf wie angegossen auf den Rücken passt. Dann sind keine Verstellvorrichtungen erforderlich, das Tragesystem kann einfacher und leichter gebaut werden, es ist weniger störanfällig und preiswerter. Schwierig wird es allerdings, wenn der Rucksack von mehreren Personen genutzt werden soll oder wenn man später merkt, dass er doch nicht so optimal sitzt, wie man im Laden gemeint hat. Dann ist man fein heraus, wenn sich das Tragesystem verstellen lässt – entweder indem man die Höhe der oberen Gurtaufhängung verändert oder die Höhe der Hüftgurtbefestigung (manche Modelle bieten sogar beide Möglichkeiten). Systeme zur Gurtverstellung gibt es fast so viele wie Hersteller: mit Schrauben, Schlaufen, Klettverschlüssen oder Steckbolzen, stufenlos regulierbar und leicht zu verstellen (manchmal ist aber auch eine recht umfangreiche Bedienungsanleitung erforderlich!). Wichtig ist, dass die Verstellvorrichtung zuverlässig hält, möglichst einfach konstruiert und robust ist. Außerdem sollte sie wenig Kleinteile umfassen, die leicht verloren gehen können (sicherheitshalber eine Reserve mitnehmen). Wie rasch und mühelos sich das Tragesystem verstellen lässt, ist weniger wichtig, denn in der Praxis wird man dies nur ein einziges Mal tun – dann passt es und braucht nie mehr verstellt zu werden.

Wie wichtig die exakte Einstellung des Tragesystems ist, habe ich erlebt, nachdem ich meinen Rucksack einmal einem Freund ausgeliehen hatte. Schon nach einer Stunde mit mittelschwerem Gepäck begann der Rücken zu schmerzen – und ich an mir selbst zu zweifeln. Als mir dann während einer Marschpause die Idee kam, die Gurte zu verstellen, war die gleiche Last plötzlich viel leichter zu tragen – und ich total verblüfft.

Der **Lageverstellriemen** läuft etwa vom höchsten Punkt der Schultergurte zum Packsack. Strafft man ihn, so wird die Last näher an den Körper herangezogen, der Rucksack lässt sich besser kontrollieren und schaukelt nicht. Lockert man ihn, so kippt der Rucksack leicht nach hinten vom Körper weg, was besonders bergab angenehm ist (wenn das Gelände nicht zu anspruchsvoll ist) und die Rückenventilation verbessert. Gewöhnlich sollte der Lageverstellriemen einen Winkel von 45 Grad bilden. Ist er zu flach, wird der Packsack instabil. Für alpines Gelände und Kletterer ist ein steilerer Winkel günstiger, um eine optimale Lastkontrolle zu ermöglichen. Bei einem deutlich zu steilen oder zu flachen Winkel sollte man die Einstellung des Tragesystems überprüfen – vermutlich ist es in ersterem Fall zu lang, in letzterem zu kurz eingestellt.

Das Gegenstück im unteren Bereich ist der **Stabilisierungsriemen** zwischen Hüftgurt und Packsack, der die Last an dieser Stelle fixiert. Wird er zu straff angezogen, kann es allerdings sein, dass der Hüftgurt nicht mehr richtig anliegt.

Packsack

Der Packsack muss in erster Linie groß genug, robust und wasserfest sein. Viele der Details (wie Unterteilung, Außentaschen, Riemen etc.) sind Geschmackssache und Thema endloser Diskussionen in Berghütten und an Lagerfeuern.

Material

Baumwolle ist für die Herstellung von Packsäcken längst überholt, da sie nicht so robust und deutlich schwerer ist als Kunstfasern, viel Wasser aufsaugt und langsam trocknet.

Widerstandsfähiger, leichter und wasserdichter sind imprägnierte **Baumwolle-Polyester-Mischgewebe,** die aber nur von wenigen Herstellern verarbeitet werden. Die meisten Packsäcke werden heute aus Nylon oder Polyester hergestellt.

Nylon wird in unterschiedlichen Materialstärken verarbeitet, für welche die Denier-Angabe ein Maß ist (je höher die Denier-Zahl, desto robuster und gröber ist das Gewebe). Besonders verbreitet ist *Cordura®-Nylon* oder *Ripstop-Cordura®* (ein Markenname des Chemiefaser-Spezialisten *DuPont),* das besonders textil wirkt (andere Nylonmaterialien fühlen sich mehr wie Plastik an) und in Materialstärken von 330 bis 2000 Denier verarbeitet wird. Die leichteren und feiner gewobenen, aber dennoch sehr abriebfesten Materialien bis 500 Denier werden überwiegend für den oberen Bereich der Packsäcke verwendet, während die Bodenteile oft aus noch robusterem 1000–2000-Denier-Material bestehen. Allerdings sind gröbere Materialien aufgrund ihrer Struktur schwieriger wasserdicht zu beschichten als feiner gewobene Stoffe.

Polyester ist nicht ganz so robust wie *Cordura®-Nylon,* dafür aber UV-beständiger (es wird also durch Sonneneinstrahlung nicht so schnell brüchig). In letzter Zeit wird es zunehmend für Packsäcke verwendet – allerdings weniger aus praktischen Gründen, sondern weil es wegen seiner textilen Optik besser ankommt.

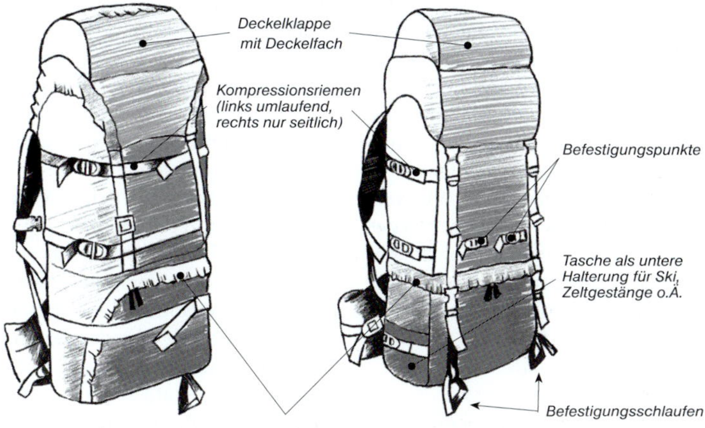

Wasserdichtheit

Um den Rucksackinhalt vor Nässe zu schützen, werden Nylon- und Polyestergewebe mit Polyurethan **beschichtet.** Aber kaum ein Packsack ist absolut wasserdicht. Zumindest an Nähten und Reißverschlüssen kann immer etwas Nässe eindringen, und auch eine gute Beschichtung lässt im Laufe der Jahre nach (auf gröberen Geweben schneller als auf feinen). In Lappland ist es mir passiert, dass extrem starker Wind den Regen durch das Gewebe eines ansonsten sehr guten Packsacks getrieben hat - und als ich ihn am Abend öffnete, standen mehrere Liter Wasser darin (denn um das Wasser wieder ablaufen zu lassen, war das Material wiederum zu dicht). In solchen Situationen hilft nur ein zusätzlicher **Rucksackschutz:** eine dünne, wasserdichte Kunstfaserplane mit einem Gummi- oder Schnurzug im Saum, die über den gesamten Packsack gespannt wird und - wenn man sie nicht braucht - in der kleinsten Außentasche Platz findet. Beim Kauf eines Rucksackschutzes sollte darauf geachtet werden, dass er groß genug ist, um auch den voll bepackten Rucksack und außen festgeschnallte Ausrüstung zu überdecken. Lieber etwas zu groß wählen als zu klein. Sollte er bei starkem Wind sehr flattern, kann man ihn mit Reepschnur oder einer Zeltleine zusätzlich fixieren.

Auch wenn es, von Spezialmodellen abgesehen, keinen wasserdichten Packsack gibt, wäre es verkehrt, nun gar nicht mehr auf dichtes Material und gute Abdeckungen zu achten. Denn es macht sehr wohl einen Unterschied, ob ein Packsack nach zwei Minuten Wasser durchlässt oder nach zwei Stunden, ob es schon bei leichtem Nieselregen „nass reingeht" oder erst bei heftigen Stürmen und ob es ein paar Tropfen sind oder mehrere Liter.

Form des Packsacks

Die Form des Packsacks beeinflusst den Schwerpunkt und die Trageeigenschaften. Am häufigsten sind folgende Packsackformen:

- **Kastenform:** besonders bei Koffer- und Globetrotterrucksäcken; gute Allround-Eigenschaften, übersichtlich
- **Modifizierte Kastenform:** an den Kanten abgerundet und daher in Wald und Dickicht günstiger; gute Allround-Eigenschaften
- **Dreiecksform** (oben breiter): hoher Schwerpunkt, Hauptlast in Schulterhöhe, gute Armfreiheit, günstig für Wanderungen auf nicht zu anspruchsvollem Terrain
- **Birnenform** (unten breiter): niedriger Schwerpunkt, gute Armfreiheit, zum Bergsteigen und Skifahren
- **Sanduhrform:** gute Ellbogenfreiheit, günstig zum Skifahren und Klettern

Deckel

Die **Deckelklappe** sollte so bemessen sein, dass sie die Öffnung des voll gepackten Sackes reichlich überlappt und dicht anliegt (hier haben manche Modelle eine Schwäche). Unter der Deckelklappe sollte der Packsack durch einen Schnurzug verschließbar sein und eine wasserdichte **Verlängerungsmanschette** („Schneeschutz") besitzen, die den Inhalt vor Nässe und treibendem Schnee schützt. Manche Modelle besitzen eine in der Höhe verstellbare Deckelklappe, die in Verbindung mit der Verlängerungsmanschette das Volumen des Packsackes vergrößern kann. Bei den größeren Modellen kann der Rucksack mit Verlängerung in Notfällen sogar als Biwaksack dienen (aber wirklich nur in Notfällen, denn die Ausrüstung liegt dann im Freien – evtl. unter dem Rucksackschutz). Einige Hersteller bieten Rucksäcke mit abnehmbarem Deckelfach an, das bei Abstechern als Daypack oder Hüfttasche dienen kann.

Kopfmulde

Da die Packsäcke höherer Integral-Rucksäcke dicht hinter dem Kopf liegen, können sie die Bewegungsfreiheit des Kopfes einschränken, besonders wenn man z.B. einen Kletterhelm trägt. Um diesen Nachteil zu vermeiden, sind einige Spitzenmodelle guter Hersteller mit einer vertieften Kopfmulde unterhalb des Deckels ausgestattet.

Aufhängung

Der Packsack eines Außengestell-Rucksacks sollte auf jeden Fall mit wenigen Griffen vom Rahmen abnehmbar sein, damit man bei Bedarf auch andere Gegenstände auf den Rahmen

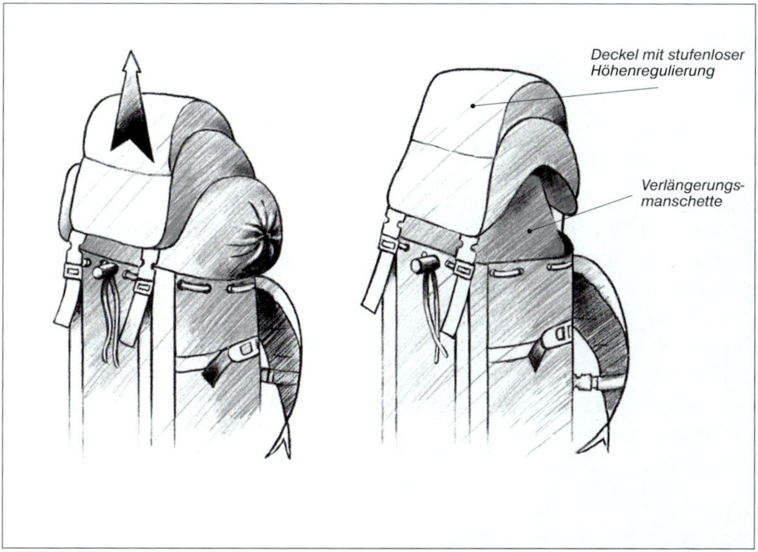

Höhenverstellbare Deckelklappe

schnüren kann, die im Packsack keinen Platz finden (Kisten, Tonnen, etc.). Für die Aufhängung gibt es unterschiedliche Lösungen; meist wird er mit Splinten oder mit Riemen und Schlaufen befestigt. Man sollte darauf achten, dass:

- der Packsack an vielen Stellen auf dem Rahmen befestigt ist, um die Belastung pro Aufhängung niedrig zu halten.
- der Packsack weder nach unten noch nach oben verrutschen kann (wichtig für den Transport in öffentlichen Verkehrsmitteln).

Außerdem kann es sich als günstig erweisen, wenn man den Packsack auf verschiedenen Höhen am Rahmen befestigen kann, um den Schwerpunkt zu verändern oder um darunter Platz für ein zweites Gepäckstück zu haben.

Außentaschen

Spätestens hier beginnen die „philosophischen" Auseinandersetzungen: Die einen wollen am liebsten gar keine, den anderen kann es nicht genug davon geben. Ich bevorzuge Packsäcke mit wenigstens zwei Außentaschen, in denen ich kleinere Gegenstände verstauen kann, die im großen Packsack untergehen würden, und Dinge, die unterwegs griffbereit sein sollen (z.B. Rucksackschutz, Socken

Foto: rh

Traggestellrucksack mit Außentaschen

zum Wechseln, Fernglas, Imbiss etc.). Andererseits kann hierfür auch ein geräumiges Deckelfach ausreichen. Als variable Zwischenlösung bieten sich **abnehmbare Außentaschen** an, die an den Kompressionsriemen oder an Ösenbändern (Daisy Chains) befestigt werden. Man sollte jedoch beim Kauf darauf achten, dass sie zu den Halterungen am Packsack passen und auch dann leicht zu befestigen sind, wenn der Rucksack voll bepackt ist. Fest angebrachte seitliche Außentaschen sollten nur an den senkrechten Kanten festgenäht sein, damit man Zeltgestänge, Ski o.Ä. dahinter durchstecken kann.

Eine oder mehrere **Deckeltaschen,** die von der Rückenseite her zugänglich sind, ohne dass man den Rucksack dafür absetzen muss, sind sehr praktisch, um Landkarten, Handschuhe, Wanderführer, Notizbuch oder andere Dinge unterzubringen, die man rasch zur Hand haben möchte.

Unterteilung

Große Packsäcke sollten an zwei verschiedenen Stellen zugänglich sein, damit man nicht gleich den ganzen Sack auspacken muss, wenn man etwas aus der unteren Hälfte benötigt. Manche Packsäcke haben zusätzlich einen **Zwischenboden,** der entweder herausnehmbar ist oder mit einem Schnurzug ganz geöffnet werden kann. Nach meinen Erfahrungen ist ein Zwischenboden jedoch nicht unbedingt erforderlich, sofern man das untere Fach nicht ganz leer lassen will. Das Bodenfach sollte durch einen besonders robusten und U-förmigen Reißverschluss weit geöffnet werden können, damit man auch einen dickeren Kunstfaser- oder Winterschlafsack mühelos darin verstauen kann. Beachten Sie: Bei manchen nach unten verjüngten Packsäcken bietet das Bodenfach nicht genügend Platz für einen voluminösen Schlafsack.

Riemen und Schlaufen

Kompressionsriemen befinden sich seitlich am Rucksack (die besseren laufen auf drei Seiten um den Packsack herum) und dienen dazu, die Last im Rucksack zu fixieren und nahe an den Körper heranzuziehen. Besonders wichtig sind sie, wenn der Rucksack nicht ganz voll gepackt ist. An Kompressionsriemen, die sich ganz öffnen lassen, kann man außerdem abnehmbare Außentaschen befestigen.

Zusätzliche **Befestigungsriemen und -schlaufen** sowie sogenannte **Daisy Chains** (Ösenbänder oder nur stellenweise angenähte Gurtbänder, die eine ganze Reihe von Schlaufen bilden) befinden sich an verschiedenen Stellen des Packsackes – mal mehr, mal weniger davon. Sie dienen dazu, Isomatte, Ski, Schneeschuhe, Zeltgestänge, Steigeisen, Kamerastativ oder sonstige Ausrüstung außen am Rucksack zu befestigen. Welche und wie viele Befestigungsmöglichkeiten man braucht, hängt von der Art der Unternehmung und vom persönlichen Geschmack ab – weniger kann manchmal mehr sein.

Achten Sie bei allen Riemen darauf, dass sie zuverlässig halten, aber dennoch leicht laufen, wenn man sie straffen oder lockern will. Riemen, die am Ende umgenäht sind, haben den Vorteil, dass sie nicht versehentlich ganz durchrutschen können. Auch sollten sie nicht zu lang sein bzw. sich fixieren lassen, damit sie bei Wind nicht zu flattern beginnen.

Schnallen und Verschlüsse

Bei den Schnallen und Blitzverschlüssen beherrschen solide Kunststoffteile den Markt, da sie leichter, preisgünstiger, bruchfester und bei Kälte problemloser sind als solche aus Metall. Hervorragende Kunststoffschnallen werden z.B. von der amerikanischen Firma *National Molding* und von *Fastex* hergestellt. No-Name-Produkte hingegen sind mit Vorsicht zu genießen.

Die **Reißverschlüsse** an den meisten Packsäcken sind hochwertige Modelle von *YKK*, die mit Nummern (z.B. 5, 8 oder 10) gekennzeichnet sind (je höher die Zahl, desto grobzahniger und robuster ist das Teil). Besonders robuste Reißverschlüsse werden am Bodenfach benötigt. Alle Verschlüsse sollten so gearbeitet sein, dass sie sich auch mit klammen Fingern und mit Handschuhen gut bedienen lassen.

Tipp: Hierzu kann man beispielsweise an den Reißverschluss-Schiebern kurze Schnurschlaufen anbringen.

Nähte

Zu den kleinen, aber wichtigen Details, die leicht übersehen werden, gehören die Nähte. Sie sind zugleich ein Anzeichen dafür, wie sorgfältig ein Rucksack gearbeitet ist. Rucksacknähte müssen oft **hohen Belastungen** standhalten und daher besonders solide sein. Reißverschlüsse werden bei guten Modellen mit Doppelnähten eingesetzt, besonders belastete Nähte werden als Doppelkappnaht ausgeführt. Riemen und Gurte werden meist mit Riegelnähten (Bartack) oder Kreuznähten befestigt. Alle Nähte mit offenen Stoffkanten sollten durch ein Nahtband eingefasst sein, da sie sonst bald ausfransen. Das ist besonders in der Nähe von Reißverschlüssen sehr wichtig, da sich die losen Fäden leicht in den Reißverschlüssen verklemmen und sie ruinieren können.

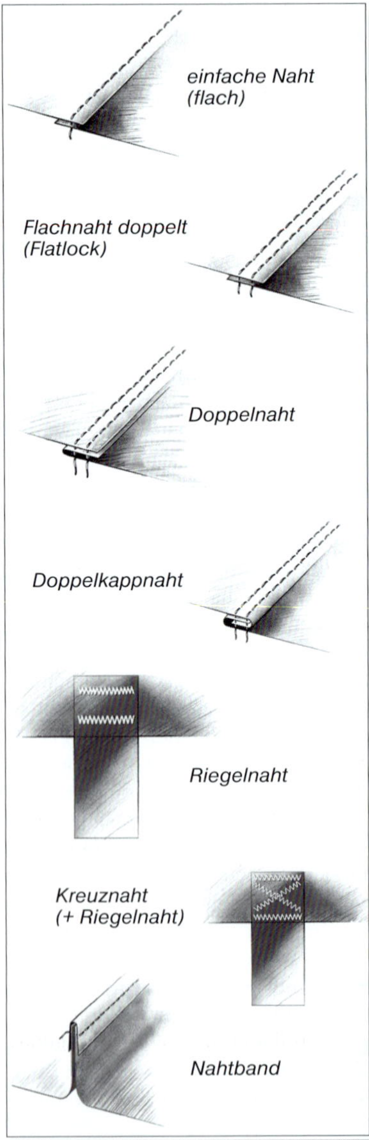

Verschiedene Nähte

Tipps zum Packen des Rucksacks

- **Nicht zuviel** einpacken!
- Möglichst **wenig außen** auf den Rucksack packen, wo es ungeschützt ist und sich verhaken kann.
- Ausrüstung und Proviant zunächst in verschiedenfarbigen **Nylonbeuteln** verstauen – dann sind sie leichter zu finden und gegen Nässe geschützt.
- **Schwere Gegenstände** hoch und dicht am Körper tragen, leichte tiefer und weiter vom Körper entfernt.
- **Sperrige Gegenstände,** die schlecht in den Packsack passen, können außen am Rucksack befestigt werden (z.B. Zeltgestänge, Teleskopstöcke, Ski).
- In schwierigem, steilem Gelände, zum Bergsteigen, für Skitouren etc. den **Schwerpunkt** nicht zu hoch legen, damit das Gleichgewicht nicht gefährdet wird.
- Gegenstände mit harten **Ecken und Kanten** so verstauen, dass sie nicht am Packsack scheuern.
- Die **Isomatte** wird meist außen unter oder auf den Rucksack geschnallt, wo sie nass werden kann; in große Packsäcke kann man sie als weite Röhre von oben so hineinschieben, dass sie außen an der Wand anliegt, ehe man die übrige Ausrüstung darin verstaut.

- **Kleinkram** und Gegenstände, die unterwegs rasch griffbereit sein sollen, kommen in Außentaschen und/oder Deckelfächer.
- Besonders wenn der Packsack nicht ganz voll ist, seitliche **Kompressionsriemen** anziehen, um die Last an den Körper heranzuziehen und zu fixieren.

Der Rucksack ist dann richtig gepackt, wenn man damit aufrecht stehen kann und sich weder nach vorn neigen muss noch mit „Schlagseite" zu kämpfen hat.

Gewicht sparen

Jedes Kilo, das Sie weniger zu schleppen haben, wird die Tour angenehmer und zu einem größeren Erlebnis machen. Wird eine Wanderung zur Gepäckschlepperei, dann will man nur noch ans Ziel kommen und kann nicht mehr „unbeschwert" die Landschaft genießen und auf die Schönheit der Natur achten. Ideal ist eine Obergrenze von **15 kg;** bei mehr als 20 kg beginnt schon die Schlepperei. Gewiss kann man bei entsprechender Konstitution und Kondition auch 30 kg transportieren – aber es soll doch eine Wanderung sein und kein Transport.

Anfänger machen bekanntlich oft den Fehler, dass sie viel zu viel mitnehmen. Aber nicht nur Anfänger. Ich muss zugeben, dass ich mich selbst immer noch dabei ertappe, nach dem Motto „sicherheitshalber ..." und „wer weiß, ob man nicht doch ..." mehr einpacken zu wollen als notwendig ist. Reduzieren Sie rigoros. Und machen Sie ruhig im Nahbereich mal ganz bewusst eine Tour mit Minimalgepäck, dann werden Sie staunen, auf was man alles verzichten kann.

- Nur das wirklich Notwendige mitnehmen!
- Nicht zuviel Kleidung zum Wechseln
- Nur Trockennahrung – keine Konserven oder Gläser
- Leichte Ausrüstungsgegenstände und Kleidung
- Kleidung und Ausrüstung aus Materialien, die wenig Wasser aufnehmen und rasch trocknen (eine nasse Ausrüstung kann das Gewicht enorm erhöhen!)
- Auf Vielseitigkeit achten (Kleidungsstücke, die kombiniert und einzeln getragen werden können; mancher Gegenstand kann mehrere andere ersetzen, z.B. reicht eine Flüssigseife für Morgentoilette, Abwasch und Kleiderwäsche)
- In der Gruppe brauchen viele Dinge nur einmal mitgenommen zu werden (Kompass, Taschenlampe, Landkarten, Kocher, Töpfe, Reparaturmaterial etc.).
- Keinen zu dicken Schlafsack für Sommertouren, wenn man nicht besonders kälteempfindlich ist (sollte es doch einmal kälter werden als erwartet, kann man den Schlafsack mit Thermokleidung und anderen Mitteln „tunen".)
- Nicht zuviel Wasser mit sich tragen – in vielen Gebieten (z.B. nördliche Regionen) findet man unterwegs genug Wasser.
- Informieren Sie sich, wo Sie unterwegs Lebensmittel und Brennstoff für

den Kocher kaufen können und bunkern Sie nicht mehr Vorräte als nötig (selbst wenn man sich einige Tage auf halbe Ration setzen muss, wird das keinem schaden).

- Streichen Sie nach der Tour überflüssige Gegenstände aus Ihrer Checkliste.
- Übrigens: Fünf Kilo weniger auf den Rippen entlasten die Beine genauso sehr wie zehn Pfund weniger im Rucksack.

Schultern des Rucksackes

Ein schwerer Rucksack lässt sich am einfachsten schultern, indem man ihn mit beiden Händen am Rahmen (oder, falls der nicht greifbar ist, oben an den Schultergurten) hochhebt, auf dem rechten Knie absetzt und dann mit dem rechten Arm unter den Schultergurt schlüpft, während die linke Hand den Rucksack festhält (für Linkshänder umgekehrt). Dann kann man den Rucksack mit etwas Schwung und einer leichten Körperdrehung auf den Rücken befördern. Oder man lehnt den Rucksack an einen Baum oder Felsen und schultert ihn sitzend. Ist das Gepäck schwer, wird man dann allerdings keine sehr elegante Figur machen, wenn man krabbelnd versucht, auf die Beine zu kommen. (Manchem mag eine solche Erklärung reichlich überflüssig erscheinen, aber ich habe tatsächlich schon erlebt, dass jemand beim Versuch, einen schweren Rucksack – falsch – zu schultern, wiederholt flach auf das Gesicht fiel!)

Sitzt der Packen auf dem Rücken, dann spannt man zuerst den Hüftgurt (kräftig!), dann die Schultergurte und danach die Lageverstell- und den Stabilisierungsriemen, wobei darauf zu achten ist, dass Schultergurte und Hüftgurt auch nach dem Straffen noch richtig anliegen. Ganz zum Schluss kann man bei Bedarf auch den Brustgurt schließen und anspannen.

001op Foto: rh

Trekkingrucksack auf einer Schneeschuhtour

Schlafsack

Es gibt wohl kaum etwas Ekelhafteres, als die ganze Nacht kein Auge zu schließen, weil man ständig friert und bibbert – ganz zu schweigen von der Unterkühlungsgefahr und den Erschöpfungszuständen, zu denen das führen kann. Was ein Schlafsack leisten soll, ist daher eigentlich ganz klar und einfach: Nachts soll er den Körper schön warm und trocken halten, tags möglichst leicht sein und nicht zuviel Platz wegnehmen. Trotzdem gibt es Hunderte von verschiedenen Schlafsackmodellen mit unterschiedlichen Konstruktionstechniken, Füllmaterialien, Bezugsstoffen, Schnitten und Ausstattungsdetails, die von 500 Gramm bis 3 Kilo wiegen und zwischen 50 und über 1000 € kosten. Was also braucht man wirklich?

Die Antwort ist natürlich von den eigenen Ansprüchen abhängig (friert man leicht, oder gehört man zu den robusteren Naturen?) und vom Einsatzzweck des Schlafsackes: Hüttenwanderung, Zelt, Biwak, Klimazone, Gebirge/Tiefland, Jahreszeit, Möglichkeit, den Schlafsack unterwegs zu trocknen, etc.

Da man das Wesentliche eines Schlafsackes – nämlich sein „Innenleben" – nicht sehen kann, ist Schlafsackkauf immer ein Stück Vertrauenssache. Um trotzdem auch die „verborgenen Werte" des guten Stückes einigermaßen beurteilen zu können, kommt man nicht umhin, sich zunächst mit seinen grundlegenden Eigenschaften und Konstruktionsweisen wie Füllung, Schnitt, Nähte und Ausstattung vertraut zu machen.

007op Foto: rh

Wintertauglicher Daunenschlafsack

Füllkonstruktion

Jede Füllung – egal ob Daune oder Kunstfaser – kann ihren Zweck nur dann erfüllen, wenn sie möglichst gleichmäßig verteilt ist und nicht verrutscht (Daune und Kurzfasern erfordern eine aufwendigere Fixierung als Endlosfasern). Für Daunenfüllungen muss der Schlafsack hierzu in einzelne Kammern unterteilt werden, was auf

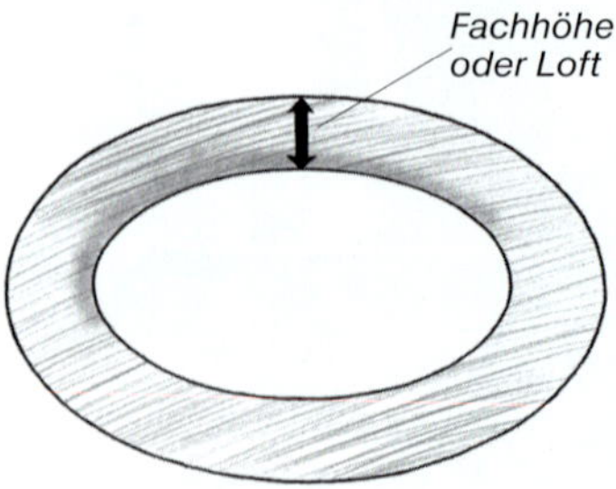

Differentialschnitt

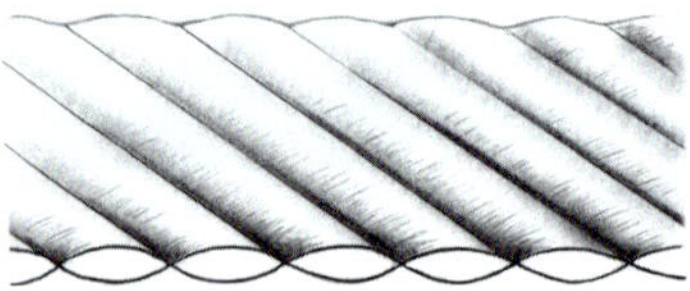

durchgesteppt

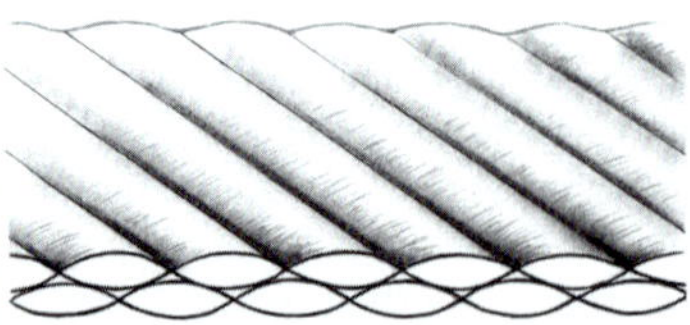

versetzt durchgesteppt

sehr unterschiedliche Weise möglich ist. Je höher die Anzahl der Kammern, desto gleichmäßiger wird die Füllung verteilt und desto besser ist die Wärmeleistung. Aber mehr Kammern bedeuten auch höheres Gewicht und höhere Preise.

Differentialschnitt

Damit überhaupt Kammern möglich sind und die Füllung sich ungehindert aufbauschen kann, muss der Schlafsack einen Differentialschnitt *(differential cut)* haben: Der Bezug (Außenstoff) muss weiter geschnitten sein als das Futter. Konstruktionen ohne diese Schnittechnik werden Spacefiller Cut genannt und sind nur bei billigen Deckenschlafsäcken für den Sommergebrauch zu finden. Bei solchen Modellen kann das Futter im Schlaf leicht gegen den Außenbezug gedrückt werden, sodass der Schlafsack an dieser Stelle seine Isolierfähigkeit verliert.

Nähte

Die Nähte sind die empfindlichen Stellen des Schlafsackes. An ihnen kann leicht Körperwärme verloren gehen. Bei den meisten Schlafsäcken laufen die Nähte ringförmig um den Sack, weil so die beste Verteilung des Füllmaterials gewährleistet wird.

Durchgesteppte Schlafsäcke: Beim durchgesteppten (oder durchgenähten) Schlafsack werden die Kanäle dadurch gebildet, dass Futter und Außenmaterial einfach miteinander vernäht werden.

Es ist offensichtlich, dass ein solcher Schlafsack sehr schlecht isoliert, da an

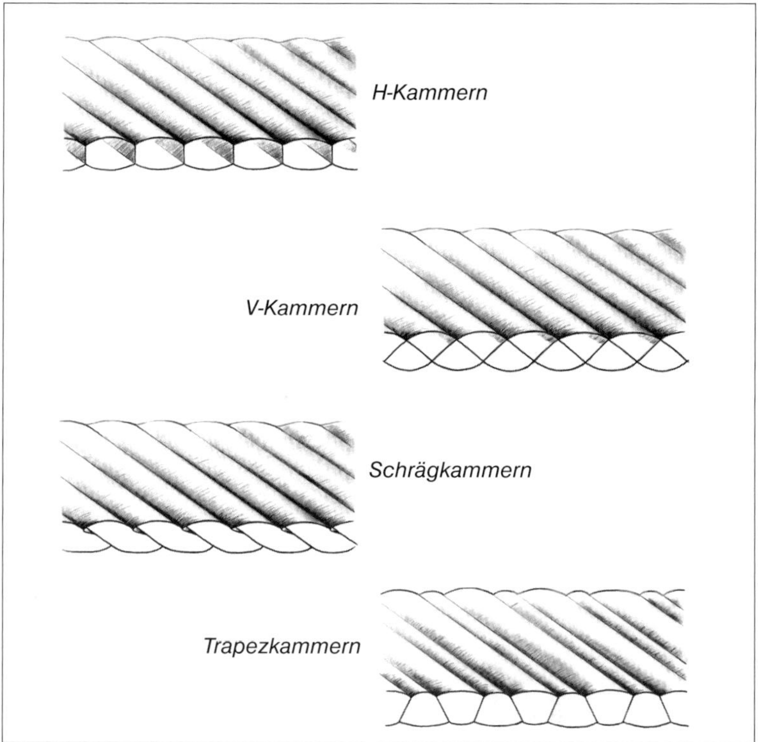

allen Nähten die Stärke der Füllung gleich Null ist und die Füllung sich nicht ungehindert aufbauschen kann. Durchgesteppte Schlafsäcke sind daher nur für warme Regionen und für den Sommereinsatz geeignet. Vorteil: billig und leicht.

Versetzt durchgesteppt: Deutlich besser sind zweilagige Konstruktionen, bei denen die Steppnähte versetzt laufen, d.h. über der Naht der inneren Lage verläuft eine Kammer der äußeren Lage. Dabei ist die innere Lage enger geschnitten als die äußere (Differentialschnitt). Solche Schlafsäcke sind etwas schwerer als echte Kammerkonstruktionen, können aber bei einigen Herstellern auseinandergenommen werden, sodass man zwei leichte Schlafsäcke erhält. Vorteil: variabel.

Stege

Alle besseren Schlafsäcke verwenden Stege (Zwischenwände), um Kammern zu bilden. Diese Stege bestehen aus einem sehr leichten Stoff, der mit dem Futter und dem Außenbezug vernäht wird, sodass keine „kalte Naht" entsteht. Nur bei dieser Konstruktion kann der Differentialschnitt seine Vorteile ausspielen: Das Außenmaterial liegt locker und wird durch die Füllung auf maximaler Distanz gehalten, d.h. die Isolierschicht bleibt gleichmäßig dick. Schlafsäcke mit Stegen werden auch als „kammergenäht" bezeichnet. Je nach Anordnung der Stege unterscheidet man drei Hauptgruppen mit unterschiedlicher Leistungsfähigkeit.

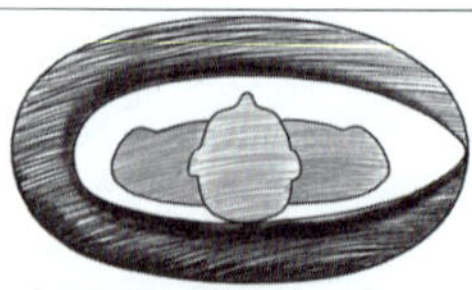

Standardkonstruktion

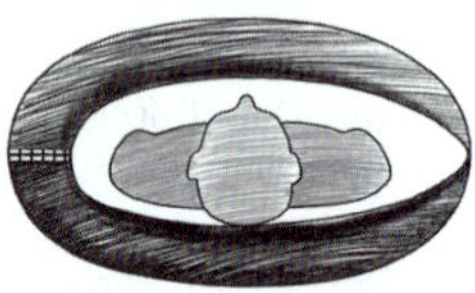

Standard mit unterbrochenen Kammern

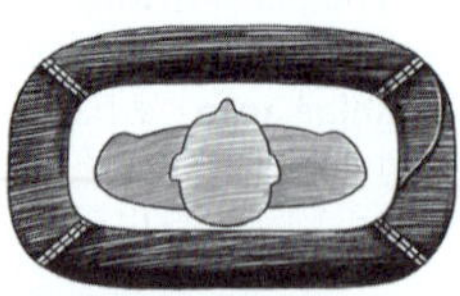

Radialkammer-Konstruktion

Die häufigste Stegkonstruktion stellen **H-Kammern** mit senkrecht verlaufenden Stegen dar, die leichter und preiswerter sind als andere Kammertechniken, aber an den Stegen eine leichte Minderung der Isolierkraft aufweisen.

Schrägkammern: Hier sind die Nähte versetzt, sodass die Stege schräg verlaufen. Diese Technik ist etwas aufwendiger, teurer und geringfügig schwerer, vermeidet aber Kältebrücken an den Nähten noch besser.

V-Kammern: Die Luxusversion der Kammertechnik hat versetzte Nähte und V-förmig verlaufende Stege. Sie fixiert die Füllung am besten, hat keine Kältebrücken, ist aber aufwendiger und teurer. Ganz ähnlich sind **Trapezkammern.**

Da die Füllung an der Unterseite des Schlafsacks durch das Gewicht des Körpers ohnehin zusammengedrückt wird, verwenden manche Hersteller **kombinierte Konstruktionen;** z.B. Kammerkonstruktion oben, durchgesteppt unten.

Radialkonstruktionen

Kammern und Kanäle verhindern das Verrutschen der Füllung zum Kopf- oder Fußende hin. Innerhalb der Kammern kann die Füllung jedoch seitlich verrutschen. Das hat Nachteile, aber auch einen Vorteil: Bei der ein-

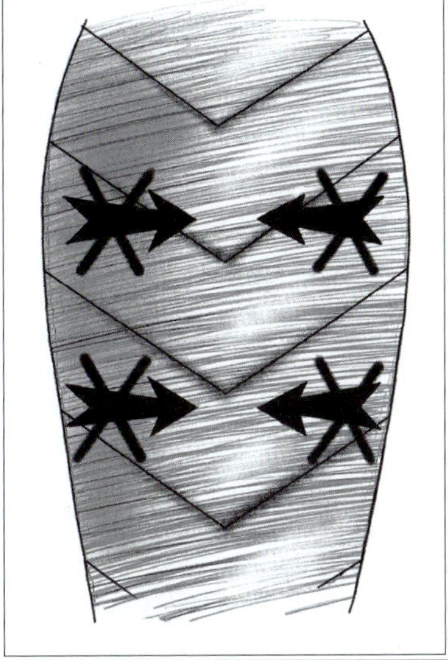

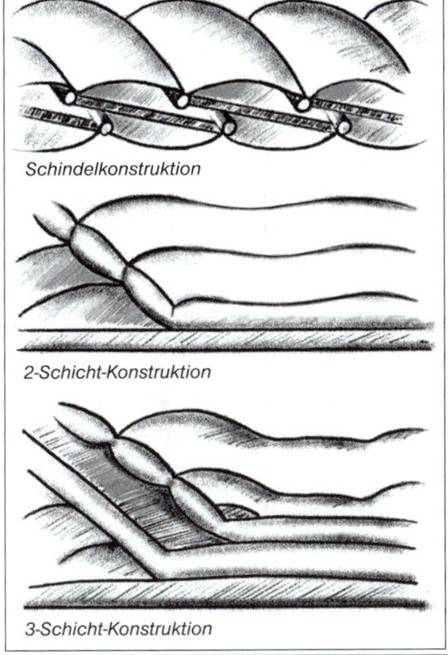

Schindelkonstruktion

2-Schicht-Konstruktion

3-Schicht-Konstruktion

fachen **Standardkonstruktion** sind die Kammern ringsum durchlaufend, sodass man die Füllung mehr zur Oberseite schütteln kann, um einen wärmeren Schlafsack zu erhalten, oder aber mehr zur Rückenseite, wenn er in warmen Nächten nicht so stark isolieren soll. (Tipp: Dazu den Reißverschluss ganz öffnen und den Schlafsack seitlich schütteln.)

Die nächste Stufe ist die **Standardkonstruktion mit unterbrochenen Kammern,** bei der auf der dem Reißverschluss gegenüberliegenden Seite ein zusätzlicher Steg die Ober- von der Unterseite trennt. Sie ermöglicht eine individuelle Füllung; z.B. 60 % an der Ober-, 40 % an der Unterseite, ist aber nicht mehr so variabel wie die Standardkonstruktion.

Chevron-Buffles

Kunstfaster-Konstruktionen

Noch weiter gehen **Radialkammer-Konstruktionen,** bei denen die einzelnen Kammern durch vier oder mehr Stege weiter unterteilt werden, sodass Schlafsäcke mit teilweise weit über hundert einzelnen Kammern entstehen. Bei dieser Konstruktion wird natürlich die Isolierkraft der Füllung am effektivsten genutzt, sie ist aber auch besonders aufwendig und teurer.

Eine andere Möglichkeit, das seitliche Verrutschen der Füllung zu verhindern, sind **Chevron Baffles** (V-förmig oder W-förmig verlaufende Kammern), deren Winkel die Füllung festhalten.

Kunstfaser-Konstruktionen

Kurzfasern müssen – ehe sie in einem Schlafsack verarbeitet werden können – zunächst mit Silikon beschichtet und mit Sprühklebern zu Vliesmatten verbunden werden. Diese Matten werden dann meist in zwei Schichten mit dem Außenbezug und dem Futter vernäht, jedoch nicht miteinander verbunden, um Kältebrücken zu vermeiden. Bei besseren Schlafsäcken für den Wintereinsatz liegt dazwischen eine dritte Vliesmatte, die nicht vernäht ist.

Endlosfasern, deren Vlies besonders reißfest ist, ermöglichen eine aufwendigere und besonders effektive Schindelkonstruktion, bei der die einzelnen Matten schindelförmig überlappend an Außenbezug und Futter angenäht werden. So werden Kältebrücken wirkungsvoll vermieden, und die Isolierkraft des Schlafsacks lässt sich auf einfache Weise dadurch steigern oder verringern, dass man die Matten bei der Herstellung mehr oder weniger überlappen lässt.

Als **Fachhöhe** oder **Loft** bezeichnet man den Abstand zwischen Futter und Außenbezug bei voll aufgebauschter Füllung – also im Idealfall die Breite der Stege. Sind die Kammern zu schwach gefüllt, erreicht der Loft nicht die Steghöhe, sind sie zu stark gefüllt, wird die Füllung komprimiert und kann nicht ihre volle Isolierwirkung entfalten.

Achtung: Manche Hersteller bezeichnen mit Loft die Dicke des gesamten Schlafsacks, also die doppelte Fachhöhe.

Material

Bezug

Der Bezug muss so dicht sein, dass Daunen (oder Fasern) ihn nicht durchdringen, und gleichzeitig so luftdurchlässig, dass verdunstete Körperfeuchtigkeit (ca. ¼ l pro Nacht!) ungehindert entweichen kann. Außerdem soll er leicht sein, Wasser abweisend und strapazierfähig. Keinesfalls darf er wasserdicht beschichtet sein, da Schweiß sich sonst in der Füllung niederschlägt und das Isoliervermögen des Schlafsacks beeinträchtigt. Gewöhnlich werden Ripstop-Nylon oder Polyesterstoffe verwendet, die leichter und reißfester sind als Baumwolle und praktisch keine Nässe aufnehmen.

Besonders hochwertig sind Außenstoffe aus Mikrofasergewebe (z.B. *Pertex* oder *VersaTech*) oder *Gore Dry-Loft,* die atmungsaktiv sind, gleichzeitig aber hervorragend winddicht und Wasser abweisend. Diese Außenstoffe steigern die Wärmeleistung und sind besonders empfehlenswert, falls man gelegentlich unter freiem Himmel schlafen will. Aber auch im Zelt haben sie ihre Vorteile, wenn durch schmelzenden Schnee oder Kondenswasser Feuchtigkeit entsteht oder die Kaffeetasse einmal überschwappt.

Die Schweizer Firma *Exped* hat die weltweit ersten nässeunempfindlichen Daunenschlafsäcke geschaffen. Die sogenannten **Waterbloc-Schlafsäcke** haben Bezüge aus stark Wasser abweisendem *Texped PA35* Ripstop-Nylon, das nicht genäht, sondern bandverschweißt wurde.

Futter

Der Futterstoff muss nahezu die gleichen Eigenschaften wie der Außenstoff haben und soll sich außerdem möglichst angenehm anfühlen. Statt Wasser abweisend zu sein, muss der Futterstoff jedoch Feuchtigkeit aufsaugen und nach außen ableiten.

Baumwolle ist als Futterstoff weniger geeignet, da sie relativ schwer ist, Nässe aufnimmt und speichert, weniger verschleißfest ist, schneller verschmutzt und nässeempfindlicher ist als Kunstfasern. Dass Baumwolle sich auf der nackten Haut angenehmer anfühlt als Kunstfasern, stimmt heute nicht mehr. Außerdem wird man sich nur selten nackt in den Schlafsack legen – und falls man es tut, sollte man ein herausnehmbares Inlett benutzen, das viel einfacher zu waschen ist als der ganze Schlafsack. Wer nicht auf Baumwolle verzichten will, sollte ein leichtes Baumwoll-Inlett verwenden. Eine Alternative bieten **Viskose-Nylon-Mischgewebe,** die robuster sind, Feuchtigkeit ableiten und schneller trocknen.

Die meisten Hersteller verwenden **Nylonstoffe,** die oft so bearbeitet sind, dass sie sich gar nicht wie Kunstfasern, sondern seidig und weich anfühlen (z.B. *Silky Taffeta*). Besonders komfortabel sind neuere Futterstoffe aus Polyester (z.B. *ThermaStat™*), die aus weichen Hohlfasern bestehen, temperaturregulierend wirken und die Feuchtigkeit hervorragend vom Körper weg nach außen ableiten (wie Thermo-Unterwäsche).

Füllung

Die Aufgabe der Füllung ist eindeutig: Sie soll isolieren. Manche meinen, das bedeute „wärmen", aber kein Schlafsack wärmt, er kann nur verhindern, dass die Wärme schnell entweicht. Isolation bedeutet wörtlich „Abtrennung" – in diesem Fall Abtrennung der Körperwärme von der kalten Außenluft. Das Hindernis, wodurch abgetrennt wird, der Isolator also, muss logischerweise eine möglichst niedrige Leitfähigkeit für Wärme aufweisen. Die Füllung eines Schlafsacks soll außerdem eng komprimierbar und unempfindlich gegen Feuchtigkeit sein, rasch trocknen und eine hohe Lebensdauer haben.

Daune oder Kunstfaser? Da scheiden sich die Geister. Um eines vorab und ein für allemal klarzustellen: Beide Materialien können gleich gut warm halten! Oder aber: Beide isolieren gleich wenig, denn was isoliert, ist nicht eigentlich das Füllmaterial, sondern die dazwischen eingeschlossene Luft.

Isolator Luft

Der Stoff mit der weitaus niedrigsten Wärmeleitung, der überall und jederzeit in reichlicher Menge zur Verfügung steht und zudem „praktisch nichts" wiegt, ist Luft. Eine gute Schlafsackfüllung muss daher vor allem ei-

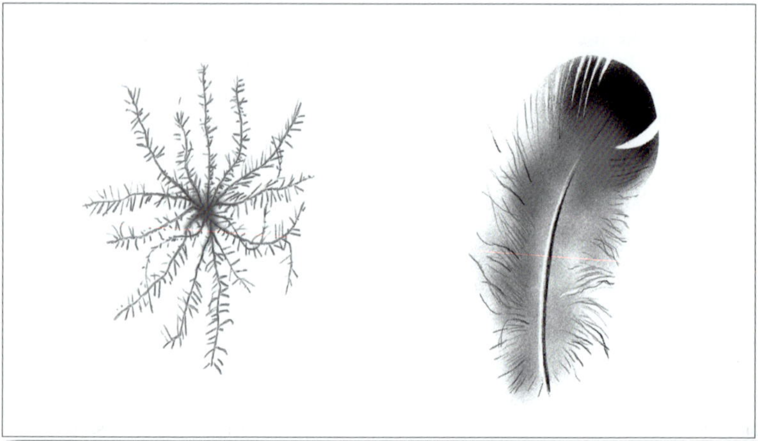

nes enthalten: viel Luft. Das Material, das die Luft einschließt, spielt für die Isolierung selbst eine sekundäre Rolle. Wichtig ist nur, dass es zahlreiche kleine Kammern besitzt, die nach außen hinreichend abgeschlossen sind, sodass möglichst wenig erwärmte Luft entweichen kann.

Ob man nun den Zwischenraum mit hochwertiger Daune ausfüllt, mit billigen Kunstfasern, mit Pingpongbällen, Drahtwolle oder Kartoffelchips, ist für die Isolierung von geringerer Bedeutung. Die Pingpongbälle würden sicher nicht viel schlechter isolieren als teure Gänsedaunen – allerdings lassen sie sich nicht so eng zusammenpacken wie die Daune. Stahlwolle wäre deutlich schwerer, und die Kartoffelchips längst nicht so haltbar. Voilà! Das ist der Unterschied.

Die häufige Frage, ob ein billiger Schlafsack viel schlechter isoliert als ein teurer, hat sich damit erledigt. Die Antwort lautet: „Er kann ebenso gut oder sogar besser isolieren, ist dann aber entsprechend schwerer und weniger klein verpackbar!"

Nachdem also „exotische" Füllungen ausgeschieden sind, bleiben für Wanderschlafsäcke nur zwei Gruppen sinnvoller Füllmaterialien: Daune und Kunstfasern.

Daune

Um viel Luft zu umschließen und dennoch klein verpackbar und leicht zu sein, muss die Füllung eine in Relation zum Gewicht möglichst hohe Dehnfähigkeit besitzen, d.h. ausge-

Links: Daune, rechts: Kleinfeder

packt schnell ein großes Volumen einnehmen. In dieser Hinsicht ist gute Daune nach wie vor unübertroffen. Außerdem hat sie eine deutlich höhere Lebensdauer als jede Kunstfaserfüllung.

Kleine Daunenkunde

Daunen bestehen aus vielen strahlenförmigen Verästelungen, die von einem Kern aus in alle Richtungen ragen und von äußerst feinen Flaumhärchen überzogen sind. Dadurch kann die Daune die Luft hervorragend festhalten und zu einem isolierenden Polster binden.

Entscheidend für die Leistungsfähigkeit der Daune ist ihre **Größe** und ihre **Bauschfähigkeit,** die unmittelbar von Herkunft, Alter und Art des Tieres abhängen, von dem die Daune stammt. Am größten und bauschfähigsten (also am besten) sind die Daunen ausgewachsener Gänse aus kalten Regionen (z.B. Polen). Sie haben die höchste Isolierfähigkeit in Relation zu Gewicht und Packvolumen. Entendaunen sind generell kleiner, ebenso die Daune von Tieren aus wärmeren Regionen (z.B. Südostasien).

Da die Daunen keinen Kiel besitzen, habe sie eine sehr geringe **Tragfähigkeit,** d.h. sie werden bei geringsten Belastungen zusammengepresst. Um die Füllung zu stützen und ihr auch unter ungünstigen Bedingungen mehr Bauschkraft zu verleihen, wird ihnen für Schlafsackfüllungen fast immer ein kleiner Anteil an **Kleinfedern** beigemischt. Das Mischungsverhältnis sollte unbedingt in Gewichtsprozent angegeben sein. Angaben in Volumenprozent täuschen einen zu hohen Daunenanteil vor und sind stets verdächtig. Hochwertige Schlafsäcke sind mit 90/10er oder 80/20er Daune gefüllt, d.h., dass sie bei einer Füllung von 1000 g Gewicht 900 bzw. 800 g Daune und 100 bzw. 200 g Kleinfedern enthalten (das sind theoretische Zahlen, denn so viel ist fast nie drin!). Bei einem höheren Kleinfederanteil von 70/30 oder gar 50/50 wird der Preis zwar günstiger, aber die Bauschfähigkeit (und somit das Wärme/Gewicht-Verhältnis) spürbar schlechter.

Das Mischungsverhältnis sagt allerdings noch nichts über die Qualität der Daune – also ihre Bauschfähigkeit – aus. Hierzu muss man die **Fillpower (Füllkraft, Bauschkraft)** der Daune kennen (Volumen pro Gewichtseinheit), die sich exakt messen lässt und meist in Kubik-Inches (Cuin) pro Unze angegeben wird. Kurz: Wieviel Kubik-Inches füllt eine Unze Daunen? Diese Rechnereien brauchen keinen zu verwirren, da uns nur die reinen Zahlen interessieren: Eine Füllkraft von 450–550 gilt als durchschnittlich, ab 550–650 als gut, 700–750 ist sehr gut. Spitzenprodukte haben eine Füllkraft von 800–900 Cuin.

Es ist allerdings zu beachten, dass die Füllkraft mit der Zeit nachlässt. Die Angaben beziehen sich meist auf Messergebnisse nach Herstellung der Mischungen. Schon der Transport und die Lagerung im Geschäft können die Füllkraft verändern. Dennoch sind die Angaben hilfreich für den Vergleich verschiedener Produkte.

Bei Wärme-Gewicht-Verhältnis und Lebensdauer ist Daune selbst den besten Kunstfasern deutlich überlegen. Einziger Nachteil ist ihre **Nässeempfindlichkeit:** Sie nimmt Wasser auf, beginnt (wenn sie nicht regelmäßig getrocknet wird) zu verklumpen und deutlich an Leistungsfähigkeit zu verlieren, und sie trocknet langsamer als Kunstfasern. Die Isolierfähigkeit völlig nasser Daune ist praktisch gleich Null, während ein nasser Kunstfaserschlafsack nach dem Auswringen noch ganz passabel warm hält.

Die Firma *Lestra* hat Schlafsäcke entwickelt, deren Daunen **mit Teflon bedampft** und dadurch weit weniger empfindlich gegen Nässe sind. Sie nehmen nur ca. halb so viel Wasser auf und trocknen doppelt so schnell wie unbehandelte Daunen.

Daunenschlafsäcke sollte man unterwegs möglichst jeden Morgen gleich nach dem Aufstehen ganz geöffnet zum **Trocknen** aufhängen. Ist dies wegen hoher Luftfeuchtigkeit, häufiger Regenfälle oder aus anderen Gründen nicht praktikabel, sollte man sich für eine Kunstfaserfüllung entscheiden. Auch wer öfter in einem wasserdichten Biwaksack schläft, sollte wegen der Kondenswasserbildung die Kunstfaser wählen. Das Argument, für Paddeltouren käme wegen der Feuchtigkeitsempfindlichkeit von Daunen nur ein Kunstfasermodell in Frage, kann ich hingegen nicht akzeptieren. Mit der großen Auswahl absolut wasserdichter Behälter können Wasserwanderer ihre Federbettchen ebenso gut trockenhalten wie Rucksack-Trekker.

Kunstfaser- (Synthetik-) Füllungen

Hinsichtlich Gewicht, Packvolumen und Schlafkomfort können selbst die besten Kunstfasern nicht mit guter Daune konkurrieren. Dafür nehmen sie kaum Wasser auf (Polyester maximal 0,8 % seines Eigengewichts; zum Vergleich Daune: 12 %), trocknen daher enorm schnell und verlieren auch in nassem Zustand nur wenig an Bauschkraft (ca. 3–5 %). Außerdem haben sie eine höhere Tragkraft (d.h. sie werden nicht so leicht zusammengepresst), sind billiger herzustellen und verrutschen nicht so leicht, was aufwendige Kammerkonstruktionen erspart. Allerdings verlieren sie durch mechanische Beanspruchung schneller an Bauschkraft als Daune und sind nicht so langlebig wie eine Daunenfüllung. Ein weiterer Nachteil der „Synthetiks" mit Kurzfaserfüllung ist, dass sie, um richtig zu funktionieren, eine Menge Chemie erfordern.

Hergestellt werden Synthetikfüllungen heute überwiegend aus Polyesterfasern unterschiedlichster Art. Da diese Fasern von Natur aus eine raue Oberfläche mit mikroskopischen Häkchen besitzen, müssen sie zunächst mit einer glatten **Silikonschicht** ummantelt werden, damit sie sich ungehindert aufbauschen können. Bei Billigprodukten kann sich diese Beschichtung bereits nach dem ersten Waschen ablösen, sodass die Füllung stark zusammenfällt und an Isolierkraft verliert. Beim Kauf überprüfbar ist das leider nicht. Man kann sich nur auf Markenfasern namhafter Hersteller verlassen, die im Laufe der Zeit zwar ebenfalls an Bauschkraft verlieren, dies jedoch deutlich langsamer.

Kunstfasern werden in zwei Hauptgruppen unterteilt: **Kurzfasern** (staple fiber, Stapelfasern), die nur wenige Zentimeter lang sind, und durchgehende **Endlosfasern** (Endlosfilamente).

Synthetische Fasern werden in sehr unterschiedlichen Faserstärken hergestellt. Um als Schlafsackfüllung dienen zu können, müssen alle Kunstfasern zunächst zu einem **Faservlies** verarbeitet werden, in dem man meist feinere und gröbere Fasern mischt. Die Kurzfasern werden zunächst gekräuselt, um eine dreidimensionale Struktur zu erhalten, dann mit Sprühklebern zu Matten verfestigt und meist zusätzlich auf einem hauchdünnen Trägermaterial fixiert. Endlosfasern erhalten schon bei der Herstellung ihre dreidimensionale Struktur und erfordern weder Kleber noch Trägerschichten. Häufig verwendete Kunstfasern sind:

Endlosfasern

- **Polarguard:** reißfeste und sehr robuste Vollfaser
- **Polarguard HV:** reißfeste und sehr robuste Hohlfaser mit polygonalem („mehreckigem" und somit stabilerem) Querschnitt, 20 % leichter als Polarguard
- **Trevira Polarguard HV:** ähnlich Polarguard HV, jedoch von einem anderen Hersteller
- **Polarguard Delta:** High-Void-Hohlfaser mit größerem Querschnitt für noch robustere und bauschkräftigere Isolierung
- **PlumaFill:** Endlosfasern aus 100 % Polyester mit daunenähnlicher Struktur, die Wärmeleistung und Komprimierbarkeit von Daune mit der Nässeunempfindlichkeit der Synthetikisolierung kombiniert

Kurzfasern

- **Hollofill:** eine der ersten Hohlfasern nach dem Vorbild von Eisbär- und Rentierhaaren
- **Quallofill:** vierfach unterteilte Hohlfaser
- **Quallofill 7:** siebenfach unterteilte Hohlfaser
- **Thermoloft:** sehr dünne Hohlfaser
- **Microloft:** Mischung aus 80 % extrem dünnen und 20 % dickeren Fasern
- **Terraloft:** Mischung silikonisierter Hohlfasern mit Spiralfasern
- **Ultraloft:** Mischung silikonisierter Mehrkanalfasern mit Spiralfasern
- **MTI Loft:** Mischung silikonisierter, ultradünner Hohlfasern, die sich fast wie Daune anfühlen
- **Thinsulate Liteloft:** eine thermoverschweißte Mischung unterschiedlicher Fasern mit sehr guten Eigenschaften, die sich ähnlich wie Daune anfühlt und in Schindeltechnik verarbeitet werden kann

Schlafsackdetails

Form/Größe

Die Form des Schlafsacks wirkt sich direkt auf seine Wärmeleistung aus. Je größer der Innenraum eines Schlafsacks, desto schwieriger wird es, ihn

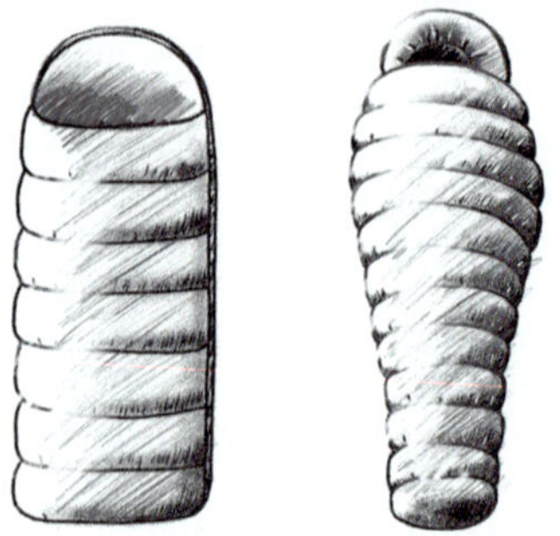

Schlafsackformen

aufzuheizen. Je enger er anliegt, desto wärmer ist er. Ein rechteckig geschnittener Deckenschlafsack etwa ist nur für warme Sommernächte geeignet. Bei kühleren Temperaturen wird ein auf Körperform geschnittener Mumienschlafsack erforderlich. Aber auch in dieser Kategorie gibt es weiter und enger geschnittene Modelle. Die Entscheidung ist vom subjektiven Empfinden abhängig. Der eine fühlt sich schnell eingeengt, der andere mag den hautnahen Kokon und schätzt seine bessere Wärmenutzung und die Gewichtsersparnis. Für eine richtige Entscheidung hilft nur Probeliegen.

Für Personen von mehr als 180 cm Körpergröße gibt es von vielen besseren Modellen XL-Versionen. Auch für Kinder gibt es eine ganze Reihe von speziellen Schlafsäcken.

Tipp: Notfalls kann man für Kinder einen normalen Schlafsack unterhalb der Füße mit einem Gürtel oder einem Seil zuschnüren und das überflüssige Ende umklappen, damit kein toter Raum aufgeheizt werden muss.

Kapuze

Da etwa ein Drittel der Körperwärme über den Kopf abgegeben wird, ist eine Kapuze ein absolutes Muss für jeden Schlafsack. Für gemäßigte Regionen reicht eine einfache **Flachkapuze** mit feststellbarem Schnurzug. Für kältere Nächte braucht man eine **Konturkapuze** mit dickerer Füllung, die so weit geschlossen werden kann, dass nur noch Mund und Nase frei bleiben.

Reißverschluss

Ein Reißverschluss, der bis zum Fußende des Schlafsacks reicht oder sogar noch darum herum, ist sehr vorteilhaft, wenn man das gute Stück auch bei höheren Temperaturen verwenden will. Indem man ihn ganz oder teilweise öffnet, kann man die Ventilation und die Temperatur regulieren oder den Schlafsack in besonders warmen Nächten als Zudecke benutzen. Ein Zwei-Weg-Reißverschluss kann auch vom Fußende her geöffnet werden.

Da Reißverschlüsse trotz guter Abdeckung Wärme entweichen lassen, sollten sie um so kürzer bemessen sein, je tiefer die Temperaturen liegen. Umlaufende Reißverschlüsse am Fußende gehören nicht an Winterschlafsäcke. Manche Wintermodelle haben einen verkürzten Seiten-Reißverschluss und einige Extrem-Schlafsäcke sogar einen ganz kurzen an der Oberseite.

Meist werden „selbstreparierende“ Spiralreißverschlüsse **aus Kunststoff** verarbeitet, an denen sich kleinere Macken dadurch beheben lassen, dass man mit dem Schieber darüberfährt. Damit er sich nachts nicht unbeabsichtigt öffnen kann, haben bessere Modelle oben eine Klettsicherung. Metall-Reißverschlüsse werden nur noch selten verwendet, da sie schlechter laufen, schwerer sind, Kälte leiten und leichter vereisen.

Sehr wichtig ist, dass sich keine Stoffwülste oder womöglich sogar nicht eingefasste Nahtkanten im Reißverschluss verklemmen können. Schlafsäcke einiger Hersteller besitzen zusätzlich zwei Bandstreifen als **Klemmschutz.**

Unverzichtbar für jeden Reißverschluss ist eine isolierte **Reißverschluss-Abdeckung,** die gar nicht dick und breit genug sein kann – sonst hat man die schönste Kältebrücke.

Fußbox

In kalten Nächten brauchen die Füße besonderen Schutz, da man dort erfahrungsgemäß am schnellsten friert. Das Fußende muss besonders dick gefüllt sein. Manche Hersteller setzen sogar einen separat isolierten Fußsack ein. **Tipp:** Nach meiner Erfahrung kann es sehr vorteilhaft sein, nachts Socken zu tragen.

Wärmekragen

Ein Wärmekragen ist ein isolierter Wulst, der mit einer elastischen Kordel um Hals und Nacken geschlossen und mit einem Tanka (Klemmverschluss) oder Klettverschluss fixiert werden kann, damit keine warme Luft entweicht. Er ist nur an Winterschlafsäcken erforderlich, da ein guter Schnitt in Verbindung mit einer Konturkapuze nahezu den gleichen Zweck erfüllt.

Extras

Zwei Schlaufen am Fußende können praktisch sein, um den Schlafsack zu Hause in den Schrank oder unterwegs zum Trocknen aufzuhängen. Eine kleine Innentasche ist vorteilhaft, wenn man Papiere, Uhr und andere Kleinigkeiten nachts sicher aufbewahren will. Außerdem sind manche Schlafsäcke mit einem abnehmbaren Kopfkissenfach ausgestattet, in das man einen Fleece-Pullover stopfen kann. Besonders empfehlenswert erscheinen mir einige Schlaufen an der Innenseite, um ein Inlett oder einen zusätzlichen Innenschlafsack zu fixieren.

Preistipps

Bei Schlafsäcken sind Preisangaben schwierig, da auch ein billiger Schlafsack genauso warm halten kann wie ein teurer – nur ist er dann eben erheblich schwerer. Generell sind Daunenschlafsäcke deutlich teurer als Kunstfasermodelle, wobei die Preise natürlich stark von der Qualität der Daune abhängig sind (die wiederum das Gewicht bestimmt). Passable Sommerschlafsäcke mit Kunstfaserfüllung kann man schon für 100 bis 150 € bekommen. Modelle um 180–200 € sollten schon für Einsätze bis an die Null-Grad-Grenze heran ausreichen. Für einen guten Allround-Schlafsack, den man auch bei mäßigem Frost benutzen kann, würde ich etwa

200–300 € bei Kunstfaserfüllung ansetzen, ca. 300–450 € bei guter Daunenfüllung und ca. 350–600 € bei exzellenter Daunenfüllung und entsprechend niedrigem Gewicht. Es gibt auch deutlich günstigere Angebote, bei denen man allerdings sehr sorgfältig auf die Qualität achten sollte. Ultraleicht-Schlafsäcke mit bester Daune können selbst für Temperaturbereiche bis minimal 0 °C bereits über 300 € kosten. Für Winterschlafsäcke, die auch bei Temperaturen unter -15 °C noch Komfort bieten, muss man etwa 300–450 € bei Kunstfaser und 600–900 € bei Daunenfüllung rechnen. Für Komfort bei Temperaturen um oder unter -15 °C werden allerdings heute nur wenige Schlafsäcke mit Kunstfaserfüllung angeboten. Hier liegt der Bereich der hochwertigen Daune. Beachten Sie außerdem, dass bei gleicher Füllung auch unterschiedliche Bezugsmaterialien den Preis spürbar beeinflussen können.

Produktbeispiele

Leichte Daunenschlafsäcke

Mein Schlafsack für Wanderungen mit leichtem Gepäck ist der *Comfort 400* des Schweizer Ausrüstungsexperten *Exped*. Er wiegt alles in allem nur 920 g, lässt sich auf 20 x 24 cm komprimieren (also Durchmesser 20, Länge 24 cm) und bietet doch bis zum Gefrierpunkt herrlichen Schlafkomfort. Der *Comfort 400* enthält 335 g erstklassiger Gänsedaune mit einer Füllkraft von 750 Kubik-Inches und ist so überlegt konstruiert sowie sorgfältig verarbeitet, wie es das kostbare Material verdient.

Eine hervorragende Kombination zahlreicher Pluspunkte bietet der *Green Kazoo* der Firma *The North Face*: ein umweltfreundlicher, technisch ausgereifter Drei-Jahreszeiten-Daunenschlafsack mit einem Gewicht von 1530 g. Er besitzt ein Trapez-Kammersystem und ist mit osteuropäischer Gänsedaune von über 700 Cuin gefüllt. Zusätzlich bietet er in den Kompressionszonen eine *Climashield™* HL Green-Kunstfaserfüllung aus 100 % recyceltem Kunststoff. Dank einer daunengefüllten Reißverschluss-Abdeckung und einer passgenauen Kapuze (von innen mittels Tunnelzug verschließbar) bietet er bis ca. -10 °C guten Schlafkomfort. Zudem glänzt er mit einer Reihe ausgefeilter Details wie Schlaufen zur Befestigung an der Matte, reflektierenden Reißverschluss-Griffen und einer aufgeschweißten Uhrentasche. Extra-Pluspunkte (und seinen Namenszusatz „Green") verdient der Schlafsack durch seine ausgesprochen umweltfreundliche Herstellung: sowohl die *Climashield™* Füllung als auch die Hülle aus abriebfestem *Pertex®* Eco sind zu 100 % aus recyceltem Polyester gefertigt. Dadurch wurden der Energieverbrauch um 84 % und die CO^2-Emissionen um 77 % reduziert.

Schichtsystem bei extremer Kälte

Auch beim Schlafsack bewährt sich das Schichtsystem: Auf einer mehrwöchigen Ski- und Schlittentour im Yukon mit Temperaturen bis zu -47 °C habe ich einen Daunenschlafsack mit 1000 g von 700-Füllkraft-Gänsedaune *(On the Top* von *Golde)* verwendet. Bis ca. -30°C bot er mit Fleece-Unterwäsche guten Komfort. Bei tieferen Temperaturen habe ich zusätzlich eine **Daunenweste** darin getragen, bei extremster Kälte darüber noch eine Daunenjacke. So konnte ich nicht nur variabel jeder Temperatur angepasst komfortabel schlafen, sondern beim Aufstehen auch eine angenehme Wärmehülle mitnehmen!

Schlafsackzubehör

Inlett

Inletts aus einem dünnen Nylon-, Seiden- oder Baumwollstoff schützen den Schlafsack vor Verschmutzung, können zum Waschen herausgenommen werden, trocknen rasch und können das aufwendige Waschen des Schlafsacks weitgehend ersparen. Inletts aus Fleece erbringen zusätzliche Isolierung, können die Wärmeleistung um 5–8 Grad steigern und bei Bedarf als Hüttenschlafsack benutzt werden. Allerdings sind sie relativ schwer. Inletts sollten an mehreren Schlaufen im Inneren des Schlafsacks befestigt werden können, damit sie nachts nicht verrutschen.

Innenschlafsack

Um die Wärmeleistung des Schlafsacks noch weiter zu steigern, kann man einen passenden Innenschlafsack darin befestigen. Die Betonung liegt auf „passend". Es hilft schließlich nicht viel, irgendeinen Schlafsack hineinzustopfen, dessen Füllung dann total zusammengepresst wird. Lassen Sie sich im Fachgeschäft beraten.

Vapor Barrier Liner

Der Vapor Barrier Liner ist eine absolut wasserdichte Dampfsperre, die für besonders niedrige Temperaturen empfohlen wird, um die Schweißabsonderung zu reduzieren und die Schlafsackfüllung zu schützen. Diese „Plastiktüte" wird in den Schlafsack gestopft, man schlüpft mit Thermo-Unterwäsche oder Fleece-Bekleidung hinein und schmort im eigenen Saft – aber warm. Mir ist die Sache etwas suspekt – schon weil ich mich frage, was ich am nächsten Morgen bei starkem Frost mit der patschnassen Unterwäsche machen soll, und weil ich nur höchst ungern damit in die Kälte hinauskriechen würde!

Schlafsack-Überzug/Biwaksack

Ein Schlafsack-Überzug schützt das teure Stück gegen Nässe von außen und gegen Wind. Er ist im Grunde nichts anderes als ein Biwaksack. Vor allem, wenn man im Freien übernachtet, bringt er ganz erhebliche Vorteile, da er die u.U. sehr starke Auskühlung durch den Wind drastisch reduziert, und selbst im Zelt (sofern es dort auch nur ein bisschen zieht) macht er sich angenehm bemerkbar. Als Biwaksäcke sind *GoreTex*-Überzüge am besten. Wasserdicht beschichtete Überzüge sollte man nur im Notfall und in Verbindung mit einem Kunstfaserschlafsack verwenden, da das Kondenswasser die Isolierfähigkeit einer Daunenfüllung stark reduzieren würde. Manche Biwaksäcke können mit einem oder mehreren Gestängebogen aufgespannt werden und bilden dann bereits den Übergang zu den Biwakzelten (s. Kapitel „Zelt").

Produktbeispiel Biwaksack

Auf Touren mit besonders leichtem Gepäck benutze ich den *Exped Bivybag eVent/PU* mit wasserdicht beschichteter Unterseite und sehr wasserdicht/dampfdurchlässiger Oberseite. Er ist mit einem sehr feinmaschigen Moskitonetz ausgestattet, sodass man mit freiem Blick auf den Nachthimmel schlafen kann, ohne von Blutsaugern belästigt zu werden. Natürlich kann er auch ganz geschlossen werden, und er wiegt nur 565 g. Erhältlich von der Firma *Exped.*

Isoliermatte

Selbst der beste und teuerste Schlafsack kann nicht ausreichend gegen Bodenkälte isolieren, da die Füllung durch das Körpergewicht stark zusammengepresst wird. Eine Isoliermatte ist daher unerlässlich. **Schaummatten** sind in Stärken zwischen 0,5 und 1,9 cm erhältlich (letztere für den Wintereinsatz) und zwischen 180 x 50 und 200 x 60 cm groß. Eine durchschnittliche Schaummatte wiegt etwa 500 g. Billige **PE-Matten** sind eher Einwegartikel, die bald plattgepresst sind und leicht Wasser aufnehmen. Gute PE-Matten haben geschlossene Zellen und nehmen daher kein Wasser auf. Am besten sind **Evazote-Matten** aus hochwertigem, FCKW-freiem Schaumstoff mit geschlossenen Zellen, die kein Wasser aufnehmen, sehr gut isolieren und relativ rutschfest sind. Da Schaummatten sehr sperrig sind, werden sie gewöhnlich außen am Rucksack befestigt, was für den Transport in öffentlichen Verkehrsmitteln problematisch sein kann (s.o.: „Rucksack/Tipps zum Packen").

Normale **Luftmatratzen** sind für Wanderungen zu schwer und isolieren nicht sehr gut, da die Luft darin zirkulieren kann. Anders hingegen die **Thermo-Luftmatratzen** aus weichem, offenzelligem PU-Schaum und einer luftdichten Nylonhülle. Sie nehmen absolut kein Wasser auf, sind sehr komfortabel und klein verpackbar, im Durchschnitt aber etwa doppelt so schwer wie Schaummatten. Probleme kann es bei starkem Frost geben, wenn durch Kondenswasser (vom Nachpusten) im Inneren der Matte Eiskristalle entstehen, die zu Schäden führen können. Bei Temperaturen bis -15°C hatte ich aber bisher keine Schwierigkeiten.

Eine ganze Reihe bemerkenswerter Neuerungen im Bereich der Isomatten hat die Schweizer Firma *Exped* auf den Markt gebracht. Neben „normalen" Thermo-Luftmatten der Spitzenklasse (bis zu 100 mm dick) bietet *Exped* nun eine ganze Serie von teils selbstaufblasenden Matten mit verschiedener Füllung; z.B. die *ComfortFoam Mats,* einer Art solider Luftmatratzen, die mit Recycling-Schaumflocken gefüllt sind.

Noch sensationeller sind die daunengefüllten Matten; z.B. die nur 790 g schwere *DownMat 7,* eine mit 170 g 700er Daune gefüllte Schlafmatte (Stegkonstruktion!), die sich sehr stark komprimieren lässt und die mit ihrem 70 mm starken Luftpolster nach unabhängigen Messungen mehr als doppelt (!) so stark isoliert wie eine Schaummatte gleichen Gewichts. Damit keine feuchte Atemluft in die Matten gelangen kann, bietet *Exped* einen Pumpsack, der zugleich als Packbeutel dient, bzw. Modelle mit einer integrierten Pumpe, mit der sich die Matte in nur einer Minute aufpumpen lässt. Diese Matten sind nicht nur verblüffend warm, sondern zudem fantastisch robust, leicht und klein verpackbar. Nicht ohne Grund haben die Exped-Matten schon zahlreiche Outdoor-Awards gewonnen – insbesondere die *SynMat UL.*

Minimaltemperatur

„Bis wieviel Grad geht der denn?“, ist sicher die Frage, die jeder Schlafsackverkäufer am häufigsten zu hören bekommt. Klar, dass sie nicht einfach mit einer exakten Zahlenangabe zu beantworten ist. Zu viele Faktoren spielen eine Rolle, z.B. Luftfeuchtigkeit, Windstärke, Zustand des Schlafsacks – und nicht zuletzt auch **subjektive Faktoren.** Der eine fühlt sich bei Temperaturen richtig wohl, bei denen der andere vielleicht schon heftig mit den Zähnen klappert. Frauen brauchen meist um etwa 5 °C höhere Temperaturen als Männer, um sich wohlzufühlen (das ist kein chauvinistisches Vorurteil, sondern eine physiologische Tatsache). Und dann die körperliche Verfassung: Man braucht keine Outdoorerfahrung, um zu wissen, dass man z.B. nach einer schlaflosen Nacht oder bei Erschöpfung viel leichter friert als sonst. Auch die richtige Ernährung ist wichtig, damit das innere Heizsystem gut funktioniert.

Was also ist von den Temperaturangaben der Hersteller zu halten? Manche seriösen Hersteller bemühen sich tatsächlich, hilfreiche Vergleichswerte zu ermitteln, während andere mit extremen Fantasiezahlen auf Kundenfang gehen. Eine klare Regelung gibt es leider nicht.

Lässt sich die **Isolierkraft** unterschiedlicher Schlafsäcke überhaupt vergleichen? Diese Frage kann mit einem klaren Ja beantwortet werden. Eine exakte Methode zur Messung der Isolierfähigkeit von Schlafsäcken unter festgelegten äußeren Bedingungen wurde längst entwickelt. Sie ergibt zuverlässige und reproduzierbare Ergebnisse und wird von einigen seriösen Herstellern auch angewandt. Die individuellen Faktoren bleiben dabei natürlich unberücksichtigt, sodass die Eingangsfrage auf immer unbeantwortet bleiben wird, aber es lassen sich mit diesem Verfahren präzise Aussagen über die Wärmeisolierung und das Wärme-Gewicht-Verhältnis machen, um die Schlafsäcke untereinander zu vergleichen. Wer aus Erfahrung sein eigenes Temperaturempfinden kennt, kann dann genau sagen, ob ihm ein bestimmter Schlafsack für die zu erwartenden Temperaturen ausreicht. Für den Fall, dass man sich einmal in schlechter Verfassung befindet oder die Temperatur unerwartet tief fällt, sollte man stets eine Reserve von gut 5 Grad mit einkalkulieren. Aber es besteht auch die Möglichkeit, die Wärmeisolierung seines Schlafsacks unterwegs noch zu „tunen“ (siehe unter „Schlafsack/Tipps zum Schlafen“).

Viele Hersteller geben zwei Werte an: eine **Komforttemperatur** und eine **Extremtemperatur.** Sie sollten die Komforttemperatur als unterste Grenze ansetzen. Die Extremtemperatur hingegen können Sie getrost ignorieren, denn sie besagt nichts anderes, als dass man dabei die Nacht gerade noch überleben kann, ohne zum Eisklotz zu erstarren. Sie ist im besten Fall ein rechnerisch ermittelter, also theoretischer Wert – wer will einen Schlafsack schon bis zum Erfrierungstod austesten?!

Verstauen/Aufbewahren

Die meisten guten Schlafsäcke werden mit zwei verschiedenen Beuteln geliefert: einem kleineren Packsack aus Wasser abweisendem oder wasserdichtem Kunstfasermaterial für den Transport im Rucksack und einem sehr großen Baumwoll- oder Leinensack, in dem der Schlafsack locker und luftig zu Hause aufbewahrt werden kann. Wichtig: Lässt man einen Schlafsack über längere Zeit eng komprimiert, so schadet das der Füllung – den Kunstfasern ebenso wie der Daune.

Beim Verstauen zum Transport wird die Füllung am besten geschont, wenn man den Schlafsack nicht zusammenrollt, sondern in den Packsack stopft (ist übrigens auch einfacher!). Auf spezielle Kompressionsbeutel, die das teure Stück zu einem steinharten Brocken zusammenpressen, sollte man verzichten. Das kann der Füllung nicht guttun! Und meist bringt es auch keine spürbare Platzersparnis im Rucksack, weil sich die Winkel rings um die knallharte Walze schlecht ausfüllen lassen.

Wurde kein Aufbewahrungssack mitgeliefert, kann man seinen Schlafsack zu Hause in den Schrank hängen (an den Fußschlaufen oder über einen Kleiderbügel), ihn unter das Bett legen oder in einem großen Karton aufbewahren.

Welcher Schlafsack für welchen Zweck?

- **Hüttenübernachtung:** leichter Sommerschlafsack oder Fleece-Schlafsack
- **Sommer in warmen Regionen:** Deckenschlafsack oder leichter Mumienschlafsack (evtl. durchgesteppt) mit langem Reißverschluss
- **Lightweight-Trekking (Drei-Jahreszeiten):** kammergenähter Mumienschlafsack mit bester Daunenfüllung (zum Beispiel 90/10 Mischung 700-Füllkraft), Reißverschluss-Abdeckung und Kapuze (Gesamtgewicht um 800–1000 g)
- **3-Jahreszeiten/Allround:** kammergenähter Mumienschlafsack mit einer bis deutlich unter den Gefrierpunkt reichenden Komforttemperatur (etwa -7/-10°C), Reißverschluss-Abdeckung, Kapuze und Reißverschluss, der nicht um das Fußende läuft
- **Winterschlafsack:** kammergenähter Mumienschlafsack mit kurzem Reißverschluss, guter Reißverschluss-Abdeckung, Konturkapuze, stärker gefüllter Fußbox und Wärmekragen
- **Extreme Kälte:** wie Winterschlafsack, aber beste Materialien und Verarbeitung und stärkere Isolierung
- **Tropen und Regionen mit viel Niederschlag:** Kunstfaserfüllung
- **Trocken-kalte Regionen:** Daunenschlafsack
- **Übernachtungen im Freien:** Kunstfaserfüllung oder Schlafsack mit wetterfestem Bezug (z.B. *DryLoft*) oder *GoreTex*-Hülle bzw. Biwaksack

Waschen

Versuchen Sie, Ihrem Schlafsack das Waschen so lange wie möglich zu ersparen, indem Sie ein Inlett benutzen, und waschen Sie ihn nur, wenn er es wirklich nötig hat. Jede Wäsche schadet der Füllung – aber zu starke Verschmutzung natürlich auch. Waschen Sie ihn am besten von Hand in der Badewanne mit lauwarmem Wasser und wenig Feinwaschmittel oder Daunenseife (gilt auch für Kunstfaser). Mehrmals gründlich mit klarem Wasser nachspülen und vorsichtig auspressen (nicht wringen!). Während des Trocknens (das bei Daunenmodellen an der Luft ewig dauern kann) immer wieder aufschütteln, damit die Füllung nicht klumpt, oder das gute Stück in den großen Industrie-Wäschetrockner einer Reinigung stecken und bei niedrigster Temperaturstufe durchwirbeln lassen.

Tipp: Werfen Sie einen Turnschuh o.Ä. mit in die Trommel – der schüttelt die Füllung tüchtig auf.

Tipps zum Schlafen

Für eine komfortable und erholsame Nachtruhe ist nicht allein der Schlafsack verantwortlich. Man muss auch selbst etwas dafür tun. Forschungen haben gezeigt, dass nur etwa 20 % der Wärme, die ein Schläfer abgibt, in der Isolierschicht gespeichert werden. 50 % bleiben in der Schlafbekleidung und im Innenraum des Schlafsacks, während immerhin noch 30 % in der „Haftluft" rings um den Schlafsack verbleiben – natürlich nur bei absoluter Windstille.

Was können Sie tun, um die Leistungsfähigkeit Ihrer Outdoor-Pfühle optimal zu nutzen oder noch zu steigern?

- Schlafsack sofort nach dem Aufstellen des Zeltes auspacken und aufschütteln, damit er seinen vollen Loft entfalten kann.
- Benutzen Sie stets eine Isoliermatte.
- Nehmen Sie vor dem Schlafengehen kohlenhydratreiche Kost und warme Getränke zu sich.
- Falls Ihnen bereits kühl ist, wärmen Sie sich durch etwas Bewegung auf (ohne ins Schwitzen zu kommen).
- Ziehen Sie trockene, anliegende aber keinesfalls einengende Schlafkleidung an – Thermo-Unterwäsche und/oder Fleece sind ideal (die alte „Weisheit", man solle im Schlafsack möglichst wenig anziehen, ist Quatsch).
- Bei tieferen Temperaturen Mütze oder Sturmhaube aufsetzen.
- Für möglichst wenig Luftbewegung sorgen (denken Sie an die 30 % „Haftluft"!).
- Den Schlafsack regelmäßig lüften und trocknen, da Daune durch Feuchtigkeit an Isolierkraft verliert.
- Möglichst an geeigneten Stellen übernachten – nicht in Mulden (Kälteseen) oder an windexponierten Stellen (Windchill).

Schlafsack-Tuning

Wird die Komfortgrenze unterschritten, kann man die Leistungsfähigkeit durch ein Inlett, einen passenden Innenschlafsack, einen Vapor Barrier Liner oder einen Schlafsacküberzug steigern, wenn man diese Teile bei sich hat. Merkt man erst unterwegs, dass der Schlafsack nicht genug leistet, bleiben folgende (erstaunlich wirksame) Möglichkeiten:

- Zusätzliche Kleidung anziehen, beispielsweise Isoweste, Daunenjacke etc. Sie darf nicht komprimiert werden. Wird es im Schlafsack zu eng, legt man die Jacke besser außen darüber.
- Bevor man das Zelt aufstellt, sollte man eine Lage dünner Fichtenzweige oder Vergleichbares darunterlegen (steigert die Isolierung gegen Bodenkälte beträchtlich!). Hat man Bedenken wegen der Umweltverträglichkeit dieser (Not-!)Maßnahme, kann man auch dürre Zweige nehmen, die fast an jeder Fichte ganz unten zu finden sind.
- Trinkflasche mit heißem Wasser oder Tee füllen und als Wärmflasche mit in den Schlafsack nehmen (hat außerdem den Vorteil, dass man nachts ein warmes Getränk hat bzw. im Winter morgens nicht zuerst Schnee schmelzen muss). Ein am Feuer angewärmter Stein kann den gleichen Zweck erfüllen, er darf aber nicht zu heiß sein und sollte im Zweifelsfall in einen Pullover eingewickelt werden, sonst sind die Zehen am nächsten Tag „gut durchgebraten"!
- Gegen Wärmeverlust über die Atemluft – der bei starkem Frost sehr hoch sein kann – hilft ein Fleece- oder Wollschal über Mund und Nase.
- Einen Schlafsacküberzug kann man notfalls aus einer Plane improvisieren (dabei sollte möglichst keine wasserdichte Plane verwendet werden) oder indem man seinen Schlafsack in den Rucksack mit ausgefahrener Rucksackverlängerung (Schneemanschette) schiebt.

Weitere Tipps

- Als Kopfkissen kann man den Schlafsackbeutel benutzen, in den man einen Pullover o.Ä. hineinstopft.
- Feuchte Kleidung kann man mit in den Schlafsack nehmen, dann ist sie am nächsten Morgen trocken und angenehm körperwarm (im Daunenschlafsack nur, wenn man ihn am Morgen gründlich lüften kann!).
- Bei stärkerem Frost kann man auch die Stiefel in eine Plastiktüte oder einen Packbeutel stecken und nachts im Fußende des Schlafsacks verstauen, damit sie am Morgen nicht starr gefroren sind.

Die beiden letztgenannten Möglichkeiten sind natürlich nur dann zu empfehlen, wenn der Schlafsack nicht gerade bis an sein unterstes Temperaturlimit ausgereizt wird.

Klassische Zeltform:
Querfirstzelt „Keb II" mit zwei Apsiden

Zelt

Nicht immer braucht man ein Zelt. Oft genug frage ich mich: wozu ein Zelt zwischen mir und diesen Tannen, diesem klaren Nachthimmel, dieser wundervollen Natur? Oft ist es schöner, direkt unter freiem Himmel zu schlafen oder unter einem einfachen Planendach, das die Sicht nach den Seiten frei lässt. Aber schnell schlägt das Wetter um, und auch bei schönem Wetter braucht man in vielen Regionen ein Zelt als Mokitoschutz. Immer wieder gibt es Situationen - meist nicht vorhersehbar -, in denen das Leben ohne Zelt ausgesprochen unangenehm oder im Extremfall sogar lebensgefährlich werden kann. Dann muss das Zelt aber auch seine Funktion als windbeständiger und regendichter Wetterschutz zuverlässig erfüllen und darf nicht bei der ersten Sturmbö zusammenklappen, einreißen oder gar davonsegeln.

Welches Zelt für welchen Zweck?

Die folgende Aufstellung fasst die wichtigsten Kriterien zusammen und soll bei der Auswahl behilflich sein. Sie kann nur die Prioritäten für einzelne Einsatzbereiche angeben. In der Praxis treten oft mehrere Bedingungen gleichzeitig auf (z.B. Regen und Sturm), sodass Sie die Anforderungen nach Bedarf kombinieren müssen.

009op Foto: rh

Gebiete mit viel Regen

- Außenzelt-zuerst-Aufbau
- Innen und Außenzelt evtl. gekoppelt
- geräumiges Innenzelt
- große Apsis
- bis knapp über den Boden reichendes Überzelt
- gute Ventilation
- zuverlässige Distanz zwischen Innen- und Außenzelt
- hochgezogene Bodenwanne
- schnell trocknendes Innenzelt

Stürmische Regionen (z.B. oberhalb und nördlich der Baumgrenze)

- aerodynamisches Mehrgestänge-Zelt mit klein unterteilten Stoff-Flächen (Geodät)
- bis zum Boden reichendes Überzelt
- solides Gestänge und Reparaturset (oder Reserve)
- zahlreiche Abspannmöglichkeiten
- robuste Reißverschlüsse mit Entlastungsriegel
- evtl. zwei gegenüberliegende Eingänge (damit immer einer im Windschatten liegt)

Winter

- Mehrgestänge-Zelt ohne flache Dachpartien (Tunnel oder Geodät)
- frei stehende Konstruktion, die wenig oder keine Heringe erfordert
- bis zum Boden reichendes Überzelt (evtl. Schneestreifen)
- geräumiges Innenzelt (mehr Gepäck) und große Apsis, um darin zu kochen (evtl. 3-Personen-Zelt für zwei Personen verwenden)
- gute Ventilation
- weite Abspannschlaufen, durch die man auch Ski etc. stecken kann
- einfacher Aufbau (auch mit Handschuhen zu bewerkstelligen)

Tropen, heiße Regionen

- Innenzelt mit großflächigen Moskitonetz-Einsätzen zur Ventilation
- Innenzelt-zuerst-Aufbau, damit man ggf. das Innenzelt allein aufstellen kann
- zwei gegenüberliegende Eingänge, um durchlüften zu können
- Überzelt, das nicht ganz bis zum Boden reicht, für bessere Ventilation
- helle Farbe des Außenzeltes oder Alu-Beschichtung, um die Sonnenwärme zu reflektieren
- feinmaschige Moskitonetze in allen Öffnungen
- solides und aerodynamisches Außenzelt, das auch einem Tropengewitter standhält

Zeltformen

Die Form des Zeltes ist nicht reine Geschmackssache, sondern auch vom Einsatzzweck abhängig. Bei der Auswahl muss man deshalb die Vor- und Nachteile der einzelnen Zeltformen berücksichtigen.

Pyramidenzelt

Dieser Zelttyp, der meist durch eine einzelne Mittelstange getragen wird, manchmal auch durch vier Stangen in den Kanten, ist heute weitgehend vom Markt verschwunden. Pyramidenzelte sind umständlich aufzubauen und nicht sehr windstabil. Wegen ihrer großen Grundfläche und der Stehhöhe

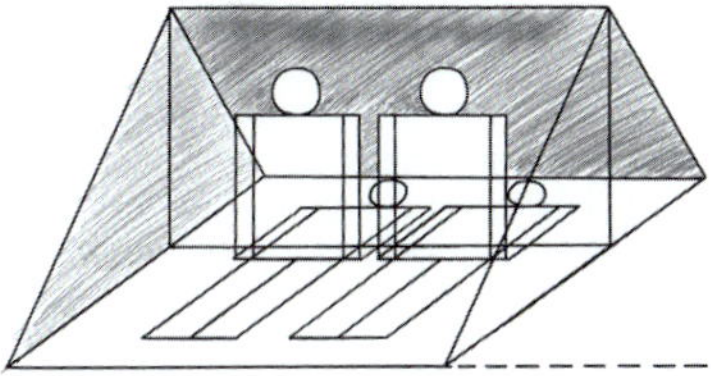

Querfirst (Firsthöhe gleich Nutzhöhe)

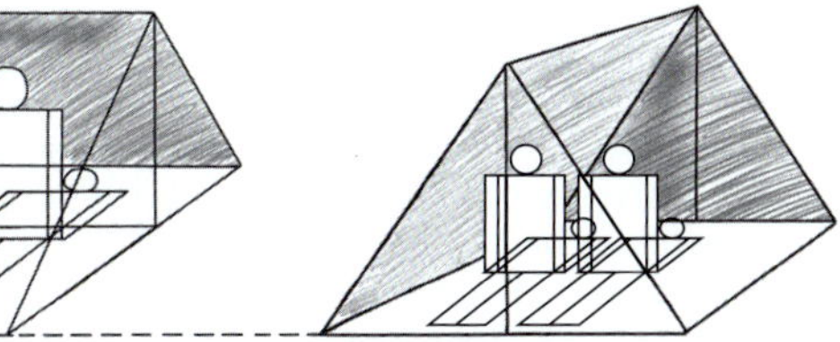

Längsfirst (Nutzhöhe kleiner als Firsthöhe)

werden sie gelegentlich noch von Expeditionen als Basislager genutzt.

Firstzelt

Diese dachförmigen Zelte, die gewöhnlich mit zwei senkrechten Stangen aufgestellt werden, waren früher die am häufigsten benutzte Zeltform, haben inzwischen aber beträchtlich an Boden verloren. Sie erfordern zahlreiche Heringe, sind relativ windempfindlich und haben eine ungünstige Raumnutzung. Eine Sonderform sind die **Querfirstzelte,** in denen man quer zur Firstrichtung liegt und daher mehr Kopffreiheit hat.

Bei längs laufendem First gibt es die Variante, dass das Zelt **am Kopfende wesentlich höher ist als am Fußende.** Das bringt bessere Raumnutzung, geringeres Gewicht und eine aerodynamischere Form; das niedrige Ende sollte dem Wind zugewandt sein.

Vorteile sind geringes Grundgewicht und Packmaß und dass man sie notfalls auch mit zwei Ästen aufstellen kann. Ich benutze seit Jahren und bis heute gerne ein Querfirstzelt *(Keb II)* mit zwei geräumigen Apsiden und Moskitonetz-Eingängen, die beide Giebelseiten umfassen.

Kuppelzelt

In den letzten Jahrzehnten sind die halbkugelförmigen Kuppeln (auch **Dom- oder Igluzelt** genannt) zum meistverkauften Zelttyp geworden. Sie werden von zwei oder mehr sich kreuzenden Gestängebogen getragen und haben eine ganze Reihe von Vorzügen: Die Raumnutzung ist besser als bei Firstzelten, man braucht nur wenige oder gar keine Heringe und Abspannungen, sie sind recht windschlüpfrig, und es kann kaum Schnee darauf liegenbleiben. Und last not least sind sie „freitragend", sodass sich das komplett aufgestellte Zelt mühelos an eine andere Stelle tragen lässt. Man kann es notfalls sogar auf dem Deck einer Fähre aufschlagen – oder das Innenzelt allein im Hotelzimmer als Moskitonetz.

Geodät

Geodätische Kuppelzelte sind eine Verbesserung der gewöhnlichen Kreuz-

Nutzhöhe in Firstzelten

kuppelzelte (s.o.). Während sich bei letzteren alle Stangen nur an einem Punkt kreuzen (ganz oben), kreuzen sie sich bei den Geodäten nach einem ausgeklügelten System an zahlreichen Punkten. So entstehen weit kleinere freie Stoffflächen in Form mehrerer „Kräftedreiecke", die dem Zelt eine besonders hohe Stabilität und Windbeständigkeit verleihen. Außerdem werden durch die geodätische Konstruktion Innen- und Außenzelt zuverlässig auf Distanz gehalten. Aufgrund der zusätzlichen Gestängebogen ist das Gewicht etwas höher, aber dafür sind die Stabilität und die Raumnutzung besser als bei den Kreuzkuppeln. Da bei den Geodäten das Innenzelt von den Bogen getragen wird, kann man es auch separat aufstellen.

Produktbeispiel geodätisches Kuppelzelt

Der Klassiker unter den Geodäten ist das *VE25* von *The North Face,* mit dem der Siegeszug dieses Zelttyps einst begonnen hat. Und mit marktführenden Weiterentwicklungen in den Details ist es heute noch so sensationell wie damals. Seine Robustheit und Windbeständigkeit sind geradezu legendär – und mit einer Grundfläche von rund 2 x 2 m Innenzeltboden ist auch der Komfort (für 3 Personen) unschlagbar. Mit vier Stangen (plus Apsisstange) und zahlreichen Abspannpunkten hält das Zelt selbst orkanartigen Stürmen stand. Dabei wiegt das DAC Featherlite™ NSL Aluminium-Gestänge nur etwa 60 g pro Meter! Das Innenzelt aus 40 Denier, 240T Ripstop-Nylon ist hervorragend dampfdurchlässig, das Außenzelt aus Silikon-Elastomer beschichtetem Ripstop-Nylon zuverlässig wasserdicht (auch bei Sturm!). Der bandversiegelte Wannenboden besteht aus 70 Denier, 210T Nylon Taffeta mit 10.000 mm PU-Beschichtung (d.h. das Material ließe bis 10 m unter dem Meeresspiegel kein Wasser eindringen!). Dank Farbmarkierungen an Innen- und Außenzelt-Befestigungen plus durchgehenden Stangenkanälen ist das Zelt in wenigen Minuten aufgestellt – selbst unter widrigen Bedingungen. Von innen verstellbare Reißverschluss-Belüftungen mit Mesh-Abdeckungen sorgen für optimale Ventilation; konstruktionsbedingt ist ein Kontakt zwischen Innen- und Außenzelt nahezu ausgeschlossen. Entsprechend durchdacht und hochwertig sind auch alle Details – von den reflektierenden Abspannleinen über nachtleuchtende Reißverschluss-Kordeln und Netz-Innentaschen bis zum einhängbaren Gear Loft. Doppelte Eingänge mit zwei Apsiden bieten Platz für Gepäck und besten Komfort bei heißem Wetter. Und die robusten Polyurethan-Fenster (kälteresistent bis -50°C) lassen zu jeder Zeit freien Blick auf die Natur. Sowohl Innen- als auch Außenzelt können bei Bedarf für sich allein aufgestellt werden – und das komplette Zelt ist vollkommen selbsttragend, sodass es auch ganz ohne Heringe steht! Das Gesamtgewicht von knapp 4,5 kg mag zunächst hoch wirken – aber da das *VE25* für 3 Personen Komfort und notfalls auch bis zu 4 Personen Schutz bietet, ist das Pro-Kopf-Gewicht sogar sehr günstig. Zugegeben: Für eine 2-Personen-Wanderung im Sommer ist es mir zu schwer – aber für Kanutouren, für Winterwanderungen mit Pulka oder eine Unternehmung mit 3 Personen wüsste ich nichts Besseres.

Tunnelzelt

Neben den Kuppeln sind die von zwei oder mehr parallel angeordneten Gestängebogen getragenen Tunnelzelte heute die beliebteste Form. Sie haben von allen Zelten das günstigste Raum/Gewicht-Verhältnis, sind rasch aufgebaut und recht windstabil. Nachteil: Sie sind nicht freitragend, und vor allem bei den Querliegern (Liegerichtung quer zum Tunnel) kann sich oben Schnee ansammeln.

Einbogenzelt

Diese Zwitter zwischen Tunnel- und Kuppelzelt werden mit einem einzelnen Gestängebogen aufgestellt. Sie sind besonders leicht und rasch aufzustellen, haben aber oft ein ungünstiges Platzangebot und sind nicht selbsttragend.

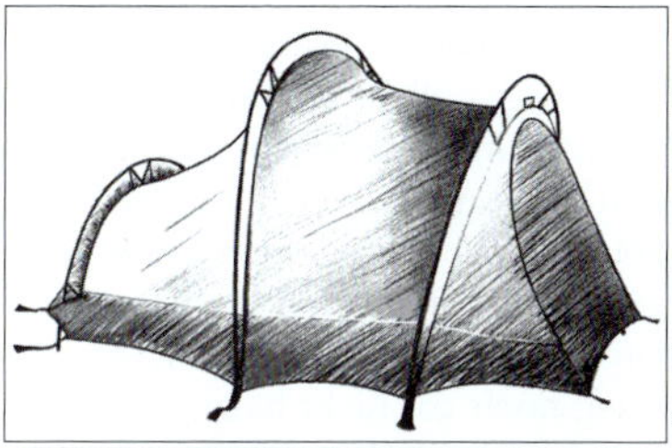

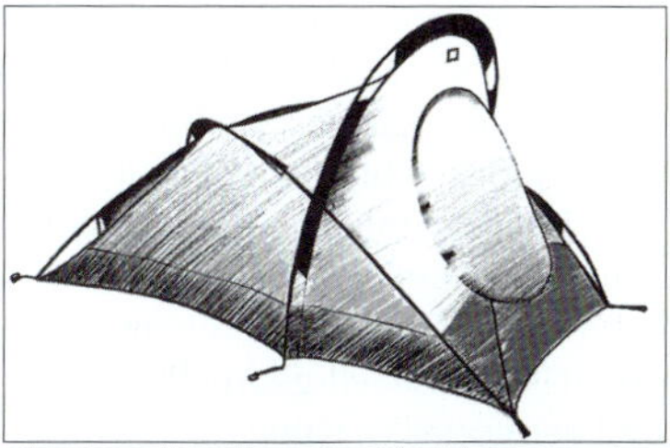

Hybride

Als Hybride bezeichnet man alle geodätischen Zelte, die keine Kuppelform haben, also ebenfalls ein Mittelding zwischen Tunnel und Kuppel darstellen. Platznutzung und Raumangebot sind meist etwas ungünstiger als bei Geodäten oder Kuppeln, aber sonst vereinigen sie eine ganze Reihe von Vorzügen: geringes Gewicht, sehr gute Windbeständigkeit, rasches Aufstellen und kleine Packmaße.

Preistipps

Zelte aus dem Supermarkt für 50–100 € sind meist Einwegartikel, die einen möglicherweise schon auf der ersten Tour im Stich lassen. Sie sollten daher – wenn überhaupt – nur für einfaches Camping verwendet werden. Brauchbare Zelte von Herstellern, die durch große Stückzahl günstige Preise bieten, gibt es bereits für rund 120 bis 300 €. Hier sollte man allerdings kritisch prüfen und vergleichen. Für ein solides Zelt sollte man etwa 350–600 € einplanen, wobei man bei kleineren Zelten um 350–450 € bereits sehr hohe Qualität bei Material und Verarbeitung erwarten darf. Für Touren zwischen Frühjahr und Herbst, die nicht gerade in extreme Regionen führen, sind Zelte dieser Preislage generell ausreichend. Geräumigere Zelte, die extrem robust sind und auch heftigen Stürmen und schweren Schneefällen standhalten, können von 400 € bis deutlich über 1000 € kosten.

Tunnelzelt, geodätisches Kuppelzelt, geodätisches Hybridzelt (v. oben n. unten)

Einwand- oder Doppeldachzelt?

Ein einwandiges Zelt kann zwar genauso wasserdicht sein wie ein doppelwandiges, doch kommt es darin zwangsläufig zu Kondenswasserbildung an der Innenseite. Und da man - besonders im Schlaf - eine Berührung mit der Zeltwand nicht immer vermeiden kann, wird dann der Schlafsack nass. Einwand-Zelte werden heute kaum noch hergestellt - und wenn, dann sind es entweder billige Ramschzelte vom Discounter (Modell „Tropfsteinhöhle") oder teure *GoreTex*-Zelte für spezielle Einsätze (z.B. Klettern oder Wanderungen mit extrem leichtem Gepäck).

Biwakzelt

Das Biwakzelt als Sonderform des Einwand-Zeltes ist ein etwas weiterentwickelter Biwaksack (s. Kapitel „Schlafsäcke"). Es wird gewöhnlich mit zwei Gestängebogen aufgespannt und ähnelt daher einem verkleinerten Tunnelzelt. Als einwandige Konstruktion erfordert es eine dampfdurchlässige Membran an der Oberseite, um die Kondenswasserbildung in Grenzen zu halten. Natürlich ist die Ventilation nicht so gut wie in einem Doppeldach-Zelt, aber doch besser als im Biwaksack. Außerdem hat man darin Platz, um die Stiefel und zumindest einen Teil der Ausrüstung zu verstauen.

Ich benutze auf Touren mit leichtem Gepäck gerne das *GoreTex Biwakzelt* von *Exped*, das nur 1200 g wiegt, aber im Handel leider nicht mehr erhältlich ist. Eine gute Alternative könnte das ultraleichte Zelt *Vela I* von *Exped* sein, das je nach Ausstattung 1400–1850 g wiegt, eine sehr aerodynamische Form hat, einen Vorraum mit Platz für Gepäck und Schuhe o.Ä. bietet - oder bei nicht zu heftigem Wetter einen guten Ausblick gewährt.

Doppeldachzelte

Fast alle Leichtgewichtzelte sind heute Doppeldach-Konstruktionen mit einem wasserdicht beschichteten Außenzelt und einem dampfdurchlässigen (atmungsaktiven) Innenzelt. Die Feuchtigkeit im Zeltinneren (zwei Personen können in einer Nacht mehrere Liter Wasser verdunsten, feuchte Kleidung noch gar nicht hinzugerechnet) kann durch das Innenzelt entweichen und wird - gute Ventilation vorausgesetzt - zwischen Innen- und Außenzelt ins Freie abgeleitet. Bei hoher Luftfeuchtigkeit und in kalten Nächten lässt sich Kondenswasserbildung natürlich auch in Doppeldachzelten nie ganz vermeiden. Das Kondenswasser schlägt sich jedoch an der Innenseite des Außenzeltes nieder, und das Innenzelt bleibt trocken. Die Konstruktion kann allerdings nur dann ihren Zweck erfüllen, wenn Innen- und Außenzelt genügend Abstand haben (ca. 8–10 cm). Und vor allem: Der Abstand muss gleich bleibend sein! Wenn große Stoffflächen nicht durch Gestängebogen abgestützt werden, sondern labberig durchhängen, dann kann das Innenzelt doch wieder gegen das Außenzelt gedrückt werden, und der Vorteil ist dahin.

Materialien

Außenzelt

Das Zeitalter der Baumwolle ist für Leichtgewichtzelte längst vorüber. Sie ist schwer, nimmt viel Wasser auf, trocknet schlecht und neigt zu Schimmelbildung. Heute werden gute Außenzelte fast nur noch aus Nylon oder Polyester hergestellt. Beide Materialien erhalten verschiedene Beschichtungen, die ihre Eigenschaften wesentlich verändern. Deshalb muss man stets unterscheiden zwischen den Geweben im Rohzustand und dem beschichteten Fertigprodukt.

Nylon im Rohzustand ist etwas reißfester und abriebbeständiger als Polyester, ist aber UV-empfindlicher, nimmt etwas mehr Nässe auf und dehnt sich dann, sodass man das Zelt evtl. bei Regen nachspannen muss.

Polyester im Rohzustand ist ebenfalls sehr reißfest und abriebbeständig - wenngleich etwas weniger als Nylon - es ist UV-beständig, dehnt sich bei Nässe und Zugspannung weniger, ist aber etwa 10 % schwerer als Nylon.

Beide Materialien sind unempfindlich gegen Nässe und verrottungsfest. Die angeführten Unterschiede werden durch entsprechende **Beschichtungen** weitgehend verwischt; so kann man kaum sagen, welches Material das bessere ist.

GoreTex Laminat wird nur für sehr wenige einwandige Spezialzelte verwendet. Es ist winddicht, wasserdicht und dampfdurchlässig (atmungsaktiv), aber bei höheren Außentemperaturen kann es trotzdem zu Kondenswasserbildung an der Innenseite kommen („Tropfsteinhöhle"), und bei Frost zu Vereisung. Etwas bessere Ergebnisse erzielt das *VerTex™ Laminat* der Firma *The North Face,* das die Feuchtigkeit aktiv nach außen ableitet.

Innenzelt

Baumwolle-Polyester-Mischgewebe werden nur noch selten verarbeitet, da sie relativ schwer sind, Wasser aufnehmen und zu Schimmelbildung und Stockflecken neigen. Meist werden Innenzelte heute aus unbeschichtetem Ripstop-Nylon hergestellt, das Wasserdampf ungehindert passieren lässt, fast kein Wasser aufnimmt, verrottungsfest ist und schnell trocknet. Gute Hersteller lassen dem Material eine Faserbehandlung angedeihen, die seine Luftdurchlässigkeit nicht beeinträchtigt, aber dafür sorgt, dass eventuell heruntertropfendes Kondenswasser abperlt. Einsätze aus feinmaschigem Moskitonetz sind noch dampfdurchlässiger und leichter. Innenzelte für heiße Gebiete werden daher manchmal ganz aus Moskitonetz hergestellt.

Boden

Zeltböden werden gewöhnlich aus starkem Polyester oder Nylon (100–120 g pro qm) hergestellt, da sie besonders robust sein müssen.

Beschichtungen

Beschichtungen aus **PVC und Acryl** findet man nur bei Billigzelten. Sie sind preiswert, werden aber bei Kälte

brüchig und lösen sich meist bald ab. Gute Außenzelte werden mit Polyurethan (PU) oder Silikon (SI) beschichtet, wobei Silikon für das Zeltdach die etwas besseren Eigenschaften hat, PU für Zeltböden. Beide Materialien sind sehr elastisch und dauerhaft und werden von guten Herstellern in mehreren Schichten aufgetragen.

Polyurethan (PU) ist etwas preiswerter als Silikon, verringert aber die Reißfestigkeit. Dafür können die Nähte von PU-beschichteten Stoffen bandverschweißt werden, was bei einer Silikonbeschichtung nicht möglich ist.

Geodätisches Kuppelzelt von The North Face

Aus diesem Grund und wegen seiner Abriebfestigkeit wird PU gern für Zeltböden verwendet.

Silikon (SI) ergibt eine sehr hochwertige und dauerhafte Beschichtung, die die Reißfestigkeit des Gewebes sogar noch verbessert und Nylonstoffe UV-beständig macht. Ideal für Außenzelte sind demzufolge beidseitig SI-beschichtete Nylongewebe: Sie sind hoch reißfest, UV-beständig, können kein Wasser aufnehmen und dehnen sich daher auch nicht aus. Die Nähte kann man leicht mit etwas Silikon abdichten, das renommierte Hersteller bei solchen Außenzelten mitliefern.

Alu-Bedampfung ist eine relativ billige Beschichtung und kann sich bei schlechter Verarbeitung ablösen. Sie macht das Zeltinnere dunkler und soll bei Sonnenbestrahlung die Innentemperatur niedriger halten. Der Effekt ist jedoch relativ gering. Wer tatsächlich bei strahlendem Sonnenschein im Zelt liegen will, ohne gebacken zu werden, braucht ein Zelt mit zwei Eingängen zur Durchlüftung (dann kann er getrost bis in die Puppen schlafen).

Wasserdichtheit

Die Wasserdichtheit der Beschichtungen wird gewöhnlich durch die Höhe der Wassersäule angegeben, die auf einem beschichteten Gewebe lasten kann, ehe das Wasser durchgedrückt wird. Die DIN-Anforderung an Außenzelte beträgt z.B. 1500 mm Wassersäule (d.h. das Zelt könnte theoretisch 1,50 m tief unter Wasser stehen, ehe die Nässe durchdränge); für Zeltböden sind 2000 mm gefordert. In der Praxis werden diese Werte von guten Herstellern allerdings deutlich übertroffen – manchmal um ein Vielfaches.

Die Materialtester der Zeitschrift „Outdoor" haben jedoch herausgefunden, dass diese unter Laborbedingungen ermittelten Werte für Außenzelte nicht unbedingt aussagekräftig sind, da z.B. auch der „Abperleffekt" eine wesentliche Rolle spielt. So hat es sich gezeigt, dass silikonisiertes Nylon, das relativ niedrige Wassersäulen-Werte erreichte, in der Praxis hinsichtlich Dichtheit und Langlebigkeit vielen anderen Materialien mit teils doppelt so hoher Wassersäule deutlich überlegen war.

Ventilation

Beschichtete Außenzelte, die bis zum Boden reichen, sind relativ luftdicht. Belüftung des Zeltes kann aber aus zwei Gründen wichtig sein: erstens um bei warmem Wetter für Frischluftzufuhr und Kühlung zu sorgen, zweitens um die Kondenswasserbildung gering zu halten. Bei kaltem und stürmischem Wetter hingegen kann es wünschenswert sein, die Ventilation möglichst gering zu halten, damit es in der „guten Stube" schön warm wird. Ergo: Die Ventilationsmöglichkeiten sollten variabel sein.

Um die Kondensation zu minimieren, wird meist der Kamineffekt genutzt: Die Lüftungsöffnungen liegen nahe dem höchsten Punkt des Zeltes, der untere Rand des Außenzeltes bleibt eine Handbreit vom Boden entfernt. So zieht die von innen her aufgewärmte Luft zwischen Innen- und Außenzelt nach oben ab.

Tipp: Meiner Ansicht nach wird die Frage der Ventilation oft überbewertet – und Kondenswasser entsteht nachher doch! Wenn ich Frischluft will, mache ich beide Eingänge ganz auf und schließe nur das Moskitonetz. Dann habe ich frische Luft genug und herrliche Sicht dazu. Wenn es hingegen stürmt und schüttet, dann mache ich alle Luken dicht und pfeife auf das Kondenswasser. Bei einem guten Zelt kann der Innenstoff kaum gegen das Außenzelt gedrückt werden. Das Kondenswasser läuft also still und unbemerkt an der Innenseite des Außenzeltes ab, und falls doch einmal ein Tröpfchen auf das Innenzelt fallen sollte, dann wird es feststellen, dass dieses imprägniert ist, und tropft beleidigt nach außen ab.

Das soll natürlich nicht bedeuten, dass Ventilationsöffnungen überflüssig sind. Allerdings verstehe ich auch nicht, warum viele so gewaltigen Wert darauf legen, dass sämtliche Lüftungsöffnungen mit Moskitonetz verschlossen sein müssen. Diese Öffnungen gehören schließlich ins Außenzelt, und wenn dort ein Moskito eindringt, dann kann er meinetwegen die ganze Nacht in der Apsis an meinen Stiefeln herumrüsseln – solange er nur nicht ins Innenzelt gelangt!

Gestänge

Das Gestänge ist für ein Zelt buchstäblich von „tragender" Bedeutung. Die Stangen eines Firstzeltes können notfalls durch Stöcke ersetzt werden. Sollten jedoch Gestängebogen irreparabel brechen, so ist das teuerste Kuppelzelt nur noch ein Haufen Stoff. Deshalb müssen diese Gestänge aus dem bestmöglichen Material hergestellt und so gefertigt werden, dass man sie notfalls reparieren kann.

Material

Massive **Glasfiberstangen** werden nur für billige Zelte verwendet. Sie sind relativ schwer, brechen leicht und splittern dann, sodass sie kaum zu reparieren sind. Außerdem können sie nicht durch Gummizüge verbunden werden, was den Aufbau erschwert, und sie erfordern außen liegende Verbindungshülsen, die nicht so gut durch die Kanäle gleiten. Inzwischen gibt es auch hohle Glasfibergestänge, die durch Elastikzüge verbunden, leichter und bruchfester sind; sie erfordern aber immer noch Außenhülsen und können mit guten Alu-Legierungen kaum mithalten.

Die derzeit wohl besten Gestänge bestehen aus hochwertigen **Aluminium-Legierungen.** Je nach Behandlung erreichen sie Härtegrade zwischen T6 und T9, wobei T9 den höchsten Härterad bezeichnet. Sie sind in unterschiedlichen Rohrdurchmessern und Wandstärken erhältlich, die dem jeweiligen Zelt angepasst sein müssen. Für viele Zelte sind die weicheren T6-Gestänge besser; superharte T9-Gestänge können sich nur bei Zelten bewähren, die schon von der Gesamtkonstruktion her sehr straff und stabil stehen. Kürzere Bogen mit engem Radius sind leicht vorgebogen, um nicht zu brechen. Die Alu-Gestänge sind grundsätzlich mit Elastikzügen verbunden und werden ineinander gesteckt, sodass sie glatt durch die Kanäle laufen. Spitzenmodelle besitzen eloxierte Gestänge, die noch reibungsloser flutschen und außerdem den Vorteil haben, dass sie nicht abfärben (blankes Alu macht schwarze Hände) und bei starkem Frost nicht an den Fingern festfrieren.

Hersteller, die etwas auf sich halten, liefern selbst zu den besten Gestängen

Tunnelzelt

Reparaturhülsen, damit man einen Bruch notfalls schienen kann. Besonders vorbildlich scheinen mir die Gestänge der *Exped*-Zelte zu sein, die auch unterwegs mit einfachen Mitteln selbst zu reparieren sind. Reparatur- und Ersatzmaterial wird mitgeliefert.

Gestängebefestigung

Die Gestängebogen können entweder am Innen- oder am Außenzelt angebracht werden. Beim Innenzelt werden sie in weite, außenliegende Kanäle oder Schlaufen eingeführt bzw. in Haken eingehängt; beim Außenzelt müssen sie durch engere Kanäle geschoben werden. Wichtig ist, dass die Kanäle nicht zu eng sind und innen schön glatt. Sonst hakt's! Die Firma *Exped* hat spezielle Flachkanäle entwickelt, die durch Doppelkappnähte sehr robust sind, deutlich weniger Windwiderstand bieten als bisherige Kanäle, aber doch ebenso bequem zu handhaben sind (z.B. am Tunnelzelt *Andromeda*). Während die Kanäle am Außenzelt meist durchgehend geschlossen sind (bis auf eine Unterbrechung am Kreuzungspunkt oben), findet man am Innenzelt meist mehrfach unterbrochene Kanäle (bei Geodäten unerlässlich), die das Einfädeln zusätzlich erleichtern. Bei mehr als zwei Bogen vereinfachen gute Hersteller die Zuordnung durch Farbcodierung.

Achtung: die Gestänge beim Einfädeln und Herausnehmen **immer nur schieben!** Wer zieht, der pflückt die

010op Foto: rh

Segmente sofort auseinander und hat Scherereien!

Tipp: Für optimales Gleiten und gute Pflege kann man die Stangen mit etwas Silikonspray behandeln.

Stoffkanäle verteilen Belastungen weit besser als Schlaufen oder Haken und ergeben eine deutlich stabilere Konstruktion.

Um die **Stangenenden** am Zelt zu befestigen, gibt es unterschiedliche Methoden: **Stangentaschen** aus Stoff, die eine angenähte Lasche oder Schlaufe besitzen sollten, an der man sie fest packen kann, da manchmal erhebliche Kraft ausgeübt werden muss, um die Stangen dort hinein zu praktizieren. Manche Taschen sollen zum Durchscheuern neigen; ich hatte damit jedoch nie Probleme.

Verbreitet ist das **Ring-Pin-System** mit einem Alustift, der beweglich an einem Ring hängt und in das Stangenende geschoben wird. Manchmal hat man sich dabei allerdings schneller die Finger eingeklemmt als den Stift hineingeschoben. Außerdem kann die ganze Geschichte vereisen.

Am einfachsten und bequemsten sind **Ösen,** die in ein Nylonband eingesetzt sind. Das Band kann man prima festhalten, und manchmal sind mehrere Ösen nebeneinander eingesetzt, sodass man die Spannung des Bogens variieren kann. Allerdings müssen die Ösen gut sitzen, sonst fliegen sie heraus und die Stange lässt sich gar nicht mehr befestigen!

Und schließlich gibt es noch **Gestängebecher** aus Kunststoff (besonders an Tunnelzelten), die recht solide und benutzerfreundlich, aber aufwendiger sind.

Optimal erscheint mir der Spannfuß von *Exped,* der erstens sehr bequem zu bedienen ist, zweitens stufenloses Regulieren der Spannung ermöglicht und drittens so einfach konstruiert ist, dass er sich überall und jederzeit problemlos reparieren lässt.

Aufbaumethoden

Es gibt zwei grundsätzlich verschiedene Methoden, ein Zelt aufzubauen, die beide ihre Anhänger haben: die „amerikanische“, bei der das Innenzelt mit den Stangen aufgerichtet und das Überzelt darübergespannt wird, und die „skandinavische“, bei der die Stangen das Außenzelt tragen, während das Innenzelt nur eingehängt wird oder bereits fest mit dem Außenzelt verbunden ist.

Die **amerikanische Methode** hat den Vorteil, dass sich die Gestängebogen durch die weiten Schlaufen am Innenzelt leichter einführen lassen, dass man bei trockenem Wetter das Innenzelt auch separat aufstellen kann (zum Beispiel als Moskitoschutz oder in heißen Gebieten), und dass man am Morgen das Außenzelt abnehmen und ausschütteln kann (Kondenswasser), während das Innenzelt aufgespannt stehenbleibt und rasch trocknet. Vor allem jedoch ist diese Methode bei Geodäten unerlässlich, damit diese Zelte so enorm straff und stabil stehen. Während nämlich bei der „skandinavischen Methode“ das Innenzelt nur lose eingehängt wird und

0080u18 Foto: sj

keinen zusätzlichen Halt verleiht, unterstützt ein mit Gestängebogen straff gespanntes Innenzelt die Widerstandsfähigkeit des Außenzeltes und erhöht die Stabilität der Gesamtstruktur beträchtlich. Hauptnachteil: Wenn man das Zelt bei Platzregen aufstellen muss, sind allerlei Tricks und Verrenkungen erforderlich, damit das Innenzelt nicht unter Wasser steht, ehe man das Überzelt darübergespannt hat.

Bei der **skandinavischen Methode** hingegen kann man das Innenzelt selbst beim schlimmsten Wolkenbruch hübsch im Trockenen einhängen. Oder aber es wird direkt mit dem Außenzelt zusammen aufgespannt, bleibt dann ebenfalls trocken und steht besonders schnell. Allerdings sollten auch mit dem Außenzelt gekoppelte Innenzelte unbedingt herausnehmbar sein, damit man das Außenzelt morgens ausschütteln (Kondenswasser) und das Innenzelt trocknen kann. Hierzu kann man es allerdings nur über Äste hängen oder auf dem Boden ausbreiten, und es trocknet so natürlich langsamer als ein aufgespanntes Innenzelt, das man in die Sonne tragen und nach Belieben drehen kann.

Ein frei stehendes Innenzelt
hat diverse Vorteile

Zeltdetails

Apsis (Vorzelt)

Eine geräumige Apsis ist eine herrliche Sache. Sie schützt nicht nur den Eingang, sondern dient gleichzeitig dazu, die Ausrüstung geschützt und griffbereit aufzubewahren, oder um Stiefel und Socken zu trocknen, und bei schlechtem Wetter kann man darin kochen, ohne den Schlafsack verlassen zu müssen. Eine Apsis sollte einigermaßen geräumig sein, und wenn ein Zelt deren zwei besitzt, um so besser: dann hat bei zwei Bewohnern jeder seinen eigenen Vorraum. Besonders geräumige Apsiden findet man meist an Kuppel- und Tunnelzelten.

Eingänge

Der Zelteingang sollte bequem zu benutzen sein und dem müden Wanderer keine allzu großen Kunststücke abverlangen. Ich weiß nicht, ob ich mich mit jenen „Schlauch-Eingang" genannten Schlupflöchern anfreunden könnte, die bei einigen Spezialzelten für Tiefschnee und Schneetreiben sicher ihre Berechtigung haben. Der Eingang sollte reichlich groß sein und bis zum Boden reichen. Viele Zelte haben heute zwei gegenüberliegende Eingänge, was besonders in heißen Gegenden wichtig ist, um das Zelt zu durchlüften. Und bei starkem „Wind aus wechselnden Richtungen" kann man dann stets den Eingang auf der windabgewandten Seite benutzen. Vorteilhaft sind Eingänge, die sich seitlich wegspannen lassen und nicht ständig im Weg herumhängen.

Ein robuster Kunststoff-Reißverschluss ist wohl im Normalfall die beste und einfachste Möglichkeit, den Eingang dicht zu verschließen. Der Reißverschluss am Außenzelt braucht natürlich eine breit überlappende, regendichte Abdeckung, die meist mit Klettverschlüssen fixiert wird.

Genial ist natürlich auch der **Zipfree-Eingang** an einigen *Exped*-Zelten: Zum Öffnen wird einfach mit einer Raffschnur eine Zeltseite hochgezogen. Die Vorteile liegen auf der Hand: kein Reißverschluss, der klemmen kann, Gewicht bedeutet und womöglich undicht ist.

Moskitonetz

Ein Innenzelt, das nicht absolut „moskitodicht" verschlossen werden kann, ist für die meisten Wildnisreisen ungeeignet, denn viele Regionen, in denen sich große Wildnisgebiete erhalten haben (Tundra, Taiga, Tropen), sind mit fliegenden Blutsaugern aller Art überreich gesegnet. Und ich kann mir kaum vorstellen, wie jemand erholsam schlafen soll, während ihm eine sirrende Wolke von Mini-Vampiren das Blut aus dem Gesicht pumpt! Billige Zelte haben oft Moskitonetze mit einer Maschenweite von einem Millimeter oder sogar noch mehr, durch die kleinwüchsige Spezies in Heerscharen hereinströmen. Die Maschenweite sollte max. 0,5 mm betragen. Übrigens sind Moskitonetze auch in trocken-heißen Regionen sehr nützlich, in denen es vielleicht gar keine Stechmücken gibt: Man kann dann nachts die Eingänge zwecks Lüftung offen lassen, ohne Be-

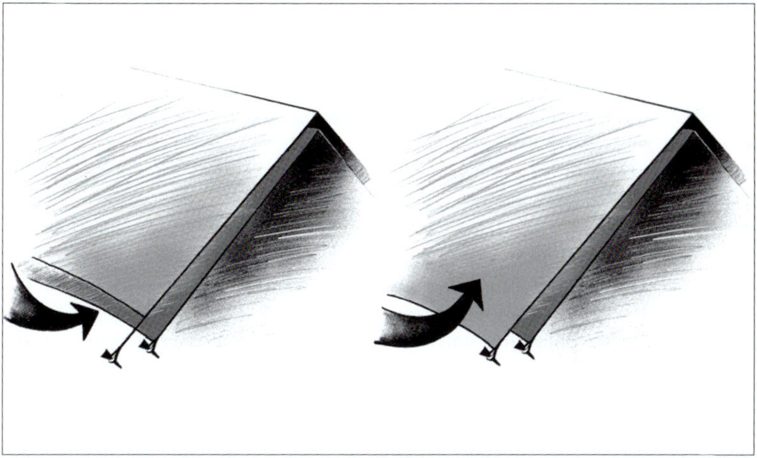

Überzelt-Abspannung

such von Skorpionen, Schlangen und sonstigen ungebetenen Gästen befürchten zu müssen.

Zeltboden

Der Boden guter Zelte besteht aus mehrfach PU-beschichtetem Nylonmaterial und ist an den Seiten wenigstens 10 cm wannenartig hochgezogen. Er sollte möglichst keine Nähte haben, und wenn, dann müssen sie sauber mit Nahtband verklebt sein. Eine gute und Gewicht sparende Alternative zum Wannenboden sind im unteren Bereich wasserdichte Innenzeltwände aus dem gleichen Material wie das Überzelt.

Befestigung

Das Innenzelt wird mittels Ringen oder festen Gurtschlaufen direkt am Boden festgepinnt. Das Außenzelt hingegen hat manchmal verstellbare Gurtschlaufen, sodass man die Heringe dort in den Boden schlagen kann, wo kein Stein einen daran hindert, und die Länge der Gurtschlaufen sich entsprechend regulieren lässt. Sollte gute Ventilation gefragt sein, kann man es besonders weit nach außen spannen. Ansonsten sollte man das Außenzelt dicht am Boden abschließen lassen. Das Zelt ist dann weniger windempfindlich und isoliert besser.

Will man das Zelt auch im Winter benutzen, müssen die Schlaufen weit genug sein, damit man zur Befestigung auch Ski o.Ä. durchstecken kann.

Abspannleinen

Zelte mit großen Stoffflächen, die nicht durch Gestänge gestützt werden, und alle Zelte, die stärkeren Windbelastungen standhalten sollen, erfordern zusätzliche Abspannleinen, die auf den großen Flächen fest angenäht oder in Gestängenähte eingesetzt sein sollten.

Achtung: Selbst gut angenähte Sturmabspannungen können nur unterstützende Wirkung haben und reißen bei zu starker Belastung aus.

Heringe

Je nach Beschaffenheit des Bodens sind sehr unterschiedliche Heringe am besten. Da man aber nicht immer ein Sortiment bei sich führen kann, muss man sich für einen Kompromiss entscheiden. Ich benutze meist gehärtete **Aluminiumwinkel** von 17 cm Länge und 1 cm Schenkelbreite aus sehr hartem 7075-T6 Aluminium, die verblüffend robust sind und nur ca. 12 g pro Stück wiegen. In lockerem Sandboden kann man sie etwas eingraben und mit Steinen beschweren, und auch in steinigem Boden finden sie meist noch Halt. Allerdings darf man sie nicht zu gewaltsam in den Boden hämmern. Mit etwas Gefühl bitte! Sonst bilden sie an der Spitze bald eine „Schnecke", und einmal abgeknickt, ist ihre Stabilität dahin. Vorteilhaft kann auch eine Mischung aus V-förmigen Heringen und **Zeltnägeln** sein. Für längere Touren empfiehlt es sich, 2–3 Reserveheringe mitzunehmen.

Kuppel- und Tunnelzelte kommen mit sehr wenigen Heringen aus – oder sogar ganz ohne, was auf sehr hartem, felsigem oder gefrorenem Boden bzw. auf tiefem Schnee sehr angenehm ist (Tipps zum Verankern im Winter siehe unter „Camp").

Nähte

Zeltnähte müssen bei Sturm enormen Belastungen standhalten. Die besten sind daher gerade gut genug. Außerdem ist die Verarbeitung der Nähte ein gutes Zeichen dafür, wie sorgfältig ein Zelt verarbeitet wurde. Am haltbarsten und besten sind **Doppelkappnähte,** bei denen die beiden Stoffkanten hakenförmig ineinandergefalzt und mit zwei parallelen Nähten verbunden werden. Das heißt, dass jede Naht vier Stofflagen durchdringt. Alle anderen Nähte sollten mit **Nahtband** eingefasst sein (s. Skizzen im Kapitel „Rucksack", Abschnitt „Nähte".), Nähte an PU-beschichteten Materialien müssen mit separatem Band abgeklebt sein.

Gute Zelte sind mit **baumwollüberzogenen Synthetikfäden** (Nylon oder Polyester) genäht. Der Synthetikkern verleiht ihnen Reißfestigkeit, die Ummantelung aus Baumwolle quillt bei Feuchtigkeit auf und dichtet die Nahtlöcher ab. Das funktioniert allerdings nur, wenn langsam genäht wurde, da bei schnellem Nähen die Nadel warm

Nutzbarer Raum verschiedener Zeltformen

wird und zu große Löcher in das synthetische Gewebe schmilzt, durch die das Wasser ins Zelt gesaugt werden kann. Innerhalb der Naht darf es keine Fältchen geben, und sie darf nicht zu dicht an der Stoffkante verlaufen.

Auf Dauer kann aber selbst die beste Naht undicht werden. Bei SI-beschichteten Materialien kann man die Nähte dann problemlos mit einer dünnen (!) Schicht Silikon **abdichten,** bei anderen mit einem entsprechenden Nahtdichter. Notfalls kann man sie auch abdichten, indem man sie mit einem Kerzenstummel einreibt, was aber nicht sehr lange hält.

Größe

Viele Kollegen betonen immer wieder, wie wichtig ein reichlich dimensioniertes Zelt ist, besonders wenn man bei schlechtem Wetter längere Zeit darin festsitzt, und sie würden für eine größere Villa gerne ein Pfund mehr schleppen. Ich kann diese Ansicht nicht ganz teilen. Ich fühle mich auch in meiner „Hundehütte" wohl, solange mir kein Mitbewohner beim Anziehen den Ellbogen zwischen die Zähne rammt. (Voilà! Da hätten wir schon den Grund für ein geräumigeres Zelt.)

Beachten sollte man, dass die **Grundfläche** eines Zeltes nicht gleich seiner „nutzbaren Fläche" ist. Diese wird nämlich in 40 cm Höhe gemessen (was etwa der Höhe einer im Schlafsack liegenden Person entspricht.) Und dort werden die Zelte je nach Neigungswinkel der Außenwand spürbar kleiner.

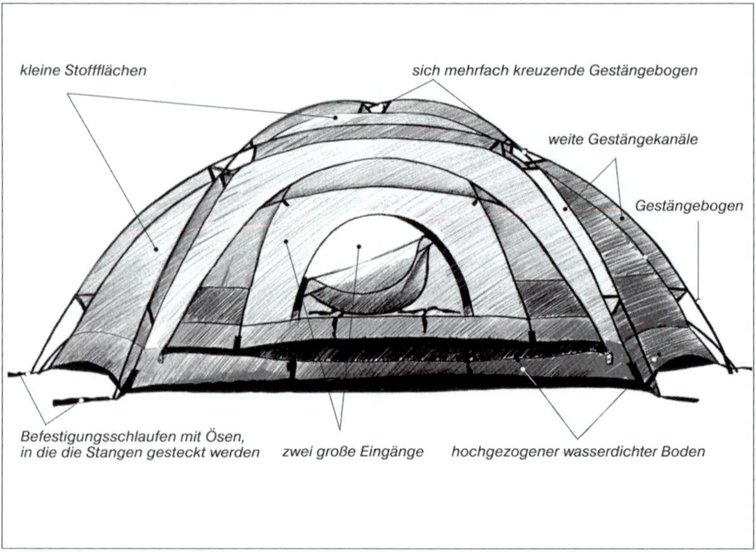

Zeltdetails: geodätisches Innenzelt

Leichtgewichtzelte werden in Größen für 1–4 Personen hergestellt. Ein 4-Personen-Zelt ist natürlich wesentlich leichter und preisgünstiger als zwei 2-Personen-Zelte und meist auch in mehrere Traglasten aufteilbar. Oft ist es aber viel schwieriger, eine freie und ebene Stelle zu finden, die groß genug für ein solches Zelt ist. Und was, wenn man im nächsten Urlaub nur noch zu zweit ist?

Gewicht

Kleine, aber sehr solide 2-Personen-Zelte gibt es bereits ab etwa 2 kg Gesamtgewicht. Die meisten liegen zwischen 2,5 und 3,5 kg. Wer ein geräumigeres Zelt will, muss natürlich ein etwas höheres Gewicht in Kauf nehmen – aber mehr als 4–4,5 kg sollten es für Fußwanderungen nicht sein. Bei Zelten für drei oder vier Personen verringert sich das Pro-Kopf-Gewicht deutlich. Dann ist es vorteilhaft, wenn sich das Gewicht durch einzelne Packsäcke für Außenzelt, Innenzelt, Stangen auf mehrere Personen verteilen lässt.

Aufbauen/Verpacken

Vor dem Verpacken sollte man das Innen- und Außenzelt auseinandernehmen und trocknen lassen, auch wenn die heutigen Zeltmaterialien gegen

Feuchtigkeit weniger empfindlich sind und sogar einige Tage in nassem Zustand verpackt bleiben können, ohne Schaden zu nehmen. Natürlich ist es nicht immer möglich, das Zelt morgens zu trocknen. Manche halten es daher für wichtig, dass Außen- und Innenzelt in separate Beutel verpackt werden, damit das Innenzelt nicht feucht werden kann. Aber man kann auch einfach das Innenzelt so zusammenfalten, dass nur die wasserdichte Bodenseite außen liegt.

Aufstellen

Vor der Tour sollte man sein Zelt unbedingt einmal aufstellen – bei Neukauf natürlich am besten gleich im Laden –, um festzustellen, ob alles komplett und in gutem Zustand ist. Ein neues Zelt sollte man ruhig auch mehrmals aufschlagen, damit jeder Griff sitzt. Will man das Zelt unterwegs bei Sturm, Regen, Dunkelheit oder mit klammen Fingern rasch aufbauen und muss zuerst überlegen, was wohin gehört – dann hört der Spaß bald auf.

Zubehör

Bodenplane

Um den Zeltboden vor Dornen und spitzen Steinen zu schützen, ist eine Bodenplane (Footprints) hilfreich. Manche Hersteller bieten zu ihren Zelten maßgeschneiderte Bodenplanen an, die einfach mit Ösen an den Gestängeenden befestigt werden, um nicht zu verrutschen.

Innentaschen/Gepäckablage

Stofftaschen an der Seitenwand des Innenzeltes sind praktisch, um Kleinkram wie Uhr, Brille, Karte abends sicher zu verstauen (nicht vergessen, sie vor dem Zeltabbau wieder herauszunehmen!). Außerdem gibt es Gepäckablagen aus leichtem Netzmaterial, die an Schlaufen im oberen Teil des Innenzeltes eingehängt werden (Gear Loft). Darauf kann man nicht nur leichte Gegenstände unterbringen, sondern auch Socken oder Unterwäsche trocknen. Zu diesem Zweck habe ich auch schon einfach eine Zeltleine unter den First gespannt.

Tarp

Ein Tarp ist nichts anderes als eine wasserdicht beschichtete Plane, mit der man das Vorzelt verlängern und einen zusätzlichen geschützten Bereich schaffen kann. Sie lässt sich aber auch ohne Zelt als einfacher Wetterschutz aufstellen.

Kocher

Wer überwiegend in bewaldeten Regionen unterwegs ist, kann evtl. auf einen Kocher verzichten und seine Mahlzeiten über dem Holzfeuer zubereiten. Auch oberhalb der Baumgrenze (z.B. in Lappland) habe ich an geschützten Stellen meist noch genügend Strauchwerk gefunden, das mir trockenes Holz für ein kleines Kochfeuer lieferte. Es ist wirklich erstaunlich, wie wenig Holz man tatsächlich benötigt, um eine Suppe zu kochen!

Aber besonders entlang beliebter Wanderrouten muss man sich fragen, ob man auf das geliebte Lagerfeuer nicht verzichten soll, da jedes Feuer, das man nicht auf einem Sand- oder Kiesufer entfacht, Spuren hinterlässt und ein (wenngleich kleines) Stück Natur zerstört, indem es ein Loch in die Bodenvegetation brennt. Auf manchen Pfaden sind jedes Jahr Hunderte oder Tausende von Wanderern unterwegs, und wenn jeder pro Tag nur ein Feuerchen macht, kommen rasch ein paar Tausend Quadratmeter verbrannter Erde zusammen – von der Waldbrandgefahr gar nicht zu reden. Auch in bewohnten Regionen mit Holzmangel – z.B. im Himalaya – sollte man auf das Lagerfeuer möglichst verzichten. In vielen Nationalparks ist das Feuermachen grundsätzlich verboten, und in manchen Regionen (Wüste, Steppe, Hochgebirge) wird man aus Mangel an natürlichem Brennmaterial ebenfalls nicht ohne einen Kocher auskommen. Und last not least ist es oft wich-

Zeitloser Klassiker: Trangia Sturmkocher

009ou18 Foto: si

Deutschland/ Österr./Schweiz	Großbritannien
Reinbenzin, Feuerzeugbenzin	pure benzin
Autobenzin	petrol
bleifrei	unleaded
Diesel	gasoline
Petroleum	paraffin (lamp oil)
Kerosin	kerosene
Brennspiritus (Äthanol/Methanol)	spirit (methylated alcohol)
Butangas	butane
Propangas	propane

tig oder zumindest sehr angenehm, wenn man sich im Handumdrehen eine heiße Suppe oder einen Kaffee kochen kann, ohne in Regensturm und Dunkelheit zunächst Brennholz suchen und ein Feuer entfachen zu müssen.

Mit einem guten Kocher hat man zudem die Möglichkeit, im Vorzelt zu kochen, ohne aus dem Schlafsack kriechen zu müssen (Sicherheitsmaßnahmen beachten!).

Also: Auf den meisten längeren Touren wird man nicht ganz auf einen Kocher verzichten können. Aber wenn man schon so ein Teil mitschleppt, sollte es nicht zu schwer sein, gut heizen, regulierbar sein, unkompliziert, sicher und zuverlässig – und vor allem sollte es nicht gleich beim ersten Windstoß ausgehen.

Brennstoffe

Bevor man sich an die Auswahl des Kochermodells macht, muss man abwägen, welcher Brennstoff für den geplanten Einsatzzweck am besten geeignet ist. Will man nur gelegentlich oder ständig damit kochen? In gemäßigten oder in kalten Regionen? Ist der Brennstoff im Reiseland problemlos erhältlich, oder muss man den gesamten Vorrat mitnehmen?

Brennstoff-Translator

Da der Kocher nur dann gut und gefahrlos funktioniert, wenn der richtige Brennstoff eingefüllt ist, findet sich in der **Tabelle unten** ein Überblick über das verwirrende Durcheinander der **Bezeichnungen in verschiedenen Ländern.**

USA	Australien	Frankreich	Italien	Spanien	Schweden
white gas, Naphta	shellite	essence	Nafta bianca	bencina blanca, solvente (Südamerika)	ren bensin / industri bensin
gas(oline)	petrol super	essence	Benzina normale	gasolina	bil bensin
unleaded	unleaded	normale/ sans plomb	senza piombo	normal/ sin plomo	blyfri
diesel	diesel	gasoil	Gasolio	gasoleo	diesel
kerosene	kerosene	pétrole	Petrolio raffinato	petroleo/ keroseno	fotogen
jet fuel	jet al	kerosène	Cherosene	keroseno aviación	flybensin
denatured alcohol	methylated spirits	alcool à brûler alcool dénaturé	Alcol denaturato	alcohol de que mar (Metilicio)	teknisk sprit
butane	butane	gaz butane	Butano	butano	butangaz
propane	propane	propane	Propano	propano	propagaz

Brennstoffvergleich

Brennstoff	Benzin	Petroleum	Kartuschengas	Spiritus	Esbit
Heizwert cal/g	ca. 11.500	ca. 10.000	ca. 11.000	ca. 5.500	ca. 4.000
erhältlich	weltweit gut[1]	weltweit gut, in vielen Ländern Asiens und Afrikas auch in kleinen Läden	Europa und Nordamerika meist gut, Frankr. sehr gut, sonst schwierig	Europa meist gut (besonders Skandinavien), sonst schwierig	Ausland: schwierig
Ruß	gering	stark	gleich Null	gering[2]	mäßig
Geruch	mäßig	stark	gering	gering	gering
bei Frost	gut	sehr gut	schlecht[3]	schlecht[4]	gut
Vorheizen	ja	ja, länger als bei Benzin	nein	nein[4]	nein
Entflammbarkeit/ Explosionsgefahr	hoch	gering	hoch	gering	keine
Heizkosten[5]	ca. 1 Cent (Bleifrei) ca. 3 Cent (Kocherbenzin)	ca. 2 Cent	ca. 10 Cent	ca. 4 Cent	ca. 40 Cent
sonstige Vorteile			kein Umfüllen; brennt sehr sauber; keine Abgase; kein Verschmutzen der Düse	als Desinfektionsmittel verwendbar; keine Abgase; meist einfache Kocher	gut zum Vorheizen anderer Kocher; sehr einfache und extrem leichte Kocher
sonstige Nachteile	oft komplizierte Kocher	oft komplizierte Kocher	Entsorgung leerer Kartuschen; oft schlechter Windschutz		nässeempfindlich (nasse Tabletten zerspringen beim Brennen explosionsartig)
spezielle Eignung	sehr gute Allroundeignung[6]	tiefe Temperaturen	bei geeigneten Kochern sehr gute Allround-Eigenschaften	sehr gut für Frühjahr bis Herbst in Europa	Gewichtsminimierung, nur gelegentliches Kochen

1) Sofern der Kocher problemlos mit (bleifreiem) Normalbenzin betrieben werden kann; viele Modelle erfordern Reinbenzin (Waschbenzin) oder spezielles Kocherbenzin, das außerhalb von Europa und Nordamerika (und auch in einigen europäischen Ländern) schwierig zu beschaffen ist.

2) **Tipp:** Kann durch Beimischen von 10 % Wasser noch reduziert werden, was aber natürlich auch die Heizleistung verringert.

3) Je weniger Flüssiggas die Kartusche enthält, desto schlechter wird die Heizleistung. Mit zunehmender Höhe über dem Meeresspiegel wird sie besser, da der Außendruck geringer wird. Da das Flüssiggas beim Verdampfen die gesamte Kartusche kühlt, kann die Leistung bereits deutlich nachlassen, obwohl die Außentemperatur noch relativ hoch liegt. Nur Kartuschen mit Butan-Propan-Gemisch verwenden, das eine höhere Heizleistung hat und bei Kälte besser brennt als reines Butan.

4) Bei Temperaturen um den Gefrierpunkt oder darunter wird es bei vielen Modellen schwierig, den Spiritus zu entzünden. **Tipp:** Meist kann man einfach ein Fetzchen Papier o.Ä. wie einen Docht in den Brenner legen, um ihn auch bei stärkerem Frost in Gang zu setzen (z.B. beim *Trangia*).

5) Für den Brennstoff, der erforderlich ist, um einen Liter Wasser von 20 °C auf 100 °C zu erhitzen (relative Vergleichswerte).

6) Bei Kochern, die für Normalbenzin geeignet sind. Modelle, die Waschbenzin oder spezielles Kocherbenzin erfordern, sind nur für Europa und Nordamerika vorteilhaft. Gute Modelle (z.B. *MSR*) können für unterschiedliche Brennstoffe benutzt werden und haben eine selbstreinigende Düse.

Benzin und andere Brennstoffe auf Erdölbasis bekommt man fast überall auf der Welt, während es mit Gaskartuschen, Spiritus und Esbit in manchen Ländern sehr schwierig werden kann. Wer sein Wandergebiet auf dem Luftweg erreichen will, muss wissen, dass der Transport von Brennstoffen im Flugzeug grundsätzlich verboten ist, es sei denn, man deklariert sie als Gefahrgut (aber dann bezahlt man für einen halben Liter Benzin im Gepäck evtl. mehr als für den Kauf eines guten Kochers!).

Kochertypen

Die meisten Kocher sind für den Betrieb mit einem bestimmten Brennstoff ausgerüstet. Manche lassen sich jedoch durch (mehr oder weniger einfaches) Auswechseln der Düse für verschiedene Flüssigbrennstoffe umrüsten.

Tipp: Achten Sie bei der Auswahl des Kochers nicht nur auf seine maximale Heizleistung, sondern auch darauf, dass er sich gut auf „kleine Flamme“ regulieren lässt; denn oft muss ein Gericht längere Zeit nur köcheln, und was tun Sie, wenn Ihr Superherd zwar heizt wie der Deubel, aber sich nicht drosseln lässt?!

Esbitkocher

Er ist der einfachste Kocher überhaupt: eine kleine Metallplatte, auf die man die Esbittabletten legt, und ein Windschutz, auf den man zugleich den Topf stellt. Fertig! Außerdem sind diese Modelle mit einem Gewicht von etwa 60 g **extrem leicht,** einfach zu handhaben und unverwüstlich. Der Gewichtsvorteil wird bei häufigerem Gebrauch jedoch durch das hohe

Brennstoffgewicht rasch wieder aufgefressen.

Das Esbit muss **absolut trocken** gehalten werden (in einer winzigen und überfüllten Schutzhütte in Lappland sind mir einmal feuchte Tabletten unter dem Kocher explodiert und brennend quer durch die Bude geflogen – das Spektakel hätten Sie mal sehen sollen!). Die Tabletten sind bei Wind nicht leicht anzuzünden, und die üblichen Kochermodelle sind auch im Betrieb recht windempfindlich. Ihre Heizleistung ist gering und die Kochzeiten sind entsprechend lang. Die Flamme lässt sich weder regulieren noch löschen.

Praxistipp: Zwar habe ich in meinen frühen Jahren schon mehrwöchige Lapplandwanderungen mit nichts als einem Esbit-Taschenkocher unternommen, der zusammengeklappt kaum größer als eine Zigarettenschachtel ist und dabei noch eine Packung Tabletten fasst; empfehlen würde ich ihn jedoch nur für kurze Touren (um einmal eine Tasse Tee oder eine Suppe zu kochen) oder für Wanderungen, auf denen man höchstens gelegentlich einmal einen Kocher braucht. Vorteilhaft sind die Tabletten jedoch, um andere Kocher vorzuheizen oder um bei widriger Witterung ein Holzfeuer anzuzünden.

Spirituskocher

Sie sind unter den „richtigen" Kochern die leichtesten und unkompliziertesten. Es können keine Düsen verstopfen, und man kann mit ihnen problemlos in der Apsis kochen.

Produktbeispiel Spirituskocher

Das bekannteste und seit Jahrzehnten unübertroffene Modell ist der *Trangia Sturmkocher* (Bezugsquelle: *Scandic*, s. Anhang). Ich benutze ihn seit meinen frühesten Wanderungen und war stets zufrieden. Mein erstes Modell ist inzwischen über 35 Jahre alt und funktioniert noch immer tadellos! In Transportform ist er (inklusive Windschutz, Wasserkessel, 2 Töpfen und einer Pfanne/Topfdeckel) etwa so groß wie ein 2-l-Topf (Durchmesser 18–22 cm) und wiegt – alles zusammen – 900–1100 g (je nach Modell; Der Kocher allein wiegt nur etwa 120 g). Der Windschutz ist so genial konstruiert, dass dieser Kocher selbst bei Windstärken, die fast jedem anderen Kocher schwer zu schaffen machen, noch problemlos zu benutzen ist und kaum an Leistung verliert. Außerdem sorgt der Windschutz für eine optimale Ausnutzung der Hitze. Nachteilig ist, dass sich die Flamme kaum regulieren lässt. Zum „Ausschalten" muss man entweder den Tank leerbrennen lassen oder einen Metalldeckel über den Brenner stülpen. Für Wanderungen in Lappland ist er der Kocher der Wahl, wenngleich es inzwischen auch eine Reihe anderer zuverlässiger Modelle gibt.

Gaskocher

Der Kartuschenkocher besteht aus einem Brenner mit Druckventil, Regulierschraube zum Verstellen der Flamme, Haltebügeln für den Topf und einem (oft sehr unzureichenden) Windschutz (Ausnahme z.B. *Eta Power*™ Kocher von *Primus* s.u.). Es gibt Modelle, die direkt auf die Kartusche aufgesetzt werden und diese mit einem Dorn durchstechen, und solche, die per Schlauch mit der Kartusche verbunden werden. Letztere haben den Vorteil, dass sie meist stabiler stehen, komfortabler zu bedienen sind (weil die Regulierung nicht so dicht bei Topf und Flamme liegt) und dass man auch angebrochene Kartuschen wieder abschrauben kann.

Praxis: Nach schlechten Erfahrungen bei einer Lapplandwanderung habe ich mehr als zehn Jahre keine Gaskocher mehr benutzt. Das Ding, das ich damals benutzte, stand so wackelig, dass man kaum die Suppe umrühren konnte, ohne dass der Topf herunterfiel. Selbst bei mäßigem Wind verlor es drastisch an Heizleistung und ging

Sturmkocher (Spiritus)

Leistungsfähiger Gaskocher: Primus EtaSolo

ständig aus. Und selbst bei Windstille dauerte es zirka eine Viertelstunde, bis ein Liter Wasser kochen wollte (die Schweden neben uns waren mit ihrem Sturmkocher bereits beim Kaffee angelangt, ehe bei uns auch bloß das Wasser für die Suppe heiß wurde!).

Natürlich hat der Gaskocher auch seine **Vorteile:** Er ist einfach zu bedienen, kann sofort angezündet werden, erfordert kein Vorheizen und kein Pumpen, brennt sehr sauber und verstopft die Düsen nicht. Viele Gaskocher sind auch heute noch eher am Mittelmeerstrand zu Hause als in den Bergen Lapplands, aber es gibt inzwischen auch einige hervorragende Modelle, die gut heizen, stabil stehen und sich auch in nördlichen Bergen hervorragend bewähren.

Gaskocher mit separater Kartusche

Produktbeispiel Gaskocher

Heute benutze ich für solche Zwecke den *Primus EtaPower™ EF*, der stabil steht, mit der Kartusche durch einen Schlauch verbunden ist und inkl. Windschutz, 2-l-Topf, Pfanne (beide mit sehr dauerhafter Multilayer Titanium-Non Stick-Beschichtung) und Griff, aber ohne Kartusche ca. 830 g wiegt (Packmaße 21 x 21 x 13,5 cm, ähnlich wie ein *Trangia*). Sein Windschutz ist – anders als bei den meisten Gaskochern – exzellent. Noch mehr aber besticht dieser Kocher durch seinen einzigartigen Wirkungsgrad von ca. 80 % (sonstige Kocher haben nur 40–60 %!), der vor allem durch den guten Windschutz und einen speziellen Wärmetauscher am Topf erreicht wird. Das heißt: deutlich geringerer Brennstoffverbrauch, weniger Gewicht und Packvolumen sowie niedrigere Kosten. Seine Heizleistung liegt bei 2000 W; 1 Liter Wasser kocht in etwa 2,5 Minuten Ein sehr effizenter Kocher, der mich mit den Gasmodellen wieder absolut versöhnt hat. Lediglich der Halt von Topf und besonders Pfanne auf dem Brenner könnte noch verbessert werden.

Wenn ich alleine unterwegs bin, nehme ich den *Eta Solo™*, der ohne Kartusche nur 365 g wiegt, extrem klein verpackbar ist und auch aufgehängt werden kann. Der Topf (in dem sich der Kocher samt Gaskartusche verstauen lässt), fasst knapp 0,5 Liter und lässt sich auf dem Brenner festclippen. Der Solo ist ähnlich effizient wie sein großer Bruder, gleichzeitig aber auch auf sehr kleine Flamme regulierbar.

Benzin-/Petroleumkocher

Von allen Campingkochern sind dies die kompliziertesten Modelle, weil der Brennstoff verdampft werden muss, bevor man den Kocher anzünden kann. Bei billiger Herstellung sind sie daher störanfälliger und unterwegs oft schwer zu reparieren. Es gibt aber inzwischen hochwertige und robuste Benzinkocher, die kaum störanfällig sind und sich, wenn es sein muss, mit einfachsten Mitteln zerlegen lassen.

Grundsätzlich gibt es auch hier zwei Kategorien: Kocher mit eingebautem Tank und solche, die mit einem Schlauch direkt an die Vorratsflasche angeschlossen werden (das spart Gewicht, macht schwieriges Umfüllen überflüssig und erleichtert die Bedienung). Das Grundprinzip ist bei beiden identisch: Der Brennstoff läuft durch ein Metallrohr (auch **Generator** oder Vorheiz-Schlange genannt) über den Brennkopf und wird dort verdampft und als Gas durch die Düse verteilt.

Das funktioniert natürlich nur, wenn der Kocher erst einmal brennt. Um ihn dazu zu bringen, muss man etwas nachhelfen, sprich: **vorheizen.** Zunächst erzeugt man mit der eingebauten Pumpe im Tank das, was die Gaskartusche schon von Natur aus hat: einen Überdruck. Wenn man nun das Ventil kurz öffnet, fließt etwas Brennstoff in die Vorheizschale (die meist zusätzlich mit einem dochtartigen Vorheiz-Strumpf ausgestattet ist) und kann dort mit einem Streichholz entzündet werden. Nicht zuviel Benzin in die Schale laufen lassen! Wird die Flamme kleiner, müsste genügend Brennstoff im Generator verdampft sein. Nun kann man das Ventil zur Regulierung der Brennstoffzufuhr wieder etwas öffnen. Der ausströmende Benzindampf wird gewöhnlich sofort durch die Vorheizflamme entzündet. Ist sie bereits erloschen, muss er sofort mit einem Streichholz entzündet werden.

Zunächst kann bei fast allen Modellen eine Stichflamme von ca. 10–30 cm Höhe entstehen, solange der Kocher noch kalt ist. Brennt der Kocher mit gelber Flamme, ist er noch nicht genügend vorgeheizt. Wird der Brennstoff richtig vergast, brennt der Kocher mit einer gleichmäßigen, blauen Flamme. Dann kann man mit dem Kontrollventil die Flamme auf gewünschte Größe regulieren und ggf. noch 2–3 Stöße pumpen, um den

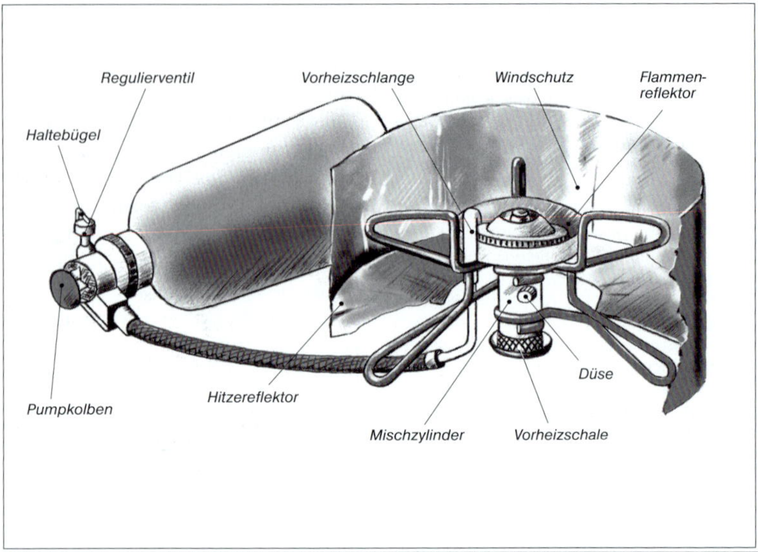

Druck im Tank zu erhöhen (nicht zuviel!). Die gesamte Prozedur ist wohl etwas aufwendiger als das Anzünden eines Gaskochers, aber längst nicht so kompliziert, wie sich die Beschreibung anhören mag.

Normale Benzinkocher dürfen meist ausschließlich mit Waschbenzin oder speziellem Kocherbenzin betrieben werden, da sonst die Düse schnell verstopft und Rückstände sich in den Leitungen absetzen. Viele kann man notfalls trotzdem einige Zeit mit bleifreiem Normalbenzin betreiben, muss sie dann aber häufig reinigen, damit sich die Verschmutzung nicht zu stark festsetzt.

Benzinkocher
mit Brennstoff-Flasche als Tank

Außerdem gibt es Kocher, die speziell als **Vielstoff-Brenner** (Multifuel) konstruiert sind und sowohl mit verschiedenen Arten von Benzin als auch mit Petroleum funktionieren (s.u. „Produktbeispiele“).

Reine **Petroleumkocher** sind für Rucksackwanderer weniger interessant. Sie sind aufwendig in der Bedienung und müssen gut vorgeheizt werden, um richtig zu funktionieren. Für längeres Lagern des Kochers muss Petroleum (auch bei Mehrstoff-Brennern) aus Leitungen und Düsen entfernt werden (leerbrennen lassen), da es verharzen und Düsen und Leitungen verstopfen kann.

Produktbeispiele Benzinkocher

In den letzten Jahren hat sich der *MSR Whisperlite Internationale 600* von *Mountain Safety Research (MSR)* zum wohl meistverkauften Benzinkocher entwickelt. Kein Wunder: Er ist ein hervorragender und sehr effizienter Allround-Kocher, lässt sich einfach an die Vorratsflasche anschließen (Umfüllen überflüssig), verbrennt Reinbenzin, Superbenzin (nur im Notfall verwenden, da sehr gefährlich), Petroleum und Kerosin problemlos. Komplett mit Hitzereflektor, Windschutz, Reparaturset und Packbeutel wiegt der Kocher knapp über 400 g und lässt sich erfreulich klein verstauen.

Der nach meinen Erfahrungen optimale **Multifuel-Kocher** ist der bereits sieben Mal mit dem „Gear of the Year"-Award der Zeitschrift Outdoor ausgezeichnete *Primus OmniLite,* der unter dem Namen *OmniLite Ti* als Titan-Modell erhältlich ist, das trotz hoher Robustheit nur 240 g wiegt. Er lässt sich mit Gas, Benzin, Petroleum und Diesel betreiben und gut regulieren. Der Kocher ist für die Verwendung von Töpfen mit Wärmetauscher optimiert (beispielsweise *Primus Eta*), mit denen er die höchste Klasse der vierstufigen Effizienzskala erreicht, sodass er extrem schnell und spritsparend heizt.

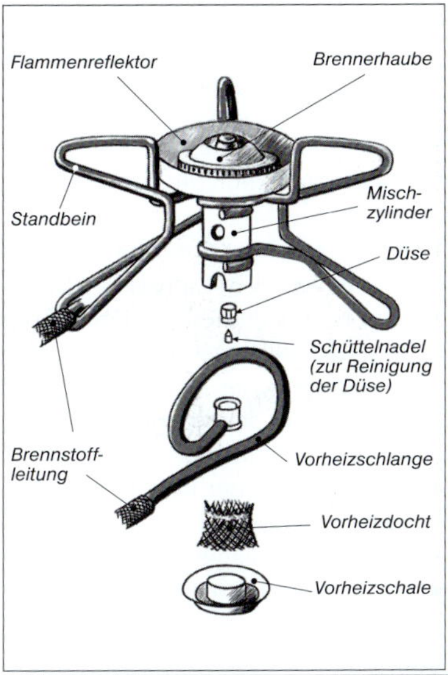

Details eines Petroleum- oder Benzinkochers

Tipps zum sicheren Umgang mit Benzinkochern

- Nur möglichst sauberen Brennstoff verwenden.
- Den Tank (bzw. die Vorratsflasche) nicht über die vom Hersteller angegebene Grenze hinaus füllen. Ist der Luftraum zu klein, wird es schwieriger, den richtigen Druck zu halten. Man muss evtl. öfter pumpen, und wenn der Druck zu hoch wird, entfernt sich die Flamme vom Brennkopf und kann leichter ausgehen. Außerdem wird der Generator dann nicht mehr richtig erhitzt, sodass der Kocher mit flackernder gelber Flamme brennt, stärker rußt und nicht mehr effizient heizt. Das kann auch zu Stichflammen führen.
- Nicht zuviel pumpen, um Überdruck zu vermeiden (s.o.).
- Tank erst nachfüllen, wenn der Kocher abgekühlt ist.
- Zum Nachfüllen am besten einen kleinen Trichter (evtl. mit eingebautem Sieb) verwenden.
- Falls Brennstoff verschüttet wurde, sollte man ihn wegwischen oder verdunsten lassen, ehe man den Kocher anzündet.
- Beim Umfüllen darauf achten, dass kein Benzin auf die Haut gelangt – bei

kaltem Wetter kann die rasch verdunstende Flüssigkeit zu gefährlicher Auskühlung und u.U. sogar zu Erfrierungen führen.

- Kocher und Flasche vor dem Anzünden stets auf undichte Stellen überprüfen.
- Beim Anzünden Kopf nicht über den Kocher halten (Stichflamme!).
- In größeren Höhen, in denen der Luftdruck deutlich geringer wird, sollte man den Kocher mit geringerem Druck als sonst starten, damit nicht zu viel Benzin austritt.
- Beachten, dass der Kocher mit einer kurzen Verzögerung auf die Regulierung am Ventil reagiert.
- Den Tank vor Hitze schützen. Ein zusätzlicher Windschutz/Reflektor darf die Hitze nicht auf den Tank reflektieren (kein Problem bei Brennern, die durch eine Leitung mit der Vorratsflasche verbunden werden).
- Falls der Kocher ausgeht, sollte man ihn vor dem erneuten Anheizen etwas abkühlen lassen – besonders bei Benzin und anderen leichtflüchtigen Brennstoffen besteht sonst erhöhte Explosionsgefahr.
- Kocher ohne eingebauten Tank nur mit den zugehörigen Vorratsflaschen verwenden (*MSR* und *Sigg-Flaschen* passen nicht mehr zusammen!), da sich die Flasche sonst während des Betriebs ablösen könnte – mit katastrophalen Folgen, wie man sich leicht vorstellen kann!
- Kocher vor dem Auseinandernehmen auskühlen lassen und evtl. Restdruck aus dem Tank (der Vorratsflasche) ablassen.
- Leitung, Generator und Düse regelmäßig reinigen, besonders bei Verwendung minderwertiger Brennstoffe. Sonst setzt sich Schmutz ab, der zu einer gelben Flamme mit Rußentwicklung und verminderter Heizleistung führt.
- Beim Verbrennen von Benzin entsteht hochgiftiges (geruchloses!) Kohlenmonoxid, das bei entsprechender Mischung mit Luft außerdem hoch explosiv ist. Kocher daher nie in geschlossenen Räumen ohne ausreichende Ventilation verwenden. Erste Vergiftungssymptome sind Kopfschmerz, Schwindelgefühl und Übelkeit.
- Benzin nur in entsprechenden Alu-Sicherheitsflaschen transportieren, die – besonders bei warmem Wetter – nicht zu voll sein dürfen (mindestens 5 cm Luftraum), um Überdruck zu vermeiden.

Hobo-Ofen

(s. Kapitel „Feuer“, S. 309)

Kochen im Zelt

Direkt im Zelt sollte man nie kochen. Der Zeltboden könnte schmelzen, der Topf oder der ganze Kocher könnte umkippen, es besteht die Gefahr einer Kohlenmonoxid-Vergiftung, und der Dampf schlägt sich in Zelt und Schlafsäcken nieder.

Wenn man in der Apsis kocht –, was ich bei schlechtem Wetter schon sehr oft gemacht habe –, dann sollte man den Außenzelt-Eingang wenigstens teilweise geöffnet lassen, für ausreichende Belüftung sorgen und nur einen stabil stehenden Kocher verwenden, auf dem auch der Topf sicheren Halt hat („Sturmkocher" ist optimal!) und mit dem man sich auch gut auskennt.

Bekleidung

„Schlechtes Wetter gibt es nicht – nur falsche Kleidung", lautet eine alte Trekker-Weisheit. Was aber ist richtige Bekleidung, und was muss sie leisten? Im Grunde nur eins: Sie muss die Kerntemperatur des Körpers auf konstanten 37 °C halten. Mehr nicht! Wozu also tausenderlei Hightech-Materialien?!

Leider ist das nicht ganz so einfach. Zu unterschiedlich und gegensätzlich sind die äußeren und inneren Bedingungen, mit denen die Bekleidung fertig werden muss: Draußen wechseln Hitze, Kälte, Regen, Schnee, Sturm, Trockenheit und Schwüle. Und auch der Körper in der Kleidung verhält sich dabei sehr unterschiedlich: Beim Wandern mit Gepäck gibt er etwa 300–400 Watt Wärme und ein bis zwei Liter Schweiß pro Stunde ab – beides darf natürlich nicht in der Kleidung festgehalten werden. Beim Rasten heizt er nur noch mit etwa 150 Watt, und man beginnt zu frieren. Einmal schreit der Körper nach Kühlung, und im nächsten Moment muss er warm gehalten werden. Wärme und Feuchtigkeit müssen nach draußen gelangen, aber gleichzeitig dürfen Nässe und Kälte von außen nicht eindringen. Ein Ding der Unmöglichkeit, will man meinen. Und so ist es. Moderne Funktionskleidung leistet zwar Erstaunliches – Dinge, die man im „Wolle-Zeitalter" noch für unmöglich gehalten hätte –, aber Wunder bewirken kann auch sie nicht.

Um den „Wundern" jedoch so nahe wie möglich zu kommen, hat sich schon lange – bereits im „Wolle-Zeitalter" – das **Schichtsystem** (englisch „Layering", oder „Zwiebelprinzip") durchgesetzt, mit dem man die Kleidung flexibel den unterschiedlichen Bedingungen anpassen kann. Jede Schicht in diesem System hat ihre besondere Funktion und muss dazu ganz bestimmte Eigenschaften besitzen (Näheres dazu s. S. 113).

Um die Kerntemperatur auf konstanten 37 °C zu halten – und ein angenehmes Mikroklima zwischen Haut und Unterwäsche zu schaffen –, muss die Kleidung bei den allermeisten Witterungsverhältnissen den Körper nicht nur warm, sondern auch **trocken halten.**

Dies sind die primären Anforderungen. Daneben muss Outdoor-Bekleidung aber auch eine ganze Reihe ebenfalls sehr wichtiger **sekundärer Anforderungen** erfüllen: Sie soll angenehm zu tragen sein, leicht, robust und langlebig, sie soll locker sitzen und darf die Bewegungsfreiheit nicht einengen, sie soll möglichst wenig Wasser aufnehmen (Gewicht) und schnell trocknen, sie soll pflegeleicht sein, viele Möglichkeiten zur Ventilation bieten und in Schichten übereinander getragen werden können.

Achtung: Falls in diesem Kapitel der Eindruck entstehen sollte, dass für jede

013op Foto: rh

Ja, wozu denn Kleidung?

Tour nur absolute High-Tech-Bekleidung in Frage kommt: Dem ist nicht so! Extreme Bekleidung braucht nur, wer auch extreme Unternehmungen plant. Für andere Touren kann durchaus das genügen, was man bereits im Kleiderschrank hat. Wer einen guten Wollpullover und eine imprägnierte Jacke besitzt, muss nicht unbedingt Fleece- und *GoreTex*®-Bekleidung kaufen. Und selbst bei anspruchsvolleren Touren ist eine teure Ausrüstung (die u.U. mehr kostet als eine komplette Reise) **keinesfalls Ersatz für Erfahrung und umsichtiges Verhalten.** Andererseits kann selbst bei einer Wochenendwanderung in den Alpen ein plötzlicher Wetterumschlag sehr unangenehm werden, wenn man nicht die richtige Kleidung bei sich hat.

Fazit: Wer seine ersten Unternehmungen plant, sollte **nicht gleich zu viel Geld für High-Tech-Bekleidung** ausgeben, sondern einfachere Touren in gemäßigten Regionen mit nicht zu aufwendiger Kleidung unternehmen. Merkt man dabei, dass das Wandern oder Kanufahren zur Leidenschaft wird und man auch anspruchsvollere Regionen erkunden will, dann verfügt man bereits über Basiserfahrung und kann seine Ausrüstung nach und nach entsprechend ergänzen. Vor allem wer Touren bei nasskaltem Wetter plant, sollte mit der Umstellung auf moderne Fasern bei der Unterwäsche beginnen: Dort halten sich die Kosten noch in Grenzen und der Gewinn an Komfort und Sicherheit ist am größten.

Funktionale Kleidung und ihre Aufgaben

Warm halten

Der Körper **verliert Wärme** auf vier verschiedene Arten, denen das Bekleidungssystem auf unterschiedliche Weise begegnen muss: Strahlung, Luftaustausch, Verdunstung und Ableitung.

Strahlung

Jeder Körper, der wärmer ist als seine Umgebung, strahlt Energie ab. Besonders deutlich demonstriert dies ein Heizofen. Die Strahlung selbst ist eigentlich keine Wärme, wird aber beim

Auftreffen auf einen Gegenstand in Wärme umgewandelt. Das merkt man bei kaltem Wetter am vermeintlichen Temperaturunterschied zwischen Sonne und Schatten: obwohl die Lufttemperatur sich nicht unterscheidet, ist einem in der Sonne wärmer, weil ihre Strahlungsenergie auf der Haut in Wärme umgewandelt wird.

Der ungeschützte menschliche Körper würde selbst bei mäßiger Kälte durch Abstrahlung weit mehr Energie verlieren, als er in der gleichen Zeit produzieren kann. Um diesen Verlust zu vermeiden, kann schon eine dünne Kleidungsschicht genügen. Die Strahlung wird darin in Luftwärme umgewandelt, und diese muss durch entsprechende Isolierung festgehalten werden. Bei sehr kaltem Wetter können aber die unbedeckten Hautpartien von Händen, Nacken und Gesicht so viel Wärme abstrahlen, dass der gesamte Körper auskühlt (selbst wenn man sonst sehr warm angezogen ist).

Konvektion (Luftaustausch)

Wärmeverlust durch Konvektion bedeutet, dass vom Körper aufgewärmte Luft durch kalte Außenluft verdrängt wird. Diese Art des Wärmeverlustes macht sich meist am gravierendsten bemerkbar. Die vom Körper abgegebene Wärme muss daher nach Möglichkeit zwischen der Haut und der äußeren Kleidungsschicht festgehalten werden. Dazu braucht man erstens eine mittlere Schicht, die möglichst viel Luft speichern kann, und zweitens eine dichte Außenschicht, die diese Luft nicht entweichen lässt. Bei völliger Windstille ist der Luftaustausch so gering, dass die Isolierschicht allein genügen kann. Aber selbst ein leichter Luftzug kann die Isolierschicht durchdringen und die warme Luft gegen kalte Außenluft austauschen, sodass man im Freien selten ohne die windfeste Schicht auskommt.

Besonders drastische Ausmaße erreicht der Wärmeverlust durch Konvektion bei zunehmendem Wind. Bei einer Windgeschwindigkeit von etwa 60 km/h und Temperaturen um den Gefrierpunkt beispielsweise kühlt man genauso schnell aus, wie bei -20 °C und Windstille; und 20 Grad Frost bei Windstille entsprechen bei derselben Windgeschwindigkeit einer Temperatur von nahezu -50 °C! Diese Wirkung wird als **Windchill-Faktor** (Auskühlfaktor) bezeichnet (s. Tabelle im Kapitel „Gefahren unterwegs, Unterkühlung").

Um der Auskühlung durch Wind zu begegnen, muss man **winddichte Außenbekleidung** tragen und alle Öffnungen an Kapuze, Kragen, Saum, Ärmel- und Knöchelbündchen verschließen. Beim Rasten sollte man den Windschutz von Bäumen, Büschen, Felsblöcken oder steilen Böschungen nutzen und in extremen Fällen die Route möglichst von exponierten Kammlagen in geschützte Waldtäler verlegen.

Verdunstung

Wärmeverlust durch Verdunstung ist, auf einen einfachen Nenner gebracht, das Prinzip, nach welchem ein Kühlschrank funktioniert – also schwerlich das, was man bei kaltem Wetter gebrauchen kann. Bei warmem Wetter hingegen muss man die Verdunstung nutzen, um Überhitzung zu vermeiden, denn nach dem gleichen Prinzip (Schweißverdunstung) funktioniert auch die Kühlung des Körpers, wenn durch anstrengende Aktivitäten zu viel Wärme produziert wird.

Jeder weiß, dass man in feuchten oder nassen Kleidern schneller friert als in trockenen. Das ist vor allem auf die höhere Wärmeleitfähigkeit von Wasser im Vergleich zu Luft zurückzuführen (s. „Konduktion"), teilweise aber auf den eben erwähnten „Kühlschrank-Effekt" der Verdunstung, der dem Körper aktiv Wärme entzieht. Nasse Kleidung kann schnell zu gefährlichem Wärmeverlust führen. Deshalb ist es bei der Unterwäsche so besonders wichtig, dass sie keine Nässe aufnimmt, sondern diese rasch nach außen ableitet. So bleibt der Körper trocken. Die nach außen verdunstete Feuchtigkeit kühlt zwar noch immer, aber nur solange sie verdunstet (idealerweise während der Aktivität). Ist die Kleidung rasch wieder trocken (wenn sie die Feuchtigkeit nicht speichert!), stoppt auch die Kühlung bei Ruhephasen schnell wieder.

„Um bei kaltem Wetter nicht zu frieren, ist es wichtig, dass man möglichst wenig schwitzt", heißt es. Das allerdings kann auch die beste Hightech-Unterwäsche keineswegs verhindern – wie viele fälschlich glauben. Wenn der Körper bei Anstrengung viel Wärme produziert, dann produziert er zwangsläufig auch Schweiß, um seine Temperatur konstant bei 37 °C zu halten. Daran kann keine Wäsche der Welt etwas ändern. Und das ist ja auch gut so, denn sonst käme es schnell zu einer fatalen Überhitzung. Aber sobald man eine Pause einlegt, geht die Wärmeproduktion um mehr als die Hälfte zurück – und wenn dann die Feuchtigkeit noch in den Kleidern sitzt, kühlt sie unvermindert weiter, und man beginnt rasch zu frieren. Also muss die Feuchtigkeit sehr schnell und effektiv nach außen transportiert werden.

Das kann gute Kleidung leisten, aber nur bis zu einem gewissen Grad. Dann ist derjenige gefragt, der in der Kleidung steckt. Er muss dafür sorgen, dass nicht mehr Schweiß produziert wird als abgeleitet werden kann. Also: nicht möglichst viel anziehen, sondern nur so viel wie nötig!

Ich habe mir z.B. angewöhnt, morgens unmittelbar vor dem Abmarsch die Jacke auszuziehen (oder, wenn es extrem windig ist, die Isolierschicht darunter), auch wenn das manchmal sehr ungemütlich ist. Alternativ kann man auch nach 10–15 Minuten, wenn der Körper „Betriebstemperatur" erreicht hat (aber bevor man richtig ins Schwitzen kommt!), kurz anhalten, um Jacke oder Isolierschicht abzulegen. Unterwegs kann man je nach Grad der Anstrengung mit verschiedenen Maßnahmen die Luftzufuhr weiter erhöhen oder drosseln. Dabei schlägt man gleich zwei Fliegen mit einer Klappe – die **Kühlung** wird reguliert (damit der Körper weniger Schweiß produziert), und zugleich wird die **Ventilation** angepasst (damit abgesonderter Schweiß rasch entweicht):

- Handschuhe ausziehen
- Kapuze abnehmen
- Ohrenklappen hochschlagen oder Kopfbedeckung ganz abnehmen
- Jacke, Kragen, Ärmelbündchen, Unterarm-Reißverschlüsse öffnen
- bei Überhosen Seiten-Reißverschlüsse öffnen
- Hemd über der Hose tragen

So kann man sich den ständig wechselnden Bedingungen jederzeit rasch anpassen und vermeiden, dass die Kleidung feucht wird.

Wenn doch etwas feucht geworden ist, was sich nicht immer vermeiden lässt, sollte man jede Gelegenheit nutzen, um seine **Kleidung zu trocknen:**

- Nasse Kleidung kann tagsüber außen auf den Rucksack gehängt werden (entsprechendes Wetter natürlich vorausgesetzt).
- Kleider nur dann im Schlafsack trocknen, wenn man sicher ist, dass man nachts nicht friert, und wenn man am nächsten Morgen den Schlafsack gründlich lüften kann (am besten nur in Kunstfaserschlafsäcken).
- Jedes Stück einzeln und mit genügend Abstand aufhängen, aber nicht zu nahe ans Feuer, denn Kunstfasern sind sehr empfindlich gegen Hitze und Funkenflug, und nicht zu nahe an den Kochtopf, wenn er dampft.

Eine zweite, oft nicht berücksichtigte, Form des Wärmeverlustes durch Verdunstung ist die **Atemfeuchtigkeit.** Sie fällt besonders bei starkem Frost ins Gewicht. Kalte Luft kann nur wenig Wasser aufnehmen und ist daher sehr trocken. Wird sie beim Einatmen erwärmt, so nimmt sie viel Feuchtigkeit aus der Lunge auf (große Oberfläche!), die dann beim Ausatmen und Wiederabkühlen kondensiert (sichtbarer Atem). Der Wärmeverlust auf diesem Weg kann bis zu 10 % der gesamten Wärmeproduktion des Körpers betragen. Um diesen Wärmeverlust zu reduzieren, kann man Mund und Nase mit einem Schal aus Fleecestoff oder Wolle bedecken. Die Atemluft wird in diesem Gewebe vorgewärmt und angefeuchtet, sodass die Verdunstung in der Lunge stark verringert wird. Der Unterschied kann verblüffend sein, besonders im Schlafsack.

Konduktion (Ableitung)

Berührt man Gegenstände, so wird die Wärme von der Haut abgeleitet. Jedes Material hat eine spezifische Wärmeleitfähigkeit, und die Unterschiede sind enorm. Bei Metallen z.B. ist sie besonders hoch, sodass man in kaltem Wetter bei der leisesten Berührung sofort daran festfrieren kann. Auch Steine und der Erdboden haben eine hohe Leitfähigkeit. Eine besonders geringe Wärmeleitfähigkeit hat Luft, weshalb sie der ideale Isolator ist. Die Leitfähigkeit von Wasser ist um ein Vielfaches höher als die von Luft – um nahezu das Fünfundzwanzigfache! Das ist – neben der Verdunstung – der wesentliche Grund, warum man in nassen Kleidern so viel schneller friert.

Unterkühlung

In der Praxis treten meist mehrere Arten des Wärmeverlustes kombiniert auf. Meist sind es Wind (Konvektion) und Nässe (Konduktion/Verdunstung), die dem Körper mehr Wärme entziehen, als er in der gleichen Zeit produzieren kann. Dadurch fällt die Kerntemperatur unter 37 °C, was sehr gefährliche Folgen haben und sogar zum Tod führen kann. Wind und Nässe, meist in Verbindung mit Erschöpfung, fordern – auch bei Temperaturen **über dem Gefrierpunkt** (oder nur wenig darunter) – deutlich mehr Opfer unter den „Outdoorern" als extreme Kälte oder sonstige, viel beschrieene „Gefahren der Wildnis". Mehr dazu siehe Kapitel „Gefahren unterwegs".

Überhitzung/Wärmestau

Bei Outdoor-Bekleidung scheint es immer nur darum zu gehen, dass sie möglichst warm hält, und vor allem Anfänger ziehen sich daher für ihre Wanderungen oft viel zu warm an. Das ist ein schwerer Fehler, denn bei anstrengendem Wandern mit Gepäck produziert der Körper so viel Wärme, dass man oft sogar bei Frost (und wenig Wind) durchaus noch hemdsärmelig oder sogar mit kurzen Ärmeln wandern kann (bei jeder Pause natürlich sofort etwas drüberziehen!).

Überhitzung kann nicht nur, wie oben beschrieben, durch verschwitzte Kleidung rasch in Unterkühlung umschlagen, sondern auch bei warmem Wetter zu schwerwiegenden Problemen führen. Vor allem winddichte und regendichte Bekleidung halten kühlende Luft ab und behindern das Verdunsten von Schweiß erheblich (auch *GoreTex®*). Folge: Der natürliche Kühlungsmechanismus des Körpers funktioniert nicht mehr richtig, und die Temperatur steigt über 37 °C (was noch schneller zu Problemen führt als Unterkühlung!). Schon bei geringer Überhitzung reagiert der Körper mit drastischer Leistungsminderung, gefolgt von Schweißausbrüchen, Kopfschmerzen und Übelkeit bis zum Erbrechen. Das kann bei schwerer Anstrengung und falscher Bekleidung sogar bei Temperaturen um den Gefrierpunkt oder darunter passieren! Wer auf diese Anzeichen hin nicht sofort für Ventilation und Kühlung sorgt, der riskiert einen **Hitzschlag,** der rasch zu Bewusstlosigkeit und innerhalb weniger Stunden zum Tod durch Herzlähmung führen kann.

Bei **Hitze** und hoher Luftfeuchtigkeit braucht man deshalb leichte Kleidung, die ebenfalls die Schweißfeuchtigkeit nach außen ableitet und rasch verdunstet. Selbst hier sind die modernen Kunstfasern der Baumwolle überlegen, da die Baumwolle die Nässe festhält und erst verzögert und nur langsam wieder abgibt. Besonders bei hoher Luftfeuchtigkeit kühlt hochwertige Kunstfaserkleidung den Körper sogar besser, als die nackte Haut es vermag. Unter solchen Bedingungen produziert der Körper nämlich mehr Schweiß, als auf der Haut verdunsten kann, sodass er „in Strömen herunter rinnt" und nur noch die Erde kühlt, auf die er tropft. Moderne Kunstfaserbekleidung vergrößert die Oberfläche für die Verdunstung ganz erheblich, sodass die Kühlung spürbar verbessert wird.

Materialien

Naturfasern

Baumwolle besteht aus Zellulose und saugt Schweiß gut auf. Sie speichert aber die Nässe, anstatt sie rasch weiterzuleiten und gibt sie nur allmählich wieder ab. Im Vergleich zu synthetischen Materialien nimmt sie etwa 15-mal soviel Wasser auf und isoliert auch in trockenem Zustand um 40 % schlechter. Außerdem trocknet sie erheblich langsamer und ist weder fäulnisbeständig noch knitterfrei oder einlaufsicher. Sie ist wesentlich weniger reiß- und scheuerfest als Kunstfasern und erheblich schwerer. Um pflegeleichter und für viele Outdoor-Zwecke überhaupt erst brauchbar zu sein, muss sie außerdem so stark chemisch behandelt werden, dass von „Naturprodukt" kaum noch die Rede sein kann. Da außerdem bereits der Anbau von herkömmlicher Baumwolle die Natur erheblich belastet, sollte man bei Baumwollprodukten darauf achten, dass sie aus **Biobaumwolle** bestehen.

Vorteile der Baumwolle sind, dass sie weit unempfindlicher gegen Hitze und Funken ist als Kunstfasern, dass sie sich angenehm anfühlt und bei trockenheißem Wetter eine gute Pufferwirkung bei starkem Schwitzen besitzt. Aus Baumwolle werden daher überwiegend Hemden, Hosen und Jacken für heiße, trockene Regionen hergestellt. Inzwischen findet man zunehmend Outdoor-Kleidung aus biologisch angebauter, langfaseriger Baumwolle, die nicht nur ohne giftige Spritzmittel gewonnen wird, sondern zudem von besserer Qualität ist.

Baumwolle/Polyester (das legendäre *G1000*) oder Baumwolle-Nylon-Mischgewebe haben bei Jacken und Hosen noch eine Zeit lang die Outdoor-Szene beherrscht und stellen einen gewaltigen Fortschritt gegenüber reiner Baumwolle dar. Die Kleidungsstücke sind erheblich dünner, leichter und trotzdem reißfester, abriebbeständiger und so eng gewoben, dass sie praktisch windfest sind und sogar Moskitos sie nicht durchstechen können. Sie nehmen viel weniger Wasser auf und trocknen erheblich schneller. Das Material ist hervorragend dampfdurchlässig („atmungsaktiv") und seine Wasserfestigkeit lässt sich durch das Auftragen oder Auswaschen von Wachs flexibel regulieren, sodass man die Kleidung unterschiedlichen Klimazonen anpassen kann. Heute wird die G1000-Kleidung meist durch Kleidung aus reiner Kunstfaser bzw. mit Membran oder Beschichtung ersetzt, aber für viele Zwecke hat sie noch immer ihre Berechtigung.

Viskose ist eine aus Holz und anderen Pflanzen künstlich hergestellte Zellulosefaser, die ähnliche Eigenschaften wie Baumwolle hat, aber weniger stark knittert.

Hanffasern werden aus dem Stängel der Hanfpflanze gewonnen und immer häufiger verarbeitet. Das Material hat ähnliche Eigenschaften wie Baumwolle, ist aber reißfester (eine der robustesten Naturfasern überhaupt), fäulnisbeständiger und viel umweltschonender in der Erzeugung. Die widerstandsfähige Hanfpflanze erfordert beim Anbau erheblich weniger Pestizide, Insektizide und andere Chemikalien.

Wolle besteht aus Keratin (hornartige Eiweißverbindung), hat eine etwa ebenso hohe Isolierkraft wie die Kunstfasern und isoliert auch in feuchtem Zustand noch deutlich besser als Baumwolle, nimmt aber viel mehr Wasser auf als die Kunstfasern (bis zu 30 % ihres Eigengewichts) und trocknet langsamer. Gegen Hitze und Funken des Lagerfeuers ist sie hingegen viel unempfindlicher als die synthetischen Stoffe. Wolle ist in sehr unterschiedlichen Qualitäten erhältlich (von sehr leichter und weicher Angora- oder Merinowolle bis zu rauen Schafwollarten) und eignet sich als Unterbekleidung für Wintertouren (besonders die feinfaserigen Qualitäten). Allerdings vertragen viele Menschen Wolle nicht direkt auf der Haut und reagieren z.T. sogar allergisch. Um dies zu verhindern, kann die Wolle auf verschiedene Weise behandelt und mit anderen Fasern gemischt werden.

Die wohl erstaunlichsten Ergebnisse erzielt dabei das **Ullfrotté-Material:** Die winzigen Schuppen der feinen Merinofasern werden entfernt, es werden 40 % Polyamidfasern beigemischt, und das Ganze wird zu Frottee-Schlingen verarbeitet; Resultat: eine luftige und angenehm zu tragende Unterwäsche. Hervorragende Eigenschaften hat auch die **chlorfreie Merinowolle.** Sie liegt so angenehm auf der Haut, dass man glaubt, es handele sich um eine Kunstfaser!

Bei **gewalkter Wolle** werden die Faserschuppen genutzt, um das Material durch Waschen und Walken zu verfilzen und um ca. 40 % zu verdichten. Anschließend wird das natürliche Wollfett wieder eingearbeitet. So erhält man Wasser abweisende, dichtere und robustere Wollmaterialien – besonders für Socken und Handschuhe.

Manche Hersteller versehen ihre Wolle mit einer **Antifilz-Ausrüstung,** indem sie die Schuppen mit einem hauchdünnen Film aus Kunstharz überziehen.

Seide ist ein hornähnliches Fibroin, das aus den Kokons der Seidenspinnerraupe gewonnen wird. Es ist sehr weich, geschmeidig und angenehm und kann auch von Personen getragen werden, die mit Wolle Probleme haben. Seide nimmt ebenfalls Feuchtigkeit auf, ist relativ reißfest und wirkt temperaturausgleichend: Bei kaltem Wetter ist das Material angenehm warm, bei Hitze kühl. Seide wird überwiegend bei der Herstellung von Unterwäsche und Socken verarbeitet.

Synthetische Fasern

Polyester nimmt nur ein Prozent seines Eigengewichts an Wasser auf und trocknet entsprechend schnell. Es ist reißfest, scheuerfest, fäulnisbeständig und UV-resistent und isoliert um ca. 40 % besser als Wolle (und mehr als dreimal so gut wie Baumwolle). Die Faser wird in sehr unterschiedlicher Bearbeitung für die verschiedensten Textilien verwendet. Für Unterwäsche z.B. wird sie speziell texturiert, damit sie sich auf der Haut angenehm anfühlt (inzwischen ist hochwertige Unterwäsche aus Kunstfasern angenehmer zu tragen als jede Baumwolle). Außerdem erhalten die Fasern für diesen Anwendungsbereich um ihren hydrophoben (Wasser abweisenden) Kern eine dünne hydrophile (Wasser anziehende) Hülle, die Feuchtigkeit wie ein Docht nach außen ableitet (Kapillareffekt).

Für manche Stoffe werden mehrfach unterteilte Polyesterhohlfasern verwendet, die eine Vergrößerung der Oberfläche um ca. 25 % bewirken und Feuchtigkeit durch diese Kapillaren optimal absaugen. Aus Materialien auf Polyesterbasis werden neben Funktionsunterwäsche auch Fleecestoffe hergestellt, Außenbekleidung und sogar Überzelte – je nach Verarbeitung und Beschichtung. Neupolyester wird aus Erdöl hergestellt, doch inzwischen verarbeiten immer mehr Hersteller umweltschonendes **Recycling-Polyester** u.a. aus wiederverwerteter Kleidung und gebrauchten Plastikflaschen. Und da es diese Möglichkeit gibt, sollte man darauf achten, nach Möglichkeit nur noch recycelte und recycelbare Kleidung zu kaufen.

Polypropylen (ebenfalls ein Erdölprodukt) hat ähnliche Eigenschaften wie Polyester und wird ähnlich verarbeitet. Es nimmt noch weniger Wasser auf und ist weniger UV-resistent. Dieses Material kann auch bei höheren Temperaturen gewaschen werden, ist preisgünstig und sehr elastisch. Auf Basis dieser Faser werden durch spezielle Verarbeitung z.B. auch Materialien für Funktionsunterwäsche hergestellt.

Polyacryl isoliert ähnlich gut wie Polyester, nimmt geringfügig mehr Wasser auf als die beiden erstgenannten, ist von den drei bisher erwähnten Kunstfasern am bauschfähigsten und von den Trageeigenschaften her Wolle am ähnlichsten.

Nylon (Markenname der Firma *DuPont*) gehört zur großen Gruppe der *Polyamide* und hat von allen gängigen Textilfasern die höchste Reiß- und Scheuerfestigkeit. Es nimmt etwa 4 % seines Eigengewichts an Wasser auf, ist fäulnisbeständig und als Rohmaterial etwas UV-empfindlicher als Polyester. Je nach Materialstärke, Mischung und Verarbeitung kann es zu sehr verschiedenen Zwecken eingesetzt werden, besonders für Jacken und Hosen. Es ist jedoch zu beachten, dass aus Nylon sowohl billige (im doppelten Wortsinn) als auch sehr hochwertige Produkte hergestellt werden können.

Fleece (s. auch „Schicht 2 – Isolierung") ist ein feines und flauschiges Gestrick aus sehr dünnen Polyesterfasern, das die alten **Faserpelzmaterialien** aus Nylon abgelöst hat. Bei **Mikrofaser-Fleece** liegt die Faserstärke unter 1 dtex; das heißt: Zehn Kilometer dieser Faser wiegen weniger als ein Gramm! Zwischen seinen zahlreichen winzigen Härchen speichert das flauschige Material ein dickes Luftpolster und hat daher hervorragende Isoliereigenschaften. Außerdem ist es bei gleicher Wärmeleistung deutlich leichter als Wolle, kleiner verpackbar, nimmt viel weniger Feuchtigkeit auf (s. „Polyester") und trocknet schnell.

Bei der **Herstellung von Fleece** werden die feinen Polyesterfasern zunächst zu einem frotteeartigen Rohmaterial verstrickt, das in einer Richtung elastisch ist. Die kleinen Schlingen werden dann „gebrochen" oder „gekämmt", das heißt aufgerissen. So entsteht ein dichter **Flor** oder **Flausch** aus feinsten Härchen, der sich entweder nur auf einer oder auf beiden Seiten des Materials befinden kann (einseitig bzw. beidseitig gekämmt).

WindStopper Fleece® besteht aus zwei Lagen Fleecestoff, zwischen denen eine winddichte, aber dampfdurchlässige Membran eingeschlossen ist. Kleidungsstücke aus diesem Material isolieren besser als reines Fleece, sind absolut winddicht und erfordern daher – außer bei starkem Regen – keine zusätzliche Außenschicht. Besonders für Handschuhe und Mützen – aber auch für Jacken – eignet sich WindStopper Fleece® verblüffend gut. Namhafte Firmen bieten hervorragende Jacken aus elastischem WindStopper Fleece®, die eng anliegen und damit erfreulich viel Bewegungsfreiheit bieten.

Mikrofasern (z.B. *Supplex, Tactel, Silky Touch*) haben – nicht nur im Outdoorbereich – einen bedeutenden Marktanteil erobert. Ihr wesentlicher Vorteil ist, dass sie ohne Beschichtung oder Membran hervorragend winddicht und Wasser abstoßend verwoben werden können, dabei aber gleichzeitig besser dampfdurchlässig (atmend) als beschichtete Materialien oder Membranen sind. Diese Eigenschaften erreichen sie durch ultrafeine Garne aus Polyester- oder Polyamid-(Nylon-)fasern, die extrem dicht gewoben werden (bis zu 7000 Fäden pro cm^2). So erhält man sehr leichte, luftige, seidenweiche und gleichzeitig reißfeste Materialien, die den Wind abhalten und einen leichten Regen abperlen lassen (800 mm Wassersäule; um als „wasserdicht" bezeichnet zu werden, muss ein Material nach DIN 1300 mm Wassersäule verkraften; gute Membranen erreichen Werte über 10.000 mm). Diese Materialien erfordern keine Nahtverschweißung, sind günstiger und können bei anstrengenden Tätigkeiten dank ihrer höheren Dampfdurchlässigkeit Vorteile gegenüber Membranen und Beschichtungen haben.

Beschichtungen

Luftundurchlässige Beschichtungen

Polyurethan (PU) hat die weniger haltbaren und mit höheren Umweltbelastungen verbundenen **PVC-Beschichtungen** weitgehend abgelöst. Es nutzt sich erst nach längerem Gebrauch etwas ab und beginnt dann, Wasser durchzulassen. Gute Kleidungsstücke sind dreifach beschichtet und haben verschweißte Nähte. Klarer Nachteil dieser Beschichtung ist die fehlende Dampfdurchlässigkeit. Selbst wenn man gar nichts tut, entsteht darunter bald ein Treibhausklima: Die Körperfeuchtigkeit kann nicht entweichen, schlägt sich an der Innenseite der Außenbekleidung nieder und wird von den darunterliegenden Schichten aufgesogen. Für längere Wanderungen sind solche Kleidungsstücke daher kaum geeignet.

Mikroporöse Beschichtungen

Auch bei dieser Art der Beschichtung werden die Textilien an der Innenseite mit einer PU-Schicht überzogen, die jedoch durch eine spezielle Behandlung von zahllosen mikroskopisch kleinen Löchern durchsetzt ist, ähnlich wie eine *GoreTex*®-Membran. Beschichtete Materialien sind preiswerter herzustellen als Membran-Laminate und können ebenfalls eine recht gute Qualität erreichen. Allerdings gibt es enorme Qualitätsunterschiede, sodass bei besonders billigen Produkten Vorsicht am Platze ist.

010ou18 Foto: sj

Mikroporöse Membranen

Dieses Material hat seit seiner Erfindung den Markt wetterfester Außenbekleidung revolutioniert. Die Membranen machten es erstmals möglich, Jacken und Hosen zu schaffen, die einerseits wasserdicht sind und andererseits den Wasserdampf von innen entweichen lassen.

Das Prinzip ist einfach: Die mikroporösen PTFE-Membranen sind hauchdünne Kunststofffolien mit ca. 1,4 Milliarden mikroskopisch kleinen Poren pro Quadratzentimeter und einer Porengröße, die nur dem zweihundertsten Teil der Stärke eines menschlichen Haares entspricht. Selbst feinste Wassertropfen sind rund 20.000-mal größer als diese Poren und können nicht eindringen. Wasserdampfmoleküle hingegen sind rund 700-mal kleiner als die Poren und können daher ungehindert nach außen entweichen.

Dies kann allerdings nur funktionieren, wenn ein Temperatur- und Luftfeuchtigkeitsgefälle von innen nach außen besteht, d.h. etwas wie ein „Dampfdruck“. Andernfalls sehen die Dampfmoleküle keinerlei Veranlassung, nach draußen abzuwandern. Bereits ab einer Außentemperatur über 15 °C wird die Dampfdurchlässigkeit deutlich gemindert, und in den Tropen bei über 30 °C und hoher Luftfeuchtigkeit wird der Schweiß kaum besser verdunsten als bei luftdichten Beschichtungen. Da jedoch die Nässe vor allem bei kaltem Wetter zum Problem wird, stellt diese Membran fraglos einen gewaltigen Fortschritt dar. Für nahezu alle anspruchsvolleren Outdoor-Zwecke bei nasskaltem Wetter ist Außenbekleidung aus *GoreTex®* oder ähnlichen Materialien die optimale Lösung.

Materialien mit wasserdichter, dampfdurchlässiger Membran werden unter folgenden Markennamen verkauft:

- **GoreTex®** – eine Membran aus Polytetrafluorethylen (PTFE) gleich Teflon.
- **GoreTex® XCR** – eine verbesserte Version des traditionellen *GoreTex®*-Materials mit deutlich höherer Dampfdurchlässigkeit (ca. 25 %); XCR = Extended Comfort Range (= erweiterter Wohlfühlbereich).
- **H2No®HB** – wasserdichte, dampfdurchlässige Membran der Firma *Patagonia*.
- **Sympatex** – eine komplizierte Polyestermembran, die keine Poren besitzt, sondern den Wasserdampf auf chemisch-elektrischem Weg nach außen transportiert. Dieses Material kann verarbeitet werden wie *GoreTex®*, soll aber etwas weniger leistungsfähig sein.
- **Transactive** – eine Beschichtung von *Sympatex*, die neben Wasserdampf auch kondensierten Schweiß nach außen transportiert und dadurch eine ähnlich hohe Nässeableitung wie *GoreTex® XCR* erreicht.
- **AquaStop** – ein mit mikroporösem PU beschichtetes Vlies, das wie ein *GoreTex® Z-Liner* (s.u.) verarbeitet werden kann.

2-lagige (oben) und 3-lagige Membran

Materialaufbau

Da die mikroporöse Membran extrem dünn und empfindlich ist, muss sie durch einen Außenstoff und ein Futter geschützt werden. Hierzu wird sie meist auf robustere Textilmaterialien aufgeklebt (= laminiert). Grundsätzlich gibt es fünf Möglichkeiten:

3-Lagen-Laminat: Die Membran ist zwischen ein robustes Außenmaterial und das Futter eingeklebt. Alle drei Schichten sind fest miteinander verbunden. Diese Materialien waren anfangs recht „brettig", inzwischen gibt es aber auch geschmeidigere Lösungen. Sie sind besonders robust und etwas preiswerter als die 2-lagigen.

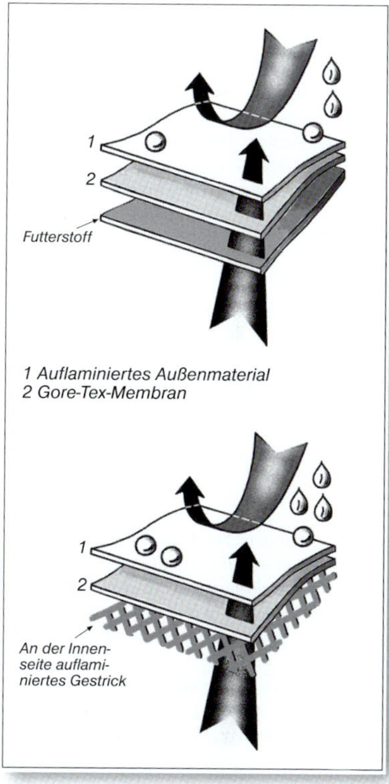

2-Lagen-Laminat: Die Membran ist nur mit dem Außenmaterial verklebt, das Futter lose eingenäht. Diese Materialien sind etwas aufwendiger und teurer, dafür weicher und geschmeidiger und besser dampfdurchlässig, wobei es vor allem auf das Futter ankommt (meist Polyesternetz, das Feuchtigkeit gut transportiert).

2,5-Lagen-Laminat: Die Membran ist mit dem Außenmaterial verklebt; um sie zu schützen, sind innen nur Polymerpunkte aufgesetzt. Das Material ist geschmeidig und besonders leicht.

Z-Liner: Die Membran liegt zwischen einem Außenstoff und dem Futter, ist aber mit keinem von beiden fest verklebt. So erhält man weiche Materialien mit sehr textilem Griff, die aber etwas weniger strapazierfähig sind.

Futterlaminat: Die Membran ist nur mit dem Futterstoff verklebt, nicht aber mit dem Außenmaterial. Durch ein sehr dünnes Außenmaterial sind besonders leichte Kleidungsstücke möglich.

Am häufigsten sind 2- und 3-Lagen-Laminate. Der Z-Liner und das Futterlaminat sind zwar einfacher und billiger herzustellen, aber dafür sind ihre Außentaschen nicht wasserdicht.

Was wichtig ist

- **Imprägnierung:** Wozu eine Imprägnierung?, wird mancher fragen, wenn die Membran doch schon wasserdicht ist. Ganz einfach: Ist das Außenmate-

Imprägnierung von Funktionsbekleidung

Gute Funktionsbekleidung ist heute sehr leistungsfähig. Aber sie kann auf Dauer nur dann wirklich gut funktionieren, wenn sie richtig gepflegt wird und die Imprägnierung des Außenmaterials in Ordnung ist. Von Haus aus wird das Material mit einer DWR-Imprägnierung ausgerüstet (für „Durable Water Repellent" oder „dauerhaft wasserabweisend"). Doch „durable" heißt noch lange nicht „ewig" – und selbst die Originalimprägnierung der besten Funktionsmaterialien lässt irgendwann nach. Dann nimmt das Gewebe Wasser auf und saugt sich voll. Die Folgen:

- Die Atmungsaktivität lässt um bis zu 60 % nach.
- Die Wärmeableitung nimmt stark zu, so dass man sich rasch nass, kalt und unbehaglich fühlt.
- Das Trocknen der nassen Kleidung dauert viel länger.
- Im Extremfall können sich durch Verschmutzung sogar die Nahtbänder oder die Membran ablösen.

Was kann man tun, damit das Wasser wieder abperlt? Anfangs – also nach den ersten Wäschen – kann man die Imprägnierung der meisten Funktionsmaterialien durch Wärme reaktivieren (30 Minuten im Trockner bei 60°C oder bei niedrigster Stufe bügeln). Doch irgendwann reicht das nicht mehr und die Kleidung muss nachimprägniert werden. Dazu sind drei Schritte erforderlich:

Schritt 1: Waschen

Zunächst muss man das gute Stück auf jeden Fall waschen. Die Behauptung , dass man wasserdicht-dampfdurchlässige Laminate so selten wie möglich waschen soll, ist falsch. Schmutz behindert die Dampfdurchlässigkeit und schadet der Imprägnierung. Hingegen können gute Laminate bzw. Beschichtungen oft gewaschen werden, ohne Schaden zu leiden. Allerdings sollte man kein x-beliebiges Waschmittel dafür verwenden. Versuchsreihen haben bewiesen, dass die Chemie des Waschmittels und des Imprägniermittels zusammen passen müssen. Beide müssen aufeinander abgestimmt sein, um die besten Resultate zu erzielen.

Wichtig für eine schonende und effiziente Wäsche:

- Stets die Waschanleitung des Herstellers beachten.
- Waschpulverreste aus dem Einfüllschacht der Waschmaschine entfernen.
- Am besten benutzt man ein geeignetes Spezialwaschmittel, das auf die Imprägnierung abgestimmt ist.
- Sonst empfiehlt sich ein Feinwaschmittel ohne Weichspülerzusatz (Weichspüler sind „Gift" für alle Funktionsmaterialien!).
- Nach dem Waschen mit klarem Wasser nachspülen.
- Bekleidung mit Membran oder Beschichtungen bei max. 600 U/Min. schleudern.

Schritt 2: Imprägnieren

Welches ist das beste Imprägniermittel? Derzeit werden vier unterschiedliche Arten von Mitteln verwendet: Imprägnierungen auf Basis von C8- oder C6-Fluorcarbon-Verbindungen, von Silikonen und von Polyurethan-Dendrimeren. Alle Wirkstoffe haben Vor- und Nachteile (siehe Tabelle), wobei C8 Flurcarbon zwar am besten wirkt, jedoch so umwelt- und gesundheitsschädlich ist, dass es in vielen Ländern bereits verboten ist oder verboten wird. C8 Fluorcarbon (bzw. dessen Vorprodukte) enthält nämlich perfluorierte Tenside (PFT).

Eine „grüne Alternative" sind Imprägnierungen auf Basis von Polyurethan-Dendrimeren. Sie funktionieren annähernd so gut wie C6-Fluorcarbon und sind umwelt- und gesundheitsverträglich. Auch gegenüber Silikonen bieten sie gleich eine ganze Reihe von Vorteilen (s. Tabelle).

Schritt 3: Erwärmen

Fast alle Imprägniermittel funktionieren besser, wenn man die Bekleidung nach dem Imprägnieren mit Wärme behandelt. Dazu steckt man sie am besten für mindestens 30 Minuten bei 60°C in den Trockner. Sonst kann man sie auch bügeln: auf niedrigster Temperaturstufe („Synthetik") und mit einem Geschirrtuch zwischen Kleidung und Bügeleisen. Besonders wichtig ist die Hitzeeinwirkung bei den Polyurethan-Dendrimeren: Ohne Hitze entwickeln sie keine Imprägnierwirkung! Aber auch Fluorcarbone funktionieren mit Hitze besser als ohne. Nur Silikone sollte man vorsichtshalber nicht erhitzen.

Fazit: Waschen Sie Ihre Funktionsbekleidung ruhig oft, aber waschen Sie sie richtig und verwenden Sie das optimale Nachimprägniermittel.

Wirkstoffe der Imprägniermittel

	C8 Fluorcarbon	C6 Fluorcarbon	Silikon	Polyurethan-Dendrimere
Bioakkumulativ	ja	nein	nein	nein
enthält PFT	ja	nein	nein	nein
enthält Fluor	ja	ja	nein	nein
biol. abbaubar	nein	nein	nein	ja
Wasserabweisend	ja	ja	ja	ja
Ölabweisend	ja	ja	nein	nein
Schmutzabweisend	ja	ja	nein	ja
Waschbeständig	ja	ja	nein	mäßig

rial vom Regen durchtränkt, lässt die Dampfdurchlässigkeit der Membran erheblich nach – in manchen Fällen bis zu 80 %. Um dies zu verhindern, ist eine gute Imprägnierung des Außenmaterials sehr wichtig, damit der Regen möglichst gut abperlt (siehe auch Infokasten „Imprägnierung von Funktionskleidung", S. 110).

- **Nähte** an wasserdicht-dampfdurchlässiger Bekleidung müssen alle bandverschweißt sein, damit keine Nässe eindringen kann.
- **Taschen** sollten „frei eingehängt" sein, d.h. ohne nach außen durchgehende Naht, um den Inhalt zu schützen.
- **Futterstoffe** spielen eine entscheidende Rolle für die Leistungsfähigkeit der Membran. Sie müssen Feuchtigkeit möglichst gut ableiten und großflächig auf die Membran verteilen.

Gleiches gilt übrigens für die darunter getragenen Schichten.

- **Außenmaterial** – Nylon ist bei gleicher Materialstärke deutlich abriebfester als Polyester.
- **Ventilation** ist auch bei den „Atmungsaktiven" nützlich und wichtig, um die Dampfdurchlässigkeit zu unterstützen.

Warum es manchmal doch nass wird

Wenn es unter der XY-Tex-Bekleidung manchmal doch nass wird, brauchen Sie Ihre Jacke nicht gleich wegzuschmeißen und auch nicht unbedingt sofort zu reklamieren. Möglicherweise waren Ihre Erwartungen an das Produkt zu hoch. Wunder wirken kann auch die beste Membran-Jacke nicht. Versuchen Sie herauszufinden, an welchem der folgenden Gründe es liegen könnte.

Kondenswasser: Gute Membran-Jacken lassen bei günstigen Bedingungen etwa 0,3 bis 0,4 l Wasser pro Stunde nach außen entweichen. Der Körper kann aber bei anstrengender Tätigkeit in der gleichen Zeit einen Liter oder noch mehr Wasser verdunsten! Da gerät auch das beste Material an seine Grenzen. Und selbst ohne Jacke wäre man bei solchen Anstrengungen rasch nassgeschwitzt. Kondenswasserbildung ist also durchaus normal und einfach nicht ganz zu vermeiden. Aber es entsteht in jedem Fall erheblich weniger Kondenswasser als bei luftdichten Materialien à la Friesennerz.

Wasser von außen dringt in den seltensten Fällen durch die Membran ein, sondern an verschiedenen Schwachstellen wie Reißverschluss, Kapuzenansatz, Kragen und Taschen. Manchmal auch an Nähten, was dann aber wirklich ein Grund für Reklamationen ist. An den Bündchen und am Saum kann der Futterstoff Nässe nach innen saugen. Das Futter sollte daher nicht ganz bis an die äußere Kante von Saum und Bündchen reichen. Und schließlich kann durch die Reibung der Rucksackgurte Feuchtigkeit durch das Material „gedrückt" werden.

Hardshell und Softshell

Als **Hardshells** bezeichnet man Kleidung mit absolut wasserdichter, dampfdurchlässiger Membran (z.B. *Gore-Tex®*, *Venturi®* oder *HNo® Membran*), als **Softshells** sehr dicht gewobene, imprägnierte und daher stark wind- und wasserabweisende Außenbekleidung, die besser dampfdurchlässig ist als jede Hardshell, aber nicht vollkommen wasserdicht. Für anstrengende Einsätze und die meisten Wetterverhältnisse sollte Softshell-Kleidung die erste Wahl sein, nur bei sehr nassem Wetter sind Hardshells besser geeignet.

Für beide Kategorien haben sich in den letzten Jahren fadenfreie Stoffverbindungen mit neuartiger Laser- und Klebetechnik durchgesetzt, beispielsweise das **Composite Seam System** von *Patagonia,* die um über 25 % leichtere, kleiner verpackbare und zudem geschmeidigere Kleidung ergeben. Darüber hinaus ist diese Kleidung auch noch robuster, da keine Fäden abscheuern können, und wasserdichter, weil es keinerlei Nadellöcher gibt.

Hybridkleidung

Eine hervorragende Kombination beider Technologien bieten die **Hybridmodelle,** bei denen Kapuze, Schultern und Ärmeloberseite (bzw. Knie und Gesäß bei den Hosen) für besten Nässeschutz aus absolut wasserdichtem, atmendem Laminat bestehen, Ärmelunterseite und die gesamte Rumpfpartie hingegen aus besonders dampfdurchlässigem Softshell-Material, um Schweißfeuchtigkeit auch bei anstrengenden Aktivitäten rasch entweichen zu lassen.

Schichtsystem

Das Schichtsystem (engl. *Layering*), auch „Zwiebelprinzip" genannt, macht sich die Erkenntnis zunutze, dass mehrere dünne Kleidungsschichten in vielerlei Hinsicht vorteilhafter sind als eine dicke. Einerseits bietet es die Möglichkeit, die Bekleidung jederzeit den wechselnden Temperatur-, Wind- und sonstigen Witterungsverhältnissen sowie unterschiedlichen Graden körperlicher Aktivität anzupassen. Andererseits ermöglicht es, Materialien und Isolierungen zu kombinieren, die in einem einzelnen Kleidungsstück unmöglich wirksam verbunden werden könnten. Die optimale Kombination von Wasser- und Winddichtheit; Isolierung, Feuchtigkeitstransport und Dampfdurchlässigkeit lässt sich nur erzielen, wenn man sämtliche Kleidungsstücke der verschiedenen Schichten richtig zusammenstellt. Jede der einzelnen Schichten hat ihre eigene Funktion, ergänzt sich mit den anderen Schichten und unterstützt sie in ihrer Wirksamkeit. Nur das Zusammenwirken der einzelnen Kleidungsschichten ermöglicht es dem Benutzer, seinen Körper warm und trocken zu halten – und das unter Bedingungen, die sich innerhalb weniger Minuten drastisch verändern können.

Das alles bedeutet natürlich nicht, dass jede Schicht zu jeder Zeit getragen muss. Bei warmem Wetter wird selbstverständlich die zweite Schicht entfallen, und wenn es zudem trocken und nicht sehr windig ist, kann man auch auf Teile der dritten Schicht verzichten. Andererseits sollte man bei sehr kaltem Wetter Teile der zweiten Schicht als Unterwäsche tragen oder eine zusätzliche zweite Isolierschicht unter der Außenbekleidung anziehen. Das große Plus des Systems liegt ja gerade in seiner Flexibilität und Kombinierbarkeit.

Schicht 1 – Feuchtigkeitsableitung

Dies ist die Schicht, die man unmittelbar auf der Haut trägt: Unterhemd, Unterhose und Socken. Daher muss sie hautfreundlich und angenehm zu tragen sein. Ihre wichtigste Funktion besteht darin, den Körper trocken zu halten, d.h. Schweißfeuchtigkeit rasch aufzusaugen und nach außen weiterzuleiten. Die Fasern, aus denen sie besteht, müssen dazu eine Feuchtigkeit anziehende (hydrophile) Oberfläche besitzen, dürfen aber selbst keine Nässe aufnehmen (hydrophob), da sie sonst das Wasser speichern (wie z.B. Baumwolle) und es nur sehr langsam wieder nach außen abgeben. Für diese Schicht eignen sich daher besonders **synthetische Materialien** wie Polyester, Polypropylen oder Polyacryl bzw. Mischgewebe wie z.B. Ullfrotté (s. „Bekleidung/Materialien").

Unter den **Naturfasern** sind Seide und Wolle am günstigsten, werden aber von den modernen Kunstfasern in fast jeder Hinsicht übertroffen. Neuere Produkte aus **chlorfreier Merinowolle** haben allerdings mit der kratzigen Wolle von früher nicht mehr viel gemeinsam. Nachdem ich zunächst skeptisch war, habe ich *Wool-2*-Unterwäsche (Zip-Neck und Bottoms) von *Patagonia* bei verschiedenen Aktivitäten getestet und war begeistert. Diese Naturfaser in flauschiger Jerseystrickart liegt so angenehm auf der Haut, dass man sie gar nicht für Wolle hält, sie ist pflegeleicht, leitet Nässe ab und ist geruchshemmend. Baumwolle ist für die erste Schicht vor allem bei kaltem Wetter ungeeignet und kommt allenfalls für trocken-heiße Regionen in Frage (auch hier haben Synthetikprodukte die Nase vorn).

Die für Sportunterwäsche entwickelte **Variabel-Knit-Technologie** (oder Body-Mapping-Technologie) kombiniert nahtlos die optimale Strickart für die jeweilige Körperzone:

- *Netzmaterial* für hohe Luftdurchlässigkeit (z.B. unter den Armen und am Ausschnitt)
- *Jersey-Strick* für eine ausgewogene Balance von Isolierung, Elastizität und Dampfdurchlässigkeit (an Brust und Rücken)
- *Therma-Loop* für beste Wärme-Isolierung (am Bauch und in der Nierengegend)
- *Rippstrick* für Wärme und höchste Formstabilität (an Saum und Seiten)

Unterwäsche

Manche empfehlen locker sitzende Unterwäsche, ich bevorzuge eng am Körper anliegende, die aber natürlich keinesfalls einengen darf. Durch die hohe Elastizität der synthetischen Gewebe und Gestricke ist das jedoch kein Problem. Wäsche, die am Körper anliegt, hat den Vorteil, dass sie kaum Falten bildet, die Feuchtigkeit besser absaugt (der Schweiß kann gar nicht mehr „rinnen") und etwas Gewicht einspart, wenn es auch nicht viel ist. Außerdem hält sie den Körper besser warm als locker sitzende, da keine kühle Luft darunter zirkulieren kann.

Das Unterhemd sollte mindestens bis zur Gesäßmitte reichen, die Ärmelbündchen müssen gut abschließen und elastisch sein (sehr praktisch sind auch Daumenschlaufen oder -löcher, um die Bündchen zu fixieren), und die Nähte – besonders im Schulterbereich – sollten **flachgenäht** sein (Naht außen und innen sichtbar, s. „Nähte" S. 44), um Druckstellen durch das Tragesystem des Rucksacks zu vermeiden. Unterhemden werden mit unterschiedlichen Halsabschlüssen angeboten. Mir scheint ein Rollkragen mit Reißverschluss bei weitem am praktischsten, da er den Hals schützen und doch gute Ventilation bieten kann.

Achtung: Mit dem Schweiß werden auch Salze abgegeben, die rund 300 % ihres Eigengewichtes an Wasser speichern können, sodass selbst gute Unterwäsche nach längerem Tragen etwas von ihrer Leistungsfähigkeit verliert. Da sie jedoch extrem schnell trocknet, kann man sie problemlos auch unterwegs gelegentlich auswaschen.

Produktbeispiele Unterwäsche

Hervorragend als erste Schicht bewährt hat sich nach meinen Erfahrungen die *Zero Extreme* Funktionsunterwäsche der schwedischen Firma *CRAFT*, die extrem leicht, seidenweich und angenehm zu tragen ist. Sie kühlt bei intensiver körperlicher Belastung und ist danach so rasch wieder trocken, dass sie auch in Pausen warm hält. Kurz: Genau die richtige Wäsche für alle anstrengenden Sportarten und insbesondere für Stop & Go-Aktivitäten wie Klettern und Skifahren. Die hervorragenden Eigenschaften werden durch eine zweiflächige Konstruktion erreicht: *CoolMax® Hexachannel Extreme* auf der Innenseite wird mit der Hohlfaser *Thermolite®* außen kombiniert. Da die Fasern der Außenseite deutlich feiner sind, besteht ein Kapillargefälle, das Nässe wie eine Pumpe nach außen schafft und so das Trocknen beschleunigt.

Zu den absoluten Klassikern für Trekkingtouren, Sport und Winter zählt auch die *Capilene®*-Unterwäsche der Firma *Patagonia,* die in drei verschiedenen Materialstärken erhältlich ist. So lässt sie sich der jeweiligen Aktivität und den Wetterbedingungen anpassen. Das zu einem Großteil recycelte Polyestermaterial leitet Nässe hervorragend ab, trocknet enorm schnell, lässt die Luft gut zirkulieren und hält je nach Materialstärke leicht bis hervorragend warm. Ich bevorzuge die Zip-Neck-Modelle mit langem Hals-Reißverschluss für Ventilation: *Capilene 2* für mildes bis kühles Wetter und anstrengende Aktivitäten sowie *Capilene 4* für beste Isolierung und exzellentes Wärme-zu-Gewicht-Verhältnis im Winter. Beide Teile mit anliegendem Schnitt und Raglanärmeln sind dafür konzipiert, direkt auf der Haut getragen zu werden, machen sich aber auch sehr gut, wenn man nichts darüber trägt.

Socken

Socken müssen faltenfrei sitzen, ohne einzuengen (um Druckstellen zu vermeiden und die Blutzirkulation nicht zu behindern). Sie müssen formstabil sein (damit sie nicht nach dem ersten Waschen ausleiern und rutschen), sie müssen schnell trocknen und vor allem die Füße warm und trocken halten. Letzteres ist gar nicht so einfach, da die Stiefel oft Feuchtigkeit schlecht entweichen lassen. Feuchte Socken weichen jedoch die Haut auf; Blasen entstehen schneller. Um das Problem zu lösen, werden manche Trekking-Socken aus **zwei Lagen** unterschiedlichen Materials hergestellt: Feuchtigkeit absaugende Synthetikfasern (s. „Materialien“) auf der Innenseite, die keine Nässe aufnehmen und den Fußschweiß rasch nach außen weiterleiten, und eine Außenschicht als Nässespeicher, der die Feuchtigkeit allmählich an die Schuhinnenseite abgibt und verdunsten lässt („Pampers-Prinzip“). So wird der Fuß zumindest so lange trocken gehalten, bis der „Speicher“ voll ist. Dann muss man die Socken wechseln und trocknen. Die Polsterung darf nicht zu grob sein, um Scheuerstellen zu vermeiden. Als Material eignen sich vor allem Polyester, Polypropylen und Nylon. Unter den Naturfasern schneiden Wolle und Seide am besten ab. Baumwolle ist – besonders bei kaltem Wetter – nicht zu empfehlen.

Tipps:

- Empfindliche Füße kann man schonen, indem man unter den Trekkingsocken sehr **dünne Socken** trägt (z.B. *Lifa* oder Seide). Dadurch wird die Reibung zwischen Haut und Socken reduziert. Die Kombination darf aber nicht so dick sein, dass sie den Fuß im Stiefel einengt.
- Socken unterwegs bei jeder Gelegenheit **trocknen** (u.U. auch im Schlafsack) und ab und zu waschen, damit sie ihre Leistungsfähigkeit behalten.
- Für das Wandern in Gummistiefeln (was z.B. in Lappland oft unvermeidlich ist) gibt es dicke **Übersocken** aus zwei Materialschichten, die nach dem gleichen Prinzip funktionieren wie die zweilagigen Trekkingsocken, aber eine noch größere Speicherkapazität haben *(Bama)*.

Kopfbedeckung

Sie gehört genau genommen ebenfalls zur ersten Schicht (auch wenn sie meist zugleich den Zweck der Außenschicht erfüllen muss) und richtet sich nach den Wetterverhältnissen und dem persönlichen Geschmack. Wer ungern eine **Kapuze** trägt, ist mit einem robusten **Filzhut** sicher gut bedient. Er schützt vor Regen und intensiver Sonnenstrahlung, sollte aber durch einen Kinnriemen gesichert sein, damit er bei einer plötzlichen Windbö nicht im Abgrund verschwindet. Breite Krempen können beim Tragen eines Rucksacks stören.

Tipp: die Krempe hinten hochschlagen und mit einer Sicherheitsnadel fixieren.

Bei kälterem Wetter ist eine **Mütze** aus Wolle, Fleece oder WindStopper Fleece® angebracht, am besten mit Ohrenklappen, die man bei Bedarf nach oben umschlagen und fixieren kann. Ein Schirm schützt die Augen vor Schnee und gleißender Sonne. Bei extremer Kälte ist eine **Balaclava (Sturmhaube)** zu empfehlen. Diese Schlupfmütze schützt den gesamten Kopf-, Nacken- und Halsbereich und lässt nur das Gesicht offen. Sie kann auch nach oben gerollt werden.

014op Foto: rh

Für alle Kaltwetter-Mützen sind dichte Fleecestoffe – WindStopper Fleece® – am besten geeignet. Auch Wolle kann den Zweck erfüllen. Essentiell ist es, dass die Ohrenklappen **perfekt abschließen,** sodass kein Wind eindringen kann. Sonst kann es passieren, dass bei Sturm und starker Kälte die Ohren unter der Mütze erfrieren, ehe man es bemerkt.

Anstelle eines **Schals** kann man einen speziellen Nackenschutz tragen – am besten ebenfalls aus WindStopper Fleece® – der Wind und Schnee abhält, angenehm wärmt und rasch trocknet.

Handschuhe

Für die Handschuhe oder Fäustlinge eignet sich ebenfalls WindStopper® Fleece. Achten Sie darauf, dass sie am Handgelenk dicht abschließen und lange Stulpen haben, die unter die Ärmel der Jacke passen. Handfläche und Innenseite der Finger sollten mit einem robusten und griffigen Material verstärkt sein. Vor allem **Fingerhandschuhe** aus diesem Material sind fantastisch, da sie sehr dünn und trotzdem warm sind.

Bei starkem Frost bzw. in Kombination mit Wind bieten aber selbst solche Handschuhe keinen ausreichenden Schutz. Bereits kalte Finger lassen sich nicht mehr aufwärmen, da sie voneinander isoliert sind und sich nicht gegenseitig wärmen. Für solche Situationen sind **Fausthandschuhe** unerlässlich. Sie sollten sich mit einer kurzen Kordel an den Ärmeln der Jacke befestigen lassen, damit man sie jederzeit rasch ausziehen kann und nachher sofort wieder bereit hat. Besonderen Schutz brauchen die Hände beim Start, wenn der Körper noch nicht auf voller Betriebstemperatur läuft.

Pelzmütze mit Ohrenklappen

Schicht 2 – Isolierung

Die zweite Schicht – also diejenige über der Unterwäsche – ist die eigentliche Isolierschicht. Außerdem soll sie die Körperfeuchtigkeit nach außen weiterleiten und großflächig auf die Außenbekleidung verteilen. Auch hier haben synthetische Materialien das Sagen. Die zweite (oder mittlere) Schicht ist heute ganz und gar die Domäne der **Fleecebekleidung.** Für besonders kalte und nasskalte Bedingungen gibt es aber auch extrem leichte und funktionale Westen und Pullover mit nässeunempfindlicher und eng komprimierbarer Kunstfaserfüllung (siehe S. 124).

Fleece (s. „Materialien") wird in den unterschiedlichsten Materialstärken und Qualitäten angeboten, manchmal gemischt mit in zwei Richtungen elastischem Stretchmaterial oder kombiniert mit winddichten Membranen (WindStopper®). Aus Fleece werden u.a. Pullover, Jacken, Hemden, Hosen, Schals, Stirnbänder, Mützen, Handschuhe und Westen hergestellt. Besonders dünnes und feines **Mikrofaser-Fleece** wird gerne auch für extra warme Unterwäsche verwendet. Kleidungsstücke aus **WindStopper Fleece®** können sogar problemlos als

015op Foto: rh

äußere Schicht getragen werden, so lange es nicht regnet. Für Pullover erscheint mir ein Rollkragen mit langem Reißverschluss am vorteilhaftesten, um besten Schutz und gute Ventilation zu kombinieren.

Tipp: Wenn Sie am Kragen eines Fleecehemdes einen Druckknopf oder Klettverschluss anbringen, sodass er als **Stehkragen** getragen werden kann, haben Sie einen flauschigen und warmen Halsschutz, der den Schal ersetzen kann.

Gutes Fleece ist daran zu erkennen, dass es sehr dicht ist. Wenn man mit dem Finger von hinten dagegendrückt, darf man nicht bis auf das Trägermaterial sehen – und schon gar nicht bis auf den Finger. Fleecebekleidung sollte nicht gerade hauteng anliegen, aber auch nicht zu weit sein. Ausnahme: elastisches Stretchfleece, das sich besonders für Hosen eignet. Wichtig ist, dass das Fleece nicht zusammen mit anderen Materialien verarbeitet wird, die ungünstigere Eigenschaften haben, die also z.B. langsamer trocknen. Vor allem Hersteller, die mehr auf modischen Look als auf Funktionalität achten, schmücken ihre Produkte gern mit unnötigen Bändern, Besätzen und anderen Verzierungen. Trägt man dünne Fleecebekleidung als Unterwäsche, so muss man wie bei der ersten Schicht auf **Flachnähte** achten.

Ein variabel regulierbares Isoliermaterial ist **Airvantage®** von *Gore* (s.o. „Hardshell und Softshell").

Schicht 3 – Wind- und Regenschutz

Da die ersten beiden Schichten möglichst luftdurchlässig sein müssen, erfordern sie eine zusätzliche Außenhülle, die winddicht ist. Sonst wird selbst bei einem leichten Luftzug die isolierende Luft aus der Kleidung geblasen, und die Isolierschicht wird nahezu wirkungslos. Mancher meint, mit einem dicken Fleecepullover sei er bestens gegen die Kälte gerüstet, und wundert sich, dass ihm doch kalt wird, sobald er draußen ist. Aber die Isolierung kann nur in Verbindung mit einer winddichten Außenhülle funktionieren. Je nach Witterung eignen sich zwei unterschiedliche Arten von Kleidung für diese Schicht: eine wasserdichte, dampfdurchlässige **Hardshell** oder eine nicht absolut dichte, aber noch besser atmende **Softshell** (s.o. „Hardshell und Softshell").

Wenn bei höheren Temperaturen die Isolierschicht (2. Schicht) nicht gebraucht wird, werden Hemd und Hose zur zweiten Schicht und Jacke/Überhose werden als dritte Schicht darüber getragen, falls es windig ist oder regnet.

Hemd und Hose

Bei **mäßigem Wind und trockenem Wetter** oder bei **Nieselregen** sind weder eine Beschichtung noch eine Membran erforderlich. Es reicht gewöhnlich ein Hemd (bzw. eine Jacke) und eine Hose aus einem dicht gewobenen, imprägnierten Material, das Wasserdampf besser entweichen lässt als Membran-Bekleidung und dennoch Wind und Nieselregen ausreichend abhält. Hierdurch wird ein „Treibhausklima" zuverlässig vermieden, das Wohlbefinden und Leistungsfähigkeit stark vermindern kann. Es wäre übertrieben, bei jedem Wetter gleich eine bombenfeste Hardshell-Jacke überzuziehen, die für extremes Wetter gedacht ist. Viele meinen, damit einen besseren Schutz zu haben. Das Gegenteil ist der Fall: Für „normales" Wetter bringt eine solche Bekleidung mehr Nach- als Vorteile.

Die Kleidungsstücke dieser Lage sind durch ihre Materialien und Webart wenig elastisch. Sie müssen daher **weit genug geschnitten** sein (keinesfalls eng anliegend), um bequem auch über eine dicke Isolierschicht zu passen, ohne die Bewegungsfreiheit einzuengen. Eine Ausnahme sind z.B. Hosen aus einem elastischen Stretchmaterial, die anliegend geschnitten sein dürfen. Sie ähneln Jogginghosen, sollten aber an Sitz und Knien durch robusteres Material verstärkt sein.

Da diese Lage häufig als äußerste Schicht getragen wird, muss sie auch **mechanischen Beanspruchungen** wie Abrieb und Dornen gut standhalten. Nylon ist besonders robust, und verstärkende Besätze aus Polyester- oder Kevlarfasern an besonders strapazierten Stellen wie Knien, Ellbogen Schultern, Bündchen und Gesäß sind sehr zu empfehlen.

Robustheit und kurze Trockenzeit, kombiniert mit geringem Gewicht und kleinen Packmaßen, erreicht man durch eine Mischung aus **Baumwolle und Polyester.** Viele Kleidungsstücke dieser Schicht werden aber heute auch ganz aus **Kunstfasern** hergestellt, ohne an Tragekomfort zu verlieren. Sehr vorteilhaft sind besonders **Mikrofasergewebe** (siehe „Materialien"). Hemden aus locker gewobener Wolle oder aus Fleece atmen hervorragend, sind aber winddurchlässig und erfordern bei windigem Wetter daher eine zusätzliche Jacke. Um unter dem Hüftgurt des Rucksacks nicht zu drücken, sollte bei Hosen der Bund relativ hoch angesetzt sein. Oder man benutzt Hosenträger anstelle eines Gürtels.

Jeans oder schwere **Bundeswehrhosen** sind denkbar ungeeignet. Sie wiegen fast so viel wie ein halbes Dut-

016op Foto: rh

zend guter Trekkinghosen und sind weniger robust. Vor allem aber sind sie gleich beim ersten Regen völlig nass und bleiben es bis zum Ende der Tour. Sie werden dadurch noch schwerer und kühlen den Körper aus.

Produktbeispiel Trekkinghose

Im Sommer benutze ich bevorzugt die *Horizon Convertible Pant* von *The North Face.* Mit nur 360 g und minimalen Packmaßen ist sie eine der leichtesten Zip-Off-Hosen und passt in jede Rucksacktasche. Das eng gewobene Nylon-Micro-Ripstop-Material mit Lichtschutzfaktor 50 ist sehr robust und luftig, liegt angenehm auf der Haut und trocknet verblüffend schnell. Der klare Schnitt und ein teilelastischer Bund mit individuell regulierbarem Kordelzug gewähren sicheren Sitz bei voller Bewegungsfreiheit. Die Hosenbeine können mittels Reißverschluss einfach abgetrennt werden, so verwandelt sich die Hose in eine 25 cm lange Shorts. Durch die seitlichen Reißverschlüsse im Knöchelbereich lassen sich die Hosenbeine abnehmen, ohne hierfür vorher die Schuhe ausziehen zu müssen. Reichlich Stauraum bieten zwei geräumige Front-Einschubtaschen, zwei Reißverschluss-Oberschenkeltaschen und eine Reißverschluss-Gesäßtasche (alle mit Netzfutter). Und in der Gesäßtasche lässt sich die ganze Hose – auf doppelte Faustgröße komprimiert – bequem verstauen.

Jacke und Regenhose

Bei extremem Wetter wie starkem, anhaltendem Regen, Wind und Graupel sind selbst gute Imprägnierungen und Softshell-Gewebe überfordert. Dann braucht man eine wasserdichte, dampfdurchlässige (atmende) **Hardshell.** Diese Schicht wird oft – vor allem wenn man sich schnell gegen einen Wolkenbruch abschotten muss – über der eben besprochenen Lage (Hemd, Hose) getragen. Wenn man aber bereits lange Unterwäsche benutzt und evtl. sogar noch eine Fleeceschicht, dann ist es besser, die *Gore®*- oder sonstige *Tex*-Bekleidung direkt darüber zu tragen (ohne zusätzliches Hemd und Hose), um bessere Dampfdurchlässigkeit zu erreichen und ein „Treibhausklima" zu vermeiden.

Die wesentlichen Eigenschaften und Leistungsmerkmale dieser Bekleidung wurden bereits unter den Abschnitten „Beschichtungen" und „Mikroporöse Membranen" behandelt. Weitere Informationen dazu finden Sie im Kapitel „Kleidungsdetails".

Poncho

Ein Poncho war früher ein guter Kompromiss, um Regenschutz und genügend Ventilation zu kombinieren - also die Nässe von außen abzuhalten, ohne die von innen einzusperren. Sein entscheidender Nachteil: Bei Wind behindert das ewig flatternde Zeug die Bewegungsfreiheit erheblich. Ein wesentlicher Vorteil ist jedoch nach wie vor seine fantastische **Vielseitigkeit:** als Windschutz, Notzelt, Bodenplane, Schlafsackhülle, Abdeckung oder sogar als improvisiertes Segel bei Kanutouren.

Wer einen Poncho benutzt, kann außerdem im Vergleich zu Membran-Jacken eine Menge Geld sparen. Er hat dabei die Wahl zwischen **Trekking-Ponchos** aus PU-beschichtetem Nylongewebe, die etwa 200–400 g wiegen, ca. 50–100 € kosten und teilweise speziell für das Tragen mit größeren Rucksäcken zugeschnitten sind, und **Militär-Ponchos,** von denen es wiederum zwei Varianten gibt. Solche, die aus dem gleichen Material bestehen wie die Trekking-Ponchos und auch etwa gleich schwer sind, und dick gummierte Modelle, die besonders robust, aber leider auch entsprechend schwer sind. Militär-Ponchos (aber auch einige gute Trekking-Ponchos) haben oft den Vorteil, dass sie am Rand mit Ösen und Druckknöpfen ausgestattet sind, was ihre Vielseitigkeit steigert. Bei gebrauchten Modellen unbedingt auf den Zustand achten; manchmal löst sich die Beschichtung ab, als hätte sie einen Sonnenbrand bekommen. Generell ist es vorteilhaft, wenn der Poncho auf Höhe der Taille einen Kordelzug besitzt, mit dem sich die „Flatterplane“ etwas fixieren lässt. Andererseits wird dadurch natürlich auch die Ventilation eingeschränkt.

Zusatzschicht bei extremer Kälte

Für Wintertouren sind während des Wanderns die bisher beschriebenen Schichten meist völlig ausreichend (nicht zuviel anziehen!). Bei Wanderpausen und im Camp wir man jedoch zusätzliche Isolierung benötigen. Dafür wird oft eine zusätzliche Fleeceschicht ausreichen (besser als nur eine sehr dicke Fleeceschicht). Bei extremer Kälte kann für diesen Zweck aber spezielle **Thermokleidung** mit Daunen- oder Kunstfaserfüllung erforderlich sein. Informationen über Füllmaterialien und Verarbeitung finden Sie im Schlafsack-Kapitel.

Trägt man diese Schicht unter der Außenbekleidung, darf sie auch durchgesteppt sein; kammergenähte Kleidung isoliert natürlich noch besser. Meist ist das Außenmaterial solcher Kleidungsstücke winddicht, sodass man sie als äußere Lage tragen kann. Nur bei extremer Witterung wird es erforderlich, sie unter der dritten Schicht zu tragen.

Daune als Isolierfüllung ist leichter und kleiner verpackbar als Kunstfaser, aber wenn die Wetterverhältnisse so extrem werden, dass man diese Isolierschicht auch unterwegs trägt, ist eine Kunstfaserfüllung besser, da sie kaum Nässe aufnimmt und schnell trocknet. Bei Bedarf kann man mit Daunen-

oder Kunstfaserkleidung den Schlafsack „tunen" (s. Kap. „Schlafsack"), und im Notfall kann sie sogar den Schlafsack ersetzen, falls dieser z.B. durch Nässe unbrauchbar geworden ist. Mir hat meine Daunenjacke einmal durch eine lange und lausig kalte Winternacht im Norden Kanadas geholfen, als ich unerwartet im Freien übernachten musste und weder Zelt noch Schlafsack bei mir hatte.

Auch bei weniger extremen Unternehmungen benutze ich sehr gerne eine **Thermoweste.** Sie ist durchgesteppt, leicht und klein verpackbar, hält gut warm und kann sowohl unter der Jacke als auch außen getragen werden. Und vor allem lässt sie den Armen viel Bewegungsfreiheit. Spitze! Ich habe sie fast auf allen Touren dabei.

Größentabelle

Damengröße	36	38/40	42/44	46	48
Unisex	S	M	L	XL	XXL
Herrengröße	44	46/48	50/52	54	56
Herrengröße (inch)	30	32	34/36	38	40

Kleidungsdetails

Kapuze

Sie muss weit genug geschnitten sein, damit auch eine Mütze darunter passt oder ein Kletterhelm. Gleichzeitig sollte jedoch das **Volumen** regulierbar sein, sodass die Kapuze eng anliegt und die Bewegungen des Kopfes mitmacht – sonst blickt man bei jeder Kopfdrehung „in die Röhre". Bei vielen Kapuzen ist dies recht gut gelöst, aber es gibt auch noch recht verbesserungswürdige Vorrichtungen. Optimalerweise sollten die Kordelzüge zur Volumenregulierung elastisch sein und in Höhe eines Stirnbandes von Schläfe zu Schläfe rings um den Hinterkopf verlaufen. Manchmal sind sie jedoch zu kurz und/oder zu tief angesetzt. Da hilft nur probieren!

Tipp: Um bei schlecht anliegender Kapuze die Sichtfreiheit zu verbessern, kann man einfach eine Art Stirnband darüber tragen.

Die Kapuze muss den ganzen Kopf umschließen und im Extremfall bis auf eine kleine, regulierbare Öffnung für die Augen verschließbar sein. Ein verstärkter **Schild** (wie bei einer Schirmmütze) verbessert den Wetterschutz.

Um zu verhindern, dass der harte und kalte Reißverschluss auf der Haut scheuert, besitzen gute Jacken einen **Kinnschutz** aus angenehm hautfreundlichem Material, und bei manchen lassen sich sogar die Enden der elastischen Zugkordeln fixieren, damit sie einem bei starkem Wind nicht ins Gesicht peitschen. Am dichtesten schließen Kapuzen ab, die fest angenäht oder von außen befestigt sind. Bei im Kragen versenkbaren Modellen kann sich in den dafür vorgesehenen Taschen Wasser sammeln und nach innen dringen.

Bündchen

Bündchen müssen weit geschnitten sein (am besten mit Keileinsatz), damit sie gute Ventilation ermöglichen und auch über dicke Fäustlinge passen. Sie müssen aber zugleich mit einer **Klettfixierung** oder Gummizug eng anliegend verschließbar sein. Druckknöpfe haben den Nachteil, dass sie nicht stufenlos verstellbar sind. Man sollte darauf achten, dass das Außenmaterial ein Stück weit nach innen hineinreicht, damit Nässe nicht durch das Futter hineingesaugt wird.

Knöchelbündchen an Überhosen müssen besonders weit und lang zu öffnen sein, damit man die Hose überziehen kann, ohne die Stiefel ausziehen zu müssen. Am besten sind durchgehende 2-Weg-Seiten-Reißverschlüsse.

Unterarm-Reißverschlüsse gehören bei vielen hochwertigen Jacken bereits zum Standard. Sie verbessern die Ventilation und mindern den Wärmestau, da sie auch bei leichtem Regen geöffnet bleiben können. Je länger sie sind, desto effektiver. Um ihren Zweck zu erfüllen, müssen sie natürlich in geöffnetem Zustand auch wirklich offen bleiben (z.B. durch eine Klettfixierung). Der Reißverschluss muss genauso sorgfältig abgedeckt sein wie der Frontreißverschluss.

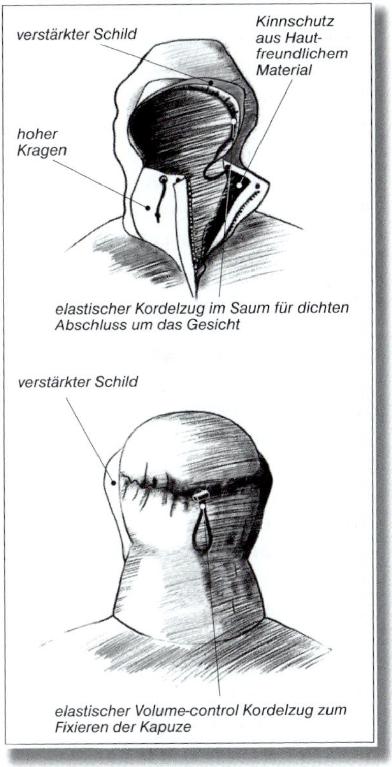

Kapuze

Taschen

Taschen sind an manchen Jacken ein Schwachpunkt, durch den Nässe eindringen kann. Um wasserdicht zu sein, sollten sie möglichst **frei eingehängt** sein (ohne nach außen durchgehende Nähte) und eine großzügig überlappende Abdeckung besitzen. Besonders vorteilhaft, um z.B. die Landkarte zu verstauen, ist eine **Napoleontasche** mit senkrechter Öffnung unter der Reißverschluss-Abdeckung, die auch von außen zugänglich ist (sie sollte dafür einen langen Reißverschluss haben und groß dimensioniert sein). Hoch angesetzte Außentaschen haben den Vorteil, dass sie auch mit Rucksack oder Klettergurt zugänglich sind. Sehr angenehm können auch

Handwärmtaschen sein, die schräg an den Seiten eingesetzt sind, damit man die Hände bequemer hineinschieben kann als in Außentaschen mit horizontaler Öffnung. Die Zahl der Taschen ist Geschmackssache, aber drei bis fünf Taschen an einer Jacke und zwei bis drei an der Hose sind sicher nicht übertrieben.

Reißverschlüsse

Reißverschlüsse sind eine weitere Schwachstelle und müssen durch breite **Abdeckleisten** mit Druckknopf- oder Klettverschluss geschützt sein. Empfehlenswert sind doppelte Abdeckleisten, von denen die innere so umgefaltet ist, dass sie eine **Ablaufrinne** bildet. Besonders an der Frontöffnung sind 2-Weg-Reißverschlüsse hilfreich, um die Ventilation nach Bedarf zu regulieren.

Inzwischen werden auch so **wasserdichte** Reißverschlüsse hergestellt, dass man für extrem leichte Kleidung auf die Abdeckung verzichten kann.

Ärmel

Ärmel sollten körpergerecht geschnitten sein, am besten mit vorgeformtem Ellbogenwinkel (besonders für Kletterer und Skifahrer). Das ist zwar aufwendiger in der Herstellung, bietet aber mehr Bewegungsfreiheit und sorgt für bauschfreien und passgenauen Sitz.

Elastische Züge

Elastische Züge im Saum und an der Taille (bei der Hose am Bund) sind vorteilhaft, um die Kleidungsstücke in Form zu halten, die wärmende Luftschicht zu schützen und das Eindringen von Wind, Kälte und Schnee zu verhindern. Sie sollten mit einem **Klemmstopper** (Tanka) regulierbar sein.

Farbe

Die Farbe spielt keine Rolle, wird man vielleicht denken. Oder doch? Wer möglichst „mit der Landschaft verschmelzen“ will (das müssen nicht nur Jäger sein, vielen ist das einfach ein instinktives Bedürfnis), der wählt natürlich gedämpfte Grün-, Oliv-, Sand- oder Brauntöne. Fotografen hingegen werden rasch merken, dass sie bessere Bilder bekommen, wenn ihre Begleiter kräftig gefärbte Kleidung tragen (blau, rot, gelb).

Und für Notfälle, wenn es wichtig ist, andere auf sich aufmerksam zu machen, sollte man zumindest irgendein größeres Stoffstück mit **leuchtender Signalfarbe** bei sich haben, da man sonst aus der Luft kaum zu entdecken ist. Das kann auch eine Rettungsdecke, eine Plane oder notfalls der Schlafsack sein. Am besten ist es aber, wenn die Jacke bzw. der Rucksack auffällig gefärbt sind, da man beides fast ständig sichtbar trägt und es nicht erst lange auspacken muss. Tarnkleidung brauchen nur ernsthafte Jäger (besonders Bogenjäger).

Schuhwerk

Die Stiefel bilden im wahrsten Sinne des Wortes die wesentliche Grundlage jeder Wanderung und verdienen daher ganz besondere Beachtung. Nur zu oft sind es gerade die Füße, an denen „der Schuh drückt". Eine Druckstelle, die man im Laden kaum gespürt hat, kann bei einem längeren Marsch entnervend wirken, wenn sie bei jedem Schritt drückt und kneift. Und schon eine kleine Blase kann die ganze Tour zur „Tortour" werden lassen. Entscheidend für die Auswahl des richtigen Schuhwerks ist der Einsatzbereich. Ganz klar, dass ein Schuh für eine Winterexpedition oder für das Hochgebirge anders aussehen und konzipiert sein muss als für eine leichte Sommerwanderung im Tiefland, eine Dschungeltour oder einen Wüstentrek. Vor dem Kauf muss daher klar sein, für welchen Zweck man die Stiefel überwiegend braucht.

Grundanforderungen

Die Anforderungen an einen guten Wanderschuh sind eigentlich ganz banal: Er soll bequem sitzen, möglichst leicht sein und zugleich so fest wie nötig, er soll Nässe von außen abhalten, den berüchtigten Fußschweiß aber rasch entweichen lassen, er soll guten Halt bieten, und er soll möglichst robust sein. Doch so einfach diese Anforderungen klingen, so schwierig ist es, sie in einem Stiefel zu vereinigen. Kaum jemand macht sich bewusst, wie kompliziert der Aufbau eines Wanderstiefels ist. Allein der Schaft kann aus bis zu 150 Einzelteilen bestehen. Für alle muss das richtige Material ausgewählt und richtig kombiniert werden. Das ist wahrhaftig eine Wissenschaft für sich, und man könnte mühelos dicke Bücher allein damit füllen. Zu sehr ins Detail kann ich hier schon aus Platzgründen nicht gehen, aber die wichtigsten Bestandteile, Konstruktionsmethoden und Materialien sollten geklärt werden.

017op Foto: rh

Solides und zweckmäßiges Schuhwerk ist die Basis einer gelungenen Tour

Kleines Schuhlexikon

Um Sprachverwirrungen vorab zu klären, hier zunächst eine kleine Übersicht über wichtige Bezeichnungen im Zusammenhang mit der Herstellung von Schuhen. Von „Schuhen"? Hier fängt es schon an. „Schuh" ist eigentlich ein Oberbegriff für allerlei Arten von Fußbekleidung, häufig wird damit aber auch ein Schuh mit niedrigem Schaft (also Halbschuh) bezeichnet im Gegensatz zum Stiefel, der auch die Knöchel umschließt.

- **Ausballung:** Schicht der Sohlenkonstruktion zwischen Brandsohle und Zwischensohle
- **Bout:** siehe Schaft
- **Brandsohle:** Verbindung zwischen Schaft und Sohle, ein Kernstück des Trekkingstiefels, besteht meist aus Leder oder Texon
- **Cambrelle:** hochverdichtetes Nadelvlies aus Polyester, das Schweiß ableitet, rasch trocknet und abriebfest ist; wird als Futtermaterial verwendet
- **Chromgerbung:** Mineralgerbverfahren mit Chrom
- **Cordura®:** abriebfestes, grob strukturiertes Nylongewebe, das dampfdurchlässig ist und schnell trocknet; wird als Außenmaterial für leichte Trekkingstiefel verwendet (s. „Material")
- **Dämpfkeil** (auch Weichtrittkeil): Schicht der Zwischensohle aus elastischem Material zur Stoßdämpfung beim Auftreten
- **EVA (Evazote):** Dämpfmaterial aus synthetischem Gummi
- **Faltwasserlasche:** siehe Wetterlasche
- **Fersenkappe** (Hinterkappe): stabile Schicht zwischen Außenmaterial und Futter, die die Ferse umschließt und ihr Halt gibt
- **Fersenquetschfalte:** Falte am Achillessehnenansatz, um die Bewegung des Knöchelgelenks zu erleichtern
- **Fleischseite:** Innenseite des Leders (zum Tierkörper hin gelegen)
- **Fleischspalt:** innere, zur Fleischseite gelegene Lederschicht, die beim Spalten von der Narbenseite getrennt wird; weicher als Narbenspalt und daher für feste Stiefel weniger geeignet
- **Fußbett:** anatomisch geformte Einlegesohle, die feuchtigkeitsdurchlässig und herausnehmbar sein sollte
- **Gelenk:** Einlage in der Zwischensohle zur Versteifung, früher aus Metall, heute meist aus Kunststoff; je härter, desto schlechter rollt der Stiefel ab, desto höher aber auch Verwindungsfestigkeit und Kantenhalt
- **Gürtelrand:** siehe Wetterschutzrand
- **Hydrophobiert:** Imprägnierung des Leders auf Silikon- oder Fluorbasis, die das Material wasserabweisend machen, Faserstruktur und Dampfdurchlässigkeit aber kaum beeinträchtigen. Sollte nicht nur oberflächlich aufgebracht sein, sondern das ganze Leder durchdringen. Solche Stiefel niemals einfetten!
- **Juchtenleder:** kombiniert gegerbtes, stark gefettetes Volleder, das nahezu wasserdicht ist und meist nur für klassische Bergstiefel verwendet wird
- **Klebegezwickt:** Klebeverbindung zwischen Schaft und Brandsohle; einfacher und preiswerter als zwiegenähte Verbindung, aber dank moderner Thermoklebung ebenfalls sehr haltbar und bei leichten Trekkingschuhen vorherrschend
- **Kombiniert gegerbt:** Gerbeverfahren mit pflanzlichen (vegetabilen) und mineralischen Gerbstoffen
- **Laufsohle:** äußere Sohle, mit der der Schuh den Boden berührt, häufig aus Vibram oder anderen haftfähigen, aber robusten Gummimischungen
- **Mittelspalt:** beim Spalten herausgetrennte mittlere Lederschicht, für Wanderstiefel wenig geeignet
- **Monoblocksohle:** Gummilaufsohle aus einem Stück, bei der die Stoßdämpfung durch verschieden dichte Gummimischungen in den einzelnen Lagen der Sohle erreicht wird

- **Narben(seite):** Außenseite der Haut
- **Narbenleder/Narbenspalt:** besonders feste und hochwertige äußere Schicht des Leders, die beim Spalten von der Fleischseite getrennt wird
- **Nappaleder:** geglätteter Fleischspalt, der weich und anschmiegsam ist und daher meist als Futter verwendet wird; als Außenmaterial zu wenig reißfest
- **Nubukleder:** auf der Narbenseite samtig aufgerautes Leder, meist hydrophobiert (aber auch als Fettnubuk); hochwertiges Material, nicht zu verwechseln mit Veloursleder
- **PU-Keil:** Dämpfungskeil aus geschäumtem Polyurethan (PU)
- **Profilsohle:** siehe Laufsohle
- **Quartier:** Seitenteile des Schafts zu beiden Seiten des Rists (Fußrücken)
- **Schaft:** Oberteil des Schuhs im Gegensatz zur Sohlenkonstruktion; besteht aus Vorderkappe (Bout), Vorderblatt, Zunge (=Lasche), Quartier, Hinterkappe, Zwischenschaft und Futter; manchmal wird unkorrekterweise auch nur der obere Teil des Schaftes ab dem Knöchel so bezeichnet, der den Stiefel vom Halbschuh unterscheidet
- **Schutzrahmen:** siehe Wetterschutzrand
- **Sohle:** Unterteil des Schuhs im Gegensatz zum Schaft; besteht aus Laufsohle (=Profilsohle), Zwischensohle mit Dämpfungskeil, Gelenk, Ausballung, Brandsohle und Einlegesohle (=Fußbett); unterschiedliche Konstruktionen bestimmen Steifigkeit und Einsatzzweck
- **Sorbothan:** synthetisches Gummimaterial als Dämpfungskeil
- **Spalten:** das Teilen dicker Leder in mehrere Schichten: Narbenspalt, Mittelspalt, Fleischspalt
- **Texon:** lederähnliches, steifes Pressmaterial, das zur Herstellung von Vorderkappen und Fersenkappen verwendet wird
- **Trigenäht:** Stiefel mit dreifach umlaufender Naht zur Verbindung des Schafts mit der Brandsohle und der Zwischensohle; selten und nur bei schweren Bergstiefeln
- **Torsion:** Verbiegung im Bereich zwischen Vorderfuß und Ferse beim Abrollen

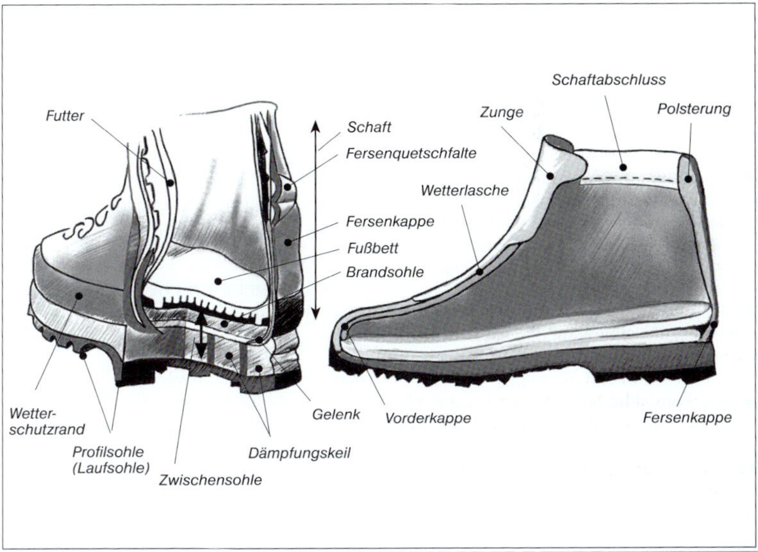

- **Tiefzughaken:** etwas nach hinten versetzte Haken im unteren Knöchelbereich, die dem Fuß besseren Halt geben und verhindern, dass er nach vorn rutscht
- **Veganer Schuh:** ganz ohne tierische Bestandteile hergestellter Schuh
- **Vegetabiles Leder:** pflanzlich gegerbtes Leder
- **Veloursleder** (auch „Suéde" oder landläufig „Wildleder"): durch Anschleifen aufgerautes Leder, meist aus Mittelspalt; für Wanderschuhe wenig geeignet
- **Vibram:** nach ihrem Erfinder *Vitale Bramani* benannte Laufsohle aus einer sehr robusten und haftfähigen Gummimischung auf Naturkautschukbasis
- **Vollleder:** ungespaltenes Leder, das sehr hochwertig, aber dick und schwer ist und nur für traditionelle Bergstiefel verwendet wird
- **Vorderblatt:** der vordere Teil des Schafts
- **Vulkanisieren:** Verbinden zweier Gummischichten durch Auflösen und anschließendes Verkleben der Oberflächen; sehr haltbar
- **Weichtrittkeil:** siehe Dämpfungskeil
- **Wetterlasche:** dünne Faltlasche zwischen Zunge und Schaft, die das Eindringen von Nässe unter der Schnürung verhindert; sollte bei wasserfesten Stiefeln über den Knöchel hinaufreichen
- **Wetterschutzrand:** umlaufender Gummirand, der über den unteren Teil des Schaftes reicht und gegen Abrieb und Nässe schützt
- **Zunge:** weiche Lasche unter der Schnürung, die meist leicht gepolstert ist und aus dampfdurchlässigem Material bestehen sollte
- **Zurichten:** Veredelung des Leders durch chemische und mechanische Verfahren
- **Zwicken:** Verbinden des Schafts mit Brandsohle und Zwischensohle; heute bei Trekkingschuhen meist klebegezwickt, bei schwereren Bergstiefeln zwiegenäht
- **Zwiegenäht:** Stiefel mit doppelt umlaufender Naht zur Verbindung des Schafts mit der Brandsohle und der Zwischensohle bei traditionellen Bergstiefeln
- **Zwischensohle:** die Kombination von Materialien, die zwischen der Brandsohle und der Laufsohle liegen; sie bestimmen die Stabilität, die Verwindungssteifheit, die Balance und die Stoßdämpfung des Stiefels und umfassen gewöhnlich einen Dämpfungskeil

Gewicht

Früher schnürte man sich kiloschwere Lederbrocken an jeden Fuß, um in die Berge zu wandern. Nur so galt man als echter Bergfex und konnte über die „Turnschuh-Touristen" spotten. Manche denken noch heute so, aber die Zeiten haben sich geändert. Mittlerweile gibt es erstaunlich leichte Trekkingstiefel, die tatsächlich aus Sportschuhen hervorgegangen sind, die aber dennoch dem Fuß guten Halt bieten und so robust sind, dass man sie getrost auch für anspruchsvollere Wanderungen im Gebirge einsetzen kann. Lediglich für extreme Touren in Fels und Eis, auf denen man Steigeisen benötigt, wird man um die schweren Lederstiefel mit starren Sohlen oder Schalenstiefel aus festem Kunststoff auch heute nicht herumkommen.

Für alle übrigen Zwecke sollte man besonders auf das Gewicht der Schuhe achten. Nur 100 g Gewichtsunterschied summieren sich bei einem 20-km-Marsch immerhin zu stolzen vier Tonnen pro Fuß! Der Schuh sollte daher so leicht wie möglich sein und nur so stabil wie für den jeweiligen Einsatzzweck nötig. Leichte Trekkingstiefel brauchen nicht mehr als 600–700 g zu wiegen (Gewichtsangaben hier stets pro Schuh), ohne dass man auf Robustheit, guten Halt und eine solide Sohlenkonstruktion verzichten muss. Für einfachere Touren auf guten Pfaden und mit leichtem Gepäck können sogar gute Sportschuhe (Trailschuhe, Adventure-Schuhe) durchaus genügen, die 400–500 g oder noch weniger wiegen. Für etwas anspruchsvollere Touren allerdings dürfen die Schuhe keinesfalls zu weich und labberig sein, sonst hat der Fuß nicht genügend Halt, und man spürt jedes Steinchen. Durch diese zusätzliche Belastung können die Füße schneller ermüden als durch einen etwas schwereren Schuh.

Material

Während früher Bergschuh gleich Lederstiefel war, werden heute Kunstfaserschuhe aus *Cordura®* oder einer *Cordura®*-Leder-Kombination immer beliebter. **Lederschuhe** sind robuster (besonders gegen Abrieb), isolieren besser, sind steifer und geben in schwierigem Gelände besseren Halt. Dafür sind sie etwas schwerer und trocknen deutlich langsamer. **Kunstfaserschuhe** bestehen meist aus *Cordura®* (s. „Rucksack, Material") mit Lederbesätzen an besonders strapazierten Stellen. Sie sind etwas leichter und flexibler, trocknen schneller, und bei richtiger Verarbeitung sind sie besser dampfdurchlässig. Richtige Verarbeitung bedeutet in diesem Fall, dass sie nicht stark beschichtet sind; auch eine wasserdicht/dampfdurchlässige Membran (z.B. *GoreTex®*) darf nicht großflächig verklebt sein. Bei diesen Angaben muss man sich allerdings auf den Händler verlassen, denn nachprüfen kann man das kaum. Kunstfaserschuhe für heiße Gebiete sollten möglichst gar nicht beschichtet, sondern nur imprägniert sein.

Wasserdicht oder nicht?

Bei Regen oder schon bei kurzen Strecken durch taunasses Gras bekommt man in unbeschichteten *Cordura®*-Stiefeln, aber auch in schlecht verarbeiteten oder nicht eigens behandelten Lederstiefeln rasch nasse Füße. Die Folge: Die Haut weicht auf, und man bekommt viel leichter Blasen. Deshalb ist es bei Wanderschuhen wichtig, dass sie Wasser von außen abhalten. Früher hat man daher das **Leder kräftig eingefettet,** um es wasserdicht zu machen. Andererseits kann jeder Fuß beim Rucksackwandern in zwölf Stunden bis zu 0,2 l Schweiß absondern. Das ist etwa ein Wasserglas voll und weit mehr als ein gut eingefetteter Stiefel nach außen abgeben kann. Also wurden die Füße durch das Schwitzwasser von innen nass, und man bekam wieder Blasen. Leder kann zwar einige Feuchtigkeit aufnehmen und den Fuß selbst trocken halten, aber irgendwann ist die Grenze erreicht, und vor allem auf mehrtägigen Touren, wenn man die Stiefel nachts nicht gründlich trocknen kann, gibt es rasch Probleme.

Besser sind „offen" **hydrophobierte Schuhe** (s. „Kleines Schuhlexikon"), die nicht eingefettet werden dürfen. Dabei wird das Leder durch eine Imprägnierung stark Wasser abweisend, ohne dass die Faserstruktur des natürlichen Materials und damit Nässeableitung und Dampfdurchlässigkeit wesentlich beeinträchtigt werden. Wichtig ist, dass die Imprägnierung nicht nur oberflächlich aufgebracht ist, sondern das Leder durchdringt. Dieses Leder ist dann dauerhaft Wasser abweisend und trocknet auch schneller als normales Leder, da die Fasern selbst keine Nässe aufnehmen. Damit hydrophobierte Schuhe ihre Funktion erfüllen, muss natürlich auch das Polstermaterial aus Schaumstoff offenporig sein, damit die Feuchtigkeit überhaupt bis zum Leder gelangt, und das Futter darf kein Wasser speichern, sondern muss es rasch nach außen weiterleiten. Daher werden in solchen Schuhen vorwiegend Kunstfasermaterialien verarbeitet (siehe „Unterwäsche" und „Materialien" im Kapitel Bekleidung).

Um wirklich wasserdicht (nicht nur Wasser abweisend) zu sein, werden auch Schuhe – besonders solche aus *Cordura*® oder aus hydrophobiertem Leder – mit **wasserdicht/dampfdurchlässigen Membranen** wie z.B. *GoreTex*® ausgestattet. Teilweise gibt es damit Probleme, weil die Innenmaterialien nicht wirksam mit der Membran zusammenarbeiten, sodass ihre Dampfdurchlässigkeit stark eingeschränkt ist. Außerdem wird auch bei sonst guten Stiefeln die empfindliche Membran oft durch starke Beanspruchung an den Knickstellen beschädigt. Heute sind sehr viele Stiefel mit Membrantechnologie ausgestattet und für besonders feuchte Gebiete durchaus empfehlenswert. Allerdings muss man immer noch damit rechnen, dass die Membran bei häufigem Einsatz der Stiefel innerhalb von ein bis zwei Jahren undicht wird. Wichtig ist, dass die Membran nur am Rand oder punktförmig geklebt ist, keinesfalls großflächig, da sie sonst ihre Durchlässigkeit weitgehend verliert. Auch bei Membran-Stiefeln muss das Außenmaterial gut imprägniert sein. Warum, wird im Kapitel über mikroporöse Membranen erklärt.

Manche Hersteller verbessern die Ventilation zusätzlich durch spezielle **Belüftungssysteme.** Dabei wird einerseits die Lasche zu einer Art „Blasebalg" umfunktioniert, sodass bei jedem Schritt feuchte Innenluft nach außen gepumpt wird. Andererseits macht man sich den „Kamineffekt" zwischen Futter und Außenmaterial zunutze, der feuchte Innenluft nach oben steigen lässt, wo sie durch Öffnungen im Schaftabschluss entweichen kann. Das funktioniert natürlich nur, wenn der Polsterschaum die Nässe nicht speichert, sondern gut passieren lässt, und wenn keine durchgehenden Nähte im Schaft die Zirkulation behindern.

Der Effekt dieser Systeme hält sich in Grenzen, und selbst der beste *Gore-Tex*®-Stiefel kann nie so dampfdurchlässig sein wie ein unbeschichteter Stiefel ohne Membran. Deshalb sollte man solche Stiefel nur bei wirklich nassen Verhältnissen einsetzen.

Schuhdetails

Laufsohle

Die Laufsohle als äußerste Schicht der Sohlenkonstruktion kommt direkt mit dem Boden in Berührung. Sie braucht ein kräftiges **Profil** und wird aus speziellen, abriebfesten, aber gut haftenden Gummimischungen hergestellt (z.B. Vibram). Reine Stollenprofile („Sternchen") werden zunehmend durch noch griffigere Mischprofile abgelöst.

Alle Wanderschuhe, die nicht nur für einfache Touren im Flachland eingesetzt werden, sollten einen **Absatz** haben, der für bessere Trittsicherheit beim Bergabgehen sorgt und wichtig ist, um z.B. Gamaschen anzubringen. Eine vorgebogene Sohle, die im vorderen Drittel nicht aufliegt, wenn man den Stiefel auf ebenen Untergrund stellt, erleichtert das Abrollen vor allem bei den steiferen Modellen.

Zwischensohle

Die Zwischensohle besteht aus einer mehrlagigen Kombination von Materialien, die zwischen der Brandsohle und der Laufsohle liegen. Sie bestimmen die **Stabilität,** die **Verwindungssteifheit,** die **Balance** und die **Stoßdämpfung** des Stiefels. Jeder Bestandteil der Zwischensohle hat seine spezielle Funktion.

Über der Laufsohle folgt zunächst ein **Dämpfkeil** aus Mikroschaumstoff, der die Stöße und Erschütterungen beim Auftreten auf harten Grund absorbiert und so das Gehen angenehmer und sicherer macht. Er trägt wesentlich dazu bei, frühzeitiges Ermüden der Füße zu vermeiden. Bei Modellen mit Monoblock-Gummilaufsohle wird die Stoßdämpfung durch verschieden dichte Gummimischungen in den einzelnen Lagen der Sohle erreicht. Auf weichem Waldboden mag man auch ohne Dämpfkeil auskommen, aber auf hartem Untergrund, mit Gepäck und beim Bergabgehen ist ein guter Dämpfkeil sehr wichtig, um Füße und Gelenke zu schonen. Allerdings ist der Dämpfkeil keineswegs um so besser, je weicher er ist. Eine sehr weiche Dämpfung fühlt sich zwar zunächst angenehm an, aber man verliert an Trittsicherheit und braucht mehr Kraft.

Das darüber liegende **Gelenk** (siehe Schuhlexikon) bestimmt durch seine Zusammensetzung den Grad der **Verwindungssteifheit.** Die Steifigkeit der Zwischensohle (bzw. der Sohle insgesamt) richtet sich nach dem Terrain. Wer überwiegend in Waldgebieten wandert, wählt eine biegsamere Sohle für gutes Abrollverhalten. Je felsiger das Gelände, desto steifer soll die Sohle sein. Das beeinträchtigt natürlich das Abrollen, ist aber wichtig für guten Halt.

Brandsohle

Unmittelbar unter dem herausnehmbaren Fußbett befindet sich schließlich die Brandsohle, die für Hygiene sorgt, indem sie die Feuchtigkeit von der Haut wegleitet. Mit ihr ist der Schaft vernäht und/oder verklebt. Sie ist ihrerseits auf die Zwischensohle aufgeklebt, gibt dem Schuh Stabilität und besteht meist aus Leder, das sich mit der Zeit der individuellen Fußform anpasst, manchmal auch aus Texon.

Fußbett

Das auch als **Innensohle** bezeichnete Fußbett sollte herausnehmbar sein, um die Trockenzeit zu verkürzen. Es hat die Aufgabe, die Fußsohle zu stützen und durch Polsterung und Anpassung an die Fußunterseite das Gewicht anatomisch optimal zu verteilen. Es kann aus Leder, Aktivkohlefasern oder Synthetikmaterial bestehen und sollte nicht zu dick sein, damit der Schwerpunkt tiefer liegt, was Haltung und Sensitivität verbessert. Winzige Poren sind vorteilhaft, um die Feuchtigkeit von der Fußsohle abzusaugen.

Futter

Leder als Futtermaterial hat den Vorteil, dass es Nässe aufnimmt und sich daher länger trocken anfühlt. Ist die Speicherkapazität jedoch erschöpft, wird es nass und glibbrig. **Cambrelle** leitet die Feuchtigkeit besser nach außen, trocknet schneller und hat daher besonders für längere Touren bessere Eigenschaften.

Wetterschutzrand

Der manchmal auch als **Schutzrahmen** oder **Gürtelrand** bezeichnet Wetterschutzrand aus Gummi reicht von der Sohle über den Schaft hinauf und läuft meist um den ganzen Schuh herum (manchmal auch nur an der Vorderkappe). Er schützt das Obermaterial vor Abrieb, Wasser und Schmutz. Außerdem verhindert er das Eindringen von Nässe durch die Verbindungsstelle zwischen Sohle und Schaft.

Schaft

Die vorgeformte **Hinterkappe** oder Fersenkappe stützt den Fersenbereich und gibt ihm Stabilität, während die **Vorderkappe** (Bout) die Zehen vor Stößen gegen Steine oder Wurzeln schützt.

Die **Zunge** (Lasche) muss faltenfrei anliegen, um Druckstellen am Spann zu vermeiden. Sie sollte möglichst dampfdurchlässig sein, da hier besonders viele Schweißdrüsen sitzen. Bei Schuhen für nasse Regionen (insbesondere Tex-Modelle), sollte sie durch eine **Wetterlasche** mit dem Schaft verbunden sein, die bis zum oberen Rand reicht.

Ein Schwachpunkt vieler Schuhe sind die **Nähte,** durch die meist Nässe eindringen kann. Nahtfreie Lederschäfte sind besonders aufwendig und kostspielig in der Herstellung, aber für nasse Regionen sehr vorteilhaft, falls man keine Stiefel mit Membran benutzt. Schuhe, die aus vielen einzelnen Lederstücken zusammengesetzt sind, können schon deshalb billiger sein, weil bei der Herstellung weniger Verschnitt anfällt.

Auf den **Schaftabschluss** sollte man beim Anprobieren besonders achten. Er muss sich dem Knöchel genau anpassen, gut gepolstert sein, dem Gelenk aber gleichzeitig sicheren Halt geben. Genau auf Druck- und Reibungsstellen achten!

Die **Schnürung** schließlich muss sauber sitzen und den Rist gleichmäßig umschließen, ohne Druckstellen zu erzeugen. Ösen und Haken müssen aus rostfreiem Material bestehen und sorgfältig genietet sein. Vorteilhaft sind **Tiefzughaken,** um dem Fuß nach vorn guten Halt zu geben. Die **Schnürsenkel** sollten nicht zu lang sein und möglichst kein Wasser aufnehmen, da sie sonst im Winter gefrieren und sich Eisklumpen daran bilden. Flache Senkel halten besser als runde.

Schuhtypen

Bergstiefel

Stiefel für anspruchsvolle Alpintouren über Fels und Eis sind entweder dicke, zwiegenähte Lederstiefel mit steifer, meist steigeisenfester Sohle, besonders griffigem Stollenprofil und festen Kappen oder für extreme Zwecke auch spezielle Schalenstiefel aus Kunststoff. Bergstiefel sind schwer und viel klobiger als Wanderstiefel und daher für gewöhnliche Bergwanderungen auf Pfaden nicht zu empfehlen – so „zünftig" sie auch aussehen mögen.

Wander-/Trekkingstiefel

Die Grenzen zwischen beiden Typen sind fließend, und die Begriffe gehen durcheinander oder werden auch synonym verwendet. Gewöhnlich stellt man sich unter einem **Wanderstiefel** schwerere und festere Modelle aus Leder vor, während der **Trekkingstiefel** leichter ist und aus *Cordura®* besteht (solche Modelle werden aber oft auch als „leichte Wanderstiefel" bezeichnet).

Je nach Region, Jahreszeit und Terrain wählt man Stiefel aus *Cordura®* oder Leder (s. „Material"): möglichst dampfdurchlässige **Cordura®-Modelle** für heiße Regionen, hydrophilierte (Nubuk-)**Lederstiefel** für feuchtere Gebiete und **Membran-Stiefel,** wenn es besonders nass hergeht; weichere Ausführungen mit biegsamer Sohle für Tiefland und Waldregionen, festere Lederstiefel mit verwindungssteiferer Sohle für felsiges Terrain.

Wanderschuhe

Halbhohe Schuhe mit Knöchelaussparung, die auch als **Adventure-Schuhe, Trailschuhe** oder **Sportschuhe** angeboten werden, eignen sich für leichtere Wanderungen besonders im Tiefland und auf guten Pfaden. Sie bestehen meist aus *Cordura®* und/oder leichtem Veloursleder und sollten eine gut konstruierte Sohle mit Dämpfung und griffigem Profil haben. Bessere Modelle können durchaus auch für einfache Bergwanderungen ohne schweres Gepäck geeignet sein.

Sportsandalen

Heute gibt es sehr gute und leichte Sandalen, die man für einfache Wanderungen in heißen Regionen benutzen kann. Sie müssen natürlich perfekt sitzen, mit einem guten Fußbett ausgestattet sein und eine griffige Profilsohle haben. Bessere Modelle besitzen zudem einen Dämpfkeil, sodass man auch längere Strecken mit leichtem Gepäck recht angenehm wandern kann, wenn das Terrain entsprechend ist.

Es gibt Modelle, die speziell für Kanuten und andere Wassersportler geschaffen wurden, und kombinierte („amphibische") Sandalen. Sie eignen sich auch hervorragend als leichte **Zweitschuhe** auf Wanderungen, die man in der Hütte tragen kann, abends im Camp oder zum Durchwaten von

Wasserläufen (da sie praktisch kein Wasser aufnehmen, sind sie fast sofort wieder trocken).

Turnschuhe

Früher habe ich neben den Wanderstiefeln stets ein Paar leichte Turnschuhe mitgenommen, als Hütten- und Campschuhe sowie für Bachdurchquerungen. Heute bevorzuge ich zu diesem Zweck die schneller trocknenden Sportsandalen (s.o.).

Gute **Laufschuhe** sind jedoch nach wie vor für das vorbereitende Training wichtig und können durchaus auch für Tagestouren auf dem Trail getragen werden.

Produktbeispiel Laufschuhe

Ich benutze zu diesen Zwecken den *Ultra Endurance II* von *The North Face*. Der speziell für Ultralangstreckenläufe auf Trails und matschigen Pfaden entwickelte Schuh mit innovativem Schnürsystem bietet eine fantastisch anliegende und sichere Passform. Die *Ultra Protect™ CRADLE™-Technologie* garantiert optimale Fersenstabilität und die *OrthoLite®*-Dämpfungstechnologie sorgt für höchsten Tragekomfort. Die schützende *ESS Snake Plate™* im Vorfußbereich und die *TPU*-Zehenkappen sorgen zusätzlich für optimalen Halt und Schutz in unwegsamem Gelände. Die *Vibram® Megagrip*-Laufsohle bietet exzellente Traktion sowohl auf als auch abseits der Straße. Zudem ist der Schuh mit nur 326 g (Gr. 41) fantastisch leicht. Ich trainiere auf Bergtrails in ca. 1500 m Höhe, die permanent zwischen Fels, Geröll, Waldboden und Matsch variieren – und muss sagen, dass ich bislang auch nichts Besseres gefunden habe.

Gummistiefel

Für viele Wanderungen in nördliche Regionen sind Lederstiefel nicht geeignet und auch Tex-Stiefel nicht immer ausreichend, da das Wasser gelegentlich von oben eindringt. Durch den Permafrost (unter der Oberfläche ganzjährig gefrorener Boden) kann das Wasser in diesen Gebieten nicht versickern – der Boden ist morastig, und immer wieder wandert man durch kleine Bachläufe oder durch größere Flächen stehenden Wassers. Für solche Zwecke gibt es sehr gute Gummistiefel, die aus Naturkautschuk bestehen, ein gutes Fußbett und sehr griffige Profilsohlen besitzen. Ein Problem ist natürlich die Kondenswasserbildung in solchen absolut dichten Stiefeln. Man kann das Problem jedoch in den Griff bekommen, indem man die Stiefel so groß wählt, dass man über den normalen Socken noch ein Paar zweilagige Übersocken tragen kann (siehe „Socken" S. 115). Die äußere Schicht saugt das Kondenswasser auf, die innere lässt es passieren und hält den Nässespeicher auf Distanz vom Fuß. Wenn man zwei Paar dieser Übersocken mitnimmt und sie häufig wechselt/trocknet, dann kann man einigermaßen trockenen Fußes und erstaunlich komfortabel in solchen Stiefeln wandern. Ich habe sie auch schon bei Nassschnee eingesetzt oder für Kanutouren bei kaltem Wetter, wenn die Füße beim An- oder Ablegen möglichst trocken bleiben sollen. Dafür eignet sich besonders der *Kamik Hunter*, ein relativ weit geschnittener Stiefel aus leichtem, wasserdichtem, thermoplastischem Kunststoff, der auch für Minusgrade bestens geeignet ist. Innen wärmt ein herausnehmbarer Innenschuh aus kräftigem, 8 mm starkem Kunstfilz (100 % Polyester). Der Schaft endet in einer schmalen Nylonmanschette, die mit einem Schnürzug an der Wade dicht abschließt. Die kräftige Gummilaufsohle mit ausgeprägtem Profil dämpft und sorgt für Trittsicherheit.

Nordlandstiefel

Als gute Alternative zu Gummistiefeln kann man auch kombinierte Gummi/Lederstiefel mit hohem Schnürschaft tragen, die etwa bis zum unteren Ansatz der Schnürung gummiert sind und bei uns meist als Nordlandstiefel bezeichnet werden. Oft sind sie besonders gut isoliert (z.T. mit herausnehmbarem Innenschuh), damit man sie auch für Wintertouren einsetzen kann.

Produktbeispiel Nordlandstiefel

Eines der besten Beispiele ist der *Kamik Patriot 3,* ein hoher, wasserdichter Schnürschuh mit einem Unterteil aus geformtem Thermogummi, wasserfestem Oberteil aus vollnarbigem Leder und versiegelten Nähten. Seine Isolierung aus *Thinsulate Supreme* (100 % Polyester) mit nässeableitendem Futter hält selbst bei extremer Kälte angenehm warm (laut Hersteller sogar bis -50 °C) und ist recycelbar. Die dicke *Ice CLAW*-Profilsohle isoliert gegen Bodenkälte und bietet guten Grip auf Matsch und Schnee.

Kältestiefel

Für normale Winterwanderungen in unseren Breiten sind gute Wanderstiefel ausreichend. Wird es kälter, kann man Nordlandstiefel mit besonders guter Isolierung benutzen.

In Kanada und Alaska benutzt man im arktischen Winter **Snowpacks** oder **Mukkluks** mit einer dicken Gummisohle, die gut gegen Bodenkälte isoliert und über die Fersen- und Zehenkappe reicht. Das Oberteil besteht aus leichtem Segeltuch oder Kunstfasergewebe, reicht bis ans Knie und wird geschnürt. Innen drin stecken extradicke Innenschuhe, die man zum Trocknen herausnehmen kann.

Solche Stiefel bietet z.B. die kanadische Firma *Kamik,* etwa den *Greenbay4* mit einem hohen Schaft aus robustem, wasserfestem Nylon, einem unteren Teil aus absolut wasserdichtem Gummimaterial und einem herausnehmbaren Innenschuh aus nässeableitendem 8 mm *Thermal Guard* für Temperaturen bis -40°C (bei extremster Kälte schützt der *Oslo* mit Zusatz-Isolierung bis -70°C). Ein Kordelzug im oberen Schaftrand sorgt für einen dichten Abschluss, ein stufenlos regulierbares Klettband im Knöchelbereich für guten Sitz und die *Prime Rubber*-Laufsohle für griffigen Halt.

Gamaschen

Gamaschen sind natürlich keine Schuhe und gehören daher, genau genommen, gar nicht hierher, aber ich möchte sie dennoch kurz erwähnen, da sie für viele Zwecke sehr vorteilhaft sind. Sie schließen den Spalt zwischen Hosenbein und Schaftabschluss, durch den selbst bei besten Membranstiefeln Nässe eindringen kann. Sie schützen die Waden gegen Wind, Schnee, Nässe und Kälte und verhindern wirksam, dass Schnee in die Stiefel gelangt. Manche Hosen lassen sich durch einen Schnurzug im Knöchelbund so

dicht über dem Stiefelschaft schließen, dass auch ohne Gamaschen kein Schnee eindringen kann.

Welcher Schuh für welchen Zweck?

- **Wüste/Subtropen:** leichte und luftdurchlässige, knöchelhohe *Cordura*®- oder Leinenstiefel
- **Tropen, feuchtwarme Regionen:** festere Stiefel aus schnell trocknendem Material, keine Membran
- **einfaches Trekking im Tiefland:** leichte Wanderschuhe oder Stiefel aus *Cordura*® oder Leder mit flexibler Sohle; je nach Klima mit oder ohne Membran
- **einfaches Bergwandern:** festere *Cordura*®- oder Lederstiefel mit etwas steiferer Sohle, gutem Profil und Absatz; je nach Klima mit oder ohne Membran
- **anspruchsvolle Bergtouren:** schwere, steigeisenfeste Lederstiefel, je nach Klima mit oder ohne Membran oder Kunststoff-Schalenstiefel
- **Nordland (Tundra/Taiga):** hochwertige Gummistiefel oder Nordlandstiefel (besonders bei Kälte)
- **Extreme Kälte:** Schalenstiefel mit Innenschuh (Gebirge), Snowpacks oder Mukkluks (Nordland)

Gamaschen schützen den Unterschenkel und verschließen den Spalt zwischen Hosenbein und Stiefelschaft

Schuhkauf

Das A und O eines Schuhs ist die **perfekte Passform.** Probieren, probieren, probieren, und wenn's irgendwo drückt, lassen Sie sich nicht einreden, dass sich das nach zwei, drei Tagen „schon geben" wird. Meist ist das Gegenteil der Fall! **Wanderschuhe müssen auf Anhieb passen.** Nehmen Sie Ihre Trekkingsocken mit und wählen Sie den Stiefel lieber eine halbe bis eine ganze Nummer zu groß, da die Füße beim Marschieren etwas anschwellen. Man kann natürlich auch nachmittags zum Schuhkauf gehen und vorher eine längere Strecke joggen. Namhafte Hersteller bieten Modelle mit Zwischengrößen und zudem breitere und schmalere Versionen ihrer Schuhe an. Eine hervorragende Lösung! So werden Sie sicher einen finden, der wie maßgeschneidert passt.

Ein alter Grundsatz lautet: „Fester Sitz für die Ferse und den Zehen genügend Platz, damit sie Klavier spielen können". Gehen Sie beim Probieren mit den Schuhen Ihrer Wahl hin und her und achten Sie auf das Abrollverhalten. Der Schaftabschluss darf nirgends kneifen. Stellen Sie sich auf die Zehenspitzen, um auszuprobieren, ob Sie in den Schuhen nach vorn rutschen. Das darf bei richtiger Schnürung nicht passieren, da man sonst beim Bergabgehen mit den Zehen an der Vorderkappe anstößt. Das kann auf die Dauer extrem schmerzhaft werden und sogar dazu führen, dass sich die Zehennägel ablösen.

Das „Innenleben" des Schuhs kann man leider nicht überprüfen – da ist man auf die Angaben des Händlers angewiesen. Stiefel sollte man daher besser nicht im Supermarkt kaufen. Bei billigen Stiefeln – auch wenn sie von außen einen ordentlichen Eindruck machen mögen – ist Skepsis am Platze. Der **Preis** für brauchbare Wanderstiefel beginnt bei 150–200 €, für gute Trekkingstiefel muss man mit 180–250 € rechnen. Wasserdicht-dampfdurchlässige GTX-Stiefel sind meist etwa 20 € teurer als das entsprechende Ledermodell. Stiefel namhafter Hersteller sind zwar nicht billig, aber dafür kann man sich gewöhnlich auf gute Verarbeitung und Materialien verlassen und spart durch die weit längere Haltbarkeit.

Größentabelle

englische Größe	deutsche Größe
1	32 2/3
1 ½	33 1/3
2	34
2 ½	34 2/3
3	35
3 ½	36
4	36 2/3
4 ½	37 1/3
5	38
5 ½	38 2/3
6	39 1/3
6 ½	40
7	40 2/3
7 ½	41 1/3
8	42
8 ½	42 2/3
9	43 1/3
9 ½	44
10	44 2/3
10 ½	45 1/3
11	46
11 ½	46 2/3
12	47 1/3
12 ½	48
13	48 2/3

Einlaufen

Das berüchtigte Einlaufen – womöglich nach vorherigem Wässern, Cognac-Hineingießen oder Hineinpinkeln – entfällt bei den meisten Wanderschuhen, insbesondere bei *Cordura*®-Modellen. Lediglich die festeren Ledermodelle müssen sich im Laufe der Zeit den Füßen anpassen. Trotzdem ist es ratsam, nicht nur neue Stiefel, sondern auch die „eingelaufenen" vor der Tour zu tragen, damit die Füße sich daran gewöhnen: evtl. zunächst ein paar Stunden täglich im Haus, dann Spaziergänge und kleine Wanderungen. So werden auch gleich die Füße „eingelaufen", und man bekommt unterwegs nicht so leicht Blasen.

Während des Marschierens kann es vorteilhaft sein, die **Schnürung** gelegentlich zu variieren, um Druckstellen zu vermeiden und die Lüftung zu optimieren: mal fester, mal lockerer, oder den oberen Schaftteil einmal ganz offen lassen. Beim Bergabgehen ist eine gute Fixierung im Mittelfußbereich wichtig, damit man nicht im Stiefel nach vorn rutscht.

Schuhpflege

Auch die besten Stiefel brauchen Pflege, um ihre Leistungsfähigkeit lange zu erhalten. Achten Sie dabei unbedingt auf die – je nach Material sehr unterschiedlichen – Pflegemittel, die der Hersteller empfiehlt.

Auch für Schuhe mit wasserdicht-dampfdurchlässiger Membran ist eine gute **Imprägnierung** wichtig, und jedes Leder braucht „Nahrung", um nicht auszutrocknen und spröde und brüchig zu werden. Dazu eignen sich bestimmte **Wachse,** die meist eine Mischung aus Bienenwachs, Paraffinwachs und Carnaubawachs sind. Sie pflegen Leder tiefenwirksam, ohne die Poren zu verstopfen. Man trägt sie am besten mit einer Bürste auf. Allerdings können sie die Oberfläche von Rau- und Nubukleder stark verändern. Das Leder bekommt die typisch speckige Optik und kann unter Umständen stark nachdunkeln. Die Eigenschaften des Leders werden dadurch aber nicht beeinträchtigt. Wichtig ist, dass das Leder vorher möglichst sauber und trocken ist. Früher wurde außerdem empfohlen, die Schuhe vor dem Auftragen des Pflegemittels zu erwärmen bzw. anschließend zu föhnen, damit das Mittel gut eindringt. Heute raten Experten davon ab – insbesondere bei Membran-Stiefeln –, da die Öle und Wachse evtl. die Futterstoffe unterwandern, die wasserdicht-dampfdurchlässige Membran ablösen und sogar Klebeverbindungen auflösen können. Bessere Dampfdurchlässigkeit und minimale Kondensation im Schuh erreicht man – wie bei einem Kleidungsstück – durch eine optimale DWR-Imprägnierung des Außenmaterials. Hierzu eignet sich (ebenfalls wie bei der Kleidung) ein gutes **Silikonspray** – am besten das vom Schuhhersteller empfohlene Mittel.

Unterwegs sollte man die Stiefel so oft wie möglich auslüften und trocknen. Allerdings nicht zu nahe am Feuer oder an einer anderen Hitzequelle – Leder wird sonst brüchig, und *Cordura*® kann schmelzen (schon durch einen Funken). Zum Trocknen die Schnürung weit öffnen und das Fußbett herausnehmen. Ausstopfen mit Zeitungspapier ist heute nicht mehr erforderlich, da die modernen Materialien schneller trocknen, wenn die Luft zirkulieren kann. Die gut getrockneten Stiefel sollte man auch unterwegs gelegentlich pflegen und nachimprägnieren.

Fußpflege

Blasen sind ein leidiges Dauerthema bei vielen Wanderungen. Sie entstehen durch Druck- und Reibungsstellen und besonders schnell, wenn die Haut

Direkt am Feuer sollte man Lederstiefel niemals trocknen

feucht ist (einerseits, weil das die Reibung erhöht, andererseits, weil die aufgeweichte Haut empfindlicher ist). Die Probleme lassen sich vermeiden oder zumindest deutlich reduzieren, indem man sich frühzeitig vor der Tour an die Stiefel gewöhnt. Außerdem sollte man unterwegs stets auf möglichst trockene Füße achten, die Socken öfters wechseln und bei jeder Gelegenheit lüften (z.B. auch außen auf dem Rucksack).

Besonders am Anfang einer Wanderung die Füße gleich bei den ersten Rastpausen auf Druck- und Scheuerstellen untersuchen (gerötete Haut) und diese Stellen mit einem gepolsterten Pflaster schützen. Auch wenn sich bereits eine Blase gebildet hat, am besten nur mit einem Pflaster polstern. Ist die Blase zu dick, kann man sie mit einer sterilen Rasierklinge öffnen (mit einer Nadel wird die Öffnung zu klein und kann sich wieder schließen), mit etwas Verbandmull ausdrücken und dann steril abdecken. Die Nacht über sollte die Abdeckung entfernt werden, damit Luft an die Wunde kommt.

Tipp: Empfindliche Füße werden am besten geschont, wenn man unter den Trekkingsocken ein Paar sehr dünner Socken trägt. Dadurch wird die Reibung zwischen Haut und Socken erheblich reduziert. Die Kombination darf jedoch keinesfalls so dick sein, dass sie den Fuß im Stiefel einengt.

018op Foto: rh

Sonstiges Zubehör

Wanderstab

Ein Wanderstab erleichtert das Gehen mit Gepäck und entlastet Beine und Kniegelenke ganz erheblich. Besonders beim Wandern bergab mit schwerem Gepäck werden die Kniegelenke stark belastet und können nicht nur schmerzen, sondern dauerhaft geschädigt werden. Ein solider Stab ist hier eine unschätzbare Hilfe. In bergigem Gelände und auf schwierigem Terrain gibt er außerdem zusätzliche Sicherheit, und bei Flussdurchquerungen kann er als Watstock eingesetzt werden. Oft genügt es, wenn man sich einen starken, federnden, aber nicht zu biegsamen Stock aus dem Gebüsch schneidet (Naturschutz beachten).

Aber es gibt auch **Teleskop-Wanderstöcke** zu kaufen, die zwar nicht billig, aber dem „Selbstgeschnittenen" in vieler Hinsicht deutlich überlegen sind. Sie sind leichter (was man mit der Zeit merkt, wenn man sie viele Tausendmal am Tag hochhebt!), sie haben den Fingern angepasste Griffe und eine Griffschlaufe wie Skistöcke, damit man sie nicht so fest umklammern muss, um sich darauf zu stützen; sie sind mit einer soliden Metallspitze ausgestattet, die auch auf hartem Grund Halt findet, und haben kleine Teller, um in weichem Grund nicht einzusinken. Außerdem lassen sie sich teleskopartig zusammenschieben und im Rucksack verstauen. Als Watstock allerdings sind sie etwas zu kurz. Bewährte Markenprodukte sind die ergonomischen, leichten und robusten Teleskopstöcke *Explorer* von *Exped*. Sie lassen sich mit verschiedenen Tellern ausstatten, und selbst die Hartmetallspitzen sind auswechselbar. Dank vierteiliger Konstruktion kann man den Stock auf nur 52 cm zusammenschieben oder auf 105–130 cm verlängern. Er wiegt nur 205 g und hat einen angenehm warmen Griff aus *EVA*-Schaum.

Bei langen und besonders anstrengenden Gipfelaufstiegen werden oft zwei dieser Stöcke eingesetzt, wie beim Skiwandern. Das mag für manchen etwas ungewohnt aussehen, ist aber eine enorme Erleichterung. Man muss es selbst ausprobiert haben, um diese „vierfüßige" Art der Fortbewegung schätzen zu können. Und dann wird man um so verblüffter sein. Spätestens wenn die Beine schmerzen und das Ziel noch fern liegt, sollte man sich daran erinnern.

Messer und andere Werkzeuge

Als Reiseleiter auf Wildnistouren habe ich festgestellt, dass sich beim Messer die Menschheit in zwei Gruppen teilt: Die einen haben gar kein Messer dabei und müssen für jede Kleinigkeit die Mitwanderer anpumpen, die anderen sind wahre Messer-Fetischisten, die sich stundenlang ihre edlen Schneidwerkzeuge vorführen und darüber diskutieren können. Ein Messer – soviel ist klar - sollte man auf jeder Tour bei sich haben, und sei es nur eine Tageswanderung. Besser sind zwei: ein Taschenmesser und ein etwas größeres Messer mit feststehender oder feststellbarer Klinge.

Taschenmesser

Als Taschenmesser empfiehlt sich ein Original *Schweizer Offiziersmesser* (erkennbar am Armbrustzeichen und der Aufschrift *„Wenger"* oder *„Victorinox"* unten auf der großen Klinge und meist der Schweizer Fahne auf der Griffschale). Von billigen Imitationen sollte man die Finger lassen - sie taugen wirklich nichts. Auch sollte man sich - schon aus Gewichtsgründen - nicht für die ganz dicken Brocken mit über zwanzig Funktionen entscheiden, die einen kompletten Werkzeugkasten umfassen. Für die meisten Zwecke reichen eine Klinge, Kapselheber, Dosenöffner, Korkenzieher, Ahle und Schere (wichtig z.B., um Pflaster zu schneiden oder eingerissene Fingernägel). Messer dieser Art gibt es in den verschiedensten Ausführungen für Angler, Mountainbiker, Skifahrer etc. mit den entsprechenden Spezialfunktionen und sogar mit feststellbarer Klinge.

Arbeitsmesser

Als Arbeitsmesser wird gern ein Messer mit **feststehender Klinge** (Fahrtenmesser) benutzt. Wichtig ist, dass die Klinge nicht zu lang und nicht zu wuchtig ist, sonst wird das Messer für viele Zwecke zu unhandlich und eignet sich mehr zum Vorzeigen. Eine Klingenlänge von 10–12 cm ist meist ausreichend, 15 cm sollten die Obergrenze sein.

Produktbeispiel Arbeitsmesser

Ich benutze seit jeher am liebsten ein *Marttiini Finnenmesser* (Bezugsquelle: *Herbertz*). Diese Messer sind extrem scharf (äußerst vorsichtig damit umgehen und möglichst nicht zu groben Arbeiten benutzen!) und haben den entscheidenden Vorteil, dass sie ohne jede Halterung fest in der Scheide sitzen, sodass man sie immer rasch zu Hand hat und wieder wegstecken kann. Allerdings sind sie aus diesem Grund meist nicht mit einer Parierstange ausgestattet. Nachdem ich lange Jahre nur klassische Modelle mit Birkenholzgriff und Lederscheide benutzt habe, hat mein derzeitiges Modell (Klinge 11,7 cm, Gewicht inkl. Scheide 175 g) einen geriffelten Kautschukgriff, der fantastisch in der Hand liegt (besser als jeder Holzgriff!), und eine *Cordura*®-Scheide mit Kunststoffeinsatz gegen Durchstechen. Alles in hervorragender Qualität - und sogar mit solidem Fingerschutz.

Klappmesser

Ein **Klappmesser mit feststellbarer Klinge** ist dann zu empfehlen, wenn man unterwegs auch in besiedelte Gegenden kommt, wo es nicht angebracht ist, wenn man mit einem am Gürtel baumelnden Dolch herumläuft. Diese Messer werden in einem Lederetui am Gürtel getragen und sind so ebenfalls schnell zur Hand. Meist ist eine Klingenlänge von 7–10 cm ausreichend.

Tipp: Bei Flugreisen alle Messer vor dem Einchecken im Rucksack verstauen, damit es bei der Sicherheitskontrolle keine Probleme gibt. Zu leicht vergisst man sie im Handgepäck und hat nachher Ärger - und kein Messer mehr!

Tools

Immer beliebter werden die „Multi-Purpose-Tools", die sich vor allem durch eine sehr **gute Kombizange** auszeichnen – und man sollte nicht glauben, wie oft eine solche Zange nützlich sein kann. Die übrigen Funktionen dieser meist recht teuren, dafür aber auch solide gearbeiteten Werkzeuge unterscheiden sich nicht wesentlich von denen eines guten Taschenmessers. Vor allem besitzen viele der Tools allerlei Schraubenzieher, während einige für Outdoorzwecke nützliche Funktionen fehlen. Keines der mir bekannten Modelle wurde speziell für diesen Einsatz geschaffen. Für Outdoorzwecke wirklich sinnvoll kann ein Tool aber nur sein, wenn es das Taschenmesser wirklich ersetzen kann (also z.B. auch eine Schere umfasst), sonst schleppt man die meisten Funktionen doppelt mit sich.

Schärfgeräte

Dass ein Messer, das nicht wirklich scharf ist, seinen Zweck verfehlt, ist eigentlich klar. Trotzdem wird das Schärfen des Messers oft vernachlässigt. Man hat zwei Möglichkeiten: Entweder man wählt eine Klinge aus sehr hartem Stahl (z.B. ein 420-M-Stahl), das sehr lange scharf bleibt, aber nur schwer wieder nachzuschärfen ist, oder ein Messer aus weicherem und billigerem Stahl (z.B. *Mora*), das seine Schärfe nicht lange bewahrt, aber einfach und rasch nachzuschärfen ist.

Korrektes Schärfen ist fast eine Wissenschaft für sich und erfordert 4–5 Werkzeuge, die mit jedem Durchgang feiner sein müssen. Für Outdoorzwecke genügt meist ein **zweilagiger Schleifstein** (eine Seite mittleres, eine feines Korn), der mit Wasser oder Öl benutzt werden kann, oder notfalls ein feines Nassschleifpapier, das man auf ein Brettchen klebt. Wer sein Messer zu Hause mit einem motorgetriebenen Schleifstein schärft, der schnell läuft, oder gar mit einem Winkelschleifer, der ruiniert den Stahl, weil dieser dabei zu heiß wird. Auch sollte man darauf achten, ob der jeweilige Schleifstein mit Wasser verwendet werden muss oder auch trocken verwendet werden kann. Beim Schleifen wird die Klinge in einem Winkel von etwa 20° über den Schleifstein gezogen, wobei die Bewegung etwas bogenförmig ausläuft, um auch die gerundete Spitze zu schärfen. Darauf achten, dass beide Seiten der Klinge gleichmäßig geschärft werden. Zum Schärfen der Axt verwendet man zunächst eine mittlere bis feine Feile (z.B. die am Tool) und anschließend den Stein.

Axt

Für die allermeisten Touren ist eine Axt nicht erforderlich und nur unnötiger Ballast (auch wenn sie sich optisch noch so gut auf dem Rucksack ausnehmen mag). Außerdem ist eine gut geschärfte Axt in den Händen Unerfahrener ein äußerst gefährliches Werkzeug – und selbst bei Erfahrenen können gefährliche Verletzungen vorkommen. Mir hat es oft schon gegraust, wenn ich Reiseteilnehmer mit der Axt hantieren sah, und ich würde daher eher davon abraten, ein solches

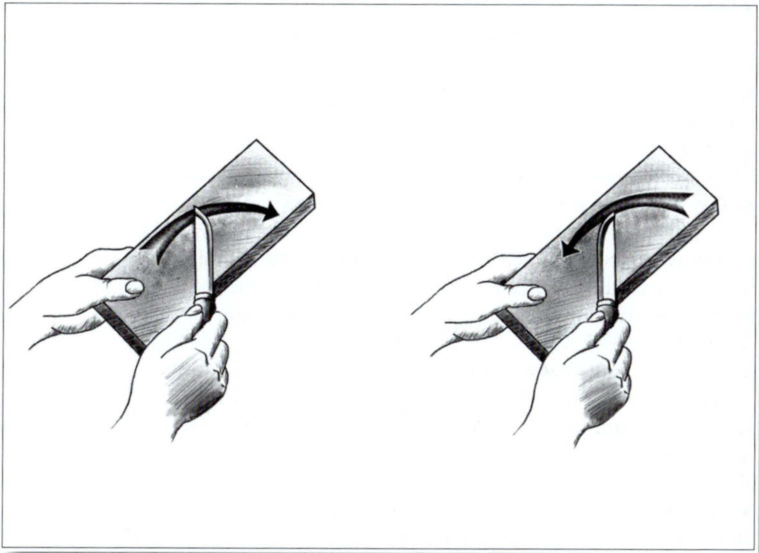

Werkzeug mitzunehmen. Fast immer kann man genügend dünnes Brennholz finden, das nicht gespalten werden muss. Und Holzstücke bis zu etwa 8 cm Stärke kann man auch mit einem entsprechend langen und kräftigen Arbeitsmesser spalten, indem man das Messer in Faserrichtung ansetzt und mit einem Holzscheit draufklopft. Um dickere Holzklötze zu spalten, wird man auf die Axt nicht verzichten können, aber sie muss dafür nicht besonders scharf sein. Alle anderen Arbeiten sollte man den Fachleuten überlassen. Manche Autoren sind der Ansicht, die meisten Campingäxte/-beile seien zum Holzspalten zu leicht. Tatsächlich spielt das Gewicht der Klinge aber nur eine sekundäre Rolle, denn sobald sie im Holzklotz sitzt, kann man wie unten bei Punkt 7 beschrieben vorgehen.

Tipps zum Umgang mit der Axt

- Klinge beim Transport stets mit einem Klingenschutz sichern
- Axt niemals flach auf dem Boden liegen lassen und nicht in lebende Bäume schlagen
- bei der Arbeit stets auf ausreichenden Abstand zu anderen Personen achten
- vor jedem Schlag darauf achten, ob man sich bei einem Ausrutscher selbst treffen könnte

- Spalten stets in Faserrichtung und gewöhnlich von der Schnittseite des Holzes her
- der Klotz muss immer sicher stehen – nicht etwa schräg gegen einen liegenden Stamm gelehnt (besonders beim Spalten von der Rindenseite her)
- bei Klötzen, die schwerer als die Axt sind und nicht mit einem Schlag gespalten werden, für die weiteren Schläge die Axt umdrehen und mit dem Axtrücken auf die Unterlage (Spaltklotz) schlagen
- bei dünneren Klötzen zunächst die Axt ansetzen und evtl. mit einem Knüppel ins Holz treiben oder Axt und Klotz zusammen auf den Spaltblock schlagen, bis die Klinge greift (das gilt auch, wenn man ein Holz von der Rindenseite her spalten will)
- Axtkopf gelegentlich über Nacht ins Wasser stellen, damit der Stiel darin quillt und der Kopf fest sitzt
- für alle Arbeiten **quer** zur Faser ist die **Säge** das geeignetere Werkzeug (insbesondere für Unerfahrene)
- keine Bäume fällen, sofern man nicht Erfahrung damit hat (und die Genehmigung natürlich)

Säge

Eine Säge ist für die Brennholzbeschaffung oft wichtiger als die Axt, da manchmal selbst schwache Äste zu faserig sind, um sich brechen zu lassen, und trockenes Holz oft so hart ist, dass

Für Brennholz reicht eine kleine Klappsäge

011ou18 Foto: sj

es mit dem Messer mühsam zu schneiden ist. Eine **Bügelsäge** ist für Rucksacktouren zu sperrig, und die viel gepriesene **Drahtbandsäge** ist nicht besonders praktisch, da sie sich schlecht spannen lässt und leicht klemmt.

Ideal für Rucksackwanderer ist eine kleine **Klappsäge** wie z.B. die *Sierra Säge* mit einer Blattlänge von 18 cm, die nur ca. 150 g wiegt, nie geschärft werden muss und sich sehr Platz sparend verstauen lässt (Bezugsquelle: *Relags*). Eine ganz ähnliche Säge erhält man auch in Baumärkten und Gartencentern. Für die meisten Zwecke ist sie absolut ausreichend. Nur wenn dickeres Holz gesägt werden muss, braucht man eine teurere und schwerere **Faltsäge,** die einer gewöhnlichen Bügelsäge ähnelt, sich aber zusammenfalten lässt (Blattlänge gewöhnlich um 50 cm, Gewicht um 500 g). Bei diesen Modellen muss man nach längerem Gebrauch auf die **Schränkung** achten: Wenn man flach über die Schnittkante blickt, dürfen die Zähne nicht in einer Linie stehen, sondern müssen einige Millimeter versetzt sein. Bei Bedarf die Zähne mit einem Nagel, einem Tool oder dem Messerrücken wechselweise auseinanderdrücken, sonst klemmt die Säge, und die Arbeit wird sehr mühsam.

Vor allem **beim Ansetzen des Sägeschnittes** sehr vorsichtig arbeiten und die passive Hand nicht zu dicht dane-

Richtig sägen

ben halten, da die Säge leicht aus dem Schnitt springen und wüste Wunden reißen kann. Entweder man hält einen Finger oben auf das Sägeblatt oder man greift über das Blatt hinweg auf die andere Seite, um das Holz festzuhalten. Dünne Äste sägt man sicherer, indem man die (Bügel- oder Falt-) Säge mit den Zähnen nach oben zwischen Brust und Boden oder einem Baumstamm eingeklemmt, den Ast mit beiden Händen festhält und über die Säge zieht.

Schaufel

Für Touren im Winter ist eine kompakte Schaufel sehr zu empfehlen.

Produktbeispiele Schaufel

Exzellent ist die *Shovel Tele* von *Exped* mit extrem robustem Alu-Blatt (24 x 24 cm), ausziehbarem Alu-Stiel und T-Griff aus solidem Kunststoff. Gesamtlänge 85 cm; Gewicht ca. 630 g.

Etwas leichter (475 g), aber nicht zerlegbar, ist die 71 cm lange Schaufel des finnischen Herstellers *Fiskars* mit geschraubtem Alu-Blatt (20 x 25 cm) und Polypropylen-Stiel mit Kugelknauf (Bezugsquelle: *Herbertz*).

Lampen

Das Angebot an transportablen Lichtquellen ist immens. Die Frage ist: Braucht man sie überhaupt? Ich habe auf vielen Touren gar keine Lampe dabei gehabt und bin sehr gut ohne ausgekommen. Die Augen können sich erstaunlich gut an die Dunkelheit anpassen, und völlig finster ist es fast nie. Und wenn es zu duster ist, legt man sich nach Möglichkeit ins Zelt und schläft. Trotzdem mag eine kleine Lichtquelle hie und da recht wichtig sein. Dann muss sie aber auch ihren Zweck erfüllen. Eine **Taschenlampe** beispielsweise darf auf keinen Fall so konstruiert sein, dass sie sich im Rucksack „selbsttätig" einschalten kann – sonst ist die Batterie leer, wenn man sie braucht.

Um die Hände frei zu haben, ist eine **Stirnlampe** vorteilhaft, die immer genau dorthin leuchtet, wohin man gerade blickt (also auch den Gefährten genau in die Augen, wenn man mit ihnen spricht!). Besonders lichtstarke Halogen-Modelle (s.u.) stellt die schwedische Firma *Silva* her.

Produktbeispiele LED-Lampen

Seit einigen Jahren gibt es fantastische LED-Lampen, deren Lichtquelle im Gegensatz zur Glühbirne eine **fast endlose Lebensdauer** hat (100.000 Stunden; Glühbirne 15–40 Stunden!) und die nur einen minimalen Stromverbrauch haben, sodass eine Batterie für die ganze Tour ausreicht: Mit Alkali-Batterien geben sie über 100 Std. reichlich Licht ab (Glühbirne nur 4–6 Std.), und mit Lithium-Batterien sogar über 200 Stunden!

Die *PrimeLite™ A* von *Primus* ist eine stoßfeste, wasserdichte und perfekt sitzende **Stirnlampe** (110 g). Sie hat zwei rote LEDs, die die Nachtsicht nicht beeinträchtigen, vier helle weiße LEDs mit 12 m Reichweite und einen extrem hellen *Luxeon™-Strahler* mit 50 m Reichweite. Das Batteriefach ist abnehmbar, sodass man es bei Frost auch unter der Jacke tragen kann. Leider ist die Steuerelektronik etwas labil, sodass die Lampe oft selbsttätig zwischen sämtlichen Funktionen wechselt. Das kleinere und nur 45 g schwere *Modell D* besitzt fünf weiße LEDs mit einer Reichweite von 15 m, die mit drei AA-Batterien 75 Stunden lang brennen. Hier ist allerdings schon nach kurzer Zeit der Ein-/Ausschalter ausgefallen. Überhaupt sind viele LED-Lampen bisher wenig ausgereift und funktionieren schon nach kurzer Zeit nicht mehr – oft wegen ärgerlicher Kleinigkeiten. Achten Sie beim Kauf darauf, dass die Batterien problemlos zu wechseln sind – auch bei Nacht und mit klammen Fingern!

Stets griffbereit in der Tasche habe ich (ob unterwegs oder zu Hause) eine winzige *Skylight Lux* von *Exped.* Das winzige Lämpchen, das sogar in einem Münztäschchen Platz findet, wiegt gerade einmal 28 g und verblüfft doch durch seine hervorragende High-Tech-Leistung. Mit ihrer weißen LED bietet sie eine erstaunliche Leuchtkraft und das für bis zu 6 Stunden. Außerdem hat sie eine Ausschaltautomatik nach 10 Minuten, die verhindert, dass sich der Akku ungewollt entleert. Und sie besitzt eine integrierte Solarzelle, die den Akku ständig wieder auflädt (selbst bei Kunstlicht). Weiterhin liegt sie durch ein ovales Edelstahlgehäuse sehr angenehm in der Hand und hat eine nachtleuchtende Endkappe, sodass man sie selbst im Dunkeln findet, und eine reflektierende Trageschlaufe. Verbessert werden könnte allerdings die Befestigung der Endkappe, die sich bei meinem Modell rasch abgelöst hat. Ansonsten jedoch hat sich die bis 1 m Tauchtiefe wasserdichte Minilampe hervorragend bewährt und ist zu meinem ständigen Begleiter geworden.

Zeltlaterne

Für lange Winterabende im Zelt ist eine Zeltlaterne sehr angenehm. Lange Jahre habe ich eine *UCO Laterne* benutzt, bei der die Kerze durch eine Feder stets nachgeschoben wird. Sie ist sehr robust, wiegt nur 200 g, brennt sehr lange, gibt genügend Licht zum Lesen und kann mit verschiedenen Reflektoren ausgestattet werden, um das Licht konzentriert nach unten oder seitlich abzustrahlen (Bezugsquelle: *Relags*). Seit es LED-Stirnlampen gibt, ist diese Laterne allerdings etwas in Vergessenheit geraten.

Auf Kanutouren mit Gruppen im Herbst habe ich auch schon eine **Starklicht-Laterne** für Benzin oder Petroleum mitgenommen. Diese Laternen geben ein sehr starkes Licht und wiegen meist zwischen 1 und 2 Kilo (für Rucksacktouren daher kaum geeignet). Sitzt man ums Lagerfeuer, kann man auf eine Lampe meist verzichten, aber wenn man im Dunkeln noch kochen und auch in den Topf sehen will, kann eine solche Laterne sehr vorteilhaft sein – oder auch für Hüttenaufenthalte.

Tipps

- Batterien bei kaltem Wetter am Körper tragen, da sie bei Kälte stark an Leistung verlieren.
- Im Winter evtl. Lithiumbatterien verwenden, die weniger kälteempfindlich sind und deutlich länger halten.

Behälter und Verpackungen

Sie erfüllen hauptsächlich zwei Zwecke: Ausrüstung und Proviant vor Nässe zu schützen und sie übersichtlich im Rucksack zu organisieren. Kleidung und dergleichen verpackt man am besten in einfache **Beutel** aus wasserfestem Nylongewebe (sie müssen nicht absolut dicht sein), ehe man sie im Rucksack verstaut. Unterschiedliche Farben machen es einfacher, unterwegs auf Anhieb das Richtige zu finden. Für Schlafsäcke und Thermokleidung gibt es spezielle **Kompressionsbeutel,** die ich allerdings nur verwenden würde, wenn es nicht anders geht, da zu starke Komprimierung jedem Isoliermaterial schadet.

077op Foto: rh

XR-Trekking-Boot
mit wasserdichtem Bootssack

Für Lebensmittel wie Mehl, Zucker, Reis etc. kann man ebenfalls Nylonbeutel verwenden, wenn man sie mit einem Plastikbeutel auskleidet. Besser sind **Weithalsflaschen** (rund oder rechteckig) oder **Schraubdosen** (z.B. für Butter, Marmelade etc.), die man in den verschiedensten Größen bekommen kann. Trinkwasser wird meist in **Kunststoff-** oder innen beschichteten **Alu-Flaschen** transportiert, für die es auch spezielle Holster gibt, damit man sie außen am Rucksack oder am Gürtel tragen kann (z.B. Flaschenholster von *Eagle Creek* mit Schaum-Isolierung). Sehr praktisch ist aber auch ein **Wasserbeutel,** der sehr leicht ist, in leerem Zustand wenig Platz braucht und bei Bedarf mehr fasst als eine Flasche. Ich benutze z.B. den *Dromedar Wasserbeutel* von *MSR,* der bei zwei Litern Fassungsvermögen nur 98 g wiegt (bei 4 l sind es 124 g) und aus sehr robustem *Cordura*®-Nylon besteht. Er hat drei Öffnungen in einer: eine kleine, um direkt daraus zu trinken, eine mittlere, um Wasser in den Topf zu gießen, und eine große, um ihn rasch zu füllen. Und der Clou: Der MSR-Keramikfilter (s. Kapitel „Wasser“) lässt sich direkt auf die große Öffnung schrauben, sodass das Wasser beim Pumpen direkt hineinfließt, ohne dass man extra darauf achten muss. Für Winterunternehmungen benutze ich gerne eine **Edelstahl-Thermosflasche,** die meinen Tee auch bei kaltem Wetter einen Tag lang herrlich warm hält.

Um das Waschzeug zu verstauen, gibt es praktische und sehr übersichtliche **Cordura®-Beutel** mit einzelnen Taschen und Fächern. Diese Beutel kann man sehr gut auch als „Küchenschrank“ benutzen, um Gewürze, Besteck und andere Kleinigkeiten griffbereit unterzubringen.

Für Touren auf dem Wasser braucht man vor allem absolut **wasserdichte Behälter,** in denen man die gesamte Ausrüstung verstauen kann. Verschiedene Packbeutel mit verschweißten Nähten und absolut dichten **Roll-Steck-Verschlüssen** eignen sich sowohl für Wanderungen in besonders feuchten Regionen als auch für kürzere Kanutouren. (Bei Roll-Steck-Verschlüssen wird der Rand der Öffnung 3–5-mal eingerollt und dann mit zwei seitlichen Steckverschlüssen so fixiert, dass er sich nicht mehr aufrollen kann.) Ich benutze zum Beispiel einen *PS 17 Packsack* von *Ortlieb,* der 35 Liter fasst und nur 190 g wiegt (also auch im Rucksack nicht zu schwer ist).

Um größere Gepäckmengen zu verstauen, kann man **Schraubtonnen** aus Kunststoff verwenden, die sehr robust sind und die man z.T. auch als viereckige Container mit Rückentragesystem bekommt. Allerdings sind sie auch in leerem Zustand sperrig. Ich benutze daher für längere Touren den *X-Tremer Kanusack* (ebenfalls von *Ortlieb*), der aus besonders robustem Material hergestellt ist, 1450 g wiegt und satte 130 Liter fasst. Das heißt, ich kann nicht nur im Kanu viel Ausrüstung wasserdicht darin verstauen, sondern für den Transport im Flugzeug auch meinen kompletten Rucksack. Mit gepolsterten (aber leider nicht abnehmbaren) Schultergurten ausgestattet, lässt er sich auch recht gut tragen.

Fraglos die billigsten wasserdichten Container sind **Farbeimer,** die man von Malerbetrieben meist kostenlos bekommen kann. Es gibt sie in drei verschiedenen Größen, die ineinander geschachtelt werden können (die inneren beiden allerdings ohne Deckel), und sie besitzen einen Bügelhenkel, an dem man sie im Boot anbinden kann. Die Dinger können zwar einen großen Kanusack nicht ersetzen, sind aber unglaublich vielseitig verwendbar. Sie können darin nicht nur allerlei Ausrüstung und Kleinkram wasserdicht verstauen, sondern auch Wasser damit holen oder das Boot lenzen, den ganzen Eimer als Tischchen verwenden oder den Deckel allein als Schneidebrett, zum Teigkneten oder

Beutel mit Roll-Steck-Verschluss

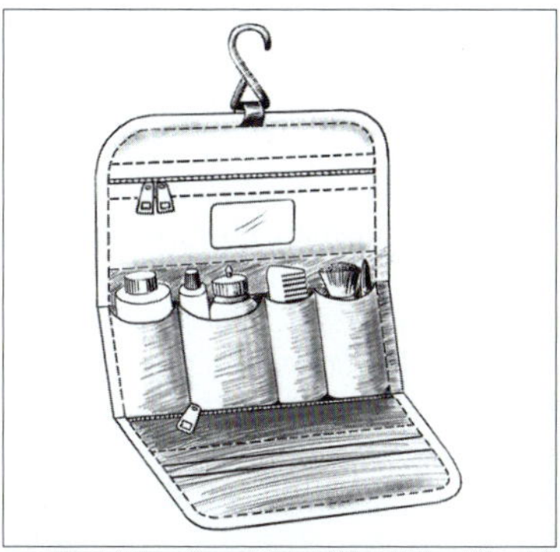

Fold-up-Kit

um Fische zu panieren, mit Wasser gefüllt können die Eimer als Ballast dienen, um das Zelt zu befestigen oder falls man im leeren Boot ein Trimmgewicht benötigt. Und notfalls können sie auch als Sitzgelegenheit benutzt werden, wenn man nicht zu schwergewichtig ist. Ich verwende einen mittelgroßen Eimer seit vielen Jahren als „Handgepäck" und für die Fotoausrüstung. Meine nierenförmige **Kameratasche** passt hinein wie maßgeschneidert, und daneben haben noch Regenjacke und allerlei Kleinkram Platz. Direkt vor mir im Boot habe ich die Kamera stets griffbereit, und wenn es feucht zu werden droht, drücke ich einfach den Deckel zu. Zusätzlicher Vorteil: Keiner sieht dem alten Eimer an, dass darin teure Optik steckt. Einziger Nachteil: Beim Boarding im Flugzeug fragt garantiert jede einzelne Stewardess, was ich da um Himmels Willen drin habe.

Eine natürlich weit solidere und professionellere Lösung – auch für die umfangreiche Fotoausrüstung – bieten die bewährten und enorm robusten **Peli®-Boxen,** die staubdicht, wasserdicht und nahezu unzerbrechlich sind. Sie schließen so hermetisch, dass sie für Aufstiege in größere Höhen und für den Transport im Flugzeug extra mit einem speziellen Ventil zum Druckausgleich ausgestattet werden.

Tipp: Wasserdichte Container und Packsäcke sind in Bärengebieten sehr praktisch, um Lebensmittel geruchsdicht zu verpacken und sich keine unerwünschten Besucher ins Camp zu locken.

Koch- und Essgeschirr

Töpfe und Pfannen

Einfachheit und Vielseitigkeit, lautet die Devise in der Outdoor-Küche. So spart man Platz und Gewicht – und muss weniger abwaschen! Auf zahlreichen Wanderungen habe ich festgestellt, dass ein Topf mit einem Deckel, der als Pfanne dienen kann, ein Löffel und eine Tasse als Küchenausstattung vollkommen ausreichen können. Auch eine sehr begrenzte Auswahl an Küchengerätschaften erlaubt – gewürzt mit einer Prise Fantasie und Talent zum Improvisieren – verschiedenste Methoden der Zubereitung und eine abwechslungsreiche Küche.

Einige Dinge mehr, ein zweiter Topf, ein Wasserkessel und eine separate Pfanne, das gebe ich gerne zu, sind gewiss sehr nützlich und angenehm zu haben. Auf den meisten Touren bestand mein Kochgeschirr daher aus einem 2-l-Topf, einem 1,5-l-Topf, einem 1-l-Wasserkessel und einer Pfanne mit 22 cm Durchmesser, die als Deckel für die Töpfe benutzt werden kann. (Na, haben Sie's erkannt? Ja, es ist das Kochset des *Trangia Sturmkochers*). Diese Zusammenstellung ist für den Einzelwanderer nicht zu groß und hat auch für zwei Personen meist ausgereicht. Wenn man überwiegend auf den Kocher angewiesen ist, lohnt sich ein Topf mit speziellem Wärmetauscher (z.B. *Primus EtaPower™*-Topf), der den Wirkungsgrad des Kochers um bis zu 50 % erhöht.

Topfhenkel

Töpfe und **Kessel** sollten so ineinander passen, dass das gesamte Kochgeschirr im größten Topf Platz findet und mit der Pfanne zugedeckt werden kann. Da diese Dinge meist mehr oder weniger rußig sind, sollte man jedesmal ein Stück Stoff oder Plastikfolie dazwischen legen und das ganze Set in einem passenden Nylonbeutel mit Kordelzug verschwinden lassen.

Tipp: Vergeuden Sie keine unnötige Mühe darauf, die Topfböden blitzblank zu scheuern, denn erstens ist das meist ein aussichtsloser Kampf und zweitens leitet ein etwas geschwärzter Topf die Hitze umso besser.

Für den, der öfters über dem offenen Feuer kochen will, sind Töpfe praktisch, die einen **Henkel** besitzen – oder man nimmt ein leichtes Grillgitter mit, auf dem man die Töpfe über das Feuer stellen kann. Manche Henkel lassen sich seitlich am Topf arretieren, damit dieser nicht so schaukelt, und haben oben einen leichten Knick, sodass sie z.B. an einem Stock stabil hängen und nicht seitlich verrutschen. Günstig sind Henkel, die zur Isolierung mit einem hitzebeständigen Kunststoff überzogen sind, damit man sie festhalten kann, ohne sich sofort die Finger zu verbrennen. Unbeschichtete Henkel kann man zu diesem Zweck mit Heftpflaster oder einem sonstigen Gewebeband umwickeln. Allerdings hält das alles nur, solange man kein gar zu höllisches Feuer darunter macht.

Wem ist das nicht auch schon passiert: Da ist man gerade so schön am Köcheln und Brutzeln, will den heißen Topf vom Feuer nehmen und – da hat doch irgend so ein Aas (meistens war man's ja selber) wieder mal den **Zangengriff** verschlampert. Das Ding ist nicht aufzufinden – entweder bis zum nächsten Morgen nicht oder die ganze Tour durch nicht mehr. Nun müssen womöglich die Socken als Topflappen herhalten, hängen vielleicht gar in die Suppe – und die Finger verbrennt man sich schließlich

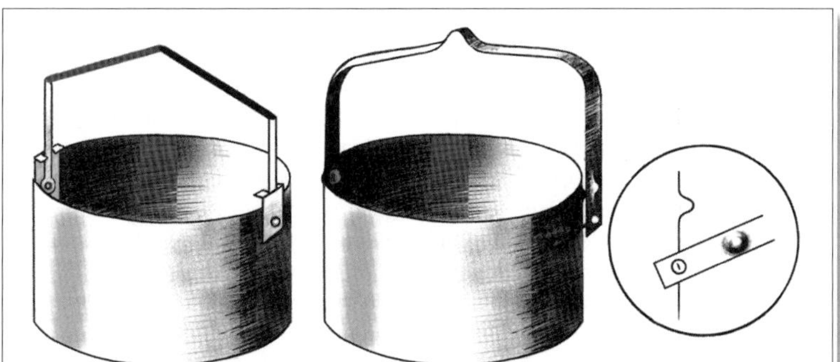

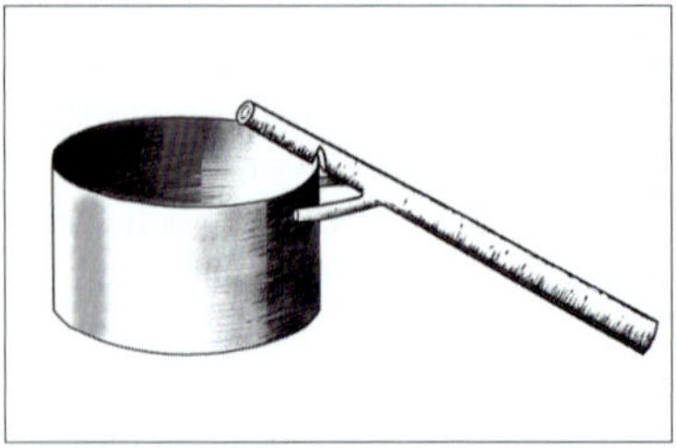

Topfgreifer

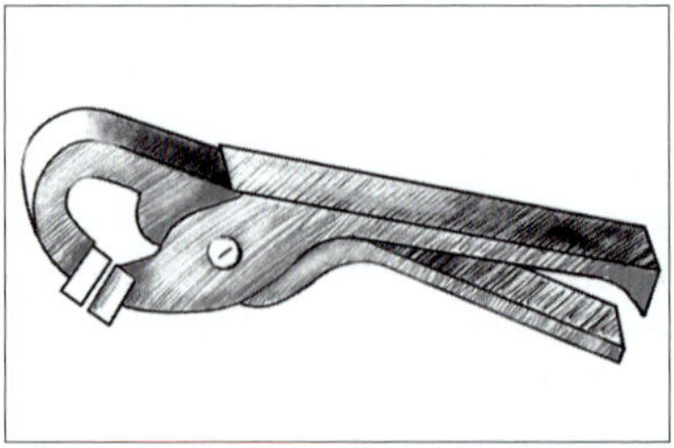

Zangengriff

doch. Einfacher ist es, man schnitzt sich rasch einen **improvisierten Topfgreifer** aus einem gut fingerdicken Ast, von dem an einer Gabelung zwei Zweige abgehen. Die Zweige einfach auf gleiche Länge kürzen und in den Ast etwa auf Höhe der Zweigenden eine tiefe Kerbe schneiden (s. Zeichnung). Fertig ist der langstielige Topfgreifer, mit dem man auch nicht so dicht an die Flammen herangehen muss wie mit den üblichen Zangengriffen. Die Kerbe zunächst lieber etwas zu nahe in Richtung Griffende ansetzen; dann kann man sie immer noch nach außen erweitern oder die Zweigstummel kürzen.

Als **Pfanne** dient meist der Topfdeckel, der außerdem noch als Teller verwendet werden kann. Ein Stiel ist nicht erforderlich, da er beim Verstauen hinderlich wäre und man die Pfanne – ebenso wie die Töpfe – mit einem separaten Zangengriff halten kann. Da so ein Griff allerdings die Hitze meist schneller leitet als man die Pfanne wieder loslassen will, sollte man ihn dort, wo man ihn festhält, ebenfalls mit Gewebeband umwickeln.

Als Material für Töpfe und Pfannen stehen **Aluminium** oder **Edelstahl** zur Auswahl. Die gute „Gusseiserne" – so gut sie fraglos sein mag – kommt allenfalls für Kanutouren in Frage. Manche schimpfen ja auf Alu-Pfannen mehr als auf ihre Schwiegermutter, weil angeblich alles darin anbrennt und festbäckt, was mit ihnen in Berührung kommt. Zugegeben, das ideale Material für Pfannen ist Aluminium gewiss nicht, und zum fettfreien Braten ist die Alu-Pfanne nicht gerade geeignet, aber sie ist doch nicht so schlecht wie ihr Ruf. Ich habe weit über zehn Jahre lang eine Pfanne aus Reinaluminium benutzt, tue das gelegentlich auch heute noch, und nur ganz selten ist mir darin etwas ernsthaft angebrannt oder so hartnäckig hängengeblieben, dass es meinem Nervenkostüm geschadet hätte.

Wer sich nicht mit dem Aluminium anzufreunden vermag, kann auch eine Pfanne aus rostfreiem Edelstahl benutzen, die natürlich etwas schwerer ist. Bei manchen Kochgeschirr-Sets sind Töpfe und Kessel aus Alu, während die Pfanne aus Edelstahl besteht. Auch mit **Teflon** beschichtete Pfannen werden gelegentlich angeboten, die allerdings für Outdoorzwecke noch weniger geeignet sind als für den Haushalt. Meist wird sich die Beschichtung rasch ablösen, und dann hat man die Teflonkrümel im Pfannkuchen. Deutlich robuster und eine optimale Lösung sind hochwertige „Titan-Non-Stick"-Beschichtungen, die außerdem nicht mit den Speisen reagieren (was bei Alu vorkommen kann) und – im Gegensatz zum Teflon – gesundheitlich unbedenklich sind.

Als **Topfdeckel** kann meist die Pfanne dienen. Sonst sollte man sich einen gut schließenden, leichten Alu-Deckel mit einem isolierten Griffknopf besorgen. In einem zugedeckten Topf werden die Speisen schneller warm und langsamer wieder kalt – was besonders dann interessant ist, wenn man seine Mahlzeiten auf einem Kocher zubereitet und Brennstoff sparen will. Auf dem offenen Feuer hält der Deckel Asche und Holzstückchen aus der Suppe fern, und in nördlichen Regionen auch einen guten Teil der Moskitos, die offensichtlich eine ganz besondere Vorliebe dafür verspüren, sich in Topf und Pfanne das Leben zu nehmen.

Tipp: Der Topfdeckel kann auch sehr hilfreich sein, um bei nächtlichen Kochaktionen besser in den Topf zu sehen – denn genau dorthin leuchtet das Feuer leider nicht. Hebt man jedoch den (innen blanken) Topfdeckel etwas schräg an, reflektiert er genügend Licht in den Topf, damit man erkennen kann, was sich darin tut.

Dutch Oven

Der *Dutch Oven* (Holländische Ofen) ist ein runder Topf aus Gusseisen, der aus Gewichtsgründen für Rucksackwanderer nicht in Frage kommt. Wer hingegen mit dem Kanu unterwegs ist, kann es sich durchaus leisten, einen *Dutch Oven* mitzunehmen – es muss ja nicht gleich das 13-Kilo-Modell sein. Ein guter *Dutch Oven* ist eine fantastische Sache zum Braten, Backen, Kochen und Dämpfen und ersetzt dem Camper die Bratröhre aus Großmutters Kachelofen. Seine wesentlichen Eigenschaften sind (und deshalb muss er aus Gusseisen bestehen), dass er die **Hitze langsam aufnimmt, gleichmäßig** (und gleich mäßig!) **verteilt und lange hält.** So gleicht er die Temperaturschwankungen des Feuers aus. Es gibt zwar auch den sogenannten *Dutch Oven* aus Guss-Aluminium, der etwas leichter ist – aber dafür eben auch kein richtiger *Dutch Oven*.

Für Campingzwecke hat er drei kurze Füße, einen dicht schließenden, flachen Deckel mit erhöhtem Rand und einem nicht leitenden Griff (sonst braucht man einen Griffhaken) sowie möglichst einen soliden Bügelhenkel, damit man ihn auch aufhängen kann. Die Füße dienen dazu, den *Dutch Oven* beim Backen über einer Schicht Glut auf Distanz zu halten, und auf den Deckel mit erhöhtem Rand kann man glühende Holzkohle legen, um für die richtige Oberhitze zu sorgen. Der Henkel ist praktisch, um ihn über das Feuer zu hängen oder in heißem Zustand mit einem Ast o.Ä. hochheben zu können.

Da er die Hitze gleichmäßig verteilt, ist der *Dutch Oven* bestens dazu geeignet, **Speisen langsam und schonend zu garen.** Da der Deckel dicht schließt und fest aufliegt, können Saft und Aroma nicht entweichen. Vor allem Eintöpfe erhalten einen Geschmack, den man in einem normalen Topf nicht erreicht. Er ist besonders geeignet für größere Fleischstücke, Aufläufe, Fisch, Gebäck etc. – kurz: für alles, was man zu Hause im Backofen zubereiten würde.

Einen neu gekauften *Dutch Oven* sollte man vor Gebrauch innen mit Bratfett einreiben und erhitzen, damit er das Fett aufnimmt. Den *Dutch Oven* sollte man stets sehr schonend behandeln und niemals mit Spülmittel oder Seife reinigen. Das Gusseisen würde die Seifenlösung aufnehmen und den Geschmack der Speisen verderben. Heißes Wasser und ein Lappen oder eine Bürste sollten genügen.

Wasserkessel

Ein Wasserkessel ist bereits eines jener Utensilien, auf die man durchaus verzichten kann, wenn man besonders auf das Gewicht achten muss (auf das des Gepäcks, nicht sein eigenes). Wasser für Tee und Kaffee kann man ebenso gut auch im Kochtopf heiß machen – nur muss man ihn dann eben vorher auswaschen. Dass ich auf die meisten längeren Touren doch einen Wasserkessel mitnehme, liegt einerseits daran, dass ich an dem schwarzen Ding sehr hänge, andererseits aber auch daran, dass ich zu jenen Menschen gehöre, die eine mächtige Abneigung dagegen verspüren, vor dem Kaffee schon abwaschen zu müssen. Und wenn ich hie und da doch auf den geliebten Kessel verzichtet habe, führte dies leider regelmäßig dazu, dass nachher im Kaffee noch dieses oder jenes Nüdelchen schwamm oder einige verlorene Körnchen Curryreis. So nicht!

Wenn man sich allerdings dafür entscheidet, einen Wasserkessel mitzunehmen, dann sollte er auch zweckmäßig sein. Ich gebe einem breiten, flachen Kessel den Vorzug gegenüber jenen schlanken, hohen Cowboy-Kannen, da er standfester ist und auch die Hitze besser aufnimmt.

Besteck

Das Essbesteck besteht zumeist aus Messer, Gabel und Esslöffel aus rostfreiem Edelstahl. Gewichtsfreaks kaufen Besteck aus besonders leichtem Titan und bezahlen fast zehnmal soviel dafür. Andere indes meinen, sie brauchen es gar vierteilig und nehmen noch einen Teelöffel dazu. Einige Essbestecke bestehen lediglich aus Gabel und Löffel – und das reicht auch. Mir hat auf den meisten Wanderungen ein Löffel vollauf genügt. Er kann die Gabel durchaus ersetzen, und ein Messer hat man ja ohnehin am Gürtel. Das Bundeswehr-Besteck aus rostfreiem Stahl mit zusätzlichem Dosen- und Flaschenöffner kann Platz sparend ineinander gesteckt werden, ist aber sehr schwer (200 g). Übrigens: Die Gabel ist in der Outdoor-Küche vor allem deshalb nützlich, weil sie den Schneebesen ersetzen kann.

Geschirr

Die **Outdoor-Tasse** ist nicht nur einfach eine Tasse – sie kann außerdem als Messbecher, Schöpflöffel, Essnapf und – wenn sie aus Metall besteht – als Ersatzkochtopf dienen. Sie sollte nicht zu klein sein (ca. 0,25 bis 0,5 l) und praktischerweise gleich eine Maßeinteilung besitzen. **Alu-Tassen** haben die unangenehme Eigenschaft, dass sie die Hitze sehr gut leiten. Folglich verbrennt man sich die Lippen daran, und ehe man den Kaffee trinken kann, hat man nur noch eine lauwarme Brühe. **Emaillierte Tassen** sind in dieser Hinsicht etwas angenehmer, aber dafür empfindlich gegen harte Stöße. Günstiger sind Tassen aus **Edelstahl,** die robust sind und die Hitze nicht zu sehr leiten. Noch lippenfreundlicher ist unzerbrechlicher Kunststoff, allerdings darf man solche Tassen natürlich nicht zu nah ans Feuer stellen. Sehr praktisch, leicht und preisgünstig sind die sogenannten **Berghaferl,** kleine Schalen in meist ovaler Form mit Griff und Meßeinteilung. Bei kaltem Wetter ist auch eine **isolierte Tasse** aus Kunststoff oder Edelstahl mit Deckel und einer kleinen Trinköffnung sicher kein Luxus, sonst ist der Kaffee im Winter schneller kalt, als man ihn hinunterstürzen kann.

Teller halte ich für ziemlich überflüssig, und ich habe mir bisher noch nie die Mühe gemacht, einen mitzuschleppen – und nachher womöglich dauernd abwaschen zu müssen. Ist man allein oder zu zweit unterwegs, kann man auch direkt aus dem Topf oder der Pfanne essen. Sonst benutze ich das eben erwähnte „Berghaferl", das man sehr gut festhalten kann, während man zu einem Teller fast schon einen Tisch haben sollte, damit die Suppe nicht überschwappt.

Sonstige Küchenhelfer

Ein leichter **Grillrost** aus Edelstahl (Gewicht ca. 300 g), den man über ein paar Steine oder Äste legt, ist nicht unbedingt erforderlich, kann aber das Kochen wesentlich erleichtern.

Ein kleines **Schneidebrettchen** wird sich oft als sehr hilfreich erweisen.

012ou18 Foto: ch

Gusspfanne und Rost sind schon „Luxus"

Aber man kann notfalls auch den Kunststoffdeckel eines Containers o.Ä. benutzen oder auf Kanutouren das Paddel (was allerdings beiden auf die Dauer nicht gut bekommt), oder man kann sich bei Bedarf aus einem dicken Ast oder Stammstück schnell eines herausspalten. Ein kleines **Geschirrtuch** ist sehr vielseitig verwendbar – nicht nur zum Geschirrabtrocknen. Ich habe fast auf jeder längeren Tour eins dabei, obwohl ich höchst selten abtrockne. Man kann z.B. zerbrechliche oder scharfkantige Gegenstände darin einwickeln, etwas damit zudecken, alles mögliche ab- oder auswischen, Wasser seihen etc.

Ein **Arbeitshandschuh** eignet sich hervorragend als Ersatz für den Topflappen. Und ein kleines Stück **Stahlwolle,** das fast nichts wiegt, wirkt Wunder, wenn man einen Topf ausscheuern will und keinen Sand findet. Oder man nimmt gleich einen kleinen **Scheuerschwamm.** Einen **Dosenöffner** braucht man auf Wanderungen selten, da Konserven zu schwer und Platz raubend für den Rucksack sind. Für den Ausnahmefall hat man einen am Taschenmesser oder man nimmt einen kleinen zusammenklappbaren, der kaum länger ist als ein Streichholz und doch sehr effektiv. Natürlich kann man auch schon mal das Messer nehmen, um eine Dose zu öffnen, nur wird es den meisten Messern nicht gerade gut tun. Eine **Raspel** kann man bei Bedarf unterwegs aus einem Stück Blech improvisieren, indem man mit einem Nagel, einer Ahle o.Ä. Löcher hineindrückt.

Tipp: Instant-Produkte sind leider nicht immer ganz so „sofortlöslich", wie ihre Hersteller das gerne hätten. Wildniswanderer und Outdoor-Köche, die zu dem Entschluss kommen, sie hätten sich lange genug mit jenen „Instant-Klümpchen" herumgeärgert, können sich einen einfachen **Mixer** machen, indem sie sich für ihren Trinkbecher einen dicht schließenden Deckel besorgen und ein Stück schwacher Drahtkette (z.B. vom Waschbeckenstöpsel) hineinwerfen.

Weitere Hinweise

Informationen über **Filter** und **chemische Entkeimungsmittel** finden sich im Kapitel „Wasser"; Angaben über **Kompass, Höhenmesser** etc. im Kapitel „Orientierung".

Checklisten

Für die Vorbereitung einer Tour und das Packen sind detaillierte Checklisten dringend zu empfehlen, damit man nicht unterwegs feststellen muss, dass man etwas Wichtiges vergessen hat. Nach der Tour kann man dann seine individuelle Checkliste nach den Erfahrungen ergänzen oder nicht benötigte Artikel streichen. Denn selbstverständlich gibt es keine allgemeingültige Checkliste – sie variiert je nach Art und Dauer der Tour, nach Region und Jahreszeit sowie nach persönlichen Bedürfnissen. Was der eine für unverzichtbar hält, bezeichnet der andere vielleicht als unnötigen Ballast.

Verbandszeug/Erste Hilfe

Artikel	Anzahl	besorgt	einge-packt	Gewicht
je nach Unternehmung; als Standard z.B.				...........g
Schere, klein (falls nicht am Taschenmesser)	1	☐	☐	
anatomische Pinzette	1	☐	☐	
Einwegskalpell oder Rasierklinge	1	☐	☐	
Heftpflaster	1 Rolle	☐	☐	
gepolstertes Pflaster, z.B. *Hansaplast* mittelbreit	1 Pckg.	☐	☐	
Klammerpflaster	5	☐	☐	
Blasenpflaster	5	☐	☐	
Mullbinden, 5 cm breit	3	☐	☐	
Mullkompressen 10 x 10 cm	3	☐	☐	
elastische Binden	1–2	☐	☐	
Desinfektionsmittel (z.B. *Betaisodona)*	1 kl.Fl.	☐	☐	
sterile Fettgaze (für größere Schürf-/Brandwunden)	2–3	☐	☐	
Dreieckstuch	1	☐	☐	
Latexhandschuhe	1–2 P.	☐	☐	
Schmerzmittel (z.B. *Aspirin)*	3–5	☐	☐	
Abwehrstärkung (z.B. *Echinazin)*	kl.Fl.	☐	☐	
Erkältungsmittel (z.B. *Novalgin)*	kl.Fl.	☐	☐	
Salbe für Prellungen/Stauchungen (z.B. *Kytta)*	1 Tube	☐	☐	
Gel für Insektenstiche und leichte Verbrennungen (z.B. *Aristamin-Gel)*	1 Tube	☐	☐	
Heilsalbe (z.B. *Jacosulfon* oder *Bepanthen)*	1 Tube	☐	☐	
Salztabletten	5–10	☐	☐	
Breitspektrum-Penicillin (nur für ernste Notfälle; Vorsicht bei Allergien!)	für 1 Behandlung	☐	☐	
Rettungsdecke (Reißfeste Alu-Folie, die nur ca. 50 g wiegt, oder mit Alu bedampfte und durch Fäden verstärkte Polyesterfolie, ca. 350 g, als Schutz gegen Unterkühlung oder Hitze in Notfällen)	1	☐	☐	

Vor einer größeren Tour sollte man den Hausarzt besuchen. Einerseits, um sich kurz durchchecken zu lassen, andererseits, um sich hinsichtlich Impfungen und Reiseapotheke beraten zu lassen, die natürlich auch je nach Klimazone variiert. Wer eine Reise in medizinisch schlecht versorgte Gebiete plant, sei auf das Gesundheitshandbuch „Wo es keinen Arzt gibt" (REISE KNOW-HOW Verlag, Bielefeld) hingewiesen.

Die mit *Sternchen gekennzeichneten Artikel der folgenden Allgemeinen Checkliste sind optional oder Alternativen zu anderen Artikeln.

Weitere optionale Gegenstände sind durch „b.Bed." (= bei Bedarf) gekennzeichnet. Die Anzahl bzw. Menge richtet sich häufig „n.Bed." (= nach Bedarf)

Viele Gegenstände müssen bei Gruppentouren nur einmal mitgenommen werden; sie sind durch <u>Unterstreichung</u> markiert.

Allgemeine Checkliste

Artikel	Anzahl	besorgt	einge-packt	Gewicht
Doppeldachzelt, Leichtgewicht mit Moskitonetz	1	☐	☐	..........g
Schlafsack mit wasserdichtem Packbeutel	1	☐	☐	..........g
Isoliermatte	1	☐	☐	..........g
Rucksack, integrierter oder mit Außengestell	1	☐	☐	..........g
Rucksackschutz	1	☐	☐	..........g
Unterwäsche *(Polyester oder Polypropylen)*				
Slips	2–3	☐	☐	..........g
Unterhose, lang	1	☐	☐	..........g
Hemd, T-Shirt	1–2	☐	☐	..........g
Hemd, langarm, Rollkragen mit Reißverschluss	1*	☐	☐	..........g
Fleecebekleidung *(mittlere Lage)*				
Unterhose, lang	1*	☐	☐	..........g
Unterhemd, langarm, Rollkragen m. Reißvschl.	1–2*	☐	☐	..........g
Pullover o. Weste (alternativ zu Thermoweste)	1*	☐	☐	..........g
Hemd (alternativ zu Trekkinghemd)	1*	☐	☐	..........g
Socken				
Polyester oder Polypropylen, dünn	1 P.	☐	☐	..........g
Trekkingsocken, Kunstfaser oder Wolle	2–3 P.	☐	☐	..........g
Übersocken (falls man Gummistiefel trägt)	2 P.*	☐	☐	..........g
Oberbekleidung				
Trekkinghose	1	☐	☐	..........g
Trekkinghemd	1	☐	☐	..........g
Gürtel oder Hosenträger	1	☐	☐	..........g
Thermoweste, Kunstfaser oder Daune	1*	☐	☐	..........g
Trekkingjacke, wasserfest oder mit Membran	1	☐	☐	..........g
Regenhose, wasserfest oder mit Membran	1*	☐	☐	..........g
Hut oder Mütze	1	☐	☐	..........g
Handschuhe und/oder Fäustlinge	1 P.*	☐	☐	..........g
Wanderstiefel (ggf. Gummistiefel o.Ä.)	1 P	☐	☐	..........g
Trekking-/Wassersportsandalen o. Turnschuhe	1	☐	☐	..........g
Gamaschen	b.Bed.	☐	☐	..........g
Sonnen-/Gletscherbrille	b.Bed.	☐	☐	..........g
Werkzeug und Zubehör				
Arbeitsmesser, feststehend oder feststellbar	1	☐	☐	..........g
Taschenmesser	1	☐	☐	..........g
Schleifstein	b.Bed.	☐	☐	..........g
Klappsäge	b.Bed.	☐	☐	..........g
Taschenlampe, klein, mit Batterien	b.Bed.	☐	☐	..........g
Zeltlampe mit Kerze(n)	b.Bed.	☐	☐	..........g
Feuerzeug	2–3	☐	☐	..........g
Streichhölzer, wasserdicht verpackt	n.Bed.*	☐	☐	..........g
Zeltleine	8–10 m	☐	☐	..........g
Reepschnur oder Bergseil, ca. 10 m	b.Bed.	☐	☐	..........g
Teleskopstock bzw. -stöcke	b.Bed.	☐	☐	..........g
Kompass	1	☐	☐	..........g
Landkarte(n)	n.Bed.	☐	☐	..........g
Höhenmesser	b.Bed.	☐	☐	..........g

Artikel	Anzahl	besorgt	einge-packt	Gewicht
Küchenausstattung				
Kocher	1*	☐	☐	..........g
Brennstoff	n.Bed.	☐	☐	..........g
Kochgeschirr	1 Set	☐	☐	..........g
Leicht-Grillrost	b.Bed.	☐	☐	..........g
Tasse/Essnapf	1	☐	☐	..........g
Essbesteck	1	☐	☐	..........g
Geschirrtuch	1	☐	☐	..........g
Trinkflasche oder Wassersack (im Winter Thermos)	1	☐	☐	..........g
Wasserentkeimungsmittel oder Keramikfilter	n.Bed.	☐	☐	..........g
Salztabletten (Winter/Wüste/Tropen)	n.Bed.	☐	☐	..........g
Packbeutel oder stabile Plastiktüten	n.Bed	☐	☐	..........g
Scheuerschwamm oder Stahlwolle	1	☐	☐	..........g
Hygiene				
Flüssigseife, biologisch abbaubar (auch zum Spülen und Wäschewaschen)	1	☐	☐	..........g
Handwaschpaste	1 kl. Dose*	☐	☐	..........g
Handtuch	1	☐	☐	..........g
Zahnbürste und Zahnpasta	1	☐	☐	..........g
Nassrasierer und kleiner Metallspiegel	1*	☐	☐	..........g
Kamm	b.Bed.	☐	☐	..........g
Hautcreme	n.Bed.	☐	☐	..........g
Sonnencreme	n.Bed.	☐	☐	..........g
Insektenschutzmittel	n.Bed.	☐	☐	..........g
Lippenschutz	b.Bed.	☐	☐	..........g
Toilettenpapier, wasserdicht verpackt	1–2 Rollen	☐	☐	..........g
Monatshygiene	n.Bed	☐	☐	..........g
Kondome?	n.Bed.	☐	☐	..........g
Sonstiges				
Schuhpflegemittel	n.Bed.	☐	☐	..........g
Angelausrüstung	n.Bed.	☐	☐	..........g
Fotoausrüstung	n.Bed.	☐	☐	..........g
Fernglas	n.Bed.	☐	☐	..........g
Notizbuch und Bleistift	1	☐	☐	..........g
Dokumente (Pass, Führerschein, Impfpass, Tickets etc.)		☐	☐	
Flickzeug *je nach Unternehmung; als Standard z.B.*				..........g
Nähnadeln	1 Set	☐	☐	
Ledernadel	1	☐	☐	
stabiler Zwirnsfaden	1 Rolle	☐	☐	
Knöpfe, verschiedene Größen	5	☐	☐	
Patent-Druckknöpfe/-nieten	je 5	☐	☐	
Flicken, *Cordura*®	2–3	☐	☐	
Sicherheitsnadeln, versch. Größe	5	☐	☐	
Bindedraht	kl. Rolle	☐	☐	
starkes Gewebe-Klebeband	kl. Rolle	☐	☐	
ggf. zusätzliche Reparatursets für Kocher, Boot, Fahrrad, etc.		☐	☐	

Zusätzliches für Winterunternehmungen bzw. Hochgebirgstouren				
Artikel je nach Bedarf	**Anzahl**	**besorgt**	**einge-packt**	**Gewicht**
Fleecehose	1	☐	☐	..........g
Daunen- oder kunstfaserisolierte Jacke	1	☐	☐	..........g
Daunen- oder kunstfaserisolierte Hose	1	☐	☐	..........g
Thermostiefel	1 P.	☐	☐	..........g
Ski bzw. Schneeschuhe	1 P.	☐	☐	..........g
Felle/Wachs	n.Bed.	☐	☐	..........g
Steigeisen	1 P.	☐	☐	..........g
Eispickel	1	☐	☐	..........g
Gletscherbrille	1	☐	☐	..........g
Schneeschaufel, zusammenklappbar	1	☐	☐	..........g
Schneemesser oder -säge	1	☐	☐	..........g
Lawinenseil oder -suchgerät	1	☐	☐	..........g
Fäustlinge, ggf. mit Daunen- oder Kunstfaserisolierung	1 P.	☐	☐	..........g

Die folgenden Checklisten sind für längere Zeltwanderungen in gemäßigten Breiten und für Frühjahr- bis Herbsttouren in subpolaren Regionen erstellt worden – für Winterunternehmungen, Tropen- oder Wüstentouren müssen sie entsprechend abgewandelt bzw. ergänzt werden. Für Radtouren und Kanufahrten kann man mit wenigen Abwandlungen und Ergänzungen die gleichen Checklisten benutzen.

Die Listen enthalten auch Artikel, die nicht bei allen Verhältnissen unbedingt erforderlich sind, Alternativen, bei denen je nach Bedingungen der eine oder der andere Artikel gebraucht wird, und solche, bei denen die Menge variieren kann. Also keinesfalls glauben, man müsse unbedingt alles einpacken, was aufgelistet ist. Sinn der Listen ist in erster Linie, dass man nichts Wesentliches vergisst.

Survivalkit

Der Survivalkit enthält auf kleinstem Raum wasserdicht verpackt die wesentlichen Hilfsmittel für das Überleben im Notfall – wenn man z.B. kentert und die Ausrüstung verliert oder falls der Rucksack bei einer Flussdurchquerung verloren gehen sollte. Als Behälter empfiehlt sich eine leichte Metalldose, die notfalls als Kochtopf dienen kann. Ob man so ein Ding tatsächlich mitnehmen muss (oder nicht seine Aufmerksamkeit lieber auf die Ausrüstung konzentrieren sollte), sei dahingestellt. Ich habe das Gefühl, der Sache wird oft etwas zu viel Bedeutung zugemessen. Wesentliche Gegenstände wie Messer, Taschenmesser, Kompass und Feuerzeug trägt man ohnehin am Gürtel oder in den Taschen, und auch das Verbandszeug

019op Foto: ka

kann am Gürtel oder in einer Jackentasche getragen werden. Falls man schon so eine Notfallausrüstung mitnimmt, muss man sie natürlich ständig am Körper tragen und nicht etwa im Rucksack – wie man das gelegentlich sieht –, sonst ist der Sinn dahin!

Zusätzlich zu den genannten Gegenständen könnte der Survivalkit beispielsweise enthalten: wasserdicht verpackte Streichhölzer (bzw. ein kleines Einwegfeuerzeug), Feuerstarter (z.B. Esbitwürfel oder Birkenrinde), Nähnadel und Zwirn, Sicherheitsnadeln, Angelleine und ein Sortiment Haken, Wasserreinigungstabletten, Salztabletten, Rettungsdecke, einige Meter Zeltleine und Bindedraht, ein paar Notizzettel und einen Bleistiftstummel.

Bestandteile eines Survivalkits

Manche empfehlen, noch allerlei Extras hineinzutun, z.B.: den Pass (dann müssen Sie aber an der Grenze stets den Survivalkit zur Hand haben), Mundharmonika (nicht gerade überlebenswichtig!), Minidosenöffner (frage mich, was man damit öffnen soll?), Korken zum Anrußen und Tarnen (witzig!), Geldstücke zum Telefonieren (aber wo eine Telefonzelle steht, kann der Survivalfall nicht mehr gar so ernst sein) oder gar Zyankali (was natürlich dem Survivalgedanken heftig widerspricht). Das alles zeigt, dass so ein Survivalkit – so sinnvoll er ggf. sein mag – in der Praxis oft zur Spielerei oder gar zum Unsinn ausartet.

013ou18 Foto: sj

Proviant

069op Foto: rh

070op Foto: rh

Bannock backen auf dem Feuer

Brötchen im Steinbackofen

Frühstück im Freien

Allgemeine Grundanforderungen

Essen oder ernähren?

Essen oder ernähren? – das ist die Grundfrage nicht nur in der Outdoor-Küche. Danach richtet sich die Zusammenstellung des Proviants ebenso wie die ganze Zubereitung draußen. Wer in erster Linie aus sportlichen Gründen unterwegs ist und womöglich gar Rekorde aufstellen will, der hat nicht viel Zeit für Küchen-Firlefanz. Der muss sich ernähren, und zwar möglichst ausgewogen und optimal, um maximale Leistungsfähigkeit zu erzielen. Wo es um Extremleistungen geht, ist wie überall im Hochleistungssport eine medizinisch ausgefeilte Ernährung sinnvoll und erforderlich.

Wer hingegen „just for fun" draußen ist, um die Natur zu genießen und um sich am Leben zu freuen, der braucht keine Formeln und Tabellen, um hinreichend richtig ernährt zu sein. Der isst, was ihm schmeckt, denn er will nicht bloß funktionieren. Er will auch am Kochen und am Essen seine Freude haben.

Gewicht – oder: „Manche mögen's trocken"

„Gewicht reduzieren!", lautet die Devise nicht nur bei den Kalorienaposteln, sondern auch in der Outdoor-Küche. Die Outdoorer allerdings drehen den Spieß um: Sie müssen nicht ihr eigenes, sondern das Gewicht ihrer Lebensmittel reduzieren. Denn ob Hiker oder Biker – schleppen muss jeder seine Speisekammer selbst. Und bei einem Tagesbedarf von 3000–6000 Kilokalorien können geradezu er-

021op Foto: rh

Großer Lachs aus dem Yukon River

schreckende Futterberge zusammenkommen. Deshalb kann auch der Fun-Trekker seinen Rucksack nicht ohne Weiteres zu Hause in der Speisekammer oder aus dem Kühlschrank füllen.

Die Lebensmittel dort enthalten nämlich vor allem eins: Wasser! Bei **Obst und Gemüse** sind es 80–90 % oder sogar noch mehr, und selbst frisches Brot hat einen Wasseranteil von 40–45 %. 250 g Trockenkartoffeln entsprechen etwa 1000 g frischer Knollen, und ein Kilo Tomaten enthält gar 940 g Wasser! Allein durch das Trocknen kann man das Gewicht seines Proviants also auf einen Bruchteil reduzieren. Und warum sollte man kiloweise Wasser im Rucksack herumschleppen, wenn man es unterwegs aus dem nächsten Bach schöpfen kann? Klar also, dass sich verderbliche Frischwaren und Konserven schon aus Gewichts- (sprich: Wasser-)gründen von selbst verbieten.

Es gibt heute kaum mehr ein Nahrungsmittel, das nicht **in getrockneter Form** erhältlich wäre: von Dörrobst und Hülsenfrüchten über Milch- und Eipulver bis zur kompletten Fertigmahlzeit. Das Trocknen verlängert überdies die Haltbarkeit der Lebensmittel. Es ist eine der schonendsten Konservierungsmethoden überhaupt. Und durch verbesserte Verfahren des Dehydrierens (= Wasser entziehen) schmecken selbst die Fertiggerichte nicht mehr wie aus der Apotheke. Nichts als lauter Vorteile, wie es scheint. Trockenfutter als die „Eier legende Woll-Milch-Sau" für den Trekker!

Übrigens: Falls man getrocknete Lebensmittel sucht, die der Markt nicht bietet, falls man der Industriequalität misstraut oder Freude am Probieren und Experimentieren hat, kann man die unterschiedlichsten Lebensmittel auch problemlos selbst trocknen (siehe Kapitel „Trocknen").

Dass **Konservendosen** ins Wohnmobil gehören (und allenfalls vielleicht noch ins Kanu), nicht aber in den Rucksack, ist klar. Aber auch einige wasserarme Lebensmittel wie Cornflakes oder Kartoffelchips eignen sich kaum, da sie zwar leicht, aber dafür sehr Platz raubend sind – sofern man sie nicht zerbröseln will.

Schnelle Zubereitung – oder: Fertigfutter?

20° Frost und ein heulender Schneesturm! Nach einem mörderischen 12-Stunden-Marsch schleppen Sie sich erschöpft in einen dürftigen Windschutz. Ein lautes Knurren übertönt den Sturm. Wölfe?!! – Nein, Ihr Magen! Klar wie Fleischbrühe: Jetzt haben Sie keine Lust, die große Küche zu zelebrieren. Futter muss her! Viel und heiß! Auf Kultur werden Sie jetzt pfeifen. („Je me Bocuse" – aber das ist nun mal so!)

Ja – und in solchen Lagen sind die unter der Bezeichnung **Bergsteiger- oder Trekkingnahrung** angebotenen Fertiggerichte nicht nur Gold wert, sondern können buchstäblich Leben retten. Und auch wenn es nicht gar so knüppeldicke kommt, ist man an man-

022op Foto: rh

Lachssteak, Reis, Marmelade und Wasser für den Kaffee

chem Abend sicher dankbar für diese „Aufguss-Menüs". Sie sind extrem schnell, einfach und Energie sparend zubereitet: kochendes Wasser drübergießen, ein paar Minuten ziehen lassen – Mahlzeit!

Dabei schmecken sie noch nicht mal übel. Zumindest, wenn man sie nicht über längere Zeit essen muss, kann man nicht meckern. Und gegen die zu kleinen Portionen helfen Doppelpacks. Billig ist der Spaß allerdings nicht: Für einen kompletten Tagesbedarf kommen rasch 30–50 € zusammen. Dafür könnte man anderswo nobel im Restaurant dinieren. Außerdem ist das „Aufgießen" natürlich nicht halb so erfreulich wie eine genüsslich zelebrierte Koch-Session! Andererseits müssen solche „Zack-Fertig-Gerichte" nicht unbedingt aus dem Trekkinggeschäft kommen. Heute gibt es auch im normalen Lebensmittelhandel und zu einem Bruchteil der Preise eine gute Auswahl fertiger Pülverchen und XY-Terrinen, die den Geldbeutel schonen.

Fazit: Je nachdem, wieviel Zeit und Energie zum Kochen bleibt, kann man durchaus einen Anteil seines Proviants in Form von Fertiggerichten mitnehmen; einige wenige als Notration auch auf einfache Touren und um so mehr davon, je „dicker" es voraussichtlich kommen wird.

Verpacken – oder: Pack'n'carry

So weit so gut – die „Futtermittel" wären eingekauft. Will man sie aber im Rucksack verstauen, so merkt man flugs: Verpackungen, die im Ladenregal prima aussehen, müssen für den Transport im Rucksack noch lange keinen Preis gewinnen. Nudeln und Müsli rascheln in großen Pappschachteln mit viel Luft herum, Mehl und Zucker stecken in empfindlichen Papiertüten, die es ruckzuck rieseln lassen, und die Marmelade ruht gar in schweren Gläsern, die kein Muli schleppen mag.

Umpacken! lautet die Devise. Die meisten Lebensmittel – Mehl, Reis, Nudeln, Haferflocken etc. – werden am besten in **Stoffbeutel** gefüllt, die per Schnurzug verschließbar und evtl. mit einer Plastiktüte ausgekleidet sind. Solche Beutel kann man aus verschiedenfarbigem, beschichtetem Nylonstoff leicht selbst nähen und zur leichteren Orientierung evtl. noch mit einem wasserfesten Marker beschriften (wenngleich man den Beuteln meist schon von außen anfühlt, was darinnen ist). Stoffbeutel sind leicht, reißfest, wiederverschließbar und wenig feuchtigkeitsempfindlich. Und gegenüber Schachteln und Dosen haben sie den Vorteil, dass ihr Platzbedarf gering ist und im gleichen Maß abnimmt wie der Inhalt. Fein, was?!

Robuster und dichter zu verschließen sind **Weithalsflaschen** (rund oder viereckig) und **Schraubdosen** aus Kunststoff. Außerdem sind sie zumeist einfacher in der Handhabung, aber dafür nehmen sie in leerem Zustand genauso viel Platz weg wie in vollem. **Tipp:** Wenn sie ganz leer sind, kann man anderen Kleinkram darin verstauen und damit Platz an anderer Stelle sparen.

Hartwurst, Käse und Speck kann man in ein **Tuch** einschlagen, das man zuvor mit Essig getränkt und wieder getrocknet hat, um Schimmelbefall zu verzögern. Keinesfalls in Plastiktüten! Dort schwitzen und schimmeln sie fröhlich vor sich hin. Flüssigkeiten wie Öl, Essig oder die beliebte „Trapper-Arznei" (Hochprozentiges) gehören in zuverlässig schließende und bruchfeste **Alu- oder Plastikflaschen** – nicht in schweres Glas.

Für Butter, Bratfett, Marmelade u.Ä. eignen sich bruchfeste **Plastikdosen** mit sicher schließendem Schraubdeckel (bei normalen Gefrierdosen den Deckel zusätzlich mit starkem Gummiring sichern). Alles, was auslaufen könnte (bei warmem Wetter gehören dazu auch Margarine und Hartfett!), zur Sicherheit nochmals in Plastiktüten stecken; denn nichts ist nerviger, als wenn Klamotten und Schlafsack mit geschmolzenem Bratfett getränkt sind (besonders in Grizzly

Foto: rh

Bannock ist das Brot für längere Touren

Country!!!). Apropos: In Bärengebieten müssen stark riechende Lebensmittel - sofern man nicht ganz darauf verzichten kann - möglichst luftdicht verpackt werden, in Container oder notfalls doch in Plastiktüten (ggf. vorher in ein Tuch wickeln). Ihrer Gesundheit zuliebe!

Nicht zuletzt sollte man auch die **Haltbarkeit** der Lebensmittel beachten und entsprechend auswählen. Die meisten Nahrungsmittel der Outdoor-Küche sind, weil wasserarm, ohne besonderen Schutz auch bei wärmerem Wetter lange haltbar. Schwierig kann es hingegen in heißen Gebieten mit hoher Luftfeuchtigkeit werden. Dort ist es ratsam, Trockennahrung - evtl. sogar in Einzelportionen aufgeteilt - luftdicht in starke Plastiktüten zu verpacken oder einzuschweißen. Auf Butter und Margarine wird man in heißen Regionen am besten ganz verzichten (sofern man sie nicht trinken will). Hartwurst, Käse, Nüsse etc. liefern noch genügend Fett - und der Fettbedarf des Körpers ist bei Hitze ohnehin geringer.

Manche Mühe unterwegs kann man sich ersparen, indem man zu Hause bereits **mixt** - z.B. Mehl, Milch-, Eipulver und Salz für Pfannkuchen. Allerdings sollte man es damit nicht übertreiben, denn je weniger vorgemixt ist, desto flexibler bleibt man und desto mehr kann man unterwegs variieren. Es gelten die gleichen Richtlinien wie für „Fertigfresschen“ (s.o.). Wem es einmal passiert ist, dass er fieberhaft nach Milch für seinen Kaffee fahndet, bis er merkt, dass er alles Milchpulver mit dem Müsli gemischt hat, der wird das nächste Mal weniger mixen.

Auf **längeren Expeditionen** empfiehlt sich die Beschränkung auf wenige einfache, ausgewogene und energiereiche Gerichte. Jede Mahlzeit (Frühstück, Trail-Snack, Abendessen) wird dabei fertig vorbereitet in einen Beutel gepackt. Die Beutel können dann wieder zu Wochenrationen zusammengestellt werden. So ist das Essen unterwegs sehr rasch zubereitet und die Rationen für die gesamte Tour (plus Reservetage) sind klar festgelegt.

Bedarf

Wohlbefinden und Leistungsfähigkeit des Körpers sind abhängig von der richtigen Zusammenstellung der Nahrung. Das soll zwar nicht bedeuten, dass man vor jedem Wochenendtrip einige Abende mit Briefwaage, Nährwerttabellen und Taschenrechner zubringen muss, um eine ausgewogene Outdoor-Küche zu gewährleisten. Aber für längere Touren kann es ganz nützlich sein, etwas auf den Bedarf des Körpers zu achten. Der erfahrene Outdoorer wird auch ohne Zahlen und Tabellen wissen, was er an Proviant mitnehmen muss, um sich richtig zu ernähren. Er nimmt einfach das mit, worauf er unterwegs für gewöhnlich Appetit hat, und wird damit in den allermeisten Fällen richtig liegen, da sein Körper weiß, was er braucht.

Für Neulinge hingegen, aber auch für erfahrene Wanderer, die unter ungewohnten Bedingungen unterwegs sind (z.B. im Winter), kann eine Orientierungshilfe nützlich sein. Also zunächst etwas Theorie.

Nährstoffe

Zum Aufbau und zur Erhaltung der Körperzellen benötigt der Organismus sogenannte „Bausteine", zur Erzeugung von Energie in Form von Kraft und Wärme benötigt er „Energieträger". Zu den **Bausteinen** gehören lebenswichtige Eiweißstoffe (essenzielle Aminosäuren), bestimmte Fettstoffe (essenzielle Fettsäuren), Vitamine und Mineralstoffe. Zu den **Energieträgern** gehören vor allem Fette und Kohlenhydrate (Zucker und Stärke) sowie in geringerem Maße auch Eiweiße, sofern sie nicht als Bausteine benötigt werden (oder aber wenn sie dem Körper aus Energiemangel entzogen werden).

024op Foto: rh

Grillfisch und Bannock

Kohlenhydrate

Kohlenhydrate – also Zucker und Stärke – liefern dem Körper pro Gramm etwa 4,1 kcal an Energie. Sie dienen ausschließlich der Energieversorgung und werden vor allem bei der

Muskeltätigkeit sowie zur Wahrung der Körpertemperatur „verheizt". Kohlenhydrate, besonders Zucker, sind leicht verdaulich, und ihre Energie steht dem Körper schnell zur Verfügung. Sie eignen sich daher besonders, wenn **rascher Energienachschub** erforderlich ist, z.B. als Snacks zwischendurch, bei Erschöpfung und an kalten Abenden, um im Schlafsack nicht zu frieren. Auch zur Vorbeugung gegen und zur Bekämpfung von Unterkühlung spielen sie eine wesentliche Rolle. Bis zu einem gewissen Grad können Kohlenhydrate die Fette ersetzen, sie halten jedoch nicht so lange vor wie diese. Man könnte sagen: Zucker ist das Reisig, Stärke das Holz und Fette sind die Briketts der inneren Heizung bzw. Kraftanlage.

Blaubeerpfannkuchen

Außerdem sind Kohlenhydrate in einem gewissen Maße erforderlich, damit der Körper die Fette überhaupt verbrennen kann. Fehlen sie, so kann die im Fett enthaltene Energie nicht voll genutzt werden – ähnlich wie das Brikett nicht ordentlich brennt, wenn man nicht zuerst ein Holzfeuer hat.

Kohlenhydrate erfordern zur Verdauung weniger Wasser als Fett oder Eiweiß und sind diesen daher bei Wasserknappheit vorzuziehen. Bei Höhenkrankheit sind es ebenfalls die leicht verdaulichen Kohlenhydrate, die der Magen am ehesten noch verträgt.

Der **Kohlenhydratbedarf** eines Erwachsenen liegt je nach Grad der körperlichen Anstrengung zwischen 5 und 10 g je Kilo Körpergewicht. Unter normalen Verhältnissen sollten etwa 60 % des Gesamtenergiebedarfs durch Kohlenhydrate gedeckt werden. Überschüssige Kohlenhydrate werden im Körper in Fett umgewandelt und gespeichert (zum Leidwesen mancher Schleckermäuler).

Kartoffeln, Hülsenfrüchte, Reis und Getreideprodukte wie Mehl, Teigwaren, Brot und Haferflocken enthalten Kohlenhydrate vor allem in Form von **Stärke;** fast alles, was süß schmeckt (Zucker, Trockenfrüchte, Schokolade, Marmelade, etc.) enthält sie in Form von **Zucker.** Bei gründlichem Kauen wird Stärke bereits im Mund durch den Speichel in Zucker aufgespalten und steht dem Körper dann schneller zur Verfügung.

Protein (Eiweiß)

Eiweiß kann, wenn es vollständig zur Energiegewinnung genutzt wird, dem Körper genauso viel Energie liefern wie Kohlenhydrate. Im Normalfall wird es jedoch nicht einfach verheizt, sondern dient zum **Aufbau** der Zellen, Muskulatur, Drüsensekrete etc. Nur wenn die eigentlichen Energieträger den Bedarf nicht decken können, wird das Eiweiß zur Energieerzeugung genutzt und geht dann der Zellregeneration bzw. dem Muskelaufbau verloren (was aber nur längerfristig zum Problem wird).

Eiweiß erfordert zu seiner Verdauung wesentlich mehr Energie und Wasser als andere Nährstoffe. Bei Wassermangel und akuter Unterkühlungsgefahr sollte man daher die Proteinzufuhr reduzieren. Bei Nahrungsmangel sollte man darauf achten, dass man zusammen mit dem Eiweiß (z.B. Fisch oder mageres Fleisch) auch ein Mindestmaß an Kohlenhydraten oder Fett zu sich nimmt, da eine reine Eiweißdiät schneller zu Gewichtsverlust und Hungertod führen kann als absolutes Fasten.

Der **Eiweißbedarf** des durchschnittlichen Erwachsenen beträgt ca. 1 g pro Kilo Körpergewicht, Jugendliche brauchen 1,5 bis 1,8 g je Kilo. Bei körperlicher Anstrengung steigt der Proteinbedarf um bis zu 50 %. Überschüssiges Eiweiß wird zur Energieerzeugung genutzt.

Eiweiß enthält die lebenswichtigen essenziellen Aminosäuren und wichtige Spurenelemente wie Schwefel, Stickstoff u.a.

Tierisches Eiweiß liefern Milch(-pulver), Ei(-pulver), Käse, Fleisch, Wurst und Fisch; **pflanzliches Eiweiß** findet sich in Vollkornmehl, Sojamehl, Kartoffeln, Hülsenfrüchten und Nüssen. Tierisches Eiweiß wird im Körper leichter abgebaut und ist hochwertiger als pflanzliches Eiweiß. Außerdem enthalten tierische Nahrungsmittel mehr Eiweiß als pflanzliche.

Fett

Fette sind mit 9,3 kcal/g die im Verhältnis zum Gewicht **energiereichsten Nährstoffe** und liefern dem Körper mehr als doppelt soviel Energie wie die gleiche Menge Kohlenhydrate.

Bei kaltem Wetter und körperlicher Anstrengung sind Fette daher besonders wichtig. Die in den Fetten enthaltene Energie wird langsamer freigesetzt und steht dem Körper nicht so rasch zur Verfügung wie die der Kohlenhydrate, hält dafür aber wesentlich länger vor. Eine wichtige Rolle spielen die Fette daher bei der „längerfristigen" Vorbeugung gegen Unterkühlung und Erschöpfung.

Fette erfordern zur Verdauung mehr Sauerstoff als Kohlenhydrate oder Eiweiß und sollten daher in großen Höhen reduziert werden.

Neben ihrer Funktion als Energieträger sind die Fette Lieferanten der lebenswichtigen **essenziellen Fettsäuren** (Linolsäure, Linolensäure, Oleinsäure), die ihrerseits wiederum wichtig sind für die Versorgung mit den Vitaminen A, D, E und K. Essenzielle Fettsäuren enthalten vor allem die ungehärteten Öle (Oliven-, Sonnenblumen-, Leinöl), Vollmilch und Butter. Je härter ein Fett, desto schwerer verdaulich ist es.

Der **Fettbedarf** des durchschnittlichen Erwachsenen liegt bei etwa 1 g pro Kilo Körpergewicht. Bei körperlicher Anstrengung und besonders bei kaltem Wetter kann er auf das Doppelte ansteigen. Gewöhnlich sollten etwa 20 % des Energiebedarfs durch Fett gedeckt werden – bei starker Kälte bis zu 40 %. Übermäßige Fettzufuhr belastet jedoch Leber und Galle.

Wichtige Fettlieferanten sind – das wird keinen überraschen – Speck, Schmalz, Öl, Butter, Margarine, Wurst, Käse, Nüsse und Vollmilch(-pulver).

Vitamine

Vitamine dienen dem Körper als Schutzstoffe, Regulatoren und als wichtiger Bestandteil der Enzyme, die viele Prozesse steuern. Sie sind schon in kleinsten Mengen wirksam und zeichnen sich dadurch aus, dass sie der Körper nicht selbst herstellen kann; d.h. er ist auf Zufuhr von außen angewiesen. Fehlen sie über längere Zeit hinweg, so kommt es zu Mangelerkrankungen; doch für Touren, die nicht gerade mehrere Monate dauern, braucht man sich darüber keine Gedanken zu machen.

Zu den **fettlöslichen Vitaminen** gehören A, D, E, F und K. Sie sind gegen Erhitzen weniger empfindlich und finden sich z.B. in Vollmilch(-pulver), Eigelb(-pulver), Butter, Speck, Schmalz und Leber; Vitamin A auch in Mohrrüben und Tomatenmark; K in Gemüse und Petersilie. Vitamin D in Überdosis ist giftig!

Wasserlöslich sind die Vitamine der B-Gruppe und Vitamin C. Die B-Vitamine sind weniger hitzeempfindlich als C und finden sich hauptsächlich in Getreideprodukten, Hefe, Hülsenfrüchten, Vollmilch(-pulver), Eigelb (-pulver), Nieren und Leber. Sie regulieren vor allem den Kohlenhydratstoffwechsel und den Wasserhaushalt des Körpers.

Am empfindlichsten ist **Vitamin C.** Durch Erhitzen (besonders bei Sauerstoffzutritt), langes Warmhalten und langes Lagern wird es nach und nach zerstört. Der Körper benötigt es dringend für zahlreiche Stoffwechselprozesse, zur Erhaltung der allgemeinen

Leistungsfähigkeit und zur Immunabwehr gegen Infektionen. **Vitamin-C-Mangel** macht sich zunächst durch „Frühjahrsmüdigkeit“ bemerkbar und führt über einen längeren Zeitraum zu Skorbut (Zahnfleischbluten, Zahnausfall, Schwäche). Alle Auswirkungen lassen sich durch die Zufuhr des Vitamins rasch wieder beheben. Es ist besonders reichlich enthalten in frischen Beeren, Früchten, Hagebutten, Kräutern etc. Ist die Versorgung mit frischen Lebensmitteln schwierig, können Dörrobst, Marmelade und getrocknete Kräuter vorübergehend den Bedarf wenigstens teilweise decken.

Fast in allen Regionen, in denen noch eine Vegetation gedeiht, kann man sich mit Vitamin C aus der Natur versorgen – auch im Winter. Tannennadeln z.B. sollen fünfmal soviel Vitamin C enthalten wie Zitronen und zudem reichlich Vitamin A. Eine Tasse Tannennadeltee täglich deckt den Bedarf und schützt zuverlässig vor Skorbut. Vitaminpräparate sind nur für Extremfälle zu empfehlen.

Mineralstoffe

Dazu gehören sogenannte **Mengenelemente** wie Natrium, Kalium, Calcium, Eisen und die **Spurenelemente** wie Kupfer, Zink, Jod etc. Sie erfüllen im Organismus eine ganze Reihe unterschiedlichster Funktionen und finden sich hauptsächlich in vollwertigen Getreideprodukten, Vollmilch(-pulver), Eigelb(-pulver), (Trocken-)Früchten, (Trocken-)Gemüse und so weiter.

Viele Mineralstoffe sind wasserlöslich, weshalb man Obst und Gemüse nie länger als nötig in Wasser legen und Kochwasser möglichst nicht wegschütten sollte. **Kochsalz** liefert die Mineralstoffe Natrium und Chlor. Der Normalbedarf an Salz liegt bei etwa 5 g täglich. Bei starker Schweißabsonderung steigt er beträchtlich, da Salz bekanntlich mit dem Schweiß ausgeschieden wird. Bei Wanderungen in heißen Wüstengebieten etwa kann es ratsam sein, Salztabletten mitzunehmen (die neben Kochsalz auch andere Salze enthalten) – aber auch auf Winterwanderungen sind Salztabletten wichtig, wenn man sein Trinkwasser aus Schnee gewinnen muss, der keinerlei Salze enthält. Schmelzwasser schmeckt daher ausgesprochen schal und kann Durst nicht richtig löschen.

026op Foto: rh

Oft kann man den Proviant durch frischen Fisch ergänzen

Energiebedarf

Der Energiebedarf des Körpers liegt auf Rucksackwanderungen je nach Anstrengung, Witterung etc. zwischen 3000 und 5000 kcal täglich und kann in extremen Fällen (schweres Gepäck, Höhenunterschiede, Tiefschnee, Kälte) bis zu 8000 kcal erreichen.

Als Anhaltspunkt für den **Energieverbrauch bei unterschiedlichen Tätigkeiten** hier einige Zahlen:

Tätigkeit	kcal/Std.
Liegen	68
Stehen	76
Gehen, horizontal bei 3,6 km/h	210
Gehen, horizontal bei 6,0 km/h	350
Gehen bei 3,6 km/h und	
300 m Steigung pro Stunde	360
Gehen bei 3,6 km/h und	
500 m Steigung pro Stunde	500

Durch Faktoren wie schweres Gepäck, unwegsames Gelände, Wind und Kälte können sich die Bedarfszahlen noch wesentlich erhöhen.

Im Normalfall werden etwa 60 % des Energiebedarfs durch Kohlenhydrate gedeckt, 20–25 % durch Fett und etwa 15–20 % durch Eiweiß. Gewichtsmäßig entspricht dieses einem „70:15:15-Mix". Unter normalen Verhältnissen braucht ein gesunder Mensch von 70 Kilo Gewicht etwa folgende **Nahrungsmengen pro Tag** (je nach dem Grad seiner Aktivität):

Protein	60–80 g	246–328 kcal
Fett	50–80 g	465–744 kcal
Kohlenhydrate	350–400 g	1435–1640 kcal

Bei zunehmender **körperlicher Aktivität** steigt in erster Linie der Bedarf an Kohlenhydraten und Fett; der Proteinanteil hingegen braucht nicht wesentlich erhöht zu werden. Bei **tiefen Temperaturen** sollte man darauf achten, dass vor allem die Fettzufuhr deutlich gesteigert wird.

Für **Winteraktivitäten** sollte die Zusammenstellung etwa folgendermaßen aussehen:

Protein (10 %) ca.	100 g	410 kcal
Fett (40 %) ca.	190 g	1800 kcal
Kohlenhydrate (50 %) ca.	550 g	2250 kcal
Gesamtenergie ca. 3000–5000 kcal (in Extremfällen bis 8000 kcal)		

Lebensmittel für die Outdoor-Küche

Jetzt aber konkret – was soll in den Rucksack? Hier eine Zusammenstellung der wichtigsten Lebensmittel für die Outdoor-Speisekammer mit **Angabe des Energiegehaltes** (in ca. kcal/ 100 g) und einiger Anwendungsmöglichkeiten. Natürlich ist es weder erforderlich noch unbedingt sinnvoll, auf jede Tour alle genannten Lebensmittel mitzunehmen. Im Gegenteil: wenn man sich auf wenige Bestandteile beschränkt, hat man es unterwegs einfacher, und bei richtiger Auswahl ist die Ernährung dennoch ausgewogen.

Mehl

Mehl (370 kcal) ist eines der wichtigsten Grundnahrungsmittel und auf längeren Touren unentbehrlich. Es besteht hauptsächlich aus Kohlenhydraten. Vollkornmehl enthält auch ein wenig Fett und Eiweiß und ist weit reicher an Vitaminen und Mineralien. Mit Mehl kann man nicht nur Brot, Brötchen oder **Bannocks** (Brot aus der Pfanne) backen, sondern auch Pfannkuchen, Süßgebäck und Kekse – und außerdem braucht man es beim Kochen von Suppen, Soßen, Eintöpfen und Gemüsegerichten. Grundsätzlich kann man für alle Zwecke das hochwertigere Vollkornmehl verwenden, wenngleich manche zum Kochen und für Feingebäck lieber Weißmehl nehmen. **Brot** kann man aus Platz- und Gewichtsgründen meist nur für kürzere Touren mitnehmen.

Sojamehl

Sojamehl (460 kcal) ist sehr reich an hochwertigem Eiweiß und lässt sich in kleinen Mengen gut zum Aufwerten von Suppen, Eintöpfen, Pfannkuchen und Gebäck verwenden.

Haferflocken

Haferflocken (400 kcal) sind eine ausgezeichnete Grundlage für eine schnell zubereitete, nahrhafte und sehr ausgewogene Mahlzeit – ob kalt oder warm – und können auch gut in Brot und Bannocks mitgebacken werden. Sie sollten in keinem Rucksack fehlen! Ich habe Leute getroffen, die sich auf längeren Wanderungen ausschließlich von Haferflocken und Nüssen ernährt haben und rundum gesund und kräftig waren.

Nach Geschmack gemixt mit anderen Getreideflocken, Körnern, Nüssen und Trockenfrüchten kommen sie als **Müsli** daher und sind das ideale Outdoor-Futter: als Frühstück, als Trail Snack oder mit heißem Kakao als rasch zubereitete Hauptmahlzeit. Haferflocken enthalten die gleichen Bestandteile wie Vollkornmehl. Müslis liefern bei entsprechender Zusammensetzung nahezu alles, was der Körper braucht und das auch noch im richtigen Mischungsverhältnis (nur bei kaltem Wetter braucht man zusätzliches Fett).

Reis

Reis (370 kcal) ist neben dem Mehl das wichtigste Grundnahrungsmittel. Er kann gekocht, gedämpft, gebraten und überbacken für vielerlei Hauptge-

0140u18 Foto: si

richte, als Einlage in Suppen und Eintöpfen, zu Pfannengerichten und in Süßspeisen verwendet werden. Außerdem ist er gut geeignet, Beutelsuppen und -eintöpfen mehr Substanz zu verleihen. Ungeschälter Reis ist zwar reicher an Vitaminen als der geschälte (weiße), erfordert aber eine deutlich längere Kochzeit. Schneller gar, locker und körnig wird Parboiled-Reis. Kochbeutel ersparen das manchmal problematische Abgießen. Soll's ein Brei werden, so nimmt man meist Rundkorn-Reis (es geht aber auch mit Langkorn-Reis).

Die Zutaten für Bannock passen in jeden Rucksack

Teigwaren

Nudeln (390 kcal) sind die Alternative zum Reis und können vielseitig verwendet werden. Sie liefern ebenfalls überwiegend Stärke.

Dehydrierte Kartoffeln

Getrocknete Kartoffeln (370 kcal) sind hauptsächlich als Instant-Kartoffelpulver bekannt, aus dem man schnell und mühelos ein überraschend gutes **Püree** herstellen kann. Es gibt aber auch getrocknete Kartoffelscheiben oder -stäbchen fertig vorbereitet für Röstis o.Ä. oder vielseitig verwendbar für Suppen, Gemüse, Eintöpfe etc. Auf Kanutouren nehme ich gerne auch einige frische Kartoffeln mit, die in der Glut geröstet mit Salz und Butter eine Köstlichkeit sind! Kartoffeln liefern ebenfalls Kohlenhydrate und die Vitamine B1, B2, C und viele Mineralien (besonders Kalium).

Dehydriertes Gemüse

Getrocknetes Gemüse (200–350 kcal) bekommt man leider meist nur in Fertiggerichten (und entsprechend heftig vorbehandelt). Die meisten Gemüsearten kann man aber auch selbst trocknen (siehe Kapitel „Trocknen“). Sie haben dann nur noch 10–15 % ihres Frischgewichts, brauchen wenig Platz, sind lange haltbar und eine sehr vielseitige Bereicherung der Outdoor-Küche (besonders für Suppen und Eintöpfe). Sie enthalten ähnlich vielfältige Vitamine wie frisches Gemüse, wichtige Ballaststoffe und Mineralien.

Zwiebeln

Zwiebeln sind hervorragend dazu geeignet, viele Gerichte schmackhafter und bekömmlicher zu machen. Wenn ich nicht mit jedem Gramm rechnen muss, nehme ich gern ein paar frische mit, sie sind aber auch in getrocknetem Zustand und fein gehackt erhältlich. Zwiebeln sind eine gute Quelle für Vitamin C.

Suppengrün

Schnittlauch, Petersilie, Liebstöckel u.a. sind auch als gefriergetrocknete Mischung im Supermarkt erhältlich, die fast nichts wiegt und – mit vielen Vitaminen und Mineralien – eine hervorragende Ergänzung der Outdoor-Küche ist.

Tomatenmark

Tomatenmark (50 kcal) ist reich an Vitamin C und A und gut geeignet für Tomatensuppe und -sauce, als Zusatz zu Eintöpfen und auch als Brotaufstrich verwendbar. Tuben sind – da wiederverschließbar – natürlich praktischer als Dosen.

Suppen und Eintöpfe

Suppen und Eintöpfe (350–400 kcal) fertig gemixt und dehydriert im Beutel sind einfach und schnell zuzubereiten und vergleichsweise preisgünstig. Der hungrige Outdoorer wird sie gern mit Reis, Nudeln oder Kartoffelscheiben anreichern.

Hülsenfrüchte

Hülsenfrüchte (350–360 kcal) müssen über Nacht eingeweicht und lange gekocht werden, weshalb sie für Wanderer weniger geeignet sind. Sonst sind sie ein guter Bestandteil des Speisezettels mit Kohlenhydraten, pflanzlichem Eiweiß, Vitamin A, B-Vitaminen und Mineralien. Schnell zubereitet ist eine dicke und nahrhafte Erbsensuppe aus gepresstem **Erbsmehl** (Erbswurst), das sich schon im Proviant früher Pelzhändler fand.

Vollmilchpulver

Vollmilchpulver (500 kcal) ist ein hochwertiges, vielseitiges und sehr ausgewogenes Nahrungsmittel zum

Kochen, Backen oder für das Müsli. Etwa 130 g Pulver ergeben einen Liter Vollmilch; im Verhältnis 1:2 bis 1:4 mit Wasser gemischt kann man es wie Sahne verwenden. Zum Auflösen das Pulver zunächst in wenig warmem Wasser zu einer Paste lösen und dann nach Bedarf verdünnen. Magermilchpulver (ca. 370 kcal) ist zwar leichter löslich, aber ärmer an Nährstoffen. Vollmilchpulver hingegen muss wegen des Fettgehalts möglichst kühl gelagert werden und ist bei warmem Wetter nicht lange haltbar. Vollmilchpulver enthält in ausgewogenen Mengen hochwertiges Eiweiß, Butterfett mit essenziellen Fettsäuren, Milchzucker, Vitamine und Mineralien.

Eipulver

Eipulver (613 kcal) ist ebenfalls sehr nahrhaft und vielseitig verwendbar: für Pfannkuchen, Rührei, Gebäck, Auflauf, Suppen, etc. 100 g Volleipulver entsprechen etwa 5–6 Eiern. Bei warmem Wetter ist Eipulver nicht lange haltbar. Es ist reich an tierischem Eiweiß, den Vitaminen A, B1, B2, B12, D und Mineralien.

Butter

Butter (770 kcal) ist am besten haltbar, wenn man sie ohne Luftblasen in dicht schließende Behälter füllt. Wärmer als 20 °C sollte es allerdings nicht werden, sonst wird sie flüssig. Außer tierischem Fett mit essenziellen Fettsäuren enthält Butter reichlich Vitamin A, D und E.

Margarine

Margarine (730–760 kcal) ist ähnlich empfindlich wie Butter und enthält ähnliche Nährstoffe.

Hartfett

Hartfett (903–950 kcal) ist zum Braten von Fisch und Fleisch besser geeignet als Butter oder Margarine, da es heißer wird und daher die Poren rascher schließt. Bei warmem Wetter

027op Foto: rh

Pfanne mit Speck und Zwiebeln

wird selbst das härteste Hartfett dünnflüssig wie Suppe und muss entsprechend verpackt sein, um nicht den gesamten Inhalt des Rucksacks zu durchtränken. Oder man nimmt gleich eine kleine Kunststoffflasche Öl mit.

Speck

Speck (600–800 kcal) schmeckt gebraten oder gekocht als American Breakfast ebenso lecker wie in Bohnen. Am besten eignet sich durchwachsener, **geräucherter Bauchspeck** am Stück (in Plastik gepackte Scheiben sind nach dem Öffnen weniger haltbar). Er ist überaus energiereich und besonders für kühle Regionen und Wintertrips geeignet, da der Körper dann wesentlich mehr Fett braucht. Bei wärmerem Wetter ist er nur begrenzt haltbar; man sollte dann besonders darauf achten, dass er kräftig geräuchert ist und luftig gelagert wird (in Bärengebieten sollte man allerdings lieber darauf verzichten!).

Hartwurst

Hartwurst (500–600 kcal) kann ähnlich verwendet werden wie Räucherspeck, ist nicht ganz so vielseitig, dafür aber manchem als Brotbelag lieber. Dank der Haut ist sie besser zu lagern. Sonst gilt das Gleiche wie für Speck.

Dörrfleisch

Dörrfleisch (300 kcal) kann man leicht selbst herstellen und unterwegs als Trail Snack knabbern oder in Suppen, Eintöpfen und Saucen mitkochen.

Hartkäse

Hartkäse (350–400 kcal bei 40 % Fett i.Tr.) ist nicht nur ein guter Brotbelag, sondern auch geeignet für Spaghettigerichte, Aufläufe, Omelettes und zum Überbacken. Bei warmem Wetter ist auch Hartkäse nicht lange haltbar (nicht in Plastiktüten packen!). Käse ist eine wertvolle Eiweißquelle und reich an Vitamin A, Natrium, Calcium und Phosphor.

Marmelade

Marmelade (260 kcal) ist ein geeigneter Brotaufstrich, da sie viel Fruchtzucker enthält, der direkt resorbiert wird und dem Körper Energie liefert. Aus wilden Beeren kann man mit Zucker unterwegs selbst Marmelade kochen, die viel besser schmeckt als jede gekaufte. Sie enthält Vitamin C, Zucker und Fruchtsäure.

Trockenfrüchte

Trockenfrüchte (250–300 kcal) gehören in jeden Rucksack. Wegen ihres hohen Zuckergehalts eignen sie sich als **Energiespender** für zwischendurch, zusammen mit Haferflocken und Nüssen ergeben sie ein nahrhaftes, energiereiches und leicht verdauliches Frühstück. Sehr gut sind z.B. Aprikosen, Äpfel, Pflaumen und Feigen; besonders wertvoll auch Bananenscheibchen (nicht umsonst ist Sportlernahrung meist auf Bananen-Basis aufgebaut). Neben Fruchtzucker enthalten Trockenfrüchte Eiweiß und viele Vitamine und Mineralien.

Nüsse

Nüsse (600–700 kcal) sind sehr energiereich und nahrhaft und sollten ebenfalls in keinem Rucksack fehlen. Als Trail Snack oder im Müsli sind sie unersetzlich. Während Trockenfrüchte für den raschen Energieschub sorgen, liefern Nüsse lang anhaltende Reserven. Sie enthalten durchschnittlich 50–60 % Fett, je 15–20 % Eiweiß (Erdnüsse 27 %) und Kohlenhydrate sowie die Vitamine A, B1, B2 und C (Walnüsse enthalten ebenso viel Vitamin C wie Kartoffeln!).

Zucker

Zucker (394 kcal) besteht ausschließlich aus Kohlenhydraten, die rasch ins Blut übergehen (schnelle Energiezufuhr im Tee oder Kaffee). Falls man unterwegs selbst Marmelade kochen will, einen entsprechenden Mehrbedarf einkalkulieren. Evtl. auch braunen Zucker mitnehmen.

Salz

Am besten nimmt man jodiertes Kochsalz zum Würzen und zum Kochen von Reis und Teigwaren.

Backpulver

Backpulver wird meist als Treibmittel beim **Backen von Bannocks** verwendet. Es ist einfacher zu handhaben, aber nicht so gut wie Hefe.

Hefe

Hefe ist als lange haltbare **Trockenhefe** in granulierter Form erhältlich und braucht nur unter das Mehl gemischt zu werden. Sie ist besser verträglich als Backpulver und reich an Vitaminen der B-Gruppe.

Gewürze

Je nach Geschmack bieten sich z.B. Pfeffer, Paprika, Curry, Muskat und Knoblauch an sowie Zimt und evtl. Anis und Vanille für Süßspeisen.

Getränkepulver

Am besten nimmt man solche, die reichlich Mineralien (Kalium, Magnesium) und Elektrolyte enthalten. Besonders wichtig ist das im Winter, wenn man sein Trinkwasser durch das Schmelzen von Schnee gewinnen muss, der keinerlei Mineralien enthält. Schneewasser schmeckt nicht nur schal, sondern kann auch rasch zu Mangelerscheinungen führen.

Tee

Als Teebeutel oder auch offen (die Blätter setzen sich nach kurzem Aufkochen ab). Kräutertee (Kamille, Pfefferminze, Salbei) können auch bei Erkältungen, Husten etc. helfen.

Kaffee

Solange ich nicht mit jedem Gramm geizen muss, nehme ich statt löslichen lieber gemahlenen Kaffee mit, den ich mit dem Wasser aufkochen und dann absetzen lassen kann. Wenn man stets einen Teil des Satzes im Kessel lässt und frisches Pulver dazugibt, wird der Kaffee noch aromatischer.

Kakao

Kakao (472 kcal) ist unter den bisher genannten Getränken das einzige, das

Proviantliste

Mehl	4,0 kg
Reis	1,0 kg
Teigwaren	1,0 kg
Kartoffeln, dehydriert (Pulver, Scheibchen)	0,5 kg
Suppen	10 Beutel (ca. 0,5 kg)
Fertigeintopf	5 Beutel (ca. 0,3 kg)
Soßen	5 Päckchen (ca. 0,15 kg)
Brühwürfel	10 Stück (ca. 0,25 kg)
Tomatenmark	3 Tuben (ca. 0,6 kg)
Trockengemüse	0,4 kg
Bratfett (Hartfett)*	1,0 kg
Butter oder Margarine	1,5 kg
Vollmilchpulver	1,0 kg
Eipulver	0,4 kg
Speck (durchwachsen, geräuchert)	1,5 kg
Dauerwurst	1,0 kg
Hartkäse	1,0 kg
Marmelade (oder Honig)	0,5 kg
Zucker	1,0 kg
Haferflocken	2,0 kg
Trockenfrüchte, gemischt	1,0 kg
Nüsse, gemischt	1,0 kg
Schokolade	0,6 kg
Salz	0,2 kg
Kaffee, instant	0,2 kg
Tee	0,2 kg
Kakao	0,5 kg
Getränkepulver	0,5 kg
Backpulver	0,15 kg
Trockenhefe	30–50 g
Gewürze nach Geschmack	

*Wenn man das Fett vom Speckbraten sammelt, braucht man weniger oder kann ganz darauf verzichten.

Nährstoffe enthält. Er wirkt nach einem anstrengenden Tag sehr kräftigend und belebend, insbesondere bei niedrigen Temperaturen. Man kann Kakaopulver, Milchpulver und Zucker schon zu Hause im entsprechenden Verhältnis mischen, sodass man es unterwegs nur noch mit Wasser kurz aufzukochen braucht.

Weitere Lebensmittel

Puddingpulver, Schokolade, Kekse, Energieriegel, Traubenzucker, Brühwürfel, Saucenpulver.

Proviantliste

Nach meinen Erfahrungen – und einigen Rechnereien – müssten die Proviantmengen (siehe Kasten) zwei Personen für 14 Tage genügen. Natürlich müssen Mengen und Zusammenstellung je nach Wetter, Art der Tour und individuellem Geschmack variiert werden. Die aufgeführten Lebensmittel liefern pro Tag gut 4000 kcal und sind hinsichtlich der Nährstoffe ausgewogen (bei heißem Wetter Fett reduzieren, im Winter etwas mehr Fett). Sie wiegen zusammen ca. 23,6 kg, also 11,8 kg pro Person, was für Wanderer gerade noch tragbar ist.

Butter, Margarine, Bratfett, Speck bei heißem Wetter reduzieren oder ganz weglassen (zum Kochen und Braten evtl. Öl in einer dicht schließenden, unzerbrechlichen Flasche); im Winter eher etwas mehr Fette.

Die nebenstehende Liste kann natürlich nur als Beispiel und Vorschlag gelten und muss je nach konkreten Umständen (Energiebedarf, Geschmack, Stauraum, Gewicht, Klima etc.) variiert und angepasst werden. Außerdem kann man für besondere Situationen einen Teil der Zutaten durch dehydrierte Fertiggerichte ersetzen.

Trocknen von Lebensmitteln

Wie sich gezeigt hat, ist dehydrierte (= entwässerte, getrocknete) Nahrung für Rucksackwanderer, Bergsteiger, Kanureisende und andere Outdoor-Fans von großer Bedeutung. Leider ist sie jedoch z.T. recht teuer, und man bekommt die gewünschten Lebensmittel auch nicht immer problemlos. Und wenn man sie bekommt, dann weiß man nicht genau, welche Mittel ihnen möglicherweise zugesetzt worden sind. Leute, für die das Outdoorleben mehr als ein Wochenendvergnügen ist, werden sich daher möglicherweise überlegen, ihren Bedarf an dehydrierter Nahrung zu Hause selbst herzustellen. Das ist gar nicht so schwierig. Und wer es erst einmal ausprobiert hat, der wird wahrscheinlich schnell dazu kommen, nicht nur Lebensmittel für den Wildnistrip zu trocknen, sondern auch als Wintervorrat zu Hause – als interessante Alternative zum Einkochen und Einfrieren.

Sachgemäß getrocknete und richtig gelagerte Trockennahrung hält sich auch ohne Kühlung in der Regel gut ein Jahr lang und z.T. sogar noch länger. Im Vergleich zu frischen Lebensmitteln braucht sie 80–95 % weniger Platz und ist entsprechend leichter. Außerdem kann man Lebensmittel trocknen, solange das Angebot (z.B. im eigenen Garten) groß ist und die Preise niedrig sind, und spart so zusätzlich Geld.

Die zwei wesentlichen Faktoren beim Trocknen von Nahrungsmitteln sind:

- Eine **Temperatur** zwischen ca. 35 und 60 °C (je konstanter die Temperatur, desto besser erhalten sich Nährwerte und Geschmack).
- Gute **Luftzirkulation,** die dafür sorgt, dass die feuchte Luft stets durch frische, trockene ersetzt wird, um Fäulnis oder Gärung zu verhindern.

Zum Trocknen zu Hause gibt es drei verschiedene Möglichkeiten: an der Sonne bzw. an der Luft, im Backofen und im Dörrapparat.

Trocknen an der Sonne

Das Trocknen an der Sonne ist die einfachste und billigste Methode – vorausgesetzt, die Wetterverhältnisse sind entsprechend. Man braucht dazu in der Regel Temperaturen von mindestens 25–30°C, niedrige Luftfeuchtigkeit und ein halbwegs stabiles Hoch, das wenigstens ein paar Sonnentage hintereinander erwarten lässt. Kräuter und manche Gemüsearten lassen sich auch unter weniger günstigen Bedingungen trocknen – evtl. sogar an einem luftigen Platz im Haus.

Lebensmittel, die man an der Sonne trocknen will, werden – je nach Art – zunächst vorbehandelt wie weiter unten beschrieben. Dann legt man sie nicht zu dicht auf ein rostfreies Gitter oder – falls das Gitter zu weit sein sollte – zunächst auf etwas Fliegendraht und stellt sie dann an einem warmen, luftigen Ort ins Freie. Das Gitter sollte leicht erhöht stehen, etwa auf vier Ziegelsteinen, damit das Trockengut auch von unten her belüftet wird. Je nachdem, was man trocknet, muss man es evtl. durch eine luftdurchlässige Haube (z.B. aus Moskitonetz) vor Insekten oder auch Vögeln schützen. Das Netz darf die Lebensmittel natürlich nicht berühren. Kräuter und manche anderen Lebensmittel kann man zum Trocknen auch aufhängen.

Lebensmittel können direkt in der Sonne getrocknet werden - im Gegensatz zu manchen Heilkräutern, die ätherische Öle enthalten und daher im Schatten getrocknet werden müssen. Wenn es die Lufttemperatur jedoch zulässt, so ist es ratsam, das Trockengut von Anfang an oder wenigstens nach einiger Zeit des Sonnentrocknens in den Schatten zu stellen (Lufttrocknen), da dort Aroma und natürliche Farbstoffe besser bewahrt werden. Auf jeden Fall muss man darauf achten, dass das Trockengut **vor Staub und Abgasen geschützt** ist - also nicht zu nahe an der Straße ausbreiten! Mindestens einmal während des Trockenprozesses - besser mehrmals - sollte man das Trockengut wenden. Abends, bevor der Tau fällt, und selbstverständlich auch beim ersten Regentropfen sollte man es ins Haus bringen.

Trocknen im Backofen

Der Backofen bietet die Möglichkeit, Lebensmittel auch dann zu trocknen, wenn das Wetter ein Trocknen an der Sonne unmöglich macht. Hierzu kommt das Trockengut auf ein Gitter, das in die Schienen des Backofens passt. Um die Heizenergie voll auszunutzen und um eine größere Menge Lebensmittel gleichzeitig trocknen zu können, sollte man mehrere dieser Gitter haben.

Das Trockengut darf nicht zu dicht gelegt werden, um die Luftzirkulation nicht zu behindern. Sonst trocknen die Lebensmittel langsamer oder können sogar verderben. Stellen Sie die Temperatur auf 50-60°C ein und lassen Sie die Backofentür einen Spalt geöffnet, damit die feuchte Luft entweichen kann. Beim Elektroofen genügt ein Spalt von 2-3 cm, beim Gasofen dagegen sollten es ca. 20 cm sein.

Sollten sich im Backofen trotzdem Wassertropfen niederschlagen, ist dies ein Zeichen dafür, dass die Temperatur zu hoch ist. Da sich die Backöfen hinsichtlich Temperaturregulierung und Effektivität unterscheiden, sollten Sie etwas herumprobieren, um optimale Ergebnisse zu erzielen. Hierzu empfiehlt es sich, die Temperatur auf jedem der Gitterroste zu messen und dementsprechend zu regulieren. Die Schwankungen sollten möglichst gering sein.

Damit die Lebensmittel gleichmäßig trocknen, werden die Gitter etwa alle zwei Stunden umgeschichtet: das oberste nach unten und alle anderen je eine Stufe höher. Außerdem wird das Trockengut auf den Gittern gelegentlich gewendet. Das Dörrgut ist fertig, wenn es sich völlig trocken und ledrig anfühlt, jedoch noch nicht brüchig ist. Wenn es bald verbraucht oder anschließend kühl gelagert wird, darf es etwas mehr Restfeuchtigkeit enthalten; will man es hingegen lange lagern, sollte es möglichst stark trocknen.

Trocknen im Dörrapparat

Ein eigens dafür konstruierter Dörrapparat bietet die einfachste und effektivste Möglichkeit zum Trocknen von Lebensmitteln. Er braucht wesentlich weniger Energie als der Backofen. Solche Apparate sind im Handel erhältlich. Mit etwas handwerklichem Geschick kann man sie aber auch selbst herstellen. Wesentlich sind dabei folgende Punkte:

- Eine **Wärmequelle** – sie sollte möglichst gleichmäßig heizen und sich durch einen Thermostat regulieren lassen. Heizdrähte sprechen etwas langsam auf die Regulierung an, herkömmliche Glühbirnen können genügend Wärme abgeben und sind brauchbar, aber nicht sehr effektiv.
- Ein **Thermostat** – um die Temperatur im Dörrapparat möglichst konstant zu halten. Für optimale Ergebnisse sollten die Schwankungen nicht mehr als 2–3 °C ausmachen. Je geringer, desto besser sind Nährwertgehalt und Geschmack der Trockennahrung.
- Ein **Ventilator** – der für ausreichende Luftzirkulation sorgt. Eine einfache Luftschraube reicht hierzu aus – bei größeren Apparaten evtl. mehrere davon. Bessere Resultate ergibt eine Umwälzpumpe, die aber auch teurer ist.

Besonders niedrige Betriebskosten hat ein Dörrapparat, bei dem die Luft innerhalb des Trockenraumes zirkuliert und durch hygroskopische Stoffe (z.B. Kalziumchlorid oder Phosphorpentoxid) immer wieder getrocknet wird. Doch für den normalen Hausgebrauch ist solch ein Gerät zu aufwendig, falls man nicht plant, sehr viel zu trocknen.

Weiterhin sollte man darauf achten, dass:

- der Dörrapparat gut isoliert ist, um Wärmeverlust und Betriebskosten niedrig zu halten,
- die Gitterroste einfach zugänglich sind, damit man sie mühelos umschichten kann (je gleichmäßiger die Luftumwälzung, desto weniger müssen sie umgeschichtet werden),
- die Materialien, aus denen der Trockner gebaut wird, durch erhöhte Luftfeuchtigkeit und Temperaturen bis etwa 80 °C nicht verändert werden und dass sie nicht leicht entflammbar sind,
- für einen möglichen Innenanstrich nur Farben ohne Giftstoffe verwendet werden.

Tipp: Ich habe seit Jahren einen **Warmluftofen** (d.h. der Ofen steht im Erdgeschoss und heizt über Luftkanäle das ganze Haus). Darüber habe ich eine Tür angebracht und im Warmluftabzug Schienen, auf die ich Trockengitter schieben kann. Darin ist die Luftzirkulation natürlich bestens, und das Trocknen funktioniert famos, nur dürfen sich die Gitter nicht zu dicht über dem Ofen befinden, wenn man stärker heizen muss, sonst werden die Lebensmittel gleich angebraten.

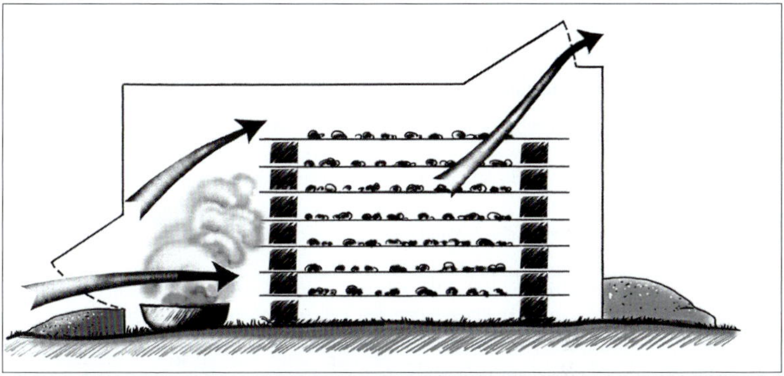

Trocknen von Obst und Beeren

Zum Trocknen nur voll ausgereifte, frische und unversehrte Früchte verwenden. Sie werden sorgfältig gewaschen und je nach Art geschält, entkernt und kleingeschnitten wie in der Tabelle angegeben. Das fertig vorbereitete Trockengut kann zunächst für 15–30 Minuten in eine Lösung von etwa einem halben Teelöffel Ascorbinsäure auf einen Liter Wasser gelegt werden. Das ist zwar für den Trockenprozess selbst nicht unbedingt erforderlich, verringert aber etwas die Verfärbung beim Trocknen und erhöht den Gehalt an Vitamin C. Falls sich das Wort „Ascorbinsäure" für manchen erschreckend chemisch anhören sollte – es handelt sich dabei um nichts anderes als Vitamin C!

Schwefeln

Obst mit dünner Haut, die man mitessen kann, wie z.B. Pflaumen, Kirschen, Trauben, etc. trocknet besser und schneller, wenn man die Haut öffnet. Entweder man halbiert die Früchte, wobei man sie gleich entkernen kann, oder man gibt sie kurz in heißes Wasser, bis die Haut platzt.

Größere Früchte werden vor dem Trocknen in ca. 0,5 bis 1 cm starke, gleichmäßig dicke Scheiben geschnitten. Runde Scheiben trocknen gleichmäßiger als keilförmige Schnitze. Bei Äpfeln etwa sticht man zunächst das Kernhaus heraus und schneidet sie dann in Ringe. Orangen kann man auch besonders gründlich mit heißem Wasser waschen und ungeschält in Scheiben schneiden. Die Schale kann dann mit verzehrt werden.

Einige Obstarten – wie z.B. Äpfel, Aprikosen, Pfirsiche – oxydieren, wenn das Fruchtfleisch der Luft ausgesetzt wird, d.h. sie verfärben sich bräunlich dunkel und verlieren auch etwas an

Trocknen von Obst und Beeren

Obstsorte	(Vor-) Behandlung
Ananas	schälen, ausstechen und in knapp zentimeterdicke Ringe schneiden
Äpfel	feste Früchte auswählen, schälen, Kernhaus ausstechen, und in etwa 0,5 cm starke Ringe schneiden; schwefeln oder sirup-blanchieren
Aprikosen	waschen, halbieren und entsteinen; schwefeln
Birnen	feste Früchte auswählen, schälen, Kernhaus ausstechen, und in etwa 0,5 cm starke Ringe schneiden; evtl. schwefeln oder sirup-blanchieren
Kirschen	waschen, halbieren und entsteinen oder kurz in heißes Wasser legen
Pfirsiche	waschen, evtl. blanchieren (s. u.) und wieder abkühlen lassen; in 1 cm starke Scheiben schneiden; schwefeln
Pflaumen	waschen, entsteinen, halbieren; evtl. schwefeln
Hagebutten	waschen, halbieren und Kerne ausschaben; sie eignen sich gut zum Sonnen- oder Lufttrocknen; im Dörrapparat nicht über 35°C
Erdbeeren	waschen und halbieren oder vierteln
Himbeeren	
Blaubeeren (Heidelbeeren)	waschen und kurz überbrühen
Bananen	schälen und in 0,5 bis ¾ cm starke Scheiben oder Streifen schneiden; kräftiges Ascorbinsäurebad ergibt einen fruchtigeren Geschmack
Orangen/ Pampelmusen	möglichst kernlose Früchte wählen, sehr gründlich waschen und ungeschält senkrecht zu den Schnitzen in 0,5 cm dicke Scheiben schneiden
Trauben	möglichst kernlose Trauben waschen und kurz überbrühen

Geschmack und Vitaminen (besonders Vitamin C). Diese Reaktion kann man verhindern, indem man das frisch geschnittene Obst sofort nach einer der folgenden Methoden behandelt.

Schwefeln

Die Behandlung mit Schwefeldioxid ist eine der gebräuchlichsten Methoden, um den Verlust an Geschmack und Vitaminen durch Oxydation zu

Hinweise
gut für Dörrobstmischungen
reich an Vitamin C; stärker getrocknete und zu Pulver zermahlene Äpfel können später mit Wasser zu Apfelmus bereitet werden
besonders reich an Vitamin A und C; sehr gut für Dörrobstmischungen
gut für Dörrobstmischungen und Früchtebrot
wie Rosinen in Pudding, Müsli etc.
reich an Eisen
für Dörrobstmischungen und Kompott; eingeweicht wirken sie abführend
enthalten mehr Kohlenhydrate und Eiweiß als die meisten anderen Früchte sowie extrem viel Vitamin C (etwa hundertmal soviel wie die bisher erwähnten Früchte!); die Kerne kann man separat trocknen und für Tee verwenden
enthalten doppelt soviel Vitamin C wie Zitrone
und alle sonstigen Beeren mit relativ großen Samenkörnern eignen sich weniger dazu, ganz getrocknet zu werden; man nimmt sie zu Fruchtleder (s.u.)
wie Rosinen in Pfannkuchen und Süßgebäck; wirksam gegen Durchfall
reifere Früchte ergeben dunkleres Trockengut mit intensiverem Aroma
mit Schale essbar; reich an Vitamin C
Rosinen sind besonders reich an Kohlenhydraten in Form von schnell resorbierbarem Traubenzucker und eignen sich ausgezeichnet als schnelle Energielieferanten

verhindern. Das gasförmige Schwefeldioxid schließt die Oberfläche des Fruchtfleisches vom Kontakt mit Luftsauerstoff ab und verhindert so das Oxydieren. Während des anschließenden Trocknens verflüchtigt sich das Schwefeldioxid wieder, und bei sachgemäßer Behandlung bleiben keine schädlichen Rückstände auf dem Obst.

Zum Schwefeln wird das vorbereitete und geschnittene Obst nach dem Ascorbinsäurebad auf ein rostfreies Drahtgitter verteilt. Die Gitter werden übereinander gestapelt, wobei man sie durch Kanthölzer, Ziegelsteine o.Ä. mindestens 5 cm auseinanderhält. Sublimierter Schwefel wird in einem flachen Metallgefäß (alte Pfanne, Blechteller, Konservendose) vor die aufgestapelten Gitter gestellt. Pro Kilo Früchte rechnet man etwa einen Teelöffel Schwefel.

Über die aufgestapelten Gitter stülpt man nun einen umgekehrten Pappkarton (s. Skizze S. 185) und beschwert die nach außen geschlagenen Deckelteile mit etwas Sand oder Erde. Dort, wo der Schwefel steht, schneidet man unten und auf der gegenüberliegenden Seite oben eine kleine Öffnungsklappe. Diese Klappen bleiben offen, bis der Schwefel nahezu verbrannt ist, dann werden sie rasch geschlossen. Der Luftstrom von der unteren Klappe zur oberen sorgt dafür, dass das bei der Verbrennung entstehende Schwefeldioxid gleichmäßig über alle Früchte geleitet wird. Anschließend lässt man die Früchte einige Zeit im geschlossenen Karton stehen (dünne Scheiben 30–60 Minuten, halbierte Früchte 60–90 Minuten) und gibt sie dann sofort in den Trockner.

Bei geschwefeltem Trockengut sollte der Dörrapparat die ersten Stunden möglichst im Freien oder aber in einem gut gelüfteten Raum stehen, damit die Schwefelverbindungen entweichen können. Das Schwefeln selbst sollte natürlich keinesfalls in geschlossenen Räumen durchgeführt werden.

Sulfitbad

Ein Bad in einer Natriumsulfit-, Natriumbisulfit- oder Kaliumbisulfit-Lösung ist eigentlich nur eine andere Methode des Schwefelns und ergibt ähnliche Resultate wie das Schwefeln mit gasförmigem Schwefeldioxid. Die genannten Sulfite kann man in einer Apotheke bekommen (meist nach Vorbestellung am nächsten Tag). Nach dem Ascorbinsäure-Bad gibt man die vorbereiteten Früchte für 5–10 Minuten in eine Lösung aus 0,5 Teelöffel Natriumbisulfit (o.Ä.) auf zwei Liter Wasser. Anschließend schwenkt man sie kurz mit klarem Wasser ab und stellt sie sofort in den Trockner.

Sirup-Blanchieren

Dies ist eine Methode, die derjenige bevorzugen wird, dem es bei den oben erwähnten chemischen Bezeichnungen kalt über den Rücken gelaufen ist. Sie erfordert keinerlei chemische Zusätze und ergibt eine Art kandierte Trockenfrüchte. Wasser, Zucker und Rübensirup werden im Verhältnis 6:3:2 gemischt und gut verrührt, sodass sich der Zucker auflöst. Die Lösung wird erhitzt und zum Kochen gebracht. Dann gibt man die fertig vorbereiteten Früchte hinein und lässt sie auf kleiner Flamme etwa zehn Minuten köcheln. Die Früchte nicht vorher ins Wasser geben und mit aufkochen, da sie sonst noch wesentlich mehr an Vitaminen verlieren würden. Nach etwa zehn Minuten werden sie herausgenommen, evtl. kurz unter klarem Wasser abgespült und in den Trockner gegeben.

Fruchtleder

Hierunter versteht man ein Dörrobstprodukt, das meist durch die Mischung verschiedener gemahlener Obst- und Beerenarten entsteht. Es ist eine konzentrierte, leichte Energieration, die durch ihren hohen Anteil an Kohlenhydraten – überwiegend in Form leicht aufnehmbaren Zuckers – sehr gut als Trail Snack geeignet ist und auch mit anderen Zutaten kombiniert werden kann.

Fruchtleder wird wie folgt hergestellt:

- Die Früchte und/oder Beeren werden verlesen, gewaschen, ggf. geschält und entkernt und im Mixer zu einem gleichmäßigen Mus zermahlen.
- Falls sie größere Kerne enthalten (wie etwa Trauben oder Himbeeren), kann man das Mus durch ein feines Sieb passieren.
- Nach Geschmack kann man das Mus mit Honig oder Sirup süßen (Zucker würde leichter auskristallisieren und das Fruchtleder brüchig machen). Beim Süßen sollte man beachten, dass der Zuckergehalt durch das Trocknen wesentlich konzentrierter wird.
- Etwas Zitronensaft oder Ascorbinsäure (= Vitamin C) zugesetzt, ergibt einen frischeren Geschmack. Außerdem kann man je nach Geschmack auch Zimt, Vanille, einen Schuss Rum o.Ä. zusetzen.

- Das fertig gemischte Fruchtpüree gibt man auf ein mit Lebensmittelfolie oder Backpapier ausgelegtes Blech und streicht es zu einer 0,5 cm dicken Schicht aus, wobei man vom Rand des Blechs etwa 2–3 cm Abstand hält.
- Im Backofen oder Dörrapparat bei ca. 45 °C trocknen, bis die Masse nicht mehr klebt. Sie darf aber auch nicht zu stark austrocknen, da sie sonst brüchig wird.
- Aufrollen, in Streifen schneiden und wie Dörrobst aufbewahren.

Für etwas Abwechslung kann man:

- mehrere Fruchtlederarten ineinander rollen, ehe man sie in Streifen schneidet.
- das Fruchtleder, bevor es getrocknet wird, mit Mandelsplittern, gemahlenen Haselnüssen, Kokosraspeln, gerösteten Haferflocken o.Ä. bestreuen oder
- eine Füllung auf das fertige Fruchtleder streichen, bevor man es einrollt und schneidet.

Füllung

500 g Datteln oder sonstige Trockenfrüchte, fein gehackt
1 Tasse Wasser
1 Tasse Honig, Sirup oder Zucker
2 Teelöffel Zitronensaft
½ Tasse Milchpulver
Gewürze (z.B. Backöl, Zimt, Rum, Anis, Vanille) nach Geschmack

Zucker bzw. Honig oder Sirup werden mit dem Wasser verrührt, die übrigen Zutaten daruntergemischt und das Ganze unter ständigem Rühren auf kleiner Flamme erhitzt, bis man eine dicke, streichfähige Paste erhält.

Trocknen von Gemüse

Die meisten Gemüsearten sind zum Trocknen gut geeignet und bewahren einen großen Teil an Nährwerten und Aromen. Da viele Arten von Trockengemüse im Handel schwer zu bekommen sind, ist es vorteilhaft, wenn man sich selbst einen Vorrat an Gemüse trocknen kann. Vor dem Trocknen müssen viele Gemüsearten blanchiert werden, um bestimmte Fermente unwirksam zu machen, die sonst der Haltbarkeit, dem Geschmack und dem Vitamingehalt des Trockengemüses schaden würden.

Unter **Blanchieren** versteht man ein kurzes Abbrühen der Nahrungsmittel mit kochendem Wasser oder Dampf. Blanchieren mit Dampf ist die schonendere Methode. Gemüse zum Blanchieren natürlich nie in kaltem Wasser ansetzen und aufkochen! Die Dauer des Blanchierens variiert je nach Dicke und Menge der Stücke. Als Richtwerte können die in der Tabelle angegebenen Zeiten dienen.

Um die Kochzeiten unterwegs zu verkürzen, kann man das Gemüse vor dem Trocknen etwas kochen lassen, jedoch nicht völlig garkochen.

Trocknen von Fleisch und Fisch

Auch Fleisch – roh oder gekocht – und Fisch können im Dörrapparat oder an der Sonne getrocknet werden. Getrocknetes Rohfleisch, auch „Jerky" genannt, war ein wichtiges Grundnahrungsmittel der indigenen Prärie-Bevölkerung und vieler anderer Völker,

Trocknen von Gemüse

Gemüseart	(Vor-) Behandlung
Grüne Bohnen	in 2–3 cm lange Stücke schneiden und 4–6 Minuten blanchieren
Rote Bete	im Dampf weichkochen, in etwa ¼ cm dicke Scheiben schneiden und die Scheiben halbieren
Kohl	in 0,5 cm breite Streifen schneiden und 3–4 Minuten blanchieren
Möhren	evtl. mit dem Messer abschaben und in 0,5 cm dicke Scheibchen schneiden; 3–4 Minuten blanchieren
Sellerie	in 0,5 bis ¾ cm dicke Würfel schneiden; 2–3 Minuten blanchieren; evtl. stärker trocknen und zu Pulver zermahlen
Paprika/ Peperoni	in Streifen schneiden und putzen; nicht blanchieren
Mais	am Kolben 3–4 Min. im Dampf blanchieren, in Eiswasser abkühlen und die Körner auslösen
Gurken	in knapp 0,5 cm dicke Scheiben schneiden
Knoblauch	in einzelne Zehen zerteilen, schälen und halbieren oder vierteln; evtl. stärker trocknen und zu Pulver zermahlen
Kräuter	auf den Stielen bei 35–40°C trocknen; Stiele anschließend entfernen; Kräuter können auch gut luftgetrocknet werden; nicht direkt in der Sonne trocknen
Pilze	in 0,5 cm dicke Streifen oder Scheiben schneiden; 3–4 Minuten blanchieren
Zwiebeln	in Ringe schneiden oder fein hacken; nicht blanchieren
Kartoffeln	gut waschen, in dünne Scheiben schneiden und im Dampf blanchieren bis die Scheiben klar werden; kalt abspülen und trocknen
Blumenkohl	in einzelne „Blümchen" zerpflücken; 3–4 Minuten blanchieren

und noch heute werden z.B. am Yukon große Mengen an Lachs getrocknet, als hochwertiger Winterproviant für Menschen und Schlittenhunde.

Fleisch, das getrocknet werden soll, sollte möglichst mager sein, da das Fett bei längerem Lagern ranzig werden kann, wenn man es nicht kühl hält. Vier Kilogramm Frischfleisch ergeben etwa 1 Kilo Trockenfleisch. Am besten eignen sich Lendenstücke von Rind bzw. Kalb oder Wildfleisch, aber auch alle anderen Fleischarten können verwendet werden. Selbst fertige – möglichst dünne – Hamburgerbuletten kann man trocknen.

Hinweise
für Suppen und Eintöpfe
für Salat in einer Marinade aus Essig, Salz, Zucker, Lorbeer, Nelken und etwas Wasser einweichen; sehr reich an Mineralien
als Gemüsezusatz in Suppen und Eintöpfen
in Suppen und Eintöpfe, geraspelt auch als Salat; äußerst reich an Vitamin A
für Suppen, Soßen und Eintöpfe; besonders reich an Mineralien
in kleinen Stückchen oder zu Pulver zerrieben als Würzmittel in Suppen und Soßen; reich an Vitamin A und C
einweichen in Milch mit Salz, einer Prise Zucker und genügend Wasser, sodass die Körner ganz bedeckt sind
einweichen in einer Marinade aus Essig, Öl, Salz, Pfeffer, Salatkräutern und evtl. etwas Sahne
pulverisiert ausgezeichnet als Gewürz in verschiedensten Speisen
zerrieben je nach Kräutermischung für verschiedenste Speisen
für Suppen, Soßen, Omelettes
sehr gut für Bratkartoffeln, Eintöpfe, Soßen u.v.m.
Bratkartoffeln, Eintopfgerichte, Suppen etc.
für Suppen und Eintöpfe

Das Fleisch für **Jerky** wird in etwa 0,5 cm dicke Streifen geschnitten, und alles sichtbare Fett wird entfernt (nicht nötig, falls man das Trockenfleisch kühl aufbewahrt oder bald verbraucht). Soll das Trockenfleisch als Hauptnahrungsmittel dienen, so wird es nicht vorher eingelegt und nicht oder nur schwach gewürzt. Ist es hauptsächlich als Imbiss gedacht, kann man es mit Salz, Pfeffer und Paprika würzen oder über Nacht in eine Salzlösung mit Gewürzen einlegen (z.B. Pfeffer, Paprika, Lorbeer, Zwiebeln, Knoblauch, Essig, Wacholderbeeren). Mit der ersteren Methode habe ich die besseren Erfahrungen gemacht. Als Hauptnahrungsmittel würde Dörrfleisch leicht zu salzig oder scharf, wenn man es vorher einlegt.

Im Dörrapparat oder Backofen wird das Fleisch bei Temperaturen von 60–70 °C getrocknet, bis es schwarz und ledrig oder hart ist (darf ruhig auch brüchig werden). Während des Trocknens kann man es mit Papiertaschentüchern o.Ä. bedecken, die auslaufendes Fett aufsaugen. Selbstverständlich kann das Fleisch für besseren Geschmack und Haltbarkeit auch zunächst kurz geräuchert werden. Will man es im Freien an der Sonne trocknen, sollte es vorher geräuchert oder durch ein Moskitonetz geschützt werden, um Fliegen fernzuhalten.

Unterwegs kann man Wildfleisch oder Fisch – bei entsprechender Witterung – ebenfalls trocknen, wenn man mehr gefangen hat, als sofort verbraucht werden kann. Je nach Sonnenschein und Temperatur schneidet man es in 0,5 bis 1 cm starke Streifen und hängt diese an einem sonnigen und luftigen Ort über einen Ast oder eine Leine. Ein Schwelfeuer, das kräftigen Rauch entwickelt, ist gut, um die Fliegen fernzuhalten und das Aroma zu verbessern. Nehmen Sie am besten Weiden- oder Pappelholz für das Feu-

029op Foto: rh

er (keine harzigen Hölzer) und achten Sie darauf, dass die Hitze des Feuers das Dörrfleisch nicht zu stark erreicht. Bei schlechterem Wetter kann man natürlich auch direkt am Feuer und unter einem Planendach trocknen.

Das Trocknen kann je nach Witterung mehrere Tage dauern. Man kann es beschleunigen, wenn man besonders dünne Streifen schneidet und durch ein Feuer nachhilft. Kleinere Tiere kann man ganz trocknen, nachdem man die Wirbelsäule so gebrochen hat, dass sie sich flach ausbreiten lassen, oder zumindest die Bauchhöhle durch einen Stock aufgespannt hat. Sind sie trocken, so klopft man sie mit einem schweren Kiesel oder dem Axtrücken, um die Knochen zu zermahlen und hängt sie nochmals in die Sonne, um auch das Mark zu trocknen.

Grillfisch

Bei kleineren bis mittelgroßen Fischen reicht es meist, wenn man sie einmal der Länge nach zerschneidet. Große **Fische,** wie z.B. Lachse, müssen filetiert und in Streifen geschnitten werden, wobei man die Haut nicht entfernt, damit die Streifen besser zusammenhalten und das darunter eingelagerte Fett erhalten bleibt.

Trockenfleisch kann ebenso verpackt und aufbewahrt werden wie Obst und Gemüse. Wegen des Restfettgehalts sollte man es jedoch nicht zu lange vor der Tour trocknen oder aber kühl lagern oder einfrieren. Dörrfleisch, das nicht fettfrei ist, ist nur begrenzt haltbar (kühl und luftig gelagert, kann man es aber wenigstens einige Wochen oder Monate aufbewahren). Man kann es jedoch auch zu Pemmikan verarbeiten (s. unter „Klassische Energierationen“). Trockenfisch hält sich ein Jahr oder länger, wenn man ihn trocken lagert. Ich habe aber auch schon Trockenfleisch bei Zimmertemperatur über ein Jahr gelagert, ohne dass es in irgendeiner Weise merklich darunter gelitten hätte.

Dörrfleisch und Dörrfisch können so gegessen werden wie sie sind, besonders als Imbiss zwischendurch. Machen Sie sich nichts daraus, dass es roh ist und dass Sie im Grunde genommen eine Mumie verzehren. Das Zeug schmeckt wirklich lecker, und schließlich ist Räucherschinken genauso Rohfleisch. Sie können es aber auch an der Glut leicht anrösten, in Wasser einweichen und kochen oder in eine Suppe oder einen Eintopf werfen. Für letzteren Zweck kann man es zunächst kräftig mit dem Axtrücken klopfen, dann weicht es schneller durch. Wer will, kann es sogar über Nacht einweichen, dann außen abtrocknen und in der Pfanne braten, nur darf man nicht erwarten, dass ein perfektes Wiener Schnitzel dabei herauskommt.

Aufbewahren

Getrocknetes Obst, Gemüse oder Fleisch kommt zunächst für etwa eine Woche in einen geschlossenen Behälter (z.B. Gefrierdose), bis sich die Restfeuchtigkeit gleichmäßig verteilt hat. Sollte sich in dieser Zeit Feuchtigkeit im Behälter niederschlagen, dann sind die Nahrungsmittel nicht lange genug getrocknet worden und müssen auf jeden Fall noch einmal in den Dörrapparat oder an der Luft nachgetrocknet werden.

Sind sie trocken genug, kann man sie anschließend entweder an einem trockenen Ort (nicht im feuchten Keller) in luftdurchlässigen Behältern aufbewahren oder in möglichst lichtundurchlässige Plastiktüten verpacken und luftdicht darin verschließen. Letzteres gilt allerdings nicht für schwach getrocknete Lebensmittel, die in Plastik „schwitzen“ und verderben würden. Diese müssen offen und luftig gelagert werden – und bei höherer Luftfeuchtigkeit kann man sie gar nicht länger aufbewahren. Will man das Trockengut lange aufbewahren, sollte es außerdem lichtgeschützt und kühl gelagert werden. Richtig getrocknete und korrekt gelagerte Lebensmittel können ein Jahr lang oder noch länger aufbewahrt werden, ohne zu verderben oder noch wesentlich an Vitaminen und Geschmack zu verlieren.

Rehydrieren (Einweichen)

Dörrobst und Dörrfleisch kann man verzehren wie es ist, aber vielen Lebensmitteln muss vor oder während der Zubereitung das vorher entzogene Wasser wieder zugesetzt werden. Das nennt man „Rehydrieren“. Beim Rehydrieren von Trockengemüse oder anderen Lebensmitteln nur so viel Wasser zugeben, dass sie knapp bedeckt sind. Falls beim Einweichen viel Wasser übrig bleibt, das nicht mehr aufgenommen wird, kann man es für Suppen, Soßen, Eintöpfe etc. verwenden, um die Nährstoffe nicht wegschütten zu müssen.

Gedörrtes Gemüse sollte vor dem Kochen wenigstens 12 Stunden eingeweicht werden, um die Kochzeit nicht unnötig zu verlängern. Falls man darauf angewiesen ist, das Trockengut tagsüber, während des Marschierens einzuweichen (outdoors wird die Hauptmahlzeit ja gewöhnlich abends serviert), gibt man es am Morgen mit der erforderlichen Wassermenge in eine stabile Plastiktüte, knickt deren oberes Ende doppelt um und verschließt sie gut mit einem Gummiring. Sicherheitshalber kann man die Tüte noch in eine zweite stecken, die man auf gleiche Weise verschließt und entweder außen an den Rucksack hängt oder in ein Tuch eingeschlagen in einer Außentasche verstaut. Noch einfacher ist es natürlich, wenn man eine ausreichend große Weithalsflasche oder Schraubdose mit dicht schließendem Deckel zur Verfügung hat. Am Abend sind die Lebensmittel dann ausreichend eingeweicht und können sofort gekocht werden.

Hoffentlich ist die Pfanne groß genug!

Energierationen (Trail Snacks)

Was im Alltag als Inbegriff für mangelnde Vorausplanung gilt, ist auf dem Trail eine wichtige Strategie: von der Hand in den Mund leben. Der Trail Snack ist der Imbiss für den (manchmal gar nicht so kleinen) „Hunger zwischendurch" – er gibt „verbrauchte Energie zurück" (auch wenn einem „frische" lieber wäre). Doch Werbe-Schmarrn beiseite: Bei körperlicher Aktivität in Wind und Wetter ist die Bedeutung solcher Snacks für die Erhaltung von Energiepegel und Leistungsfähigkeit gar nicht zu überschätzen. Ernährungswissenschaftler (die Spezialisten aus dem Leistungssport) haben festgestellt, dass der Nachschub an Kohlenhydraten möglichst rasch kommen sollte. Je länger man den Körper darauf warten lässt, umso länger braucht er zur Regeneration, und innerhalb weniger Tage kann er über die Hälfte (!) seiner Leistungsfähigkeit verlieren. Das aber bedeutet nicht nur, dass man sich schlapper fühlt – nein, durch die Schwächung des Körpers wird auch das Risiko einer lebensgefährlichen Unterkühlung drastisch erhöht! Je nach Temperatur und Belastung wird etwa ein Viertel bis ein Drittel des täglichen Energiebedarfs durch Trail Snacks gedeckt.

Trail Snacks sind daher (über-)lebenswichtig und müssen gehörig Kohlenhydrate enthalten – hauptsächlich Fruchtzucker, der rasch ins Blut übergeht und die „Batterien wieder auflädt" - sowie Mineralien, um die Verluste durchs Schwitzen zu ersetzen. Ideal sind Trockenfrüchte, aber auch Müsli oder Müsliriegel mit Fruchtanteil sind nicht schlecht. Weiterhin eignen sich - besonders bei kaltem Wetter - auch Nüsse und ein Anteil Schokolade, da beides zusätzlich Fett enthält, das dafür sorgt, dass der Energiepegel nicht zu rasch wieder in den Keller geht. Man trägt die Snacks in der Außentasche des Rucksacks, sodass sie bei jeder Rast griffbereit sind, oder man knabbert sie auf dem Marsch direkt aus der Jackentasche, ohne anhalten zu müssen.

Die wohl bekannteste Mischung ist das **Studentenfutter,** das man sich je nach Geschmack und äußeren Bedingungen selbst mischen kann. Das genaue Mischungsverhältnis ist nicht so wichtig, aber wenn die Zusammen-

015ou18 Foto: sj

Studentenfutter (Empfehlung)					
Bestandteil	**%**	**kcal**	**Kohlenhydrate**	**Protein**	**Fett**
Dörrobst	30	86	19,2 g	0,8 g	0,0 g
Haferflocken	30	120	26,4 g	4,2 g	2,1 g
Nüsse	20	130	3,2 g	4,0 g	14,2 g
Schokolade	20	115	11,2 g	1,9 g	6,8 g
	100	451	53,4 g	10,9 g	23,1 g

stellung halbwegs ausgewogen ist, kann man sich über lange Zeit auch nur davon ernähren, ohne Mangel zu leiden. Mein Standardmix besteht aus: 30 % Trockenfrüchten (z.B. kleingeschnittene Aprikosen, Äpfel, Pflaumen und Rosinen sowie einige getrocknete Hagebutten wegen ihres hohen Vitamin-C-Gehalts), 30 % kernigen Haferflocken (nicht Instant- oder Schmelzflocken, die nur für Haferschleim taugen), 20 % Schokolade (Raspel oder kleine Stückchen) und 20 % Nüssen (Erdnüsse, Haselnüsse und Mandeln sowie Walnüsse und Paranüsse). Der Gehalt dieser Mischung pro 100 g könnte etwa wie in der Tabelle oben aussehen. Der Kohlenhydratanteil der Mischung besteht etwa zur Hälfte aus Stärke, zur Hälfte aus Zucker. Bei warmem Wetter kann der Anteil an fettreichen Bestandteilen (Schokolade, Nüsse) reduziert werden.

Dieser Mix kann direkt als Snack gegessen werden, aber man kann ihn auch kalt oder warm zubereiten, einfach mit Wasser, mit Milch oder Kakao, als Müsli oder gekocht als „Pudding speziale". Auf einer 4-wöchigen Wintertour war dies unser tägliches Frühstück und stets ein Genuss. Und ich habe schon Leute getroffen, die auf einer mehrwöchigen Kanutour gar nichts anderes dabei hatten – und blendend in Form waren!

Rezepte für Trail Snacks

Anstatt einfach fertige Müsliriegel zu kaufen, kann man sich folgende Trail Snacks zu Hause selbst zubereiten, dann weiß man genau, was drin ist (bzw. nicht drin ist), und unterwegs schmeckt's gleich doppelt so gut.

Fruchtleder

(siehe oben: „Trocknen von Obst und Beeren")

Dörrobst-Riegel

- 2 Tassen feingehacktes Dörrobst, gemischt
- ¼ Tasse Vollmilchpulver
- ¼ Tasse kernige Haferflocken
- 2 Essl. Zitronen- oder Orangensaft
- 4 Esslöffel Honig
- 2–3 Esslöffel Sirup
- Kokosraspel, Zimt, Backöl, Vanille oder Rum je nach Geschmack

Honig, Sirup, Zitronensaft, Haferflocken, Milchpulver und Gewürze nach Geschmack mischen und gut durchrühren. Gehacktes Dörrobst beigeben und durchkneten. Ist die Masse zu weich und klebrig, kann man etwas mehr Milchpulver und/oder Haferflocken beimischen. Dann zwischen den flachen Händen zu „Würsten" rollen und etwa 8–10 cm lange und 1–2 cm dicke Riegel formen. Diese in Kokosraspeln oder nach Geschmack in Mandelsplittern o.Ä. wälzen und bei etwa 60°C im Backofen oder im Dörrapparat trocknen, bis die Masse fest ist (ca. 2 Stunden).

Feigenstäbchen

- 2 Tassen gehackte Feigen
- 2 Esslöffel Zitronensaft
- 3 Esslöffel Honig
- 3 Esslöffel Sirup
- ¾ Tasse Kokosraspel
- nach Geschmack etwas Milchpulver und Gewürze wie oben

Honig, Sirup, Kokosraspel und Zitronensaft gut mischen, feingehackte Feigen unterrühren und durchkneten. Masse zu etwa 1–2 cm dicken Stäbchen rollen, in Kokosraspeln wälzen und bei ca. 60°C trocknen.

Dörrobst-Karamelle

- ½ Tasse Mandelsplitter oder fein gehackte Haselnüsse
- ½ Tasse gemischtes Dörrobst, fein gehackt
- 2 Tassen Zucker
- ¼ Tasse Sahne
- ½ Tasse Milch
- 2–3 Esslöffel Butter
- nach Geschmack Vanille, Zimt, Rum o.Ä.

In einen gefetteten Topf gibt man die Milch, die Sahne, den Zucker und die Butter und erhitzt alles langsam bis zum Kochen. Ständig umrühren, damit der Zucker sich auflöst. 10–15 Minuten knapp am Kochen halten, aber aufpassen wie ein Schießhund, dass die Milch nicht überkocht. Dann vom Herd nehmen, etwas abkühlen lassen und das Dörrobst, Mandelsplitter und Gewürze unterrühren. Schlagen, bis die Masse zäh wird, dann auf ein mit Backpapier ausgelegtes Blech verteilen, im Ofen oder Dörrapparat trocknen, bis es nicht mehr zu weich und klebrig ist, dann abkühlen lassen und in Stücke schneiden.

Haferflocken-Riegel

- ½ Tasse Butter oder Erdnussbutter
- 2 Esslöffel Honig
- 1 Teelöffel Zitronensaft
- 1 Tasse Haferflocken
- ½ Tasse fein gehacktes Dörrobst
- Mandelsplitter, Zimt, Vanille oder ähnliche Gewürze

Butter und Honig im Wasserbad erhitzen und den Zitronensaft unterrühren. Trockenfrüchte und Haferflocken zugeben und gut mischen. Durchkneten und entweder Riegel formen und in Mandelsplittern wälzen oder auf ein gefettetes (bzw. mit Backpapier ausgelegtes) Backblech streichen, bei ca. 60°C trocknen und anschließend in Riegel schneiden.

Knusperriegel

Wie Dörrobst-Riegel (s.o.), jedoch anstatt der Haferflocken etwa zwei Tassen Krokantflocken und zusätzlich Sonnenblumenkerne, Sesamkörner, gehackte Nüsse o.Ä. Die **Krokantflocken** werden so hergestellt:

- 2 Tassen Haferflocken
- 3 Esslöffel Margarine oder Butter
- 3 Esslöffel Zucker (evtl. braunen)

Margarine in der Pfanne verlaufen lassen und den Zucker bei schwacher Hitze und unter ständigem Rühren nach und nach zugeben. Weiter auf schwacher Hitze und bei fortgesetztem Rühren den Zucker vorsichtig schmelzen lassen und leicht bräunen. Vorsicht: brennt leicht an! Haferflocken und nach Geschmack eine Handvoll Rosinen mit der Karamelmasse verrühren und einige Minuten bräunen lassen. Immer fleißig weiter rühren und bei Bedarf noch etwas Margarine zugeben. Vor dem Weiterverarbeiten gut abkühlen lassen.

Trail Müsli

- 4 Tassen Haferflocken
- ½ Tasse Sonnenblumenkerne
- ½ Tasse Sesamkörner
- 1 Tasse Kokosraspel
- ½ Tasse Weizenkeimlinge
- ¾ Tasse Honig
- ¼ Tasse Sirup
- ½ Tasse brauner Zucker
- ½ Tasse Öl
- 1½ Tassen gehacktes Dörrobst oder Rosinen
- Zimt, Vanille, Zitronensaft, Salz

Haferflocken, Sonnenblumenkerne, Sesam, Kokosraspel und Weizenkeimlinge mischen und nach Geschmack Zimt dazugeben. Honig, Sirup, Zucker, Öl, Zitronensaft und Vanille mischen, eine Prise Salz zugeben, erhitzen und gut verrühren. Alles zusammen sowie das Dörrobst in eine große gefettete Pfanne oder Kasserolle geben und auf kleiner Flamme unter ständigem Rühren knusprig rösten. Abkühlen lassen und verpacken. Die Mischung kann unterwegs entweder als Trail Snack trocken gegessen werden oder mit Milch, Saft, Kakao o.Ä. als Frühstücksmüsli.

Klassische Energierationen

Jerky

(s. „Trocknen von Fleisch")

Pemmikan

Pemmikan war früher die klassische Energieration für Nordlandreisende, besonders bei kaltem Wetter; er gehört zu den nahrhaftesten Lebensmitteln überhaupt. Für 5 Pfund Pemmikan nimmt man etwa:

- 2½ Pfund Dörrfleisch (= Jerky, s.o.)
- ¼ Pfund braunen Zucker
- ¼ Pfund getrocknete Beeren
- 2 Pfund Schmalz

Das Dörrfleisch und die Trockenbeeren werden zerrieben, grob gemahlen oder gehackt, und alles wird mit dem erhitzten Schmalz vermischt.

Eine andere Methode, Pemmikan zu bereiten, sieht folgendermaßen aus:

Speck (kein durchwachsener Bauchspeck, sondern reiner Speck) wird in walnussgroße Würfel geschnitten und in der Pfanne bei mäßiger Hitze ausgelassen. Das Fett soll dabei nicht zu heiß werden. Das Schmalz und die zurückbleibenden Speckwürfel (auch „Grieben" genannt) werden im Verhältnis 1:1 mit zerkleinertem Dörrfleisch gemischt. Bevor die Masse kalt und fest wird, werden getrocknete Beeren und evtl. etwas Sojamehl daruntergerührt. Das Ganze in starke Plastikbeutel füllen, abkühlen lassen und luftdicht verschließen. Gesalzen wird Pemmikan bei der Herstellung gewöhnlich nicht, da das Salz Wasser anzieht. Bei absolut dichter Verpackung spielt das allerdings keine Rolle, sodass man ihn auch gleich salzen kann.

Luftdicht verpackter Pemmikan hält sich viele Monate lang und enthält reichlich hochkonzentrierte Nährwerte und Energie. Er kann über lange Zeit als einziges Nahrungsmittel dienen, ohne dass es zu Mangelerscheinungen kommt. Allerdings wird man Pemmikan pur kaum als besonderen Leckerbissen bezeichnen können. Man kann ihn roh aufs Brot streichen und etwas salzen, dann schmeckt er wirklich nicht schlecht. Aber man kann ihn auch zum Kochen verwenden – etwa zu Reis, Nudeln, Gemüse, Suppen und Eintöpfen. Da er viel Fett enthält, kann man ihn nicht wie ein Steak braten. Er zerläuft beim Erhitzen und wird zu einer breiigen Masse, die optisch sicher nicht sehr ansprechend, aber durchaus schmackhaft ist.

Pinole

Pinole **(Maisbrei)** ist ebenfalls eine klassische Energieration, die in weiten Teilen der Welt als Grundnahrungsmittel dient. Während Pemmikan wegen des hohen Fettgehalts für kalte Regionen zu empfehlen ist, eignet sich Pinole mehr für wärmere Gebiete. Zur Herstellung werden Maiskörner am Feuer oder auf dem Ofen geröstet und anschließend in einer Getreidemühle zu Mehl zermahlen, das man entweder zu Brei kochen oder zu Fladen backen kann. Es schmeckt gut, ist nahrhaft, und im Notfall kann eine Handvoll davon genügen, um einen Wanderer einen Tag lang auf den Beinen zu halten. Es enthält allerdings überwiegend Stärke und fast kein Fett.

016ou18 Foto: ju

Unterwegs in der Wildnis

072op Foto: rh

073op Foto: rh

Mit dem Floß auf dem Yukon River

Lama-Trekking in den Rocky Mountains

Vulkanbesteigung auf Kamtschatka

Wandertipps

Routenwahl und Planung

Bereits bei der Vorbereitung einer Tour sollte man gründlich die Landkarte studieren und andere Informationsquellen hinzuziehen, um die beste Route auszuwählen, Etappen einzuteilen, die Zeit abzuschätzen (um die erforderliche Proviantmenge einzuplanen), die passende Ausrüstung zu wählen, auf mögliche Schwierigkeiten vorbereitet zu sein und um eine möglichst genaue Vorstellung davon zu haben, was einen unterwegs erwartet. Suchen Sie dabei nach Antwort auf folgende Fragen:

033op Foto: rh

- Wie lang ist die gesamte Route?
- Können – teilweise – Wege und Pfade genutzt werden, oder muss man sich den Weg selbst suchen?
- Wie ist der Untergrund (fest/weich, mit Gras bewachsen, moorig, steinig, felsig, nass/trocken)?
- Ist mit dichtem Wald und Unterholz, mit Blockfeldern, größeren Moorflächen, Geröllhängen etc. zu rechnen?
- Müssen Bachläufe oder Flüsse durchquert werden?
- Sind größere Höhenunterschiede zu überwinden? Wie steil sind die Hänge (Lawinengefahr im Winter!)?
- Verläuft die Route geschützt im Wald oder exponiert in Kammlagen (wichtig bei Kälte, Regen und Wind)?
- Wie ist das Klima der entsprechenden Region zu der für die Tour vorgesehenen Jahreszeit (wichtig für die Auswahl der Kleidung und der übrigen Ausrüstung)?
- Welche Landschaftsformen können die Orientierung erleichtern (z.B. Wasserläufe oder Seeufer, denen man folgen kann, markante Berge etc.)?
- Welche Entfernungen können voraussichtlich auf den einzelnen Etappen pro Tag zurückgelegt werden? (Hierzu sind natürlich Erfahrungswerte erforderlich.)
- In wie viele Tagesetappen kann man die Gesamtstrecke unterteilen (zusätzliche Tage für Rast und schlechtes Wetter einplanen)?

Im wasserreichen und morastigen Nordland sind oft Watstiefel angebracht

- Wo bieten sich Übernachtungsmöglichkeiten (Campstellen, Schutzhütten, Berghütten), bzw. auf welchen Strecken ist allenfalls ein Notbiwak möglich?
- Findet man überall Brennholz, und ist Feuermachen gestattet, oder braucht man einen Kocher?
- Welche Naturschutzbestimmungen sind zu beachten (z.B. in Naturschutzgebieten oder Nationalparks)?
- Welche Alternativrouten sind möglich, falls unerwartete Schwierigkeiten auftreten (z.B. Flüsse mit Hochwasser, Schnee in Hochlagen, extremes Wetter etc.)?
- Wo kann man sich unterwegs evtl. mit Proviant versorgen?
- Führt die Tour durch Bärengebiete (Schwarz- oder Grizzlybären?), über Lawinenhänge oder durch andere Regionen, in denen besondere Schutzvorkehrungen zu beachten sind?
- Wo ist unterwegs eine Ansiedlung, Wetterstation, Hütte o.Ä., bei der man notfalls Hilfe findet?
- Wo kann man im Notfall die Tour abbrechen bzw. wie weit muss man sich im schlimmsten Fall durchschlagen, ehe man Hilfe erreicht?

Hindernisse und Hilfsmittel im Gelände

Informieren Sie sich anhand von Landkarte(n) und Literatur, mit welchem Gelände und welcher Vegetation zu rechnen ist, und planen Sie die Route entsprechend. Zumindest in nördlichen Regionen, sicher aber auch in vielen anderen Waldgebieten ohne Pfade gilt: Es ist meist einfacher, einem Bergrücken zu folgen, als im Tal zu wandern. Höher oben findet man meist trockeneren und festen Boden sowie weniger oder gar kein Unterholz, während in den Tälern oft übermannshohes Dickicht wuchert, der Boden oft moorig ist und man mehr und schwierigere Wasserläufe zu durchwaten hat. Außerdem ist im Tal die Mückenplage meist deutlich schlimmer als in luftigen Hochlagen, und eine Strecke direkt an einem Wasserlauf entlang kann durch zahlreiche Windungen erheblich länger sein als die entsprechende Strecke am Hang oder auf einem Kamm. Allerdings sind unbewaldete Kammlagen natürlich viel exponierter, sodass man bei schlechtem Wetter vielleicht lieber die mühsamere Route im Tal wählen sollte – vor allem im Winter.

Wildwechsel

Hat man keine andere Wahl, als durch dichtes Unterholz zu wandern, ist es einfacher, wenn man einem Wildwechsel folgen kann. Allerdings muss man sehr darauf achten, dass man sich nicht von seiner Richtung abbringen lässt. In Bärengebieten muss man bei Wanderungen durch dichtes Unterholz – egal ob mit oder ohne Wechsel – möglichst weithin hörbar sein, um keinen dieser Gesellen zu überraschen (siehe „Gefahren unterwegs“, Kapitel „Bären“).

Wenn ich gezwungen bin, durch dichtes Unterholz zu wandern, und keinen geeigneten Wildwechsel finde, so wate ich, wenn möglich, einen flachen Bach entlang. Sofern man das richtige Schuhwerk hat, ist das eine praktikable Lösung.

Blockfelder

Blockfelder sind Flächen, die so dicht von großen **Steinbrocken** übersät sind, dass man über sie hinwegklettern bzw. von Stein zu Stein gehen muss. Sie sind mit großer Vorsicht zu überqueren, da die Steine oft rutschig sind und man nie weiß, wohin sie kippen werden. Die ganz dicken Brocken liegen stabil, aber selbst mehrere Zentner schwere Blöcke können sehr kippelig sein. Nur zu leicht kann man stolpern oder mit dem Fuß zwischen die Blöcke rutschen und den Knöchel verstauchen oder gar das Bein brechen. Besonders schwierig wird es, wenn Schnee die Spalten verweht hat. Ein Sturz auf einem Blockfeld – insbesondere mit Rucksack – kann zu schweren Verletzungen führen. Langsam und überlegt gehen!

Moorflächen

In nördlichen Regionen wie Skandinavien, Kanada und Alaska stößt man häufig auf Moore, da das Wasser durch den Permafrostboden nicht versickern kann. Solche Moore sind ungefährlich. Solange sie von einer **geschlossenen Pflanzendecke** bewachsen sind, kann man sie völlig risikolos überqueren. Der Boden schwankt zwar und gibt bei jedem Schritt etwas nach, aber er trägt. Und selbst wenn man irgendwo einsinken sollte, stößt man meist spätestens bei Knietiefe auf festen oder gefrorenen Grund (Achtung: Ausnahmen z.B. in Irland, da es dort keinen Permafrostboden gibt).

In Alaska sind wir im Mündungsbereich eines Baches schon bis zum Bauch durch dünnflüssigen Moorschlamm gewatet – darunter war fester Boden, aber man hätte sicher auch darin schwimmen können. Das Wandern auf weichem Moorgrund ist jedoch anstrengend, und wenn es nicht zu aufwendig ist, umgeht man solche Flächen lieber.

Sollte man doch einmal tiefer einsinken: **keine Panik!** Flach auf den Rücken legen und alle Viere von sich strecken. So verteilt sich das Körpergewicht auf eine große Fläche, und man kann sich wieder befreien – man sieht zwar hinterher aus wie ein Wildschwein nach der Suhle, aber sonst ist nichts passiert. Bleibt man in senkrechter Position und versucht sich zu befreien, so sinkt man zwangsläufig immer tiefer.

Vorsicht ist geboten bei sogenannten **schwimmenden Torfmooren,** bei denen eine Torfrinde auf dünnflüssigem Moorschlamm schwimmt. Solche Moore sind mir zwar bislang nie begegnet, aber ich habe sie mir beschreiben lassen: Sie haben meist steil abfallende Ränder und sind frei von Vegetation. Halten Sie sich vorsichtshalber von allem fern, was dieser Beschreibung ähnelt, und testen Sie den Untergrund im Zweifelsfall mit einer langen Stange.

Grundsätzlich kann man sagen, dass die **Gefährlichkeit von Mooren** gewaltig überschätzt (bzw. hochgespielt) wird. Nach Angaben des Naval Insti-

0346p Foto: rh

tute der USA soll selbst ein mäßiger Schwimmer problemlos durch Moorschlamm schwimmen können. Also: keine grauen Haare wachsen lassen, aber auch kein unnötiges Risiko eingehen.

Treibsand

Treibsand ist feiner, durch Wasser in der Schwebe gehaltener Sand. Er kommt vor allem an ruhigen Stellen oder Mündungen von **Gletscherflüssen** vor und ist selten weit ausgedehnt. Er sieht aus wie normaler Sand, aber man braucht nur einen Stein darauf zu werfen, um festzustellen, ob es sich um Treibsand handelt. Meist ist auch Treibsand nicht sehr tief, aber er übt einen weit stärkeren Druck aus als Moorschlamm und kann einen äußerst hartnäckig festhalten, wenn man einmal bis zu den Knien darin steckt. Ähnliche Sandfallen gibt es auch auf den **Wattflächen** von Gezeitenküsten. Vor der Küste Alaskas sind schon wiederholt Menschen ums Leben gekommen, weil sie bei Ebbe im Sand steckenblieben und sich nicht befreien konnten, bis dann die Flut kam.

Das Naval Institute empfiehlt auch in diesem Fall, sich flach hinzulegen und es mit Schwimmbewegungen zu versuchen. Ich würde aber vorher versuchen, die Saugkraft des Treibsandes zu

Gelegentlich können gestürzte Bäume als Brücke dienen

brechen. Das geht nur, indem man direkt neben den festsitzenden Beinen Luft hineinbläst. Vielleicht kann man das Zeltgestänge erreichen und es damit probieren. Sonst sticht man den Wanderstab o.Ä. (notfalls den Arm) direkt neben dem Bein in den Sand und versucht, durch rührende Bewegungen (lachen Sie nicht über die unfreiwillige Doppeldeutigkeit!) Luft hinein zu schaffen. Die Chance, je in eine solche Lage zu kommen, ist gewiss geringer als die, vom Blitz getroffen zu werden. Aber falls es Ihnen je passieren sollte, werden Sie sich vielleicht dankbar an diesen Tipp erinnern.

Rutschstopp

Wandert man an einem steilen Gras- oder Geröllhang oder gar auf einem steilen Firnfeld, sollte man (sofern man nicht sowieso einen Eispickel benutzt) stets einen **kräftigen Stock** bei sich tragen. Gerät man ins Rutschen, dreht man sich sofort mit dem Gesicht zum Hang. Die Spitze des Stockes und der Stiefel werden fest gegen den Boden gedrückt, während man den Körper vom Grund entfernt hält, um den Druck an den genannten Punkten zu erhöhen. Die größte Bremswirkung sollte durch den Stock ausgeübt werden. Die kräftigere, meist rechte Hand hält den Stock weit unten nahe am Boden, die andere oben. Der Druck auf den Stock sollte im ersten Moment nicht zu stark sein, und der Stock sollte mit dem oberen Ende zunächst schräg hangabwärts geneigt sein, damit er einem nicht durch einen plötzlichen Ruck aus der Hand gerissen wird. Dann rasch den Druck steigern und den Stock steiler aufrichten. Die Füße sollten weniger zum Bremsen eingesetzt werden, da man sonst bei zu plötzlichem Abbremsen Gefahr läuft, sich nach hinten zu überschlagen. Wer Steigeisen trägt, sollte aus diesem Grund anstelle der Füße lieber die Knie einsetzen – auch wenn die Verletzungsgefahr größer ist. Es schadet gewiss nicht, diese Technik an einem kurzen, ungefährlichen Hang in verschiedenen Varianten zu üben.

Auf einer Winterwanderung in Kanada habe ich diesen Rat einmal nicht beherzigt und bin prompt einen langen und sehr steilen Hang auf dem Hintern hinuntergeschossen – mitsamt einer kleinen Lawine.

Abseilen (Rappellen)

Muss man einen sehr steilen Hang hinuntersteigen, an dem eine Sicherung erforderlich ist, oder gar einen senkrechten Abbruch, so benötigt man ein **Bergseil** (evtl. Halbseil) oder notfalls ein anderes starkes, nicht zu glattes Tau, um sich abzuseilen. Das Seil wird dazu mit der Mitte um einen Baum, Felsvorsprung o.Ä. geschlungen, sodass beide Enden gleich lang sind. Darauf achten, dass der Ankerpunkt stabil genug ist, um auch unerwartete Zugbelastungen auszuhalten, und dass das Seil, wenn man nach dem Rappellen an einem Ende zieht, gut um den Ankerpunkt herumläuft und nicht klemmt. Beide freie Seilenden lässt man nun den Abhang hinunter und vergewissert sich, dass sie bis zu seinem Fuß reichen oder mindestens bis zu einer Zwischenstation, von der aus man sich weiter bis nach ganz unten abseilen kann. (Es wäre höchst peinlich, noch ganze fünf Meter über dem Boden zu hängen und plötzlich festzustellen, dass man am Ende des Seils angelangt ist!)

Nun stellt man sich mit Blick zum Ankerpunkt über das gedoppelte Seil, nimmt es hinter sich zwischen den Beinen hoch, schlingt es um eine Hüfte von hinten nach vorn, quer über die Brust, über die gegenüberliegende Schulter und über den Rücken zur gegenüberliegenden Hand (s. Skizze). Die Hand, auf deren Schulter das Seil läuft, greift es oberhalb (in Richtung Ankerpunkt), die andere unterhalb (in Richtung freie Enden) zum Bremsen. Robuste Kleidung und Handschuhe tragen und den Kragen nach oben schlagen, damit das Seil nicht im Nacken auf der bloßen Haut läuft.

Dann lehnt man sich, beide Arme etwas ausgestreckt, rückwärts über den Abgrund. Weit hinauslehnen und sich richtig ins Seil hängen. Das verursacht am Anfang jedem ein unangenehmes Gefühl, aber wenn man sich weit nach hinten lehnt, hat man einen viel besseren Halt, als wenn man fast senkrecht steht. Und man merkt rasch, dass man sich in das Seil hineinlegen kann fast wie in eine Hängematte. Solange man das Seil nicht loslässt, kann praktisch nichts passieren.

Die obere Hand führt das Seil und stabilisiert, die untere dient zum Bremsen. Zunächst hält die Bremshand das Seil gut fest und lässt es dann vorsichtig lockerer, sodass es langsam durch die Hand und um den Körper herum zu rutschen beginnt. Man braucht nicht besonders viel Kraft, um das Seil am Rutschen zu hindern, da die Reibung rings um den Körper stark genug ist. Langsam abrutschen lassen und sich mit gespreizten Beinen gegen die Wand abstemmen. Nicht zu schnell werden, da sonst die Reibungshitze zu groß wird und man im Schreck einen Fehler machen könnte. Ist man unten angelangt, braucht man das Seil nur an einem Ende abzuziehen.

Dieses Abseilen ist nicht schwierig, aber man sollte es vorher an einem kurzen Grashang oder einer niedrigen, ungefährlichen Wand gut üben, um Sicherheit zu gewinnen. Dabei kann man sich mit den Beinen ruhig auch einmal von der Wand abstoßen, sodass man kurzzeitig frei im Seil hängt. An überhängenden Stellen muss man sich auch ohne Kontakt zur Wand mit der selben Technik frei schwebend abseilen.

Prusiken ist eine Technik, mit der man an einem senkrechten Seil emporsteigen kann – Näheres dazu siehe im Kapitel „Knoten".

Durchwaten von Bächen

Auf Wildniswanderungen in nördlichen Regionen gehört das Durchqueren von Wasserläufen zum Alltag. In den Bergen sind es meist kleine Bäche, die man in Gummistiefeln problemlos durchwandern kann. Steigt das Wasser höher, als ein normaler Gummistiefel reicht, beginnt man, von „waten" zu reden und muss einige Vorsichtsmaßnahmen beachten.

Bei Kursen, die ich einige Zeit geleitet habe, begannen wir mit einer Trockenübung: „Das ist der Bach, er hat eine starke Strömung und reicht uns bis zum Gürtel. Wie stellen wir's an?". Nur wenige haben den Haken bemerkt. Und Sie? Klar: Solch ein Bach ist schlichtweg nicht zu durchwaten, ganz egal, wie „gut" man ist. Das Wasser würde jeden einfach wegspülen. Also: Wir müssen eine andere Stelle suchen – entweder flacher oder mit schwächerer Strömung. Manchmal muss man einige Zeit suchen, ehe man eine passende Furt findet.

Tipps zur Auswahl der Furt

- Je breiter und verästelter der Wasserlauf, desto flacher ist er gewöhnlich und desto geringer ist die Strömung.
- Steht man im Innenbogen, so ist damit zu rechnen, dass der Bach nahe dem jenseitigen Ufer am tiefsten ist; im umgekehrten Fall wird die tiefste Stelle bald überwunden sein, und das Wasser wird bereits vor der Bachmitte wieder deutlich flacher werden.
- Beachten Sie, dass das Wasser durch den Strömungsdruck vor dem Körper zu einer Welle aufgestaut wird und daher oft 1–2 Handbreiten höher heraufreicht, als das Wasser eigentlich tief ist.
- Tieferes Wasser kann ein Zeichen dafür sein, dass die Strömung geringer ist.
- An Stellen mit sehr geringer Strömung kann man auch Wasser durchwaten, das bis zum Bauch reicht, man muss jedoch damit rechnen, dass dort

03Sop Foto: rh

Fluss durchwaten mit Watstock

der Grund aus weichem Sand oder Schlamm besteht, da der Bach an diesen Stellen Sedimente ablagert.

- Die Watstelle natürlich nie dicht oberhalb von Stromschnellen oder Stufen wählen, die bei einem Sturz gefährlich werden könnten.
- Damit rechnen, dass man nicht genau gegenüber das Ufer erreicht, sondern in einem Winkel von etwa 45 Grad stromab.
- Gegenüberliegendes Ufer beachten – kommt man dort problemlos wieder heraus oder gibt es etwa ein Treibholzgewirr oder ein schwer zu überwindendes Steilufer? (Mir ist es in Alaska passiert, dass ich mit einer Gruppe in aller Eile einen rasch steigenden Fluss durchqueren musste, und auf der anderen Seite standen wir dann vor einem zweieinhalb Meter hohen, senkrechten, brüchigen Ufer, das einer allein wohl kaum hätte überwinden können, während der Rückweg durch das blitzartig steigende Wasser abgeschnitten war.)
- Bergbäche, die von Gletschern oder Firnfeldern kommen, durchwatet man am einfachsten frühmorgens, bevor die Sonne Eis und Schnee zu schmelzen beginnt und das Wasser steigt (manchmal ganz beträchtlich!).

Tipps zum Waten

- Wasserläufe, die mehr als knietief sind, nie ohne **Watstock** durchqueren; der Watstock muss mindestens körperlang sein, besser etwas länger (ca. 2 m), und robust genug, um auch bei starker Belastung nicht zu brechen.
- **Nicht barfuß** waten: ungeschützte Füße kühlen im kalten Wasser viel schneller aus und werden „taub“, sie können leicht verletzt werden, und man verliert viel schneller das Gleichgewicht, weil man nicht sicher und beherzt auftreten kann. Hat man keine Turn- oder sonstigen Watschuhe dabei, so zieht man nur die Socken aus und schlüpft mit bloßen Füßen in die Wanderstiefel.
- Mit **Rucksack** ist es meist einfacher, einen stark strömenden Bach zu durchqueren als ohne, da man so mehr Druck auf den Boden bringt und fester steht.

Waten mit Watstock

- Rucksack nicht zu hoch packen, damit der **Schwerpunkt möglichst tief** liegt (Gleichgewicht!).
- Gewöhnlich wird empfohlen, den **Hüftgurt zu öffnen** und die **Schultergurte zu lockern,** damit man das Gepäck – im Falle eines Falles – rasch abwerfen kann. Allerdings verringert der offene Gurt die Stabilität des Rucksacks, sodass er bei plötzlichen Bewegungen verrutschen und das Gleichgewicht gefährden kann. Der Verlust des gesamten Gepäcks wird meist viel ernstere Folgen haben als ein Sturz mit Rucksack. Außerdem wird einen der Rucksack sicher nicht unter Wasser ziehen, da er viel Luft enthält und schwimmt. Andererseits ist es natürlich schwerer, mit dem Rucksack wieder auf die Beine zu kommen, und es kann sein, dass er einem den Kopf unter Wasser drückt. Aber die heutigen Blitzverschlüsse sind im Notfall rasch geöffnet, wenn man darauf vorbereitet ist, und den Brustgurt sollte man auf jeden Fall geöffnet haben, ehe man loswatet. Werfen Sie jedoch bei einem Sturz den Rucksack nicht einfach ab, sondern halten Sie sich daran fest und nutzen ihn als Schwimmhilfe.
- Oft findet man **Steinblöcke,** die über das Wasser herausragen oder bis dicht unter die Oberfläche reichen, und gerät in Versuchung, den Bach von Stein zu Stein springend zu überqueren; Vorsicht: Diese Blöcke können sehr glitschig sein und instabil liegen. Im Zweifelsfalle lieber nicht auf die Steine treten, sondern unmittelbar stromab davon waten und sie als Strömungsbrecher nutzen. (Auf Korsika bin ich z.B. bei einem Sprung auf einen großen Felsblock ungeschickt gelandet und musste mich mit den Händen abstützen; der schwere Rucksack rutschte mir über den Kopf und drückte mir auf der anderen Seite des Blockes das Gesicht ins Wasser; es ist gar nicht so einfach, sich aus solch einer misslichen Lage zu befreien!)
- Waten Sie mit dem **Gesicht stromauf,** langsam und breitbeinig; entweder direkt quer zum Strom (stabilerer Stand) oder leicht seitlich, das vordere Bein etwas stromab versetzt (weniger Strömungswiderstand).
- Halten Sie den Watstock fest mit beiden Händen, setzen Sie ihn **stromauf** etwa 1–1,50 m vor Ihren Füßen auf den Grund, sodass er im Winkel von ca. 45° schräg über Ihre Schulter läuft,

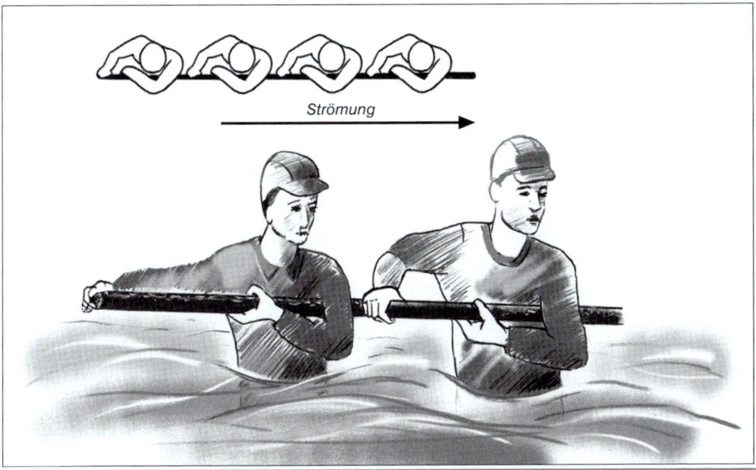

und lehnen Sie sich kräftig dagegen. Stockspitze und Füße bilden auf dem Grund ein – mehr oder weniger gleichseitiges – Dreieck. So haben Sie eine stabile Position, und der Watstock wird durch die Strömung gegen den Grund gedrückt.

- Den Watstock bei tieferem Wasser **nie stromab** einsetzen, sonst müssten Sie sich stromab lehnen und hätten eine extrem instabile Position, sobald Sie den Stock weitersetzen wollen. Stromauf hingegen können Sie beim raschen Weitersetzen des Stocks gegen die Strömung gelehnt stehen, so wie gegen einen starken Wind.
- Langsam weiter in den Fluss hinauswaten und dabei stets **zwei feste Punkte** bewahren, während man den dritten versetzt; darauf achten, dass Stock und Füße stets ein stabiles Dreieck bilden.
- Den Wasserlauf nicht genau im rechten Winkel zur Strömung durchwaten, sondern in einem Winkel von grob 45 Grad stromab gehen – je nach Stärke der Strömung mehr oder weniger.
- Merkt man, dass die **Strömung zu stark** an den Beinen zerrt und die Füße wegzudrücken beginnt, lieber umkehren und eine geeignetere Stelle suchen.
- Vorsicht: Bei starker Strömung kann ein Bach große **Steine am Grund** entlang wälzen, die einen unerwartet am Bein treffen und zu Fall bringen können!
- Bei längeren Watstrecken in tiefem, **kaltem Wasser** (und die Temperatur von Bergbächen liegt oft nur wenige

Waten mit Stange

Grad über dem Gefrierpunkt) die Gefahr einer Unterkühlung berücksichtigen; selbst bei geringer Tiefe können die Füße rasch gefühllos werden, sodass man erheblich an Trittsicherheit verliert.

Wathilfen

- Wollen Sie einer Person beim Waten helfen, so stellen Sie sich **nicht stromab** von ihr, um sie notfalls zu stützen (sonst sind die Chancen groß, dass beide baden gehen!), sondern dicht stromauf, um den Strömungsdruck zu brechen.
- **Sichern vom Ufer aus** mit einem Seil ist nur bei relativ schmalen Wasserläufen möglich (max. 10 m), sonst wird der Zug am Seil so stark, dass er das Gleichgewicht der watenden Person erheblich gefährdet. Zur Sicherung muss das Seil fest unterhalb der Arme anliegen und so verknotet sein, dass sich die Schlinge nicht zuziehen kann (Palstek); würde man das Seil auf Gürtelhöhe anbringen, könnte es leicht passieren, dass der „Gesicherte" mit dem Kopf unter Wasser hängt und die Beine nach oben gezogen werden!
- Ist man mit einer Gruppe von mindestens drei Personen unterwegs, kann man **gemeinsam waten,** indem sich alle nebeneinander an einer langen, kräftigen Stange festhalten und seitlich zur Strömung waten. Die Stange hält man parallel zur Stromrichtung. Die schwerste Person befindet sich am stromab weisenden Ende und bildet den „Anker", die leichteste Person ist am stromauf weisenden Ende und spielt den „Strombrecher"; verliert sie den Stand, kann sie sich an der Stange festhalten. Bei dieser Methode nutzen alle den Stromschatten der oberhalb von ihnen stehenden Person, und man kann so auch Wasserläufe durchqueren, in denen einer allein den Halt verlieren würde. Allerdings kann es auch passieren, dass ein Stolperer die anderen mitreißt (je größer die Gruppe, desto geringer ist dieses Risiko).
- **Seilbrücken,** wie sie in vielen Survivalbüchern und -kursen gerne empfohlen werden, sind für die Praxis wenig sinnvoll. Man bräuchte dazu ein langes und sehr festes Seil, das sich absolut nicht dehnt (am besten Stahltrosse; ein Bergseil ist völlig ungeeignet) und einen Flaschenzug, um das Seil ausreichend zu spannen. Ein mit gewöhnlichen Hilfsmitteln (z.B. Seilspannauge) noch so straff angezogenes Tau wird unter der Belastung einer Person so weit durchhängen, dass es bis auf die Wasseroberfläche herunter reicht. Außerdem müsste die erste und die letzte Person den Fluss doch durchwaten, um das Seil auf der anderen Seite zu befestigen bzw. es nachzuholen; und einen Fluss mit einem starken Seil zu durchwaten, ist ab einer Breite von mehr als 10 m nahezu unmöglich (s.o.); dann müsste man mit einer dünnen Zeltleine hinüberwaten und daran vom anderen Ufer aus das Tau nachziehen. In der Praxis ist solch eine „Brücke" allenfalls für leichte Materialtransporte sinnvoll.
- **„Seilgeländer":** Bei Gruppen, in denen nur eine Person über Waterfahrung verfügt, kann hingegen ein über den Fluss gespanntes Seil sinnvoll und

hilfreich sein, wenn man sich beim Waten mit beiden Händen daran festhält. Als zusätzliche Sicherung kann man sich mit einem kurzen Seilstück (das unterhalb der Arme um den Körper läuft) und einem Karabiner oder einer Seilschlaufe am „Geländer" einklinken. Natürlich muss auch in diesem Fall der Fluss mindestens einmal ohne Hilfsmittel durchwatet werden (wie oben beschrieben), aber das Seil braucht nicht besonders straff gespannt zu sein, es darf ruhig nachgeben (wie ein Bergseil), und alle anderen Gruppenmitglieder können ohne jegliche Erfahrung völlig gefahrlos selbst tiefe und stark strömende Gewässer durchqueren.

- Eine **Selbstsicherung** durch ein um einen Baum herumlaufendes Seil, wie ich sie vor langer Zeit in meinem ersten Buch beschrieben habe, klingt zwar theoretisch einleuchtend und elegant – und ist von einigen Kollegen auch fleißig kopiert worden –, aber für die Praxis ist das leider ebenfalls Unfug (sorry, liebe Kollegen), da man sich zu sehr auf die Strömung konzentrieren muss, um nebenher mit einer Hand auch noch das Seil festhalten und abrollen zu können.

0360p Foto: rh

Materialseilbahn über den Fluss

Floßbau

Ist ein tiefer und breiter Strom zu überqueren oder ein See – was dann? Dann baut man sich ein Floß. Unter Umständen genügt ein kleines und sehr einfaches Holzgebilde, um Gepäck, Stiefel und Kleider zu tragen, das man dann schwimmend zum jenseitigen Ufer schiebt (starke Abtrift beachten!). Ich bin auf diese Weise schon mehrere Kilometer den Yukon abwärts geschwommen, um eine senkrecht aus dem Wasser aufsteigende Felswand zu umgehen. Aber auch hier unbedingt die **Gefahr der Auskühlung** berücksichtigen (mir wäre sie damals fast zum Verhängnis geworden)!

Mit dem selbst gebauten Floß auf dem Yukon River

Verschnürung der Stämme

Soll das Floß auch **Personen tragen,** braucht man dennoch nichts weiter als ein paar trockene Stämme und einige Meter Tau. Trockene Stämme findet man oft am Ufer als Treibholz. Es ist ganz egal, welche Form sie haben – Hauptsache, sie bringen genügend Auftrieb. Grünes Holz schwimmt zwar auch, liegt aber sehr tief im Wasser und hat kaum Tragkraft.

Die Stämme ordnet man parallel nebeneinander an und verschnürt sie mit zwei Querhölzern wie auf der nächsten Seite in der Skizze (1) gezeigt, ein drittes kann zur zusätzlichen Stabilisierung diagonal angebracht werden. Für längere Floßfahrten werden die Querhölzer zusätzlich genagelt; hierzu muss man sie meist etwas einkerben, damit der Nagel tief genug in den Stamm darunter eindringt (2). Hat man nur wenig starkes Tau, kann man das Floß auch mit je zwei Querhölzern - eines oben, eines unten - verbinden, wie in Skizze 3 und 4 dargestellt. Allerdings können die unteren Querhölzer beim Manövrieren (Rudern) hinderlich sein, da sie mehr Wasserwiderstand bieten; außerdem bringen sie natürlich mehr Tiefgang, sodass man an flachen Stellen auf Grund laufen kann. Am einfachsten ist es, man baut das Floß in flachem, ruhigem Wasser zusammen, andernfalls wäre es sehr mühsam, so ein schweres Trumm nachher ins Wasser zu schieben (dann müsste man es gleich auf Rollhölzern zusammenbauen).

Fortbewegt wird das Floß entweder mit **Stakstangen** auf ruhigem oder stehendem flachem Wasser oder mit zwei **Rudern,** die man aus starken Stangen improvisieren kann (Skizze 5). Dass das Floß nicht einfach mit einem Heckruder gesteuert werden kann - wie mancher zunächst erwartet -, ist eigentlich klar: Es steht ja relativ zum Wasser gesehen auf der Stelle, und ein Steuerruder funktioniert nur, wenn man Fahrt aufnimmt (z.B. durch ein

018ou18 Foto: ch

1.

2.

3.

4.

5.

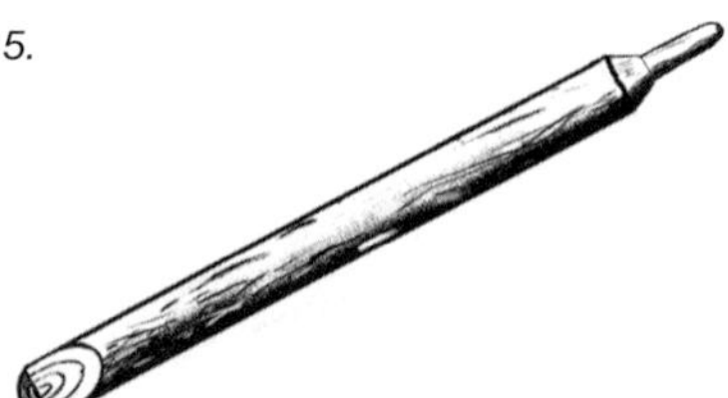

019ou18 Foto: ch

20 Stämme für eine kleinere Gruppe

Segel). Die Ruder können auf den Querhölzern befestigt werden (für kürzere Strecken einfach mit einer Seilschlaufe) oder auf einem etwas erhöhten, dicken Holzblock. Letzteres ist bequemer, da man dann aufrecht stehend rudern kann. Wenn man jetzt noch ein paar Äste oder dünne Stangen quer anbringt, damit das Gepäck trocken liegt, auch wenn die Stämme einmal überspült werden, ist das Wasserfahrzeug fertig, und die Floßfahrt kann beginnen.

Für eine einfache Überquerung braucht das Floß nicht aufwendig gebaut zu sein, aber es würde mich nicht wundern, wenn der eine oder andere auf den Geschmack am **Floßfahren** käme und beschließen würde, eine längere Strecke damit flussab zu reisen. Dann sollte man das Floß allerdings etwas größer und solider bauen und vor allem über den Fluss Bescheid wissen – z.B., ob und wo mit **Stromschnellen** oder anderen **Hindernissen** zu rechnen ist. Ein Floß ist naturgemäß sehr plump und nicht für schnelle Ausweichmanöver geeignet. Auf schmaleren Flüssen können daher z.B. auch sogenannte „Sweeper" (umgestürzte Bäume, die quer über den Fluss über dem oder im Wasser hängen) oder Treibholzbarrieren eine ernste Gefahr darstellen. Kommt man auf zügiger Strömung um eine enge Flussschleife, hinter der ein solches Hindernis lauert, so hat man kaum eine Chance, auszuweichen oder rechtzeitig das Ufer zu erreichen. Mancher Floß- oder Kanufahrer hat dadurch schon sein Leben verloren. Auf schmalen Flüssen sollte man daher sicherheitshalber vor jeder Schleife anlegen und zu Fuß erkunden, was einem bevorsteht, oder sich zumindest ganz im Innenbogen halten, wo die Strömung geringer ist.

Ich habe des Öfteren lange Strecken des Yukon in Kanada und Alaska mit dem Floß befahren – zu zweit oder als Guide einer Gruppe –, und stets waren alle davon begeistert. Für eine Gruppe von 2–4 Personen reichen etwa ein Dutzend kräftiger Stämme, die solide zu einem kompakten Ganzen verbunden werden müssen, sodass nicht ein einzelner Stamm nachgibt, wenn man auf ihn tritt. Für 8 oder 9 Personen haben wir gut 20 Stämme gebraucht, sodass das Floß etwa 2,50 m breit war, und eine zweite Lage dünner Stangen quer dazu als „Deck" angebracht. Auf ein solches Floß kann man ein festes Gerüst für das Gepäck bauen, man kann sein Zelt darauf aufschlagen und sogar eine Feuerstelle anlegen (einfach etwas Kies oder Sand darunter, um die Stämme zu schützen).

Ein Floß, das wesentlich länger ist als breit, neigt weniger dazu, sich im Kreis zu drehen. Die **Ruder** werden an den beiden Schmalseiten angebracht, da

021ou18 Foto: ju

020ou18 Foto: ch

man mit den langen Seiten anlegt. Beim **Anlegen** vor allem in starker Strömung unbedingt darauf achten, dass man mit dem stromauf weisenden Ende das Ufer zuerst berührt, sonst prallt man mit der vorderen Ecke zu heftig auf, und das Hinterende des Floßes wird von der Strömung sofort nach außen gerissen. Berührt dagegen das Hinterende zuerst das Ufer, schrammt es daran entlang und bremst die Fahrt ab. So kann man das Floß mit einem am „Heck" (stromauf weisendes Ende) befestigten Tau leicht festhalten, und das Vorderende wird durch die Strömung von alleine gegen das Ufer gedrückt. Auch beim **Anbinden des Floßes** über Nacht darauf achten, dass das „Heck" näher am Ufer liegt, sonst kann es durch die Strömung oder treibende Baumstämme losgerissen werden.

Die **Ruder** für ein großes Floß sollten 3–4 m lang sein und ein entsprechend großes Blatt besitzen. Meist haben wir passende Bretter für das Blatt im Treibholz gefunden; wenn nicht, haben wir sie aus einem 0,50 m langen, starken Stammstück herausgespalten. Das geht recht einfach, wenn man das Stammstück von beiden Seiten her mehrmals bis auf die gewünschte Blattstärke einsägt. Notfalls kann man auch einen Rahmen aus Ästen oder eine kräftige Astgabel einfach mit einer starken Plane bespannen. Ruder zu kaufen, lohnt sich nicht – sie sind für ein Floß zu kurz und zu schwach (bei unserer ersten Fahrt waren beide gekauften Ruder schon nach zwei Tagen gebrochen!).

Feuerstelle auf dem Floß

Das fertige Floß mit trockenem „Oberdeck"

Mit einem soliden Floß können auch einfache **Stromschnellen** durchfahren werden, solange die Wassertiefe ausreicht, um nirgends aufzulaufen, und solange keine Verblockungen schnelle Ausweichmanöver erfordern. Schwierige Stellen unbedingt vorher ansehen und im Zweifelsfalle kein Risiko eingehen. Lieber das Floß nur mit den Rudern drauf treiben lassen und versuchen, es unterhalb der Schnellen schwimmend zu erreichen und ans Ufer zu rudern, um das Gepäck wieder aufzuladen. Dazu muss man allerdings mindestens zu dritt sein - oder schnell am Ufer nebenherlaufen können. Treideln kann man ein Floß nicht, da es bei weitem zu viel Wasserwiderstand bietet, als dass man es in einer kräftigen Strömung festhalten könnte.

Nachts wandern

Bei Dunkelheit oder schlechter Sicht (z.B. Nebel) sollte man den Weg zumindest in etwas schwierigerem Gelände keinesfalls fortsetzen, es sei denn, man hat einen guten und klar erkennbaren Pfad. Lieber rechtzeitig ein Lager einrichten oder - wenn die Situation überraschend auftritt - ein Notbiwak errichten.

Ausnahmen bilden:

- Wanderungen in Wüstengebieten ohne größere Hindernisse, wo Hitze und Flüssigkeitsverlust tagsüber zu groß sind.
- Die hellen nordischen Nächte. In Lappland haben wir es oft vorgezogen, nachts zu wandern, wenn mehr Wild unterwegs war und weniger Moskitos. Und auch in Kanada und Alaska sind die Nächte im Sommer hell genug, um sogar mit dem Kanu oder Floß zu fahren. Herrlich!

Winterwandern

Was den Winter vom Sommer unterscheidet, weiß ein jeder: Kälter ist's und Schnee liegt (hoffentlich!). Kälte und Schnee haben jedoch vielfältige Auswirkungen auf nahezu alle Bereiche einer Wanderung, die man sich bewusst machen muss, um Risiken zu vermeiden.

Die unmittelbaren Gefahren durch die **Kälte** (Unterkühlung und Erfrierungen) und durch den **Schnee** (Lawinen) werden weiter unten im Kapitel „Gefahren unterwegs" behandelt. Hier soll es zunächst darum gehen, wie der Winter die Fortbewegung beeinflusst.

Manche Hindernisse, die das Vorwärtskommen im Sommer erheblich erschweren, können im Winter gänzlich verschwinden und oft völlig unbemerkt überwunden werden. In den großen Wildnisgebieten des Nordens kann der Winter daher das Wandern spürbar erleichtern, wenn man richtig dafür ausgerüstet ist. Er gilt dort als die eigentliche Reisezeit für längere Überlandstrecken.

Hindernisse

Die zahllosen **Moore, Tümpel** und die weiten **Sumpfflächen** mit Gräben und niedrigem Strauchwerk der Permafrostregionen, die im Sommer nur mühsam, stolpernd und mit nassen

Füßen durchquert werden können (von den Moskitos ganz zu schweigen!), sind im Winter fest gefroren und unter einer Schneedecke begraben, sodass man oft gar nichts mehr von ihnen bemerkt.

Andere Hindernisse hingegen können noch schwieriger werden: **Blockfelder** beispielsweise werden durch locker zwischen die Spalten gewehten Pulverschnee noch trügerischer und gefährlicher (s.o. „Hindernisse und Hilfsmittel"). Dichtes, übermannshohes **Buschwerk,** das schon im Sommer erhebliche Mühe bereitet, ist im Winter noch deutlich schwieriger zu durchdringen, wenn es durch die Schneelast niedergedrückt wird. Selbst dort, wo man es im Sommer auf einem guten Pfad mühelos durchwandert, ist im Winter mit erheblichen Erschwernissen zu rechnen.

Auf einer Winterwanderung im kanadischen Yukon-Territorium ist es mir passiert, dass ich trotz Pfad für eine Strecke von kaum einem Kilometer gut eine Stunde gebraucht habe, weil der Schnee das Dickicht von beiden Seiten bis fast auf den Boden niedergedrückt und unentwirrbar verfilzt hatte. Vom Pfad war meist gar nichts mehr zu erkennen, und es blieb mir nichts anderes übrig, als flach auf dem Bauch liegend durch den Schnee zu robben wie ein Walross.

Tiefschnee

Andere Schwierigkeiten kommen durch Schnee und Eis neu hinzu. **Schneeverwehungen und tiefer Schnee** können das Gehen ganz beträchtlich erschweren und sind oft nur noch mit Ski oder Schneeschuhen (s.u.) zu überwinden. Schon ab einer Schneetiefe von 30 cm kann das Wandern auf Dauer recht beschwerlich werden, und wer erst einmal einen ganzen Tag durch knietiefen – womöglich noch nassen – Schnee gestapft ist – oder über eine Kruste, die bei zwei Schritten trägt und bei jedem dritten plötzlich einbricht, dem braucht man die Vorteile von Ski oder Schneeschuhen sicher nicht mehr lange anzupreisen. Liegt der Schnee mehr als knietief, ist es kaum mehr sinnvoll, längere Strecken ohne diese Hilfsmittel zurückzulegen.

Unbewaldete Bergkämme haben meist den Vorteil, dass der Schnee dort weggeweht wird und selten tief liegt. Außerdem sind Kämme zu jeder Zeit nahezu lawinensicher. Bei Wind allerdings ist man dort sehr exponiert und einem weit höheren Unterkühlungsrisiko ausgesetzt als in den geschützten Tallagen.

Außerdem ist dort besonders auf **Schneeüberhänge** zu achten, die durch den Wind auf der Leeseite des Kammes entstehen. Sie sind von oben meist sehr schwer zu erkennen! Halten Sie sich daher stets auf der windzugewandten Seite des Kammes. Gerät man auf einen solchen Überhang, kann man leicht durchbrechen, abstürzen und obendrein noch eine Lawine auslösen.

Bei tiefem, lockerem Schnee kann man sich auch im Winter gut ausgetretene **Wildwechsel** zunutze machen. Allerdings ist wie im Sommer darauf zu achten, dass man sich dadurch nicht von seiner Richtung abbringen lässt. Besondere Vorsicht ist auf Elchwechseln geboten. Die Biester sind bekannt dafür, dass sie im Winter nur höchst ungern aus dem Weg gehen. Sie können dann äußerst ungehalten werden und sind allemal die Stärkeren. Weichen Sie lieber sehr frühzeitig in den Tiefschnee aus!

Firnfelder

Fest gepackte und vereiste Firnfelder, wie man sie in den Bergen auch im Sommer noch antrifft, sind oft schwer zu überwinden, da die Oberfläche sehr hart und glatt ist. Besonders riskant wird die Überquerung, wenn sie sich an steilen Hängen befinden. Solange die Kruste nicht zu dick ist, kann man sie mit der Stiefelspitze oder dem Absatz durchstoßen, um Halt zu finden. Andernfalls sind solche Firnflächen nur noch mit Steigeisen (s.u.) und Eispickel (für den Rutschstopp, s.o.) zu überwinden. Da man aber selbst mit Steigeisen ins Rutschen kommen kann, sollte man den Rutschstopp vorher geübt haben; steile Firnfelder oberhalb von Felsen, Steilabbrüchen o.Ä. sollte man nach Möglichkeit ganz umgehen.

Achtung: Auch wenn es über lange Strecken kein Problem ist, die Stiefel in den Harsch zu stoßen, so kann doch ganz plötzlich und nicht erkennbar eine Stelle folgen, an der dies nicht mehr möglich ist. Ich habe auf diese Weise schon eine recht höllische Rutschpartie erlebt – und bin mit ein paar blutigen Fingern noch glimpflich davongekommen, da am Hang unterhalb keine gefährlichen Stellen lagen.

Schneebrücken

Schneebrücken und hohle Stellen unter dem Schnee entstehen dadurch, dass die Decke – meist durch **Wasserläufe** – von unten her zu tauen beginnt. Besonders im Frühjahr können Bäche unter einer geschlossenen Schneedecke verlaufen und sie bis auf eine dünne Schicht abtragen. Aber selbst mitten im Winter und bei starkem Frost können solche Stellen auftreten. Manchmal kann es als Hinweis dienen, wenn irgendwo hangaufwärts ein Wasserlauf im Schnee verschwindet, manchmal ist die Schneedecke an solchen Stellen leicht nach unten gewölbt, gelegentlich kann man auch leichten Dunst aufsteigen sehen. Aber meist sind sie sehr schwer zu erkennen, und das Geräusch fließenden Wassers ist die einzige Warnung (und dann befindet man sich vermutlich schon unmittelbar darüber). Viele dieser Brücken tragen das Gewicht eines Wanderers, da der Schnee stark verfestigt ist, aber man sollte dennoch sehr vorsichtig sein und den Schnee mit einer langen Stange testen, da jedes Einbrechen gefährliche Folgen haben kann. Wandert man in einer Gruppe, sollten die einzelnen Mitglieder möglichst großen Abstand voneinander halten und sich gegenseitig durch ein Seil sichern.

Hohle Stellen unter dem Schnee können auch in der Nähe von aus dem Schnee ragenden Felsblöcken entstehen, welche die Wärme der Sonne nach unten leiten. Sie sind jedoch weniger gefährlich.

Schmale, isolierte Schneebrücken über sonst offen fließende, kleine Bäche, wie sie in Gebieten mit viel Schnee im Frühjahr häufig vorkommen, sind in der Regel stabiler als lange unterhöhlte Strecken, weil der Schnee besonders fest gepackt und vereist ist. Außerdem kann man ihre Dicke klar erkennen und sieht, was darunter liegt. In Lappland habe ich zahlreiche solcher Schneebrücken überquert, ohne dass je eine gebrochen wäre. Trotzdem sollte man vorsichtig sein und sie auf jeden Fall nur einzeln betreten.

Entlang offener Wasserläufe können durch Verwehungen und Auswaschungen besonders weite **Überhänge** entstehen, die von oben kaum zu erkennen sind. Man halte daher stets einen sicheren Abstand zu offenen Wasserläufen und beachte im Zweifelsfall dieselben Vorsichtsmaßnahmen wie bei hohlen Stellen. Wo Bäume oder Sträucher wachsen, ist der Beginn eines Bachbettes und damit die Gefahr eines Überhanges häufig daran zu erkennen, dass die Bäume oder Büsche entlang einer Linie plötzlich aufhören.

Gewässer und Eisflächen

Seen, Bäche und Flüsse können im Winter je nach Temperaturverhältnissen einerseits problemlos überquert werden, so als wären sie gar nicht da, und möglicherweise das Gehen sogar wesentlich erleichtern (kein Strauchwerk), andererseits aber auch erhebliche Schwierigkeiten und Risiken darstellen oder gar zu unüberwindlichen Hindernissen werden.

Kleinere, offene Wasserläufe kann man wie im Sommer durchwaten (s.o.), sollte aber besonders die Unterkühlungsgefahr beachten (u.U. dicke Socken anziehen). Außerdem sollte man besonders vorsichtig sein, da die Kiesel am Ufer (und manchmal sogar unter dem Wasser!) von einer Eisschicht überzogen sein können. Werden beim Waten Füße oder Kleidung nass, sollte man sie am anderen Ufer sofort wechseln und am Abend gleich trocknen.

Besonders schwierig sind Wasserläufe zu überwinden, die nur entlang den Ufern gefroren oder von einer **dünnen Eisschicht** überzogen sind. Je nach Breite, Tiefe und Stärke der Strömung ist es meist ratsam, solche Gewässer ganz zu meiden und seine Route zu ändern. Ist eine Überquerung unvermeidlich, sucht man eine Stelle, an der geringe Strömung die Eisbildung begünstigt hat. Aber auch dort sollte man eine Überquerung nur unter äußerster Vorsicht und durch ein Seil gesichert riskieren. Evtl. kann man auch lange Stangen parallel auf das Eis schieben und eine Art Knüppeldamm bauen, der die Last über eine größere Fläche verteilt. Bricht man ohne Sicherung durch eine geschlossene Eisdecke eines Flusses, so ist an eine Rettung kaum zu denken, da man von der Strömung sofort unter das Eis gezogen wird. Und selbst bei stehenden Gewässern kann man durch den Kälteschock oder durch Unterkühlung bewusstlos werden, ehe man auf das Eis zurück gelangen kann.

Ein allgemeingültiges Maß, wie stark das Eis für eine sichere Überquerung sein muss, gibt es nicht – zu unterschiedlich kann die Beschaffenheit des Eises sein. Aber eine **Eisdicke** von weniger als 10 cm auf Seen und weniger als 20 cm auf fließenden Gewässern gilt bereits als riskant. Dabei sollte man bedenken, dass das Eis in der Flussmitte und an Prallhängen (Außenkurve einer Flussbiegung), also überall, wo die Strömung stark ist, wesentlich dünner ist als an ruhigen Stellen. Selbst wenn es am Ufer problemlos trägt, kann es in der Flussmitte gefährlich dünn sein! Auf Tümpeln und Seen ist nach lang anhaltenden Frostperioden (1–2 Wochen) das Risiko relativ gering, aber Flusseis ist nie sicher – ganz gleich wie lang und extrem die Kälte war. Auf großen Seeflächen besteht auch die Gefahr einer Unterkühlung, da man dort sehr exponiert ist.

Tipps zur Überquerung von Eisflächen

Wenn man eine Eisfläche betritt, ganz gleich wie, sicher das Eis zu sein scheint, sollte man folgende Punkte beachten:

- **Hüftgurt und Brustgurt** des Rucksacks **öffnen,** Schulterriemen locker tragen und stets darauf vorbereitet sein, den Rucksack rasch abwerfen zu können. Auf kürzeren, etwas riskanteren Passagen kann man auch den Rucksack abnehmen, aufs Eis legen und an einem langen Seil hinter sich her oder von der anderen Seite nachziehen, um die Belastung des Eises gering zu halten.
- Wenn man **Ski oder Schneeschuhe** trägt, wird das Gewicht auf eine größere Eisfläche verteilt und die Belastung reduziert. Andererseits ist es wichtig, die Bindung so zu tragen, dass man die Ski oder Schneeschuhe bei einem Unfall sofort abwerfen kann: z.B. Fangriemen und Fersenzug öffnen und vordere Halterung lockern, sodass man in den Bindungen nur noch wie in Pantoffeln steckt, die man, ohne die Füße anzuheben, „schlurfend" über das Eis schiebt. Bricht man durch das Eis, müssen Ski oder Schneeschuhe sofort abgeworfen werden. Sie bieten der Strömung eine große Angriffsfläche und machen Schwimmbewegungen nahezu unmöglich.
- Bevor man das Eis betritt, sicherstellen, dass man einen wasserdichten **Survivalkit** (s. „Checklisten") bei sich trägt, der im Falle eines Unfalls nicht verloren gehen kann – also nicht im Rucksack, sondern am Gürtel oder in einer fest verschlossenen Tasche!
- Zur Überquerung von Wasserläufen eine Stelle aussuchen, an der das Wasser vermutlich **wenig Strömung** hat (s.o. „Auswahl der Furt"). An solchen Stellen ist das Eis am dicksten.
- Wenn man das Eis betritt, sollte man nach Möglichkeit vom Ufer aus **durch ein Seil gesichert** sein oder zumindest eine 4–5 m lange **Stange** mit sich tragen, mit der man das Eis vor sich testen kann, und die einem beim Einbrechen evtl. Halt geben kann, falls das Loch kleiner ist als die Stange lang. Geht man längere Strecken auf relativ

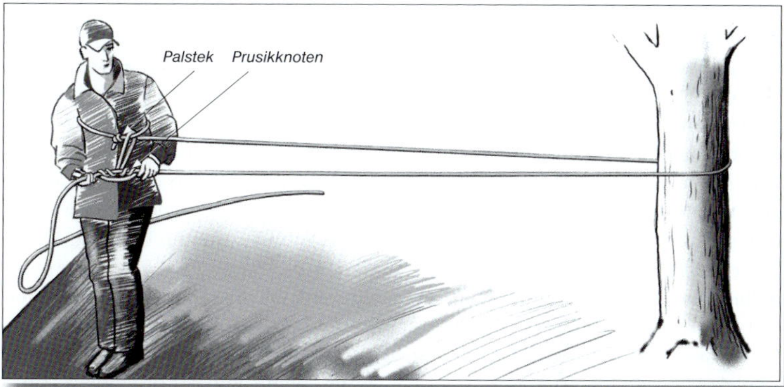

sicherem Eis (etwa auf Seen), kann man die Stange quer am Rucksack befestigen und nur an kritischen Stellen zum Testen des Eises benutzen. So hat man die Hände frei, der Rucksack geht nicht unbedingt verloren, wenn man einbricht, und es hat keine fatalen Folgen, wenn man ihn nicht sofort abwerfen kann.

- Lässt man sich vom Ufer aus durch ein Tau sichern, so bindet man es **nicht auf Hüfthöhe,** sondern direkt unter den Armen um den Körper (nicht zuziehende Schlinge!), damit man im Falle eines Unglücks auf jeden Fall mit dem Kopf voran herausgezogen wird und nicht umgekehrt.
- Das Tau nur **mit den Händen festzuhalten genügt nicht.** Durch den Schock eines Sturzes ins eiskalte Wasser kann es leicht passieren, dass man das Seil loslässt und unter das Eis gezogen wird.

Selbstsicherung auf dem Eis

- Bei der Eisüberquerung ist notfalls auch eine **Selbstsicherung** möglich, wie oben beim Waten erwähnt. Das Seil wird dabei wie beim Rappellen (s.o.) um einen Baumstamm gelegt und das eine Ende am Körper befestigt (s.o.). Das andere Ende des Seils jedoch nicht einfach in den Händen halten, sondern an einer zweiten (unterhalb der Arme um den Körper befestigten) Seilschlaufe mit einem Prusikknoten (s. „Knoten") oder Abseilachter o.Ä. befestigen, der während der Überquerung langsam auf dem Hauptseil immer weiter geschoben wird. Im Falle eines Einbrechens klemmt er sich sofort am Seil fest, und man wird festgehalten, auch wenn man das Seil loslässt.
- Gefrorene Wasserläufe unbedingt nur **einzeln** überqueren, um die Belastung des Eises gering zu halten, und damit nicht alle zusammen einbrechen können. Überquert man gefrorene Seen oder muss längere Strecken

auf Flusseis wandern, sollten die einzelnen Mitglieder einer Gruppe einen Abstand von etwa 15 m halten und sich evtl. gegenseitig durch ein Seil sichern. Auf Seen ist eine **Seilsicherung** auf jeden Fall zu empfehlen; auf blankem Flusseis hingegen kann sie gefährlich werden (besonders bei Zweier- oder Dreiergruppen), da eine einzelne Person den Eingebrochenen evtl. nicht halten kann, sondern ebenfalls ins Wasser gezogen wird (zumindest Steigeisen oder Harscheisen tragen, Eispickel bereithalten o.Ä.).

- Von **Felsblöcken** oder sonstigen Objekten, die aus dem Eis ragen, Abstand halten. An solchen Stellen kann die Eisbildung verzögert werden.
- Wo **zwei Flüsse** zusammenfließen, bleibt man besser vom Eis. Das unruhige Wasser der verschiedenen Strömungen verzögert die Eisbildung.
- Im Zweifelsfall lieber auf **klarem Eis** bleiben. Eine dicke Schneeschicht wirkt isolierend, sodass das Eis weniger dick wird und strömendes Wasser die Eisdecke von unten her abtauen kann.
- In **Flussschleifen** hält man sich möglichst auf der **Innenseite** (Gleithang). Im Außenbogen (Prallhang) wird die Eisbildung durch die stärkere Strömung ebenfalls verzögert bzw. das Eis von unten her abgetragen.
- Wo das Eis in **Schollen** aufgeworfen, dicht gepackt und wieder zusammengefroren ist, wird zwar das Gehen schwerer, aber dafür sicherer, da die zusammengefrorenen Schollen meist viel stabiler sind als eine einfache Eisdecke.

Ich will nochmals betonen: Auf Eisflächen zweifelhafter Stärke sollte man sich nur begeben, wenn wirklich keine andere Möglichkeit bleibt, und nur unter äußerster Vorsicht!

In nördlichen Breiten mit langen, kalten Wintern sind die meisten Gewässer fest zugefroren und können meist ohne Schwierigkeiten überquert werden – was nicht heißt, ohne Vorsicht! **Flusseis ist nie sicher!** Selbst bei langem und starkem Frost kann die Eisdecke Schwachpunkte haben, die von oben nicht immer erkennbar sind. Selbst im kanadischen Yukon-Territorium, wo Temperaturen von -40 °C nichts Ungewöhnliches sind, hat mir ein älterer Mann indigener Abstammung, der viel Erfahrung mit Flusseis hatte, geraten, mich wenn irgend möglich am Ufer zu halten und bei jeder Überquerung das Eis mit einer langen Stange sorgfältig zu testen. Da die meisten Flüsse im Herbst fallen, ist es gewöhnlich kein Problem, auf dem vegetationslosen Uferstreifen zu wandern. Lediglich an steilen Felsufern muss man das Eis überqueren, um auf das gegenüberliegende Ufer zu wechseln. Dann aber nicht direkt vor der Felswand (unruhiges Wasser = dünnes Eis!), sondern ein kurzes Stück oberhalb davon. Andererseits habe ich auf Wintertouren im Yukon auch schon viele Kilometer auf dem Eis kleinerer Flüsse und Bäche zurückgelegt. Mehrmals ist dabei das Eis unter mir gebrochen – aber nie schlagartig. Stets hatte ich Zeit, mich zurückzuziehen, ehe die Schollen davontrieben und offenes Wasser sichtbar wurde.

Rettung bei Eisunfällen

Auf Flusseis hat eine Rettung nur dann Aussicht auf Erfolg, wenn der Betroffene durch ein Seil gesichert ist. Andernfalls ist das Risiko sehr hoch, dass der Verunglückte durch die Strömung unter das Eis gezogen wird, bevor die Retter eingreifen können. Aber auch auf **stehenden Gewässern** wird die Bergung des Eingebrochenen durch eine Seilsicherung beschleunigt, die Zeit im kalten Wasser dadurch verkürzt und seine Überlebenschancen verbessert. Die Auskühlung in Eiswasser ist so extrem, dass man schon nach wenigen Minuten bewusstlos werden und ertrinken oder an Unterkühlung sterben kann. Eile tut Not, aber panische Reaktionen sind genauso fehl am Platze!

Die **Retter** müssen reichlich Abstand von der Einbruchstelle halten, um nicht auf dem geschwächten Eis selbst einzubrechen. Ist der Verunglückte nicht durch ein Seil gesichert, legt sich der Retter flach auf den Bauch, um das Gewicht auf eine möglichst große Fläche zu verteilen, und schiebt sich vorsichtig so weit an die Einbruchstelle heran, dass er ihm ein Seil zuwerfen oder ihm eine Stange reichen kann, um ihn herauszuziehen. Der Betroffene selbst sollte dabei möglichst flach auf dem Wasser liegen und durch kräftige Beinschläge mithelfen. Er darf jedoch keinesfalls versuchen, sich auf der Eiskante abzustützen, um herauszuklettern. Das Risiko ist hoch, dass dadurch das Eis weiter einbrechen und die Retter gefährden würde. Der Eingebrochene lässt sich flach auf das Eis ziehen und darf nicht aufstehen, eher er nicht wieder stabiles Eis erreicht hat.

Um sich im Notfall **selbst zu befreien,** muss man sich auf dem Wasser ebenfalls möglichst flach machen, die ausgestreckten Arme und den Kopf auf die Eiskante legen (nicht aufstützen!) und sich durch Beinschläge langsam und vorsichtig auf das Eis schieben. Dann nicht gleich aufstehen, sondern sich flach auf dem Bauch bis ans Ufer oder bis auf sicheres Eis schieben.

Sobald man **am Ufer** ist, kann man sich zunächst kurz in einer Schneewehe wälzen, da Pulverschnee viel Wasser aufsaugt. In Bewegung bleiben und sofort für ein Feuer sorgen, ehe die Finger zu klamm werden, um ein Streichholz zu halten (ggf. heftig in die Hände klatschen und Arme gegen den Rumpf schlagen, um die Blutzirkulation zu fördern). Am Ufer findet man meist dürre Sträucher oder trockenes Treibholz, und wasserdicht verpackte Streichhölzer (bzw. ein Feuerzeug) und Zunder hat man hoffentlich in der Tasche. Schnell, aber überlegt handeln! Erst wenn ein starkes Feuer brennt, wechselt man die Kleidung. Weiteren Wärmeverlust vermeiden, indem man für Windschutz sorgt, in den Schlafsack kriecht und sofort Energie von außen zuführt: heiße Getränke, Zucker (s.u. „Unterkühlung“ und „Erfrierungen“).

Weitere Besonderheiten

Die **Lawinengefahr** ist neben Flusseis und Unterkühlung eine der größten Gefahren für Winterwanderer (siehe „Gefahren unterwegs“).

Die wesentlich **kürzeren Tage** können für den, der bisher nur im Sommer gewandert ist, eine erhebliche Umstellung bedeuten und Schwierigkeiten bei der Einteilung der Tagesetappen bereiten. Im Winter muss man daher grundsätzlich kürzere Tagesetappen planen, da nicht nur die Tage kürzer sind, sondern man meist auch langsamer voran kommt.

Nachtwandern ist im Winter bei klarem Himmel zumindest in offenem Gelände durchaus möglich, da der Schnee sehr viel Licht reflektiert und die Nächte selten ganz dunkel sind. Man sollte die Route anhand der Karte genau vorausplanen, um sicher zu sein, dass die Orientierung keine Probleme bereitet und dass nirgends gefährliche Steilabbrüche o.Ä. lauern, die bei Schnee oft selbst am Tag schwer zu erkennen sind. Wer sich also bei der Einteilung der Tagesetappen verrechnet hat oder wem es zu lang wird, 15 oder noch mehr Stunden im Zelt zu liegen, der kann in klaren Nächten weiterwandern. Es kann ein faszinierendes Erlebnis sein, in einer klaren Mondnacht durch eine tief verschneite, glitzernde Winterwelt zu wandern!

Ski und Schneeschuhe

Liegt der Schnee mehr als knietief, so wird er selbst zu einem Hindernis, das ohne zusätzliche Hilfsmittel auf längeren Strecken kaum mehr zu bewältigen ist. Zur Auswahl stehen Ski oder Schneeschuhe, wobei Langlauf-, Touren- oder Telemarkski im offenen und leicht bewaldeten Gelände ihren Vorteil haben, während die **Schneeschuhe** in dichterem Wald und Buschland günstiger sind oder wenn es viel bergauf geht. Sie sind wesentlich wendiger als die Ski, sodass man im Unterholz weniger damit hängenbleibt, sie sind einfacher zu benutzen, und man rutscht damit kaum zurück, auch wenn es steil bergauf geht. Allerdings kann man dann logischerweise auch bergab nicht damit „rutschen", was aber mancher vielleicht eher zu den Vorteilen rechnen mag.

Wer sich auf Skiern fortbewegen will, der hat entweder bereits Erfahrung oder er kann sich durch Kurse und einschlägige Literatur vorbereiten. Über Schneeschuhe sind die Quellen spärlicher, auch wenn sie heute bereits etwas bekannter sind als noch vor einigen Jahren (damals spöttelte jeder über diese kuriosen „Tennisschläger").

Die aus Kanada und Alaska stammenden, klassischen Schneeschuhe bestehen traditionellerweise aus einem Holzrahmen mit einer netzartigen **Bespannung** aus Rohlederstreifen (ungegerbtem Leder) – nicht etwa Leder oder gar Darm(!), wie manche meinen. Mittels einer einfachen Lederbindung können sie an jedem Wanderstiefel befestigt werden.

Diese traditionellen Modelle sind – kaltes Wetter vorausgesetzt – erstaunlich robust. Sobald der Schnee jedoch nass wird, nimmt die Rohhaut Wasser auf, wird schlabberig und sehr empfindlich. Unter solchen Bedingungen pfeift man lieber auf „Stil" und wählt Schneeschuhe mit robusterer Neo-

Schneeschuh-Modelle

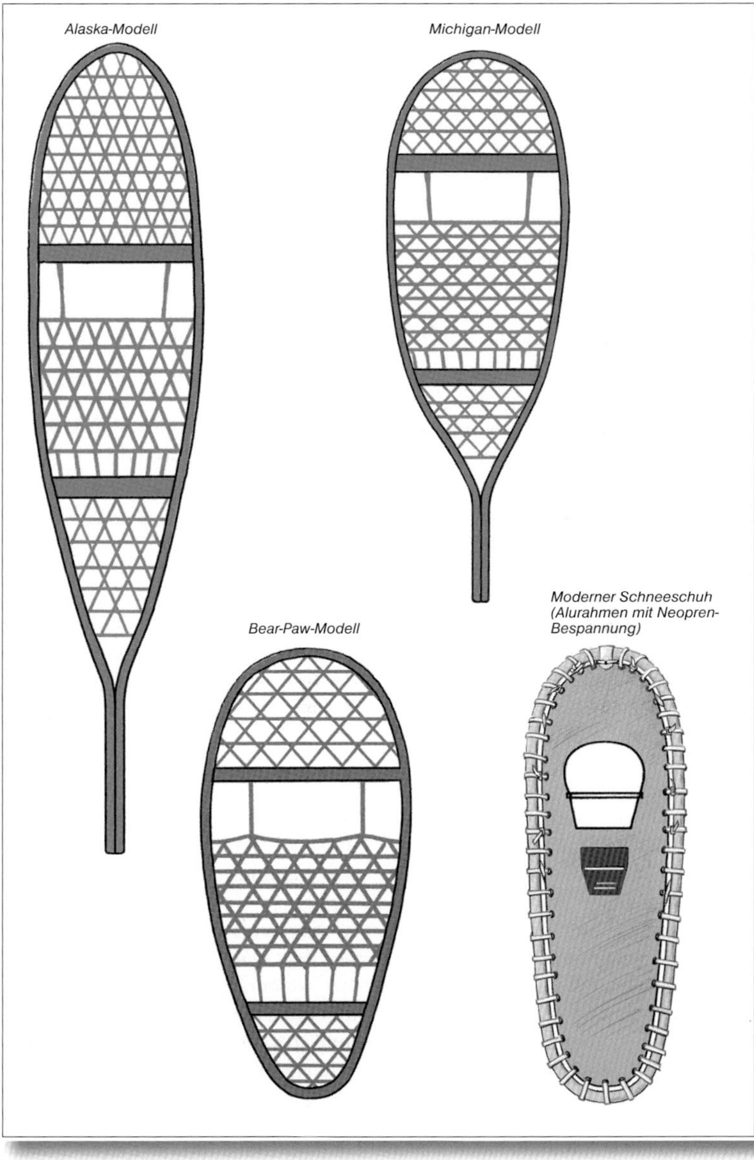
Alaska-Modell
Michigan-Modell
Bear-Paw-Modell
Moderner Schneeschuh
(Alurahmen mit Neopren-
Bespannung)

prenbespannung oder aus Kunststoff, die keine Nässe aufnehmen. Neopren ist auch für die Bindungen vorteilhafter – aus den genannten Gründen, und weil es sich nicht dehnt. Lederbindungen erfordern ein häufigeres Nachregulieren und vereisen schnell.

Schneeschuh-Modelle

Nach der Form unterscheidet man drei verschiedene Modelle: Der sehr lange, schmale und hinten spitz zulaufende **Alaska-Schneeschuh** ist dem Ski am ähnlichsten und für weite, offene Flächen mit tiefem lockeren Schnee gedacht (für Mitteleuropa und alle Waldgebiete weniger geeignet). Das **Michigan-Modell** ist etwas breiter und kürzer und bleibt durch das ebenfalls spitz zulaufende Hinterende gut in der Spur (d.h. er schlenkert nicht nach den Seiten weg). Für den Allround-Einsatz am günstigsten ist der **Bear-Paw-** („Bärentatzen"-) **Schneeschuh.** Er ist auch hinten gerundet und dadurch bei gleicher Auflagefläche wie das Michigan-Modell kürzer und in unwegsamem Gelände viel wendiger, wenngleich nicht so spurtreu. Das Vorderende der Alaska- und der Michigan-Schneeschuhe ist nach oben gebogen wie beim Ski, um nicht in den Schnee zu stechen. Bei den Bear-Paw-Modellen ist dies manchmal – aber nicht immer – der Fall (aber stets vorteilhaft!).

Mit Abstand am funktionalsten und robustesten – aber auch teuer und nicht ganz so „dekorativ" sind die modernen **Modelle aus Aluminium-Rohr** mit einer Bespannung aus flächigem Neopren (z.B. *TUBBS*). Sie sind ebenfalls hinten gerundet und dadurch bei großer Auflagefläche sehr wendig. Durch eine Spezialbindung – die zudem mit Harscheisen oder Eiszacken versehen ist – sind sie absolut spurtreu und gut zu kontrollieren. Sie können kleiner und leichter gebaut werden, sie sind pflegeleicht und nahezu unverwüstlich. Für mich gehören sie zur Grundausstattung im Winter, da ich inzwischen in einer Region wohne, in der ich an manchen Tagen ohne Schneeschuhe gar nicht mehr aus dem Haus komme.

Sofort vergessen sollte man **Modelle aus Weidengeflecht** und die sogenannten **„Schneereifen"** mit einer Bespannung aus Drahtseil. Erstere sind absolute Einwegartikel, die spätestens nach der ersten Tour – oder schon unterwegs! – nur noch zum Anheizen taugen. Letztere haben einen sehr begrenzten Einsatzbereich und sind auf längeren Strecken eine Tortur, da der Fuß starr damit verbunden ist, und die Ferse nicht abgehoben werden kann.

Bindungen

Die Bindung für Schneeschuhe ähnelt der traditionellen Drahtzugbindung altmodischer Skier, wenngleich es zahllose Abwandlungen davon gibt. Wichtig ist, dass der Absatz des Stiefels nicht starr auf dem Schneeschuh sitzt, sondern bei jedem Schritt davon abgehoben wird, und dass die Bindung so angebracht ist, dass der hintere Teil des Schneeschuhs überlastig ist, d.h., dass das Vorderende beim Heben des Fußes nach oben wippt.

Gehen auf Schneeschuhen

Das Gehen auf Schneeschuhen ist kinderleicht und muss nicht erst erlernt werden. Die Geschichten vom strapaziösen Watschelgang nach Entenart sind nur Schauermärchen. Mit Schneeschuhen marschiert man kaum anders als ohne, man kann erstaunliche Steigungen damit bewältigen und auch bergab ganz normal gehen. Praktisch alle gängigen Schneeschuhe sind so schmal gebaut, dass man sie beim Gehen nebeneinander über den Schnee zieht, genau wie Ski. Sehr hilfreich sind Skistöcke, wenngleich da der Purist gleich lauthals „Stilbruch“ schreit, weil die Stöcke nicht zum Bild des alaskanischen Trappers passen. Sie entlasten jedoch die Beine erheblich und bieten im steilen Gelände zusätzlichen Halt.

Schneeschuhbindung

Auf Schneeschuhen zu wandern, kann der wahre Genuss sein, wenn der Schnee zwar tief, aber durch Wind oder Harsch bereits etwas verfestigt ist. Dann kann man über die Oberfläche dahinspazieren, ohne einzusinken, während daneben die Spuren der Elche so tief sind, dass fast der ganze Skistock darin verschwindet. Aber wehe, wenn man tiefen Pulverschnee zu bewältigen hat! Wem das gleich auf der ersten Tour passiert, der wird den Glauben an die Schneeschuhe rasch verlieren. Selbst mit guten Schneeschuhen versinkt man darin ins scheinbar Bodenlose, und nur wer das mal mitgemacht hat, weiß, was es bedeutet, den „Trail zu brechen“! Größere Gruppen sind unter solchen Bedingungen ganz fein raus, denn schon der zweite in der Reihe kann recht bequem spazieren gehen, und beim Spurtreten kann man sich häufiger einmal abwechseln. Mühsam kann es auch auf Nassschnee werden, der unter den Schneeschuhen Stollen bildet (selbst auf Neopren), sodass man unerwartet „bleischwere" Füße bekommt.

Schlitten

Da das Gepäck für längere Winterwanderungen umfangreicher und schwerer ist als im Sommer, wird mancher es lieber auf einem Schlitten hinter sich herziehen, als es auf dem Rücken zu schleppen. Man sinkt dann auch weniger tief ein, und der Schlitten kann in der festgetretenen Schneeschuhspur folgen. Ein Rodelschlitten mit Kufen ist hierzu ungeeignet: er ist zu klein, zu kippelig und sinkt zu tief ein. Notfalls kann man einen der heutigen Schlitten in Form einer Plastikwanne umfunktionieren. Für zwei Personen ist das eine passable und billige Lösung, wenn einer hinter dem Schlitten geht, um bergab zu bremsen.

Immer mehr Winterwanderer benutzen jedoch einen **Pulka,** einen wannenförmigen Schlitten (ähnlich einem flachen Boot), der oben mit einer Plane verschlossen wird. In der Ebene kann man damit problemlos bis zu dreimal so schwere Lasten transportieren wie auf dem Rücken – auf festem Schnee sogar praktisch, ohne etwas von der Zuglast zu spüren, und auf einem guten Trail merkt man selbst an leichten Steigungen kaum etwas davon. Wird der Hang steil oder der Schnee tief, muss man schon ordentlich ziehen und unbedingt **Skistöcke** einsetzen – dann verteilt sich die Belastung gleichmäßiger auf den ganzen Körper als mit einem schweren Rucksack. Da der Pulka sehr schmal gebaut ist, um in der Skispur zu laufen, hat er wenig Seitenstabilität und kippt relativ leicht. Daher muss unbedingt der Schwerpunkt möglichst tief liegen (Proviant, Werkzeug etc. ganz unten, Schlafsack, Kleidung etc. darüber). In schwierigem Gelände (besonders in den Bergen und bei häufigen Hangquerungen) ist es gut, zu zweit zu sein, damit einer ziehen und der andere mit einem Seil stabilisieren oder mit einer Stange schieben kann. Ist man allein unterwegs, kann man einen Teil des Gepäcks in einem Rucksack im Pulka verstauen und für schwierigere Etappen auf den Rücken nehmen. Aber ein mittelgroßer Pulka bietet durchaus Platz genug, um das Gepäck für zwei Personen zu transportieren. Und falls er nicht reicht, nimmt man Schlafsack, Isomatte und Kleidung in einem kleinen Pack auf den Rücken und verstaut alles Schwere im Pulka. Den Pulka zieht man mit einem am Zuggeschirr (oder notfalls am Hüftgurt) befestigten Gestänge hinter sich her. Zugseile sind ungeeignet, weil einem der Schlitten damit bei jedem Gefälle in die Hacken saust (es sei denn, man hat einen Gefährten, der hinten bremst). Für erste Versuche kann man etwas Ähnliches aus den heutigen „Bob"-Schlitten der

Buchtipp

- **„Mushing"** von *Thomas Gut,* sehr kompetenter Ratgeber rund um das Thema Hundeschlitten, REISE KNOW-HOW Verlag.

Kinder basteln. Diese Konstruktionen sind sogar etwas kippstabiler, aber weniger spurtreu (d.h. bei Hangquerungen laufen sie mehr oder weniger diagonal hangab neben- statt hinterher) – und vor allem sind sie in tiefem Schnee zu breit, um in der Spur zu laufen. Wer den Pulka auf Ski zieht, braucht (außer in wirklich ebenem Gelände) unbedingt **Felle,** um bergauf steigen zu können sowie für Abfahrten eine **solide Bindung** (am besten Tourenski o.Ä.) und einige Skibeherrschung, denn der Pulka schiebt!

Ein guter Pulka ist zwar leider nicht gerade billig (etwa 650–800 €, plus Zuggeschirr ca. 150 €) – aber wer im Winter öfters mehrtägige Touren unternimmt, sollte es wenigstens einmal ausprobieren (Pulkas kann man auch mieten; ca. 20–30 € pro Tag). Er wird begeistert sein!

Zum wahren Traum wird die Wintertour, wenn man noch einige Hunde hat, die man vor seinen Schlitten spannen kann. Auf Einzelheiten von **Touren mit Schlittenhunden** einzugehen, würde hier jedoch zu weit führen. Außerdem sei jeder nachdrücklich davor gewarnt. Wenn man das **Hundeschlittenfahren** erst einmal anfängt, besteht eine akute Gefahr: Man wird wahrscheinlich so begeistert davon sein, dass es einen nie wieder loslässt!

Hundeschlittengespann in den Bergen von Lappland

Orientierung

Orientierung bedeutet eigentlich nur: zu wissen, wo man sich befindet und in welcher Richtung man sein Ziel erreicht. Nichts weiter. Trotzdem ist sie zu einer hoch komplizierten Wissenschaft entwickelt worden, durch die viele sich abschrecken lassen. Zu Unrecht, denn was man auf Wanderungen und Wildnistouren für die Orientierung braucht, ist absolut nicht kompliziert und erfordert in den allermeisten Fällen nicht einmal einen Kompass (was jedoch nicht heißen soll, dass man auf den Kompass ganz verzichten oder die Grundbegriffe der Kompassorientierung völlig vernachlässigen kann!). In diesem Kapitel werde ich mich jedoch auf die wesentlichen Grundlagen beschränken und verweise all jene, die sich intensiver mit dem Thema befassen wollen, auf die Literaturtipps im Anhang dieses Buches.

Orientierung ist reine Instinktsache, glauben die einen. Orientierung hat mit Instinkt rein gar nichts zu tun, sondern ist eine rein logische Wissenschaft, behaupten die anderen. In gewisser Weise haben beide recht, genau genommen aber nur die Letzteren. So etwas wie einen angeborenen Orientierungssinn im Sinne eines eingebauten Kompasses gibt es tatsächlich nicht. Auch der „Orientierungssinn" beruht stets auf Erfahrung und auf äußeren Hilfsmitteln. Nur sind diese Hilfsmittel manchen durch langjährige Übung so vertraut geworden, dass Sie gar nicht mehr merken, dass Sie davon Gebrauch machen und daher davon überzeugt sind, sich „rein gefühlsmäßig" zu orientieren.

040op Foto: rh

Peilen mit dem Spiegelkompass

Orientierung ohne Kompass

Von den allermeisten Touren in einer durch Berge und Täler einigermaßen gegliederten Landschaft wird man problemlos wieder zurückkehren, ohne den Kompass auch nur ausgepackt zu haben. In anderen Regionen (wie flachen Wüsten, Steppenebenen oder dichten Waldgebieten) ist das natürlich anders. Auf meinen Touren war ich fast immer im Bergland unterwegs, und die Situationen, in denen ich wirklich auf den Kompass angewiesen war, lassen sich an einer Hand abzählen. Wenn man ein grobes Bild der Gegend im Kopf hat, kann man notfalls sogar einige Zeit ohne die Landkarte auskommen, indem man sich an den Bergzügen und Tälern orientiert. Goldgräber und Trapper haben die gesamten Rocky Mountains und ganz Alaska ohne eine Landkarte durchstreift und sich dabei nur am System der Wasserläufe orientiert (von dem sie allerdings eine recht genaue Karte im Kopf hatten!).

Trotzdem sollte man unbedingt auf jeder Tour gute **topografische Karten des gesamten Gebietes,** das man durchwandern will, bei sich haben und **ständig benutzen** und einen Kompass zumindest für Notfälle im Rucksack tragen. Besser ist es natürlich, man trägt den Kompass stets in der Brusttasche und benutzt ihn möglichst oft – schon um den Umgang damit einzuüben. Für Gebiete und Routen mit erschwerter Orientierung ist dies natürlich ein Muss.

Besonders wer noch über wenig Erfahrung im Umgang mit der Karte verfügt, sollte unterwegs möglichst **häufig die Landschaft mit der Karte vergleichen** und seine **Route ständig auf der Karte verfolgen!** So schult man seinen Blick für das Gelände und dessen Darstellung auf der Landkarte und weiß jederzeit, wo man ist. Greift man erst zur Karte, wenn man sich schon verlaufen hat, ist es oft zu spät und entweder unmöglich oder zumindest erheblich schwieriger, seinen Standort zu bestimmen. Und falls gar Nebel aufgezogen ist oder keine markanten Orientierungspunkte auszumachen sind, steht man selbst mit Karte und Kompass recht hilflos da.

Landkarte

Die **topografische Karte** ist das mit Abstand wichtigste Hilfsmittel zur Orientierung auf jeder Tour (auch auf Tagestouren!), und der Umgang mit ihr sollte bei jeder Gelegenheit geübt werden. Sie gibt ein möglichst genaues Abbild der jeweiligen Region, weicht aber in mehren Punkten entscheidend von der Natur ab. Sie ist:

- **verkleinert** (das ist klar, aber wichtig ist, in welchem Maßstab!),
- **flach** (d.h. Höhenunterschiede und Relief können nur symbolisch dargestellt werden, und eine gewisse Verzerrung beim Abbilden der gewölbten Erdoberfläche ist unvermeidlich, aber für unsere Anforderungen so gering, dass sie kaum eine Rolle spielt),
- **vereinfacht und generalisiert** (umso stärker, je kleiner der Maßstab ist),
- **erläutert** (durch Namen, Zahlen, Symbole).

Maßstab

Der Maßstab bezeichnet das Verhältnis, in dem das Kartenbild verkleinert wurde, und ist auf jeder Karte angegeben; z.B. 1:50.000. Macht man sich bewusst, dass es sich bei der Angabe um einen **Bruch** handelt (1 geteilt durch 50.000) wird ganz klar, dass ein **Maßstab umso größer** und genauer ist, **je kleiner die Zahl** hinter dem Doppelpunkt ist.

Ein Zentimeter auf der Karte entspricht in der Natur:	
beim Maßstab	**einer Strecke von**
1:25.000	250 m
1:50.000	500 m
1:100.000	1000 m
1:250.000	2500 m

Ein Kilometer in der Natur entspricht auf der Karte:	
beim Maßstab	**einer Strecke von**
1:25.000	4 cm
1:50.000	2 cm
1:100.000	1 cm
1:250.000	0,4 cm

Topografische Karten folgender Maßstäbe kommen in Frage:

- **1:250.000:** als Übersichts- und Planungskarte, evtl. für Radtouren und für Kanutouren, wenn man zusätzlich eine Flussbeschreibung besitzt; für Wanderungen ist sie zu ungenau.
- **1:100.000:** auch „TK 100“ genannt, ist für Radtouren beliebt und kann notfalls (!) auch für Wanderungen benutzt werden, falls keine bessere Karte zur Verfügung steht (die schwedischen Fjällkarten in diesem Maßstab sind z.B. schon sehr brauchbar).
- **1:50.000:** auch TK 50 oder 2-cm-Karte genannt, ist als Wanderkarte universell einsetzbar und liefert zahlreiche Details; da 30 km bereits 60 cm auf der Karte entsprechen, wird man allerdings für jede zweite Tagesetappe ein Kartenblatt benötigen (u.U. auch deutlich mehr, da die Route ja nicht stets quer über die Karte führt).
- **1:25.000:** TK 25, 4-cm-Karte oder Messtischblatt, kann für Touren im Hochgebirge sehr hilfreich sein, da sie enorm detailliert ist; für längere Wanderungen bräuchte man jedoch zu viele Kartenblätter.

Höhenlinien

Höhenlinien verbinden alle Punkte, die in gleicher Höhe über dem Meeresspiegel liegen; sie sind auf topografischen Karten meist braun eingezeichnet, auf Geröllfeldern schwarz, auf Gletschern und Firnfeldern blau (auf Autokarten fehlen sie in der Regel, da dort die Höhenunterschiede eine geringere Rolle spielen). Sie gleichen den Mangel der zweidimensionalen Abbildung aus und vermitteln dem Geübten ein räumliches Bild der Landschaft. Den Höhenunterschied zwischen den einzelnen Linien nennt man **Äquidistanz.** Die Äquidistanz richtet sich nach dem Maßstab. Bei Wanderkarten beträgt sie gewöhnlich 20 m im Hochgebirge und 10 m in Mittelgebirge und Flachland. Die sogenannten **Zähllinien** sind Höhenlinien, bei denen die jeweilige Höhe über dem Meeresspiegel angegeben ist (bei einigen englischen und US-Karten in Fuß!).

Landschaftsformen
im Bild der Höhenlinien

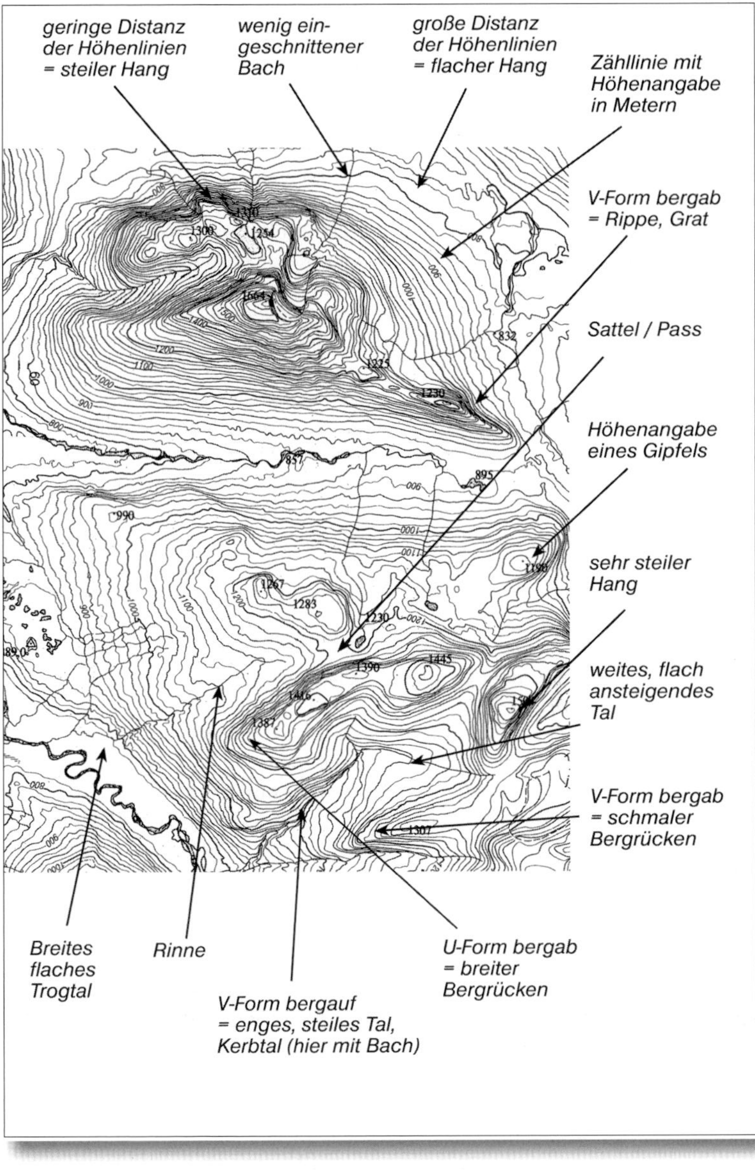
geringe Distanz
der Höhenlinien
= steiler Hang
wenig ein-
geschnittener
Bach
große Distanz
der Höhenlinien
= flacher Hang
Zähllinie mit
Höhenangabe
in Metern
V-Form bergab
= Rippe, Grat
Sattel / Pass
Höhenangabe
eines Gipfels
sehr steiler
Hang
weites, flach
ansteigendes
Tal
V-Form bergab
= schmaler
Bergrücken
Breites
flaches
Trogtal
Rinne
U-Form bergab
= breiter
Bergrücken
V-Form bergauf
= enges, steiles Tal,
Kerbtal (hier mit Bach)

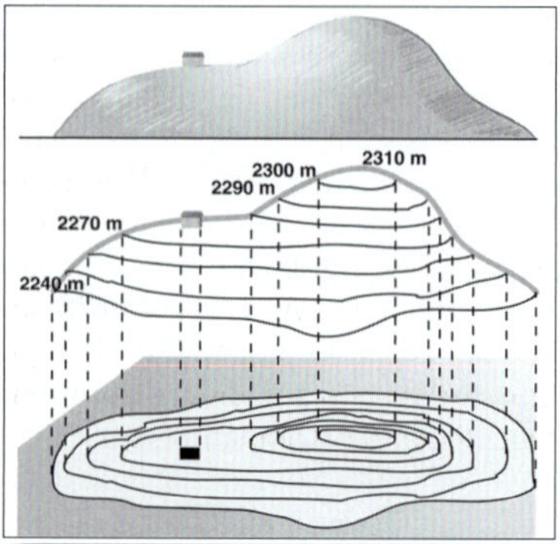

Die Ziffern sind so eingetragen, dass ihr **oberes Ende hangauf** weist.

Mit Hilfe der Höhenlinien kann man **Steigungen** und **Gefälle** entlang der Route abschätzen oder sogar exakt berechnen. Liegen sie weit auseinander, ist das Gelände relativ flach, rücken sie enger zusammen, wird es steiler, und wo sie fast aufeinandertreffen, befindet sich eine nahezu senkrechte Wand. Laufen sie V-förmig oder U-förmig zusammen und die Spitze bzw. das geschlossene Ende zeigt hangauf, so handelt es sich um ein Tal, in dem vermutlich ein Bach dahinplätschert. Das V lässt auf eine eher steil eingeschnittene Schlucht schließen, das U auf ein breiteres Trogtal. Weisen Spitze bzw. geschlossenes Ende bergab, so handelt es sich um eine scharf ausgeprägte Rippe (V) bzw. einen eher gerundeten Bergrücken (U).

Um die räumliche Vorstellung zu erleichtern, besitzen manche Wanderkarten zusätzlich eine **Schummerung** (Schatteneffekt), die auch dem Ungeübten ein plastisches Bild von der Landschaft vermittelt.

Umsetzung der Höhenlinien

Fallstriche bei kleinräumigen Bodenformen

Fallstriche

Höhenunterschiede, die geringer sind als die Äquidistanz, kann man aus den Höhenlinien nicht ablesen; so wäre etwa eine 18 m tiefe Schlucht oder ein Steilabbruch im Hochgebirge u.U. nicht zu erkennen. Da diese Informationen aber für Wanderer enorm wichtig sein können, werden sie mit Hilfe von Fallstrichen dargestellt. Dies sind kurze Striche (schwarz oder in der gleichen Farbe wie die Höhenlinien), die von einer Linie ausgehend **hangabwärts** weisen.

Sonstige Symbole

Jede Karte enthält eine Fülle symbolischer Darstellungen (für Gebäude, Vegetationsformen, Bodenbeschaffenheit, Verkehrswege und sonstige Einrichtungen), die meist selbsterklärend sind oder der Legende entnommen werden können. Sie sind nicht auf allen Karten einheitlich, und sie sind natürlich nicht maßstabsgetreu wiedergegeben.

Kartenrand

Neben dem eigentlichen Kartenbild bietet eine topografische Karte auf

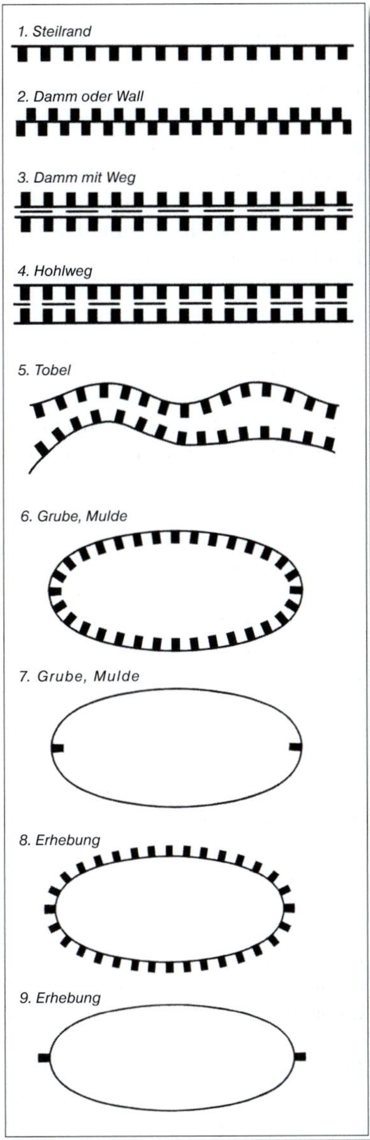

dem Kartenrand eine Fülle weiterer Informationen wie: Kartenname und -nummer, Alter der Karte, Anschlusskarten, Maßstab, Äquidistanz und Missweisung (s.u.). Der **Kartenrahmen** enthält manchmal Informationen, die über das Kartenbild hinaus reichen (z.B., wohin der Weg weiterführt) sowie die Werte für geografische Länge und Breite und für die **Gitterlinien** (wichtig für die Kompassarbeit).

Alter und Zuverlässigkeit

In Deutschland werden topografische Karten alle paar Jahre überarbeitet, aber in anderen Ländern kann das ganz anders aussehen. In Kanada beispielsweise habe ich Karten bekommen, die mehr als 30 Jahre alt waren. Dort ist das allerdings nicht so schlimm, da sich die Landschaft auch in 30 Jahren kaum verändert und Veränderungen durch den Menschen (Gebäude, Wege) selten sind. Bei älteren Karten ist dennoch Vorsicht geboten – von eingezeichneten Wegen oder Hütten findet man heute vielleicht keine Spur mehr, und auch Flussläufe können sich geringfügig verändert haben. Ansonsten sind sie aber sehr genau und zuverlässig.

Gitterlinien

Für die Arbeit mit dem Kompass sind senkrechte Gitterlinien (Nordlinien) im Abstand von höchstens 4 cm (besser 2 cm) unverzichtbar. Entsprechend den unterschiedlichen Nordrichtungen (s.u. „Wo ist Norden?") gibt es drei verschiedene Arten von Nordlinien:

- **geografische Nordlinien** (weisen exakt die geografische Nordrichtung, verlaufen aber nicht exakt parallel, sondern laufen in Polrichtung zusammen),
- **geodätische Nordlinien** (verlaufen exakt parallel, aber demzufolge nicht ganz genau in der geografischen Nordrichtung),
- **magnetische Nordlinien** (verlaufen in der Nordrichtung, die der Kompass zeigt, also nicht nach Geografisch-Nord, sondern auf den magnetischen Nordpol zu; hierbei ist außerdem zu beachten, dass die magnetische Nordrichtung sich schwach, aber stetig verändert).

Am einfachsten wäre es, mit nach **Magnetisch-Nord** ausgerichteten Linien zu arbeiten, da man in diesem Fall keine Missweisung (s.u.) beachten müsste. Leider sind diese Linien meist nur in speziellen Karten für Orientierungsläufe eingezeichnet, die man im Handel nicht bekommt.

Auf den meisten Wanderkarten ist ein **geografisches** oder ein **geodätisches Gitter** aufgedruckt bzw. im Kartenrahmen markiert. Für Touren in unseren Breiten weichen sie wenig voneinander ab, sodass es unwesentlich ist, welches von beiden man benutzt (allerdings muss in beiden Fällen ggf. die Deklination bzw. die Nadelabweichung berücksichtigt werden). In polnahen Regionen wird die Abweichung zwischen geografischen und geodätischen Nordlinien größer. Beim Missweisungsausgleich (s.u.) muss man in diesen Regionen unbedingt darauf achten, ob die **Deklination** (Abweichung von Geografisch-Nord) oder die **Nadelabweichung** (Abweichung von Gitternord) angegeben ist.

Auf den topografischen Karten mancher Länder ist das **Gitter bereits aufgedruckt;** z.B. Norwegen, Kanada (geodätisches Gitter) und Schweden (geografisches Gitter). Bei anderen ist es nur durch **Kreuzungspunkte** markiert, die man bereits vor der Tour durch dünne Striche in Nord-Süd-Richtung verbinden sollte. Manchmal ist das **Gitter nur im Rahmen** angegeben und muss dann unbedingt vor der Abreise eingetragen werden, indem man die entsprechenden Punkte auf dem oberen und unteren Kartenrand mit Hilfe eines langen Lineals verbindet. Je exakter man dabei arbeitet, desto genauer wird unterwegs die Orientierung. **Standard:** Durch die zunehmende Verbreitung der GPS-Navigation haben sich inzwischen geodätische UTM-Gitter für alle topografischen Karten als Standard durchgesetzt.

Wo ist Norden?

Norden ist immer oben, das lernt man schon in der Grundschule. Aber dass es auf der Karte gleich drei verschiedene Nordrichtungen gibt, das mag manchen doch ordentlich verwirren. Ist aber nicht so schlimm, wie es klingen mag.

Geografisch-Nord (GeN) ist die Richtung zum geografischen Nordpol

Missweisungs- (Isogonen-) Karte. Sie fasst alle Punkte gleicher Deklination auf Linien zusammen und wird daher auch als **rechtweisend Nord** bezeichnet. In dieser Richtung verlaufen die Längengrade (Meridiane). Da die Erde annähernd eine Kugel ist, verlaufen sie nicht parallel, sondern an den Polen zusammen. Auf topografischen Karten verlaufen oft nur die rechten und linken Kartenränder exakt nach Geografisch-Nord und daher auch nicht parallel (je polnäher, desto stärker die Abweichung von der Parallelrichtung).

Das Gitter besteht meist aus parallelen Linien (geodätisches Gitter); eine Ausnahme bilden etwa die schwedischen Wanderkarten mit geografischem Gitter.

Magnetisch-Nord (MaN) ist (etwas vereinfacht gesagt) die Richtung zum magnetischen Nordpol, also die Richtung, in die die Kompassnadel weist. Nun liegt der Magnetpol aber leider nicht exakt am geografischen Pol, sondern über tausend Kilometer davon entfernt, weshalb die Kompassnadel nur an wenigen Stellen der Erde die geografische Nordrichtung anzeigt. Hinzu kommt, dass der Magnetpol seine Lage laufend verändert, seine Bewegungen längerfristig schwer vorherzusagen sind und örtliche Störungen das Magnetfeld beeinflussen. In manchen Regionen (z.B. Mitteleuropa) sind die Abweichungen so gering, dass man sie vernachlässigen kann, aber im Norden Kanadas oder auf Grönland können sie so extreme Werte annehmen, dass die Kompassnadel nach Osten oder Westen weist anstatt nach Geografisch-Nord.

Gitter-Nord (GiN) ist die Richtung, in die auf topografischen Karten die

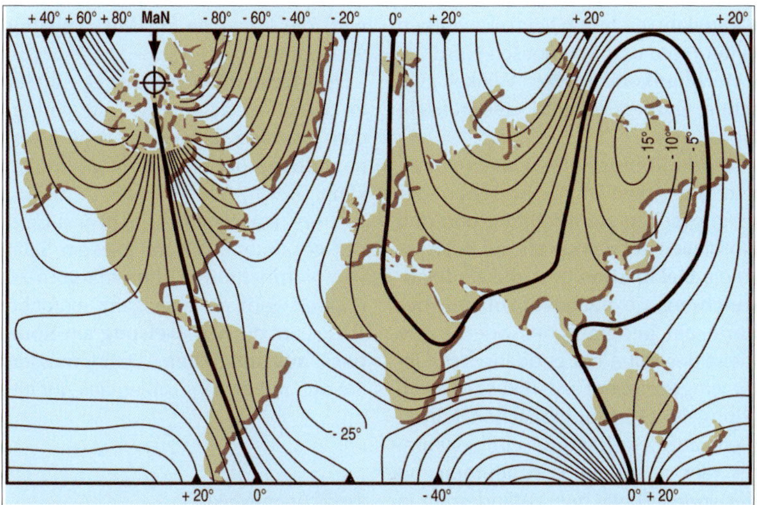

parallel verlaufenden, senkrechten Gitterlinien (geodätisches Gitter, etwa Gauß-Krüger-Gitter oder UTM-Gitter) weisen. Da sie im Gegensatz zu den Längengraden parallel verlaufen, kann bestenfalls eine Gitterlinie mit der geografischen Nordrichtung zusammenfallen. Die Abweichung der übrigen Gitterlinien ist jedoch meist so gering (außer in polnahen Regionen), dass man sie für die Orientierung vernachlässigen kann. Das geodätische Gitter ist auf die Karte entweder aufgedruckt, durch Kreuzungspunkte der Gitterlinien angegeben oder im Kartenrahmen gekennzeichnet.

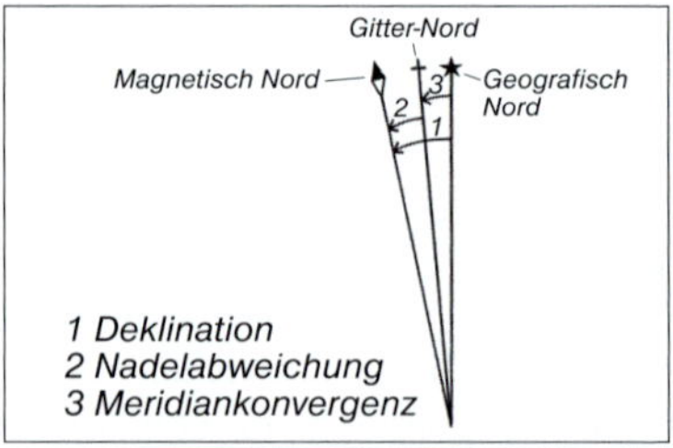

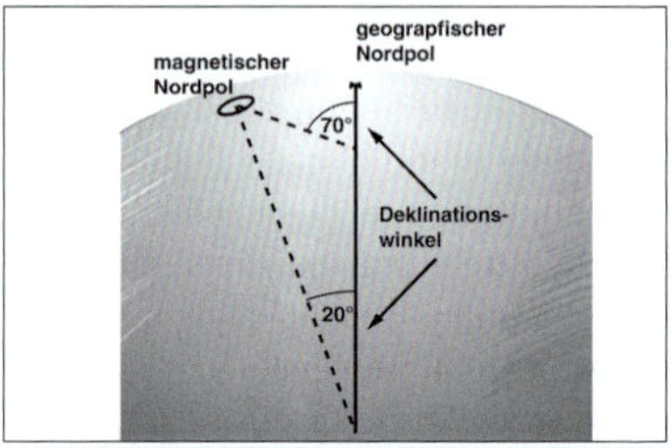

Deklinationswinkel

Abweichungen der Nordrichtungen

Die Abweichungen der einzelnen Nordrichtungen voneinander werden folgendermaßen bezeichnet:

- **Deklination:** Winkel zwischen Geografisch-Nord und Magnetisch-Nord
- **Nadelabweichung:** Winkel zwischen Gitter-Nord und Magnetisch-Nord
- **Meridiankonvergenz:** Winkel zwischen Gitter-Nord und Geografisch-Nord

Für die Kompassarbeit spielt vor allem die Abweichung zwischen der magnetischen Nordrichtung und den Nordlinien auf der Karte eine Rolle, also die **Deklination** bzw. die **Nadelabweichung** (je nachdem, ob auf der Karte ein geografisches oder – wie meist der Fall – ein geodätisches Gitter eingezeichnet ist). Diese Abweichung ist bei topografischen Karten meist auf dem Rand für ein bestimmtes Jahr angegeben, zusammen mit der voraussichtlichen Veränderung in den folgenden Jahren. Als Oberbegriff für Deklination und Nadelabweichung wird die Bezeichnung **Missweisung** verwendet.

Die **Meridiankonvergenz** ist – außer in polnahen Regionen – so gering, dass man sie für gewöhnliche Kompassarbeit unberücksichtigt lassen kann.

Zum Trost: Um sich nicht während der gesamten Tour mit diesem Salat von Nordrichtungen herumärgern zu müssen, gibt es zwei ganz einfache Tricks, um die **Missweisung am Kompass auszugleichen.** Dann müssen Sie sich mit dieser Problematik nur ein einziges Mal beschäftigen: nämlich vor Ihrer Abreise. Und unterwegs können Sie die ganze Widersprüchlichkeit der Nordrichtungen getrost vergessen (s.u. „Ausgleich der Missweisung"). Außerdem gibt es verschiedene Möglichkeiten, die Deklination auf der Karte auszugleichen, die genau zum gleichen Resultat führen, aber etwas komplizierter sind.

Buchtipps

- Neben einem großen Landkartenprogramm, dem world mapping project, gibt es bei Reise Know-How die informativen Bände **„GPS Outdoor-Navigation"** von *Rainer Höh* und **„Orientierung mit Karte, Kompass und GPS"** von *Rainer Höh* und und *Wolfram Schwieder*, mit denen auch Anfänger rasch lernen, sich unterwegs zu orientieren.

Kompass

Der moderne **Lineal- oder Spiegelkompass** – auch **Orientierungs- oder OL-Kompass** genannt – mag auf den ersten Blick wie ein billiges Plastikspielzeug aussehen. Aber lassen Sie sich nicht täuschen: Er ist ein komplettes Navigationssystem und erstaunlich präzise (trotz seines günstigen Preises). Und vor allem: Er erleichtert die Kompassarbeit im Vergleich zu früher ganz erheblich. Man muss heute die Karte nicht mehr jedesmal umständlich „einnorden", man braucht weder Winkelmesser noch Bleistift, man muss sich keine Marschzahlen mehr merken, und man braucht nicht einmal mehr die Gradzahl abzulesen.

Bestandteile des Kompasses

Um seine Aufgaben, nämlich Standortbestimmung und Kursbestimmung zu erfüllen, muss der Kompass folgende Teile besitzen:

- eine **durchsichtige, drehbare Kompassdose** mit **Nordlinien** am Boden;
- eine **Kompassnadel** und eine **Nordmarke,** die man nach der Kompassnadel ausrichten kann;
- eine **lange Anlegekante** (Lineal), um ohne weitere Hilfsmittel zwei Punkte auf der Karte verbinden zu können;

Außerdem sollte er auf jeden Fall **flüssigkeitsgedämpft** sein, damit sich die Nadel rasch einpendelt und ruhig steht.

Ein Kompass, der über diese Merkmale nicht verfügt, zeigt zwar ebenfalls die Nordrichtung an, ist aber für eine sinnvolle Kompassarbeit kaum zu gebrauchen. Dazu gehören z.B. billige Taschenkompasse, die rund sind, keine Anlegekante besitzen und keine Flüssigkeitsdämpfung, aber auch relativ teure Modelle mit undurchsichtiger Dose und ohne Nordlinien.

Tipp: Lassen Sie sich keinesfalls vom Händler weismachen, ein West-Ost-Band erfülle den gleichen Zweck wie die Nordlinien, da man es ja an den Ortsnamen ausrichten könne, die stets genau in West-Ost Richtung verlaufen. Erstens stehen sie selten an der Stelle, an der man sie gerade braucht, zweitens sind sie für eine exakte Arbeit oft zu kurz und als Schriftzug nicht so genau wie eine Linie, drittens wird die Missweisung stets als Abweichung von den senkrechten Linien angegeben und vor allem: Wo um alles in der

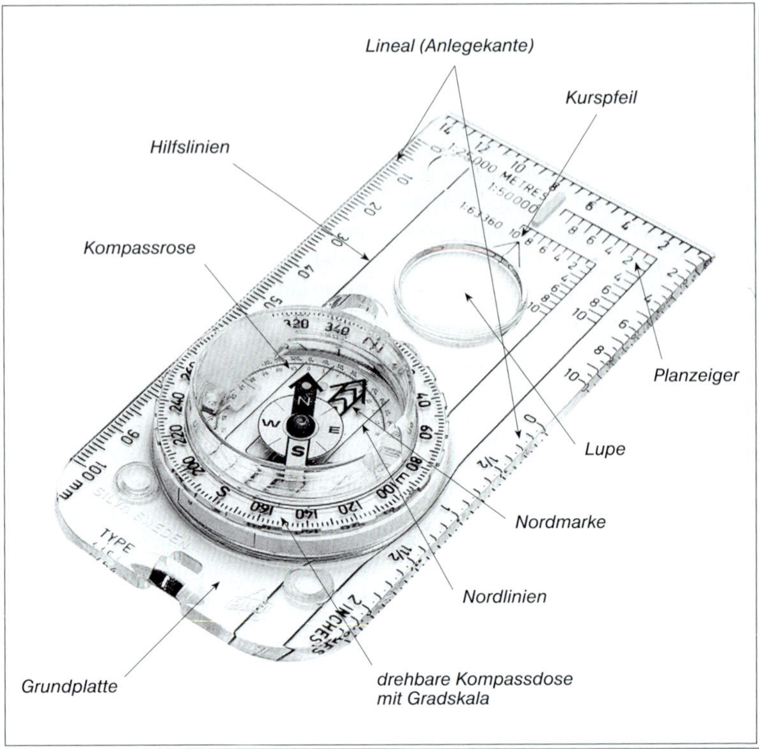

Linealkompass

Welt wollen Sie bei einer Wildnistour Ortsnamen hernehmen?!

Tipps zum Kompasskauf

Zunächst muss der Kompass so geschaffen sein, dass man ihn jederzeit in der Brusttasche tragen kann. Wer seinen Kompass im Rucksack verstauen muss, wird ihn meist erst dann herausholen, wenn es vielleicht schon zu spät ist. Er sollte daher nicht zu groß oder zu schwer sein, möglichst abgerundete Ecken besitzen, um den Kleidungsstoff nicht zu strapazieren, und eine Öse mit einer ca. 70 cm langen Schnur, damit man ihn sicher befestigen kann.

Für die Nahorientierung in Mitteleuropa genügt ein einfacher **Linealkompass;** für die Orientierung im Gebirge sollte es ein **Spiegelkompass** sein,

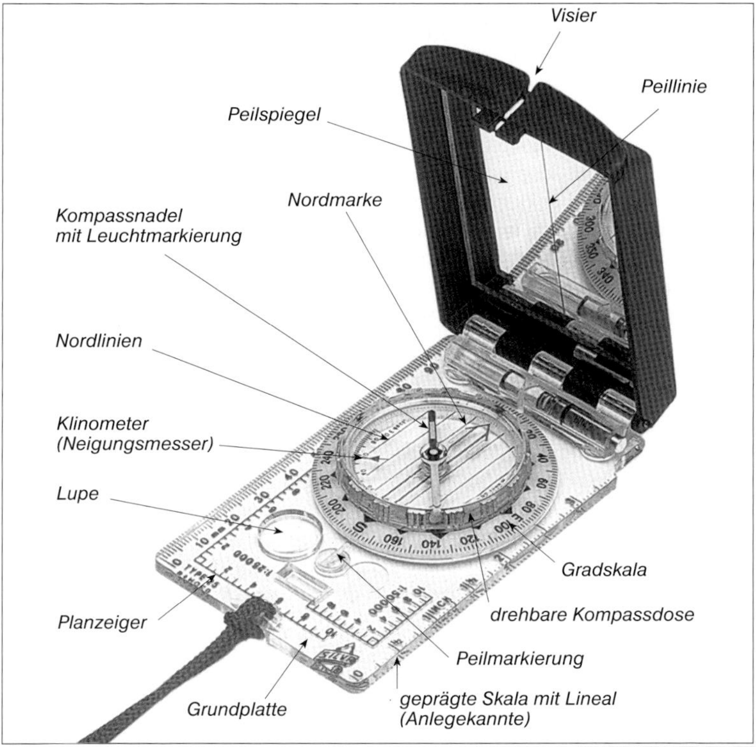

Spiegelkompass

und in Regionen mit stärkerer Deklination ist ein Modell mit **verstellbarem Missweisungsausgleich** (s.u.) zu empfehlen. Bei den einzelnen Bestandteilen des Kompasses ist auf folgende Merkmale zu achten:

Die **Dose** muss einen durchsichtigen Boden mit Nordlinien und einer Nordmarke besitzen. Je größer die Dose, desto länger können die Nordlinien sein, und desto exakter werden die Messungen. Sie darf sich nicht zu leicht drehen, damit sie sich nicht versehentlich verstellt, soll aber leicht und ruckfrei laufen. Der Dosenrand sollte griffig sein, damit man auch mit Handschuhen arbeiten kann. Eine höhere Dose mit entsprechender Neigungsfreiheit der Nadel hat den Vorteil, dass man den Kompass auch in anderen Inklinationszonen (s.u.) benutzen kann.

Die **Nordlinien** sollten möglichst lang sein (30–50 mm) und am Boden der Dose liegen. Je länger die Nordlinien und je näher an der Karte, desto exakter die Messungen. Die **Kompassrose** und ihre Einteilung (in Grad, Gon oder Strich) ist für unsere Arbeit unwichtig. Sie darf daher kleiner und weniger fein unterteilt sein, um mehr Platz für lange Nordlinien zu lassen.

Die **Nadel** muss auf jeden Fall **flüssigkeitsgedämpft** sein, um ein sinnvolles Arbeiten zu ermöglichen. Für manche Aufgaben ist es wichtig, dass sie stabförmig ist (parallele Kanten) und geringfügig schmaler als der Abstand zwischen den mittleren Nordlinien. Nordende und Südende sollten deutlich zu unterscheiden sein; meist ist das Nordende spitz, das Südende stumpf und/oder nur das Nordende ist rot gefärbt, das Südende schwarz. Für die Kompassarbeit bei schlechtem Licht sollten das Nordende der Nadel und die Nordmarke mit **Leuchtmarkierungen** versehen sein.

Das **Lineal** zusammen mit der Dose macht aus dem Kompass einen Winkelmesser und ist daher für unsere Arbeit besonders wichtig. Es sollte möglichst lang sein (Anlegekante), damit man auch weiter auseinander liegende Punkte auf der Karte ohne zusätzliche Hilfsmittel verbinden kann. Ein Spiegelkompass sollte daher unbedingt so konstruiert sein, dass der Deckel sich ganz aufklappen lässt und das Lineal verlängert.

Ein **stufenlos verstellbarer Spiegel** ermöglicht es, den Kompass stets waagrecht zu halten und auch beim Anheben des Kompasses zum Peilen die Nadel im Auge zu behalten. Er sollte oben eine Kimme besitzen und einen senkrechten Mittelstrich, der die Gefahr des seitlichen Verkantens verringert.

Höhenmesser

In den Bergen kann der Höhenmesser nach Karte und Kompass ein drittes wichtiges Hilfsmittel zur Bestimmung des Standorts sein. Da er angibt, auf welcher Höhenlinie man sich befindet, liefert er einen festen Bezugspunkt und kann u.U. auch bei schlechter Sicht und fehlenden Orientierungspunkten eine relativ genaue Positionsbestimmung ermöglichen.

Allerdings misst er nicht unmittelbar die Höhe über dem Meer, sondern den **Luftdruck,** der in einer festen Relation zur Höhe steht (er wird umso geringer, je höher man steigt). Das bedeutet aber, dass der Höhenmesser auch von wetterbedingten Luftdruckschwankungen abhängig ist. Bei klarem Wetter (Hochdruck) zeigt er folglich eine zu geringe Höhe, bei regnerischem Wetter (Tiefdruck) eine zu hohe. Deshalb muss man den Höhenmesser unterwegs an Punkten, deren Höhe man der Karte entnehmen kann, **möglichst oft nachjustieren,** um einigermaßen zuverlässige Angaben zu erhalten.

Dieser Nachteil hat jedoch auch seine positive Seite: bleibt man einige Zeit auf der gleichen Höhe (z.B. über Nacht), kann der **Höhenmesser als Barometer** dienen und zur Wettervor-

065op Foto: rh

Grundlage der Orientierung im Gelände ist der ständige Vergleich mit der Karte

hersage hilfreich sein (siehe „Wetter"). Man sollte sich daher abends die Höhenanzeige notieren, um sie morgens nach dem Ablesen der Luftdruckveränderung wieder einstellen zu können.

Für zuverlässige Werte sollte der Höhenmesser eine **feine Unterteilung** (10-m-Skala) und eine **Temperaturkompensierung** besitzen (um Temperaturschwankungen auszugleichen, die sonst die Messung ebenfalls beeinflussen). Wer sich in höhere Regionen begeben will, sollte außerdem auf einen entsprechend großen Messbereich achten. Heute ist ein guter, digitaler Höhenmesser in viele GPS-Geräte und Sportuhren integriert.

Kompassarbeit

Den Kompass benötigt man im Normalfall nur bei zwei Aufgaben, für die nur wenige einfache Handgriffe erforderlich sind. Wenn Sie die folgenden Erklärungen lesen, werden Sie das vielleicht bezweifeln. Aber was kompliziert wirkt, ist mehr die zuerst komplex erscheinende Darstellung als die Materie selbst.

Wichtig ist jedoch, dass Sie die Beschreibungen nicht einfach nur lesen, sondern dabei einen **Kompass zur Hand nehmen,** um die – zugegebenermaßen – trockene Theorie sofort in die Praxis umzusetzen. Dann wird vieles gleich anschaulicher und ist leichter zu verstehen.

Anmerkung: Die **Missweisung** bleibt vorerst unberücksichtigt, um die Sache etwas zu vereinfachen. Wo die Missweisung in den folgenden Anwendungsbeispielen erwähnt wird, können Sie diese Absätze zunächst überspringen und erst dann berücksichtigen, wenn Sie mit den Grundlagen bereits vertraut sind. In Mitteleuropa ist die Missweisung derzeit ohnehin so gering, dass man sie auch unterwegs ignorieren kann. Wer in Regionen mit stärkerer Missweisung unterwegs ist, muss sich natürlich auch mit den entsprechenden Kapiteln befassen.

Der Kompass ist ein Winkelmesser

Bei der Kompassarbeit geht es im Wesentlichen nur darum, den Winkel zwischen zwei Richtungen zu messen; nämlich zwischen:

- der **Nordrichtung** als fester und weitgehend konstanter Bezugsrichtung und
- einer **Peilrichtung** (der Richtung eines je nach Situation wechselnden Orientierungspunktes, den man anpeilt, z.B. eine Bergspitze, ein Turm, Baum etc.).

Die Nordrichtung weist die **Kompassnadel,** solange wir uns im Gelände orientieren, bzw. eine der **Nordlinien,** wenn wir auf der Karte arbeiten. Die Peilrichtung wird über die **Anlegekante (Lineal)** festgelegt. Der Vereinfachung halber wird hier zunächst davon ausgegangen, dass die magnetische Nordrichtung mit der geografischen übereinstimmt.

Kompassarbeit ist also nichts anderes als **Winkelmessung.** Die Nordmarke und die Nordlinien der drehbaren Kompassdose bilden zusammen mit dem Lineal (Anlegekante) einen verstellbaren Winkelmesser. Man misst stets den Winkel von der magnetischen Nordrichtung zur Peilrichtung, und zwar im Uhrzeigersinn. Die beiden Grundaufgaben sind:

- **Kursbestimmung** – dazu überträgt man einen auf der Karte gemessenen Winkel ins Gelände.
- **Standortbestimmung** – dazu überträgt man einen (bzw. mehrere) im Gelände gemessene(n) Winkel auf die Karte.

Das **Einnorden der Karte** ist für die Arbeit mit einem modernen Lineal- oder Spiegelkompass nicht mehr erforderlich. Man braucht es nur noch, um das Kartenbild direkt mit dem Gelände zu vergleichen. Es ist rasch und einfach zu bewerkstelligen: Legen Sie den Kompass auf die Landkarte

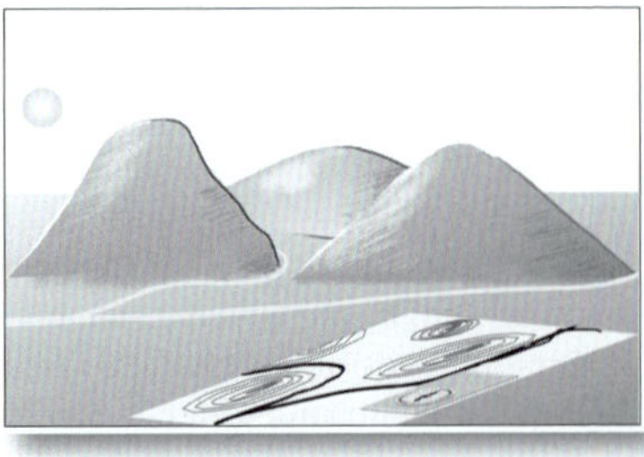

Einnorden einer Karte

(Nordlinien der Dose parallel zu den Nordlinien der Karte; Kurspfeil nach Kartennord) und drehen Sie beides zusammen so lange, bis das Nordende der Nadel sich auf die Nordmarke (bzw. Missweisungsmarke) eingespielt hat. Dann ist die Karte exakt nach dem Gelände ausgerichtet.

Achtung: Sollte der Kurspfeil nicht nach Kartennord zeigen, so halten Sie die Karte nun genau verkehrt herum!

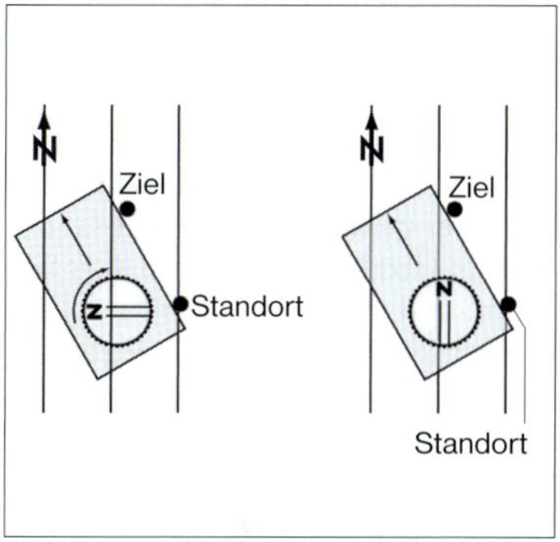

Kurswinkel bestimmen

Kursbestimmung (von der Karte ins Gelände)

Im Normalfall ist der **Standort bekannt** (Route stets auf der Karte verfolgen), und man will wissen, wie man sein **Ziel** erreicht (das vom Standort aus nicht zu erkennen ist oder auf dem weiteren Weg durch Hindernisse verdeckt sein wird). Dazu muss man den **Kurswinkel** auf der Karte messen, ihn **ins Gelände** übertragen und ein **Zwischenziel** suchen.

Schritt 1: Karte: Kurswinkel messen (Kompassnadel wird nicht gebraucht)

1. Zielrichtung fixieren: Legen Sie den Kompass auf die Karte, sodass eine der beiden Anlegekanten (egal welche) Standort und Ziel verbindet und der Kurspfeil zum Ziel hin weist, und halten Sie ihn in dieser Position mit einer Hand fest.

2. Nordrichtung fixieren: Drehen Sie mit der anderen Hand die Kompassdose so, dass die Nordlinien der Dose parallel zu den Gitterlinien der Karte ausgerichtet sind und die Nordmarke der Dose nach Kartennord weist. Die Kompassnadel bleibt dabei unberücksichtigt!

Nun haben sie den **Kurswinkel** bereits fest am Kompass eingestellt und brauchen ihn bis zum Erreichen des gewählten Ziels nicht mehr neu zu ermitteln. Sie müssen den Kurswinkel weder ablesen noch ihn sich einprägen (Sie haben ihn fest „in der Tasche“).

Schritt 2: Gelände: Kurswinkel ins Gelände übertragen (Nordlinien werden nicht gebraucht)

1. Kompass ausrichten: Halten Sie den Kompass waagerecht in Hüfthöhe, sodass die Nadel frei schwingen kann und der Kurspfeil vom Körper weg zeigt. Dann drehen Sie sich mit dem ganzen Körper auf der Stelle so weit, bis das Nordende der Nadel genau auf die Nordmarke zeigt. Jetzt weist der Kurspfeil die Richtung, in der das Ziel liegt. (Die Nordlinien bleiben dabei unberücksichtigt).

2. Peilung: Blicken Sie über den Kurspfeil hinweg und suchen Sie in dessen Verlängerung ein **Hilfsziel,** das auf dieser gedachten Linie liegt.

Fertig: Jetzt haben Sie Ihren Kurs bestimmt und marschieren direkt auf Ihr gewähltes Hilfsziel zu. Wenn Sie unterwegs kleineren Hindernissen ausweichen müssen, spielt das keine Rolle, solange Sie das Hilfsziel nicht aus den Augen verlieren, und bis zum Erreichen des Hilfsziels ist normalerweise keine weitere Kompassorientierung erforderlich.

Falls die **Missweisung** nicht mechanisch ausgeglichen wurde (s.u.), muss sie bei jeder Messung berücksichtigt werden. Bei der Arbeit von der Karte ins Gelände stets vor dem Übertragen des Winkels westliche Missweisung hinzuzählen (Kompassrose um Missweisungszahl entgegen Uhrzeigersinn drehen), östliche Missweisung abziehen (Kompassrose um Missweisungszahl im Uhrzeigersinn drehen).

Mögliche Fehler: Wenn bei Schritt 1 der Kurspfeil nicht zum Ziel oder die Nordmarke nicht nach Kartennord zeigt, so geht man genau in die entgegengesetzte Richtung (also vom Ziel weg). Gleiches gilt, wenn bei Schritt 2 der Kurspfeil zum Körper zeigt oder das Südende der Nadel auf die Nordmarke. Addieren sich jeweils zwei Fehler, so heben sie sich gegenseitig wieder auf (und man hat noch mal Glück gehabt!).

Hilfsziel

Das Hilfsziel oder Zwischenziel muss so gewählt werden, dass man es entweder auf dem ganzen Weg dorthin nicht aus den Augen verliert, oder dass man es leicht wiedererkennt (z.B. falls es unerwartet durch Hindernisse verdeckt wird oder wenn man eine Senke durchqueren muss). Im Zweifelsfall sollte man, sobald das Hilfsziel aus dem Blick verschwindet, ein neues Zwischenziel wählen, indem man den bereits ermittelten Kurswinkel erneut ins Gelände überträgt (wie unter „Schritt 2“ beschrieben).

Auf dem Weg zum Hilfsziel kann man jeden beliebigen Weg wählen, solange man das Hilfsziel nicht aus den Augen verliert (einzige Ausnahme: Das Hilfsziel liegt hinter dem endgültigen Ziel).

Was Sie als Hilfsziel auswählen und wie weit dieses entfernt ist, richtet sich nach dem Gelände. Sehr **weit entfernte Hilfsziele** haben den Nachteil, dass auch eine leichte Missweisung eine größere Abweichung bewirkt, sofern sie nicht kompensiert (ausgeglichen) wird. Berücksichtigt man die Missweisung, kann man in offenem Flachland auch weit entfernte Zwischenziele suchen (möglichst nicht hinter dem endgültigen Ziel!) und sich auf diese Weise häufige Peilungen ersparen. Zum Anpeilen weiter entfernter Hilfsziele siehe unten bei „Peilung“.

Bei geringer Sichtweite – z.B. in dichtem Wald oder bei Nebel – muss ein sehr nah gelegener Punkt als Hilfsziel dienen, u.U. schon ein nur einen Steinwurf weit entfernter Baum. Gehen Sie dann zunächst bis hinter diesen Baum, ehe Sie das nächste Hilfsziel suchen.

Ist **kein Hilfsziel in Kursrichtung** zu finden, so kann man auch einen markanten Punkt etwas abseits dieser Richtung auswählen, wenn er in der Karte eingezeichnet ist. Dann sollte man allerdings auch diesen neuen Kurswinkel ermitteln: Schritt 1 entsprechend wiederholen, indem man mit der Anlegekante Standort und das neu gewählte Zwischenziel verbindet (wichtig, falls man unterwegs das Zwischenziel aus den Augen verlieren sollte). An diesem Punkt angelangt, muss erneut die Kursrichtung (von Zwischenziel zu Ziel) bestimmt werden (Schritte 1 und 2 wiederholen).

Sollte **gar kein Hilfsziel** zu finden sein (etwa auf einer kahlen Ebene, bei Schnee oder dichtem Nebel), so kann man sich behelfen, indem man:

- entweder den **Kompass** ständig vor sich hält (Nordende der Nadel auf Nordmarke) und der Richtung des Kurspfeils folgt (nicht sehr genau)
- oder einen **Mitwanderer** so weit vorausschickt wie die Sicht reicht und ihn einweist, bis er genau in Kursrichtung steht und als Hilfsziel dienen kann. Dort muss er allerdings stehenbleiben, bis der Wanderer mit dem Kompass ihn erreicht hat. Dann wiederholt sich die Prozedur. Oder der Vorausgehende markiert seinen Standpunkt durch einen Stock und kann dann gleich weitergehen (jedoch nie außer Sichtweite!). Sobald der zweite Wanderer den markierten Punkt erreicht hat, muss er den ersten erneut einweisen.

Peilung

Nahe gelegene Hilfsziele kann man wie oben beschrieben direkt aus Hüfthöhe in der Verlängerung des Kurspfeils suchen. Bei größeren Entfernungen sollte die Peilung genauer sein.

Einen **Linealkompass ohne Spiegel** hebt man dazu – ohne seine Richtung zu verändern! – mit ausgestrecktem Arm bis auf Augenhöhe und peilt an einer Anlegekante entlang.

Da man hierbei Kompassnadel und Nordmarke nicht mehr sieht, kann es leicht zu Ungenauigkeiten kommen. Ist man zu zweit, kann einer den Kompass halten und auf die genaue Aus-

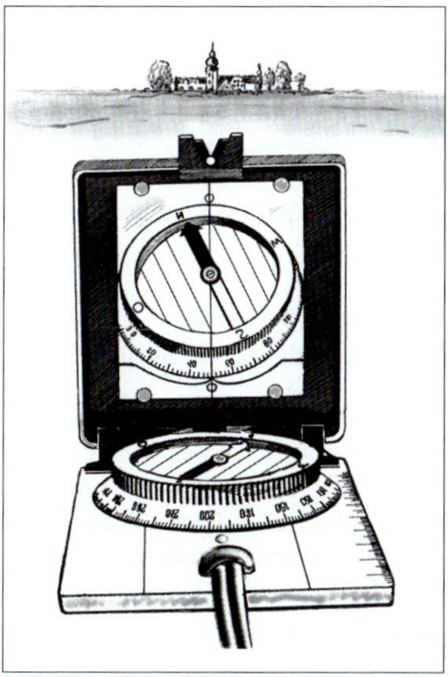

Peilen mit dem Spiegelkompass (aus der Sicht des Peilenden)

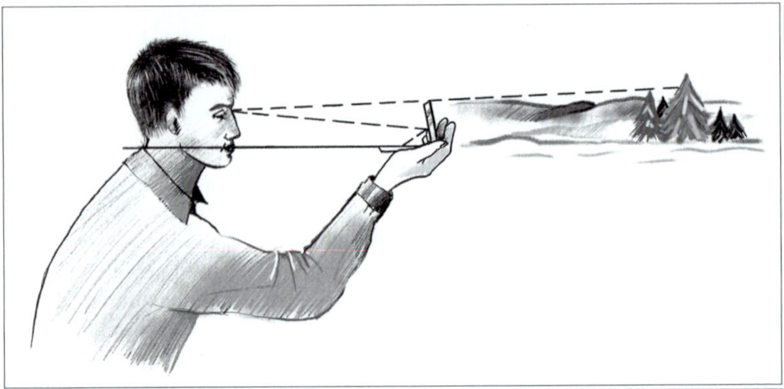

Peilen mit dem Spiegelkompass (Seitensicht)

richtung achten, während der andere peilt. Ist man allein, kann man sich behelfen, indem man den Kompass auf einen Baumstumpf o.Ä. legt (oder auf den Rucksack, falls er keine Eisenteile enthält), exakt ausrichtet (Nordende der Nadel auf Nordmarke) und dann an der Kante entlang peilt.

Einfacher ist es mit einem **Spiegelkompass,** der es ermöglicht, gleichzeitig die Nadel zu kontrollieren und über die Kimme hinweg ein Hilfsziel zu suchen.

Standortbestimmung (vom Gelände auf die Karte)

Standortbestimmung ohne Kompass

Manchmal kann man seinen Standort direkt aus der Karte entnehmen:

- **an markanten Punkten** (wenn man sich z.B. auf einem Berggipfel, bei einer Hütte, Brücke, Weggabelung etc. befindet),
- **am Schnittpunkt zweier sich kreuzender Linien** (zum Beispiel Kreuzungspunkt zweier Pfade, eines Pfades mit einem Bach o.Ä.).

Standortbestimmung mit dem Kompass

In allen anderen Fällen kann man seinen Standort mit Hilfe des Kompasses bestimmen, indem man die oben beschriebene Prozedur der Kursbestimmung einfach umkehrt. Zwei Voraussetzungen müssen dazu jedoch gegeben sein:

Man benötigt zumindest einen klar erkennbaren **Orientierungspunkt,** den man auf der Karte identifizieren kann, und zusätzlich eine **Standlinie** (z.B. Pfad, Fluss, Seeufer) oder mindestens **zwei identifizierbare Orientierungspunkte.** Daraus ergibt sich:

Man darf sich **nicht völlig verirrt** haben, sondern muss zumindest eine ungefähre Vorstellung davon besitzen, wo man sich befindet. Sonst kann man nämlich die Orientierungspunkte nicht auf der Karte identifizieren. Bei guter Sicht und in deutlich gegliedertem Gelände kann man sich oft auch „rein optisch" halbwegs orientieren (z.B. nördlich des Flusses, zwischen einem steilen Hang im Osten und zwei flachen Hügeln im Westen o.Ä.), aber auf diese Weise erhält man nicht den exakten Standort.

Achtung: Den weiteren Kurs kann man erst und nur dann exakt bestimmen, wenn man seinen genauen Standort kennt. Ist eine Standortbestimmung wegen schlechter Sicht nicht möglich, so sollte man unbedingt das Zelt aufschlagen oder ein Notbiwak einrichten und bessere Sicht abwarten. Wer trotzdem weitergeht, wird sich nur noch mehr verirren und riskiert, in gefährliches Gelände zu geraten!

Orientierungspunkte

Als Orientierungspunkte zur Standortbestimmung eignen sich besonders Geländepunkte, die:

- **nahe** am Standpunkt liegen (je weiter entfernt, desto ungenauer wird die Messung),
- möglichst im **rechten Winkel** zur Standlinie oder der Richtung eines weiteren Orientierungspunkts liegen (je spitzer der Winkel, desto ungenauer).

Kompass und Standlinie

Schritt 1: Im Gelände Richtungswinkel des Orientierungspunktes messen (Karte bleibt unberücksichtigt).

1. Peilung: Halten Sie den Kompass so wie oben unter „Peilung" erklärt (**Kurspfeil** vom Körper weg weisend) und visieren Sie den auf der Karte identifizierten Orientierungspunkt an.

2. Kompass ausrichten: Drehen Sie mit der anderen Hand - ohne den Kompass zu bewegen - die Dose so weit, bis das **Nordende der Nadel** auf die **Nordmarke** (bzw. Missweisungsmarkierung) weist.

Jetzt haben Sie den **Richtungswinkel des Orientierungspunktes** fixiert und können ihn, ohne die Gradzahl abzulesen, direkt auf die Karte übertragen (siehe Schritt 2, Einnorden ist nicht erforderlich).

Falls die **Missweisung** nicht mechanisch ausgeglichen wurde (s.u.), muss sie bei jeder Messung berücksichtigt werden. Bei der Arbeit vom Gelände auf die Karte stets vor dem Übertragen des Winkels westliche Missweisung abziehen (Kompassrose um Missweisungszahl im Uhrzeigersinn drehen), östliche Missweisung zuzählen (Kompassrose um Missweisungszahl gegen den Uhrzeigersinn drehen).

Schritt 2: Richtungswinkel auf die Karte übertragen (Kompassnadel bleibt unberücksichtigt).

1. Lineal anlegen: Legen Sie den Kompass so auf die Landkarte, dass das vordere Ende des Lineals (egal welche Seite) **am Orientierungspunkt** anliegt.

2. Richtungswinkel einstellen: Drehen Sie nun den ganzen Kompass um diesen Punkt, bis die **Nordlinien** der

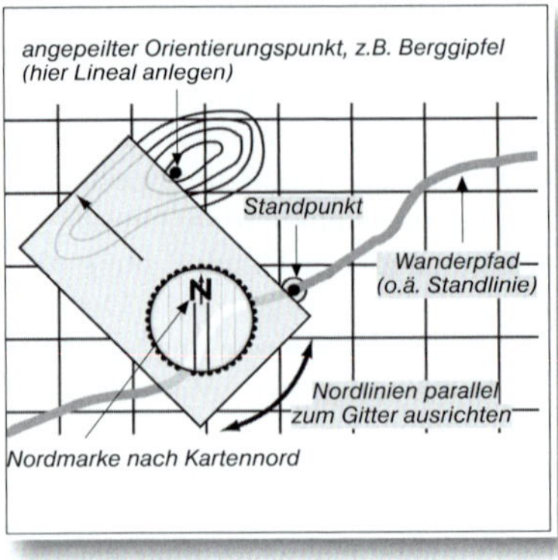

Kompassarbeit im Überblick

Aufgabe

Arbeitsrichtung:
bekannt:

gesucht:

Schritt 1: Winkel messen

Lineal:

Dose:

Missweisungsausgleich:
westliche Missweisung
östliche Missweisung

Schritt 2: Winkel übertragen

Dose:

Lineal:

Dose **parallel zu den senkrechten Gitterlinien** liegen und die **Nordmarke** nach **Kartennord** weist.

Nun können Sie entlang der Linealkante eine Linie ziehen, die vom angepeilten Orientierungspunkt bis über Ihre Standlinie reicht. Es genügt aber auch, lediglich den Schnittpunkt dieser Geraden mit der Standlinie zu markieren. Sollte dazu die Anlegekante zu kurz sein, kann man sie mit Hilfe des umgeschlagenen Kartenrandes verlängern.

Wenn Sie genau gearbeitet haben, befinden Sie sich dort, wo die Gerade Ihre Standlinie schneidet, oder zumindest nicht allzu weit davon entfernt.

Kompass und Höhenlinie

Wenn Sie einen richtig eingestellten Höhenmesser bei sich haben, können Sie damit (auf etwa 10 m genau) Ihre gegenwärtige Höhe bestimmen. Die so festgelegte **Höhenlinie** wird dann zur **Standlinie,** und Sie können genau so verfahren wie oben beschrieben.

Höhenmesser und Standlinie

Wenn Sie einen richtig eingestellten Höhenmesser bei sich haben und sich außerdem auf einer **geneigten Standlinie** befinden (z.B. Bach oder scharf eingeschnittene Rinne), können Sie selbst bei schlechtester Sicht und unabhängig von der Missweisung Ihren Standpunkt recht genau bestimmen. Er ergibt sich aus dem Schnittpunkt der ermittelten Höhenlinie mit der Standlinie.

Richtungswinkel übertragen

Kursbestimmung	Standortbestimmung	Geländepunkt bestimmen
von der Karte ins Gelände Standort Kursrichtung	vom Gelände auf die Karte ein Orientierungspunkt und eine Standlinie oder mindestens zwei Orientierungspunkte Standort	vom Gelände auf die Karte Standort Geländepunkt
auf der Karte	im Gelände	im Gelände
Standort und Zielpunkt verbinden durch Drehen Nordlinien nach Gitterlinien ausrichten (Dose): hinzuzählen (n. links drehen) abziehen (n. rechts drehen)	Orientierungspunkt anpeilen durch Drehen Nordmarke auf Nordende der Nadel ausrichten (Dose): abziehen (n. rechts drehen) hinzuzählen (n. links drehen)	Geländepunkt anpeilen durch Drehen Nordmarke auf Nordende der Nadel ausrichten (Dose): abziehen (n. rechts drehen) hinzuzählen (n. links drehen)
ins Gelände	auf die Karte	auf die Karte
1. durch Drehen des ganzen Körpers Nordende der Nadel auf Nordmarke ausrichten 2. Kursrichtung peilen und Hilfsziel suchen	2. durch Drehen des ganzen Kompasses Nordlinien nach Gitterlinien ausrichten 1. Vorderende am Orientierungspunkt anlegen	2. durch Drehen des ganzen Kompasses Nordlinien nach Gitterlinien ausrichten 1. Hinterende am Standort anlegen

Kreuzpeilung

Hat man keine Standlinie als Orientierungshilfe, so müssen mindestens zwei Orientierungspunkte angepeilt werden, die vom Standort aus gesehen möglichst in einem Winkel nahe 90° zueinander liegen sollten, um ein optimales Ergebnis zu erzielen. Jeder von ihnen wird angepeilt, und die Richtung wird in die Karte übertragen wie oben beschrieben. Aus dem Schnittpunkt beider Richtungslinien ergibt sich wiederum der Standpunkt (Missweisung berücksichtigen!).

Stehen drei Orientierungspunkte zur Verfügung, so kann man sie alle drei anpeilen und erhält dann höchstwahrscheinlich keinen einheitlichen Schnittpunkt, sondern ein kleines Dreieck, dass eine ungefähre Vorstellung der Messungenauigkeit vermittelt.

Geländepunkt bestimmen (vom Gelände auf die Karte)

Auf die gleiche Weise, wie Sie bei bekanntem Geländepunkt den unbekannten Standpunkt bestimmen, können Sie natürlich umgekehrt auch bei bekanntem Standpunkt einen unbekannten Geländepunkt bestimmen; z.B. wenn Sie einen Berg vor sich haben, der sich nicht anhand seiner Form klar auf der Karte identifizieren lässt. Hierzu peilen Sie den Punkt an wie oben erklärt und verfahren anschließend auch auf der Karte entsprechend, nur dass Sie das Lineal diesmal nicht mit dem vorderen Ende am Orientierungspunkt, sondern mit dem **hinteren** Ende am **Standort** anlegen. Wenn Sie nun den ganzen Kompass um diesen Punkt drehen, bis die Nordlinien der Dose parallel zu den senkrechten Gitterlinien liegen und die Nordmarke nach Kartennord weist, dann muss der angepeilte Punkt unmittelbar am Lineal bzw. in dessen Verlängerung liegen (siehe oben Skizze „Winkel übertragen“ bei Standortbestimmung).

Hindernisse umgehen

Am einfachsten ist es, wenn man überraschend auftauchende Hindernisse **nach Sicht** umgehen kann. Um dabei nicht von seinem Kurs abzukommen, muss man einen jenseits des Hindernisses liegenden Orientierungspunkt in Kursrichtung ausfindig machen, den man entweder während des gesamten Umgehens nicht aus den Augen verliert (z.B. wenn man einen See entlang eines offenen Ufers umgeht) oder zumindest nachher eindeutig wiedererkennen kann.

Achtung: Bäume, Kuppen und andere natürliche Orientierungshilfen sind oft schwer wiederzuerkennen, wenn man sich ihnen aus einer anderen Richtung nähert!

Beim Umgehen **nach Kompass** ist man von der Sicht unabhängig und kann das Hindernis auch in dichtem Wald umgehen, ohne es ständig im Auge behalten zu müssen. Dabei nutzt man im Grunde das gleiche Verfahren wie bei der Kursbestimmung (Schritt 2: „Kurswinkel übertragen“) und muss lediglich folgende Grundregel beachten:

Entfernung und Winkel zum Kurs zurück müssen Entfernung und Winkel vom Kurs weg wieder ausgleichen, also gleich groß sein.

Am einfachsten und sinnvollsten ist das Umgehen **im rechten Winkel,** wenngleich die Entfernung etwas größer sein mag als beim Umgehen im spitzen Winkel. Der eingestellte Kurswinkel bleibt erhalten (**nicht** verstellen!). Anstatt dessen werden einfach die Ostmarke (90°) und die Westmarke (270°) als **Umgehungsmarken** genutzt.

Das bedeutet: Wenn Sie das Hindernis nach rechts umgehen wollen, lassen Sie das Nordende der Nadel anstatt auf die Nordmarke nun auf die Westmarke einspielen, bzw. beim Umgehen nach links auf die Ostmarke.

Achtung: Wenn die Missweisung mechanisch auf dem Kompass ausgeglichen ist (s.u. „Automatischer Missweisungsausgleich“), dann müssen jetzt unbedingt auch Ost- und Westmarke danach ausgerichtet sein, d.h. im rechten Winkel zur Missweisungsmarke liegen!

Jetzt können Sie im rechten Winkel zu Ihrem Kurs losmarschieren. Weichen Sie soweit nach rechts oder links von Ihrem Kurs ab, bis Sie annehmen können, dass Sie den Rand des Hindernisses erreicht haben, und zählen dabei Ihre Schritte (Zahl merken oder notieren). Dann schwenken Sie wieder im rechten Winkel (Nadel wieder auf Nordmarke einspielen lassen) und gehen parallel zu Ihrem ursprünglichen Kurs (hierbei brauchen Sie die Schritte nicht zu zählen), bis Sie annehmen können, dass das Ende des Hindernisses erreicht ist. Dann lassen Sie die Nadel auf die entgegengesetzte Umgehungsmarke einspielen (war es beim Ausweichen Ost, dann ist es beim Zurückkehren West, bzw. umgekehrt) und beginnen wieder, die Schritte zu zählen. Sobald die Schrittzahl erreicht ist, die zum Ausweichen nötig war, befinden Sie sich wieder auf Ihrem ursprünglichen Kurs und lassen die Nadel wieder auf die Nordmarke einspielen.

Diese Beschreibung mag sich kompliziert anhören, aber die Praxis ist wirklich sehr einfach.

Sollte es sich herausstellen, dass Sie nicht weit genug ausgewichen sind, können Sie obige Prozedur beliebig oft wiederholen. Wichtig ist nur, dass Sie die Schritte vom Kurs weg alle addieren und die Schritte zum Kurs zurück alle davon subtrahieren, bis Sie wieder bei Null angelangt sind.

Kompassfehler

Fehler beim Ablesen des Kompasses haben meist eine der folgenden vier Ursachen, die man berücksichtigen muss, um exakte Ergebnisse zu erhalten:

Ablenkung (Deviation)

Da die Kompassnadel sich nach den Kraftlinien des Magnetfeldes ausrichtet, wird sie auch durch die Magnetfelder elektrischer Leitungen oder von Gegenständen aus Eisen beeinflusst (im Extremfall bis zu den in Klammern angegebenen Entfernungen); z.B.:

- Eisenerz- oder Basaltlager
- Hochspannungsanlagen und Gleichstromleitungen elektrischer Bahnen (500 m)
- Gittermasten und Bauwerke aus Stahlbeton (200 m)
- Fahrzeuge (50 m)
- Messer, Axt, Gewehr, Eispickel, Eisenhaken, Karabiner (5 m; in der Praxis konnte ich eine wahrnehmbare Beeinflussung durch ein schweres Messer erst bei einer Entfernung von höchstens 25–30 cm feststellen)
- Fotoapparat, Fernglas, Belichtungsmesser, Brillengestell

Verkanten

Hält man den Kompass **nicht waagerecht** (wie z.B. in den Bergen, wenn man höher oder tiefer gelegene Punkte anpeilt), dann berührt die Nadel mit einem Ende den Boden der Dose und kann sich nicht frei einspielen. In den Bergen ist daher ein Spiegelkompass vorteilhaft, bei dem man die Dose waagrecht halten und trotzdem die Nadel beobachten kann.

Inklination

Die Kraftlinien des Magnetfelds unserer Erde verlaufen nur am Äquator parallel zur Erdoberfläche (also waagerecht). Je näher man den Polen kommt, desto stärker wird ein Ende der Nadel nach unten gezogen, und direkt an den magnetischen Polen würde eine frei aufgehängte Kompassnadel genau senkrecht stehen. Diese **Abweichung von der Horizontalen** nennt man Inklination (Neigung). Sie kann dazu führen, dass die Nadel den Dosenboden berührt und sich nicht frei einspielen kann.

Die Inklination wird bereits bei der Herstellung dadurch ausgeglichen, dass man den Schwerpunkt der Nadel entsprechend verlagert; so ist bei einem in Deutschland gekauften Kompass z.B. das Südende der Nadel etwas schwerer als das Nordende. Einen solchen Kompass kann man nahezu auf der gesamten Nordhalbkugel verwenden. Wer jedoch jenseits des Äquators eine Tour plant, sollte sich beim Hersteller erkundigen, ob sein Kompass dort benutzt werden kann; er muss ggf. ein für die jeweilige Inklinationszone hergestelltes Modell kaufen. Die Empfindlichkeit eines Kompasses gegen die Inklination ist u.a. von der Höhe der Dose abhängig (bei einer höheren Dose kann sich die Nadel auch in etwas schräger Position frei einspielen, ohne den Dosenboden zu berühren), aber auch von der Länge der Nadel und ihrer Lagerung. Nahezu weltweit kann man die *Voyager Serie* von *Silva* einsetzen, deren Nadel speziell dafür konstruiert ist.

Deklination

Die Deklination bezeichnet – wie bereits oben erläutert – die Abweichung der Kompassnadel (also Magnetisch-Nord) von der geografischen Nordrichtung. Je stärker diese Abweichung ist, desto wichtiger ist es, dass man sie berücksichtigt. Eine Deklination von bis zu 5 oder 6 Grad muss bei Wanderungen ohne sehr lange Kompass-Strecken nicht unbedingt ausgeglichen werden. 6 Grad ist der Winkel zwischen zwei aufeinanderfolgenden Minutenstrichen auf der Uhr. Bei einer Kompass-Strecke von 1 km beträgt die Abweichung bei diesem Winkel allerdings bereits ca. 100 m. Sind auf der Karte nicht die geografischen, sondern die geodätischen Nordlinien eingezeichnet, so ist anstelle der Deklination die **Nadelabweichung** zu berücksichtigen. Beide Abweichungen werden zusammenfassend mit dem Oberbegriff **Missweisung** bezeichnet. Außer in hohen Breiten unterscheiden sie sich nur geringfügig voneinander.

Ausgleich der Missweisung

Bisher sind wir stets davon ausgegangen, dass der Kompass genau die geografische Nordrichtung weist. In Regionen, in denen die magnetische Nordrichtung mehr als 5–6 Grad von der geografischen Nordrichtung bzw. von Gitternord abweicht, muss man bei der Kompassarbeit stets diese Abweichung (Missweisung) berücksichtigen. Sie ist bei topografischen Karten

Korrektur mit der Kompassrose

Missweisung	Auswirkung
Westliche (-)	MaN links von Kartenno
Östliche (+)	MaN rechts von Kartenn

auf dem Kartenrand angegeben (s.o.: „Missweisung“).

Die Missweisung wird unterschiedlich ausgeglichen, je nachdem, ob man einen Winkel von der Karte ins Gelände überträgt oder umgekehrt. Man kann die Missweisung korrigieren, indem man die Kompassrose um den entsprechenden Winkel verstellt oder indem man die Nadel statt auf „N“ auf die Missweisungsmarke ausrichtet:

Auf der Karte wird der Winkel durch Lineal und Nordlinien fixiert, im Gelände durch Lineal und Kompassnadel. Da die Nordlinien nach Kartennord ausgerichtet werden, die Nadel jedoch nach MaN, erhält man unterschiedliche Winkel. Um einen Winkel richtig zu übertragen, muss er natürlich gleich groß bleiben.

Beispiel: Auf der Karte ist eine Missweisung von -20° angegeben. Das heißt, MaN liegt 20° westlich (links) von Kartennord. Messen wir nun auf der Karte den Kurswinkel und suchen mit diesem Winkel ein Hilfsziel in der Natur, so liegt es natürlich um 20° zu weit links (westlich) vom tatsächlichen Kurs. Um diesen Fehler auszugleichen, müssen wir nach dem Messen auf der Karte, aber vor dem Übertragen ins Gelände den Winkel um 20° nach rechts korrigieren, also vergrößern. Haben wir auf der Karte einen Kurswinkel von 60° gemessen, stellen wir nun einen Winkel von (60+20 =) 80° ein und lassen dann die Nadel auf die Nordmarke einspielen. Dadurch ist die Missweisung ausgeglichen, und wir suchen nun unser Hilfsziel tatsächlich genau in der Richtung des eigentlichen Ziels.

Westliche Missweisung

Bei der **Messung auf der Karte** ist der Winkel Lineal/Nordlinien um x° **kleiner** als der Winkel Lineal/MaN bei der Peilung, also muss für die Peilung im Gelände der Winkel Lineal/MaN (= Nadelrichtung) um x° **vergrößert** werden (= zuzählen). Also: Kompassrose um x° nach **links** (entgegen Uhrzeigersinn) drehen.

Bei der **Peilung im Gelände** ist der Winkel Lineal/MaN (= Nadelrichtung) um x° größer als der Winkel Lineal/Nordlinien, also muss der Winkel für die Arbeit auf der Karte um x° verkleinert werden (= abziehen). Also: Kompassrose um x° nach **rechts** (im Uhrzeigersinn) drehen.

Östliche Missweisung

Bei der **Messung auf der Karte** ist der Winkel Lineal/Nordlinien um x°

von der Karte ins Gelände	vom Gelände auf die Karte
zuzählen	abziehen
abziehen	zuzählen

(zuzählen = Dose entgegen Uhrzeigersinn drehen; abziehen = Dose im Uhrzeigersinn drehen)

größer als der Winkel Lineal/MaN, also muss für die Peilung im Gelände der Winkel Lineal/MaN (= Nadelrichtung) um x° **verkleinert** werden (= abziehen). Also: Kompassrose um x° nach **rechts** drehen.

Bei der **Peilung im Gelände** ist der Winkel Lineal/MaN (= Nadelrichtung) um x° **kleiner** als der Winkel Lineal/Nordlinien, also muss der Winkel für die Arbeit auf der Karte um x° **vergrößert** werden (= zuzählen). Also Kompassrose um x° nach **links** drehen.

Korrektur mit der Nadel

Die Missweisung mit der Kompassnadel auszugleichen, ist einfacher, da man diese Korrektur nur einmal vornehmen muss und dann innerhalb der gleichen Deklinationszone für alle Messungen beibehalten kann. Anstatt auf die Nordmarke lässt man die Nadel einfach auf die angegebene Missweisungszahl einspielen, dann braucht man sich nicht den Kopf darüber zu zerbrechen, ob sie nun zugezählt oder abgezogen werden muss.

Beachten Sie jedoch unbedingt, dass **bei einer westlichen Missweisung** gewöhnlich nicht der Winkel angegeben wird, den die Nadel anzeigt, wenn die Nordmarke nach Geografisch-Nord ausgerichtet ist (im Uhrzeigersinn), sondern die Gradzahl der Abweichung entgegen der Uhrzeigerrichtung gemessen wird! Bei einer westlichen Missweisung von -20° müssen Sie also die Nadel nicht etwa auf 20° ausrichten, sondern auf -20° also (360-20=) 340°.

Es kann jedoch leicht passieren, dass man dies vergisst, und besonders beim Peilen mit dem Linealkompass ist es schwierig, die Nadel ohne Hilfsmittel genau auf eine Gradzahl auszurichten. Deshalb sind folgende Lösungen vorteilhafter:

„Automatischer Deklinationsausgleich“: Um die Deklination nicht bei jeder einzelnen Messung berücksich-

Ausgleich der Missweisung im Überblick:
Indem Sie diese Tabelle – in der Spalte „Karte“ bzw. „Gelände“ beginnend – von links nach rechts lesen (Karte > Gelände) oder von rechts nach links (Gelände < Karte), erhalten Sie jeweils den richtigen Missweisungsausgleich für die Kompassrose.

		Karte <>	**Gelände**		
Ausgleich	**Missweisung**	**Messung**	**Peilung**	**Missweisung**	**Ausgleich**
abziehen (-) n. rechts drehen	West			West	zuzählen (+) n. links drehen
		Winkel zu GeN	Winkel zu MaN		
zuzählen (+) n. links drehen	Ost			Ost	abziehen (-) n. rechts drehen

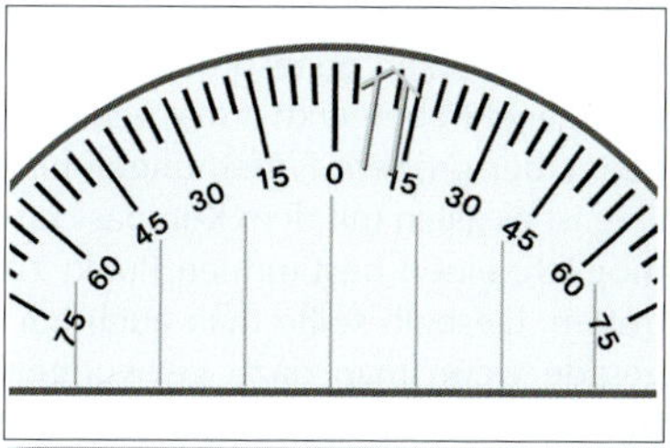

tigen zu müssen, gibt es zwei einfache Lösungen:

Ein **Kompass mit Missweisungsausgleich** ermöglicht es, die Nordmarke gegenüber den Nordlinien der Dose um den Missweisungswinkel zu verstellen. Stellen Sie einfach die Nordmarke auf den angegebenen Missweisungswinkel, (also um die angegebene Missweisungszahl nach Ost (im Uhrzeigersinn) oder nach West (entgegen dem Uhrzeigersinn), dann brauchen Sie während der gesamten Wanderung überhaupt nicht mehr auf die Missweisung zu achten. Lassen Sie nun – genau wie sonst – im Gelände die Nadel auf die Nordmarke einspielen und richten auf der Karte die Nordlinien der Dose nach den senkrechten Gitterlinien aus, so wird die Missweisung stets „automatisch" berücksichtigt. (Denken Sei jedoch daran, den Missweisungswinkel für die nächste Tour in einer anderen Region ggf. neu einzustellen!)

Besitzt man nur einen **Kompass ohne Missweisungsausgleich,** so kann man sich dadurch behelfen, dass man auf der Dose eine feine Markierung bei der angegebenen Missweisungszahl anbringt (bei Ost im Uhrzeigersinn, bei West entgegen dem Uhrzeigersinn von der Nordmarke aus). Bei einer Missweisung von 10° Ost also bei der 10°-Marke, bei 20° West bei der (360-20 =) 340°-Marke. Dann lassen Sie im Gelände die Nadel nicht wie sonst auf die Nordmarke, sondern auf diese Markierung einspielen und verfahren ansonsten wie üblich. Die Missweisung wird auch in diesem Fall stets „automatisch" berücksichtigt.

Kompass
mit Deklinationsausgleich (bei 8°)

Buchtipp

- **„Orientierung mit Karte, Kompass und GPS"** von *Rainer Höh* und *Wolfram Schwieder,* Reise Know-How Verlag

Vereinfachte Orientierung

Wer sich nun endlich schwitzend durch das trockene Kapitel der Kompassarbeit hindurch geackert hat, der wird vielleicht dieses Buch am liebsten in die Ecke schmeißen, den Rucksack gleich hinterher und lieber in der Stube am Ofen sitzen bleiben. Gründlich abgeschreckt von der Vorstellung, ständig mit dem Kompass durch die Gegend laufen und bei jedem zweiten Baum den Kurswinkel bestimmen zu müssen.

Halt! Nicht so schnell! Denn Sie werden gleich feststellen, dass die Praxis ganz anders aussieht. Tatsächlich ist das Wandern nach Kompass nicht der Normalfall, sondern die Ausnahme. Ich habe viele mehrtägige und mehrwöchige Wanderungen gemacht, auf denen ich den Kompass nicht ein einziges Mal benutzt habe. Und bei den übrigen habe ich ihn nur in seltenen Ausnahmefällen gebraucht.

Aber warum soll man sich überhaupt mit dieser ganzen Materie herumärgern?

- Weil man sich in manchen Gebieten mit unübersichtlichem Gelände nur mit dem Kompass zurechtfinden kann.
- Weil jederzeit – selbst auf der harmlosesten Tageswanderung zu einer Berghütte – plötzlich eine Situation auftreten kann, in der man auf diese Hilfsmittel angewiesen ist.

Dann muss man nicht nur einen Kompass im Rucksack haben, sondern sich bereits vorher gründlich damit vertraut gemacht haben. Sonst kann man das Ding gleich zu Hause lassen oder in die nächste Schlucht schmeißen und in der Wildnis zugrunde gehen oder auf das Rettungsteam warten. Also muss die Materie sitzen, auch wenn man sie nur selten benötigen sollte. Das ist wie beim Rettungsfallschirm – man braucht ihn höchst selten, aber wenn man ihn braucht, dann dringend!

Groborientierung und Feinorientierung

Es gibt zwei gute Gründe dafür, warum man nicht so viel wie möglich, sondern so wenig wie möglich nach Kompass wandern sollte (und nur so viel wie nötig). Erstens natürlich, weil es ohne Kompass viel bequemer ist, und zweitens, weil selbst die sorgfältigste Kompassarbeit immer noch Ungenauigkeiten enthält, die sich über längere Strecken ebenso deutlich wie unangenehm bemerkbar machen können. Über größere Entfernungen hinweg ist es allein mit dem Kompass unmöglich, einen bestimmten Punkt zu treffen. Deshalb sollte man auch und gerade wenn man dazu gezwungen ist, überwiegend nach Kompass zu marschieren, folgendes beachten:

1. lange Kompassstrecken vermeiden, indem man sie in einzelne Abschnitte unterteilt und dabei jedesmal neue nahegelegene Orientierungspunkte nutzt.

2. ständig Gelände und Karte vergleichen, um Abweichungen zu bemerken und korrigieren zu können.

3. Hilfslinien im Gelände nutzen, die man – je nachdem, wie sie verlaufen – als Leit- oder Auffanglinien bezeichnet (Näheres dazu s.u.).

Reine Kompassorientierung wird als Feinorientierung bezeichnet; das, was man bei den Punkten 2. und 3. tut, ist die **Groborientierung** – und genau daraus besteht die Orientierungspraxis auf Wanderungen zu über 90 %: immer wieder Karte und Landschaft vergleichen und **alle Orientierungshilfen** der Natur nutzen. Dazu gehören z.B. auch Sonnenstand und Windrichtung, mit deren Hilfe man selbst in einem Gelände ohne sonstige Orientierungspunkte – zumindest über kürzere Strecken – grob die Richtung halten kann. Natürlich kann das auch tüchtig danebengehen, wenn man sich etwa allein auf die Windrichtung verlässt und diese sich unmerklich ändert. Deshalb ist es stets wichtig, möglichst viele Orientierungshilfen miteinzubeziehen.

Leitlinien und Auffanglinien

Die wichtigsten Orientierungshilfen: **Leitlinien** sind im Gelände erkennbare Linien, die mehr oder weniger genau in der geplanten Kursrichtung verlaufen und daher zur Groborientierung ausreichen, sodass man ihnen ohne Kompass und Kurswinkelbestimmung folgen kann. Das kann z.B. ein Bach, ein Waldrand, ein Seeufer oder ein Berghang sein oder in besiedelten Regionen Hochspannungsleitungen, Bahndämme - und im bequemsten Fall natürlich ein Pfad. Liegt das Ziel direkt an der Leitlinie oder in sichtbarer Nähe, so kann man ganz auf den Kompass verzichten. Ist dies nicht der Fall, kann man bis zu einem Punkt nahe dem Ziel ohne Kompass der Leitlinie folgen, und erst wenn man dort einen in der Karte erkennbaren Punkt erreicht hat (z.B. einen Knick der Leitlinie), beginnt die Kompassorientierung.

Auffanglinien unterscheiden sich nur dadurch von den Leitlinien, dass sie nicht vom momentanen Standpunkt aus in Kursrichtung verlaufen, sondern mehr oder weniger quer dazu. Hat man eine Auffanglinie erreicht, kann sie möglicherweise sofort zur Leitlinie werden. Außerdem hilft sie uns dabei, festzustellen, wie weit wir gelangt sind und evtl. auch, wann wir zur Feinorientierung übergehen müssen. Beispielsweise wenn wir einem Seeufer (Leitlinie) folgen und wissen, dass kurz hinter der Einmündung einer

Baches (Auffanglinie) etwa 500 m landeinwärts im Wald eine Hütte stehen muss. Also beginnt man an der Bachmündung mit der Feinorientierung. Läge die Hütte direkt am Bach, könnt man auf der weiteren Strecke diesen als Leitlinie benutzen und auf

Oben: Orientierung mit Hilfe einer Auffanglinie
Unten: Auffanglinie längs zum Kurs

den Kompass wieder einmal ganz verzichten.

Wichtig: Mit der Feinorientierung kann man nur beginnen, **wenn man seinen Standort kennt,** also an Stellen wie der obigen Bachmündung. Ist eine solche Stelle nicht zu finden, muss man den Standort ggf. mit einer Kompasspeilung bestimmen - aber das ist wiederum eher die Ausnahme.

Beispiele zur Nutzung von Auffanglinien

Beispiel 1 – Auffanglinie quer zur Kursrichtung

Gesetzt den Fall, wir haben unser Zelt an einem Fluss in dichtem Wald aufgeschlagen und von dort eine Tagestour in die Berge unternommen, um einen Gipfel zu besteigen. Nun wollen wir zurück zum Camp. Die grobe Richtung kennen wir ja, und möglicherweise können wir das Camp vom Gipfel aus sogar sehen. Was läge nun also näher, als genau in diese Richtung loszuziehen?

Naheliegend ja, aber klug wäre es nicht. Denn dass wir die Richtung exakt genug einhalten, um nach der langen Strecke durch dichten Wald diesen einen Punkt zu treffen, das wäre selbst mit Kompass und sorgfältigster Peilung sehr unwahrscheinlich. Und wenn wir dann unsere Auffanglinie, den Fluss erreichen, wissen wir nicht, ob das Lager stromauf oder stromab liegt. Wohin? Zunächst geht man in die eine Richtung, findet nichts, macht kehrt, geht den Weg zurück und in die andere Richtung. Dort findet man wieder nichts, weil die erste Richtung vielleicht doch die richtige war, man war nur nicht weit genug gegangen. Also wieder zurück und den ganzen Weg ein weiteres Mal. Und inzwischen ist man natürlich total erschöpft, genervt, und obendrein wird es vielleicht auch noch dunkel.

Also lieber gleich vom Gipfel aus bewusst deutlich weiter links oder rechts halten, dann weiß man beim Erreichen des Flusses, welche Richtung man einschlagen muss.

Beispiel 2 – Auffanglinie in Kursrichtung

Nicht immer tut uns die Auffanglinie den Gefallen, so zu verlaufen, wie sie es der Definition nach sollte - nämlich quer zur Kursrichtung. Dann müssen wir selbst dafür sorgen, dass sie uns quer entgegenkommt. Gesetzt den Fall, Sie sind etwa von einer Hütte aus einen Pfad entlang gewandert, der irgendwo im Wald aufgehört hat. Danach sind Sie noch etwa zwei Stunden ohne Pfad in etwa derselben Richtung weitergegangen. Wenn Sie jetzt kehrtmachen, um zur Hütte zurückzuwandern, wird es natürlich schwierig sein, genau das Pfadende wieder zu finden. Also gehen Sie wieder bewusst ein Stück zu weit links oder rechts, und zwar sicherheitshalber etwas länger als zwei Stunden, und biegen dann im rechten Winkel ab. Sind Sie am Morgen bergauf gewandert und gehen nun bergab, reichen auch zwei Stunden, da Sie bergab in der gleichen Zeit eine längere Strecke zurücklegen. Auf diese Weise liegt der Pfad tatsächlich quer zu Ihrer Marschrichtung, und Sie können ihn gar nicht verfehlen (sofern er überhaupt klar erkennbar ist).

Natürlich funktioniert das alles nicht nur auf Tageswanderungen. Nur haben Sie dann beim zweiten Beispiel kein festes Zeitmaß, sondern müssen einfach so lange gehen, bis Sie sicher sind, dass Sie sich neben dem Pfad befinden. Und es muss auch kein Pfad sein, sondern irgendeine plötzlich endende Leitlinie; z.B. ein Bach, der dort entspringt.

Beispiel 3 – Völlig verirrt?

Angenommen, Sie sind in einem vollkommen menschenleeren Wildnisgebiet Alaskas unterwegs - ob Tagestour oder wochenlanger Marsch, sei diesmal dahingestellt. Auf jeden Fall haben Sie sich so gründlich verlaufen, dass Sie beim besten Willen keine Ahnung mehr haben, wo Sie sind. Eine Karte haben Sie auch nicht dabei, der Kompass ist verlorengegangen oder liegt zu Hause im Schrank. Nur einen Trumpf haben Sie noch im Ärmel: Sie wissen, dass irgendwo westlich von Ihnen der Alaska Highway verlaufen muss. Also doch nicht völlig verirrt.

Sie müssen jetzt beispielsweise mit Hilfe der Sonne die grobe Westrichtung bestimmen und brauchen dann nur noch immer in diese Richtung zu marschieren. Natürlich hört sich das viel einfacher an, als es tatsächlich ist. Denn Sie haben ja ohne Karte keine Ahnung, was alles an Mooren, Flüssen, schroffen Bergen und sonstigen Hindernissen zwischen Ihnen und dem Highway liegt (und wären sicher froh um Karte und Kompass und würden für Ihr Leben gerne Kurswinkel messen, ins Gelände übertragen und dabei beliebig viele Deklinationswinkel berücksichtigen!) - aber es ist eine Chance.

Bestimmung der Himmelsrichtung mit Hilfe von Sonne und Sternen

Die Bestimmung der Himmelsrichtungen mit natürlichen Hilfsmitteln ist zwar möglich, aber in den allermeisten Fällen immer noch ungenauer als die schlampigste Kompassmessung. Dennoch: manche Ziele sind so groß (Auffanglinien), dass man sie auch mit dieser groben Orientierung finden kann, und im zuletzt genannten Beispiel („Völlig verirrt?") hat man nur dann eine Chance, lebend aus der Wildnis zurückzukehren, wenn man diese Mittel zu nutzen versteht. Tatsächlich nutzen wir die Sonne unterwegs immer wieder als festen Bezugspunkt, um zumindest über kürzere Entfernungen die grobe Richtung zu halten - ohne irgendwelche Messungen und vielleicht sogar, ohne uns dessen bewusst zu sein.

Andere Hilfsmittel, wie das altbekannte Moos an Baumstämmen und die Richtung von Kirchen, kann man getrost vergessen. Sie sind für die Praxis wenig hilfreich, da sie längst nicht immer stimmen bzw. viel zu ungenau sind. Und wenn man vor einer Kirche steht, hat man sich nicht so hoffnungslos verirrt, dass man auf solche Mittel angewiesen wäre.

Leider ist auch die **Sonne** nicht so exakt und zuverlässig, wie mancher vielleicht denkt. Dass die Sonne im Osten auf- und im Westen untergeht, weiß wohl jeder. Aber exakt stimmt das höchstens an zwei Tagen im Jahr, und auch dann nur im ebenen Gelände. Trotzdem gibt es Methoden, mit Hilfe des Sonnenstandes die Himmelsrichtungen halbwegs genau zu bestimmen, selbst bei leichter Bewölkung. Ihr Licht muss nur stark genug durch die Wolken dringen, um einen erkennbaren Schatten zu werfen.

Uhr als Kompass

Hat man eine gute alte **Zeigeruhr,** so legt man sie flach auf die Hand, und zwar so, dass der Stundenzeiger genau in Richtung Sonne weist. Das funktioniert umso einfacher und genauer, je flacher die Sonne steht. Die Uhr lässt sich am exaktesten ausrichten, wenn man ein Streichholz o.Ä. senkrecht vor die Spitze des kleinen Zeigers hält und die Uhr dreht, bis dessen Schatten sich mit dem Zeiger deckt. Dann **halbiert** man den **kleineren Winkel** zwischen dem Stundenzeiger und der Zwölf (d.h. vormittags vom Zeiger im Uhrzeigersinn zur Zwölf, nachmittags entgegen dem Uhrzeigersinn). Die so erhaltene Winkelhalbierende weist nach Süden, die Halbierende des größeren Winkels entsprechend nach Norden – sofern man zwischen 6 und 18 Uhr misst. Zwischen 18 und 6 Uhr ist es umgekehrt: Die Halbierende des kleineren Winkels weist dann nach Norden. Um 6 Uhr und 18 Uhr sind beide Winkel gleich groß: dann steht die Sonne ziemlich genau im Osten bzw. Westen.

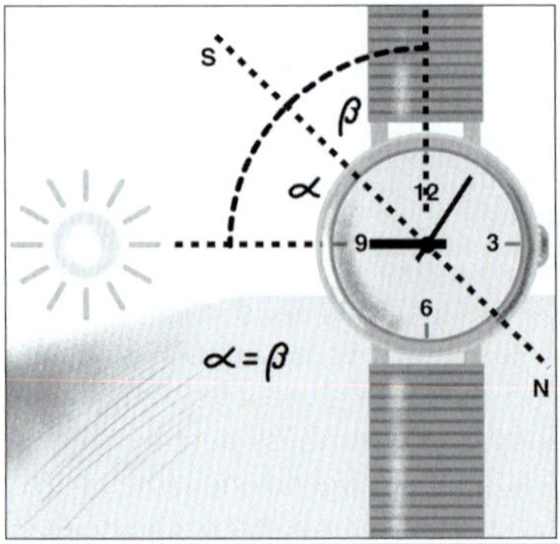

Achtung:

- Während der **Sommerzeit** muss die Uhr zunächst um eine Stunde zurückgestellt werden, um das richtige Ergebnis zu erhalten.
- Wenn man sich in größerer Entfernung vom Zeitmeridian der geltenden Zeitzone (z.B. 15° östl. Länge für MEZ) befindet, muss man die Uhr je Längengrad um vier Zeitminuten verstellen, um die **tatsächliche Ortszeit** zu erhalten. Befindet man sich 10° westlich des Meridians, muss man die Uhr um 40 Min. zurückstellen, also etwa von 11 Uhr auf 10.20 Uhr, befindet man sich östlich des Meridians, muss man die Uhr entsprechend vorstellen. Damit ist der Sonnenstand

noch nicht exakt beschrieben, aber die weiteren Ungenauigkeiten (bis max. 15 Min.) halten sich im Rahmen der Messgenauigkeit.

- Auf der **Südhalbkugel** müssen Nord und Süd vertauscht werden, da dort die Sonne mittags im Norden steht.
- **Zwischen den Wendekreisen** ist die Methode nur bedingt brauchbar, da die Sonne dort zu bestimmten Jahreszeiten genau von Osten nach Westen „wandert", ohne einen Bogen nach Süden oder Norden zu machen, also zu dieser Zeit stets die Ost- und Westrichtung weist. Während der übrigen Zeit des Jahres kann sie einen leichten Bogen entweder nach Norden oder nach Süden machen (d.h. man muss stets genau die Jahreszeit berücksichtigen).
- Mit einer **Digitaluhr** verfährt man genau gleich, nur dass man nicht die Uhr selbst verwenden kann (da sie ja keine Zeiger hat), sondern die angezeigte Uhrzeit zunächst auf ein aufgezeichnetes Zifferblatt übertragen muss.

Uhr stellen nach Kompass und Sonnenstand

Falls die Uhr einmal stehengeblieben ist, kann man sie mit Hilfe von Kompass und Sonnenstand stellen, indem man obige Prozedur umkehrt. Man misst mit dem Kompass den Winkel zwischen Sonnenstand und Südrichtung: Nordmarke auf Kurspfeil, den Punkt am Horizont anpeilen, über dem die Sonne senkrecht steht und den Winkel zwischen **Nordmarke** und dem **Südende** der Nadel ablesen. (Da das Südende der Nadel meist zu stumpf ist, um eine genaue Ablesung zu ermöglichen, kann man natürlich auch den Winkel am Nordende der Nadel ablesen und 180° abziehen bzw. hinzurechnen, ggf. Missweisung beachten.) Dieser Winkel wird verdoppelt und dann auf das Zifferblatt übertragen, um die Position des Stundenzeigers festzulegen; d.h. der Abstand zwischen der Zwölf und dem Stundenzeiger muss doppelt so groß sein wie der gemessene Winkel. Nachmittags (12–18 Uhr) wird er von der Zwölf aus im Uhrzeigersinn gemessen, vormittags (6–12 Uhr) entgegen dem Uhrzeigersinn.

Gleichschatten-Methode

Auch ohne Uhr lassen sich mit Hilfe des Sonnenstandes die Himmelsrichtungen ermitteln. Dazu gibt es drei verschiedene Methoden unterschiedlicher Genauigkeit.

Am exaktesten, aber auch zeitaufwendigsten ist die Gleichschatten-Methode. Dazu steckt man vormittags einen Stab an einer waagerechten, ebenen Stelle senkrecht in den Boden, markiert die Spitze seines Schattens und zieht um den Fuß des Stabes einen Kreis, der durch diese Markierung verläuft. Dann wartet man, bis die Spitze des Schattens am Nachmittag erneut genau auf den Kreis fällt. Nun verbindet man die beiden Punkte und erhält die **Ost-West Richtung.** Eine Linie, die vom Fuß des Stabes zur Mitte dieser Linie verläuft, weist auf der Nordhalbkugel nach Norden (Geografisch-Nord), auf der Südhalbkugel nach Süden. Zwischen den Wende-

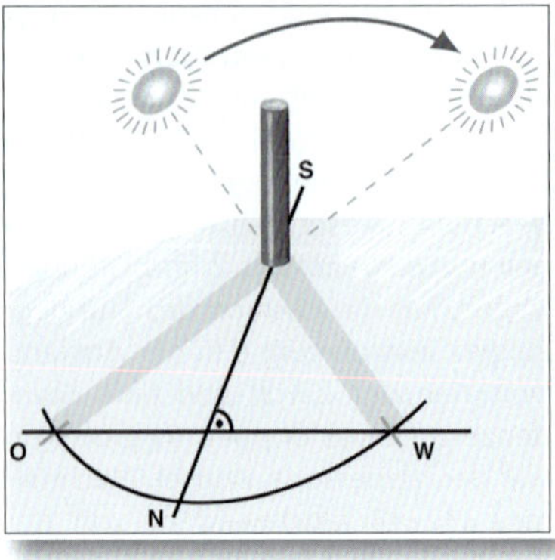

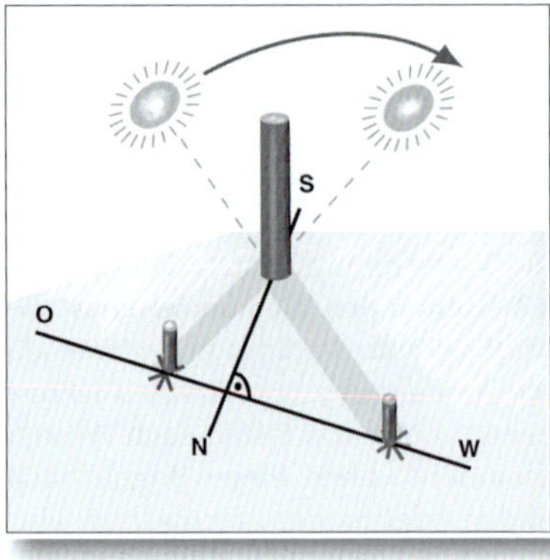

kreisen gilt das Gleiche wie bei „Uhr als Kompass". Die Missweisung spielt keine Rolle, da man sich nicht nach dem Magnetpol richtet.

Kurzschatten-Methode

Doppelt so schnell, aber weniger exakt erhält man die Himmelsrichtungen mit der Kurzschatten-Methode. Dabei verfährt man wie oben beschrieben, markiert aber die Schattenspitze immer wieder, bis der Schatten des Stabes wieder länger zu werden beginnt. Vom Fuß des Stabes zieht man nun eine gerade Linie zur Spitze des kürzesten Schattens und erhält wieder die Süd-Nord-Richtung.

Schattenspitzen-Methode

Am schnellsten, aber u.U. erheblich ungenauer ist die Schattenspitzen-Methode. Dafür sollte der Stab nicht zu kurz sein. Man verfährt ebenfalls wie oben beschrieben, markiert aber bereits einige Zeit später die Spitze des weitergewanderten Schattens (der genaue Zeitabstand spielt keine Rolle, mindestens eine Stunde, je länger desto exakter ist das Ergebnis). Die Linie, die beide Punkte verbindet, weist wieder die ungefähre Ost-West-Richtung, wobei die erste Markierung stets westlich der zweiten liegt. Die ungefähre Nord-Süd-Richtung verläuft folglich im rechten Winkel dazu. Da die Linie, auf der die Schattenspitze wandert, allerdings keine Gerade ist, sondern sich (symmetrisch zur 12-Uhr-Marke) krümmt, sind die Ergebnisse bei dieser Methode entsprechend ungenau (besonders frühmorgens und spätabends, besser nahe der Mittagszeit, am besten über die Mittagszeit). Dieser Fehler wird bei der Gleichschatten-Methode ausgeglichen. Für die Südhalbkugel und den Bereich zwischen den Wendekreisen gilt auch hier, was oben bereits gesagt wurde.

Gleichschattenmethode

Schattenspitzen-Methode

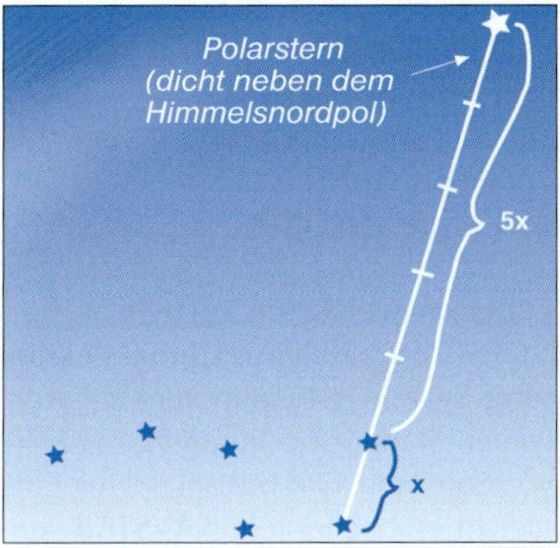

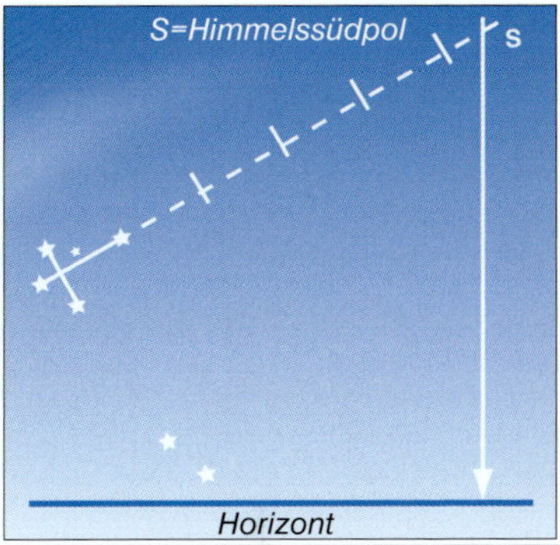

Polarstern

In einer sternklaren Nacht lässt sich die Nordrichtung mit Hilfe des Polarsterns ermitteln, der stets recht exakt im Norden steht. Er ist am einfachsten zu finden, indem man die „Hinterachse" des Großen Wagens fünfmal verlängert, wie in der Skizze gezeigt. Der Polarstern ist zugleich der vorderste Deichselstern des Kleinen Wagens und der einzige helle Stern in dieser Region, sodass eine Verwechslung kaum möglich ist.

Beide Sternbilder drehen sich zwar im Laufe der Nacht um den Polarstern, der Polarstern selbst behält seine Position jedoch bei. In Äquatornähe steht er allerdings so flach über (oder sogar unter) dem Horizont, dass er nicht zu sehen ist und man seine Position allenfalls mit Hilfe der beiden Sternbilder abschätzen kann. In Polnähe steht er so hoch, dass man kaum mehr sagen kann, über welchem Punkt am Horizont er steht (in Alaska und Lappland ist das aber durchaus noch möglich, und viel weiter nach Norden wird man nur selten gelangen).

Großer Wagen und Polarstern

Kreuz des Südens

Kreuz des Südens

Auf der Südhalbkugel tritt an die Stelle des Großen Wagens das Kreuz des Südens. Es dreht sich um den südlichen Himmelspol, und seine längere Achse würde ziemlich genau zum „Südstern" zeigen, nur dass es leider keinen Südstern gibt. Die Position, an der er sich befinden müsste, erhält man, indem man die Hauptachse des Sternbilds ca. 4½-mal in Richtung des Fußendes verlängert (siehe Skizze).

Bestimmung der geografischen Breite

Mit Hilfe des Polarsterns lässt sich auch die geografische Breite bestimmen, da die Gradzahl des Winkels zwischen Polarstern und der Horizon-

talen genau dem Breitengrad entspricht. Diesen Winkel kann man mit einfachen Mitteln fixieren (z.B. mit einer Schnur) und mit einem Winkelmesser, an dem ein Lot befestigt ist, abmessen. Hat man keinen Winkelmesser, kann man ihn auf ein Blatt Papier übertragen und dann mit der Kompassrose messen. Allerdings ist diese Messung zu ungenau, um für eine normale Tour nutzbringend zu sein. Aber falls man überhaupt keine Ahnung hat, wo man sich befindet (z.B. nach einem Flugzeugabsturz), kann diese Bestimmung des Breitengrades hilfreich sein. Falls man einen Taschenrechner haben sollte (oder eine Logarithmentafel), kann man den Winkel auch genauer berechnen. Der Höhenwinkel ergibt sich aus der Höhe der Schnurbefestigung (y) geteilt durch die Länge der Grundseite des Dreiecks (x) nach der Formel sin = y:x. In einigen Kompassen sind Winkelmesser und Lot bereits eingebaut, sodass man die geografische Breite nur noch abzulesen braucht.

Breitengrad mittels Polarstern bestimmen

Orientierung mit Hilfe des GPS

Funktionsweise und Vorteile

GPS (Abkürzung für **Global Positioning System**) ist ein System zur weltweiten Standortbestimmung mit Hilfe von Satelliten. Das bei uns oft mit GPS gleichgesetzte System **NAVSTAR** wurde vom amerikanischen Verteidigungsministerium entwickelt, das es auch kontrolliert und seine Genauigkeit für die zivile Anwendung beeinflussen kann. Derzeit werden dafür 24–30 Satelliten verwendet, die den Erdball in 20.000 km Höhe innerhalb von 24 Stunden zweimal umrunden. Das GPS-Gerät empfängt die Signale von mehreren dieser Navigationssatelliten (Bahndaten und Uhrzeit) und errechnet daraus rund um die Uhr jede Sekunde und an jedem beliebigen Punkt der Erdoberfläche seine momentane Position (ggf. auch die momentane Höhe über dem Meer). Für die genaue Position benötigt es mindestens vier Satelliten. Mit den vielen neuen Geräten kann man auch die Satellitensignale des russischen Systems **GLONASS** nutzen und hoffentlich bald auch die Signale des inzwischen gestarteten europäischen Systems **Galileo.**

Der enorme Vorteil von GPS besteht darin, dass es Positionsbestimmungen jederzeit und völlig **unabhängig von Orientierungspunkten, Sicht, Lichtverhältnissen und Kompassabwei-**

chungen ermöglicht. Selbst bei Nacht, im Nebel und Schneesturm, in Regionen ohne markante Landschaftsformen und in Gegenden, in denen der Kompass aufgrund magnetischer Ablenkungen nicht mehr brauchbar ist, können Sie mit dem GPS Ihre Position auf Knopfdruck ermitteln, ohne Kompassabweichungen berücksichtigen oder sonstige komplizierte Berechnungen durchführen zu müssen.

Die **Leistungsfähigkeit** des GPS-Empfängers ist natürlich wesentlich von seiner Empfindlichkeit abhängig. Bei leistungsschwachen Geräten kann der Empfang durch Berge, Bäume oder sonstige Hindernisse beeinträchtigt werden. Leistungsfähige 12-Kanal-Geräte funktionieren auch im Wald problemlos und können angeblich selbst in Fahrzeugen ohne Zusatzantenne benutzt werden.

Die **Betriebsdauer** der üblichen GPS-Geräte mit einem Batteriesatz reicht für weit über hundert bis zu mehreren hundert Messungen, sodass man auch auf längeren Touren mit einem Satz auskommen wird, Dauerbetrieb ist dabei nicht vorgesehen.

GPS-Handgeräte wiegen etwa 90–260 g (inkl. Batterien), Armbandgeräte etwa 80 g.

Für leistungsfähige Empfänger muss man derzeit mit einem **Preis** von 120 bis 400 € rechnen. Spitzengeräte können bis zu 700 € kosten und bieten entsprechend viele Extras. Auch Geräte der Mittelklasse (ab 250 €) bieten schon Farbbildschirm, Kartenspeicher, Höhenmesser, Kompass und andere Sensoren.

Buchtipp

- **„GPS Outdoor-Navigation"** von *Rainer Höh,* Reise Know-How Verlag

Genauigkeit

Die Genauigkeit der Positionsbestimmung (bzw. Höhenangabe) ist nicht von der Leistungsfähigkeit des Gerätes abhängig, sondern von der Streuung der Satelliten, die der Betreiber verändern kann. Das System ist grundsätzlich dazu in der Lage, die **Position** ohne zusätzliche Hilfsmittel mit einer Genauigkeit von ca. 10–15 m zu ermitteln. Diese (vielen Karten überlegene) Genauigkeit ist für Outdoorzwecke vollkommen ausreichend.

Praktische Anwendung

Das GPS-Gerät zeigt Ihnen die Koordinaten (Länge und Breite) Ihres jeweiligen Standpunktes. Um mit diesen Informationen überhaupt etwas anfangen zu können, müssen Sie sie **auf die Landkarte übertragen**. Dies setzt voraus, dass Sie eine Karte benutzen, auf der das gleiche Netz/Gitter (geografisch, geodätisch) eingezeichnet ist, mit dem Ihr GPS-Gerät arbeitet. Entsprechen die Koordinaten des GPS-Empfängers nicht dem Gitter bzw. Netz der Karte, ist es schwierig, die angegebene Position exakt auf die Karte zu übertragen. Alle neuen Geräte können die Position aber in **verschiedenen Koordinatensystemen** angeben. Die Handhabung wird dadurch erleichtert, dass fast alle heutigen Geräte die Position auf dem Bildschirm auf einer **topografischen Kar-**

te darstellen. Diese Karte ist zu klein, um die Papierkarte wirklich zu ersetzen, ermöglicht es aber in den meisten Fällen, die Position „nach Sicht" zu übertragen, ohne auf die Koordinaten angewiesen zu sein.

Alle Geräte bieten darüber hinaus eine **GOTO-Funktion;** d.h. sie zeigen Kurs und Entfernung zu vorher einprogrammierten Zielen (Wegpunkten) an. Bereits bei der Vorbereitung einer Wanderung können Sie neben Ausgangs- und Zielpunkt einige Dutzend Wegpunkte oder sogar ganze Routen speichern, indem Sie deren Koordinaten eingeben und sie mit einer bestimmten Buchstabenfolge bezeichnen. Unterwegs brauchen Sie nur Ihre momentane Position zu bestimmen und den nächsten Wegpunkt aufzurufen. Ihr Gerät teilt Ihnen dann mit, in welcher Richtung dieses Ziel liegt und wie weit Sie noch davon entfernt sind.

Die Navigationsseite zeigt dann auf dem weiteren Marsch mit einem Pfeil stets die Richtung zum Zielpunkt. Sollten Sie z.B. an einem Hinderniss davon abweichen müssen, so wird der neue Kurs zum Ziel sofort angezeigt. Geräte mit **elektronischem Kompass** zeigen die Richtung auch im Stillstand; alle übrigen können sie nur in Bewegung angeben.

Natürlich können Sie auch unterwegs jederzeit beliebige Punkte als **Waypoint** eingeben, deren Koordinaten sich aus der Karte ablesen lassen, beispielsweise eine Campstelle irgendwo im unübersichtlichen Wald, um nach einer Exkursion dorthin wieder zurück zu finden.

Kann das GPS den Kompass ersetzen?

GPS-Geräte ermöglichen die Orientierung selbst in Situationen, in denen Kompass, Karte und Höhenmesser die Grenzen ihrer Leistungsfähigkeit erreicht haben, und diese Geräte können heute in sehr vielen Fällen tatsächlich den Kompass ersetzen. Eine große Gefahr liegt jedoch darin, dass man sich ganz auf diese Geräte verlässt und vollkommen hilflos ist, wenn sie nicht (mehr) funktionieren – etwa weil die Batterie erschöpft ist, weil die Emp-

Fachbegriffe zur Orientierung

Deutsch	Englisch	Französisch
Karte	map	carte
Kompass	compass	boussole
Maßstab	scale	échelle
Richtung	bearing, direction	direction
Entfernung	distance	distance
Missweisung	declination	déclinaison magnétique
Äquidistanz	equidistance, contour interval	équidistance (des courbes)
Höhenlinie	contour	courbe de niveau
Zähllinie	contour value	courbe maîtresse
Hilfslinie	form line	courbe intercalaire subsidiaire
Geograf. Nord (GeN)	true north (TN)	nord géographique (NG)
Magnetisch Nord (MaN)	magnetic north (MN)	nord magnétique (NM)
Gitter-Nord (GiN)	grid north (GN)	nord du quadrillage (NQ)

findlichkeit nicht ausreicht, wegen extremer Temperaturen, durch mechanische Defekte oder auch weil der Betreiber die Genauigkeit reduziert oder Satelliten abschaltet.

Wer dann keinen Kompass dabei hat oder damit nicht umgehen kann, ist im wahrsten Wortsinn verloren. Es ist daher dringend anzuraten, auf Wildnistouren einen **Kompass** mitzunehmen – auch **zusätzlich zum GPS-Gerät** – und den Umgang damit stets zu üben. Außerdem sollte man, auch wenn man über ein GPS-Gerät verfügt, seinen Kurs ständig auf der Karte verfolgen, um bei einem Ausfall jederzeit zu wissen, wo man sich befindet.

Schwierig wird die Situation, wenn man im Vertrauen auf die Elektronik durch Gebiete ohne markante Landschaftsformen wandert (dichter Wald, offene Wasserflächen oder Nebel, Schneesturm etc.), und das Gerät unterwegs versagt. Dann kann es selbst mit Kompass problematisch werden, ein angesteuertes Ziel zu erreichen oder wieder zurückzufinden!

Spanisch	Italienisch	Schwed.	Norwegisch	Dänisch	Finnisch
mapa	carta geografica	karta	kart	kort	kartta
brújula	bussola	kompass	kompas	kompas	kompassi
escala	scala	skala	målestokk	målestok	mittakaava
dirección	direzione	riktning	retning	retning	suunta
distancia	distanza	avstånd	avstand	afstand	etäisyys
declinación	declinazione magnetica	missvisning	misvising	misvisning	eranto, neulankorjaus
intervalos de las curvas de nivel	equidistanza	ekvidistans	ekvidistanse	aekvidistance	korkeuskäyrien pystyväly
curva de nivel	curva altimetrica	höjdkurva	høydekurve	højdekurve	korkeuskäyrä, välikäyrä
curva maestra	curva direttrice	stödkurva	tellekurve	indekskurve	johtokäyrä
curva intercalada	curva ausiliaria	hjälpkurva	hjelpkurve, mellomkurve	hjaelpkurve	apukäyrä
norte geográfico (NG)	nord geografico (NG)	geografiskt norr	geografsik nord, sant nord	geografsik/ sand nord	napa-pohjoinen
norte magnético (NM)	nord magnetico (NM)	magnetiskt norr	magnetisk nord	magnetisk nord	neula-pohjoinen
norte cuadricular (NC)	nord reticolato (NR)	nätets norr	ruttenetts nord	koordinat nord, netnord	kartta-pohjoinen

Koordinatensysteme (Kartengitter)

Um einen Punkt auf der Landkarte (also in der Ebene) eindeutig zu bezeichnen, braucht man zwei Richtungswerte (Koordinaten), die im Prinzip nichts anderes sind als die aus dem Mathe-Unterricht bekannte x- und y-Achse. Mit Hilfe dieser Koordinaten werden z.B. Positionsangaben, die der GPS-Empfänger ermittelt, auf die Landkarte übertragen – oder umgekehrt Punkte von der Karte (z.B. das Ziel der Wanderung), in das GPS-Gerät eingegeben.

Verlängert man auf der x- und y-Achse einige der Maßeinheiten senkrecht zur Achse, erhält man ein Gitter, das beim Einzeichnen von Punkten und beim Ablesen von Koordinaten hilft. Entsprechend werden auf vielen Landkarten einige der Koordinaten-Linien dargestellt – wie das Suchgitter auf dem Stadtplan. Auf der Landkarte bezeichnet man diese Linien als **Kartengitter** oder **(Gitter-)Netz.**

So, wie man x- und y-Achse unterschiedlich anordnen und unterteilen kann, sind auch bei den Landkarten-Koordinaten unterschiedliche Anordnungen, Zählrichtungen und Maßeinheiten möglich, sodass es nicht nur ein Koordinatensystem gibt, sondern verschiedene. Die Entwicklung des GPS hat jedoch einen internationalen Standard geschaffen (UTM und WGS-84), auf den nach und nach alle topografischen Karten umgestellt werden.

Bisherige Landkarten verwenden zwei **Kategorien von Koordinatensystemen: geografische** (Längen- und Breitengrade, unterteilt in Minuten/Sekunden) oder **geodätische** (rechtwinklige Gitter in Kilometer- und Meter-Einheiten). Während es nur ein geografisches Koordinatensystem gibt, existieren verschiedene geodätische Gitter. Manche digitale Karten zeigen wahlweise eines von mehreren Gittern an, und GPS-Geräte können gewöhnlich zwischen rund einem Dutzend Koordinatensystemen umrechnen.

Kartenbezugssysteme (Kartendatum)

Um eine Karte zu zeichnen, muss man die dreidimensional gekrümmte Erdoberfläche als zweidimensionale Fläche wiedergeben (Kartenprojektion). Hierzu muss zunächst die Form des Körpers definiert werden. Da die Erde aber keine perfekt Kugelform hat, sondern ein an den Polen abgeflachtes Ellipsoid ist, das zudem durch Gebirge unregelmäßig ausgebeult wird, sind komplizierte Bezugssysteme erforderlich, um ihre Oberfläche oder einzelne Regionen davon möglichst wirklichkeitsgetreu auf der Karte darzustellen. Ein solches Bezugssystem bezeichnet man als **Kartenbezugssystem** bzw. **Kartendatum** (Map Datum). Weltweit gibt es über 100 verschiedene Kartenbezugssysteme. Auf zwei Karten derselben Region, aber mit unterschiedlichen Bezugsystemen hat derselbe Geländepunkt etwas unterschiedliche Koordinaten. Das heißt: Wenn Sie Ihr GPS-Gerät auf ein anderes Datum umstellen, zeigt das Karten-Display plötzlich eine etwas andere Position an, obwohl Sie Ihren Standort nicht verändert haben. Gute GPS-Geräte können aber problemlos zwischen über 100 verschiedenen Systemen umrechnen.

Worauf beim Kauf eines GPS-Gerätes zu achten ist

Wichtige Kriterien sind Robustheit und Wasserundurchlässigkeit, Leistungsfähigkeit des Empfängers (funktioniert das Gerät auch im dichten Wald?), einfache Bedienung auch bei Dunkelheit und mit Handschuhen, gut ablesbare Anzeige sowie Unempfindlichkeit (vor allem der Anzeige) gegen Hitze und Kälte.

Wetter

Auf Island (und übrigens auch in vielen anderen Gegenden!) sagt man: „Wenn Ihnen unser Wetter nicht gefällt - na bitte, dann warten Sie eben fünf Minuten!"

Nun, nicht überall ist das Wetter so wechselhaft - irgendwann jedoch ändert es sich bestimmt, und dann ist es gut, wenn man entsprechend darauf vorbereitet ist. „Am Wetter kann man sowieso nichts ändern", klagen manche, „warum soll ich mich also darum kümmern?!" Eben deshalb: um vorbereitet zu sein! Wenn man weiß, dass eine Schlechtwetterfront heraufzieht, kann man rechtzeitig sein Lager errichten, und wenn man sieht, dass sich ein Gewitter ankündigt, wird man die geplante Gipfelbesteigung hoffentlich auf den nächsten Tag verschieben.

Manche Wetterveränderungen sind recht klar und deutlich vorherzusehen, die meisten sind es allerdings nicht - und manche überraschen sogar noch den Fachmann. Das Wetter ist und bleibt letztlich unberechenbar. Alle Vorhersagen sind daher begründete Vermutungen - keiner kann garantieren, dass sie auch tatsächlich zutreffen werden. Aber: Je mehr unterschiedliche Wetterzeichen man in seine Prognose einfließen lässt und je länger man sich aktiv mit dem Thema befasst (üben, üben), desto höher wird die Trefferquote und damit die Chance, heute schon zu wissen, wie morgen das Wetter sein wird - oder sein *könnte*.

Manche Wetterzeichen sind weltweit gültig (so z.B., dass hoch aufgetürmte schwarze Wolken ein Gewitter ankündigen), andere sind regional unterschiedlich und mögen in Europa zutreffen, aber für andere Regionen nicht gelten (z.B., dass westliche Winde häufig Regen bringen, ist für die meisten Europäer eine bekannte Tatsache, aber in Neuengland an der Ostküste der USA muss das nicht zutreffen). Und schließlich: Manche Wetterveränderung ist vielleicht durch einen kurzen Blick zum Himmel erkennbar, die meisten jedoch kündigen sich erst durch eine allmähliche Veränderung des Wolkenbildes (oder anderer Wetterzeichen) an, die sich über mehrere Stunden oder einen ganzen Tag hinziehen kann. Deshalb sollte man ständig auf alle Wetterzeichen achten, um diese Veränderungen zu bemerken.

Vor dem Start

Bereits bei der Planung einer Tour sollte man sich zumindest über das **Klima** der betreffenden Region und über die voraussichtlichen **Wetterverhältnisse** zur jeweiligen Jahreszeit informieren, um Kleidung, Ausrüstung und evtl. auch Proviant danach auszurichten (ist z.B. mit extremen Wetterverhältnissen zu rechnen, so wird man mehr Fertiggerichte einpacken). Genaue Auskünfte hierzu erhält man von den staatlichen und regionalen Wetterämtern und aus dem Internet.

Für kürzere Touren kann es sich auch lohnen, kurz vor der Abreise einen (längerfristigen) **Wetterbericht** einzu-

042op Foto: rh

holen. Dank aufwendiger Prognoseverfahren sind die Vorhersagen für 3–4 Tage recht zuverlässig geworden.

Die zeitgemäße Variante zu Pfadfinder-Tricks und Wetterregeln bietet moderne Elektronik wie das **GARMIN InReach,** ein Handgerät für die Satellitenkommunikation, das neben GPS-Navigation, SMS-Kommunikation mit weltweiter Abdeckung, Positionsverfolgung und SOS-Funktion auch einen optionalen **Wetterdienst** umfasst, der Vorhersagen für die aktuelle Position oder einen anderen Wegpunkt bietet.

Ändern kann man das Wetter nicht – aber sich schützen

Eine Lektion Wolken

Wie die Wolken entstehen – also der klassische „Kreislauf des Wassers" –, ist wohl allgemein bekannt. Und falls nicht, kann man ihn in jedem Schülerlexikon nachschlagen. Daher zur Auffrischung nur so viel: Warme Luft kann mehr Feuchtigkeit speichern als kalte. Beim Aufsteigen (z.B. weil sich Berge dem horizontalen Luftstrom in den Weg stellen, oder durch Aufwinde) kühlt die Luft ab. Sie kann dann „das Wasser nicht mehr halten", es kondensiert zu feinen Tröpfchen (Wolkenentstehung) und fällt meist irgendwann herunter (Regen). Banal? Ja, klar. Aber wichtig zu beachten. Der meiste Regen ist nämlich „Steigungsregen“ der einen oder anderen Art. Daher erhalten Orte „hinter den Bergen“ (von der Küste aus gesehen) gewöhnlich nur einen Bruchteil der Niederschlagsmenge von Orten auf der Küstenseite der Berge.

Nun aber konkret zu den einzelnen Wolkenarten. Sie können einem schon ordentlich aufs Gemüt schlagen, auch wenn sie nicht alle regnen. Wer sich zum ersten Mal mit ihnen befasst, wird sich durch die ganze lateinische Nomenklatur vielleicht rasch abschrecken lassen. Aber wenn man darüber reden will, muss man eben wissen, wie sie alle heißen. Und wenn man erst einmal das System erkannt hat, ist alles ganz einfach.

Zunächst unterscheidet man zwei verschiedene **Grundformen:**

- **Stratus,** zu deutsch die „Flachgeschichtete“, entsteht durch horizontal abkühlende Luftmassen.
- **Cumulus,** zu deutsch, die „Aufgehäufte“, entsteht durch aufsteigende Luftmassen.

Dazu erhalten sie – **je nach der Höhe,** in der sie sich aufhalten – verschiedene Vornamen:

- Hohe Wolken, Basis über 6000 m, erhalten den Vornamen **Cirro.**
- Mittlere Wolken, Basis um 3000 m, erhalten den Vornamen **Alto.**
- Niedrige Wolken, Basis unter 2000 m, erhalten keinen Vornamen.
- Ganz niedrige Wolken heißen gemeinhin „Nebel“ (verzeihen Sie mir die kleine Albernheit).

Jetzt das Ganze in der Übersicht (die Symbole werden in dieser Form auf den Wetterkarten verwendet):

Niedrige Wolken (Basis unter 2000 m)

- **Stratus:** einheitlich graue Wolkenschicht, nebelartig, ohne klare Begrenzung, bringt meist nur Nieselregen.

- **Nimbo-Stratus:** (Nimbus= Regenwolke) dunkler und daher dicker als gewöhnliche Stratus, tiefhängend, ohne Struktur und oft mit herunterhängenden Schleiern; das sind die wahren Regner!

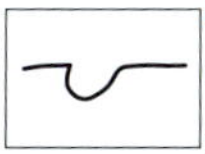

- **Strato-Cumulus:** unregelmäßig aufgehäufte, dunkelgraue, himmelbedeckende Schicht, bringt in dieser Form höchstens Nieselregen, kann sich aber in Nimbo-Stratus verwandeln, indem sie zu einer einheitlich dunklen Schicht verschmilzt, und dann anhaltenden Niederschlag bringt.

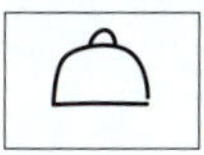

- **Cumulus:** auch Haufen-, Schäfchen- oder Schönwetterwolken genannt, sind weiße bis hellgraue, flauschige Wolkenknäuel, klar umrissen und voneinander getrennt; sie entstehen im Laufe des Tages durch aufsteigende Warmluft und lösen sich meist nachts wieder auf; sie verheißen anhaltend schönes Wetter, solange sie nicht stark nach oben aufquellen.
- **Quellender Cumulus:** auch als „Blumenkohlwolke“ bezeichnet, ist unten flach, nach oben aufgebauscht; sie

entsteht aus der (bzw. wie die) o.g. Cumulus, ist aber ein Zeichen dafür, dass die Luft darüber instabil ist.

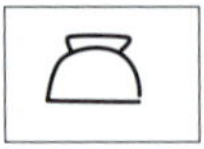

● **Cumulonimbus:** die „schwarze Gewitterwolke" türmt sich durch starke Aufwinde bis über 10.000 m hoch auf, flacht sich oben ab und dehnt sich pilzförmig aus; mit Gewitter, Platzregen, Hagel und heftigen Sturmböen ist zu rechnen.

Mittlere Wolken (Basis um 3000 m)

● **Alto-Stratus:** einheitliche, dichte, blaugraue Schicht oder Schleier, gelegentlich mit Andeutung von Streifen, verdecken die Sonne nicht völlig; bei deutlich zunehmenden Alto-Stratus ist mit Regen innerhalb von 3–5 Stunden zu rechnen.

● **Alto-Cumulus:** Flecken oder Schichten grauweißer, aufgequollener Wolken, manchmal mit Wellenmuster ähnlich den Cirro-Cumulus, aber größer und weniger fein; Lichtring (Halo) nicht erkennbar oder kleiner als bei den Cirro-Stratus, innen meist blassblau bis gelblich, außen rot; tauchen sie am Morgen auf, ist mit Niederschlag am gleichen Tag oder innerhalb von 24 Stunden zu rechnen.

Hohe Wolken (Basis über 6000 m, bestehen aus Eiskristallen)

● **Cirrus:** dünne, fedrig ausgefranste, weiße Wolken, oft in Form von Häkchen oder Wirbeln; tauchen oft gemeinsam mit Cirro-Cumulus auf.

● **Cirro-Cumulus:** kleine weiße Haufenwölkchen in feinen Wellenmustern, die häufig zusammen mit Cirrus-Wolken auftreten und auf instabile Luftschichtung schließen lassen.

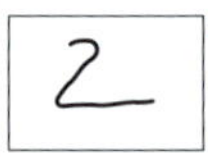

● **Cirro-Stratus:** sehr dünne, feine, weiße Wolkenschleier, die den gesamten Himmel bedecken können und große

041op Foto: rh

Hut und Poncho als Wetterschutz

Wolkenentwicklung	Wetteraussichten
Cumulus-Wolken	
●kleine Cumulus mit scharfen Rändern	beständig gutes Wetter
●Cumulus nach Regen	Aufklaren und Stabilisierung
●Cumulus, die sich abends ausbreiten	Gewitter in der Nacht möglich
●Cumulus bei Sonnenaufgang	Neigung zu schlechterem Wetter
●zunehmende Cumulus	Neigung zu örtlichen Schauern
●nach oben aufquellende Cumulus	Gewitterneigung
●schwarze, aufgetürmte Cumulonimbus	Gewitterregen mit Sturmböen steht kurz bevor; geht aber nur lokal nieder und kann vorüberziehen
●dto. mit gelblicher Verfärbung am Horizont	s.o. plus Hagelschlag zu erwarten
Niedrige Wolken	
●Stratus	anhaltend bedeckt, meist nur Nieselregen
●Strato-Cumulus, die sich nicht verändern	bewölkt, aber vorerst niederschlagsfrei
●Strato-Cumulus, die sich verdichten	Neigung zu anhaltendem Regen
●aufziehende Nimbo-Stratus	kräftiger, anhaltender Regen zu erwarten
Mittlere Wolken	
●rasch aufziehende Alto-Cumulus in Bändern	Wetterverschlechterung
●sich verdichtende Alto-Cumulus	Neigung zu Niederschlägen
●morgens Alto- (oder Cirro-) Cumulus in Flockenform, zunehmend (bes. aus SW)	Wetterverschlechterung, Gewitterneigung
●morgens Alto- (oder Cirro-) Cumulus in Bändern, die sich rasch auflösen (bes. aus O)	schönes Wetter
●Bildung von Alto-Cumulus am Abend	beständig gutes Wetter
●Alto-Cumulus, die sich abends zu stark ausgebreiteten Cumulus wandeln	Gewitterneigung in der Nacht
●auflockernde Alto-Stratus	Aufklaren
Hohe Wolken	
●schnell aufziehende Cirrus aus SW	Regen innerhalb 6–12 Stunden (Europa)
●langsam aufziehende Cirrus aus O	beständig gutes Wetter (Europa)
●übereinander geschichtete Cirrus	baldiger Regen zu erwarten
●Aufziehen dicker, geschlossener Cirro-Stratus von W	meist baldige Niederschläge; im Winter Temperaturanstieg
●schnell zunehmende Cirro-Stratus	unbeständig mit Niederschlagsneigung
●dünne, kaum sichtbare Cirro-Stratus als einzige Bewölkung	anhaltend schönes Wetter
Vermischte Wolken	
●dichte Cirrus mit fallenden Stratus	Regen innerhalb 5–8 Stunden
●in verschiedenen Höhen aufziehende Wolken Wetterverschlechterung innerhalb 3–5 Stunden unterschiedlicher Form	
●Wolken in verschiedenen Höhen, die in unterschiedliche Richtungen ziehen	Wetterverschlechterung innerhalb 24 Std. mit lang anhaltendem, ergiebigem Regen

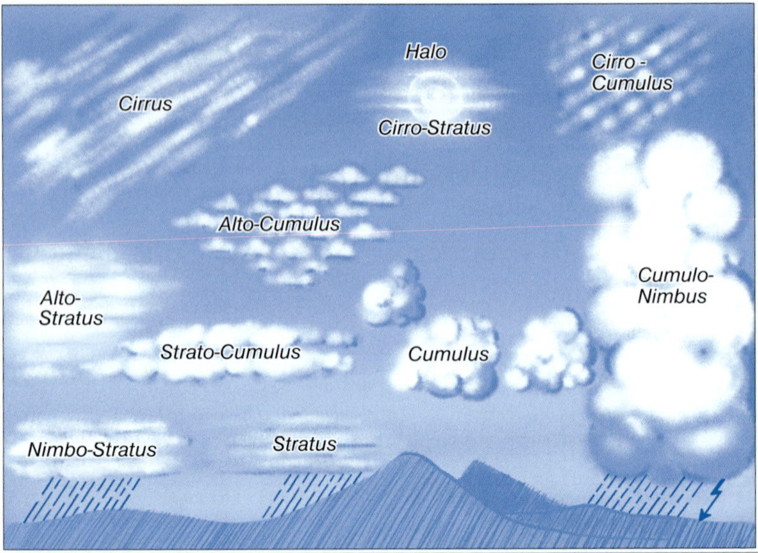

Lichtringe (Halo, Korona) um Sonne und Mond verursachen; bei zunehmenden und sich verdichtenden Cirrus-Wolken (bei uns vor allem aus SW kommend) ist innerhalb von 5–8 Stunden mit anhaltender Wetterverschlechterung und Regen zu rechnen.

Sonderformen

- **Föhnwolken:** auch „Föhnfische" genannt, sind linsenförmig gewölbte, helle Alto-Cumulus-Wolken, die über oder (in Windrichtung gesehen) hinter Gebirgszügen hängen, wenn warme, feuchte Meeresluft beim Aufsteigen abkühlt und sich jenseits der Berge wieder erwärmt; da diese Wolken sich auf der (dem Wind zugewandten) Luvseite bilden und auf der Leeseite gleich wieder auflösen, scheinen sie trotz starker Winde auf der Stelle zu stehen; so lange der Wind anhält, bedeuten sie strahlendes (und im Winter außergewöhnlich mildes) Wetter mit trockener Luft und weiter Fernsicht (das aber bei empfindlichen Personen zu Kopfschmerz und Reizbarkeit führen kann); lässt der Wind nach, so

Wolkenformen

Warmfront

„bricht der Föhn zusammen", und es ist mit einer raschen Wetterverschlechterung zu rechnen. Föhnwinde gibt es nicht nur am Alpenrand, sondern hinter allen Gebirgen; z.B. den Chinook in den Rocky Mountains.

- **Dampfwolken:** steigen meist in unterschiedlicher Ausprägung aus Wanderstiefeln auf und lassen auf längeres Marschieren und schlechte Ventilation schließen; mit deutlicher Luftverschlechterung ist zu rechnen; stärkere Niederschläge verursachen sie jedoch nur im Zeltinneren ... (sorry!)

Wetterfronten

Wetterfronten entstehen, wenn Luftmassen unterschiedlicher Temperatur aufeinanderprallen. Durch unterschiedliche Temperaturen und unterschiedliche Luftfeuchtigkeit entstehen fast immer Niederschläge und – besonders bei Kaltfronten – oft heftige Sturmböen.

Warmfront

Eine Warmfront zieht langsamer voran als eine Kaltfront (ca. 15–30 km/h) und kündigt sich bis zu 48 Stunden voraus durch fallenden Luftdruck und folgende Wolkenentwicklung an: Cirrus – fallende Cirro-Stratus – Alto-Stratus – Nimbo-Stratus (kurz: fallende Stratus-Wolken). Das Wetter entlang einer Warmfront ist weniger heftig, dafür hält die Verschlechterung länger an, und es kann mehrere Tage lang regnen. Warmfronten bringen feuchtere Luft und schlechtere Sicht.

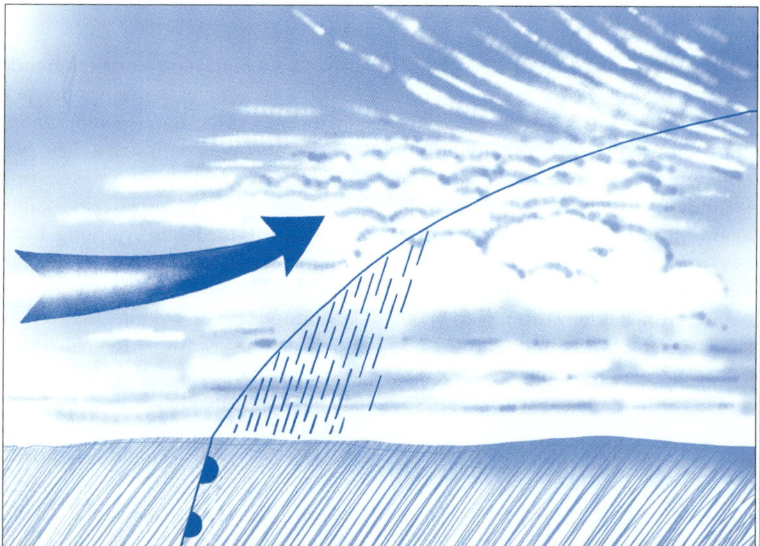

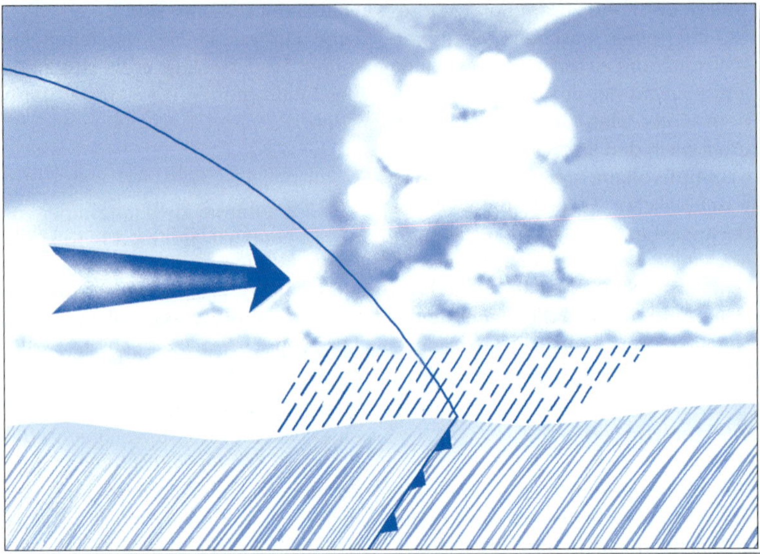

Kaltfront

Kaltfronten ziehen viel schneller als Warmfronten (40–60 km/h) und brechen meist ohne lange Vorwarnung über einen herein. Vorzeichen sind: fallender Luftdruck, zunehmender Wind (in nördlichen Breiten aus S bis SW) und dunkle Alto-Cumulus. Unmittelbar in der „Knautschzone" der aufeinanderprallenden Luftmassen bilden sich Nimbo-Stratus und Cumulonimbus. Kann man eine heraufziehende Kaltfront erkennen, so sieht man sich am besten rasch nach einem Unterschlupf um und macht sich auf ein heftiges Unwetter mit Sturmböen und Gewitterregen gefasst. Ein kalter Windstoß ist die letzte Warnung. Kalte Luft geht dem Unwetter etwa 4–5 km voraus. Es bleiben Ihnen dann etwa 5–8 Minuten, um Ihr Zelt aufzubauen oder zumindest die Regenkleidung auszupacken.

Eine Kaltfront zieht rasch vorüber. Danach klart es meist schnell wieder auf, der Luftdruck steigt, die Temperatur fällt, und die Fernsicht wird besser. In den Bergen können Cumulus-Wolken hängenbleiben.

Kaltfront

Allgemeine Wetterzeichen

Neben Wolken und Luftdruck gibt es eine ganze Reihe von Anzeichen in der Natur, die dazu dienen können, mögliche Wetterveränderungen kurzfristig vorherzusagen. Oft spielen allerdings auch regionale Einflüsse und andere Faktoren eine Rolle, sodass man sie nicht als feste Wetterregeln betrachten sollte, sondern vielmehr als eine Tendenz, bzw. eine zunehmende oder abnehmende Wahrscheinlichkeit für die jeweilige Wetterentwicklung. Durch aufmerksames Beobachten und Kombinieren möglichst vieler Anzeichen kann man die Zuverlässigkeit seiner Prognose steigern und zumindest für kurzfristige Vorhersagen (etwa 6–24 Stunden) ganz brauchbare Ergebnisse erzielen.

Neigung zu beständig gutem Wetter (es bleibt gut)

- beständig hoher Luftdruck
- leichter Wind aus NO (in Europa)
- fallender und sich auflösender Frühnebel
- Cumulus-Wolken im Sommer
- kräftiger Frühtau
- hoch fliegende Schwalben
- anhaltendes Quaken der Frösche abends
- entfernte Berge im Dunst, schlechte Fernsicht
- mattblauer, wolkenarmer Himmel
- grauer oder gelblicher Morgenhimmel
- Cirrus-Wolken am Abendhimmel als einzige Bewölkung
- heiße Tage, kühle Nächte
- kein oder nur geringer Wind
- sich schnell auflösende Kondensstreifen von Flugzeugen

Neigung zu Wetterbesserung (Aufklaren)

- aufsteigende Wolken
- stetig steigender Luftdruck
- von SW nach NO drehender Wind (in Europa)
- sich zu einzelnen weißen Fetzen auflockernde Massenwolken
- Abendnebel bei schlechtem Wetter

Neigung zu Wetterverschlechterung (Regen)

- dichter werdende Cirrus und nachfolgend tiefere Wolken
- fallende Stratus
- sich auftürmende Cumulus (Gewitterneigung)
- stetig fallender Luftdruck
- starke Winde
- Windrichtung dreht sich von NO auf SW (in Europa)
- kräftiges Morgenrot
- aufsteigende Frühnebel
- tiefblauer Himmel (besonders bei kräftigem Wind)
- Insekten schon morgens besonders lästig (Gewitterneigung)
- tief fliegende Schwalben
- springende Fische
- Beschlagen von Felsen, Mauern u.Ä.
- besonders gute Fernsicht
- stark flimmernde Sterne
- zunehmender Geruch aus Latrinen, Kanälen etc.
- weiter Lichtring (Halo) um den Mond; besonders bei fallendem Luftdruck (Warmfront)

043op Foto: rh

- bestimmte Blumen (z.B. Gänseblume, Silberdistel, Huflattich, Hahnenfuß) schließen tags die Blüten
- Bergwild steigt in tiefere Lagen ab
- ausbleibender Tau im Sommer

Neigung zu Temperaturanstieg

- nach Süden drehende Winde (Nordhalbkugel)
- mit zunehmender Höhe im Uhrzeigersinn drehende Zugrichtung der Cirrus-Wolken
- Warmfront-Anzeichen (s.o.)

Dunkle Regenwolken über dem Yukon River

- Schneefall bei steigendem Luftdruck
- tags klar, nachts bedeckt
- aufkommende Winde im Winter

Neigung zu fallenden Temperaturen (bzw. zu anhaltender Kälte)

- nach N bis NW drehende Winde (Nordhalbkugel)
- klare Nächte
- Kaltfront (s.o.)
- ständig steigender Luftdruck (im Winter)
- abends Hochnebel nach klarem, windstillem Tag (im Winter)
- Bodennebel in Niederungen und Windstille
- gelbbraune Verfärbung der Morgenröte

- von Gewässern aufsteigende Nebelschwaden
- mit zunehmender Höhe gegen den Uhrzeigersinn drehende Zugrichtung der Cirrus

Eine Änderung der Windrichtung um mehr als 45 Grad weist in der Regel auf einen baldigen Wetterumschlag hin, sofern es sich nicht um den Richtungswechsel zwischen Tag und Nacht (Land-See- bzw. Berg-Tal-Winde) handelt (s. auch „Lokale Winde").

Luftdruck und Wetter

Dass Luftdruck und Wetterlage zusammenhängen, weiß jeder vom Wetterbericht. Ein Hoch(druckgebiet) bedeutet meist gutes Wetter, ein Tief(druckgebiet) lässt Wolken, Wind und Regen erwarten. Der Luftdruck und seine Veränderung liefern daher sehr hilfreiche und zuverlässige Informationen, um Wetterentwicklungen bis zu 24 Stunden vorherzusagen. Wer einen Höhenmesser bei sich hat, kann ihn als **Barometer** benutzen, solange er an der gleichen Stelle bleibt; z.B. über Nacht oder während eines Ruhetages. Denn der Höhenmesser misst im Grunde nichts anderes als den Luftdruck.

Wenn Sie etwa abends Ihr Zelt auf 600 m Höhe aufgestellt haben und der Höhenmesser am nächsten Morgen stur behauptet, dass Sie sich auf 550 m über dem Meer befinden, dann sind Sie nicht etwa im Schlaf 50 m tiefer gerutscht, sondern der Luftdruck ist um etwa 7 Hektopascal gestiegen. Sie müssen also nicht entsetzt sein, sondern haben Grund zur Freude, denn das bedeutet in der Regel gutes Wetter. Wachen Sie hingegen auf 650 oder 700 m auf, dann können Sie vielleicht gleich weiterschlafen, denn der Luftdruck ist gefallen, und die Wetterlage ist instabil geworden.

Allgemein gilt für den Luftdruck folgende Wettervorhersage (Ausnahmen sind möglich):

- **steigend:** Wetterverbesserung
- **fallend:** Wetterverschlechterung
- **konstant:** stabile Wetterlage
- **langsam ansteigend** (bis 1 mbar in drei Stunden): allmähliche, aber lang anhaltende (stabile) Schönwetterlage
- **rasch ansteigend** (3–5 mbar in drei Stunden): rasche, aber nicht stabile Wetteränderung, meist (aber nicht immer) zu besserem Wetter
- **sehr starke Veränderung** (über 5 mbar in drei Stunden): rascher, heftiger Wetterumschlag; mit Unwettern muss gerechnet werden (auch bei steigendem Luftdruck)
- **sehr rasch und stark fallend:** bringen Sie sich möglichst schnell in Sicherheit; es ist mit heftigsten Unwettern zu rechnen!

Für den Fall, dass Ihr Höhenmesser keine Millibar-Anzeige besitzt: im Mittelgebirge entspricht eine Differenz von einem Millibar etwa einem Höhenunterschied von 8–10 m; je höher man allerdings steigt, desto größer wird dieser Höhenunterschied; in 5000 m Höhe sind es z.B. bereits 16 m pro Millibar.

Lokale Winde

Berg-Tal- und Land-See-Winde

An Küsten und in den Bergen wird ein aufmerksamer Wanderer beobachten, dass die Windrichtung regelmäßig zwischen Tag und Nacht wechselt. An den Küsten weht der Wind gewöhnlich tags vom Meer zum Land und nachts vom Land zum Meer. In den Bergen weht er tags eher bergauf, nachts hingegen bergab. Dazwischen gibt es Phasen relativer Windstille. Das hat einen einfachen Grund: Warme Luft ist leichter und steigt daher nach oben, Kaltluft ist schwerer und fällt.

An der Küste erwärmt die Sonne das Land schneller als das Wasser; deshalb steigt die Luft über dem Land nach oben, und kühlere Luft vom Wasser strömt nach. Nachts hingegen kühlt das Land schneller ab, während das Wasser die Wärme speichert, sodass sich der Kreislauf nun umkehrt.

In den Bergen funktioniert der Kreislauf ähnlich: Direkt über dem Boden kahler Hänge und über dem Fels erwärmt sich die Luft schneller als über Wald- und Grasland und zieht nach oben (wie der Rauch des Feuers). Nachts kühlt die Luft über dem Fels rascher ab und fließt talwärts.

Es kann nützlich sein, diese wechselnden Windrichtungen (und die Tatsache, dass Kaltluft sich an tiefen Stellen sammelt) zu beachten: etwa bei der Auswahl der Campstelle, beim Aufstellen des Zeltes oder beim Bootfahren. Wie ausgeprägt diese Windströmungen sind, ist natürlich u.a. davon abhängig, wie stark die Sonnenstrahlung ist. Außerdem können die Winde von lokalen Gegebenheiten beeinflusst und überlagert werden.

Sonstiges

Beachten sollte man auch den **Düseneffekt** in den Bergen: Weht zum Beispiel beim Aufstieg durch ein Tal ein mäßiger Wind, so muss man damit rechnen, dass einem oben im eng eingeschnittenen Pass ein heftiger Wind oder gar Sturm um die Ohren pfeift, der dann beim Abstieg auf der anderen Seite bald wieder abflaut. Das liegt daran, dass der Windstrom durch die Verengung zwischen den Bergen beschleunigt wird, da in der gleichen Zeit viel mehr Luft diese Engstelle passiert als im breiten Tal – ähnlich wie ein Fluss an einer Verengung schneller strömt als da, wo er sich breit ausdehnen kann.

Gewitter

Gewitter können wegen der Gefahr eines Blitzeinschlags überall im Freien sehr gefährlich werden – ganz besonders jedoch im Gebirge oder auf dem Wasser. Um die Gefahren durch Blitzschlag richtig zu verstehen und die entsprechenden Maßnahmen zu ergreifen, sind zunächst einige Grundkenntnisse über Gewitter und Blitzarten erforderlich.

Blitzarten

Man unterscheidet zwei verschiedene Arten von Blitzen: den **Wolke-Erde-Blitz,** der überwiegend im Flachland einschlägt, und den **Erde-Wolke-Blitz,**

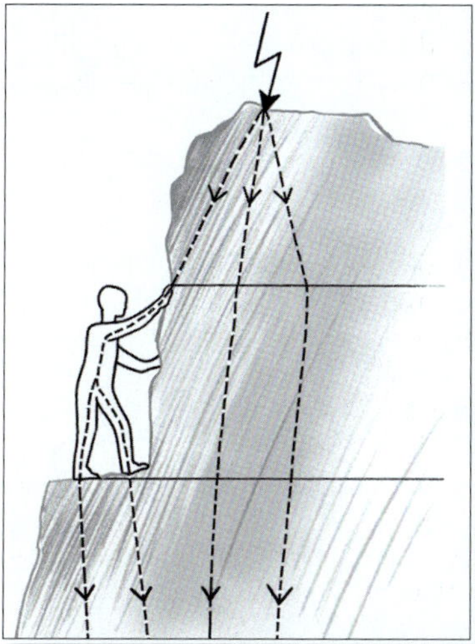

Schrittströme

dem man im Gebirge auf Gipfeln sowie auf hohen Türmen o.Ä. ausgesetzt ist. Einzelne Personen, die direkt von einem Wolke-Erde-Blitz getroffen wurden, haben diese Einschläge schon überlebt, da bei diesem Blitz der größte Teil des Stromes nicht durch den Körper, sondern in Form eines sogenannten „Gleitlichtbogens" auf der Körperoberfläche fließt. Dies führt zu Hautverbrennungen und zerstörter Kleidung, aber man hat noch eine Überlebenschance. Anders bei den Erde-Wolke-Blitzen im Gebirge: Hier gibt es keinen Gleitlichtbogen auf der Körperoberfläche und daher keine Überlebenschance.

Indirekte Blitzwirkung

Aber auch wer nicht direkt vom Blitz getroffen wird, kann durch sogenannte **Schrittströme** schwer oder sogar tödlich verletzt werden - und das sogar an einem einschlaggeschützten Ort! Der Blitz endet nämlich nicht an der Erdoberfläche, sondern setzt sich im Boden unsichtbar weiter fort. Diese im Boden verlaufenden Stromfäden nennt man Schrittströme. Sie können im Gebirge selbst einige hundert Meter vom Einschlagpunkt entfernt noch gefährlich sein. Und sie sind um so gefährlicher, je größer die Distanz ist, die eine Person mit ihrem Körper überbrückt; z.B. wenn man mit ausgestreckten Armen am Fels Halt sucht, wenn man auf der Erde liegt oder wenn man mit gespreizten Beinen steht.

Deshalb soll man bei Gewittern mit geschlossenen Beinen am Boden kauern und die Erde oder Felswände nicht mit den Händen berühren. Außerdem können Schrittströme zu unwillkürlichen Muskelkontraktionen führen und in alpinem Gelände an oder nahe Steilabfällen zu einem Absturz führen. Daher sollte man die Nähe steiler Abhänge meiden. **Schutz gegen Schrittströme** bietet eine Isolierung (Luftmatratze, Isomatte oder trockene Kleidung) und/oder eine sogenannte „Metallbrücke", die den Strom vom Körper abschirmt (Rettungsdecke oder Rucksackgestell). Am besten legt man zunächst die Rettungsdecke an einer möglichst trockenen Stelle auf die Erde (z.B. Laubboden), legt die Isomatte darauf und kauert sich auf die Isomat-

0440p Foto: rh

te wie oben beschrieben. Steht beides nicht zur Verfügung, kann man einen Außengestellrucksack mit dem Gestell nach unten auf die Erde legen und sich auf den Packsack kauern. Beim Innengestellrucksack sollte man zuerst die Streben herausnehmen (sofern sie aus Metall bestehen) und unter dem Packsack direkt auf den Boden legen.

Besonders im Hochgebirge kann das Wetter schnell umschlagen

Blitzschutzmaßnahmen

Unbedingt zu meiden sind:

- hoch gelegene Punkte wie Gipfel, Grate, Türme
- aufragende Objekte wie Steinhaufen, große Felsbrocken, Wegkreuze etc.
- einzeln stehende Bäume und Baumgruppen
- Waldränder mit hohen Bäumen
- ungeschützte Objekte auf offenen Flächen
- Masten von Freileitungen
- Nähe von Wasser (bei Kanutouren sofort vom Wasser)
- Nähe einzeln stehender Objekte wie Hütten, Kapellen, Fahrzeuge
- Weidezäune, Stahlseile

- Anlehnen an Felswände
- Metallgegenstände (Ausnahme s.o.)
- Gegenstände, die den Rucksack überragen (Ski, Eispickel, Angelrute und andere Metallgegenstände einige Meter entfernt ablegen)

Sicheren Schutz bieten:
- Fahrzeuge mit Metallkarosserie
- Gebäude mit Blitzschutzeinrichtung

Schutz bieten außerdem:
- andere Gebäude, wenn man in der Raummitte am Boden kauert und für Schutz gegen Schrittströme sorgt (s.o.)
- geschlossene Wälder mit etwa gleich hohen Bäumen (jedoch mindestens 1 m Abstand zu Baumstämmen und herunterhängenden Ästen halten)
- Zelte mit Metallgestängen, die den Boden berühren; am besten geodätische Kuppelzelte (für Schutz gegen Schrittströme sorgen, Abstand zum Gestänge halten und Zelt möglichst an blitzgeschützten Stellen aufbauen)
- Höhlen, die hoch genug sind, sodass man im Stehen nicht in Deckennähe kommt
- Hochspannungsleitungen, sofern man den größtmöglichen Abstand zu den Masten einhält

Sowie notfalls:
- Mulden, Hohlwege, Gräben
- Fuß von Felsvorsprüngen

Weiterhin zu beachten:
- Gruppen sollten sich in gefährdetem Gelände etwas verteilen (Abstand etwa 10 m), um das Überspringen des Blitzes zu verhindern.
- Das Zelt sollte man bei Gewitterneigung (auch wenn abends weit und breit noch nichts von einem Gewitter zu sehen ist) gleich an einer möglichst blitzgeschützten Stelle aufschlagen. Denn wenn mitten in der Nacht ein Gewitter losbricht, werden Sie kaum aufstehen wollen, um das Zelt ab- und an einer geeigneteren Stelle wieder aufzubauen!

Die **Entfernung des Gewitters** kann man bekanntlich dadurch abschätzen, dass man die Sekunden zwischen Blitz und Donner misst oder abzählt (einundzwanzig etc.). Für je drei Sekunden Abstand kann man eine Entfernung von etwa einem Kilometer annehmen. Bereits ab einem Abstand von weniger als 10 Sekunden (das ist recht lang und entspricht ca. 3 km Entfernung!) gilt ein Gewitter als gefährlich.

Auch bei größerer Entfernung darf man sich keineswegs in Sicherheit wiegen, denn man muss damit rechnen, dass das Gewitter sehr schnell näher kommt. Bis man das nächste Mal den Abstand zwischen Blitz und Donner messen kann, hat es vielleicht längst die kritische Entfernung überschritten. Gewitterfronten können sich mit einer Zuggeschwindigkeit von 60 km/h bewegen. Wenn ein Gewitter also gerade noch einen Kilometer entfernt ist, kann es schon in 60 Sekunden direkt über einem sein. Da der Donner nur etwa 10 km weit gut zu hören ist, hat man vom ersten Donner u.U. nur zehn Minuten Zeit, um einen sicheren Ort aufzusuchen!

Camp

Eine Wanderung oder Kanutour kann noch so schön gewesen sein – die beste Erinnerung hat man dennoch meistens an die Camps. Dazu müssen aber die richtigen Stellen ausgewählt werden: trocken und geschützt, möglichst mit einem waagerechten, ebenen und weichen Untergrund für das Zelt, mit genügend Wasser und Brennholz in der Nähe, mit einem geeigneten Platz, um gefahrlos ein Feuer machen zu können, und wenn es geht, natürlich auch mit einem schönen Ausblick. Bei Gewitterneigung sollte der Platz – besonders in den Bergen – außerdem möglichst blitzgeschützt sein (s.o. „Gewitter"), auch wenn abends noch nichts von einem Gewitter zu sehen ist. Wichtig ist in jedem Fall, dass man die Campstelle frühzeitig auswählt (im Winter und bei starker Bewölkung damit rechnen, dass es

022ou18 Foto: ch

früher dunkel wird). Möglichst nicht erst im Dunkeln das Zelt aufschlagen! Wer erst einmal – einem natürlichen Drange folgend – nachts aus dem Zelt gekrochen und gleich eine Böschung hinunter oder in den Bach gestürzt ist, weil er nicht wusste, was vor der Haustür lauert, der wird das beim nächsten Mal sicherlich beherzigen.

Ein **Notbiwak** kann man jederzeit und fast an jeder Stelle einrichten, die halbwegs trocken und geschützt ist.

Auswahl der Campstelle

Es war auf einer herbstlichen Kanutour im kanadischen Yukon-Territorium. Die Wetterfront war deutlich erkennbar gewesen, trotzdem sind wir an der einladenden Campstelle vorbeigefahren, denn es war noch früh am Nachmittag und ich so dumm wie das Hornvieh. Die Strafe folgte auf dem Fluss: Es prasselte nur so runter, stürmte und schüttete wie der Deubel – und links und rechts war nur noch Steilufer und Dickicht. Innerhalb von Minuten ging der Regen in Schnee über. Die schönste Unterkühlungssituation. Noch etwas Pech oder Unerfahrenheit, und die Lage hätte kritisch werden können. Wir wären gewiss nicht die ersten gewesen, die wegen einer solchen Dummheit im Gummisack nach Hause gekommen wären.

Also: abends oder bei aufziehendem Unwetter – bei Bootstouren auf Seen oder Küstengewässern natürlich auch bei auffrischendem Wind! – lieber **rechtzeitig eine geeignete Stelle** suchen und das Zelt aufstellen. Notfalls auch einmal an einer Stelle, die weniger idyllisch ist. Sollte das Wetter dann doch vorüberziehen – umso besser, dann hat man einen gemütlichen Abend vor sich. Denn erfahrungsgemäß sind die Campstellen gerade dann am rarsten, wenn man sie am dringendsten benötigt.

Gruppen, die mit einem größeren Zelt unterwegs sind, haben es oft deutlich schwerer, einen geeigneten Platz zu finden, der frei von Strauchwerk, groß genug und halbwegs eben ist.

Bei **Bootstouren** wiederum hat man oft das Problem, dass Wildnisflüsse häufig von Dickicht oder Sumpfflächen gesäumt sind oder steile Ufer haben. Geeignete Plätzchen findet man dann am ehesten im **Innenbogen der Flussschleifen,** an den **Spitzen von Inseln** oder auf **Kiesbänken.** Dort weht meist auch eine leichte Brise, die hoffentlich **Moskitos** und andere geflügelte Blutsauger in Schach hält.

Auch bei Fußwanderungen sucht man sich, wenn solche Insekten zum Problem werden, lieber **offene Hänge, Hochlagen** oder **freie Ufer** als eine Stelle im windgeschützten Wald. Leider sind diese Viecher längst nicht immer so windscheu, wie die Autoren vieler Bücher das gerne hätten. Aber zumindest sind sie auf offenen Flächen nicht gar so mörderisch wie im Dickicht. Auf hohen Ufern gelegene oder im Wald verborgene Campstellen kann man als Flusswanderer selbst

Camp bei einer Floßtour

in relativ abgelegenen Wildnisgebieten Kanadas und Alaskas oft schon vom Wasser aus an Trittstufen oder Schleifspuren am Ufer erkennen.

Dass man sein Zelt nicht in **Mulden oder Rinnen** aufpflanzen soll, weiß wohl jeder, sonst bekommt man nachts womöglich das Wasserbett frei Haus geliefert. Im Kluane-Nationalpark musste ich der starken Versuchung widerstehen, an der einzig ebenen Stelle in weitem Umkreis zu zelten, die leider auch in einer flachen Mulde lag. Nach einigem Zögern habe ich mein Zelt lieber doch ein paar Meter weiter auf einer leicht schrägen Böschung aufgestellt. Gottseidank! Um vier Uhr nachts toste dann direkt neben meiner Stoffhütte ein ausgewachsener Wildbach durch die Mulde!

Auch im Flachland kann sich bei Regen in jeder Bodenvertiefung Wasser ansammeln, und das Zelt steht dann in der Pfütze. Also lieber eine erhöhte Stelle wählen (sofern Windschutz nicht oberste Priorität hat). **Gräben um das Zelt** zu ziehen – wie es früher offenbar erste Camperpflicht war –, ist bei den heutigen Zelten nicht mehr erforderlich, zerstört nur die Natur und hinterlässt hässliche Spuren!

Mulden, Kessel und Talsohlen haben außerdem den Nachteil, dass sich dort die Kaltluft – da sie bekanntlich fällt – ansammelt und richtiggehende **Kälteseen** bildet. Etwas höher am Hang kann es gleich mehrere Grad wärmer sein. Auf wenigen Dutzend Höhenmetern habe ich schon Unterschiede von fast 20 °C erlebt: +8 °C am Hang und -10 °C auf der Talsohle!

Abschüssiger Untergrund ist ein schlechtes Ruhekissen, das weiß wohl jeder. Aber ich habe festgestellt, dass ich auch auf schrägen Flächen problemlos schlafen kann, solange ich mit dem Kopf bergauf liege und das Gefälle nicht so stark ist, dass der Zeltboden zur Rutschbahn wird. (Beim Kauf der Isomatte darauf achten, dass beide Seiten rutschfest sind!)

Manche **Gebirgsflüsse** können bei Gewitterregen in einer Nacht gewaltig ansteigen – sogar um mehrere Meter, wie Bekannte von mir es an der Ardèche erleben mussten. Größere Flüsse sind für solche Eskapaden weniger anfällig, aber im Zweifelsfall sollte man lieber sein Trinkwasser ein paar Meter die Böschung hinauf schleppen, als nachts den Bach runterzugehen! Paddler an Gezeitenküsten und auf Seen sollten bei der Wahl ihres Nachtlagers außerdem überlegen, ob sie es auch bei Ebbe oder drehendem Wind am nächsten Morgen ohne größere Probleme wieder verlassen können.

Campleben

Da hat man nun sein Traumplätzchen gefunden, aber bereits beim **Aufstellen des Zeltes** gibt es Schwierigkeiten. Wie soll man auf hartem Boden, Felsgrund oder im lockeren Sand die Heringe einschlagen? Wohl dem, der ein selbsttragendes Kuppelzelt sein eigen nennt, das auch ohne ein Dutzend Heringe straff und sicher steht. Alle übrigen müssen sich mit Felsblöcken, Sträuchern, Treibholzklötzen, Felsritzen und ähnlichen Notverankerungen behelfen oder dicke Äste, Wanderstöcke o.Ä. in den Sand verbuddeln. Irgendeine Möglichkeit findet sich fast immer, aber heftigen Gewitterböen wird ein solides Kuppelzelt mit weitem Vorsprung am besten standhalten (solange man genügend schweres Gepäck darin verstaut, damit die Villa nicht davonsegelt, falls man nachts mal Pipi muss!).

Im Normalfall stellt man sein Zelt am sinnvollsten mit dem niedrigeren Ende (falls es eines hat) gegen den Wind, bzw. mit dem **Eingang zur windabgewandten Seite,** da einem sonst vielleicht eine Gewitterbö den Prasselregen bis in den Schlafsack treibt, sobald man nur den Eingang öffnet. Dabei wechselnde Windrichtungen beachten; z.B. Berg-Tal- oder Meer-Land-Winde (s.o. „Wetter"). Fein heraus ist man, wenn das Zelt zwei Eingänge hat, dann kann man dem Wind ein Schnippchen schlagen, und er kann sich drehen, wie er Lust hat.

Bei schlechtem Wetter ist zusätzlich zum Zelt ein **Planendach** sehr angenehm. Dann kann man im Freien und doch im Trockenen sitzen. Als Wanderer hat man vielleicht einen Poncho dabei, den man über dem Zelteingang aufspannen kann – oder etwas davon entfernt als Windschutz, damit man ein Feuer machen kann, ohne die tragbare Hütte zu gefährden. Auf Kanutouren oder wenn ich mit Gruppen unterwegs bin, habe ich meist eine größere, kräftige Plane mit verstärktem Rand und Ösen dabei, die wir als Schutzdach an der Feuerstelle aufspannen. Sofern nicht der Windschutz oberste Priorität hat, spannen wir die Plane als freies Dach auf, das nirgends ganz bis zum Boden reicht. So hat die ganze Gruppe mitsamt Gepäck darunter Platz und Regenschutz, und man kann sogar nasse Kleidung in der Nähe des Feuers zum Trocknen aufhängen.

Die Plane kann man entweder ganz frei zwischen den Bäumen befestigen und in der Mitte durch eine Stange nach oben drücken, damit sich kein Wassersack bildet (auf die Stange sollte man vorher z.B. einen Stiefel stülpen, damit sie kein Loch in die Plane sticht). Man kann die Plane aber auch über eine zwischen zwei Bäumen befestigte Stange (oder ein Seil) spannen und auf der Windseite etwas tiefer herunterziehen. Wie man eine Plane ohne Ösen befestigen kann, zeigt die Skizze im Kapitel „Knoten".

Auf Wanderungen und Bootstouren ist man nur selten ganz alleine unterwegs; also teilt man sich die **Camparbeiten** so auf, dass jeder sofort weiß, was er zu tun hat: Brennholz suchen, Feuer machen, Zelte aufstellen, Abendessen vorbereiten, Gepäck ausladen, angeln. Meist spielt sich diese Arbeitsteilung nach wenigen Tagen von selbst ein, und die Vorteile werden spätestens dann augenfällig, wenn es bei schlechtem Wetter oder wegen hereinbrechender Dämmerung einmal ganz hurtig gehen muss.

Sobald das Zelt steht, legt man die Isomatte hinein und breitet den **Schlafsack** aus, damit er sich bis zum Schlafengehen schön aufgeplustert hat und optimal isoliert. Da unterwegs

– besonders bei Wasserwanderern – fast immer etwas feucht wird, gehört es zu den ersten Aufgaben, dass man das Zeug zum **Trocknen** aufhängt, solange noch die Sonne scheint. Meist kann man damit einfach ein Bäumchen dekorieren, oder es ist eine Zeltleine oder Bootsleine dafür zur Hand. Spätestens bei Sonnenuntergang muss die Wäsche wieder von der Leine, sonst ist sie durch den Tau am nächsten Morgen nasser als zuvor. Was nicht ganz trocken geworden ist, kann man dann vor dem Frühstück wieder aufhängen oder notfalls mit in den Schlafsack nehmen (dann wird natürlich die Füllung etwas davon abbekommen, aber zumindest bei Kunstfaserfüllungen oder bei kürzeren Touren ist das kein Problem). Am Morgen wird – wenn das Wetter es zulässt – natürlich auch der Schlafsack sofort nach dem Aufstehen zum Lüften an die Sonne gehängt.

Wasserwanderer müssen daran denken, dass sie ihr Boot, sobald es entladen ist, möglichst weit aufs Ufer ziehen und zusätzlich festbinden. Wer diese doppelte Sicherheit für überflüssig hält, sollte sich mal anschauen, was eine Gewitterbö mit einem leeren Kanu anstellt! Er wäre nicht der erste, der mitten in der Wildnis auf einer Flussinsel aufwacht und feststellen muss, dass sein Boot schon mal vorausgefahren ist.

Will man sein Gefährt am nächsten Tag nicht erst leerschöpfen oder im Herbst gar Eis heraushacken müssen, so stülpt man es kieloben (auch wenn es gar keinen Kiel hat) über das Gepäck. Wem es am Steilufer zu mühsam ist, sein Schiffchen aufs Trockene zu hieven, der sollte es **mit zwei Leinen sichern,** und zwar so, dass das stromauf weisende Ende näher am Ufer liegt (und möglichst auch leichter ist). Andernfalls wird nämlich der Fluss die ganze Nacht über daran arbeiten, das Boot loszureißen oder zumindest umzukippen. Und vielleicht kommt ihm gar noch ein daherdriftender Baumstamm zu Hilfe ...

Das **stille Örtchen** ist draußen natürlich der Wald (da passt dann auch das Adjektiv). Aber da besonders in der Umgebung von Campstellen selbst in der Wildnis oft auch andere unterwegs sind, lässt man die „Tretminen“ selbstverständlich nicht einfach in der Gegend herumliegen. Denn schon in der Bibel (5. Mose 23.14) steht geschrieben: „Und du sollst eine Schaufel haben, und wenn du dich draußen setzen willst, sollst du damit graben; und wenn du gesessen hast, sollst du zuscharren, was von dir gegangen ist.“ So geht das! Selbst ohne Klappspaten ist es kein Problem, mit

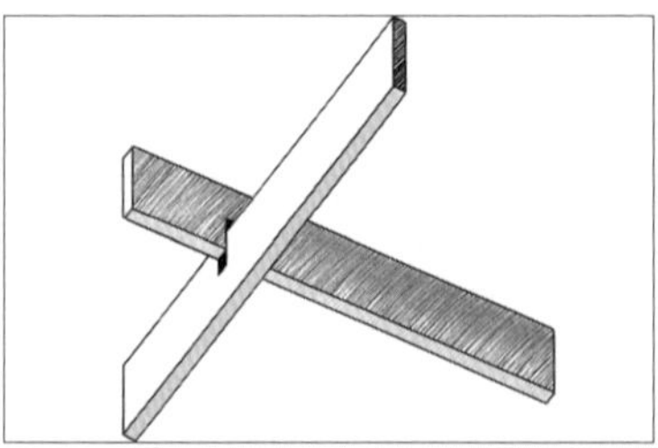

Trappersessel

einem Stock ein kleines Loch zu scharren und es nachher so zuzudecken, dass keine Spur zurückbleibt - auch kein Klopapier, das als Fahne der Geschmacklosigkeit im Dickicht flattert.

Weitere Informationen über Feuer, Wasser, Kochen, Abfälle etc. finden sich in den entsprechenden Kapiteln.

Tipp für Wasserwanderer: Findet man im Treibholz zwei breite und genügend lange Bretter (mind. 1 m), so kann man sich daraus in wenigen Minuten einen urbequemen **Trapper-Lehnsessel** bauen: einfach beide Bretter entsprechend der abgebildeten Skizze bis auf die Mitte einsägen (der Schlitz muss genauso breit sein, wie die Bretter dick sind) und zusammenstecken. Sie werden staunen, wie gemütlich man darauf sitzt, und am nächsten Morgen kann man den Sessel mit einem Handgriff zerlegen und im Boot verstauen.

Wintercamp im Schnee – nur etwas für Eisbären?

Da hat man einen ganzen Tag lang Spur getreten, ist rechtschaffen müde und sucht ein Plätzchen für sein Zelt. Fehlanzeige! Überall liegt **metertiefer Pulverschnee,** in dem alles hoffnungslos versinkt. Mit den Schneeschuhen „eine Plattform treten", wie man das von Jack London her kennt? In wirklich tiefem Pulver hat dieser Trick bei mir nie ganz das gewünschte Resultat gebracht. Besser sieht man sich nach einer freien Stelle um, an der der Wind den Schnee weggefegt oder festgepresst hat. Das bedeutet auch: zeitig mit der Suche beginnen, denn geeignete Plätzchen sind nicht immer leicht zu finden, und im Winter wird's bekanntlich früh dunkel. Liegt der Schnee weniger tief, kann man ihn natürlich auch mit den Schneeschuhen oder mit einem Ast beiseite schieben oder sein Zelt direkt auf dem Schnee aufschlagen.

Wenn es sehr kalt wird, kann man das Zelt auf einer **Unterlage** aus Zweigen o.Ä. aufstellen, sofern man dadurch keinen unverantwortbaren Flurschaden anrichtet. Sonst reichen auch dürre Zweige. Die verbesserte Bodenisolierung macht vielleicht den Unterschied zwischen Zähneklappern und einer angenehmen Nachtruhe.

Außerdem sind eine ganze Reihe weiterer Punkte zu berücksichtigen. Im Gebirge etwa muss die **Lawinengefahr** (s. Kapitel „Gefahren unterwegs") besonders beachtet werden, denn selbst an Stellen, wo diese relativ gering ist, kann sie beträchtlich ansteigen, wenn man eine ganze Nacht dort lagert. In Mitteleuropa wird man weniger Probleme mit Tiefschnee haben und kann sich eine windgeschützte Stelle aussuchen. **Talsohlen und Mulden** haben – wie bereits erwähnt – den Nachteil, dass die schwerere Kaltluft sich dort zu richtigen „Kälteseen" sammeln kann. Und wenn es wärmer wird, sodass der Schnee taut, dann sammelt sich dort zwar keine Kälte, dafür aber Schmelzwasser, das zur Seenbildung im wörtlichen Sinne führen kann.

Die Stelle ist gefunden, kleine Unebenheiten sind ausgeglichen, und

046op Foto: rh

Zeltaufbau bei einer Schlittentour in Alaska

das Zelt kann aufgestellt werden. Jetzt stellt sich das nächste Problem: Wo soll man die **Heringe** einschlagen, wenn tiefer Schnee liegt oder der Boden knochenhart gefroren ist?! Da hilft nur Improvisieren. Bei tiefem Schnee müssen Ski, Skistöcke, Schneeschuhe, Schaufel etc. als „Heringsersatz" herhalten (beim Zeltkauf auf weite Befestigungsschlaufen achten!) oder der „tote Mann", ein im Schnee eingegrabener Ast oder ein mit Schnee gefüllter Packbeutel. Den Schnee darüber gut festtreten – oder notfalls etwas Wasser darauf gießen, das festfriert. Die Zeltleinen sollten um den eingegrabenen Gegenstand herumlaufen, sodass sich der Leinenspanner oberhalb des Schnees befindet. So lässt sich die Spannung jederzeit regulieren, und am nächsten Morgen braucht man die Äste nicht unbedingt auszugraben, sondern kann die Leine auch an einem Ende lösen und durchziehen. Sehr praktische und leichte (16 g) Zeltanker für Schnee und Sand bietet *Exped* an. Auf vereistem Boden helfen nur Steinblöcke oder schwere Stammklötze.

Anders als im Sommer sollte beim Wintercamping in exponierten Lagen der **Eingang** nicht zur windabgewandten Seite weisen, sondern im rechten Winkel zur Windrichtung liegen. Andernfalls könnte sich am Morgen eine meterhohe Verwehung davor aufgetürmt haben. In Gegenden mit festgepresstem Schnee kann man Blöcke aussägen, um damit neben dem Zelt einen **Windschutz** aufzuschichten. Einen kompletten Iglu zu bauen, ist kaum machbar. So praktisch und romantisch eine solche Schneehütte sein mag, sie zu bauen ist schwierig und, selbst wenn man es beherrscht, sehr zeitaufwendig.

Eine geräumige **Apsis** (Vorzelt) ist im Winter vorteilhaft, damit man seine Ausrüstung darin verstauen kann – und sie nicht am Morgen erst aus dem Schnee ausgraben muss. Außerdem kann man bei schlechtem Wetter darin kochen. Falls die **Stiefel** am Tag feucht geworden sind (was auch bei Frost passieren kann), dann muss man sie abends gut trocknen (nicht zu nah am

Feuer!). Sonst wird's am Morgen wenig spaßig, wenn man vergebens versucht, in die hartgefrorenen Klötze zu steigen, und erst ein Feuer machen muss, um die widerspenstigen Dinger (vorsichtig) aufzutauen. Um sich dieses zweifelhafte Vergnügen zu ersparen, nehmen manche die Stiefel abends (in einen Packbeutel verstaut) mit in den Schlafsack – was dem Schlafkomfort aber sicher wenig förderlich ist. Praktischer dürfte es sein, am Abend in jeden Stiefel eine mit heißem Wasser gefüllte Feldflasche oder einen am Feuer aufgeheizten (aber nicht zu heißen!) Stein zu stecken und das Ganze mit einem Pullover o.Ä. abzudecken. Auf diese Weise kann man übrigens auch die Socken trocknen.

Ist es so kalt, dass das Wasser in der **Trinkflasche** nachts zu einem massiven Block gefrieren könnte, so muss man sie ebenfalls mit in den Schlafsack nehmen – am besten natürlich mit heißem Wasser oder Tee drin, dann hat man gleich eine **Wärmflasche.** Bei leichterem Frost stellt man sie die Nacht über – und auch tags zum Transport im Rucksack – verkehrt herum, also mit der Öffnung nach unten. Da Wasser bekanntlich oben zuerst gefriert, bildet sich dann die Eisschicht am Boden der Flasche. Andernfalls würde oben die Öffnung zufrieren, und dann kommt nichts mehr raus!

Feuer

Ein flackerndes Lagerfeuer in dunkler Wildnis oder in einer kalten Winternacht hat etwas ungemein Faszinierendes und Beruhigendes, das noch weit über den großen praktischen Nutzen des Feuers hinausreicht (kochen, wärmen, Licht, Wasser entkeimen, Schnee schmelzen). Mehrmals schon habe ich ganze Nächte allein am Feuer verbracht, bis es wieder hell wurde – einmal, weil ich eine kalte Winternacht in Kanada ohne Schlafsack verbringen musste, sonst immer freiwillig und aus reiner Freude daran. Das Feuer war die erste große Errungenschaft des Menschen, die ihn vom Tier unterschied, und es hat bis heute seinen archaischen Zauber nicht verloren.

0470p Foto: rh

Kaffee- und Aufwärmpause bei einer herbstlichen Kanutour auf dem Big Salmon River

Feuer ja oder nein?

Andererseits hat selbst das Feuer seine Schattenseiten, sodass man sich in jedem Fall vorher überlegen sollte, ob es vernünftig und wirklich erforderlich ist, eines zu entfachen. Zunächst wird dabei jedem die **Brandgefahr** einfallen, die man durch die richtige Wahl der Feuerstelle und sorgfältiges Hüten und Löschen des Feuers ausschalten muss. Waldbrand-Warnstufen beachten und bei erhöhtem Risiko darauf verzichten!

In Gebieten mit **wenig Brennholz** (z.B. Himalaja) sollte man ebenfalls nach Möglichkeit kein Feuer machen. Für die Bewohner solcher Regionen ist es schon schwer genug, Brennmaterial zum Kochen und Heizen zu finden, und die Folgen übermäßiger Abholzung sind katastrophal.

Auch entlang **beliebter Wanderrouten** sollte man sich fragen, ob man auf das geliebte Lagerfeuer nicht verzichten soll. Denn jedes Feuer, das man nicht auf einem Sand- oder Kiesufer entfacht, hinterlässt unweigerlich Spuren und zerstört ein, wenn auch kleines, Stück Natur, indem es ein Loch in die Bodenvegetation brennt. Auf solchen Pfaden sind jedes Jahr Hunderte oder Tausende von Wanderern unterwegs, und wenn jeder pro Tag nur ein Feuerchen macht, dann kommen rasch ein paar Tausend Quadratmeter verbrannter Erde zusammen. Wenn man also ein Feuer macht, dann sollte man nach Möglichkeit **vorhandene Feuerstellen** nutzen oder das Feuer an einer Stelle anlegen, an der sich alle **Spuren beseitigen** lassen.

Und last but not least ist das Feuermachen in manchen Gegenden **verboten:** etwa in Nationalparks und in Deutschland (zumindest zwischen dem 1. März und 31. Oktober) überall im Wald sowie im Abstand von weniger als 100 m dazu. Informieren Sie sich über die Bestimmungen Ihres Zielgebietes und halten Sie sich daran. Denn erstens drohen saftige Strafen (in Deutschland bis zu 50.000 €!), und zweitens haben diese Bestimmungen meist einen guten Grund.

Feuerstelle

Bei der Wahl der Feuerstelle ist **Sicherheit** das oberste Gebot, und gleich danach folgt **Naturschonung!**

Überall, wo es **fest angelegte Feuerstellen** gibt, sollten **nur** diese genutzt und keine eigenen, „wilden" angelegt werden. Will man irgendwo in der Wildnis ein Feuer machen und findet bereits eine alte Feuerstelle vor, dann baut man natürlich nicht daneben eine neue, nur weil man meint, die der Vorgänger sei nicht fachmännisch genug angelegt. Später wird diese Feuerstelle ebenso beseitigt wie eine, die man selbst angelegt hat. Außer es handelt sich um eine Stelle, an der erkennbar ist, dass dort regelmäßig Wanderer oder Paddler ihr Lager einrichten.

Muss man selbst eine Feuerstelle anlegen, so braucht man zunächst einen geeigneten Platz dazu. **Am sichersten** ist ein mineralischer Untergrund; d.h. Sand, Kies, Geröll, Fels. Hier kann nichts anbrennen, und die Spuren der Feuerstelle lassen sich wieder beseitigen. Dort kann man auch getrost auf die beliebte Steineinfassung verzichten, sofern man sie nicht benötigt, um ein Grillgitter oder den Topf direkt übers Feuer zu stellen.

Auf **Grasflächen** sticht man auf einer Fläche, die deutlich größer ist, als das Feuer werden soll, vorsichtig einzelne Bodenstücke aus, die man später, nachdem das Feuer gründlich gelöscht ist, wieder einsetzen kann, sodass keine Spur zurückbleibt und kein Loch in der Pflanzendecke. Ohne Spaten ist dies natürlich mühsam – da muss dann vielleicht schon mal ein unempfindliches Arbeitsmesser herhalten. Auf Bootstouren kann man aber auch einen Klappspaten mitführen.

Im Wald sollte man – sofern es überhaupt gestattet ist – nach Möglichkeit kein Feuer machen. Auf längeren Wanderungen durch endlose Wälder ist das sicher nicht immer möglich. Dann sollte man aber zumindest eine möglichst offene Stelle suchen, Laub und Moos in weitem Umkreis (mindestens 1 m) wegräumen und unter der eigentlichen Feuerstelle den Boden am besten so weit ausheben, bis man auf mineralischen Grund stößt. Das gilt natürlich ganz besonders auf dem torfigen Untergrund von Moor- und Heidelandschaften. Alles organische Material (dazu gehören auch verrottete Holzstückchen und der Waldhumus) können unsichtbar weiterglimmen – manchmal für Tage und Wochen – und plötzlich zu einem offenen Feuer ausbrechen. Außerdem hält man das Feuer im Wald so klein wie möglich.

Grundregeln

- Feuerstelle und Umgebung gründlich von brennbarem Material säubern (auch was zunächst noch klatschnass ist, wird durch die Hitze des Feuers rasch trocknen und kann dann brennen!).
- Feuerstelle nicht zu nahe am Zelt und auf der windabgewandten Seite (Funkenflug brennt sofort Löcher ins Außenzelt!).
- Bei sehr feuchtem Untergrund zunächst eine Unterlage aus Steinen, dicken Ästen o.Ä. schaffen.
- Feuer nicht unter oder nahe einem abgestorbenen Baum, der durch Funken entzündet werden könnte, entfachen!
- Feuer nicht unter einem schneebeladenen Baum entfachen (der Schnee schmilzt und rutscht herunter – manchmal lawinenartig!).
- Nicht zu weit vom Wasser entfernt, damit man es jederzeit löschen kann!
- Kein zu großes Feuer, wenn es nicht unbedingt sein muss.
- Im Winter zuerst den Schnee wegräumen oder eine Unterlage bauen, da er sonst das Feuer rasch löscht.
- Evtl. U-förmigen Steinwall bauen, der bei leichtem Wind gegen den Wind geöffnet sein kann, sonst umgekehrt.
- Keine Steine aus dem Wasser um das Feuer legen, da sie explosionsartig zerspringen können, falls sie Wasser enthalten. (So wird jedenfalls allgemein geraten; ich habe zwar schon oft erlebt, dass Steine am Feuer zerbröckelt oder zersprungen sind, aber noch nie explosionsartig oder in sonst einer Weise, die jemanden gefährdet hätte.

Das Risiko ist sicher minimal bei Sandstein, da er sehr offenporig ist und das Wasser rasch verdampfen lässt, und bei Granit oder ähnlichen Gesteinen, die praktisch kein Wasser eindringen lassen. Kritisch kann es bei Kalkstein werden, der einem u.U. tatsächlich um die Ohren fliegt! Je schneller und stärker ein Stein erhitzt wird, desto größer ist natürlich das Risiko.)

Am günstigsten für eine Feuerstelle sind Sand- oder Kiesufer von Flüssen und Seen. Sie sind frei von Vegetation; Wasser und Steine sind vorhanden, und trockenes Brennmaterial findet man meist nicht weit entfernt im Strauchwerk der Uferböschung oder als angeschwemmtes Treibholz, das ebenfalls knochentrocken ist, wenn es einige Zeit auf dem Kies gelegen hat.

Eine Feuerstelle, die speziell für ein Kochfeuer angelegt wird, kann durch Steine, Bodenstücke, nasse Holzklötze o.Ä. so eingefasst werden, dass die Hitze konzentriert nach oben abgegeben wird (aber an Luftzufuhr von unten denken). Die Einfassung kann gleichzeitig dazu dienen, einen Grillrost oder das Kochgeschirr über dem Feuer zu halten. Braucht man lang anhaltende Glut, so kann man die U-förmige Einfassung etwas verlängern und am offenen Ende verengen, sodass sie die Form eines Schlüssellochs erhält. Im weiten Teil schürt man das Feuer, dessen Glut man nach und nach in den schlauchförmigen Teil scharrt. Dort muss die Einfassung eng genug sein, um darüber den oder die Töpfe aufzustellen, bzw. um einen Grillrost darüber zu legen.

Feuer vorbereiten

Vier Dinge braucht man, um ein Feuer zu machen:

- Zünder (Streichholz oder Feuerzeug)
- Zunder (feines Material, das sich direkt mit dem Streichholz anzünden lässt)
- Brennmaterial (um das Feuer zu schüren, wenn es brennt)
- Sauerstoff (daran denkt man nicht immer)

Zünder

Dazu benutze ich am liebsten ein einfaches **Gasfeuerzeug** mit regulierbarer Flamme oder das bekannte und bewährte **Benzin-Sturmfeuerzeug** mit regulierbarem Windschutz, das nachfüllbar, robust und preisgünstig ist. Früher habe ich Streichhölzer benutzt – und manche halten das für „stilechter" –, aber praktisch betrachtet, hat das Feuerzeug wesentliche Vorteile:

- Es ist weniger nässeempfindlich (falls der Feuerstein nass wird, braucht man ihn gewöhnlich nur eine Weile trocknen zu lassen, dann ist das Feuerzeug wieder funktionsbereit – selbst wenn es einmal ins Wasser gefallen ist).
- Man kann es mit einer Hand anzünden, während die andere für Windschutz sorgt und ggf. den Zunder hält oder in Position bringt (s.u.).
- Es brennt so lange wie man es braucht, während ein Streichholz schon nach wenigen Sekunden erlischt (oder die Finger verbrennt!).
- Man kann die Flamme sehr groß stellen, sodass es auch bei einer kräftigen Brise noch brennt und auch einen et-

was „hartnäckigen" Zunder entflammen lässt.

Wer es „stilechter" haben will, kann selbstverständlich trotzdem Streichhölzer mitnehmen (dann aber wirklich wasserdicht verpackt) und zusätzlich vielleicht noch eine Schachtel **Sturmstreichhölzer,** die auch bei starkem Wind nicht ausgehen - aber oft auch nicht mehr richtig brennen (Situationen, in denen man mich vielleicht um mein Feuerzeug beneiden könnte!). Außerdem gibt es **wasserfeste Streichhölzer,** die man in Outdoor-Shops bekommt. Allerdings sollen einige den Haken haben, dass wohl die Streichhölzer, aber nicht die Reibfläche wasserfest ist. Wird man dann leichtsinnig und die Schachtel nass, ist es mit dem Feuer natürlich Essig! Ich muss sagen „sollen", denn Erfahrung habe ich mit diesen Dingern zugegebenermaßen nicht - ich habe sie bisher schlichtweg nicht gebraucht. Da nehme ich lieber gleich die normalen und verpacke sie wasserdicht: einfach in eine stabile Plastiktüte gesteckt, diese über der Schachtel zusammengedreht, umgestülpt und wieder über die Schachtel etc.; und zum Schluss noch durch einen Gummiring gesichert. Das hat bisher immer gereicht.

Tipp: Man kann auch normale Streichhölzer zu wasserfesten machen, indem man sie in flüssiges Wachs taucht.

Andere Anzündhilfen wie Brennglas, Luntero, Feuerstein und Stahl, Magnesium-Feuerstarter oder gar Feuerbohrer sind im Grunde eher eine Spielerei. Es ist jedenfalls einfacher, die Streichhölzer trocken zu halten und auf sein Feuerzeug aufzupassen, als mit zwei Holzstücken ein Feuer zu entzünden! Schön, wenn man's kann, keine Frage. Ich habe auch selbst schon damit experimentiert und war mächtig stolz, als ich es - bei sehr trockenem Wetter! - mit Feuerstein und Stahl ein paarmal geschafft habe. Wer sich dafür interessiert, findet einige Hinweise im Kapitel „Survival-Tipps".

Zunder

Zunder ist jenes feine, trockene und leicht entflammbare Material, das man direkt mit dem Streichholz oder Feuerzeug anzünden kann. Zu Hause im Garten nimmt man dazu Papier oder auch schon mal Spiritus (hoffentlich kein Benzin!). Unterwegs hat und braucht man das meist nicht. Je nach Region zünde ich mein Feuer entweder mit Birkenrinde oder mit dünnen Fichtenzweigen an.

Trockene **Fichtenzweige** findet man in fast allen subpolaren und vielen gemäßigten Waldgebieten ganz unten am Stamm der Bäume. Sie sind aus Lichtmangel abgestorben und durch das darüberliegende Dach der Äste so geschützt, dass sie meist auch nach einem kurzen Regenschauer noch trocken sind. Ich nehme die kompletten Äste mit und breche dann an der Feuerstelle Büschelchen feiner Zweigspitzen heraus, die nicht dicker sind als eine Bleistiftmine. Die dickeren trockenen Äste mit einem Rest dünner Zweige dazwischen sind dann ideal als „zweiter Gang", wenn die dünnen Zweige Feuer gefangen haben.

Birkenrinde ist der beste Zunder, den ich kenne; daher schleppe ich auch immer ein Beutelchen voll davon als Vorrat mit oder stecke mir unterwegs den einen oder anderen Fetzen in die Tasche. Sie besitzt kleine, hauchdünne Fetzelchen, die sofort Feuer fangen – auch bei frischer Rinde – und enthält reichlich harzig-ölige Stoffe, die auch dann noch ausgesprochen „feurig" brennen, wenn die Rinde nass geworden ist oder wenn ein heftiger Wind pfeift. Probehalber habe ich Birkenrinde schon in Wasser gelegt, kurz abgewischt und dann angezündet – kein Problem. In Birkenwäldern findet man genügend Rinde abgestorbener Bäume, die noch immer brauchbar ist. Und selbst wenn man die äußeren, sich teilweise von selbst ablösenden Rindeschichten der lebenden Birken abzieht, schadet das den Bäumen nicht. Falls man je eine dickere Schicht benötigen sollte, achte man darauf, dass man nur die papierartigen Schichten abschält und die darunterliegende Bastschicht nicht verletzt. Außerdem sollte man keine größeren Flächen von einem Stamm abschälen.

Weitere Möglichkeiten sind zum Beispiel: trockene Gräser, Nester von Vögeln oder Mäusen, trockene Flechten oder Moose (letztere sind aber meist feucht), Baumwollfetzen oder ganz dünne Zweige anderer Bäume oder Sträucher. Findet man gar nichts anderes oder es ist tatsächlich einmal alles nass, so kann man einen dickeren Klotz von einem dürren Nadelbaum nehmen (Stammholz ist dazu besser geeignet als dünne Äste, die meist zu hart sind) und ihn mit der Axt oder einem kräftigen Messer spalten. Ist er nicht viel dicker als der Arm am Handgelenk, geht es auch mit dem Messer ganz gut. Von einem der herausgespaltenen Stücke schabt man dann mit dem Messer **feine Splitter und Späne** ab, die auch dann noch völlig trocken sind, wenn es drei Tage lang „Katzen und Hunde" geregnet hat.

Wer geschickt ist, kann auch aus dünnen, trockenen Holzscheiten **Fuzz Sticks** („Lockenhölzchen") anfertigen, indem er an einem Ende anfängt und mit dem Messer viele kleine Einschnitte in Faserrichtung macht, sodass sich lockenartige Späne bilden, die aber nicht abfallen. Das Endprodukt ähnelt einem etwas missratenen Tannenbäumchen, wie man sie im Erzgebirge als Weihnachtsschmuck schnitzt.

Zundervorrat haben schon steinzeitliche Wanderer in einem kleinen Beutel bei sich getragen und bei Gelegenheit immer wieder ergänzt. Und das ist auch heute noch empfehlenswert; denn nicht immer kann man sich darauf verlassen, dass geeignetes Material sofort zur Hand ist, oder die Luft kann so feucht sein, dass man beim besten Willen nichts Trockenes findet. Ich trage daher immer etwas Birkenrinde in der Tasche und/oder im Rucksack und für Notfälle auch eine kleine Dose mit wasserdicht verpackten Streichhölzern, ein paar Esbitwürfeln, einem Kerzenstummel und evtl. einigen Ölofenanzündern. Auch wenn ich den Inhalt dieser Dose bisher nie gebraucht habe – er könnte doch einmal sehr nützlich sein.

Brennmaterial

Wenn das feine Material einmal brennt, darf man es natürlich auch nicht gleich mit armdicken Knüppeln bombardieren. Daher schichte ich neben der Feuerstelle noch mindestens zwei kleine Stapel Feuerholz auf: einen aus fingerdicken Zweigen, den anderen schon mit Holz der Stärke, mit der ich letztlich heizen will. Für die meisten Zwecke genügt das, nur für ein lang anhaltendes Heizfeuer bei wirklich kaltem Wetter braucht man später zusätzlich noch wirklich dicke Klötze.

Je nachdem, ob man sich wärmen oder kochen will, bzw. was und wie man kochen will, braucht man **unterschiedlich geschürte Feuer;** z.B.:

- ein schnell und heiß brennendes Feuer, das nicht sehr lange anhalten muss – etwa um eine Beutelsuppe zu kochen, ein Fertiggericht heißzumachen oder Kaffee aufzubrühen,
- ein mäßig heißes, gleichmäßig brennendes und länger anhaltendes Feuer oder kräftige Glut – etwa zum Grillen oder Rösten und zum Kochen auf kleiner Flamme,
- ein Feuer, das eine lang anhaltende Glut ergibt – etwa zum Backen,
- Kochfeuer kann man fast immer sehr klein machen (die meisten machen viel zu große Feuer),
- Heizfeuer dürfen deutlich größer sein – umso größer, je kälter es ist.

Für diese verschiedenen Beispiele sind unterschiedliche Holzarten als Brennmaterial besser geeignet. Grundsätzlich brennt nahezu jedes Holz, wenn erst einmal genügend heiße Glut vorhanden ist – manche **nassen Klötze** erfordern jedoch eine ganze Menge Glut und glimmen dann auch mehr, als dass sie lodern. Harzige und grüne Hölzer produzieren mehr Rauch (aber ich bin nie auf die Idee gekommen, mit grünem Holz zu heizen, denn wo man grünes Holz findet, gibt es fast immer auch trockenes – und warum dann lebende Bäume schädigen?!). **Nadelhölzer** verursachen mehr Funken (Vorsicht mit Kunstfaserstoffen!). Holz, das auf dem Waldboden liegt, ist fast immer feucht oder modrig, selbst wenn es lange nicht geregnet hat. Besser und fast immer trocken ist totes Holz an noch stehenden Bäumen und Büschen. Auch Treibholz auf Kies- oder Sandgrund ist meist sehr trocken. Je feiner das Holz gespalten ist, desto leichter entflammbar ist es, desto besser und schneller verbrennt es und desto weniger Rauch entsteht. Um ein anhaltenderes Feuer zu erhalten, bei dem man nicht ständig nachlegen muss, mischt man dünnes mit dickerem Holz.

Nadelhölzer (Weichholz) brennen leicht und schnell, entwickeln für kurze Zeit kräftige Hitze, verursachen Rauch und Funken, halten nicht lange an und ergeben wenig Glut.

Harthölzer (bestimmte Laubhölzer) sind generell etwas weniger leicht entflammbar, brennen langsamer mit länger anhaltender, kräftiger Hitzeentwicklung, weniger Rauch und Funken und ergeben eine stärkere und anhaltendere Glut.

Buchenholz brennt gut an, wenn es richtig trocken ist, erzeugt starke, anhaltende Hitze und gute Glut.

Birkenholz brennt sehr gut, erzeugt gleichmäßige, anhaltende Hitze, jedoch weniger Glut.

Esche, Linde und Pappel sind relativ leicht zu entzünden, haben jedoch weniger Heizkraft und halten nicht lange an.

Eichenholz ist schwer zu entzünden, entwickelt jedoch starke, lang anhaltende Hitze und ausgezeichnete Glut.

Was aber, wenn kein Wald in der Nähe ist? Es gibt auch dann noch immer eine Fülle von Brennmaterialien, mit denen man ein kleines Feuer unterhalten kann:

- **Sträucher und Büsche,** selbst kleine, bodennahe Krüppelgewächse in geschützten Mulden liefern noch weit oberhalb und jenseits der Waldgrenze genügend trockenes Brennholz,
- **Treibholz** findet sich an vielen Flüssen, Seen und Meeresküsten. Es hat zwar nicht mehr sehr viel Heizwert (d.h. es verbrennt rasch), ist aber – wenn es auf trockenem Sand oder Kies liegt – fast immer knochentrocken, brennt leicht an und ergibt ein heißes Loderfeuer,
- **Trockenes Moos, Gras oder Schilf** in möglichst fest zusammengepressten Bündeln damit es etwas länger anhält,
- **Getrockneter Torf,**
- **Getrockneter Tierkot** (besonders in Steppenlandschaften; mit „Buffalo Chips" (Büffelmist) haben die Pioniere der amerikanischen Prärien jahrelang geheizt),
- **Knochen** (sie setzen allerdings sehr starke Hitze voraus, um zu brennen),
- **Tierisches Fett** (damit kann man ggf. die Knochen bestreichen).

Sauerstoff

Oft denkt man nicht daran, dass ein Feuer außer Brennmaterial auch Sauerstoff benötigt. Sicher haben Sie schon beobachtet, dass ein Feuer, sobald einmal die fingerdicken Äste entzündet sind, umso besser brennt, je stärker der Wind weht. Warum? Eben weil es mehr Luft bekommt. Also: das Feuer nicht gleich mit Holz überhäufen, vor allem nicht mit dicken Knüppeln. Und für genügend Luftzufuhr sorgen. Sonst erstickt das Feuer!

Andererseits (und das wird noch öfter übersehen) dürfen vor allem ganz am Anfang die einzelnen Zweige **nicht zu weit auseinander** liegen. Sonst können die ersten kleinen Flämmchen nicht überspringen, und die Hitze ist zu wenig konzentriert: Das Feuer „verhungert". Den richtigen Mittelweg zu finden, das ist es, worauf es beim Anzünden eines Feuer ankommt. Aber damit bin ich schon beim nächsten Abschnitt gelandet.

Feuer anzünden

Bevor man das Streichholz anreißt oder sein Feuerzeug aus der Tasche holt, muss auf jeden Fall **alles bereitliegen,** was man für das Feuer braucht: Zunder, dünnes Brennholz und auch schon ein größerer Vorrat dickeres Holz. Wenn man schon nach neuem Brennholz laufen muss, noch ehe das Feuer richtig brennt, dann findet man sicher nur noch glimmende Reste, wenn man zurückkehrt!

Wichtig beim Anzünden des Feuers ist, dass man **in Ruhe arbeitet.** Keinesfalls hetzen, selbst wenn es noch so eilig ist – dann erst recht nicht! Sonst geht es doch schief, und nachher dauert es noch länger. Auch wenn es beim ersten Versuch nicht klappt – auf keinen Fall nervös werden, sondern in Ruhe und überlegt wieder ganz von vorn anfangen. Feuer machen ist reine Übungs- und Erfahrungssache. Manche scheitern selbst unter günstigsten Verhältnissen, während andere bei Nassschnee oder sintflutartigem Regen ganz lässig und im Handumdrehen das schönste Prasselfeuer zaubern. Falls Sie noch eher zu den Ersteren zählen sollten: nicht entmutigen lassen. Das wird schon!

Also: Die **„klassische" Methode** besteht nun darin, über einem Häufchen Zunder (dem sogenannten „Feuernest") ein kleines Tipi aus etwa bleistiftdicken, trockenen Zweigen zu errichten. Auf der Windseite (damit der

048op Foto: rh

Wind die Flammen in das Tipi hinein bläst) lässt man eine kleine Öffnung und zündet dort das Feuernest an. Bei starkem Wind bzw. Regen natürlich für Wind- bzw. Regenschutz sorgen, indem man entweder die Flamme mit den Händen und durch den Körper schützt oder eine Jacke oder Plane zeltartig um sich hängt. Am besten ist es, wenn ein Helfer seine Jacke wie Fledermausflügel ausbreitet und sich von der Windseite her tief über die Feuerstelle beugt. Er muss lange genug ausharren, damit die dünnen Zweige richtig Feuer gefangen haben, aber rechtzeitig zurückweichen, um sich nicht die Jacke anzukokeln! Soweit die klassische Methode, die sicher auch ganz gut funktioniert – besonders, wenn im Zunder ein hübsches Stück Birkenrinde steckt.

Wenn ich jedoch mein Feuer **mit Fichtenreisig** anzünde, lege ich alles schön sortiert bereit und beginne mit einer leeren Feuerstelle. Ich halte mit einer Hand ein ordentliches Büschel Reisig (einigermaßen dicht gepresst) schräg nach unten geneigt, in der anderen Hand habe ich das Feuerzeug und zünde es damit an (schon aus diesem Grund ist mir das Feuerzeug lieber als ein Streichholz). Jetzt kann ich das Büschel so drehen und wenden, dass die Flämmchen immer schön in das Büschel hinein brennen, und erst wenn es richtig Feuer gefangen hat, lege ich es in die Feuerstelle und baue rasch aus den bereitliegenden Zweigen das Tipi darüber. In diesem Fall dürfen die Zweige schon fast fingerdick sein.

Falls es mehr qualmt als flammt, fehlt vermutlich der Sauerstoff, und man bläst hinein – zunächst vorsichtig, dann kräftiger. Sieht man, dass die Flämmchen verglimmen, ohne den nächsten Reisigzweig zu erreichen, dann drückt man das Büschel vorsichtig etwas enger zusammen. Sobald das Reisig richtig brennt, kann man nochmals kräftig in die Flammen pusten, dass es prasselt (sofern kein Wind da ist, der dies erledigt), und dann dickere nachlegen.

Zusammenfassung

- Zum Anzünden nur **trockenstes Holz** verwenden (wenn das Feuer stark brennt, kann man notfalls auch feuchtes nachlegen).
- **Alles bereitlegen,** bevor man das Streichholz anreißt.
- Stets **von der Windseite her** anzünden, damit der Wind die Flammen in das Holz hinein bläst.
- **Nicht zu schnell,** nicht zu viel und nicht zu dickes Brennholz auflegen.
- Vorsichtig in die kleinen Flammen blasen, um das **Feuer anzufachen** oder
- kräftig in die Glut blasen, um ein verlöschendes **Feuer neu zu entfachen.**
- **Ruhig** und gelassen arbeiten.
- **Zunder** weder zu eng gepresst noch zu locker verwenden.
- **keine zu großen Feuer** – kleine Feuer erfordern weniger Brennmaterial und sind leichter zu regulieren.

Feuerarten

Je nachdem, welchem Zweck es dienen soll und wie es die Hitze abgeben soll, muss ein Feuer unterschiedlich angelegt werden. Einige der wichtigsten Arten als Beispiel:

Sternfeuer

Um ein kleines, schnell und heiß brennendes Feuer zu erhalten, legt man mehrere nicht zu dicke bzw. gespaltene Fichtenäste mit den Enden übereinander kreuzförmig bzw. tipiförmig auf das Feuernest. Die Äste können von außen nachgeschoben werden, wie sie verbrennen. Soll die Hitze etwas mehr nach den Seiten abgestrahlt werden, baut man ein höheres Tipi. Das ist die vertraute Standardform des Feuers.

Jägerfeuer (Kreuzfeuer)

Benötigt man ein Feuer, das bei mäßiger Hitzeentwicklung langsamer brennt, so legt man über zwei parallel

Kreuzfeuer (Jägerfeuer)

Kastenfeuer

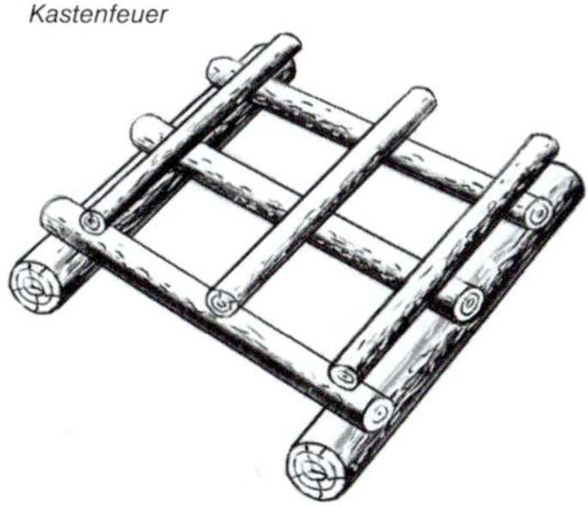

Reflektorfeuer

liegende starke Hartholzklötze kreuzförmig kräftige Hartholzäste (Buche, Birke, Eiche).

Kastenfeuer

Wie beim Jägerfeuer legt man zunächst zwei starke (evtl. auch nasse oder grüne) Hartholzknüppel parallel und schichtet darüber kreuz und quer mehrere Lagen Hartholzscheite, gemischt mit etwas Nadelholz, kastenförmig übereinander. Dieses Feuer strahlt nach allen Seiten stark Hitze ab und ergibt in relativ kurzer Zeit eine große Menge lang anhaltender Glut. Es ist daher als kräftiges Wärmfeuer geeignet oder wenn man viel Glut zum Grillen oder Backen braucht. Auch zum Backen mit Reflektorofen ist es gut geeignet.

Grubenfeuer

Reflektorfeuer (Kaminfeuer)

Man schlägt zwei dicke, grüne Hartholzpflöcke schräg in den Boden (Neigung von der Feuerstelle weg) und schichtet daran etwa armstarke trockene Knüppel empor, am besten Hartholz. Dann entfacht man davor mit gegen diese Wand gelehnten, dünneren Nadelholzästen ein Feuer, das die dicken Knüppel ebenfalls zum Brennen oder Glühen bringt. Es brennt langsam ab und gibt eine gute Hitze, die flächig direkt nach der Seite abgestrahlt wird. Dünneres Holz wird immer wieder nachgelegt, und wenn die dicken Knüppel von unten her verbrennen und abrutschen, kann man oben neue auflegen („Feuerfütterer"). Gut geeignet, um einen Windschutz oder Reflektorofen zu beheizen.

Grubenfeuer

Man hebt eine runde Grube aus und stellt an die Wand ringsum trockene Äste (Hart- und Weichholz gemischt).

Am Boden der Grube – falls dieser zu nass ist, auf flachen Steinen o.Ä. – entzündet man ein kräftiges Feuer, das die senkrechten Hölzer zum Brennen bringt. Das Grubenfeuer wird recht selten verwendet und ist nicht so leicht anzuzünden und zu regulieren. Es strahlt die Hitze fast ausschließlich nach oben ab, brennt langsam und sparsam. Es eignet sich zum langsamen Schmoren oder Kochen, besonders bei starkem Wind. Ist es heruntergebrannt, kann man die Grube als Kochgrube nutzen. Grube später wieder zuschütten und gegebenenfalls mit den ausgestochenen Grasstücken abdecken.

Hobo-Ofen

Besonders wenn das Brennmaterial sehr knapp ist, kann ein schlichter und leicht zu improvisierender Hobo-Ofen sehr vorteilhaft sein, wie ihn die amerikanischen Hobos (= Tramps, die als blinde Passagiere auf den Zügen reisten) benutzten. Bei extremem Wetter kann dieser Ofen u.U. sogar im Vorzelt benutzt werden, wenn man vorsichtig ist. Er nutzt die Heizenergie des Brennmaterials besser aus als ein offenes Feuer. Von einer möglichst großen Konservendose o.Ä. trennt man den Deckel ab, schneidet entlang dem unteren Rand einige Lüftungsöffnungen und in den oberen Rand Kerben als Rauchabzug und um den Topf darauf zu stellen. Dieser Ofen kann mit so ziemlich allem beheizt werden, was brennt. Notfalls genügt eine einfache Kerze, um in einem kleinen Gefäß Wasser heißzumachen. Um ihn mit

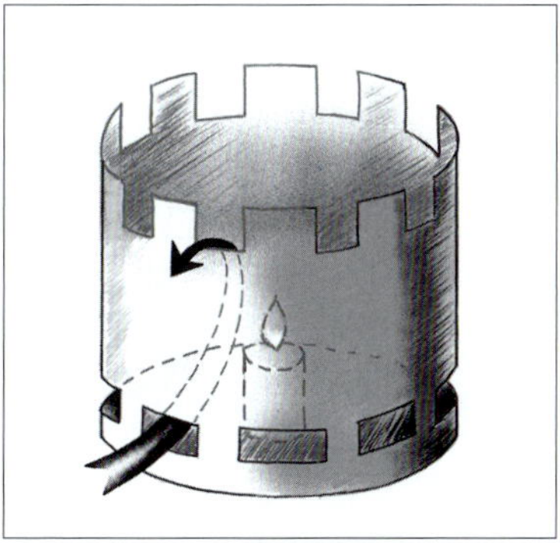

flüssigem Brennstoff zu beheizen, schneidet man die Lüftungsöffnungen etwa auf halber Höhe und füllt die untere Hälfte mit trockenem Sand, den man z.B. mit Spiritus oder Petroleum tränken kann – Vorsicht bei Benzin!

Kochfeuer

Um zu kochen, ist es nicht nötig, ein flammendes Inferno anzurichten – ein kleines, konzentriertes Feuerchen aus ein paar Handvoll gut daumenstarker Zweige genügt vollauf. Sonst rennt man ständig nach Brennholz und kommt kaum nahe genug an die Töpfe heran, um darin zu rühren. Wenn man in mehreren Töpfen gleichzeitig kochen will, kann man das Feuer mehr in die Länge ziehen. Ich mache dann meist gleich zwei Feuer nebeneinander.

1.
2.
4.
5.
7.
8.

3.

6.

9.

Um die Töpfe über dem Feuer zu halten, ist ein leichtes Metallgitter am besten, das man über ein paar Steine oder Holzklötze legt. Aber auch sonst gibt es zahlreiche - mehr oder weniger aufwendige - Möglichkeiten. Hier einige Beispiele als Skizzen:

Die grünen Pflöcke (bei Nr. 4 und 5) halten lange genug, um einige Bannocks zu backen - wenn nur Glut darunter ist, auch länger. Für Nr. 6 braucht man möglichst dicke nasse Klötze. Nr. 2, 7 und 8 (eingeschränkt auch Nr. 1) bieten die Möglichkeit, den Abstand des Topfes zum Feuer und damit die Hitze zu regulieren. Bei den anderen Beispielen muss die Hitze direkt mit dem Feuer reguliert werden.

In der Praxis wird der Kaffeekessel oder Topf oft auch direkt ins oder ans Feuer gestellt, sobald sich ein gutes Glutbett gebildet hat. Das ist am einfachsten, und so wird die Hitze am besten genutzt. Allerdings muss man aufpassen, dass der Topf nicht kippt, wenn Äste darunter verbrannt sind, und die Hitze lässt sich nicht so gut regulieren - nur indem man den Topf mehr an den Rand des Feuers rückt.

Heizfeuer

Das Heizfeuer muss natürlich umso größer werden, je kälter es ist. Notfalls kann man sich auch an einem kleinen Feuer wärmen, wenn man nahe genug heranrückt. Ein Bewohner Alaskas mit indigener Abstammung hat einmal gesagt: „Wir machen ein kleines Feuer, setzen uns dicht dazu und halten uns warm, die Weißen dagegen machen ein großes Feuer und halten sich warm, indem sie nach Brennholz rennen". Um dicke Klötze zu verbrennen, braucht man ein gutes Glutbett und kann bei Bedarf gelegentlich dünneres Holz dazwischen werfen, um sie besser am Brennen zu halten.

Um nicht vorne zu braten und hinten zu frieren, braucht man einen **Reflektor** hinter sich, der die Wärme zurückstrahlt und gleichzeitig als Windschutz dient, wenn man ihn auf der richtigen Seite des Feuers hat. Im einfachsten Fall kann das ein großer Felsblock oder eine steile Böschung sein. Weit wirksamer ist jedoch eine Plane oder eine Alu-beschichtete Rettungsdecke, die man aufspannt wie in der folgenden Skizze oben gezeigt. Hat man nichts dergleichen, kann man sich einen Reflektor aus möglichst trockenem Holz bauen (nasses absorbiert mehr Wärme), der aber nicht ganz so gut funktioniert wie der Folienreflektor (unten).

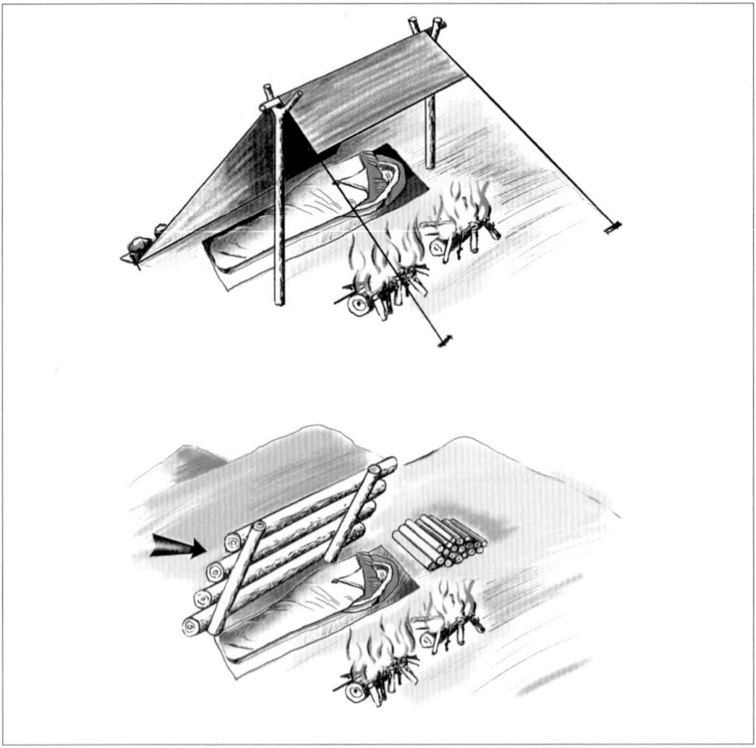

In einigen Büchern sind solche Reflektoren mit einer Neigung vom Feuer weg dargestellt. Das erscheint mir weniger sinnvoll, da die Wärme ja zum Körper reflektiert werden soll und nicht auf den Mond! Nachteil des Reflektors ist, dass darunter Luftwirbel entstehen und man meist im Rauch sitzt.

Will man **am Feuer schlafen,** so sollte man es etwas langgezogen anlegen und unbedingt auf Funkenschutz für den Schlafsack achten (z.B. Schlafsackhülle oder Plane aus Baumwolle). Damit das Feuer seine Wärme besser zum Schlafplatz abstrahlt und länger brennt, kann man ein Reflektor- oder Kaminfeuer machen (s.o.), das zugleich als „automatischer Feuerfütterer" wirkt, da das Holz von oben nachrutschen kann. Auch wenn er nicht immer ganz so „automatisch" funktioniert, so muss man doch zumindest weniger oft nachlegen.

Übrigens braucht man selbst bei starker Kälte nicht zu befürchten, dass man im Schlaf erfrieren könnte (sofern man nicht bereits bis zur Benommenheit unterkühlt ist!): Wenn das Feuer herunterbrennt und nicht mehr genügend wärmt, wacht man garantiert auf, legt ein paar (hoffentlich griffbereit aufgeschichtete) Scheite nach und dreht sich aufs andere Ohr.

Will man nur die **Glut über Nacht** erhalten (etwa um das Feuer am nächsten Morgen schneller wieder anfachen zu können), dann sorgt man für ein dickes Glutbett und deckt es mit kräftigen (evtl. halbierten) Klötzen aus feuchtem oder grünem Holz ab. Sie halten die Glut die ganze Nacht hindurch, selbst wenn es etwas regnet, und am nächsten Morgen braucht man nur ein paar dürre Zweige drauflegen und kräftig zu pusten, und schon kann man den Kaffeekessel über die Flammen hängen. Allerdings ist unbedingt darauf zu achten, dass sich das Feuer nicht ausbreiten kann – evtl. auch durch Wind und Funkenflug. Im Wald oder bei erhöhter Brandgefahr muss man das Feuer unbedingt auch abends gründlich löschen!

Cold Camp (Feuer mit Reflektor)

Feuer unter erschwerten Bedingungen

Bei trockenem Wetter kann jeder ein Feuer machen, aber funktioniert es auch, wenn es tagelang heftig schüttet oder Nassschnee alles bedeckt? Geht das überhaupt? Ja, es geht.

Feuer im Winter

Direkt im Schnee ein Feuer anzuzünden, wäre etwa so sinnvoll, als würde man es direkt in einer großen Pfütze machen wollen. Der Schnee würde natürlich sofort schmelzen, und das Feuer würde verlöschen, noch ehe es richtig brennt.

Liegt der Schnee nicht sehr tief, kann man ihn einfach mit einem Ast oder einem Ski **wegfegen.** Bei tieferem Schnee braucht man schon eine Schaufel und muss regelrecht **graben**

049op Foto: rh

– nicht nur so groß wie die Feuerstelle, sondern in einem Umkreis von wenigstens einem Meter darum herum. Das ist ein Stück Arbeit, aber dafür hat man nachher eine bequeme Sitzbank, wenn man die Isomatte auf die Schneekante legt, oder man setzt sich in das Loch und hat einen prima Windschutz und Reflektor. Ist der Schnee auch dazu zu tief, so tritt man ihn gut fest (oder sucht eine Stelle mit festem Pressschnee) und errichtet darauf eine **Plattform** aus dicken grünen Stammstücken als Unterlage für das Feuer. Dies aber nur für den Notfall, da man lebende Bäume dafür fällen muss. Entsprechend kann man das Feuer übrigens sogar auf dem Wasser machen: Wir haben auf unseren Flößen immer eine Feuerstelle angelegt, indem wir auf die Stämme eine Schicht Kies oder Sand schütteten – so konnten wir mitsamt unserem Feuer den Fluss runterfahren und unterwegs kochen!

Kleines Sternfeuer

Hat man den Schnee weggeräumt, muss man u.U. trotzdem eine kleine Plattform aus dicken Ästen oder Steinen bauen. Mir ist es am Yukon schon passiert, dass sich ein vermeintlich fester Untergrund als gefrorener

Schlamm entpuppte, in dem mein Feuer sofort versank!

Da die Waldbrandgefahr im Winter deutlich geringer ist, kann man auch an Stellen Feuer machen, an denen es im Sommer zu riskant wäre. Nur nicht gerade unter einem abgestorbenen Baum, der sich entzünden könnte. Überhaupt muss man unter Bäumen vorsichtig sein, da ihre Schneelast durch die aufsteigende Wärme tauen und als Lawine herunterstürzen kann. Will man den Schutz einer großen, breitästigen Fichte nutzen, entfernt man zunächst alle dürren Äste im kritischen Bereich und legt die Feuerstelle nahe dem Stamm an (aber nicht so nahe, dass Sie den Baum als Dank für seinen Schutz ankokeln!). Durch die Anordnung der Äste wird herunterfallender Schnee wie durch ein Dach nach außen abgelenkt.

Feuer bei Regen

Auch wenn es lange oder heftig geregnet hat, liefern die unteren Äste der Fichten (besonders Trauffichten) meist noch einigermaßen trockenes Brennmaterial. Einen kleinen Vorrat an Zunder (z.B. Birkenrinde) sollte man immer in der Tasche tragen. Und mit beidem zusammen sollte es nicht schwer sein, auch unter widrigsten Bedingungen ein Feuer zuwege zu bringen. Natürlich ist etwas Übung umso wichtiger, je schwieriger die Bedingungen werden. Darum herum schichtet man nasses Holz auf, damit es gleich etwas trocknen kann. Aber wenn ein gutes Glutbett vorhanden ist, kann man auch mit feuchtem Holz heizen.

Ist tatsächlich einmal alles pitschnass, dann kann man aus dicken, dürren Fichtenästen hervorragendes Brennholz herausspalten wie oben bei „Zunder“ beschrieben. Das Kernholz ist selbst bei sintflutartigem Dauerregen noch trocken.

Wenn gar nichts mehr geht

Angenommen, Sie haben keinen trockenen Zunder bei sich, es kübelt seit Tagen als wolle die Welt untergehen, und womöglich sind sogar die Streichhölzer nass geworden. Was dann? Dann bauen Sie Ihr Zelt auf oder suchen bzw. errichten einen Windschutz und kriechen rasch in Ihren Schlafsack. Bevor Sie zu viel Energie vergeuden beim vergeblichen Versuch, ein wärmendes Feuer zu machen, sorgen Sie lieber dafür, die Wärme nicht zu verlieren, die Sie haben: Ihre Körperwärme.

Feuer löschen

Bevor man das Camp verlässt und bevor man abends in den Schlafsack kriecht, ist unbedingt dafür zu sorgen, dass das Feuer **gründlich gelöscht** ist – bis auf den letzten Funken! Nur Sand oder Erde darauf zu werfen, genügt nicht! Es kann darunter noch lange weiter schwelen und irgendwann durch einen Windstoß plötzlich aufflammen.

Das einzig Sichere ist: **Wasser** darübergießen, bis alles schwimmt, die Asche mit einem Stock gründlich durchrühren und noch einmal Wasser drübergießen. Es darf kein Funke übrig bleiben. Zur Sicherheit kann man mit der Hand hineingreifen, dann merkt man rasch, wo es noch heiß ist!

Anschließend werden alle **Spuren beseitigt.** Hat man das Feuer auf festem Untergrund gemacht, so verstreut man die restliche Asche und unverbrannte Holzstücke – am besten ins Wasser damit. Hat man auf weichem Untergrund eine Mulde ausgehoben, deckt man sie wieder zu – etwa mit den vorher ausgestochenen Bodenstücken – und streut Material aus der Umgebung darüber. Auch Steine einer Einfassung bringt man dorthin zurück, wo man sie geholt hat, und übriggebliebenes Brennholz verstreut man gleichmäßig in der Umgebung, sodass keine Spur mehr von der Feuerstelle zu sehen ist.

Lediglich an Feuerstellen, die erkennbar regelmäßig genutzt werden, lässt man übrig gebliebenes Brennholz für seine Nachfolger zurück. Dann aber nicht flach auf dem Boden liegend, wo es rasch nass wird, sondern auf zwei Querhölzer oder Steine geschichtet oder schräg gegen einen Baum gelehnt.

Mancher mag das für übertrieben halten. Aber es freut keinen, wenn er an jedem Rastplatz gleich ein halbes Dutzend oder noch mehr alte Feuerstellen vorfindet!

Wasser

Wasser ist bekanntlich weit wichtiger als Nahrung. Trotzdem steht bei Outdoor- und Survivalkursen das Thema „Nahrung aus der Natur" mit an oberster Stelle der Beliebtheitsskala, während nach Trinkwasser kaum jemand fragt. Tatsächlich ist die Versorgung mit Wasser auf den meisten Wanderungen und Wildnistouren kein Problem.

In den als Wanderzielen besonders gefragten Regionen in **Skandinavien, Kanada** und **Alaska** (neuerdings auch **Sibirien**) ist reichlich Oberflächenwasser vorhanden, sodass man gewöhnlich mindestens einmal am Tag seine Flasche ausreichend füllen kann und oft genug sogar froh wäre, wenn es etwas weniger davon gäbe. Auch in den meisten übrigen **Bergregionen** stößt man immer wieder auf zahlreiche Bäche und Flussläufe. Das Problem ist nicht, Wasser zu finden, sondern viel eher die Frage, ob es genießbar ist! Einige der im Abschnitt „Wasser finden" aufgeführten Beispiele sind daher zugegebenermaßen nicht gerade sehr praxisnah, sondern gehen schon mehr in Richtung „Spielerei". Trotzdem wollte ich sie nicht ganz unerwähnt lassen.

In den riesigen Gebieten der Taiga und Tundra ist Wasser selten ein Problem

Schwieriger wird es natürlich in trockenen Regionen wie **Steppen, Halbwüsten und Wüsten.** Aber in solchen Regionen sind nur sehr wenige Wanderer unterwegs. Wer dort eine Tour plant, kommt nicht darum herum, sich vorher genau zu informieren, wo er zuverlässige Wasserreserven findet. Das muss ja nicht immer ein ohnehin fragwürdiges Wasserloch sein; oft gibt es auch in entlegenen Gebieten Ranches, Outposts oder kleine Siedlungen. Und dann muss er eben genau ausrechnen, wieviel Wasser er für die einzelnen Etappen benötigt, und entsprechend viel (plus eine Reserve) mitnehmen. In diesem Fall ist übrigens ein Wassersack die bessere Lösung als Flaschen oder Kanister.

Wasser finden

Da in vielen Wandergebieten Oberflächenwasser in Hülle und Fülle vorhanden ist, stellt sich weniger das Problem, wo man Wasser findet, sondern vielmehr die Frage: „Welches nehm' ich denn, und von welchem sollte ich lieber die Finger (bzw. den Schnabel) lassen?"

Generell und im Sommer

Direkt von der Quelle ist das Wasser am reinsten und schmeckt am besten (allerdings kann es selbst dort Keime enthalten, wenn z.B. direkt oberhalb davon Viehweiden sind, Abwässer im Boden versickern oder Felder überdüngt werden!). Als nächstes folgt Wasser aus schnell fließenden Bächen, danach aus langsamer strömenden, aber klaren Gewässern. Wasser aus Seen, die einen Abfluss haben, ist gewöhnlich ebenfalls genießbar (alles natürlich mit den unter „Wasserverschmutzung" genannten Einschränkungen!). Aus abflusslosen Teichen sollte man Wasser nur verwenden, nachdem es 10 Minuten abgekocht oder auf andere Weise entkeimt wurde.

Findet man kein Oberflächenwasser, gräbt man in feuchter Erde an natürlichen Vertiefungen, Mulden o.Ä. Geeignete Stellen findet man besonders dort, wo zwei unterschiedliche Gesteinsschichten aneinander grenzen, am Fuß größerer Felsen, im Außenbogen eines trockenen Bachbetts oder unterhalb von Geröllhaufen. Sie sind fast immer an üppigerem Pflanzenwuchs zu erkennen. An Küsten gräbt man kurz oberhalb der Flutmarke – Süßwasser ist leichter als Salzwasser und schwimmt deshalb obenauf. Findet man nur Salzwasser, kann man es destillieren (s.u.). Das **Grundwasser** kann trübe sein, aber man braucht es dann nur einige Zeit stehen zu lassen, damit sich die Schwebstoffe absetzen.

Notfalls kann man auch mit einer Plane (z.B. Poncho) Regenwasser bzw. Tau auffangen oder sogar einen **„Destillator"** bauen, der allerdings nur bei direkter Sonnenbestrahlung richtig funktioniert. Günstig dafür sind alle Stellen mit feuchter Erde (etwa die oben zum Graben empfohlenen Stellen). Man hebt dazu eine flache Grube von etwa einem halben Meter Tiefe und gut einem Meter Durchmesser aus (bei größeren Planen auch größer und entsprechend tiefer). In der Mitte

051op Foto: rh

der Grube versenkt man einen Behälter und – so man einen haben sollte – einen dünnen Schlauch, der vom Behälter bis über den Rand der Grube reicht. Nun breitet man die Plane (sie muss übrigens nicht lichtdurchlässig sein) so über die Mulde, dass sie leicht durchhängt, aber nirgends den Rand der Mulde berührt, und beschwert die Ränder mit Steinen, Erde oder Sand, sodass sie dicht am Boden anliegen und darunter ein luftabgeschlossener Raum entsteht. In der Mitte, direkt über dem Behälter beschwert man die Plane mit einem etwa faustgroßen Stein, sodass sie dort ca. 40 cm unter dem Bodenniveau liegt (also ca. 5–10 cm über dem Behälter). Um die Effektivität der Anlage zu steigern, kann man die Ränder der Grube vorher noch mit zerhackten Grünpflanzen auslegen oder mit allen Flüssigkeiten tränken, die nicht genießbar sind.

Blöcke von Flusseis liefern besseres Trinkwasser als Schnee, der nur destilliertes Wasser ergibt

Durch die Sonnenbestrahlung wird es unter der Plane sehr heiß, die Feuchtigkeit verdunstet und schlägt sich an der Unterseite der Plane nieder. Von dort rinnt sie allmählich an der Plane abwärts und tropft (hoffentlich!) in den Behälter. Wichtig ist eine ausreichende Neigung der Plane zur Mitte, sonst kann das Wasser evtl. abtropfen, ehe es dorthin gelangt. Zwei solche Destillatoren sollen ausreichen, den Wasserbedarf einer Person zu decken – wenn man eine gute Stelle gefunden hat und sie täglich wechselt (bzw. frisches Grün und Nass nachfüttert). Sehr wichtig sind Salztabletten, da destilliertes Wasser keinerlei Salze enthält und daher nicht nur schal schmeckt, sondern auf längere Zeit den Durst nicht löscht. Das Wasser sicherheitshalber entkeimen, da über die Plane Keime in den Behälter gelangen können, die sich in der warmen Brühe rasch vermehren.

Im Winter

Im Winter liegt das Wasser meist überall haufenweise herum – in Form von Schneekristallen. Trotzdem benutzt man so lange wie irgend möglich **offenes Wasser** oder versucht, das Eis von Flüssen oder Seen zu durchschlagen. So spart man nicht nur Heizmaterial, sondern bekommt auch viel besseres Wasser.

Ist kein (flüssiges!) Wasser zu finden, so schmilzt man entweder **Eis** (erfordert etwas weniger Energie und liefert besseres Wasser) oder **Schnee.** Pressen Sie den Schnee im Topf möglichst dicht zusammen – so schmilzt er schneller. Da aus Schnee geschmolzenes Wasser keinerlei Mineralsalze enthält (es ist ja destilliertes Wasser), sollte man auf Wintertouren unbedingt genügend **Salztabletten** mitnehmen. Sonst schmeckt es scheußlich fade, und längerfristig kann der Körper trotz Wasserzufuhr austrocknen, weil ihm das Salz fehlt, um die Flüssigkeit zu speichern. Auf meiner ersten größeren Winterwanderung in Nordnorwegen hatten wir die Salztabletten vergessen – und schon am dritten Tag plagte uns eine gewaltige Gier nach „richtigem" Wasser!

Sicher kann man unterwegs hier und da eine Handvoll **Schnee essen,** um sich zu kühlen und um den Durst zu löschen – aber Sie wissen ja: „Watch out where the huskies go, never eat that yellow snow!". Und beachten Sie, dass Schnee den Körper natürlich auskühlt. Bei extremer Kälte keinen Schnee essen, um Lippen, Zunge und Schleimhäute nicht zu schädigen.

052op Foto: rh

Offenes Wasser ist auch im Winter sehr gefragt, da es viel Zeit und Energie kostet, Schnee oder Eis zu schmelzen

Für den, der an einer arktischen Küste wandert, kann es interessant sein, zu wissen, dass **Meereis** im Laufe der Zeit an der Oberfläche salzfrei wird, wenn es im Sommer etwas auftaut und wieder gefriert. Es ist dann bläulich, während salzhaltiges Eis eine graue Farbe hat.

Wasserverschmutzung

Die Frage, welches Wasser bedenkenlos genießbar ist, kann nicht pauschal beantwortet werden. Sie ist vor allem von der Besiedelung der entsprechenden Region abhängig. Wenn man eine allgemeine Antwort geben soll, kann man nur raten: immer abkochen oder auf andere Weise entkeimen! Heute scheint man tatsächlich nicht mehr darum herum zu kommen, **jedes** Wasser draußen zu entkeimen, wenn man ganz sicher gehen will. Aber natürlich ist das Risiko nicht überall gleich groß. Daher zunächst einige allgemeine Informationen, um die Gefahr einer Verunreinigung abzuschätzen:

Hinweise auf ein geringes Risiko

- **quellnahe** Entnahmestelle
- **schnell** fließendes Wasser
- **kaltes** Wasser
- **zivilisationsferne** Gebiete
- **klares** Wasser
- **saures** Wasser (mit Lackmuspapier aus der Apotheke testen)
- **naturnahe** Gewässer
- **reiches Tierleben** im Wasser
- **Moosbewuchs** auf Steinen am Wasser
- **sandiger** oder **steiniger** Grund

Hinweise auf erhöhtes Risiko

- **langsam fließendes** oder **stehendes** Wasser
- **warmes** Wasser (Tropen)
- **trübes** Wasser (Schwebstoffe sind Bakterienherde)
- **geringer Säuregehalt**
- **Brennnesseln und Pestwurz** an den Ufern (Zeichen für einen hohen Phosphatgehalt)
- **Algenbildung** (Zeichen für Düngemittelrückstände und Abwässer)
- **schlammiger** Grund
- **Ansiedlungen, Landwirtschaft oder Industrie** oberhalb der Entnahmestelle

Welche Verunreinigungen gibt es?

Zwei Hauptgruppen sind es, die uns zu schaffen machen können: chemische und organische Verunreinigungen.

Chemische Verunreinigungen

Sie werden fast ausschließlich vom Menschen selbst verursacht und sind umso häufiger und stärker, je näher man dessen Ansiedlungen kommt. Hauptverursacher neben der Industrie ist dabei die Landwirtschaft mit ihren Pestiziden und Düngemitteln. Durch verschmutzte Luft können Chemikalien auch in die entlegensten Gewässer gelangen, aber ihre Konzentration ist dort meist so gering, dass man sie vernachlässigen kann. Viel problematischer sind Verunreinigungen, die auf direktem Wege oder durch Sickerwasser in Flüsse und Seen gelangen. Aber davon sind nur Gewässer in unmittelbarer Umgebung von Industrie und

Landwirtschaft betroffen. Wer in solchen Gegenden unterwegs ist, kann meist sein Trinkwasser irgendwo aus der Leitung beziehen - sei es ein Campingplatz, eine Gaststätte, eine Berghütte oder ein Wohnhaus, bei dessen Bewohnern man freundlich anfragt.

Mir würde es jedenfalls in Mitteleuropa nicht in den Sinn kommen, Trinkwasser aus irgendwelchen Gewässern zu entnehmen (Quellen vielleicht ausgenommen). Zwar gibt es selbst in Deutschland Gewässer mit Trinkwasserqualität - aber das sieht man ihnen leider nicht an. Problematischer wird es in Wildnisgebieten wie Sibirien, wo die Industrie teilweise katastrophale Verunreinigungen direkt in die Gewässer entlässt, wo man aber vergebens nach einer netten Gaststätte Ausschau halten wird. Dort kann man sich nur auf Wasser aus Quellen und kleinen Bächen einigermaßen verlassen.

Mikrobiologische Verunreinigungen

Das sind all die kleinen, meist unsichtbaren Tierchen, die sich im Wasser und im Körper ihres Gastgebers so rapide vermehren und diesen zum hastigen Gang aufs Örtchen zwingen oder ihn gar ins Grab bringen können. Sie sind ebenfalls überwiegend in der Nähe menschlicher Ansiedlungen zu Hause, aber manche von ihnen können auch in den Gewässern abgelegener Wildnisgebiete ihr Dasein fristen. Man unterteilt sie in vier Gruppen, die sich u.a. hinsichtlich ihrer Größe unterscheiden: mehrzellige Parasiten (das sind die größten), Protozoen (Einzeller), Bakterien und Viren (die kleinsten).

1. Parasiten finden sich vor allem in tropischen und subtropischen Gewässern und können gefährliche Biester sein, wie z.B. Spülwürmer, Hakenwürmer und Bilharzioseerreger.

2. Protozoen können überall im Oberflächenwasser vorkommen. In kalten und gemäßigten Regionen sind wirklich gefährliche Vertreter dieser Gruppe jedoch selten. Eine Ausnahme bilden angeblich die Angehörigen der Gattung „Giardia Lamblia", die besonders in Nordamerika für Furore sorgen (s.u.: „Giardia"). Besonders gefährliche Arten unter den Protozoen (z.B. Amöben) sind weltweit verbreitet und besonders in tropischen und subtropischen Gewässern beheimatet.

3. Bakterien gelangen überwiegend durch Abwässer oder von Weideflächen in Flüsse und Seen. In unbewohnten Wildnisgebieten ist man daher weitgehend sicher vor ihnen. In warmen Regionen kann es jedoch sein, dass sehr wenige von ihnen ausreichen, um erhebliche Probleme zu bereiten. Sie fühlen sich in brühwarmem und trübem Wasser am wohlsten und können sich dort rapide vermehren. Ein einzelner Wanderer, der seine Kolibakterien ins Wasser statt sonstwohin entlässt, kann unter entsprechenden Umständen einen ganzen See oder ein langsam fließendes Gewässer damit verseuchen. In kalten und schnell fließenden Gewässern ist das Risiko sehr gering.

4. Viren sind die kleinsten Mikroorganismen (weniger als ein hunderttausendstel Millimeter groß); sie geraten überwiegend durch Abwasser in Flüsse und Seen. Manche von ihnen können zwar gefährlichste Krankheiten hervorrufen, sie werden jedoch recht selten durch das Oberflächenwasser übertragen, denn sie können sich darin im Gegensatz zu den Bakterien überhaupt nicht vermehren, sondern nur in einem geeigneten Wirtsorganismus. Zweifelhaftes Wasser sollte man sicherheitshalber dennoch mit einem zuverlässigen (!) Mittel entkeimen.

Außer den genannten Verunreinigungen gibt es noch anorganische und organische **Schwebstoffe,** die jedoch für sich genommen keine Gesundheitsschäden hervorrufen. Die anorganischen (z.B. feiner Gletschersand) bekommt man einfach in den Griff, indem man das Wasser einige Zeit stehenlässt, damit sie sich absetzen können. Organische Schwebstoffe (Pflanzenreste, Algen) setzen sich nicht immer ab und müssen herausgeseiht werden. Die Schwebstoffe selbst sind zwar meist harmlos, aber sie können Brutstätten üppig wuchernder Bakterien sein, die sich durch Abseihen sicher nicht entfernen lassen. Das Wasser muss daher in diesem Fall noch gründlich entkeimt werden.

Gefährdungsgebiete

Man kann die Welt hinsichtlich der Wasserverschmutzung vereinfachend in drei Regionen aufteilen:

- **Besiedelte Gebiete in Industrieländern:** Hier sind chemische und bakterielle Verschmutzungen das Hauptproblem. Wenn überhaupt, sollte man Trinkwasser nur aus Quellen und kleinen Bächen oberhalb jeglicher Ansiedlung benutzen (eine gute Karte hilft herauszufinden, wo die Ansiedlungen liegen). In diesen Gebieten ist es jedoch meist möglich, irgendwo Leitungswasser zu beschaffen.
- **Tropische und subtropische Regionen:** Da Abwässer aus Industrie und Haushalten dort viel weniger oder gar nicht gereinigt werden und in der Landwirtschaft Pestizide eingesetzt werden, die wegen ihrer Gefährlichkeit in vielen Industrienationen verboten wurden, sind die chemischen und bakteriellen Belastungen oft noch höher. Außerdem kommen Probleme durch hohe Temperaturen hinzu, bei denen Bakterien und gefährliche Protozoen sich üppig vermehren. Und überdies ist dort auch das Leitungswasser oft nicht bedenkenlos genießbar. In solchen Regionen wird man ohne Entkeimungsmittel (am besten Filter kombiniert mit Chlordesinfektion) nicht auskommen und kann unbehandeltes Wasser allenfalls aus Quellen und Bächen in weniger besiedelten und höher gelegenen Gebieten verwenden.
- **Subpolare Regionen** sind hinsichtlich der Wasserqualität die reinsten Paradiese. In den Wildnisgebieten Kanadas, Skandinaviens und Alaskas habe ich mein Trinkwasser stets unbehandelt aus Bächen, Flüssen, oft genug auch aus Seen und einmal sogar aus einem Tümpel entnommen und nie Probleme damit gehabt. Aber ...

Giardia

Auch in den entlegensten Winkeln der Wildnis sieht man Leute mit Taschenfiltern rumlaufen. „Giardia!", sagen sie, wenn man sie fragt, warum sie das machen - das **Biberfieber!** Gemeint sind Parasiten namens **Giardia Lamblia** (auch: *Giardia intestinalis*), die weltweit verbreitet sind und zu den häufigsten Parasiten im menschlichen Verdauungstrakt gehören. Sie haben vor allem in Nordamerika und im Himalaja für Aufsehen gesorgt - und für glänzende Absatzzahlen bei den Filterherstellern. Gewöhnlich werden sie durch Lebensmittel übertragen, aber sie können auch überall im Oberflächenwasser vorkommen. In der Wildnis werden sie durch alle Säugetierarten verbreitet, besonders häufig angeblich durch Biber (daher der Name). Sie treiben sich offensichtlich auch und gar mit besonderer Vorliebe in klaren Bergbächen herum und verursachen die **Giardiasis (Lamblienruhr),** die sehr heftige Magen- und Darmbeschwerden auslösen kann. Die Erkrankung wird medikamentös behandelt.

Selbst **Wasser aus Schnee** ist nicht immer keimfrei, da sich Mikroorganismen mit Wind und Staub über große Entfernungen eintragen können. Sie werden auch durch stärksten Frost nicht abgetötet, sondern konserviert!

Wasser entkeimen

Um sich die gefährlichen Biester und sogar einige der chemischen Verunreinigungen vom Leibe zu halten, gibt es unterschiedliche Möglichkeiten: abkochen, chemische Mittel und Filter. Beachten Sie, dass in Gegenden mit hoher/gefährlicher Belastung (z.B. Tropen) jegliches Wasser entkeimt werden muss - also auch das Wasser zum Zähneputzen oder für den Abwasch. In nördlichen Regionen hingegen ist das weniger wichtig.

Abkochen

Dies ist die einfachste und billigste Methode. Um sicher zu sein, dass alle Keime abgetötet sind, muss das Wasser mindestens **zehn Minuten sprudelnd kochen** (chemische Verunreinigungen bleiben davon natürlich unbeeinflusst; eventuelle Schwebstoffe sollte man vorher abseihen). In Waldregionen, wo man ein Feuer machen kann, ist das kein Problem. Aber wenn man auf einen Kocher angewiesen ist, kann sich das durchaus im Brennstoffverbrauch bemerkbar machen. In größeren Höhen wird das Abkochen unzuverlässiger, da das Wasser dort wegen des geringeren Luftdrucks schon deutlich unter 100 °C kocht (auf 3000 m bei etwa 90 °C) und u.U. gar nicht heiß genug wird, um alle Keime abzutöten. Außerdem schmeckt abgekochtes Wasser etwas fad, was man jedoch beheben kann, indem man Tee daraus bereitet oder ein Getränkepulver zusetzt.

Chemische Mittel

Bei uns werden **Mittel auf Chlorbasis** als Tabletten, Pulver oder in flüssiger Form angeboten, die bei richtiger Anwendung Bakterien zuverlässig abtöten, aber Viren und Protozoen weitgehend unbehelligt lassen.

In gemäßigteren Breiten sind zwar Bakterien das Hauptproblem, aber z.B. durch Viehhaltung können sich auch hier Protozoen im Wasser befinden. Und besonders für tropische und subtropische Regionen sind Chlorpräparate üblicher Dosierung nicht ausreichend. Für diese Gebiete sind entsprechend hoch dosierte Chlorpräparate erforderlich.

Chlorpräparate brauchen 30–60 Minuten (bei kaltem Wasser oder hohem pH-Wert 3–4 Stunden), um zuverlässig zu wirken. Sie erlauben nur dann eine sichere Entkeimung (auch Protozoen und Viren), wenn sie vom Hersteller genügend hoch dosiert sind. Behandeltes Wasser muss nach der Desinfektion **deutlich nach Chlor riechen.** Denn durch die Desinfektion wird das Chlor neutralisiert, und nur wenn das Wasser auch nachher noch nach Chlor riecht, kann man sicher davon ausgehen, dass genügend Chlor vorhanden war, um alle Keime zu vernichten.

Jodpräparate verleihen dem Wasser nicht nur einen üblen Geschmack, sondern bedeuten auch ein Gesundheitsrisiko und sind daher bei uns nicht zur Wasserdesinfektion zugelassen.

Reine **Silberpräparate** sind bei uns nur zur Konservierung zugelassen – nicht zur Entkeimung. Außerdem gibt es Silber-Chlor-Kombipräparate, bei denen das Chlor für möglichst rasche Vernichtung der Bakterien sorgt, während das Silber die Haltbarkeit gewährleistet (bis zu einem halben Jahr!).

Richten Sie sich beim Gebrauch all dieser Mittel nach den Anleitungen der Hersteller und achten Sie darauf, dass die gesamte Innenseite des Behälters entkeimt wird (gut schütteln). Wichtig: Alle diese Mittel wirken nur in klarem Wasser. In trübem Wasser mit Schwebstoffen können sie die Keime nicht zuverlässig abtöten!

Filter

Keramik- oder Aktivkohlefilter entfernen alle Schwebstoffe, Protozoen (also auch Giardia!) und Bakterien, Aktivkohlefilter auch einige Chemikalien und Pestizide. Allerdings sind sie nicht gerade billig, sind kompliziert gebaut und verlangen Wartung und kostspielige Ersatzteile, da Filterkerzen und Membranen eine begrenzte Lebensdauer haben.

Keramikfilter

Diese Filter arbeiten auf rein mechanischer Basis: Sie pressen das Wasser durch extrem feine Poren von 0,1 bis 0,2 Micron (1 Micron = 0,0001 mm) Durchmesser. Alles was größer ist, bleibt an der Oberfläche hängen. Viren und einige Bakterienarten allerdings sind noch kleiner und können selbst die besten Filter passieren. Außerdem verstopfen die Poren mit der Zeit und müssen dann abgebürstet werden (eine geeignete Bürste sollte dem Filter beiliegen). Nach längerem Gebrauch muss der ganze Filtereinsatz ausgewechselt werden. Keramikfilter sind jedoch leichter zu reinigen und haben eine höhere Lebensdauer als Aktivkohlefilter. Sie sind daher für Regionen besser geeignet, in denen man oft nur trübes Wasser findet.

Produktbeispiel Wasserentkeimer

Eine geniale Entwicklung ist der UV-Entkeimer **SteriPEN,** der innerhalb kürzester Zeit Viren, Bakterien und Protozoen (inkl. Giardia und Cryptosporidium) zuverlässig unschädlich macht – ob am Wasserhahn in einem Guesthouse in Nepal oder an einem Bach in den Bergen Alaskas. Er ist der schnellste Wasserentkeimer auf dem Markt, erfordert keinerlei Pumpaufwand und funktioniert ganz ohne Chemikalien. 1 l Wasser ist mühelos in 90 Sekunden gereinigt! Das Modell *Classic* wiegt 178 g inkl. Batterien und Etui; das Modell *Adventurer Opti* sogar nur 103 g! Der Akku reicht für 50–100 Anwendungen und lässt sich (z.B. beim Modell *Ultra*) per USB-Kabel wieder aufladen. Da das Wasser für zuverlässiges Entkeimen klar sein muss, empfiehlt sich ein zusätzlicher Partikelfilter des gleichen Herstellers, z.B. der *BeFree Filter* von *Katadyn.* Der Hohlfaserfilter bringt inklusive Trinkbeutel bei einem Volumen von 0,6 l nur 59 g auf die Waage und passt genau für Weithalsflaschen.

Aktivkohlefilter

Aktivkohlefilter halten einen Teil der Keime ebenfalls mechanisch zurück, können aber außerdem Pestizide und andere Chemikalien „adsorbieren“, d.h. chemisch binden. Dass sie die keramischen nicht längst aus dem Rennen geworfen haben, liegt an verschiedenen Nachteilen. Zum einen sind sie noch empfindlicher gegen „grobe“ Verschmutzung (nur für klares Wasser verwenden) und haben eine kürzere Lebensdauer, zum anderen ist ihre hohe Leistungsfähigkeit mit einem Unsicherheitsfaktor verbunden: Sie können jede Chemikalie nur bis zu einer gewissen Kapazität binden. Ist der Speicher voll, lässt er diese Chemikalie passieren; und man hat keine Möglichkeit festzustellen, wann diese Grenze erreicht ist. Außerdem: wenn eine zweite Chemikalie auftaucht, die von der Aktivkohle stärker angezogen wird, so kann sie die erste verdrängen, und das ganze gespeicherte Gift gerät mit einem Schlag ins Trinkwasser! Doch durch die Entwicklung der UV-Entkeimung für Outdoorzwecke (s.o. Produktbeispiel *SteriPEN*) kann man auf die schwereren, empfindlicheren, komplizierteren und weniger zuverlässigen Filter heute verzichten.

Hinweise zum Umgang mit Filtern

Bei allen Filtern ist zu beachten, dass ihre Oberfläche durch den Gebrauch zu einem Sammelplatz aller möglichen Arten von Keimen wird, die sich dort üppig vermehren können! Reinigungsintervalle und Lebensdauer einzelner Filter sind sehr unterschiedlich und richten sich auch nach dem Grad der Verunreinigung des Wassers. Um den Filter zu schonen, sollte man nach Möglichkeit klares Wasser filtern und grob verschmutztes Wasser zunächst absetzen lassen oder durch ein Tuch seihen.

Keramikfilter sind naturgemäß spröde und können durch Erschütterung oder bei Frost feine Risse bekommen und unbrauchbar werden. Da es keine Möglichkeit gibt zu prüfen, ob der Filter frei von Haarrissen ist, sollte man ihn sehr schonend behandeln und z.B. bei Flügen ins Handgepäck nehmen.

Schließlich müssen Filter nach jedem Gebrauch vollständig getrocknet werden, was längere Zeit dauern kann. Bleiben sie in feuchtem Zustand zusammengesetzt, können rasch Schimmelpilze entstehen, die u.U. auch die Silberimprägnierung durchdringen und eine Gefahr für die Gesundheit darstellen.

Improvisierter Filter

Siehe Abschnitt „Wasser" im Kapitel „Survivaltipps".

Weitere Tipps

- Auch scheinbar unbedenkliches Trinkwasser enthält meist Keime in geringer Zahl. Wenn man es in die **Wasserflasche** füllt und im oder außen auf dem Rucksack transportiert, kann es brühwarm werden, und die Bakterien vermehren sich darin „wie die Karnickel"! Für längere Transporte sollte man daher ein Mittel auf Silberbasis zusetzen.
- Denken Sie daran, auch das Wasser fürs **Zähneputzen, Gemüsewaschen etc.** zu entkeimen, denn auch dadurch können Sie sich infizieren, und dann war die ganze übrige Entkeimung für die Katz!
- Falls Sie **„Montezumas Rache"** doch erwischen sollte: gekochter Reis, Schokopudding, Kartoffelpüree und etwas aufgelöste Holzkohle helfen bremsen.
- Damit man **nicht zuviel Wasser tragen** muss, empfiehlt es sich in Gegenden mit ausreichend Trinkwasser, morgens tüchtig zu trinken, nur eine relativ kleine Menge mitzunehmen und die Vorräte erst nachmittags oder abends, ehe man eine Campstelle sucht, wieder aufzufüllen (es sei denn, man zeltet direkt am Wasser und kann sich das Wassertragen ganz sparen).
- Achten Sie darauf, dass Sie **stets reichlich trinken** – auch im Winter, wenn die Wasserbeschaffung vielleicht mühsam ist. Nur so können Sie Ihre Leistungsfähigkeit erhalten.

Wassermangel

Wird das Trinkwasser knapp, so ist zunächst dafür zu sorgen, dass man möglichst wenig Körperflüssigkeit verliert: Schwitzen vermeiden, sich im Schatten aufhalten, Windschutz, in der Dämmerung oder in hellen Nächten wandern, langsam bewegen, tags helle Kleidung tragen, weniger essen und Nahrung möglichst auf Kohlenhydrate (Stärke, Zucker) beschränken, da die Verdauung von Proteinen wesentlich mehr Wasser verbraucht. Keinen Alkohol trinken, nicht rauchen, kein Salzwasser trinken (allenfalls geringe Mengen mit der mehrfachen Menge Süßwasser gemischt).

Bei starkem Flüssigkeitsverlust durch Schwitzen verliert der Körper auch große Mengen Salz, das er u.a. für die Nervenfunktion benötigt und um Wasser in den Zellen speichern zu können. Bei **Salzmangel** kann der Körper austrocknen, selbst wenn genügend Wasser zugeführt wird. Das Salz muss daher unbedingt durch Zufuhr von außen ersetzt werden – durch gesalzene Speisen oder Salztabletten. Das ist besonders dann zu beachten, wenn man Trinkwasser aus Schnee oder durch Destillieren (s.o.) gewinnt, das dann keine Salze enthält.

Kochen

Hunger ist bekanntlich der beste Koch. Und den hat man outdoors stets dabei. Ja, für den Indoors-Menschen ist es immer wieder beeindruckend, welche Mengen man draußen vertilgen kann, wie köstlich einfachste Mahlzeiten schmecken und – am faszinierendsten vielleicht – dass man futtern kann, was immer reingeht, und dabei noch abnimmt! Wer an der frischen Luft aktiv ist, dem schmeckt es nun mal! Raffinierte Kochkniffe und teure Zutaten sind da nicht erforderlich. Das Problem lautet vielmehr: Wie kriegt man fernab aller Supermärkte die hungrigen Mäuler satt, ohne den Proviant mit Maultieren transportieren zu müssen? Was man am besten mitnimmt, um Gewicht zu sparen, steht im Kapitel „Proviant". Nun geht es um die Zubereitung.

053op Foto: rh

Da man draußen stets mehr Hunger hat, darf der Topf nicht zu klein sein

Grundlegendes zur Outdoor-Küche

Das Camp ist eingerichtet, die Leinwandvilla steht, die Schlafsäcke sind ausgerollt, und das Feuer knistert. Jetzt kann der gemütliche Teil des Outdoor-Alltags beginnen, und der Hobbykoch darf mit seinen Prozeduren beginnen.

Man braucht sich beileibe nicht auf Nudeltöpfe, Fertiggerichte und Beutelsuppen zu beschränken, sondern kann seiner Fantasie freien Lauf lassen. Warum nicht mal etwas Neues kreieren, kombinieren und nach Laune herumprobieren? So erst macht die Campingküche richtig Spaß. Schließlich macht das Kochen unter freiem Himmel einen wesentlichen Teil des Reizes am Wandern und Wildnisleben aus: die Lagerfeuer-Romantik, die Freude am Improvisieren, die Freude am Einfachen.

Das Geheimnis der Outdoor-Küche liegt im **Improvisieren:** darin, aus wenigen einfachen Zutaten, mit einfachen Mitteln und unter manchmal schwierigen Bedingungen schmackhafte und abwechslungsreiche Mahlzeiten zu zaubern. Dazu gehören Fantasie und Kreativität. Kochrezepte sind keine Dogmen, die man buchstabengetreu erfüllen oder „nachkochen" muss. Man sollte sie als Grundmuster und Anregung verstehen, als „musikalische Themen", wenn man so will, die man spielerisch variieren, kombinieren und ergänzen kann.

Wer in europäischen Gefilden unterwegs ist, hat meist alle paar Tage Gelegenheit, **einzukaufen** und seinen Vorrat durch frische Lebensmittel zu ergänzen, anstatt Trockenfutter für drei Wochen mitzuschleppen. Nutzen Sie die Möglichkeiten, in Dorfläden oder auf Märkten Ihre Outdoor-Speisekammer zu ergänzen und Ihren Speisezettel zu bereichern. Bekanntlich ist die jeweilige Landesküche den dortigen Klimaverhältnissen am besten angepasst. Also orientiert man sich daran, was dort die (Super-)Märkte bieten.

Der kulinarische Tagesablauf

Der kulinarische Tagesablauf des Wildnis-Travellers sieht gewöhnlich folgendermaßen aus:

Morgens – tüchtig und nicht zu knapp, reich an Kohlenhydraten und je nach Leistungslevel auch an Kalorien; bei kaltem Wetter warm und fetthaltig. Meist ist das ein Standard-Müsli mit Milch, Fruchtsaft oder heißem Kakao. Aber warum nicht einmal Haferflocken frisch in der Pfanne rösten – mit Nüssen, Rosinen und Zucker oder Honig? Oder bei kaltem Wetter heiße Pfannkuchen mit Marmelade zum Kaffee oder Bratkartoffeln, Rührei und gebratenen Speck – entweder separat oder gleich als „Bauernfrühstück". Man glaubt ja nicht, was unterwegs schon zum Frühstück alles schmeckt!

Tagsüber – Trail Snacks und Imbiss ohne viel Aufwand: Müsli, Müsliriegel, Trockenfrüchte, Brotzeit, Kekse, Schokolade (theoretisch auch übrige Pfannkuchen, Bannocks etc. – falls outdoors tatsächlich einmal etwas übrig bleiben sollte). Bei kaltem Wetter lässt sich der Snack durch ein heißes Getränk (oder Fleischbrühe!) aus der Thermosflasche fantastisch aufwerten.

Abends – der „große Bocuse", so umfangreich und aufwendig, wie man lustig ist: vom „Nudel-Quickie" oder dem leckeren Eintopf bis zum mehrgängigen Menü, das ich auf Touren mit französischen Freunden ernsthaft schon tagtäglich genossen habe. „Et qu'est-ce qu'on mange après?!", hieß es bei denen immer, „Und was essen wir danach?"

Proviant aufbewahren, schützen, kühlen

Die Outdoor-Speisekammer enthält überwiegend Trockennahrung, die keinen besonderen Schutz erfordert. Aber wer Hartwurst, Käse oder Räucherspeck mitnimmt, sollte diese möglichst kühl und luftig lagern. Um Schimmelbefall zu vermeiden, kann man sie in ein Tuch einschlagen, das man zuvor mit Essig getränkt und wieder getrocknet hat. Keinesfalls in Plastiktüten! Dort schwitzen sie, und die Schimmelpilze vermehren sich fröhlich. Bei warmem Wetter machen Butter und Margarine sich selbständig und werden dünn wie Suppe.

Kühlung ist angesagt – aber wie? Steht ein Bach zur Verfügung, steckt

man die Lebensmittel einfach in einen wasserdichten Packbeutel oder eine kräftige Plastiktüte und hängt sie - sicher am Ufer befestigt - ins Wasser. Denken Sie jedoch daran, dass auch Vierbeiner sich für Ihr Futter interessieren könnten, und behalten Sie das Kühlgut im Auge. Steht kein Bach zur Verfügung, kann man die **Verdunstungskälte** nutzen - das gleiche Prinzip, nachdem sich auch der Körper kühl hält, indem er Schweiß verdunstet. Empfindliche Lebensmittel kann man z.B. an einem möglichst schattigen und luftigen Ort in einen Kochtopf legen und ein nasses Tuch darüber hängen. Die Verdunstung des Wassers kühlt den Topfinhalt. Entsprechend kann man auch eine nasse Socke zum Kühlschrank umfunktionieren, indem man sie z.B. über eine Trinkflasche zieht und die Spitze (Zehe) in einen Wasserbehälter hängt. Das Gewebe saugt das Wasser wie ein Docht nach oben zur Flasche, wo es verdunstet und den Flascheninhalt kühlt. Je luftiger der Ort, desto mehr Wasser verdunstet und desto besser funktioniert die Kühlung.

Wer länger an derselben Stelle bleibt, kann auch eine **Kühlgrube** anlegen: Ein einfaches Loch in feuchtem Erdreich oder festem Sand, das man noch mit Zweigen auslegen kann und mit einem feuchten Tuch abdeckt, macht einem richtigen Kühlschrank schon fast Konkurrenz. In nördlichen Regionen, wo man an schattigen Stellen oft schon in einem halben Meter Tiefe auf Permafrost stößt, kann eine solche Grube sogar schon an das Gefrierfach heranreichen. Im kanadischen Yukon-Territorium ist mir bei Lufttemperaturen von fast 30 °C in einer offenen Grube die Butter in kurzer Zeit so hart geworden, dass sie nicht mehr streichfähig war! Wer eine solche Grube anlegt, sollte jedoch immer darauf achten, dass er Schädigungen der Vegetation möglichst gering hält und die Grube nachher wieder zuschütten und abdecken kann, sodass man nichts mehr davon sieht.

Beeren, Pilze, Fisch und Fleisch kann man unterwegs durch **Trocknen** haltbar machen (s. Kapitel „Proviant"). Aus Beeren kann man außerdem köstliche, frische Marmelade bereiten, indem man sie mit Zucker kocht. Für längere Haltbarkeit im Verhältnis 1:1, da man aber die Marmelade unterwegs sicher rasch verbraucht, kann man auch wesentlich weniger Zucker nehmen und das Ganze nur kurz kochen lassen, um das Aroma besser zu erhalten. Marmelade aus säuerlichen Beeren geliert besser, während sie andernfalls recht flüssig bleiben kann (evtl. entsprechende Beerenarten darunter mischen).

Um frisches Fleisch oder Fisch vor **Fliegen** zu schützen, kann man sie in den Rauch des Lagerfeuers hängen oder durch ein Stück Moskitonetz schützen, das aber die Lebensmittel nicht berühren darf. Als Schutz gegen allgegenwärtige **Nager,** die selbst robuste Bootssäcke anknabbern, um an Futter zu gelangen, sind feste Kunststoff-Container praktisch, die aber eher für Bootsfahrten in Frage kommen. Sonst verpackt man seine Lebensmittel in einem wasserdichten Sack und hängt diesen an einem Ast oder zwischen zwei Bäumen auf. In Bärengebieten sollten die Lebensmittel mindestens 3 m vom Boden entfernt sein.

Um Fleisch oder Fisch durch **Räuchern** zu konservieren, muss man eine kleine Räucherkammer improvisieren. Das muss nicht sehr aufwendig oder Zeit raubend sein. Ein Ruhetag oder ein Tag, an dem man frühnachmittags schon das Zelt aufschlägt, kann schon ausreichen. Zunächst errichtet man auf einer Böschung oder in abschüssigem Gelände ein Gerüst aus einigen Stangen, das mit einer Plane o.Ä. abgedeckt wird (notfalls auch mit Ästen). Einige Meter unterhalb davon macht man ein Grubenfeuer (s.o.: „Feuer"), das man evtl. noch teilweise mit Steinplatten abdeckt. Beides wird durch einen Rauchabzug verbunden, den man herstellt, indem man einen schmalen und flachen Graben zieht, der mit

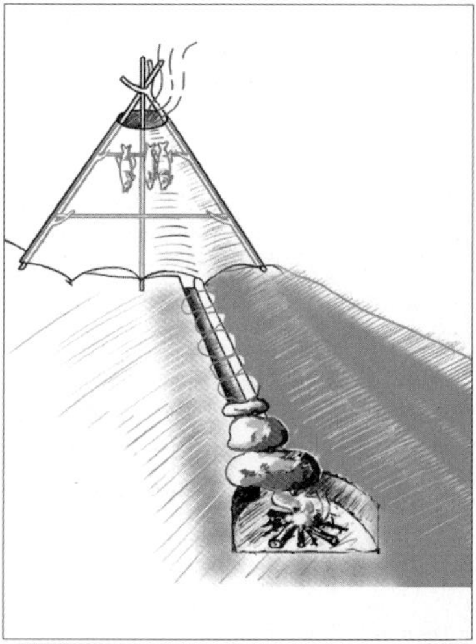

Räucherofen

Steinplatten oder Bodenstücken abgedeckt wird. Er muss so dicht geschlossen sein, dass der Rauch wie durch einen Kamin vom Feuer in die Räucherkammer zieht. In der Grube entzündet man ein Schwelfeuer, das kräftig Rauch entwickelt. Nehmen Sie am besten Weiden- oder Pappelholz (keine harzigen Hölzer). Kleinere Fische, Filets und in Streifen geschnittenes Fleisch können Sie auf diese Weise in kurzer Zeit räuchern – 30 Minuten bis einige Stunden, je nachdem, wie stark die Rauchentwicklung ist und wie intensiv man räuchern will. Für längere Haltbarkeit muss die Räucherware ggf. noch getrocknet und anschließend luftig gelagert werden. Außerdem muss man das Räuchergut zunächst in Salzwasser einlegen (Fischfilets über Nacht, Fleischstücke mehrere Tage).

024ou18 Foto: si

Kochen mit Regenschutz

Kochen in Wasser

Das Kochen in Wasser gehört zu den Methoden, bei denen Nährwerte am besten bewahrt werden, vorausgesetzt, man schüttet das Kochwasser nicht weg, sondern verwendet es zur Zubereitung von Suppen oder Soßen. Um die Vitamine zu schonen, sollte man Lebensmittel nie länger kochen als unbedingt erforderlich. Lieber ein bisschen al dente. **Fleisch oder Fisch,** die Parasiten enthalten könnten, müssen **gründlich durchgegart** werden, damit diese Burschen zuverlässig abgetötet werden. Deshalb wird zum Beispiel Bärenfleisch in Kanada und Alaska gewöhnlich gekocht und nicht nur angebraten.

Zum Kochen ist ein **kleines, leicht regulierbares Feuer** meist besser geeignet als eine große Flamme. Deckt man den Topf während des Kochens zu, so siedet das Wasser schneller, man spart Brennmaterial, und die Suppe enthält nachher weniger Asche und Moskitos!

Da mit zunehmender Höhe über dem Meeresspiegel der Siedepunkt des Wassers fällt (1 °C pro 300 m), verlängert sich die Kochzeit, je höher man steigt. Über 3000 m, wo der Siedepunkt schon unter 90 °C liegt, ist das Kochen in Wasser nicht mehr sehr effektiv. Man bräuchte dort einen luftdichten Dampfkochtopf.

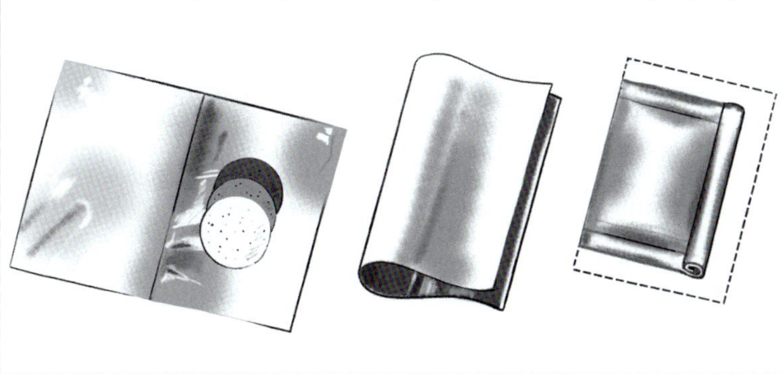

Dämpfen und Garen

Das Garen in Dampf ist ganz besonders geeignet, Nährwerte und Geschmack zu bewahren. Es ist vor allem für **frisches Gemüse** zu empfehlen. Man füllt dazu nur ein bis zwei Fingerbreit Wasser in den Topf, sodass die Lebensmittel möglichst wenig im Wasser liegen, und verschließt den Topf mit einem Deckel. Achten Sie jedoch darauf, dass Sie gelegentlich Wasser nachfüllen müssen, ehe alles verdampft ist – sonst brennt's unten an!

Dämpfen in Erdgruben ist ebenfalls möglich, aber meist zu aufwendig. Man macht dazu in einer mit Steinen ausgelegten Grube ein Grubenfeuer (s.o.: „Feuer"), lässt es nach etwa einer Stunde ausgehen, nimmt restliche Glut und Asche heraus oder deckt sie durch eine Erdschicht ab, legt die Grube mit Gras oder Blättern aus, packt die in Blätter oder Tücher gewickelten Lebensmittel hinein, deckt sie ebenfalls mit Gras, Rinde oder flachen Steinen ab und schüttet die Grube wieder zu – bis auf eine kleine Öffnung, durch die man Wasser hineingießen kann, um Dampf zu erzeugen. Danach wird auch diese Öffnung verschlossen, und man lässt die Lebensmittel etwa eine Stunde garen.

Garen in Alufolie entspricht dem Dämpfen, ist genauso schonend und ergibt den gleichen Geschmack (also nicht erwarten, dass es wie gegrillt schmeckt!). Die Nahrungsmittel (etwa auch Fleisch, Fisch, Kartoffeln) müssen so in die Folie eingeschlossen sein, dass kein Wasser entweichen kann. Also nicht einfach irgendwie hineinwursteln, sondern etwas systematischer vorgehen, wie in der Skizze gezeigt.

Die Folie sollte nicht zu dünn sein (sonst doppelt nehmen) und mit der glänzenden Seite nach innen verwendet werden. Darauf achten, dass die Folie keine Löcher bekommt. Dicht

Dichtes Einwickeln in Folie

versiegelte Lebensmittel brauchen nicht gewendet zu werden, und man kann sie über der Glut oder direkt in der heißen Asche garen. Anbrennen kann dabei nichts (wenn es richtig eingepackt ist!), da die Flüssigkeit nicht entweicht.

Garen in Lehm ergibt die gleichen Resultate wie in Folie und vermeidet Aluminiumabfälle. Die Lebensmittel (z.B. Kartoffeln, Fische und Kleintiere) werden dazu mit einer 2–3 cm dicken Lehmschicht überzogen und in der Glut vergraben. Die Garzeit ist natürlich von der Größe abhängig (ca. 30–90 Min.), aber wenn sie überschritten wird, kann auch hier nichts anbrennen, solange die Lehmschicht dicht ist.

Grillen und (Über-)Backen

Das Grillen auf dem **Rost** oder am **Spieß** gehört outdoors zu den beliebtesten Methoden bei der Zubereitung von Fleisch und Fisch und ergibt bekanntlich sehr schmackhafte Resultate. Allerdings geht dabei viel Fett und Saft verloren, weshalb man bei Nahrungsknappheit darauf verzichten sollte. Zum Grillen braucht man gute Glut, da das Fleisch über offenem Feuer außen verbrennen würde, bevor es innen gar ist. Man kann es aber auch anstatt über der Glut neben den Flammen grillen – also in der **Strahlungshitze** (Skizzen 4 und 5). Das hat außerdem den Vorteil, dass das Fett nicht in die Glut tropft, wodurch bekanntlich Krebs erregende Nitrosamine entstehen. Mageres Fleisch wird beim Grillen recht trocken, man sollte es daher gelegentlich mit etwas Fett oder Öl bestreichen.

Backen als **offenes Garen in der Strahlungshitze** ist im Grunde nichts anderes als Grillen. Man kann auf diese Weise aber nicht nur Fleisch und Fisch zubereiten, sondern z.B. auch **Kartoffeln, Aufläufe, Nudelgerichte** (mit geriebenem Käse drüber) u.Ä. Ein eigenes Kapitel ist das Backen von Brot und anderen Backwaren (s.u.)

Braten

Beim Braten in der Pfanne werden Saft, Fett und Nährwerte viel besser erhalten als beim Grillen. Diese Art der Zubereitung eignet sich daher auch besser für mageres Fleisch. Das Bratfett muss **sehr heiß** sein, ehe man Fisch oder Fleisch in die Pfanne legt (gilt übrigens auch für Pfannkuchen etc.!). Falls es nicht sofort zischt und brutzelt, war es noch zu kalt. Dann werden erstens die Poren nicht gleich geschlossen (der Saft kann leichter entweichen), und zweitens brät es leichter fest. Zum Braten eignen sich **Hartfett** (z.B. Kokosfett) oder **Öl** besser als Margarine, da sie heißer werden. Mageres Fleisch gelegentlich mit dem Fett übergießen, damit es saftiger bleibt. Das in der Pfanne zurückbleibende Fett und der Bratensatz ergeben nachher mit etwas Wasser oder Wein und Gewürzen eine köstliche Soße! Fleisch oder Fisch, die Parasiten enthalten könnten, gründlich durchbraten – besser kochen (s.o.).

Grillen – verschiedene Möglichkeiten

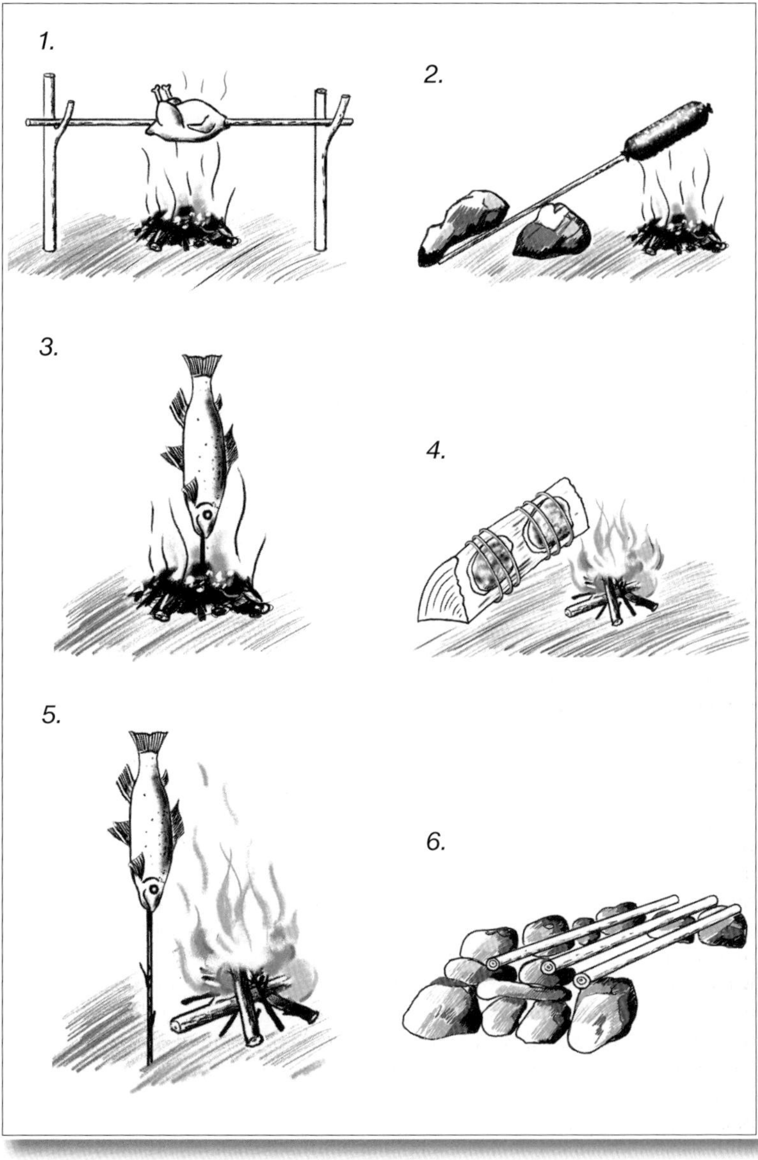
1.
2.
3.
4.
5.
6.

Die Outdoor-Bäckerei

Was zu Hause unser „täglich Brot" ist, lässt sich auf längeren Touren kaum mitschleppen, denn frisches Brot ist zu schwer und nicht lange haltbar, und Knäckebrot ist Platz raubend und zerbröselt. Andererseits ist es überhaupt nicht schwer, unterwegs **frisches Brot selbst zu backen** – wenn man nur weiß wie. Es müssen ja nicht die dicken, runden Laibe sein, von denen sich jeder eine Scheibe abschneiden kann.

Backen im Topf

Was man aus Pfadfinder- und Armeehandbüchern an improvisierten Backöfen aus Kochtöpfen oder sonstigen Blechbehältern kennt, liefert sehr starke Unterhitze und erfordert daher allerhand Geschick und Übung. Sonst erhält man unten eine schwarze Kruste oben und nur käsige Pampe. Falls Sie es doch probieren wollen, sollte die Unterhitze etwas abgeschirmt werden, und der Teig darf die heißen Blechwände möglichst nicht berühren (daran denken, dass er aufgeht!). Die einfachste Möglichkeit (1) ergibt leicht eine schwarze Kruste an der Unterseite. Deutlich besser ist die Hitzeverteilung bei der zweiten Methode (2), für die man aber meist keine ausreichend großen Töpfe dabei hat. Eine gute und wirklich funktionierende Möglichkeit bietet der **Dutch Oven** (s. S. 153), der allerdings für Rucksackwanderungen zu schwer ist.

Bannock – Brot aus der Pfanne

Funktionierende Backöfen lassen sich zwar aus Steinen oder Lehm bauen (s.u.); aber das kostet viel Zeit und ist für den Outdoor-Alltag weniger praktikabel. Wildnisbrot kommt daher überwiegend aus der Pfanne (wo man es drehen und wenden kann, wie man will) und hat unter dem Namen Bannock Bekanntheit erlangt. Das Grundrezept ist einfach: **(Vollkorn-)Mehl, Salz** und **Backpulver** (ca. 1 Teelöffel pro Tasse Mehl) zunächst trocken vermischen und dann mit so viel Wasser gründlich verkneten, dass man einen weichen Teig erhält, der nicht an den Fingern klebt (ggf. noch etwas Mehl zusetzen). Etwa fingerdicke **Fladen** formen und in der heißen, leicht gefet-

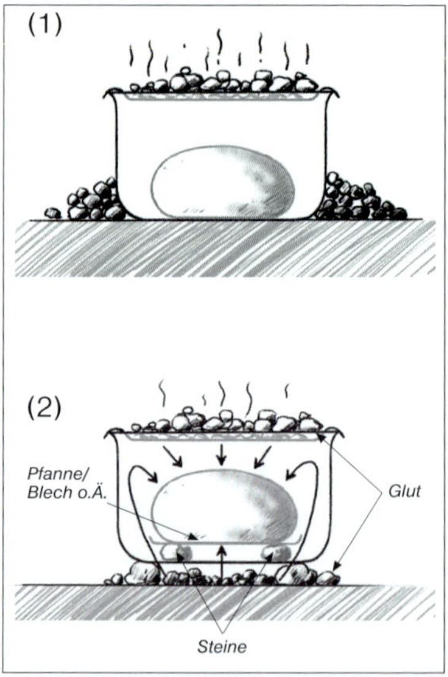

teten Pfanne (oder im Fett schwimmend) ausbacken.

Variieren kann man das Grundrezept vielfältig: mit verschiedenen Mehlsorten, Haferflocken, Schrot, Kleie, Sonnenblumen- und sonstigen Kernen; mit etwas Milchpulver, Eipulver oder Butter, mit gerösteten Speck- oder Wurstwürfeln, Zwiebeln, Knoblauch, Kümmel; mit Beeren, Honig, Nüssen, Sirup, Rosinen, Müsli etc. Anstatt Backpulver nehme ich gern die bekömmlichere **Trockenhefe** (1 Beutel für ca. 4 Tassen Mehl) und lasse die ausgeformten Fladen zunächst neben dem Feuer etwas aufgehen. Am besten schmeckt Bannock frisch aus der Pfanne; übrige Fladen kann man zum Frühstück am Feuer kurz anrösten (aber es ist selten, dass etwas übrig bleibt!).

Auf gleiche Weise kann man in der Pfanne auch einen **süßen Hefeteig** (mit Milch, Ei, Zucker und Butter) ausbacken, **Wildnis-Pizza** bereiten (Teig nach „Calzone-Art" in der Mitte umklappen, damit der Belag nach dem Wenden nicht in der Pfanne klebt) oder köstliche **Kekse** backen. Experimentieren Sie nach Lust und Laune!

Stockbrot

Wer keine Pfanne oder **kein Fett** hat, rollt den Teig einfach zu einer daumendicken Wurst, wickelt diese um einen Stock und bäckt sein Stockbrot vorsichtig **über der Glut** oder neben den Flammen. Damit der Teig besser aufgeht, sollte man ihn zunächst nur so nahe an die Glut/Flamme halten, wie man mit der Hand herangehen kann, ohne sich die Finger zu verbrennen, und dann erst backen. So einfach kann das sein – und soo schmackhaft!

Sauerteig herstellen

Wenn man auf ein gutes Sauerteigbrot nicht verzichten möchte – auch das ist kein Problem. Am einfachsten ist es, schon zu Hause etwas Sauerteig vorzubereiten und mitzunehmen (nicht im Metallbehälter und nicht luftdicht verschlossen!). Der **Sauerteig** wird wie folgt angesetzt: 2 Tassen Mehl und 2 Tassen lauwarmes Wasser oder frische Milch mischen und bei Zimmertemperatur stehenlassen. Nach 2–3 Tagen wird der Teig sauer und wirft Blasen. Mit etwas Hefe (15 g auf 2 Tassen Mehl) lässt sich der Vorgang beschleunigen; er dauert dann nur 24–36 Stunden. Der Sauerteig kann in einer Plastikschraubdose unterge-

023ou18 Foto: sj

Bannock gilt als Grundlage der Outdoor-Küche und lässt sich beliebig variieren

In der Wildnis

0540p Foto: rh

bracht werden, die aber nicht ganz luftdicht verschlossen sein darf, weil sie sonst durch den Druck der Gärung platzen würde. Zum Backen nimmt man nur die Hälfte des Sauerteigs und füttert den Rest mit einer entsprechenden Menge Mehl und Wasser, damit er nie ausgeht. Wenn man den Sauerteig einige Zeit nicht braucht, kann man ihn kühl lagern – aber nie einfrieren lassen! Dann muss man jede Woche einmal etwa die Hälfte des Sauerteigs wegnehmen und durch frisches Mehl und Wasser ersetzen, sonst wird er zu sauer.

Frische Brötchen aus dem Steinbackofen

Für den **Teig** nimmt man 1 Tasse Sauerteig, 3 Tassen Mehl (am besten Vollkorn-Roggenmehl), etwas Salz und ca. 1 Tasse Wasser. Angelassen (Vorteig) wird, indem man eine Tasse Mehl mit dem Sauerteig und dem Wasser vermischt und über Nacht an einem warmen Ort stehen lässt. Wenn sich sonst kein warmer Ort fand, pflegten die alten Klondike-Trapper ihren „Starter" mit ins Bett zu nehmen. Ist der Vorteig aufgegangen, wird er mit den übrigen Zutaten verknetet und gut durchgeschlagen, bis der Teig weich und geschmeidig ist, aber nicht mehr an den Fingern klebt. Er kann wie Bannock in der Pfanne gebacken werden (am besten sind im Fett schwimmend gebackene Sauerteig-Küchlein!) oder als

Laib in einem improvisierten Backofen. Ob das Brot fertig ist, zeigt ein trockener Halm oder Holzspan, den man in den Laib sticht. Bleibt kein Teig daran hängen, ist es durch.

Backofenbau

Wenn wir an einer Campstelle länger als nur eine Nacht blieben und geeignete Steinplatten fanden, haben wir gelegentlich auch schon einen regelrechten **Steinbackofen** gebaut. Das ist gar nicht so schwierig und immer ein Erlebnis. Auf Felsuntergrund oder einer großen Steinplatte als Basis errichtet man aus dicken Blöcken die Rückwand und zwei Seitenwände (etwa 20 cm hoch) und deckt sie mit einer großen Platte ab. Ist ein großer Felsblock oder ein Felsufer in der Nähe, so kann man sich die Rückwand sparen und die Seitenwände direkt daran anschließen. Vorne bleibt eine große Öffnung, die man später mit einer passenden Platte (vorher anpassen) verschließen kann, oben hinten eine kleinere Öffnung als Rauchabzug. Dann verschmiert man die Ritzen mit Lehm oder feuchter Erde und entfacht im Ofen ein tüchtiges Feuer.

„Heh, wo willste denn da jetzt backen?!", fragt so mancher, der zum ersten Mal dabei ist und nur den Backofen aus seiner Einbauküche kennt. Dazu kommen wir sofort: Sind die Steine so weit aufgeheizt, dass man sie auch von außen kaum noch anfassen kann, lässt man das Feuer ausgehen und fegt mit einem Zweig die Asche heraus. Dann kommt der Teig – oder was immer gebacken werden soll – in den Ofen, und die Öffnungen werden verschlossen. Ein kleiner Brotlaib braucht etwa 45 Minuten bis zu einer Stunde, um durchzubacken. Lieber etwas länger drinlassen, denn anbrennen kann in diesem Ofen nichts, da die Feuchtigkeit nicht entweicht. Deshalb sieht das Brot nach-

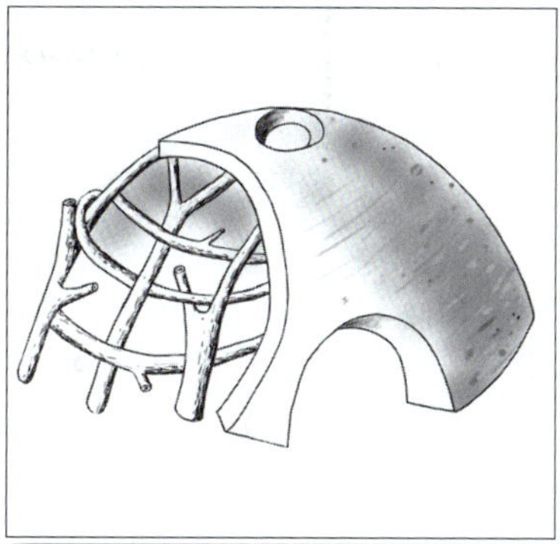

Oben: Lehmbackofen in der Erde (1), unten: Lehmbackofen mit Weidengerüst (2)

her auch etwas blass aus, schmeckt aber dennoch köstlich! Soll es eine bessere Kruste erhalten, muss für leichten Durchzug gesorgt werden – aber nicht zu viel!

In einem solchen Steinbackofen kann man nicht nur Brot und alle anderen Arten von Gebäck zubereiten, sondern auch Fleisch und Aufläufe backen oder verschiedene andere Topfgerichte garen.

Ganz ähnlich funktioniert ein **Lehmbackofen,** den man in eine geeignete Böschung graben kann (Zeichnung S. 339, (1)). Ehe man zu graben beginnt, kann man zunächst 60–80 cm hinter der Kante der Böschung einen dicken Pfahl in den Boden rammen, dann hat man gleich die Öffnung für den Rauchabzug. Die Decke muss mindestens 20 cm stark sein, um nicht einzustürzen und um genügend Hitze zu speichern. Den Backofen aus einem mit Lehm überzogenen Weidengerüst (2) habe ich noch nie ausprobiert, bin aber recht skeptisch, ob er nicht zerbröselt, wenn die Stöcke verkokeln und der Lehm hart wird. Auf jeden Fall sollte man das Gerüst auch innen ordentlich mit einer Lehmschicht überziehen und den Ofen möglichst dickwandig bauen – dann müsste es funktionieren.

Buchtipp

- **„Wildnis-Küche“** von *Rainer Höh,* erschienen im Reise Know-How Verlag

Rezeptvorschläge

Eine komplette Rezeptsammlung für die Outdoor-Küche würde Bände füllen, deshalb hier nur einige Beispiele quer durch den „Gemüsegarten“ – aber bitte mehr als Anregungen betrachten und nicht bloß zum sturen „Abkochen“. Sofern nicht anders angegeben, gelten alle Rezepte für **zwei Personen** mit durchschnittlichem Wandererhunger (ggf. mehr nehmen, falls der Topf groß genug dazu ist). Wo **Tasse(n)** steht, sind große Modelle gemeint (ca. ¼ Liter), wie man sie unterwegs dabei hat.

Backen von Brot und Bannock siehe oben: „Die Outdoor-Bäckerei“.

Wandererfrühstück, alias „Bauernfrühstück“

- 5–6 gekochte Kartoffeln
- 1 Zwiebel
- 4–5 Eier (oder entsprechende Menge Eipulver)
- 1 Tasse Speckwürfel (und/oder Hartwurstwürfel)
- Salz, Pfeffer, Schnittlauch, Basilikum, passende Wildkräuter

Den gewürfelten Speck oder Hartwurstwürfel in der Pfanne anbraten, im ausgelassenen Fett die gehackte Zwiebel andünsten und die gekochten, in Scheibchen geschnittenen Kartoffeln dazugeben. Die Gewürze mit den Eiern verrühren und über die angebratenen Kartoffelscheiben gießen. Unter leichtem Rühren stocken lassen und nach Geschmack mit Kräutern und Käsewürfeln bestreuen. Das ergibt ein kräftiges, etwas schweres

Frühstück für anstrengende Tage oder kalte Regionen; es eignet sich genauso als Abendmahlzeit.

Gebratener Speck

4–8 Scheiben Bauchspeck pro Person (je nach Dicke der Scheiben und dem Hunger) in die kalte Pfanne legen und auf kleiner Flamme langsam braten lassen. Die Scheiben müssen nicht so dünn sein wie die fertig geschnittenen; man kann sie auch ½ cm dick schneiden, aber die dünneren werden knuspriger. Gelegentlich wenden und das Fett abgießen. Man kann es abkühlen lassen und später mit etwas Salz und Zwiebelringen als Brotaufstrich essen. Zur Abwechslung kann man den Speck vor dem Braten in braunem Zucker wenden. Das ergibt eine schöne goldbraune Farbe und einen besonders feinen Geschmack.

Dazu gehört natürlich ein guter Kaffee und wenn möglich auch Spiegeleier und Bratkartoffeln. Und zu den Bratkartoffeln schmeckt wiederum eine **Specksoße** sehr lecker. Einfach in das beim Speckbraten ausgelassene Fett einen Schuss starken Kaffee gießen, nach Geschmack mit Pfeffer, Paprika oder Tomatenmark würzen und unter kräftigem Rühren (damit der Bratensatz sich vom Pfannenboden löst) kurz aufkochen lassen.

Pfannkuchen

- 2 Tassen Mehl
- 1½ Tassen Milch (evtl. aus Milchpulver; notfalls geht auch Wasser)
- 4 Eier (evtl. aus Eipulver)
- Hartfett, Salz

Etwa die Hälfte der Milch, die Eier, das Mehl und etwas Salz zu einem glatten Teig verrühren. Dann die restliche Milch unterrühren, damit man einen flüssigen Teig erhält (je flüssiger, desto dünner kann man die Pfannkuchen backen). In der Pfanne Fett heiß werden lassen, mit einer Tasse soviel Teig hineinschöpfen, dass er sich gleichmäßig in der Pfanne verteilt (wichtig ist, dass das Fett heiß ist, sonst pappen die Fladen fest!). Unter Zugabe von Fett auch auf der anderen Seite goldbraun backen und noch warm verspeisen. Die Pfannkuchen kann man verfeinern, indem man gehackten Schnittlauch, Zwiebeln oder Wildkräuter beigibt oder angebratene Speck- oder Wurstwürfel. Man kann auch süße Pfannkuchen backen und Rosinen oder frische Beeren einstreuen, und man kann die leckeren Fladen mit Marmelade bestreichen oder Zucker und Zimt darüber geben (bzw. gleich in den Teig rühren).

Sollten Pfannkuchen übrig bleiben (was leider äußerst selten passiert), kann man sie unterwegs auch kalt verspeisen oder später in Streifen schneiden und in eine Fleischbrühe geben (das ergibt dann die berühmte schwäbische „Flädlesupp").

Gebrannte Grießsuppe

- 4 Esslöffel Grieß
- 2 Esslöffel Fett
- ½ Esslöffel Mehl
- 1 l Wasser
- Salz, Pfeffer

Grieß und Mehl unter fleißigem Rühren im Fett braun anrösten, mit Wasser

055op Foto: rh

Bärlauch ist köstlich als Gewürz oder im Salat

oder Fleischbrühe ablöschen und etwa 5–10 Min. köcheln lassen. Schmeckt auch ohne viele Gewürze, lediglich mit einer Prise Salz, herzhaft und kräftigend. Bei großem Hunger kann man das Ganze auch zum Eintopf eindicken, indem man mehr Grieß oder weniger Wasser nimmt. Achtung: Nie Mehl oder Grieß in das heiße Wasser nachschütten, das gibt Klumpen!

Wildkräutersuppe

Verschiedene Wildkräuterarten, je nachdem, was die Natur anbietet (z.B. Melde, Schafgarbe, junger Löwenzahn, Sauerampfer, Feldsalat, Brennnessel, Wiesenbocksbart, Scharbockskraut, Gänseblümchen, Huflattich) waschen, fein hacken, in etwas Butter kurz andünsten und in Salzwasser etwa 10 Minuten auf kleiner Flamme köcheln lassen. Brühwürfel beigeben und eventuell mit einem Löffel in kaltem Wasser angerührtem Mehl sämig machen, gedünstete Zwiebeln beigeben, einen Schuss Sahne oder ein Ei unterrühren. Nach Geschmack - aber sparsam! - würzen.

Wildgemüse

Junge Blätter und zarte Triebe verschiedener Wildgemüsearten (z.B. Löwenzahn, Sauerampfer, Brennnessel, Huflattich, Gänseblümchen, Bärlauch) waschen und grob schneiden. Etwa ¼ des rohen Gemüses (oder nach Geschmack bestimmte Pflanzenarten) wegnehmen und fein hacken. Speckwürfel in der Pfanne anbraten. Im ausgelassenen Fett gehackte Zwiebel und das grob geschnittene Gemüse andünsten, mit etwas Mehl überstäuben und mit Sahne (evtl. aus Vollmilchpulver und Wasser) ablöschen. Etwa 10 Minuten auf kleiner Flamme köcheln. Das fein gehackte Gemüse unterrühren, mit Salz, Pfeffer und Muskat würzen und evtl. mit Butter verfeinern.

Entsprechend kann man auch reines Brennnessel-, Huflattich-, Sauerampfer-, Löwenzahn- oder sonstiges Wildgemüse zubereiten.

Suppen bereitet man aus entsprechend weniger und feiner gehacktem Grünzeug, das man - evtl. ohne es mit Mehl zu überstäuben - mit mehr Wasser bzw. Fleischbrühe ablöscht.

Gaisburger Marsch „Swabian Style“

- 6–8 Kartoffeln
- 2 Tassen Spätzle (notfalls auch Nudeln)
- ½ Zwiebel
- 2 Esslöffel Butter oder Margarine
- 2 Brühwürfel

Die Kartoffeln schälen, in grobe Würfel schneiden und in der Brühe kochen. Nach ca. 10 Minuten die Spätzle dazugeben und weiterkochen, bis eine dicke, sämige Suppe entsteht. Die gehackte Zwiebel in Butter goldbraun rösten und darübergeben. Das Resultat ist dann Suppe, Nudel- und Hauptgericht zugleich.

Mulligan (als Hauptgericht für 2 Personen)

Eine besonders dicke und nahrhafte, eintopfartige Suppe, wie man sie in Kanada häufig als Tagessuppe bekommt. Sie erfordert einige Zeit und eignet sich daher weniger für Tage, an denen man erst spät und mit einem Bärenhunger im Leib sein Zelt aufbaut.

- 2 l Wasser
- 4 Esslöffel Reis oder Nudeln
- 1 Tasse Kartoffelscheiben
- ½ Tasse Karotten
- ¼ Tasse Trockenzwiebeln (oder ½ Tasse frische)
- 4–6 dicke Speckscheiben
- 1 Dose Corned Beef
- 2 Zehen Knoblauch
- 2 gestr. Esslöffel Weißmehl
- 1 gestr. Esslöffel Sojamehl
- 4 gestr. Esslöffel Milchpulver
- Salz, Pfeffer, Paprika, Muskat und alles, was Sie an passenden Wildkräutern und -gemüse finden können

Reis, Kartoffelscheiben, in Würfel geschnittene Karotten, Zwiebeln, Speckwürfel, Corned Beef, zerdrückte oder fein geschnittene Knoblauchzehen, Kräuter und Gewürze in einen großen Topf geben und mit dem Wasser auffüllen. Falls man dehydrierte Kartoffelscheiben oder Karotten verwendet, lässt man sie vorher einweichen (s. Kapitel „Lebensmittel trocknen"), bevor man sie zusammen mit den übrigen Zutaten auf kleinem Feuer eine halbe bis dreiviertel Stunde lang weichkocht. Dann Weißmehl, Sojamehl und Milchpulver mit einer Tasse kaltem Wasser verrühren, zum Mulligan geben und weitere 10 Minuten köcheln lassen. Nach Geschmack weiter mit Tomatenmark, Brühwürfeln, Erbswurst o.Ä. anreichern.

Gemüse-Bohnen-Eintopf à la Blockhütte

Dieser Eintopf eignet sich für einen Rasttag, da man die Hülsenfrüchte vorher über Nacht einweichen muss (sie können aber auch den Tag über im Rucksack in einem geeigneten Behälter eingeweicht werden). Außerdem ist die Kochzeit recht lang. Ich habe einen solchen Eintopf häufig in meiner Blockhütte gekocht – hier und da mit Eichhorn- oder Karnickelfleisch angereichert – und war jedesmal begeistert. Die Mengen sind für 3–4 Personen oder zum späteren Aufwärmen und können natürlich individuell verändert werden.

- 1 Tasse weiße Bohnen
- ½ Tasse Limabohnen
- 1 Tasse getrocknete Kartoffeln (oder entspr. Menge frische)
- ½ Tasse grüne Erbsen
- ½ Tasse Karotten
- ½ Tasse Trockenzwiebeln
- 3–4 dicke Speckscheiben
- reichlich Knoblauch
- Brühwürfel, Salz, Essig, Kräuter, Gewürze

Bohnen, Erbsen und das getrocknete Gemüse über Nacht einweichen, im Einweichwasser erhitzen und auf kleiner Flamme gut eine Stunde lang köcheln lassen. Salz, Brühwürfel, zerdrückte oder geschnittene Knoblauchzehen, Kräuter, Gewürze, Lorbeer, einen (sehr) kräftigen Schuss Essig und angebratene Speckwürfel zugeben und eine weitere halbe Stunde köcheln lassen, bis das Gemüse weich (aber nicht matschig) ist. Nach Geschmack etwas Weißmehl oder Sojamehl in kaltem Wasser verrühren und zugeben. Das Gericht schmeckt durch wiederholtes Aufwärmen nur noch besser.

Schwäbische Bohnen

Nicht nur die amerikanischen Siedler verstanden es, Bohnen zu kochen. Auch wir Schwaben machen einen ausgezeichneten Bohneneintopf.

- 2 Tassen Bohnen
- 2 gehäufte Esslöffel Mehl
- 1 große Zwiebel
- 2 Esslöffel Schweineschmalz (oder sonstiges Fett)
- 2 Portionen geräucherten Bauchspeck
- 1 Brühwürfel
- Salz, Pfeffer, Lorbeer, Essig

Die Bohnen über Nacht einweichen – am besten in abgekochtem Wasser. Am nächsten Tag in kochendes, ungesalzenes (!) Wasser geben und auf kleiner Flamme zusammen mit dem Bauchspeck und dem Lorbeerblatt weichkochen. Gehackte Zwiebel in Fett glasig dünsten, das Mehl dazugeben und anbräunen. Mit etwas Kochwasser von den Bohnen ablöschen und unter die Bohnen rühren. Mit Salz, Pfeffer, Brühwürfel und nicht zu wenig (!) Essig herzhaft würzen. Nochmals kurz aufkochen lassen und mit einem großen Löffel zugreifen!

Omas Linsengericht

(Dafür soll schon mal einer sein Erstgeburtsrecht verkauft haben!)

- 2 Tassen Linsen
- 2 gehäufte Esslöffel Mehl
- 2 Esslöffel Fett
- 1 große Zwiebel
- 1 Brühwürfel
- 2 Portionen durchwachsenes Rauchfleisch oder Rote Würste
- Salz, Pfeffer, Lorbeer, Essig

Die Linsen werden wie die Bohnen (s.o.) zubereitet. Wichtig ist, dass man nicht mit dem Essig spart. Sie schmecken unübertrefflich! Am besten natürlich mit schwäbischen Spätzle – aber notfalls tun's auch gewöhnliche Nudeln.

Käsenudeln

- ca. 250 g Nudeln (ein Päckchen)
- Salz, Öl, Käse, Butter

Nudeln in einem großen Topf ca. 10 Minuten kochen. Dann das Kochwasser abgießen und die heißen Nudeln sofort mit geraspeltem Käse mischen und in einen großen, gefetteten Topf geben. Mit Käse und Butterflocken bestreuen und zugedeckt über der Glut backen (evtl. auch etwas Glut auf den Topfdeckel legen) – oder im Reflektor- oder Steinbackofen (s.o.).

Tipp: Für einen guten Geschmack darf der Käse nicht mild sein. Bergkäse oder ein älterer Schweizer Käse haben sich bewährt.

Specknudeln

- 250 g Nudeln (s.o.)
- 4 Scheiben Speck
- 1 Esslöffel Trockenzwiebeln
- ½ Tasse Wasser
- etwas Tomatenmark
- Salz, Pfeffer

Die Nudeln kochen wie oben beschrieben und kalt abspülen. Nebenher schneidet man den Speck in Würfel, röstet ihn braun an und gibt erst ganz am Schluss die getrockneten Zwiebeln hinzu (frische Zwiebeln kann man schon etwas früher mit anbraten). Etwas Tomatenmark und Pfeffer dazu geben, eine halbe Tasse Wasser darübergießen und kurz aufkochen lassen. Die gekochten Nudeln in einen leicht gefetteten Topf geben, den Inhalt der Pfanne drüberschütten und etwa 10 Minuten auf kleiner Flamme ziehen lassen.

Nudelauflauf

- 250 g Nudeln (knapp weichgekocht)
- 3 Eier (oder 3 Esslöffel Eipulver)
- 1 Tasse Sahne (oder 1 Tasse Wasser auf ½ Tasse Vollmilchpulver)
- 1 Tasse Wurst- und/oder Speckwürfel
- Parmesankäse, Salz, Pfeffer, Muskat, Butter, Kräuter

In einen gut gefetteten Topf schichtweise die gekochten Nudeln und angebratene Speck- oder Wurstwürfel geben. Eier, Rahm, Salz, Gewürze und Kräuter verquirlen und über die Nudeln geben. Mit Parmesankäse und Butterflocken bestreuen und backen wie Käsenudeln (s.o.).

Waldläufer-Paëlla

Die genannten Zutaten sollen lediglich als Anregung dienen. Nehmen Sie getrost, was Ihnen zwischen die Finger kommt – nur passen Sie auf, dass sie nicht nachher die Zeltheringe vermissen!

- 1 Tasse Reis
- ½ Tasse Speckwürfel oder Frühstücksfleisch
- 1 große Zwiebel
- 2 Zehen Knoblauch
- ¼ Tasse Rosinen
- 1 Paprikaschote
- 2–3 Peperoni
- 1 Dose Tunfisch oder Sardinen
- einige Pilze, reichlich Öl, viel Curry sowie Paprika, Pfeffer, Salz, Chilipulver und Oregano

Reis kochen oder dünsten. Gewürfelten Speck, Hartwurst und/oder Frühstücksfleisch sowie gehackte Zwiebel und Knoblauch in heißem Öl anbraten. Rosinen, Gemüse, Fisch, Pilze etc. zugeben und reichlich Curry. Schließlich den gekochten Reis gut abtropfen lassen und mit anbraten. Nach Geschmack würzen – ruhig kräftig.

Corned Risotto

- 1 Tasse Reis
- 1 Dose Tomaten
- 1 Dose Corned Beef
- 1 Tasse Fleischbrühe
- 1 Zwiebel
- 2 Zehen Knoblauch
- Salz, Pfeffer, Oregano, Parmesankäse

In heißem Öl dünstet man die gehackte Zwiebel und den Knoblauch glasig, brät das zerteilte Corned Beef an und dünstet den Reis kurz mit. Mit dem Saft der Tomatenkonserve ablöschen und mit Fleischbrühe aufgießen. Etwa 15 Minuten auf kleiner Flamme köcheln lassen. Zerteilte Tomaten dazugeben, würzen und mit Parmesankäse (und evtl. Butterflocken oder gebräunter Butter) anrichten.

Als Variante kann man anstatt Corned Beef z.B. auch Tunfisch, Sardinen oder Räucherfisch verwenden.

Schinken-Reisauflauf

- 1 Tasse Reis
- 1 Tasse Schinkenwürfel
- ¼ l Milch
- 2–3 Eier
- 1 Zwiebel
- geriebenen Käse, Butter, Muskat, Petersilie

Den körnig gekochten Reis vermischt man mit den Schinkenwürfeln, der angedünsteten gehackten Zwiebel und etwas Petersilie, gibt alles in einen gefetteten Topf und übergießt es mit einer Mischung aus den zerquirlten Eiern, der Milch und den Gewürzen, streut geriebenen Käse und Butterflocken darüber und überbackt das Ganze zugedeckt etwa 30–45 Minuten wie oben bei Käsenudeln beschrieben. Den Deckel etwa 15 Minuten vor Ende der Backzeit abnehmen, um eine schöne Kruste zu erhalten.

Milchreis

- 1½ l Milch
- 1 Tasse Rundkornreis
- 2 Esslöffel Butter
- 3 Esslöffel Zucker
- 1 Prise Salz
- Zimt

Alle Zutaten in kalter Milch ansetzen und langsam auf kleiner Flamme weichkochen (brennt leicht an). Nach Geschmack auch ein Ei einrühren. Man kann den Milchreis auch nur mit einem Teil des Zuckers kochen und dafür später mit Zucker und Zimt bestreuen. Außerdem kann man den Milchreis mit Dörrobst, Rosinen, Nüssen (vor dem Kochen zugeben), geschnittenem Obst, Beeren, Sirup etc. (gegen Ende der Kochzeit zugeben) verfeinern. In Kanada haben wir gelegentlich verwilderten Rhabarber gefunden, der zu Milchreis ein köstlich säuerliches Kompott ergibt.

Rhabarberkompott

- Rhabarber, Wasser, Zucker, Zimt

Rhabarberstängel waschen, in 2–3 cm lange Stücke schneiden, evtl. zähe Fasern der Außenhaut entfernen und die Stücke mit reichlich Zucker in so viel Wasser geben, dass sie gut bedeckt sind. Auf kleiner Flamme kochen, bis die Stücke weich sind. Der säuerliche Geschmack wirkt erfrischend und passt ausgezeichnet zu Milchreis!

Armer Trapper (andernorts auch „Armer Ritter“ genannt)

- 4–6 Scheiben Weißbrot (mengenmäßig als Nachtisch gedacht!)
- ½ Tasse Milch
- 2 Esslöffel Zucker
- 1–2 Eier
- Bratfett, Zimt

Die Brotscheiben werden in die Mischung aus Milch, verquirltem Ei und Zucker getaucht und gut darin eingeweicht, dann evtl. noch in Semmelbröseln gewendet (so man hat) und in heißem Fett goldbraun gebacken. Mit Zucker und Zimt bestreuen.

Ofenschlupfer

- 2 Tassen Milch
- 2 Esslöffel Zucker
- 3–4 große Äpfel (oder entspr. Menge Dörrapfelscheiben)
- 1 Handvoll Rosinen
- 3–4 harte Brötchen oder Brotscheiben
- 2 Eier
- Butter, Zimt

In einen gefetteten Topf schichtet man abwechselnd Stücke der Brotscheiben und Apfelscheiben mit Rosinen (Dörräpfel vorher einweichen). Die Milch wird mit den Eiern, Zucker und Zimt verquirlt und über den Topfinhalt gegossen. Alles mit reichlich Butterflocken und evtl. etwas braunem Zucker bestreuen und in zugedecktem Topf überbacken wie bei den „Käsenudeln“ (s.o.). Kann mit Rahm oder Quark weiter verfeinert werden.

Reisküchlein

- 1 Tasse Reis
- 2 Esslöffel Mehl
- 1–2 Eier (oder Eipulver)
- 2 Esslöffel Milchpulver
- gehackte Zwiebel, Knoblauch, Salz, Gewürze, Kräuter nach Geschmack

Den gekochten Reis mit allen Zutaten zu einem klebrigen Teig vermischen, mit nassen Händen flache Küchlein formen und in reichlich heißem Fett knusprig anbraten. Nach Geschmack kann man auch 1–2 zerdrückte gekochte Kartoffeln, Corned Beef und Speckwürfel unter den Teig kneten.

Gebackene Kartoffeln nach Art der Flößer

Wer per Floß oder Kanu unterwegs ist und es sich vom Gewicht her leisten kann, sollte unbedingt ein paar Pfund frische Kartoffeln mitnehmen. Es gibt kaum etwas, das billiger und besser ist!

- Pro Person 3–4 große Kartoffeln (je nach Hunger auch mehr)
- Butter und Salz

Die ungeschälten Kartoffeln dicht in Alufolie oder Lehm hüllen und etwa 15–20 Minuten in der heißen Asche backen oder am Spieß bzw. auf dem Grill über der Glut rösten. Mit etwas Butter und Salz heiß essen. Sie werden staunen, wie köstlich das schmeckt!

Saure Soße

- 1 Zwiebel
- 3 Esslöffel Mehl
- 2 Esslöffel Fett
- 3–4 Esslöffel Essig
- ½ l Fleischbrühe
- Lorbeerblatt, Nelke, Salz, Pfeffer

In heißem Bratfett das Mehl hellbraun rösten, die gehackte Zwiebel dazugeben und kurz mitrösten. Dann mit der Brühe (oder Wasser) ablöschen, Essig und Gewürze hinzugeben und 5 Minuten köcheln lassen. Manche Kochbücher empfehlen nur einen Löffel Essig. Ich mag es etwas saurer. Diese Soße nimmt man z.B. zu dunklen Bohnen, Linsen, Pilzgerichten etc. Man kann sie aber auch nur mit gekochten Kartoffelscheiben oder hartgekochten Eiern zu Reis oder Teigwaren essen.

0570p Foto: rh

Frische Blaubeeren aus dem Wald

Senfsoße wird auf die gleiche Weise gekocht, indem man weniger Essig nimmt und dafür ein paar Löffel Senf.

Marmelade

Will man unterwegs aus frischen Beeren Marmelade zubereiten, so braucht sie nicht lange haltbar zu sein und kann daher mit weniger Zucker und weniger lange gekocht werden. Sie schmeckt dafür umso fruchtiger und aromatischer. Manche Beeren gelieren schlecht, sodass man u.U. eher Kompott erhält (das aber genauso lecker schmeckt). Um festere Marmelade zu erhalten, nach Möglichkeit einen Teil säuerlicher Beeren zufügen, die meist besser gelieren. Auf eine Tasse Beeren etwas weniger als ½ Tasse Zucker geben und über kleinem Feuer etwa 5–10 Minuten köcheln lassen. Fleißig rühren, damit nichts anbrennt.

Haferflocken-Kekse

- 1 Tasse Haferflocken
- 5 Esslöffel Mehl
- 4 gestrichene Esslöffel Butter (oder Margarine)
- 3 Esslöffel Zucker
- 1 gestrichener Teelöffel Backpulver
- 1–2 Eier (oder Eipulver)
- Zimt, Anis, Schokoraspel

Die Haferflocken mit Butter und der Hälfte des Zuckers unter ständigem

Rühren in der Pfanne rösten und abkühlen lassen (Vorsicht – der Zucker brennt leicht an!). Restliche Zutaten zu einem cremeartigen Teig vermischen und unter die abgekühlten Haferflocken rühren. Die Masse löffelweise in die saubere, gefettete Pfanne geben (etwas Abstand halten, da die Masse zerläuft) und auf kleiner Flamme backen. Falls die Oberseite zu weich bleibt, die Kekse ggf. nach einiger Zeit wenden.

Auf die gleiche Weise kann man in der Pfanne auch andere Kekse backen, indem man aus Mehl, Fett, Zucker, Ei und evtl. Milch(-pulver) einen festen Teig knetet und flache Plätzchen daraus formt. Besonders köstlich schmeckt es, wenn man sie mit frischen Waldbeeren füllt und zusammenklappt!

Sauerteig-Muffins

- 1 Tasse Sauerteig (s.o. „Outdoor-Bäckerei")
- 3½ Tassen Mehl
- 1 Beutel Trockenhefe
- 1 Teelöffel Salz
- 2–3 Esslöffel Margarine
- 1 Tasse Wasser

Die Hefe mit zwei Tassen Mehl vermischen und mit dem Sauerteig, Salz und Margarine sowie lauwarmem Wasser zu einem weichen Teig verrühren. Den Teig ca. 1½ Stunden aufgehen lassen bis er wieder in sich zusammenfällt (muss nicht unbedingt sein). Dann das restliche Mehl daruntermischen und gut durchkneten. Kleine, fingerdicke Fladen formen, kurz aufgehen lassen und in heißem Fett schwimmend beidseitig ausbacken.

Axels Süße Hefebrötchen

Für einen Tag, an dem Sie sich etwas besonders Gutes gönnen wollen. (Mein Bruder Axel hat die Dinger an meinem Geburtstag in der Blockhütte zum ersten Mal gemacht.)

- 1 Würfel Hefe oder 1 Beutel Trockenhefe (= ca. 1 Esslöffel)
- 3½ Tassen Mehl
- 1 Tasse Milch (nicht ganz voll)
- 3–4 Esslöffel Butter
- 3–4 Esslöffel Zucker
- 2 Esslöffel Rosinen
- 1–2 Eier (oder 1–2 Esslöffel Eipulver)
- 1 Prise Salz
- 1 Esslöffel Anis (ganz, notfalls auch gemahlen)
- 1 Schuss Rum (falls einem der nicht zu schade ist)

Die Hefe in lauwarmem Wasser (nicht zu heiß!) mit etwas Zucker anrühren (Trockenhefe kann auch direkt ins Mehl gemischt werden) und mit den übrigen Zutaten zu einem glatten Teig verkneten, der schön weich ist, aber nicht mehr an den Fingern klebt. Gut durchschlagen, kleine Kugeln formen und auf einem Stück Blech, in der Bratpfanne oder auf Stücken starker Alufolie an einem warmen Ort aufgehen lassen – etwa nahe dem Lagerfeuer (aber nicht zu dicht dran). Dann im Reflektorofen oder in einem improvisierten Ofen (s.o. „Outdoor-Bäckerei") goldbraun backen. Die Hefebrötchen schmecken köstlich – besonders mit Milch oder heißem Kakao!

Da ein Backofen meist zu aufwendig ist, haben wir auch schon fingerdicke Fladen daraus geformt und sie wie Bannock in der gefetteten Pfanne gebacken. Genauso lecker!

025ou18 Foto: ch

Seilverbindungen beim Floßbau

Knoten

Auf einer Floßfahrt in Kanada habe ich einmal einen Teilnehmer gebeten, das Floß am Ufer festzubinden. Als ich nach zehn Minuten zurückkam, hatte er mit dem langen Tau zwischen drei verschiedenen Bäumen das reinste Spinnennetz geflochten, aus dem er kaum mehr selbst herauskam. Entweder das Floß wäre in der Nacht davongetrieben, oder man hätte am nächsten Morgen mindestens ebenso lange gebraucht, um es wieder loszunesteln. Wenige Jahre später saß der Mann im Bundestag und hatte vielleicht während langatmiger Reden die Gelegenheit, den einen oder anderen Knoten zu üben.

Machen Sie es ebenso – auch wenn Sie nicht im Bundestag sitzen. Nehmen Sie ein 1–2 m langes Stück Reepschnur oder sonst ein dickeres Seil (bzw. für die Seilverbindungen zwei davon) und üben Sie jeden Knoten, der Ihnen in der folgenden Auswahl interessant und nützlich erscheint – zunächst nach Vorlage, dann einige Male auswendig. Wiederholen Sie ihn später einige Male aus dem Kopf. Nur so kann er sich richtig einprägen. Knoten muss man „im Schlaf" knüpfen können, sonst nützen sie nichts, wenn man sie rasch braucht.

Denn Knoten sind mehr als eine Spielerei. Ist ein Kanu nicht richtig an-

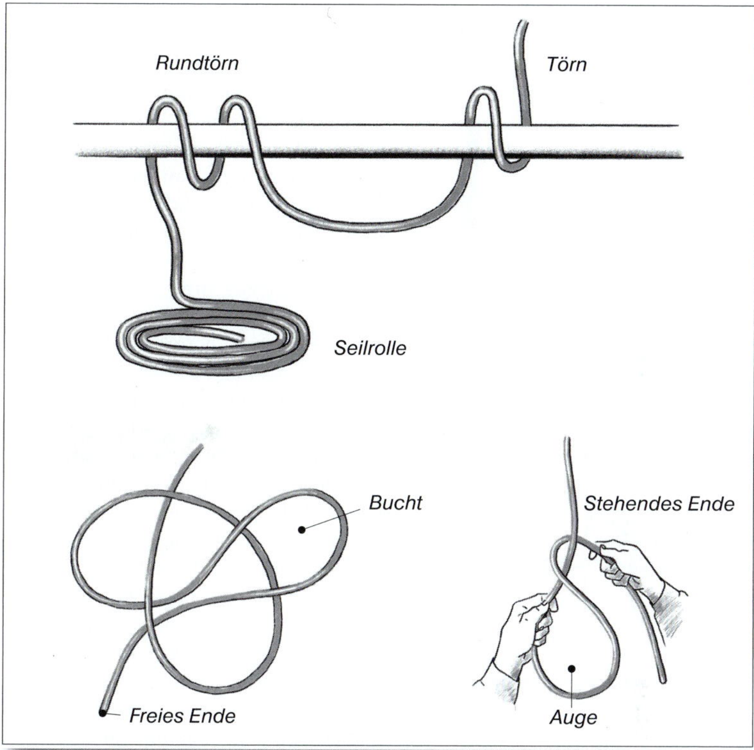

gebunden oder eine Traglast nicht richtig verschnürt, kann das sehr unangenehm werden. Braucht man lange, um den vertrackten Knoten am Zeltbeutel aufzufieseln, hat sich ein Knoten so festgezogen, dass er fast gar nicht mehr zu lösen ist, oder braucht man viele Minuten und allerlei Gehirn-

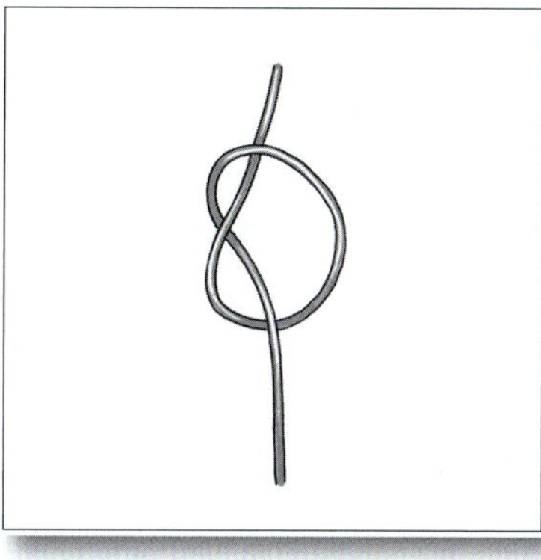

Oben: Grundbegriffe des Knotens, rechts: Halber Schlag (frei)

Halber Schlag (eingebunden)

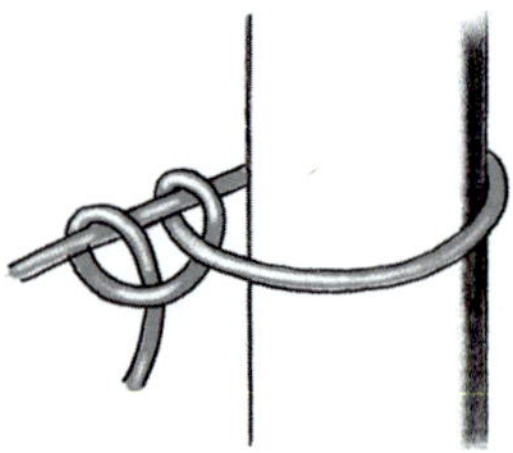

Zwei halbe Schläge (eingebunden)

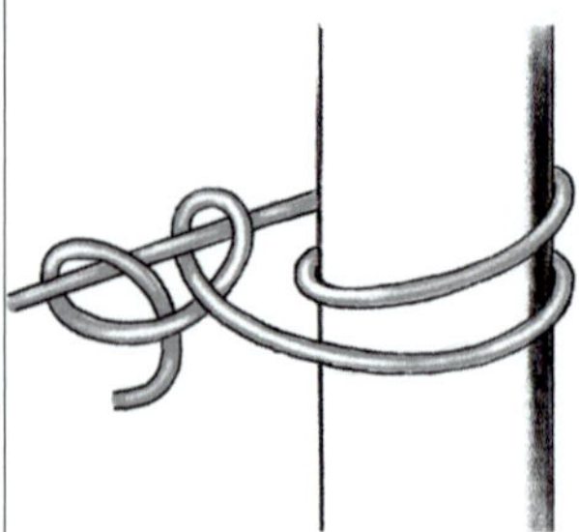

Zwei halbe Schläge mit Rundtörn

akrobatik, um einen einfachen Knoten zu binden, so ist das frustrierend.

Ich bin gewiss alles andere als ein Knotenspezialist, aber einige einfache Grundknoten habe ich mir im Laufe der Jahre doch eingeprägt. Sie sind manchmal ausgesprochen hilfreich. Die wichtigsten finden Sie in der folgenden Zusammenstellung.

Halber Schlag (frei)

Diesen top-simplen („Idioten"-)Knoten setze ich gerne hinter anderen Knoten auf das freie Seilende, damit es nicht durchrutschen kann.

Zwei halbe Schläge mit Rundtörn

Mit einem Rundtörn und zwei halben Schlägen kann man ein Boot rasch und zuverlässig an einem Baum oder Pfahl festbinden. Wichtig für guten Halt ist, dass beide Schläge in der gleichen Richtung ausgeführt werden - nicht gegeneinander. Der Rundtörn nimmt bereits den größten Teil der Zugspannung auf. Zusätzlich kann man das Seilende mit einem freien Halben Schlag (s.o.) gegen Durchrutschen sichern, dann kann nichts mehr passieren. Um den Knoten besonders schnell wieder lösen zu können, ersetzt man den zweiten Halbschlag durch einen Slipstek.

Slipstek

Beim Slipstek ist es wichtig, dass er gut straffgezogen (dichtgeholt) wird, ehe er Spannung erhält. Zum Öffnen braucht man später nur am freien Ende zu ziehen, dann löst er sich von selbst. Um bei glatten Seilen ganz si-

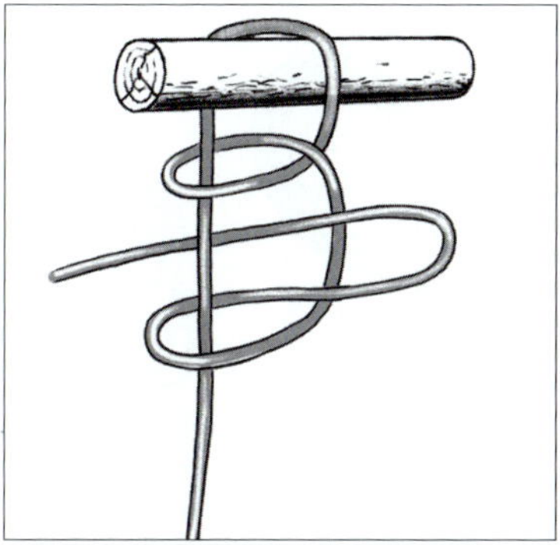

cher zu gehen, kann man durch die Bucht (Öse) einen Ast stecken und am freien Ende anziehen, bis der Ast fest sitzt.

Feststellbare Schleife

Dieser Knoten sieht ähnlich aus, wie der Slipstek und wie dieser zieht er sich bei Last fest und lässt sich nachher leicht wieder lösen, indem man am freien Ende zieht. Außerdem hat er jedoch den Vorteil, dass er sich zwar beliebig auf dem Seil verschieben aber auch an einer beliebigen Stelle so straffen lässt, dass er nicht mehr verrutscht. Das heißt, man kann ihn dort fixieren, wo er nachher wieder leicht zu erreichen ist. Gut straff ziehen, sonst rutscht der Knoten!

Oben: Halber Schlag mit Slipstek, unten: Feststellbare Schleife

Palstek

Der Palstek (Abb. nächste Seite) ist ein ebenso alter wie nützlicher Knoten, der eine **feststehende Schlinge** ergibt, die sich nicht zuzieht. Am einfachsten bindet man ihn folgendermaßen: ein Auge bilden, mit dem freien Ende durch das Auge, um das Seil (stehendes Ende) herum und wieder durch das Auge zurück. Als Merkspruch und Eselsbrücke: „Die Schlange kommt aus dem Loch, geht um den Baum herum und verschwindet wieder im Loch".

Der Palstek ist ein zuverlässiger Sicherungsknoten, der auch bei hoher Belastung nicht rutscht. Er wird oft verwendet, um eine Person – z.B. bei einer Flussdurchquerung – zu sichern.

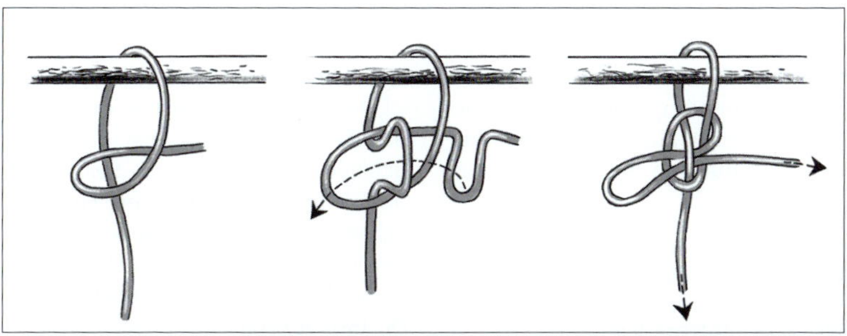

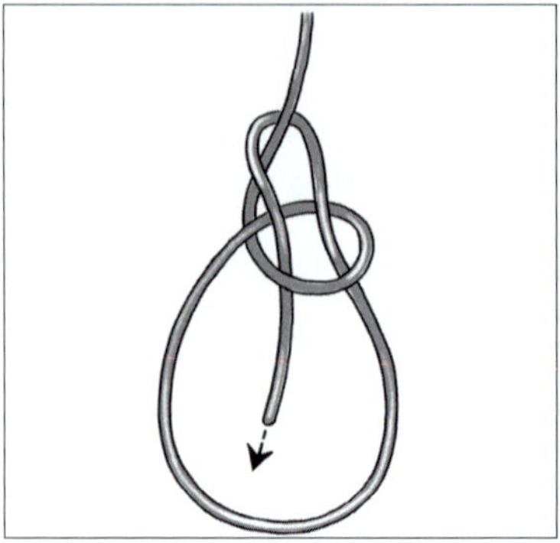

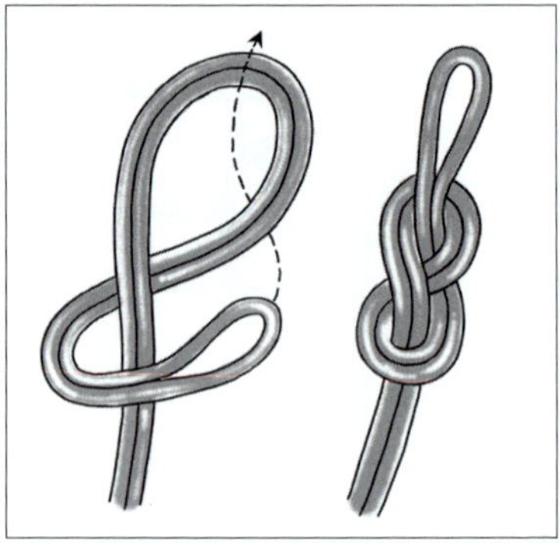

Dabei wird das Seil unter den Armen um den Körper geführt und auf der Brust mit einem Palstek verknotet. Beachten, dass der Palstek noch ein paar Zentimeter nachgibt, ehe er fest sitzt. Als zusätzliche Sicherheit kann man hinter dem Palstek noch einen oder zwei Halbe Schläge (s.o.) in das freie Ende binden, damit es nicht durchrutscht.

Doppelter Palstek

Der doppelte Palstek eigent sich für Bergungen als **Bootsmannsstuhl** (dabei wird durch jede der beiden Schlingen ein Bein gesteckt) oder wenn man mitten in einem Seil, dessen Enden nicht frei sind, eine nicht rutschende Schlinge benötigt. Beide Arten des Palstek müssen gut straffgezogen werden, ehe man sie belastet. Falls man den Bootsmannsstuhl zur Bergung einer bewusstlosen Person benutzt, muss der Oberkörper zusätzlich am Seil gesichert werden.

Oben links: Palstek,
oben rechts: Achter Buchtknoten,
rechts: Doppelter Palstek

Achter Buchtknoten

Der Achter Buchtknoten bietet eine schnelle und einfache Möglichkeit, mitten in einem Seil, dessen Enden nicht frei sind, eine nicht rutschende Schlinge zu knoten. Er ist dazu besonders bei rutschigen Seilen besser geeignet als der doppelte Palstek, hat jedoch den Nachteil, dass er sich unter Belastung sehr festzieht und schwer wieder zu lösen ist.

Prusikknoten

Eine separate Seilschlaufe wird hinter das Seil gelegt und ein Ende der Schlaufe dreimal um das Seil herum und innen durch das andere Ende der Schlaufe geschlungen. Beim Straffziehen des Knotens darauf achten, dass er so liegt, wie auf der Abbildung (S. 356) gezeigt.

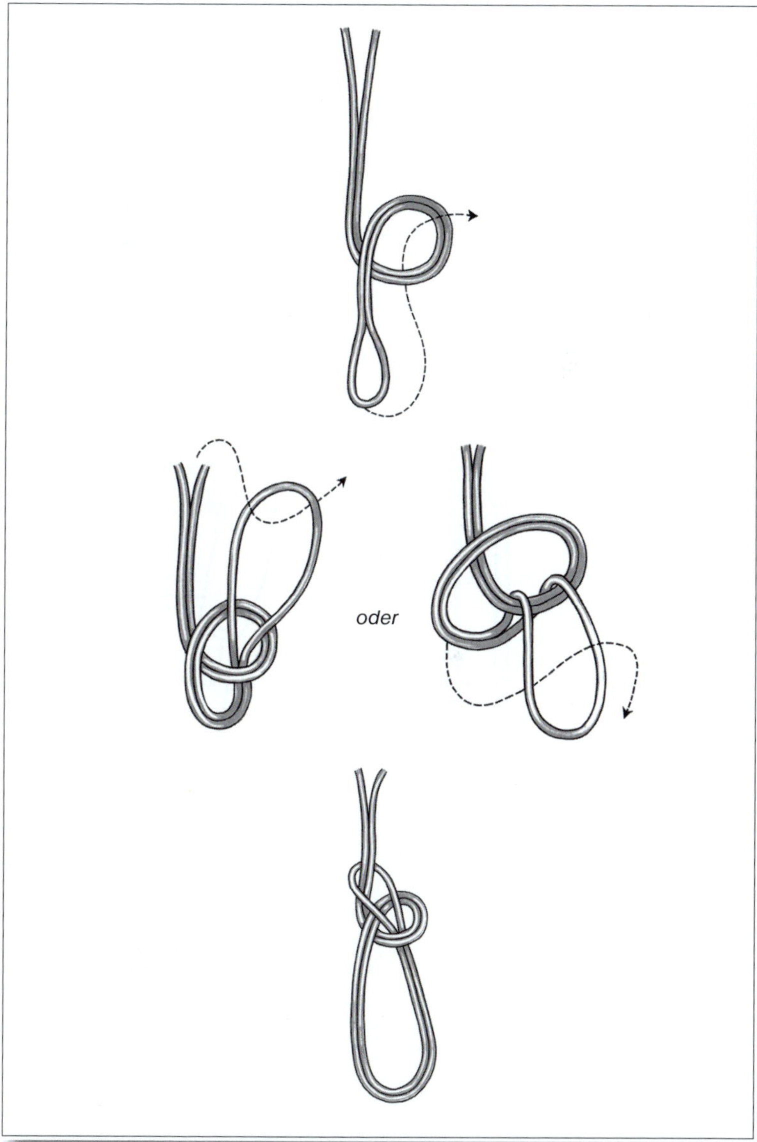
oder

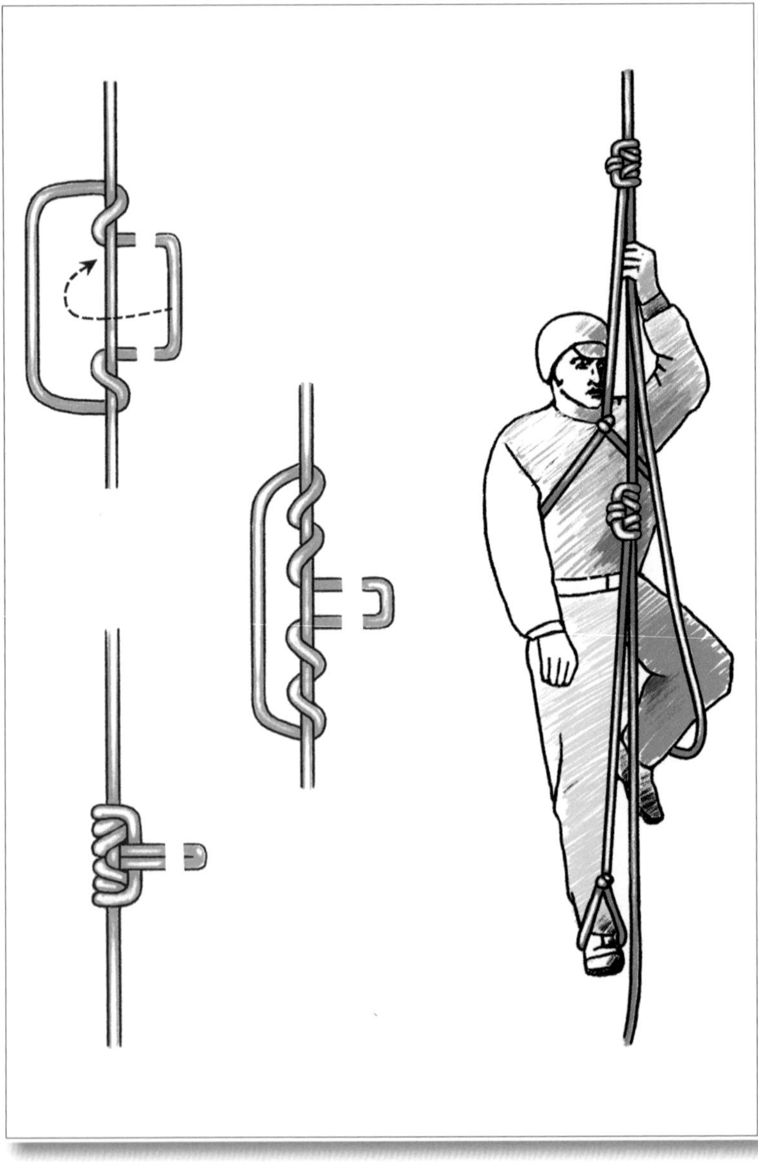

Der unbelastete Prusikknoten lässt sich leicht auf dem Seil verschieben, zieht sich aber unter Last absolut fest, sodass er nicht rutscht. Dieser Knoten wird z.B. von Bergsteigern benutzt, um an einem senkrechten Seil nach oben zu steigen. Dabei braucht man insgesamt drei Prusikschlaufen: je eine als „Steigbügel" für beide Beine und eine dritte um den Oberkörper, damit man nicht nach hinten kippen kann.

Man entlastet zunächst das linke Bein und schiebt den Prusikknoten der linken Schlaufe am Seil nach oben. Dann belastet man das linke Bein und schiebt zunächst den Prusikknoten der Brustschlaufe nach oben, bis sie straff ist, dann den Prusikknoten der rechten Beinschlaufe bis an den Knoten der linken Beinschlaufe heran. Danach beginnt die Prozedur wieder von vorne.

Schotstek

Mit dem Schotstek kann man zwei Seile gleicher oder unterschiedlicher Dicke (oder aus verschiedenen Materialien) sicher miteinander verbinden.

Damit der Knoten sicher hält, ist es wichtig, dass beide freien Enden auf der gleichen Seite liegen. Außerdem sollten die freien Enden nicht zu kurz sein, da sie sonst beim Straffen des Knotens durchrutschen könnten. Leute, die zusätzlich zum Gürtel sicherheitshalber noch Hosenträger tragen, werden die freien Enden zusätzlich durch je einen halben Schlag sichern. Man kann den Schotstek auch mit einem Slipstek abschließen, damit er sich nachher leichter wieder lösen lässt. Der **Doppelte Schotstek** ist besonders bei rutschigen Kunstfaserseilen zu empfehlen.

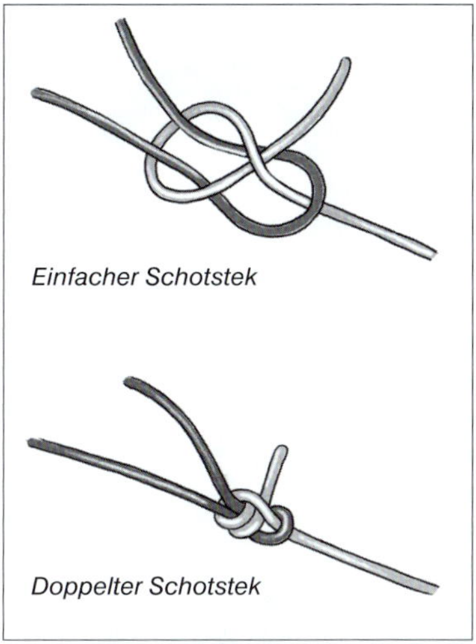

Einfacher Schotstek

Doppelter Schotstek

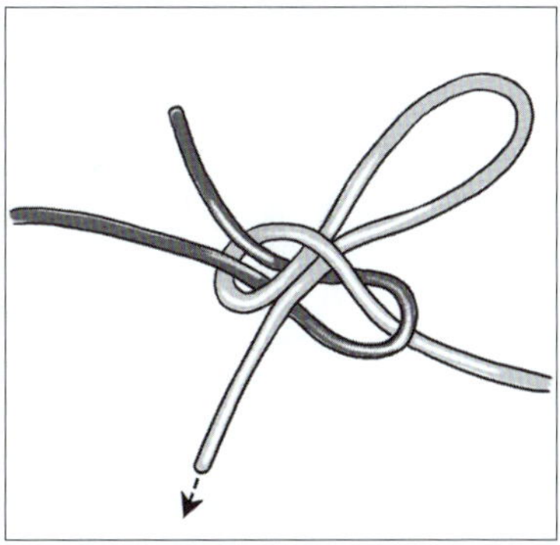

Prusikknoten

Unten: Einfacher Schotstek mit Slipstek

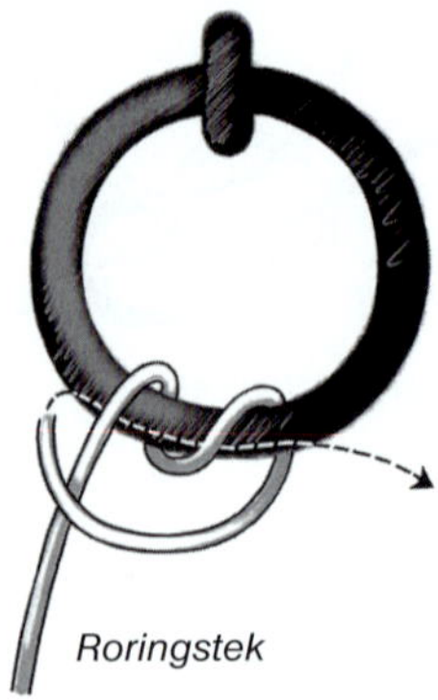

Roringstek

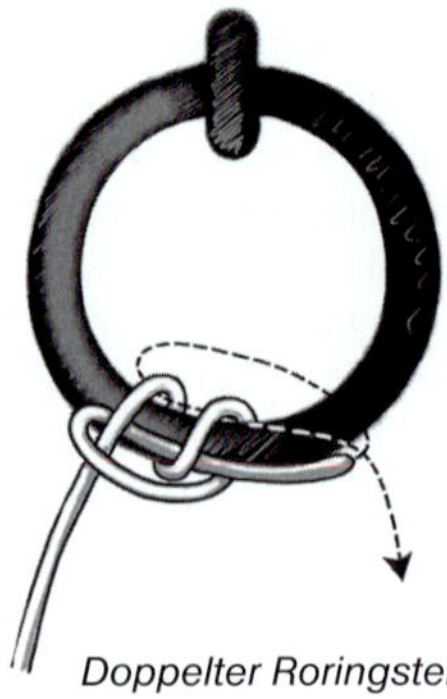

Doppelter Roringstek

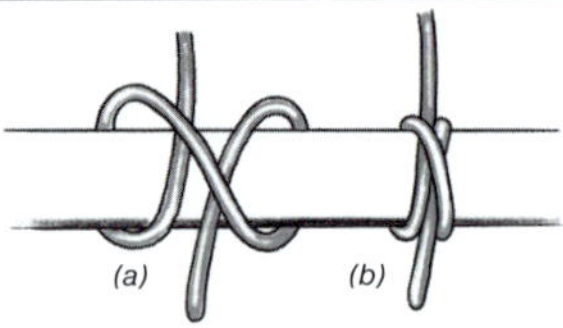

Webleinenstek (Mastwurf)

Webleinenstek mit zwei halben Schlägen

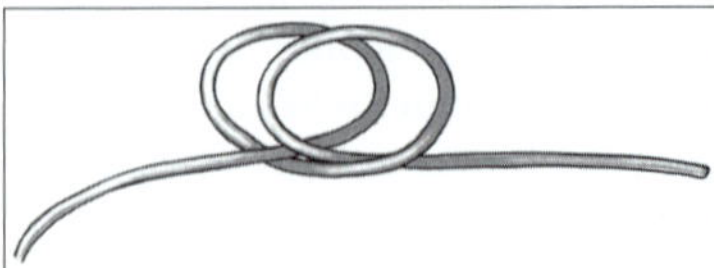

Webleinenstek (Mastwurf) in die Hand gelegt

Roringstek oder Schifferknoten

Um einen Ring herum einen Rundtörn legen und das freie Ende über das feststehende hinweg und durch das Innere des Törns zurückführen. Für den doppelten Roringstek das freie Ende ein zweites Mal im gleichen Drehsinn durch das Innere des Törns fahren. Evtl. mit einem halben Schlag um das feststehende Ende abschließen.

Dieser Knoten hält sehr fest, rutscht nicht weg und lässt sich leicht wieder lösen. Auf Segelschiffen wurden damit die Anker angebunden! Bei synthetischen Seilen nur den **Doppelten Roringstek** (siehe gestrichelte Linie) verwenden.

Webleinenstek (Mastwurf)

Einfacher Knoten, um rasch ein Boot an einem Pfahl anzubinden. Bei rutschigen Kunstfaserseilen den Knoten zusätzlich durch zwei halbe Schläge um das feststehende Ende sichern.

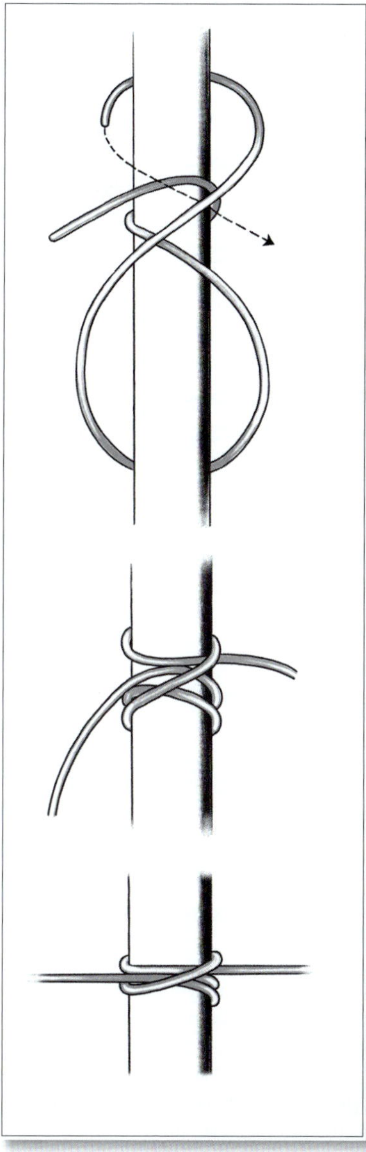

Ist das obere Ende des Pfahls leicht zu erreichen, kann man den Webleinenstek in der Hand legen und über den Pfahl schieben.

Doppelter Webleinenstek

Dieser Knoten hält bei glatten Kunstfaserseilen sicherer als der einfache Webleinenstekt.

Topsegelschotstek

Mit diesem Knoten (Abb. nächste Seite) kann man die Spannleinen an einem Zelt oder Planendach sehr gut spannen. Er lässt sich gut auf dem Seil verschieben und zieht sich unter Last zuverlässig fest.

Flaschenzug

Der Flaschenzug (Abb. nächste Seite) ist einer der nützlichsten Knoten überhaupt und noch dazu sehr einfach einzusetzen. Man kann damit ein Seil sehr straff spannen, um z.B. Lasten zu verzurren oder das Kanu (bzw. anderes Gepäck) auf dem Autodach zu befestigen.

Man legt dazu im feststehenden Ende ein Auge (1), zieht eine Bucht hindurch (2) und holt den Knoten dicht, d.h. man zieht ihn an (3). Das freie Ende führt man zunächst durch einen Haken, um einen Pfosten, durch eine Öse o.Ä. und dann durch die eben hergestellte Seilschlaufe hindurch (4). Zieht man nun in Richtung zum Befestigungspunkt, so kann man das Seil mit der Kraft eines Flaschenzugs anspannen und schließlich neben der

Doppelter Webleinenstek

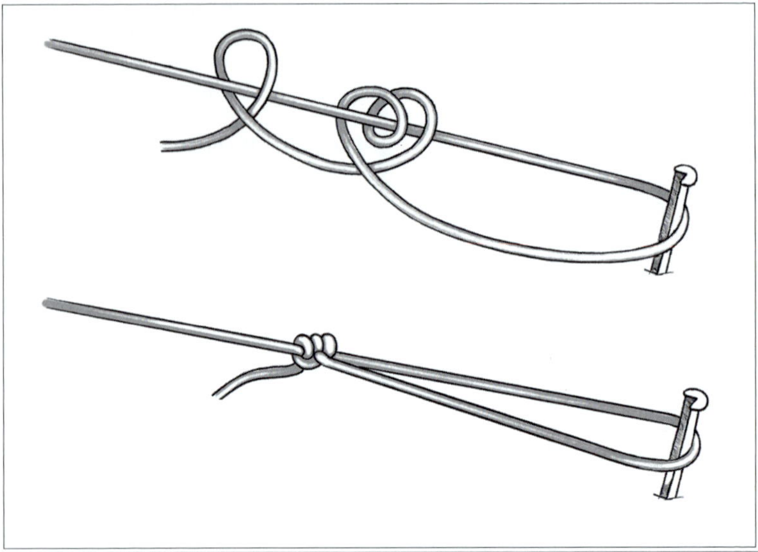

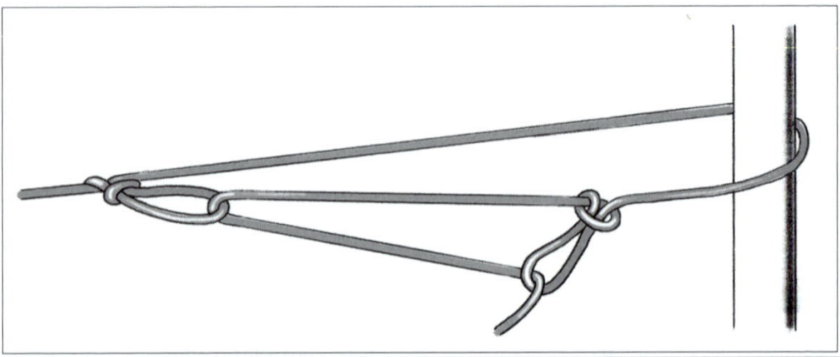

Oben: Topsegelschotstek;
unten: Doppelter Flaschenzug

Flaschenzug

Schlaufe durch zwei halbe Schläge (5) oder einen halben Schlag plus Slipstek (6) sichern.

Entsprechend kann man einen **Doppelten Flaschenzug** herstellen, der die Zugkraft noch verstärkt.

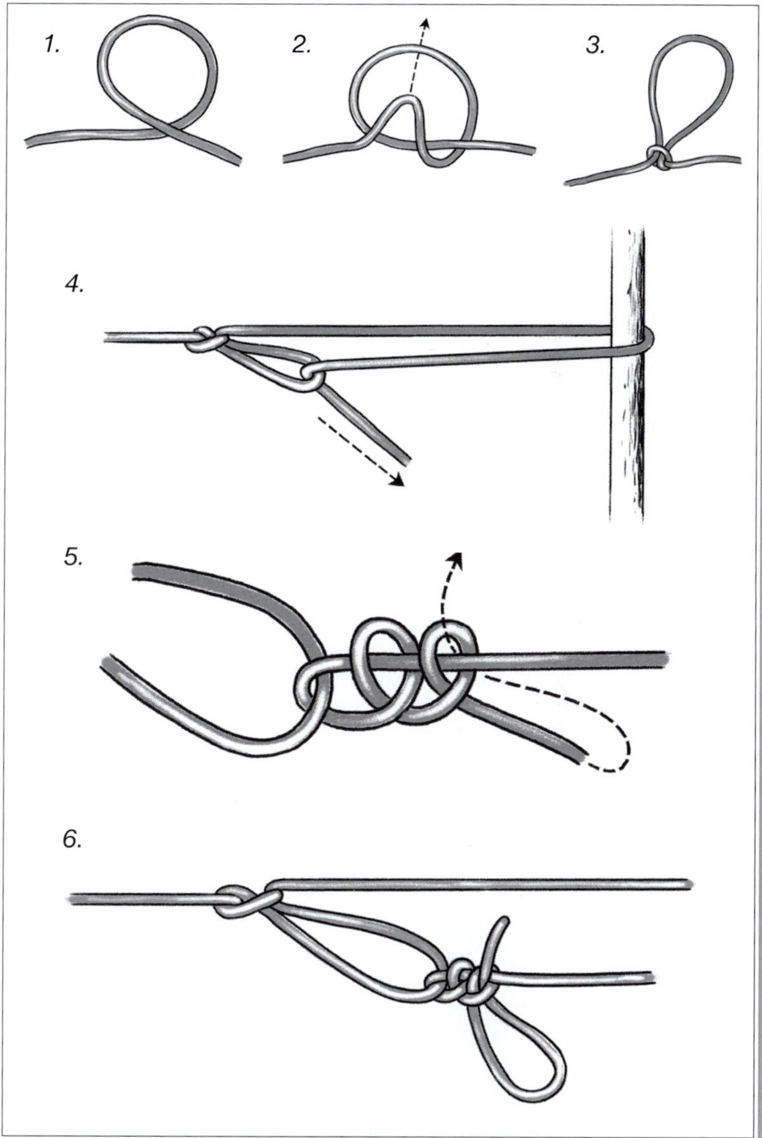
1.
2.
3.
4.
5.
6.

Allerdings wird dadurch auch die Reibung erhöht. Hat man jedoch zwei Karabiner, die man in die Seilschlaufen einhängen kann (oder sogar Rollen), so erhält man einen richtigen Flaschenzug mit enormer Zugkraft, die es sogar ermöglicht, ein steckengebliebenes Fahrzeug herauszuziehen.

Seilspanner

Einen vereinfachten Flaschenzugknoten zum Verzurren von Gepäck erhält man, indem man auf das eine Ende des Seils einen halben Schlag legt, es um Gepäck und Befestigungspunkt herumführt und mit einem halben Schlag um das andere Seilende befestigt. Die so entstandene Schlaufe lässt sich wie ein Flaschenzug spannen. Dies ist ein sehr einfacher, aber ebenso nützlicher Knoten.

Zimmermannsstek

Der Zimmermannsstek ist einfach zu knoten und eignet sich zum anbinden, Ziehen und Hochheben von Stämmen, Balken oder ähnlichen schweren Lasten und lässt sich selbst nach stärkster Zugbelastung mühelos wieder öffnen.

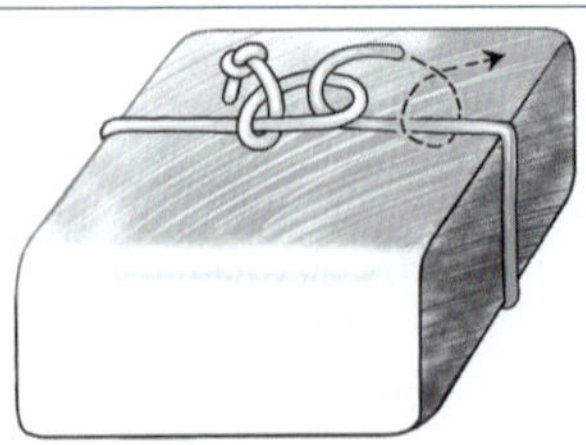

Seilspanner

Zimmermannsstek

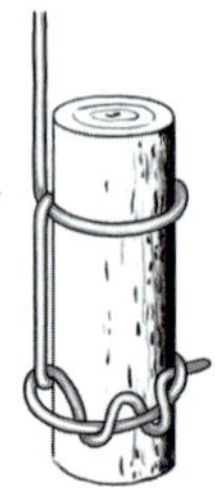

Zimmermannsstek mit Kopfschlag

Schmetterlingsschlaufe

Sehr einfache Art, in der Seilmitte eine nicht rutschende Schlinge zu bilden, die in beide Richtungen belastbar ist, etwa um Sicherhungshaken zu befestigen oder wenn mehrere Personen an einem Seil ziehen müssen. Auch für den Flaschenzug (s.o.) geeignet.

Tragschlaufe

Dies ist kein Knoten, aber eine sehr gute Möglichkeit, um mit mehreren Personen schwere Gegenstände zu tragen. Man rollt dazu ein etwa 4 m langes Tau gleichmäßig auf (ca. 4 Schlingen). Dann greift von beiden

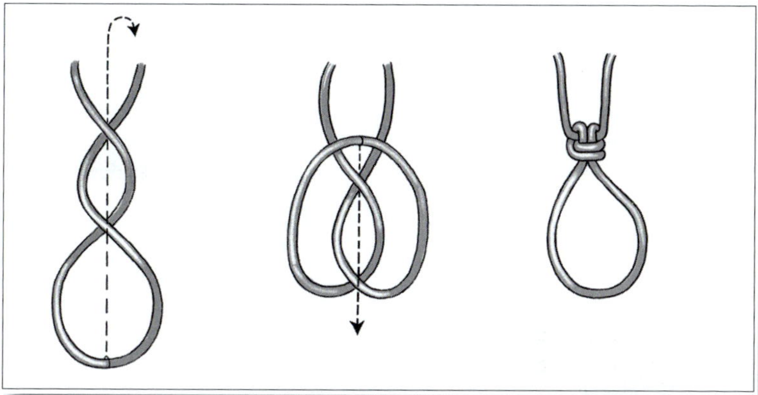

Seiten je eine Person (einer mit der linken, der andere mit der rechten Hand) von unten durch die Bucht der Rolle und ergreift die Rolle von oben.

Auf diese Weise haben wir bereits beim Floßbau schwere Stämme mit vier, sechs oder auch acht Personen recht komfortabel quer durch den kanadischen Busch getragen.

Seil aufschießen

Damit ein längeres Seil sich beim Transport nicht verheddert und bei Bedarf rasch benutzbar ist, muss es ordentlich aufgeschossen werden. Dazu hält man die Rolle mit einer Hand wie

Oben: Schmetterlingsschlaufe, unten: Tragschlaufe

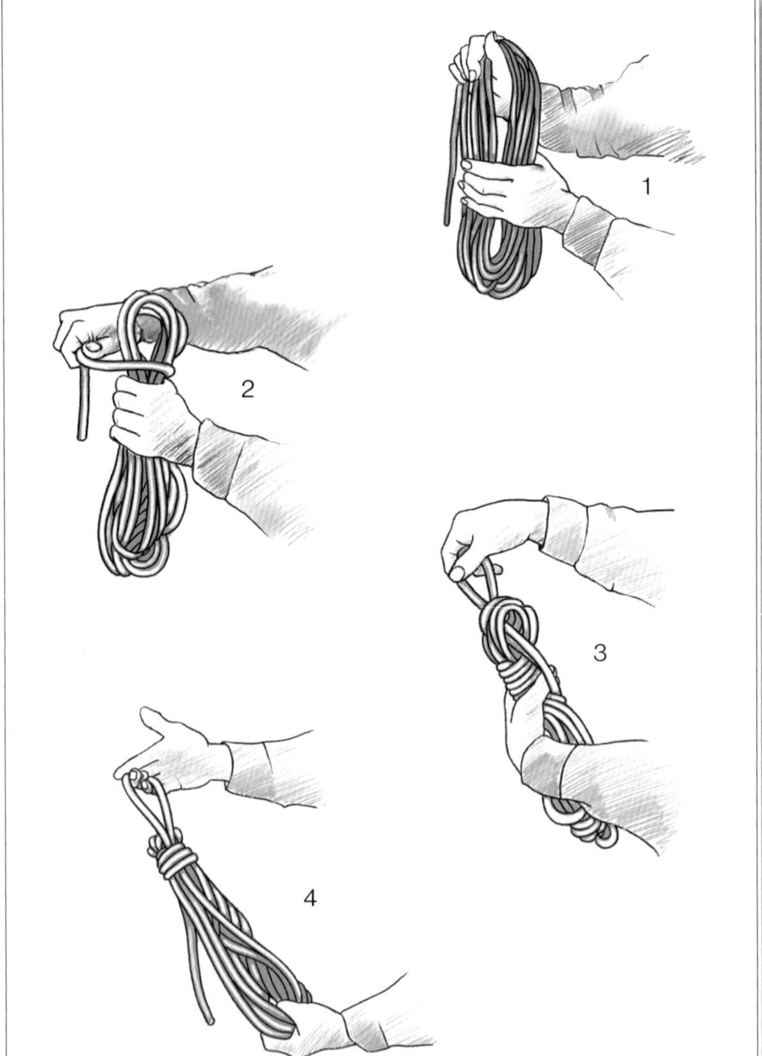
1
2
3
4

auf Abb. 1 gezeigt, wickelt das freie Seilende von oben nach unten mehrmals fest und gleichmäßig um die Rolle (Abb. 2). Dann bildet man aus dem freien Ende eine Schlaufe, schiebt sie durch das Auge der Rolle (3) und schiebt die Wicklung straff nach oben gegen die Schlinge (4). Zur Benutzung braucht man nur am freien Ende zu ziehen, dann löst sich der Sicherungsknoten wie ein Slipstek, und das Seil ist sofort einsatzbereit.

Lasching

Diese Seilverbindung ist sehr praktisch, um rasch ein Dreibein anzufertigen – z.B. für ein Planendach, ein Tipi oder um den Kochtopf daran aufzuhängen. Nahe dem Ende einer der äußeren Stangen befestigt man das Seil mit einem Webleinenstek, schlingt es dann einige Male lose um alle drei Stangen, schlägt zwischen den Stangen je zwei Törns und sichert das andere Ende des Seils mit einem weiteren Webleinenstek nahe dem Ende der mittleren Stange.

Befestigung einer Plane ohne Ösen

Um eine Plane als Regendach oder Windschutz aufzuspannen, die am Rand keine Ösen besitzt ist der unten abgebildete Trick sehr hilfreich.

Seil aufschießen

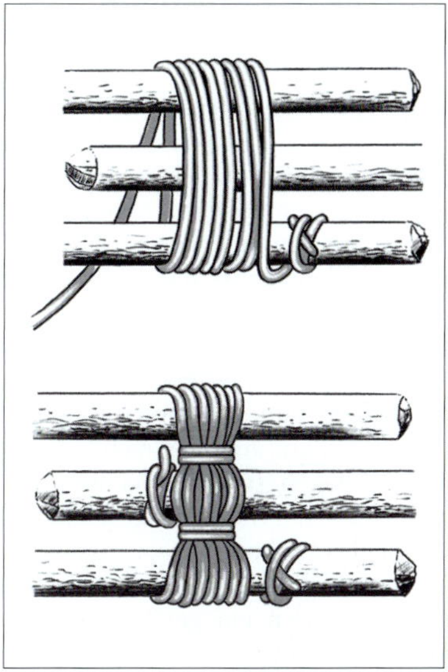

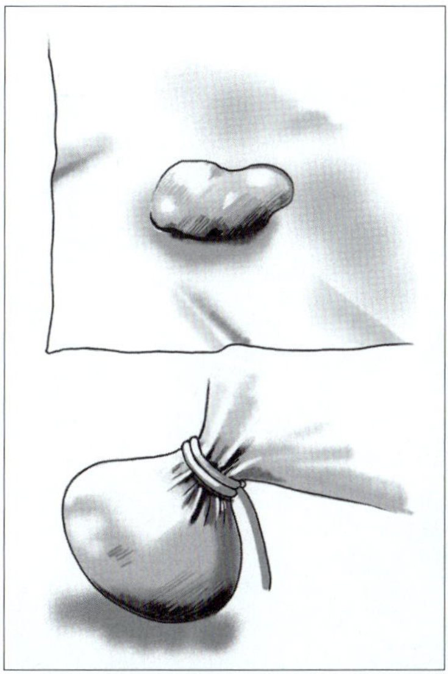

Oben: Lasching, unten: Plane mit Gewicht befestigen

Gefahren unterwegs

Subjektive und objektive Gefahren

„Wenn ein Buch und ein Kopf zusammenstoßen, und es klingt hohl", so soll ein Dichter und Denker einst gesagt haben, „dann muss das nicht unbedingt am Buch liegen!" Genauso ist es mit dem Zivilisationsbürger und der Wildnis. Wenn diese beiden einander begegnen, und der Mensch nimmt Schaden, dann muss es nicht an der Wildnis liegen, sondern viel mehr daran, dass der Zivilisationsgeschädigte sie nicht versteht.

Die Wildnis scheint für den Zivilisationsmenschen ein gefährlicher Ort voller Gefahren – aber nur, solange er ihre Regeln nicht kennt. Für denjenigen, der in ihr aufwächst, ist sie ein vertrautes Zuhause, so wie es für Sie Ihre Heimatstadt ist. Andersherum ist für den, der sein ganzes Leben nur in der Wildnis verbracht hat, eine Stadt ebenso bedrohlich und gefährlich, wie vielen von uns die Wildnis erscheint. Ein Auto wäre für ihn genauso gefährlich wie für den Stadtbewohner ein Grizzlybär. Beiden Gefahren kann man ausweichen, wenn man nur mit ihnen vertraut ist und ihr Verhalten kennt.

Und genau darum soll es hier gehen: mit dem vertraut oder zumindest bekannt zu werden, was gefährlich sein kann, seine Gesetze zu verstehen und zu lernen, wie man die Gefahr vermeiden – oder im schlimmsten Fall ihr begegnen kann.

Mehrmals habe ich das faszinierende Buch „The Tracker" von *Tom Brown* gelesen, in dem er sein Leben in und mit der Wildnis schildert. „Die Natur konnte uns keinerlei Schaden zufügen, solange wir ein Teil von ihr waren, solange wir auf sie vertrauten und im Einklang mit ihr standen", schreibt er darin. Beim ersten Mal habe ich das nicht verstanden. Wenn man schutzlos von einem Blizzard überrascht wird, wenn man auf dem Flusseis einbricht, in den Stromschnellen kentert oder plötzlich einem angreifenden Bären gegenübersteht, dachte ich, dann kann man mit der Natur noch so sehr im Einklang stehen oder auf sie vertrauen –

Im Treibholz gekentertes und gesunkenes Kanu auf dem Big Salmon River, Yukon Territory

solange man noch Zeit dazu hat. Denn lange wird es in jedem Fall nicht mehr sein. Da hilft alles „Teil von ihr sein" nichts – man wird es in einem wörtlicheren Sinne, als einem lieb ist.

Inzwischen habe ich es verstanden. Wer mit der Natur so sehr vertraut und ein Teil dieses großen Organismus ist wie *Tom Brown,* dem passiert so etwas nicht: Er weiß, wann der Blizzard droht und wie er ihm ausweichen kann, er spürt, wo das Flusseis gefährlich wird, und er wird sich nicht von einem Bären überraschen lassen. Und selbst wenn er in eine schwierige Lage geraten sollte, so weiß er genau, wie er sich verhalten muss.

Das ist es, worum es beim Thema „Gefahren der Wildnis" geht: die **Gefahr gar nicht erst entstehen lassen.** Das kann man natürlich nicht allein aus Büchern lernen. Dazu gehört Erfahrung. Tausend aus Survivalbüchern auswendig gelernte Kniffe helfen nicht viel, denn jede Situation ist anders. Man muss aufgrund seiner Erfahrung die Lösungen sehen. Aber Bücher können eine Grundlage schaffen und vielleicht dafür sorgen, dass nicht gleich beim ersten Sammeln von Erfahrungen eine Katastrophe passiert.

Unterkühlung

Zu den am meisten unterschätzten und gerade deshalb bedrohlichsten „Gefahren der Wildnis" gehört die Unterkühlung **(Hypothermia),** die – beileibe nicht nur im Winter! – unter Wanderern vermutlich die meisten Opfer fordert. Nicht starker Frost ist die Hauptgefahr, sondern **Nässe, Wind und Temperaturen bis zu 10 Grad plus –** oft kombiniert mit Erschöpfung und ungeeigneter oder mangelnder Ausrüstung. Damit rechnen die meisten Wanderer nicht! „Killer of the Unprepared" wird sie auch genannt, „Mörder der Unvorbereiteten", denn viele gehen ihr ahnungslos in die Falle – ohne zu wissen, dass sie auch bei Temperaturen deutlich über dem Gefrierpunkt droht und bei Plusgraden mit Nässe und Wind sogar am gefährlichsten ist.

Da startet man bei sonnigem Wetter und milden Temperaturen zu einer scheinbar ganz einfachen Tageswanderung – steht dann ganz plötzlich in der hereinbrechenden Dunkelheit und hat die Hütte doch nicht erreicht, weil man sich verschätzt oder einen falschen Weg eingeschlagen hat. Die Kleider sind verschwitzt und nass vom tauenden Schnee, man ist erschöpft, die Temperatur fällt auf, sagen wir, 5 °C, ein kräftiger Wind kommt auf, und wenn man Pech hat, beginnt es auch noch zu regnen. Den Schlafsack hat man nicht dabei, weil man ja die Hütte erreichen wollte, Brennholz gibt es keins oder man ist nicht dazu in der Lage, bei Wind und Regen ein Feuer zu machen. Was nun?! An eine Hypothermia-Gefahr hat bei dem schönen Wetter kein Mensch gedacht. Jetzt ist sie akut. Eine lange Winternacht unter den genannten Bedingungen kann den Tod bedeuten – selbst (und gerade!) auf der scheinbar harmlosesten Tour, wenn man nicht entsprechend vorbereitet ist.

Stadien körperlicher Auskühlung und ihre Symptome

	Temp. unter	Symptome
1. Stadium	37°C	• Kältegefühl, Frieren • Finger und Zehen werden zunehmend gefühllos (verminderte Blutzufuhr)
	36°C	• Bewegungen werden ungelenk • starkes, unkontrollierbares Zittern • Müdigkeit
	35°C	• Finger und Zehen sind gefühllos gegen Kälte und Schmerz • Muskeln werden steif und Bewegungen unkoordiniert
2. Stadium	34°C	• geistige Verwirrtheit, Gedächtnisstörungen • Unvermögen, die Situation einzuschätzen
	33°C	• verwirrtes Reden, verminderte Ansprechbarkeit • starkes Verlangen nach Schlaf • Zittern kann aufhören • Verlust des Kontakts zur Realität
3. Stadium	30°C	• Halluzinationen, Benommenheit • Puls und Atmung verlangsamt und schwach • Bewusstlosigkeit
4. Stadium	28°C	• Verlust der Reflexe • Herzrhythmusstörungen • Herzstillstand, Lähmung des Atemzentrums, Tod

Verhalten des Körpers bei Kälte

Unterkühlung bedeutet das **Absinken der „Kerntemperatur"** des Körpers unter 37 °C. Diese Kerntemperatur, um die sich die ganze körperinterne Energieversorgung dreht, ist die Temperatur der lebenswichtigen inneren Organe in Rumpf und Kopf. Sie liegt bei uns Menschen bekanntlich um 37 °C. Fällt sie nur um 1–2 Grad, so sind die Koordination der Bewegungen, das Denken und das willkürliche Handeln bereits erheblich eingeschränkt. Und sinkt sie um mehr als 3–4 Grad, so kann dies Bewusstlosigkeit und Tod zur Folge haben, sofern nicht rasch ein Arzt zur Stelle ist und sofort wirkungsvolle Gegenmaßnahmen ergriffen werden.

Liegt die Außentemperatur wesentlich tiefer als die Körpertemperatur, so verliert der Körper Wärme, die er durch ständige Energiezufuhr ersetzen muss, um seine Kerntemperatur konstant bei 37 °C zu halten. Verliert er sie schneller, als er sie ersetzen kann, so sinkt die Durchschnittstemperatur unter diesen Sollwert. Um dennoch die lebenswichtige Kerntemperatur zu erhalten, drosselt der Körper sofort die

Blut- und somit **Wärmezufuhr zu den Extremitäten,** da diese wesentlich tiefere Temperaturen vertragen, ohne dass der gesamte Organismus gefährdet wird. Kalte Hände und Füße sind die ersten Anzeichen einer drohenden Unterkühlung. Man sollte sie auf keinen Fall ignorieren! Aber man muss außerdem beachten, dass die Hände oder Füße keineswegs die Ursache des Frierens sein müssen. Es nützt nicht viel, sie in dicke Fäustlinge und Wollsocken zu hüllen – sie frieren trotzdem, solange der Rumpf in einem nassen Baumwollhemd steckt oder der Kopf ungeschützt ist.

Wenn der Wärmeverlust nicht gestoppt wird, beginnt auch die Kerntemperatur zu sinken, und die Funktion lebenswichtiger Organe wird beeinträchtigt. Deshalb ist es so wichtig, bereits das **erste Stadium** einer drohenden Unterkühlung zu erkennen und sofort zu reagieren, indem man weiteren Wärmeverlust reduziert und Wärme von außen zuführt. Spätestens bei **unkontrollierbarem Zittern und Zähneklappern** ist es höchste Zeit, Gegenmaßnahmen zu ergreifen. Dann sind die Auswirkungen der Unterkühlung in den meisten Fällen noch schnell und einfach zu beheben.

Ist die Unterkühlung bereits ins **zweite Stadium** fortgeschritten, so kann die Situation bereits kritisch werden, und die Bekämpfung wird schwierig. Der Betroffene ist dann nicht mehr selbst dazu in der Lage, seine Situation einzuschätzen, geschweige denn, sich zu helfen. Seine Rettung ist nur noch durch aufmerksame und erfahrene Begleiter möglich. Bei einer Unterkühlung im **dritten Stadium** kann der Betroffene meist nur noch durch sofortige ärztliche Hilfe vor ernsten Schäden bewahrt werden.

Vermeiden von Unterkühlung

Das Auskühlen des Körpers wird durch verschiedene Faktoren begünstigt und kann durch entsprechende Gegenmaßnahmen eingeschränkt werden. Die einzelnen Arten des Wärmeverlustes und wie man ihnen begegnet, sind im Kapitel „Bekleidung“ näher beschrieben.

Hier nur nochmals eine Zusammenfassung der **Gegenmaßnahmen** bei Wärmeverlust durch:

- **Wind:** windfeste Kleidung, Zelt/Windschutz, geschützte Lage (z.B. Wald)
- **Abstrahlung:** Kleidung, Kopfbedeckung, Schutzdach, Rettungsdecke
- **Leitung:** gute Stiefel, trockene Kleidung, Fleece-Schicht, Isomatte, Unterlage aus Zweigen
- **Nässe/Verdunstung:** Thermowäsche, trockene Kleidung, Schal vor Mund und Nase
- **Erschöpfung/Müdigkeit:** Überanstrengung vermeiden, Kräfte einteilen, richtig und ausreichend ernähren und für guten Schlaf sorgen

Wind Chill Faktor – der Körper kennt kein Celsius

Vor allem Nässe und Wind können den Wärmeverlust enorm beschleunigen. Der sogenannte „Wind Chill Faktor“ **(Auskühlfaktor)** hat als „gefühlte

Windchill-Tabelle

Windgeschwindigkeit km/h	Lufttemperatur (°C)												
0	+4	+2	-1	-4	-7	-9	-12	-15	-16	-20	-23	-26	-29
	Entsprechende Temperatur für den Menschen												
8	+2	-1	-4	-7	-9	-12	-15	-16	-20	-23	-26	-29	-32
16	-1	-7	-9	-12	-15	-16	-23	-26	-29	-32	-37	-40	-43
24	-4	-9	-12	-16	-20	-23	-29	-32	-34	-40	-43	-46	-51
36	-7	-12	-15	-16	-23	-26	-32	-34	-37	-43	-46	-51	-54
40	-9	-12	-16	-20	-26	-29	-34	-37	-43	-46	-51	-54	-59
48	-12	-15	-16	-23	-29	-32	-34	-40	-46	-48	-54	-57	-62
56	-12	-15	-20	-23	-29	-34	-37	-40	-46	-51	-54	-59	-62
64	-12	-16	-20	-26	-29	-34	-37	-43	-48	-51	-57	-59	-65
	Geringe Gefahr: Windgeschwindigkeiten über 64 km/h haben geringe zusätzliche Wirkung					**Zunehmende Gefahr:** Fleisch kann innerhalb von einer Minute gefrieren							

Die Tabelle zeigt, welcher Temperatur bei Windstille die wirkende Temperatur bei verschiedenen Windgeschwindigkeiten entspricht (andere Faktoren wie Luftfeuchtigkeit sind nicht berücksichtigt)

Temperatur" bereits Eingang in die Wetterberichte gefunden. Trotzdem gibt es noch immer Unklarheiten über den Unterschied zwischen „wirklicher" und wirkender Temperatur. Dabei ist es im Grunde ganz einfach: Der Körper kann kein Thermometer lesen und kennt also auch keine Celsiusgrade. Er merkt nur, wie rasch er Wärme verliert. Da dies bei 0 °C und einer Windgeschwindigkeit von 60 km/h ohne ausreichenden Schutz genauso schnell geht wie bei -20 °C und Windstille, empfindet er beide Situationen als identisch, obwohl sich die Lufttemperatur objektiv um 20 Grad unterscheidet (Tabelle oben).

Energienachschub – das richtige Brennmaterial

Gute und trockene Bekleidung kann den Wärmeverlust zwar reduzieren, aber niemals völlig aufheben. Deshalb ist regelmäßiger Nachschub an Energie von außen unverzichtbar. Der dritte, entscheidende Punkt bei der Verhütung von Unterkühlungen (neben dem Erkennen der ersten Symptome und dem Schutz vor Wärmeverlust) ist daher die Energieversorgung, sprich: das **Essen.**

Der Tagesbedarf auf Winterwanderungen kann 5000 kcal betragen und

Tabelle nach: *Temperature and wind chill chart,* Kanadisches Forstamt

-32	-34	-37	-40	-43	-46	-48	-51
-34	-37	-40	-43	-46	-48	-54	-57
-46	-51	-54	-57	-59	-62	-68	-71
-54	-57	-62	-65	-68	-73	-76	-79
-59	-62	-65	-71	-73	-79	-82	-84
-62	-68	-71	-76	-79	-84	-87	-93
-65	-71	-73	-79	-82	-85	-90	-96
-68	-73	-76	-82	-84	-90	-93	-98
-71	-73	-79	-82	-85	-90	-96	-101

Große Gefahr: Fleisch kann innerhalb von 30 Sekunden gefrieren

manchmal 8000 kcal oder noch mehr erreichen. Noch wichtiger als im Sommer ist daher die ausreichende und richtige Ernährung. Dabei kommt es nicht nur auf die Kalorienmenge an, sondern auch auf die richtige Zusammensetzung der Nahrung, die im Winter anders ist als im Sommer (nähere Infos im Kapitel „Proviant").

Neben einem energiereichen Frühstück und einem Abendessen mit erhöhtem Fettanteil sind bei kaltem Wetter regelmäßige zucker- und stärkehaltige Snacks zwischendurch wichtig. Sollten Symptome von Hypothermia auftreten, helfen heiße, gesüßte Getränke, heiße Suppen und zuckerhaltige Energiespender dabei, die fehlende Wärme und Energie rasch zuzuführen.

Weitere Hypothermia-Faktoren

Das Allgemeinbefinden und die körperliche Verfassung sind weitere Faktoren, die das Risiko einer Unterkühlung wesentlich beeinflussen können.

Erschöpfung und **Müdigkeit** können das Auskühlen erheblich beschleunigen. Man sollte daher stets für guten und ausreichenden Schlaf sorgen, Überanstrengung vermeiden und seine Kräfte einteilen. Das ist schon bei der Planung der Tagesetappen zu berücksichtigen – dabei zusätzliche Erschwernisse und kürzere Tagesdauer im Winter einkalkulieren (s. „Wandertipps").

Wenn man zu frieren beginnt, ist es in den meisten Fällen günstiger, Wärme zuzuführen (durch ein Feuer von außen, durch Nahrung und heiße Getränke von innen), als sich durch erhöhte körperliche Aktivität aufzuwärmen. Kurzfristig ist dies zwar gelegentlich erforderlich, aber längerfristig besteht das Risiko, dass man durch die Erschöpfung umso schneller auskühlt.

Von **Alkohol** ist dringend abzuraten, wenn man friert! Im Moment tut ein Schluck Rum sicher gut und scheint auch angenehm zu wärmen. Da Alkohol jedoch Gefäße und Poren erweitert, beschleunigt er den Wärmeverlust. Wenn Auskühlungsgefahr besteht, sollte man darauf verzichten.

Übermüdung unbedingt vermeiden. Haben Sie keine Angst davor, im Schnee zu schlafen. Solange man nicht bereits vor Unterkühlung mit den Zähnen klappert, ist das selbst bei starkem Frost keineswegs gefährlich. Sinkt die Körpertemperatur im Schlaf, so wird Ihr Körper unter Garantie dafür sorgen, dass Sie aufwachen und für Wärmezufuhr sorgen. Es besteht in diesem Fall keinerlei Gefahr, dass man im Schlaf erfrieren könnte.

Lediglich wenn die Unterkühlung bereits deutlich eingesetzt oder gar das zweite Stadium erreicht hat, darf man **keinesfalls einschlafen,** ohne sich vorher richtig aufgewärmt zu haben. Tut man es doch, so hat man tatsächlich gute Chancen, nie wieder aufstehen zu müssen!

Behandlung von Hypothermia

Hat alle Vorbeugung nicht ausgereicht, so muss man auf die ersten ernsteren Anzeichen einer Unterkühlung sofort mit den richtigen Maßnahmen reagieren. Jetzt den „harten Burschen" markieren zu wollen, wäre pure Idiotie und würde nicht nur den Betroffenen selbst, sondern auch seine Kameraden in Gefahr bringen. Denn je weiter die Unterkühlung fortgeschritten ist, desto schwieriger und langwieriger wird ihre Bekämpfung. Die Gegenmaßnahmen nicht zu lange hinausschieben, sonst ist der kritische Punkt vielleicht bereits überschritten – respektive unterschritten!

Spätestens wenn das Zittern und Zähneklappern unkontrollierbar wird, ist es Zeit, anzuhalten und die Unterkühlung durch **Windschutz, Feuer, heiße Getränke, Kohlenhydrate, trockene Kleidung und Wärmflasche** zu bekämpfen. Ist der Betroffene bereits im zweiten Stadium, so kann ihm Schutz vor Wärmeverlust allein nicht mehr helfen. Ihm muss zusätzlich Wärme zugeführt werden.

Ist er noch bei Bewusstsein, gibt man ihm heiße, stark gesüßte Getränke. Proteinreiche Lebensmittel, wie Nüsse, Käse, Fleisch u.Ä. sollte man vermeiden, da zu ihrer Verdauung viel Energie verbraucht wird. Ist er bereits benommen, so versucht man, ihn wachzuhalten, um ihm heiße Getränke oder eine Suppe einflößen zu können. Das hilft wesentlich besser und schneller als Wärmezufuhr von außen, da die Wärme direkt ins Körperinnere dringt und die Kerntemperatur erhöht.

Ist es nicht möglich, rasch ein Feuer zu machen oder reicht die Wärme des Feuers nicht mehr aus, so ist es am besten, den Betroffenen in einen **Schlafsack** zu stecken. Eine Flasche mit heißem Wasser oder angewärmte Steine (vorsichtshalber in einen Pullover gewickelt, um Verbrennungen zu vermeiden) sorgen für zusätzliche Wärmezufuhr. Hat man beispielsweise im Gebirge nur einen kleinen Campingkocher dabei, wird dieser kaum ausreichen, um eine unterkühlte Person an seiner Flamme aufzuwärmen. Die **„Wärmflaschen-Methode"** ist in diesem Fall sicher effektiver. Noch besser ist der **Haut-zu-Haut-Kontakt** mit einer anderen Person im Schlafsack.

Erfrierungen

Erfrierungen können, müssen aber nicht eine Folge der Unterkühlung sein. Sie treten bei Temperaturen um oder deutlich unter 0 °C auf, wenn Extremitäten oder Gesicht so stark unterkühlt werden, dass es zu Schädigungen des Gewebes kommt. Das Erfrierungsrisiko steigt natürlich, wenn der Körper zur Wahrung der Kerntemperatur die Blutzufuhr zu den Extremitäten drosselt. Gliedmaßen können aber bei starkem Frost auch erfrieren, ohne dass die Kerntemperatur auf kritische Werte sinkt. Andererseits können bei starker Unterkühlung Erfrierungen vorkommen, ohne dass die Außentemperatur Frostgrade erreicht.

Beachten Sie auch, dass einmal **erfrorene Stellen** danach **empfindlicher** gegen neue Erfrierungen sind als das übrige Gewebe.

Grade der Erfrierung

Nach der Schwere des Gewebeschadens unterscheidet man **vier Grade:**

1. Grad

Die betroffenen **Hautstellen** werden aufgrund von mangelnder Durchblutung **weiß, kalt** und **gefühllos.** Die Schäden sind nur oberflächlich. Bei Wiedererwärmung weiten sich die Gefäße rasch wieder, und die betroffenen Stellen färben sich infolge Blutüberfüllung bläulich-rot. Die Folgen sind ähnlich wie bei einem leichten Sonnenbrand: Die Haut kann sich abschälen, aber sie erhält ihre normale Empfindlichkeit bald wieder zurück, und es bleiben hinterher keine dauerhaften Schäden.

2. Grad

Die Gefäßwände werden geschädigt und für flüssige Bestandteile des Blutes (Plasma) durchlässig. Die austretende Flüssigkeit hebt die oberste Hautschicht ab, und es kommt zu **Schwellungen** und **Blasen,** ähnlich wie bei einer Verbrennung. Auch bei diesem Erfrierungsgrad besteht noch Aussicht auf eine Regeneration ohne bleibende Schäden. Lokale Durchblutungsstörungen können jedoch auch schon bei Erfrierungen 1. und 2. Grades zurückbleiben.

3. Grad

Es kommt zu anhaltenden Lähmungen der Gefäße und dadurch zum Ausfall der Blutversorgung in den betroffenen Bereichen. Das Blut zerfällt und tritt in das **Gewebe,** das sich dadurch **dunkelblau bis schwärzlich** färbt, abstirbt und beim späteren Erwärmen brandig (nekrotisch) wird, d.h. es verwest. Die Haut und das darunterliegende Gewebe sterben ab und müssen möglichst bald entfernt werden, um lebensgefährliche Folgeschäden für den gesamten Organismus zu verhindern.

4. Grad

Durch regelrechtes Gefrieren der Flüssigkeit in Haut, Muskelpartien und gelegentlich sogar den Knochen wird das Gewebe tiefgreifend zerstört. Das betroffene **Gewebe stirbt ab,** bleibt auch beim Wiedererwärmen schwarz, leblos und kalt und kann nicht mehr gerettet werden. Finger, Zehen und ähnlich exponierte Körperteile müssen amputiert werden.

Daneben besteht bei allen Erfrierungen mit Gewebeschäden (3. und 4. Grades) die **Gefahr einer schweren Infektion** und bleibender Durchblutungsstörungen.

Zeitfaktor

Neben der Schwere scheint auch die **Dauer** der Erfrierung eine Rolle zu spielen. Als mir in einem Schneesturm die Ohren zur Hälfte steinhart gefroren sind und ich sie sofort mit den Händen wieder auftaute, sind sie zwar am Abend extrem angeschwollen und haben sich blaurot verfärbt - aber sie sind noch dran!

Risikofaktoren

Erfrierungen bis zum dritten Grad können unter Umständen selbst bei Plusgraden auftreten, wenn der Körper die Blutzufuhr zu den Extremitäten drosselt, weil die Kerntemperatur sinkt. Das Risiko einer Erfrierung steigt daher bei **Unterkühlung** ganz erheblich und ist nicht nur von der Lufttemperatur abhängig. Alle in den Abschnitten über Wärmeverlust durch Abstrahlung, Leitung, Verdunstung und Wind dargelegten Faktoren (siehe auch „Bekleidung") können eine entscheidende Rolle spielen und müssen berücksichtigt werden.

Weitere ganz offensichtliche Faktoren sind zu **enge Kleidung** und **Nikotin,** da beides die Blutzirkulation hemmt - also die „Warmwasserheizung" des Körpers drosselt. Auch **Wassermangel** durch ungenügende Flüssigkeitsaufnahme kann das Risiko erhöhen, da es die Blutzirkulation beeinträchtigt. Besonders hoch ist das Risiko außerdem, wenn man **gegen den Wind** wandert (s. „Wind Chill Faktor").

Erfrierungen ersten Grades kann man sehr schnell bekommen, wenn man bei Frostwetter **Metallteile** an Packrahmen, Skibindungen, Kamera etc. mit bloßer Haut berührt. Aufgrund der hohen Wärmeleitfähigkeit von Metall kann man buchstäblich in Sekundenschnelle daran festfrieren. Es kann dann helfen, wenn man die betroffene Stelle einfach anhaucht. Reißt man die Finger einfach los, passiert meist auch nichts, aber die Haut könnte beschädigt werden. Ähnlich ist das Risiko durch **flüchtige Flüssigkeiten** (Benzin, Spiritus) beim Umfüllen in den Kocher. Das rasche Verdunsten der Flüssigkeit auf der Haut bewirkt eine starke Auskühlung.

Je weiter ein Körperteil **vom Herz** (Wärmepumpe) **entfernt** ist, desto höher ist die Wahrscheinlichkeit einer Erfrierung. Am häufigsten sind daher Erfrierungen an Fingern und Zehen (oft begünstigt durch feuchte oder zu enge Socken bzw. Handschuhe) sowie an Nase, Wangen und Ohren (besonders oft wegen mangelndem Schutz).

Bei extrem tiefen Temperaturen (unter -30 °C) besteht auch ein zunehmendes Risiko für **Erfrierungen der Lunge.** Unter solchen Verhältnissen muss man unbedingt darauf achten, dass man nicht zu schnell atmet (Anstrengung gering halten), nicht durch den Mund Luft holt und ggf. einen Schal oder eine Gesichtsmaske vor Mund und Nase trägt, um die Atemluft vorzuwärmen.

Noch gefährlicher als die Erfrierungen selbst sind oft ihre **unmittelbaren Folgen.** Unterwegs können selbst leichte Erfrierungen lebensgefährlich werden, wenn man nicht sofort Gegenmaßnahmen ergreift. Sind die Hände betroffen, kann es schwierig oder sogar unmöglich werden, ein Feuer anzuzünden, rasch das Zelt aufzustellen oder auch nur den Rucksack zu öffnen. Erfrierungen an den Füßen können das Gehen erheblich beeinträchtigen oder gar unmöglich machen. Reagieren sie daher auf erste Anzeichen sofort!

Richtiges Verhalten

Anzeichen erkennen

Ein bloßes Kältegefühl in Zehen, Fingern oder Gesicht wird fast immer ignoriert, da es zum Alltag bei kaltem Wetter gehört. Aber spätestens, wenn die betroffenen Stellen taub und gefühllos werden, sollte man reagieren. Nur: **Gefühllosigkeit** zeichnet sich eben dadurch aus, dass man sie nicht fühlt! An den Füßen bemerkt man sie beim Gehen, an den Händen, wenn man etwas anfasst oder die Finger gegen die Handfläche drückt, am Gesicht und den Ohren oft gar nicht, solange man sie nicht anfasst. Bei Kälte und vor allem bei Wind sollte man daher regelmäßig **„Gesichtsgymnastik"** machen (Grimassen schneiden) und die **Ohren massieren,** um drohende Erfrierungen rechtzeitig zu bemerken.

Solange die Haut noch nicht gefühllos ist, ist sie auch noch nicht ernsthaft erfroren. Die betroffenen Stellen können zwar schmerzen, doch das ist nur ein Zeichen dafür, dass sie noch leben. Sind die Stellen bereits gefühllos, müssen sie noch nicht erfroren sein, aber sie können dann in kurzer Zeit erfrieren, ohne dass man ein weiteres Warnzeichen bemerkt. Unterkühlte Hautpartien sollte man behandeln, bevor sie empfindungslos werden – spätestens jedoch sofort dann, wenn man sie nicht mehr spürt!

Achtung: Bei starkem Frost und Wind bekommt man Erfrierungen sehr schnell und ohne viel davon zu merken! Auf Winterexpeditionen bewegt man sich ständig am Rande davon. Um so wichtiger ist es, auf der Hut zu sein und sofort zu reagieren.

Maßnahmen bei Erfrierungen 1. und 2. Grades

Durch kräftiges Reiben, Stampfen, Händeklatschen und indem man die Arme gegen den Rumpf schlägt oder schnell kreisend bewegt, kann man die **Blutzirkulation anregen.** War die Empfindungslosigkeit bereits fortgeschritten, führt das in die Gefäße zurückströmende Blut zu heftig stechenden Schmerzen – ein Schmerz, über den man sich freuen sollte, weil er anzeigt, dass wieder Leben in die betroffenen Stellen zurückkehrt und sie gerettet sind. Fatal wäre es, sich durch den Schmerz von weiteren Maßnahmen abhalten zu lassen – sie ist die einzige Möglichkeit, das Gewebe vor dem Absterben zu retten und schwerere Schädigungen zu verhindern.

Neben den oben erwähnten Maßnahmen zum Ankurbeln der Blutzirkulation kann man z.B. die Hände **wärmen,** indem man sie unter der Kleidung auf die Haut legt oder in die Achselhöhlen steckt. Die Füße kann man wärmen, indem man die Stiefel auszieht und die bloßen Hände unter den Socken über die Zehen legt. Ohne Windschutz, Feuer etc. kann durch das Ausziehen von Stiefeln und Handschuhen die Auskühlung aber auch beschleunigt werden. Noch wirksamer ist es, wenn man die bloßen Füße unter dem Pullover eines Freundes auf dessen nackten Bauch stellen kann. Da zeigt es sich dann, wer ein wahrer Freund ist!

Falls **feuchte oder enge Kleidung** eine Rolle spielt, sollte man an der nächsten windgeschützten Stelle anhalten, ein Feuer machen und die Kleidung wechseln. Spätestens wenn betroffene Stellen empfindungslos werden, sollte man immer anhalten, Windschutz suchen, ein Feuer machen und den **ganzen Körper aufwärmen** (s.o. „Unterkühlung"), damit die Blutzufuhr zu den Gliedmaßen wieder richtig aufgedreht wird.

Wichtig: Sehr viele schwere Erfrierungen können vermieden werden. **Schieben Sie die Behandlung nie auf!** Auch dann nicht, wenn Sie sicher sind, die nächste Hütte in kurzer Zeit zu erreichen! Die Schäden könnten bis dahin riesige Ausmaße angenommen haben, und es könnte passieren, dass Sie die Hütte nicht in der vorgesehenen Zeit erreichen! Nicht aufschieben und nie mit erfrorenen Zehen oder Füßen weitergehen!

Maßnahmen bei Erfrierungen 2. und 3. Grades

Gewebeteile mit Erfrierungen 2. und 3. Grades dürfen **nicht mehr** durch **Reiben, Massieren** oder **Klopfen** behandelt werden. Die Eiskristalle im Gewebe könnten sonst die Zellen zerstören, Haut und Muskeln können einreißen, Verletzungen und erhöhte Infektionsgefahr wären die Folge. Auch sollte man solche Erfrierungen möglichst nicht direkt am Feuer erwärmen. Da sie völlig gefühllos sind, ist das Risiko einer Verbrennung zu groß. Sie könnten anfangen zu brutzeln, ohne dass man es spürt! Außerdem dürfen schwere Erfrierungen **nicht zu rasch erwärmt** werden. Sonst kann es wegen der verengten Blutgefäße zu Gefäßverkrampfungen, Sauerstoffmangel in den Zellen und gar zu einem Kreislaufkollaps kommen.

Am besten ist es, wenn man solche Erfrierungen in einem **lauwarmen Wasserbad** (30–35 °C) erwärmen kann. Ist das Wasser weniger warm, lässt sich das Fortschreiten der Erfrierung nicht rasch genug stoppen, bei höherer Temperatur kann die Erfrierung zu schnell erwärmt werden. Das abkühlende Wasser sollte ständig durch warmes ersetzt werden.

Unterwegs ist man natürlich nicht immer dazu in der Lage, ein Wasserbad herzurichten. Dann muss man auf die oben genannten Methoden (Haut-zu-Haut-Kontakt oder Wärmflasche) zurückgreifen. Zunächst sollte man jedoch so rasch wie möglich an einer **windgeschützten Stelle ein Feuer** machen. Selbst wenn Socken oder Handschuhe nass geworden oder gar gefroren sind, sollte man sie nach Möglichkeit erst ausziehen, wenn man an einem Feuer sitzt, in einer beheizten Unterkunft oder notfalls ehe man in den Schlafsack kriecht. Sonst würde man ein weiteres Erfrieren des Gewebes nur beschleunigen.

Bei allen Erfrierungen 3. und 4. Grades muss die betroffene Person so schnell wie möglich in **ärztliche Behandlung.** Wenn begründete Aussicht besteht, innerhalb weniger Stunden medizinische Hilfe zu erreichen, kann man bei schweren Erfrierungen ausnahmsweise nur rasch für zusätzlichen Schutz sorgen (trockene oder zusätzliche Handschuhe, Socken etc.) und auf eine weitere Behandlung zunächst verzichten, um möglichst schnell zum Arzt zu gelangen.

Hitzestau, Hitzschlag

Wenn der Körper durch Anstrengung so viel Wärme produziert, dass sein natürliches Kühlungssystem (Schweißverdunstung) nicht mehr ausreicht, um das Ansteigen der Kerntemperatur über 37 °C zu verhindern, so kommt es zu einem Hitzestau **(Hyperthermie),** der bis zum Hitzschlag führen kann. Er beginnt mit **Schweißausbruch, Übelkeit, Durst, Kopfschmerzen** und **Erbrechen.** Wenn man keine Gegenmaßnahmen ergreift, folgen Sprach- und Gehörstörungen, unsicherer Gang und Bewusstlosigkeit mit beschleunigter Atmung und Herztätigkeit und Krämpfen. Und innerhalb weniger Stunden kann der Tod durch Herzlähmung eintreten.

Besonders leicht kann ein **Hitzestau** natürlich **in heißen Regionen mit hoher Luftfeuchtigkeit** auftreten.

Aber auch in kühlen Regionen ist Hyperthermie durchaus nicht unmöglich. So ist es mir in Lappland schon passiert, dass ich bei einem steilen Aufstieg das Gefühl hatte, gleich aus den Stiefeln zu kippen und schwer an mir selbst zweifelte, bis ich begriff, was mit mir los war: **Hitzestau wegen falscher Kleidung!** Tatsächlich können Hyperthermie (Überhitzung) und Hypothermie (Unterkühlung) bei genau den gleichen Temperaturen auftreten! Ein Beweis dafür, dass für beide Störungen die Außentemperatur gar nicht die Hauptrolle spielen kann!

Wenn Sie – sagen wir bei 5 bis 10 °C und Regen – in dickem Pullover und wasserdichter Regenkleidung mit schwerem Rucksack einen steilen Waldhang hinaufklettern, werden Sie vielleicht auf dem Gipfel vor Überhitzung fast umfallen, während zugleich ein anderer dort oben sitzt, blitzblau ist, mit sämtlichen Zähnen klappert und kurz davor steht, an Unterkühlung zu sterben (womöglich sogar mit Erfrierungssymptomen an Fingern und Zehen!). Und wenn Sie das nicht glauben, brauchen Sie nur ein paar Stündchen dort oben zu warten, dann wird es Ihnen genauso ergehen!

Für Hitzestau bei kaltem Wetter ist fast immer falsche Kleidung verantwortlich. **Wasserdicht beschichtete Kleidung, die zugleich luftdicht ist,** macht es dem Körper unmöglich, sich durch Schweißverdunstung zu kühlen. Unter der Regenkleidung entsteht ein Treibhausklima, das tropische Verhältnisse noch übertreffen kann! Bei extremer Anstrengung kann selbst wasserdicht-dampfdurchlässige Kleidung ohne ausreichende Ventilation schon zuviel sein.

Zumindest in kühleren Regionen sind jedoch ernste Folgen für die Gesundheit kaum zu befürchten, da schon bei mäßiger Überhitzung die körperliche Leistungsfähigkeit so rapide gegen Null geht, dass man die Anstrengung zwangsläufig reduzieren wird. Und wenn man für **ausreichende Ventilation** sorgt, kann sich der Körper in kürzester Zeit erholen.

Lawinengefahr

Im Gegensatz zur Hypothermia ist die Gefährlichkeit von Lawinen allgemein bekannt. Trotzdem wird sie immer wieder unterschätzt oder einfach ignoriert, wie zahlreiche Lawinenunfälle beweisen. Manche scheinen zu glauben, dass gerade ihnen nichts passieren könne. Besonders nach starken Schneefällen oder im Frühjahr, wenn es zu tauen beginnt, ist die Gefahr am größten. Ich habe schon im Tal gesessen und ringsum buchstäblich eine Lawine nach der anderen abgehen gesehen – viele kleinere, aber auch eine ganze Reihe größerer, in die ich lieber nicht hineingeraten wollte. Und selbst im Sommer habe ich es auf dem Chilkoot Trail erlebt, dass dicht hinter uns eine Lawine niederging, die den ganzen Pfad verschüttete.

Wer sich bei seinen Touren an bewaldete Regionen hält, kann beruhigt schlafen. Wer aber in Bergregionen **oberhalb der Baumgrenze** vordringen will, der sollte sich tunlichst vorher über Lawinengefahr informieren und unterwegs keinerlei Risiko eingehen! Aktuellste Informationen über die Gefahrenstufe einzelner Gebiete erhält man vom zuständigen Lawinenwarndienst (siehe Anhang).

Außerdem sollte jeder, der im Winter oder zeitigen Frühjahr in die Berge geht, zumindest grundlegende Dinge über Lawinen wissen und genügend Vernunft und Urteilsvermögen mitbringen, um lawinengefährdete Hänge zu meiden – auch wenn das erhebliche Umwege oder das Abbrechen der Tour bedeuten sollte. Das Risiko ist einfach zu groß! Mit den nötigen Grundkenntnissen und der entsprechenden Vorsicht ließe sich der größte Teil aller Lawinenunglücke vermeiden.

Erkennen der Lawinengefahr

Der erste und entscheidende Schritt, um Unfälle zu vermeiden, besteht darin, lawinengefährdete Hänge zu erkennen und zu meiden. Folgende Hinweise sollen dabei behilflich sein:

- Meiden Sie besonders jene Zonen, in denen Lawinen **ausgelöst** werden könnten. Erfahrungsgemäß haben die meisten Opfer ihre Lawine selbst ausgelöst, Unfälle mit Lawinen, die weiter

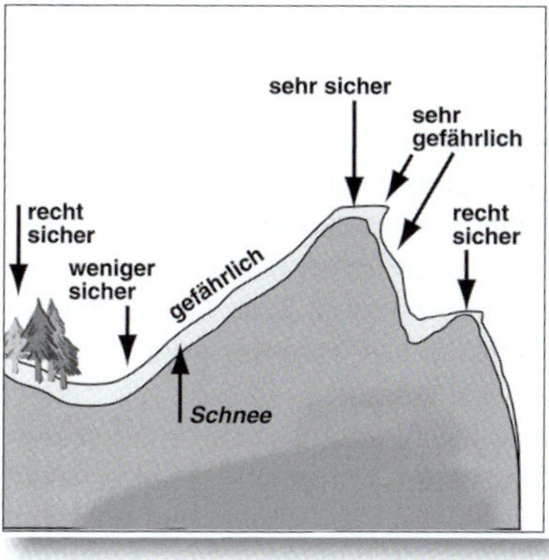

oberhalb von anderen ausgelöst wurden oder spontan abgingen, sind deutlich seltener.

- Relativ lawinensicher sind **dicht bewaldete Hänge,** da die Bäume dem Schnee Halt geben. Außerdem sind dicht stehende Bäume ein Zeichen dafür, dass dort längere Zeit keine schweren Lawinen niedergegangen sind. An locker mit einzelnen Bäumen bestandenen Hängen hingegen können Lawinen durchaus vorkommen!
- **Kahle Schneisen** an bewaldeten Hängen kennzeichnen meist Stellen, an denen häufig Lawinen niedergehen.
- Am sichersten sind **Bergrücken** – am gefährlichsten **kahle, steile Hänge!**
- Besonders gefährdet sind Hänge auf der **windabgewandten Seite** eines Berges, da sich an der Leeseite des Kammes durch den Wind Überhänge bilden, die leicht abbrechen und Lawinen auslösen können.
- **Talsohlen in breiten U-Tälern** (nicht in engen V-Tälern!) sind vergleichsweise sicher, sofern die umliegenden Hänge nicht sehr hoch sind. Je steiler und höher der Hang, desto größeren Abstand muss man zu seinem Fuß halten. In Hochgebirgsregionen Alaskas oder im Himalaya, wo gewaltige Lawinen ganzer Bergflanken mehrere Kilometer weit zu Tal rasen, passiert es, dass sie das ganze Tal durchqueren und am gegenüberliegenden Hang noch hundert Meter oder mehr in die Höhe schießen!
- Bis zu einer **Hangneigung** von 20° sind Lawinen selten und nur unter besonders ungünstigen Verhältnissen zu erwarten. Bei entsprechenden Schneeverhältnissen kann ein Hang mit 10° Gefälle jedoch bereits als lawinengefährdet gelten. Die meisten gefährlichen Lawinen lösen sich an Hängen mit einem Gefälle zwischen 20° und

Lawinenrisiko in verschiedenen Lagen

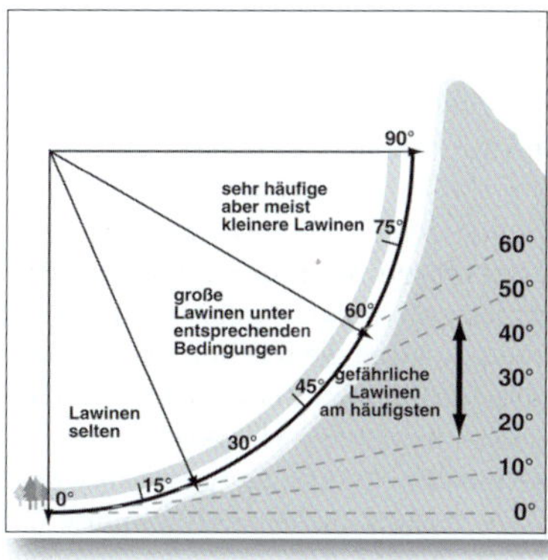

Lawinenrisiko und Hangneigung

50°. Bei 50° Hangneigung sind Lawinen sehr häufig; der geringste Auslöser kann genügen. Bei einem Gefälle von mehr als 50° besteht permanent hohe Lawinengefahr; fast täglich ist mit Abgängen zu rechnen. Solche Hänge sollten unbedingt gemieden werden. An Hängen mit über 50° Neigung kann sich allerdings meist nicht mehr genügend Schnee ansammeln, um große Lawinen auszulösen.

- Während oder kurz nach starkem **Wind** ist die Lawinengefahr überall drastisch erhöht, ganz besonders an der **Leeseite** der Berge. Am besten wartet man dann an einem lawinensicheren Ort bis 24 Stunden nach dem Sturm, ehe man die Tour fortsetzt. Je tiefer die Temperatur, desto länger dauert es nach dem Sturm, bis das Lawinenrisiko wieder abnimmt, da der Schnee sich umso langsamer festigt, je kälter er ist. (Außerdem gelten die gleichen Vorsichtsmaßnahmen wie bei Tauwetter.)
- Besonders gefährdet sind auch **nach Nordosten gerichtete Hänge.** Einerseits wird durch tiefere Temperaturen an der Schattenseite die Verfestigung des Schnees verzögert, und durch Reifbildung entsteht eine reibungsarme Gleitfläche; zum anderen werden durch die bei uns vorherrschende Hauptwindrichtung aus Südwest dort die größten Mengen an Treibschnee abgelagert. Aufgrund dieser Exponiertheit passieren die meisten Lawinenunfälle (fast 90 %!) an nach Norden bis Osten gerichteten Hängen.
- **Neuschnee auf** einer geschlossenen Schicht verharschten **Altschnees** erhöht das Risiko, da die vereiste Oberfläche dem Neuschnee keinen Halt gibt.
- **Starke Schneefälle** (3 cm oder mehr pro Stunde) und **anhaltende Schneefälle** von insgesamt mehr als 25–30 cm erhöhen ebenfalls das Risiko. Je nach Temperatur kann dieses erhöhte Risiko einige Stunden oder mehrere Tage andauern.
- Plötzlicher **Temperaturanstieg und Tauwetter** bedeuten höchste Lawinengefahr! Der Schnee wird nass und schwer und beginnt durch den zunehmenden Druck immer leichter zu rutschen. Bei Tauwetter von 24 Stunden und länger besteht Lawinengefahr an allen Hängen ab 20° aufwärts. Höchste Vorsicht ist geboten! Sollte man unterwegs von Tauwetter überrascht werden, bricht man die Tour ab und wählt für den Rückweg nur die sichersten Routen. Ist dies nicht möglich, richtet man am nächsten sicheren Ort ein Lager ein und wartet, bis die Lawinengefahr wieder abgenommen hat.
- Außerdem ist das Risiko, von einer Lawine getötet zu werden, umso größer, je nasser der Schnee ist. Aus einer **Pulverschneelawine** kann man sich mit **Glück selbst retten** oder lebend geborgen werden, aber in einer **Nassschneelawine** hat man kaum eine Chance. Solche Lawinen haben ganze Wälder weggefegt wie Streichhölzer.
- Auch ein starker **Temperaturrückgang** kann das Risiko erhöhen, da er die Struktur des Schnees verändert, dessen Halt lockert und zu Spannungen führt. Das Risiko wird jedoch nicht so stark erhöht wie bei Tauwetter.

- Lawinenverhältnisse können sich rasch ändern. **Frische Spuren** an einem Hang sind **keine Garantie** für dessen Lawinensicherheit. Es soll vorgekommen sein, dass ein Soldat, der 32 Kameraden in deren Spuren folgte, erst die Lawine auslöste.
- Vor dem Aufbruch in lawinengefährdete Regionen sollte man sich unbedingt bei Lawinendiensten, Bergwacht oder Skiverbänden über die **aktuelle Lage** informieren und deren Hinweise dann unterwegs tunlichst auch beachten! Da die Verhältnisse lokal unterschiedlich sind und sich rasch ändern können, sollte man auch keine Gelegenheit auslassen, sich unterwegs bei Hüttenwirten, Bergführern, Polizeistationen oder anderen Wanderern zu informieren.
- Achten Sie besonders bei der Auswahl der **Rast- und Übernachtungsplätze** auf größtmögliche Sicherheit. Auch an Stellen mit mäßigem Risiko wächst die Gefahr erheblich, wenn man länger oder eine ganze Nacht dort lagert!
- Bei Lawinengefahr als „sicher" ausgewiesene **Routen und Loipen nie verlassen.**
- In potenziell lawinengefährdeten Regionen **nie allein** wandern!

Schneeprofil

Eine hilfreiche Methode, das Lawinenrisiko (genauer: Schneebrett-Risiko) abzuschätzen, ist das Schneeprofil. Es ist relativ einfach durchzuführen; um es richtig auszuwerten, ist jedoch einige Erfahrung nötig. Jedem, der öfter in lawinengefährdeten Regionen unterwegs ist, ist daher ein Kurs zur Lawinensicherheit dringend zu empfehlen, wie ihn z.B. einzelne Sektionen des Alpenvereins anbieten.

Hier nur kurz ein Überblick über die Vorgehensweise. Mit einem Klappspaten (den man in lawinengefährdeten Regionen immer bei sich haben sollte) hebt man eine Grube aus, die bis zum festen Boden reicht, und lässt dabei am oberen Rand der Grube einen Schneekeil stehen. Dann fährt man mit einem Finger von oben nach unten durch den Rand des Profils, um feste und lockere Schneeschichten zu erkennen. Eine verfestigte Schneeschicht über einer lockeren Schicht (insbesondere aus Raureif, erkennbar an nadelförmigen Kristallen) oder über einer verharschten Schicht bedeutet erhöhte **Schneebrettgefahr.** Schließlich sticht man mit einem Ski oder dem Spaten am oberen Rand des Testkeils langsam ein. Je leichter der Keil abbricht und in die Grube rutscht, desto höher ist die Schneebrettgefahr.

Achten Sie unbedingt darauf, dass Sie das Schneeprofil keinesfalls an einer Stelle testen, an der Sie eine gefährliche Lawine auslösen könnten; also am besten am Rand des Hangs graben, bevor Sie sich ganz in offenes Gelände hinausbegeben.

Zusätzliche Sicherheit: Lawinenseil und Suchgerät

Vorab: Die Benutzung von Peil- oder Suchgeräten und Lawinenseilen darf nie zu einem falschen Sicherheitsgefühl führen oder gar dazu verleiten, riskantere Passagen zu überqueren!

Sie sollen nur eine zusätzliche Sicherheit bieten, falls trotz aller Vorsichtsmaßnahmen etwas passiert. Sie können allesamt nur die Chance einer Bergung etwas verbessern – aber sie **verringern nicht das Lawinenrisiko!** Vor allem bei Nassschnee ist der Nutzen dieser Hilfsmittel gering, da das Opfer wahrscheinlich tot ist, noch ehe die Lawine zum Stillstand kommt. Hänge, auf denen damit zu rechnen ist, dass man diese Hilfsmittel tatsächlich benötigt, sollte man unbedingt meiden!

Lawinensuchgerät

Ein Lawinensuchgerät (auch **„Pieps"** genannt) oder Peilgerät ist eine kleine, batteriebetriebene Sender-Empfänger-Kombination, einem vereinfachten Funkgerät vergleichbar. Ein gutes Suchgerät ist kaum größer als eine Zigarettenschachtel und ermöglicht es bei entsprechender Übung, einen Verschütteten bis auf ca. 100 m Entfernung innerhalb von etwa fünf Minuten zu lokalisieren, was seine Überlebenschancen besonders in Trockenschneelawinen natürlich beträchtlich erhöht. Das Gerät wird direkt am Körper getragen, um die Batterie zu schützen und damit es bei einem Unglück nicht fortgerissen werden kann. Dass ein solches Gerät völlig nutzlos ist, wenn es unterwegs nicht ständig eingeschaltet bleibt, sollte klar sein – wird aber trotzdem manchmal vergessen.

Jedes Mitglied einer Gruppe trägt ein auf **„Senden"** gestelltes (!) Gerät mit sich, das in gleichmäßigen Abständen ununterbrochen Peiltöne ausstrahlt. Wird jemand verschüttet, so schalten alle (!) anderen ihre Geräte sofort auf Empfang und versuchen, die Richtung, aus der die Töne kommen, festzustellen. Versäumt auch nur einer, sein Gerät sofort umzuschalten, so bringt er die Peilungen aller anderen durcheinander, da ihre Geräte natürlich auch auf seinen Sender reagieren. Bei dem Versuch, den Sender und damit das **Lawinenopfer** zu **orten,** sollte man nicht planlos umhergehen, sondern folgendermaßen verfahren: Auf einer geraden Linie läuft man so lange vor oder zurück, bis man die Stelle ermittelt hat, an der der Sender am lautesten zu hören ist. Je feiner das Gerät dabei eingestellt ist, desto besser können Lautstärkeunterschiede wahrgenommen werden. Von der ermittelten Stelle geht man jetzt im rechten Winkel zur ersten Linie vor oder zurück. Unter der Stelle, an der der Sender auf der zweiten Linie am besten zu hören ist, kann man das Lawinenopfer vermuten. Um dieses Verfahren möglichst schnell und sicher anwenden zu können, braucht man einige Übung, die man sich möglichst **vor** dem Lawinenabgang im sicheren Gelände (z.B. bei einem Kurs zur Lawinensicherheit) erwerben sollte.

Je mehr Personen gleichzeitig verschüttet sind, desto schwieriger wird die Suche, da sich die Peiltöne gegenseitig überlagern. Umso wichtiger ist es, lawinengefährdete Passagen einzeln oder in großem Abstand zu überqueren.

Lawinenseil und -Airbag

Lawinenseile sind leichte, rot gefärbte Seile von etwa 15–20 m Länge. Sie werden am Gürtel befestigt und beim Wandern oder Skilaufen in gefährdeten Regionen hinterhergezogen. Sollte man verschüttet werden, so hat man die Chance, dass ein Teil des Seils sichtbar an der Oberfläche liegt und man dadurch schneller gefunden wird. Diese Seile sind zwar wesentlich billiger als Suchgeräte, aber auch weniger zuverlässig.

Eine neuere Entwicklung sind **Lawinen-Airbags,** die den Träger an der Oberfläche halten sollen und durch ihre Signalfarbe rasch zu lokalisieren sind. Bei heutigen Modellen sind meist zwei Polyamid-Ballons links und rechts in einen Rucksack integriert, die mit einer Stickstoffpatrone (teils auch mit Turbogebläse) innerhalb von 1–2 Sekunden zu einem Volumen von ca. 170 l aufgeblasen werden. Die meisten Systeme müssen vom Träger manuell ausgelöst werden. Es gibt aber auch Systeme mit Fremdauslösung, die es ermöglichen, dass ein Gruppenmitglied (z.B. der Bergführer) oder jeder Teilnehmer die Airbags aller Mitglieder auslösen kann. In Tests haben sie sich sehr gut bewährt. Nach einer Analyse von 86 dokumentierten Lawinenunfällen haben 95 % der Personen mit einem Lawinen-Airbag überlebt, aber auch mit dem Airbag wurden rund 40 % der Betroffenen vollständig verschüttet. Sie blieben jedoch nahe der Oberfläche liegen und konnten so schneller geborgen werden. Hundertprozentige Sicherheit können auch Airbags nicht bieten. Man sollte sich daher auch damit nicht in Risikozonen begeben.

Riskante Passagen

Nicht immer lässt es sich vermeiden, Hangabschnitte zu überqueren, an denen ein geringes Risiko besteht. Dabei sollte man Folgendes beachten:

- Lawinengefährdete Hänge **nie allein** überqueren!
- Bevor man den Hang betritt, sollte man versuchen, das **Risiko abzuschätzen** und zu beurteilen, ob es so gering ist, dass die Verhältnisse eine Querung rechtfertigen. Dabei sollte man nicht nur abschätzen, ob sich eine Lawine lösen könnte, sondern auch was passieren wird, falls eine Lawine abgeht. Wenn der Hang kurz und die Wahrscheinlichkeit, tief verschüttet zu werden, gering ist, muss ein erfahrenes Gruppenmitglied entscheiden, ob das Risiko zu verantworten ist. Ist der Hang hingegen lang, verengt sich durch seitliche Hindernisse, führt gar über Steilabfälle und Felsklippen oder endet zwischen Felsblöcken und Bäumen, so ist das Risiko entschieden zu groß.
- Entschließt man sich zu einer Überquerung, sollten die Mitglieder einer Gruppe den gefährdeten Abschnitt **einzeln passieren,** während alle übrigen ihn beobachten, um im Falle eines Unglücks sofort zu wissen, wo sie suchen müssen.
- Tragen Sie beim Überqueren eines gefährdeten Hanges ein auf Senden gestelltes **Suchgerät** oder ein **Lawi-**

nenseil (s.o.). Das erhöht die Aussichten, im Falle eines Unglücks rechtzeitig geborgen zu werden.

- Nehmen Sie vor der Überquerung die Hände aus den Schlaufen der **Skistöcke,** lösen Sie die **Fangriemen** und öffnen Sie den **Hüftgurt** des Rucksacks, um alles sofort abwerfen zu können, falls Sie von einer Lawine erfasst werden.
- Schließen Sie die **Kleidung,** setzen Sie die Kapuze auf, ziehen sie die Handschuhe an etc. Die Überlebenschancen in einer Lawine sind höher, wenn kein Schnee in die Kleidung eindringen und den Körper rascher auskühlen kann.
- Zonen, in denen **Lawinen ausgelöst** werden können, meiden und lieber oberhalb oder notfalls auch unterhalb gehen. Die meisten Opfer haben erfahrungsgemäß ihre Lawine selbst ausgelöst.
- Nutzen Sie Strecken mit **natürlichen Hindernissen,** die notfalls Schutz bieten, z.B. große Felsblöcke, Vorsprünge, Erhöhungen, Wälle oder Baumgruppen. Skifahrer steuern hangab möglichst rasch von einer „Sicherheitsinsel" zur nächsten.

Verhalten während eines Lawinenabgangs

- **Laut rufen,** um die anderen Gruppenmitglieder zu warnen und auf sich aufmerksam zu machen. Können andere das Lawinenopfer im Auge behalten, so sind die Chancen für eine rasche Bergung wesentlich höher.
- **Skistöcke, Rucksack, Schneeschuhe** etc. sofort abwerfen.
- Durch **kräftige Schwimmbewegungen** kann man besonders in Pulverschneelawinen versuchen, sich an der Oberfläche zu halten und zum Rand der Lawine vorzuarbeiten. In einer großen Lawine wird das kaum möglich sein, aber in einer kleineren kann es das Leben retten.
- Auf Skiern kann man sich u.U. durch eine **schnelle Abfahrt** auf eine „Sicherheitsinsel" (s.o.) retten. Achtung: Pulverschnee-Lawinen sind viel schneller als der beste Skifahrer. Trotzdem möglichst lange auf den Beinen (und damit an der Oberfläche) halten!
- Bieten **Büsche oder Bäumchen** Halt, so versucht man, sich daran festzuklammern und an der Oberfläche zu bleiben, bis die Lawine vorüber ist. In großen Lawinen ist das natürlich schwierig.
- Wird man unter dem Schnee begraben, versucht man mit Händen und Armen den Schnee aus Mund und Nase fernzuhalten und vor dem Gesicht einen **Luftraum** zu schaffen, bevor die Lawine zum Stillstand kommt. Sobald der Schnee sich nicht mehr bewegt, ist er oft so festgepackt, dass man förmlich darin einzementiert ist.
- Ist man verschüttet, so muss man versuchen, **Panik** zu **vermeiden.** Jede Anstrengung führt dazu, dass der Luftvorrat schneller verbraucht ist, und verkürzt dadurch die Überlebensdauer. Reglos und möglichst entspannt auf Hilfe zu warten ist meist das Beste – wenngleich das natürlich leichter gesagt als getan ist!
- Nur in lockerem, trockenem Schnee kann es möglich sein, sich **selbst zu**

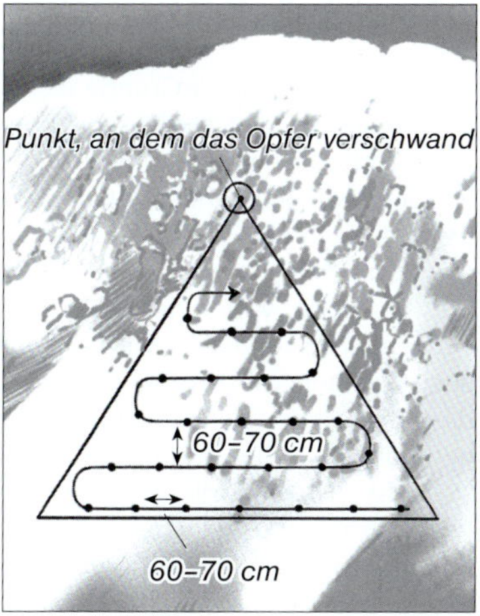

Suche nach Verschütteten

befreien. Stellen Sie aber in diesem Fall sicher, dass Sie auch tatsächlich in Richtung Oberfläche graben und nicht nach unten. Durch den ringsum gleichmäßigen Druck in den Schneemassen kann man leicht die Orientierung verlieren!

Bergung Verschütteter

Gehören Sie zu einer Gruppe, die sich außerhalb der Gefahrenzone befindet, während jemand verschüttet wird, so liegt es wesentlich an Ihnen, ob Ihr Gefährte überlebt. Rasches Handeln ist jetzt wichtig! Laut Statistik bestehen 50 % Überlebenschancen, wenn der Betroffene innerhalb einer Stunde geborgen wird. Spätestens nach zwei Stunden nehmen die Überlebenschancen rapide ab. Beachten sie folgende Punkte:

- **Beobachten** Sie den von der Lawine Erfassten und merken Sie sich die Stelle, an der Sie ihn zuletzt gesehen haben.
- **Weitere Lawinengefahr** beachten und nach einem Fluchtweg für den Notfall Ausschau halten.
- Die **Stelle markieren,** an der man das Opfer zuletzt gesehen hat, z.B. mit einem Skistock. Das verkleinert den Bereich, in dem man zunächst suchen muss, und beschleunigt die Rettung.
- Zunächst rasch die **Oberfläche** unterhalb der markierten Stelle nach Anzeichen absuchen (Lawinenseil, Rucksack, Ski, Stöcke, Mütze etc.) und auch diese **Fundstellen markieren.**
- Selbst **wenn Sie allein sind** (Zweiergruppe oder alle anderen sind verschüttet), sollten Sie zunächst **mit eigenen Mitteln** eine Bergung versuchen, bevor Sie Hilfe holen. Es ist möglich, dass jemand bewusstlos unter einer dünnen Schneedecke liegt und erstickt oder erfriert, bevor Hilfe kommt.
- Wenn es voraussichtlich **länger als zwei Stunden** dauern würde, bis ein Rettungsteam einsatzbereit ist, sollten sich alle auf die Suche konzentrieren. Andernfalls kann einer Hilfe holen, während die anderen suchen.
- Zunächst **am unteren Rand der Lawine** sowie in der Nähe von Hindernissen (Felsen, Bäume) mit Hilfe eines langen Stockes den Schnee absuchen. Dabei ist stets die Gefahr **weiterer Lawinen** zu bedenken.

• Findet man das Opfer dort nicht, so sucht man eine **dreieckige Fläche** ab, deren Spitze der Punkt bildet, an dem man das Opfer zuletzt gesehen hat. Mit einem langen Stock sondiert man systematisch die gesamte Fläche so tief wie möglich und in Abständen von 60–70 cm (wie in der Skizze gezeigt).
• Die Suche sollte so lange wie möglich fortgesetzt werden – selbst nach 24 Stunden können noch geringe Aussichten auf Rettung bestehen.

Erste Hilfe bei Lawinenopfern

Haben Sie einen Verschütteten geborgen, so kontrollieren Sie sofort die Atmung. Bei Lawinenopfern kommt es infolge des Sauerstoffmangels oft nach kurzer Zeit zu einem **Atemstillstand.** In diesem Fall muss der Betroffene sofort beatmet werden – sobald der Kopf freigelegt ist. Atmet er noch oder wieder selbstständig, muss die Atmung noch über einige Zeit ständig kontrolliert werden.

Opfer, die länger als einige Minuten verschüttet waren, leiden meist auch an **Unterkühlung** (Behandlung siehe dort) und bei längerer Dauer evtl. auch an **Erfrierungen** (s. dort).

Lawinenwarndienste

Internetadressen und Telefonnummern der Ansagedienste für europäische Gebirgsregionen finden Sie im Anhang. Darüber hinaus sollte man nach Möglichkeit bei örtlichen Stellen wie Polizei oder Liftbetreibern Informationen über die lokalen Besonderheiten des jeweiligen Tourengebietes einholen.

Schneeblindheit

Schneeblindheit ist im Grunde nichts anderes als ein UV-Schaden (also Sonnenbrand) der Bindehaut der Augen. Sie wird – wie der Sonnenbrand – verursacht durch zu starke Einwirkung von Sonnenlicht auf das Auge, wenn die Strahlung von einer Eis- oder Schneefläche reflektiert wird – oder auch von einer Wasseroberfläche. Da die Intensität der UV-Strahlung mit zunehmender Höhe in den Bergen steigt, ist auch das Risiko umso größer, je höher man steigt. Dabei spielt vermutlich die Höhe eine größere Rolle als der Schnee selbst.

Symptome von Schneeblindheit

Wie beim gewöhnlichen Sonnenbrand werden die ersten Symptome einer Schneeblindheit oft erst **Stunden nach der Schädigung** spürbar: Empfindlichkeit der Augen gegen Licht, Tränenbildung, Kopfschmerzen, kratzendes und/oder brennendes Gefühl beim Blinzeln (als hätte man Sand unter den Lidern), starke Augenschmerzen, Wahrnehmen von Lichtkreisen und schließlich das Nachlassen der Sehkraft bis zum vorübergehenden völligen Erblinden.

Vermeiden von Schneeblindheit

Da Schneeblindheit ohne warnende Vorzeichen auftritt, sollte man bei Wanderungen über offene Schnee- und Gletscherflächen eine **Gletscherbrille** tragen oder zumindest eine gute Sonnenbrille (die UV-Strahlen herausfiltert!) – selbst wenn der Himmel

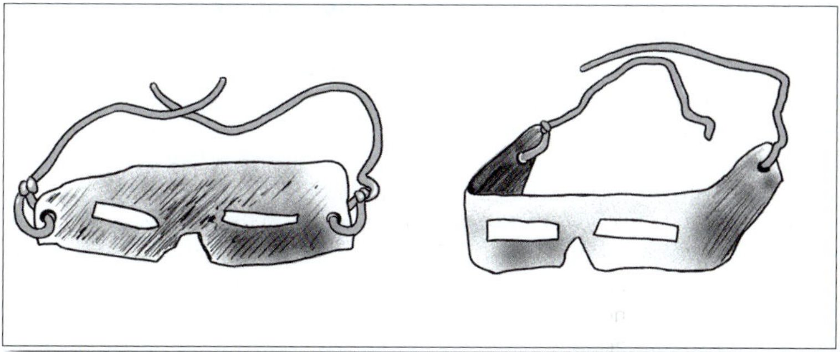

leicht bedeckt ist. Das ist umso wichtiger, je höher man sich über dem Meer befindet.

Hat man keine geeignete Brille dabei, kann notfalls ein breitkrempiger Hut helfen, den man tief ins Gesicht zieht. Besser ist eine **improvisierte Schneebrille** aus Karton, Rinde o.Ä., in die man schmale Sehschlitze schneidet, wie in der Skizze oben gezeigt. Da dies aber auch das Sichtfeld drastisch einschränkt, ist es wirklich nur ein Notmittel, das schon deutlich in Richtung „Survival-Spielerei" geht.

Erste Hilfe bei Schneeblindheit

Schneeblindheit an sich ist meist nicht gefährlich, aber sie ist sehr schmerzhaft, und der Verlust der Sehkraft sowie möglicherweise daraus folgende Panik können zu einem erheblichen Risiko führen. Besonders natürlich für Einzelwanderer.

Improvisierte Schneebrillen

Spätestens bei den ersten Symptomen – wenn die Augen empfindlich werden, brennen oder tränen – müssen sie vor weiterem UV-Licht (und evtl. vor Licht überhaupt) geschützt werden. Da man in den betreffenden Regionen meist nicht einfach in den Schatten gehen kann, ist es am besten, man stellt das Zelt auf und legt sich in den Schlafsack. Bei stärkeren Symptomen muss man evtl. die Augen ganz verbinden. Die Schmerzen können durch kalte Kompressen und Aspirin etwas gelindert werden. Ist kein Aspirin im Rucksack, so erfüllt ein Sud von Weidenrinde den gleichen Zweck. Bei rechtzeitigem UV-Schutz erholt man sich von Schneeblindheit meist innerhalb von 18–24 Stunden, und die Sehkraft kehrt zurück. Wer einmal unter Schneeblindheit gelitten hat, ist danach anfälliger dafür. Bisher habe ich weder bei mir selbst (obwohl ich viel im Winter unterwegs bin und fast nie eine Sonnenbrille trage) noch bei Gefährten Symptome von Schneeblindheit erlebt.

Höhenkrankheit

Bei Wanderungen in hohen Gebirgslagen ist **ab Höhen von ca. 2000–3000 m** mit Symptomen von Höhenkrankheit zu rechnen. Die Abnahme des Sauerstoffgehaltes und des Luftdrucks in diesen Höhen hat eine Vielzahl unterschiedlicher Auswirkungen auf Atmung, Kreislauf, Blutzusammensetzung und -konsistenz sowie auf das vegetative Nervensystem.

Symptome

Äußerlich wahrnehmbare Symptome der Höhenkrankheit sind:

- beschleunigte und tiefere Atmung
- Blässe
- Unruhe, Gereiztheit, Schwindelgefühl
- Kopfdruck, Schlafstörungen
- Appetitmangel, Brechreiz
- Hitze-, Kältegefühl
- Herzklopfen, Schweißausbruch
- Atemnot
- verminderte Urteilsfähigkeit

Die Auswirkungen der Höhenkrankheit werden verstärkt durch körperliche Belastung, Hitze, Kälte und Wetterumschwünge. Höhenkrankheit kann nicht – wie manche glauben – durch Willenskraft bezwungen werden. Verschiedene Personen reagieren sehr unterschiedlich. Auf einer Höhe, von der die eine Person noch gar nichts spürt, kann eine andere bereits starke Symptome zeigen. Dabei scheint die körperliche Konstitution – ob einer durchtrainiert ist oder nicht – nur eine geringe Rolle zu spielen.

Oft wird die Gefahr der Höhenkrankheit gefährlich unterschätzt. Ignoriert man ihre Symptome, so kann sie zu Bewusstlosigkeit und zum Tod führen.

Maßnahmen

Höhenkrankheit kann bisher mit Medikamenten weder vermieden noch behandelt werden. Die einzige Therapie besteht in der künstlichen **Zufuhr von Sauerstoff** oder besser noch im Abstieg auf **geringere Höhen.**

Die einzig wirksame Vorbeugung besteht darin, dass man sich **allmählich an die zunehmende Höhe gewöhnt:** nicht zu hoch und erst einige Tage nach Eintreffen am Ausgangspunkt starten, langsam steigen, nur allmählich die Belastung steigern, Ruhetage einlegen.

Treten erste Symptome auf: nicht höher steigen und Ruhetag einlegen. Verstärken sich die Symptome dennoch, so bleibt nur der Abstieg auf geringere Höhen. Da man bei starken Symptomen vielleicht nicht mehr dazu in der Lage ist, aus eigener Kraft abzusteigen, ist es wichtig, auf die ersten Anzeichen zu achten und sofort richtig zu reagieren.

Bei Verdauungsstörungen aufgrund der Höhenkrankheit – oder auch aus anderen Gründen – sollte man die Nahrung möglichst auf Kohlenhydrate beschränken (s. hierzu auch Kapitel „Proviant“).

Gewitter und Blitzschutz

(Siehe Kapitel „Wetter“.)

Bären und andere „Schrecken der Wildnis"

Da wären wir also endlich bei einem Thema gelandet, auf das vielleicht viele schon seitenlang gespannt lauern. Oder haben Sie am Ende gar das halbe Buch übersprungen und rasch vorausgeblättert?

„Ha! Jetzt wird's spannend!", wird mancher denken. „Jetzt kommen die Gruselstories!" Sorry, ich muss Sie enttäuschen. Ihre Chancen, von einem Blitz getroffen zu werden, sind ein Vielfaches höher, als die, von einem Bären angefallen zu werden. Und **Wölfe** sind sogar so scheu, dass Sie von Glück sagen können, wenn Sie überhaupt je einen zu Gesicht bekommen. Einem Wildnisreisenden werden sie ganz sicher nicht gefährlich. Sie müssten schon extrem desperat sein, ehe sie einen Menschen bedrohen.

Trotz allem kreist die Fantasie der meisten Nordlandreisenden ebenso unvermeidlich um die **Bären** wie die Fliegen um den Misthaufen. Wer könnte behaupten, dass er nie abends im Zelt gelegen und mit mehr oder weniger beschleunigtem Puls an die Bären „da draußen" gedacht hätte? Mir geht es selbst nicht anders, seit mir ein Grizzly in meine Blockhütte eingestiegen ist und ich wochenlang aus Dosen gelebt habe, die bei dieser Begegnung erschreckende Bisslöcher abbekommen hatten. Und das, obwohl ich natürlich weiß, dass Bären statistisch gesehen weniger gefährlich sind als Gewitterblitze – und viel weniger als Automobile. Aber was hilft mir alle Statistik, wenn ich nachts in meinem Zelt liege, und draußen knackt es so verdächtig?! Wenn mir ein Grizzly durch die Zeltwand guckt, kann ich ihm doch nicht mit Statistik kommen!

Tatsächlich geht es in jedem zweiten oder dritten Brief, den mir Leser schreiben, um Bären. Bären und immer wieder Bären. Und als mich vor einigen Jahren im Herbst ein brünstiger Elchbulle durch den Wald trieb und bis zu meiner Hütte verfolgte, dachte ich: Gottseidank kein Grizzly! Obwohl ich ganz genau weiß, dass viele Trapper und Buschsiedler **Elche** für gefährlicher halten als Bären.

Da nun aber die Bären ein solches Reizthema sind und wohl auch mehr Wildnisreisende einem Bären begegnen werden als einem Tiger, Nashorn oder Büffel (und nicht zuletzt, weil ich über die Bären auch ein bisschen mehr weiß als über Tiger und Nashörner), möchte ich sie hier als Beispiel herausgreifen. Viele der wesentlichen Grundregeln für das Verhalten gegenüber „wehrhaftem Großwild" werden für alle Tierarten ähnlich sein, wenngleich es selbstverständlich auch eine ganze Reihe von Besonderheiten zu beachten gibt, die bei einem Nashorn, Gorilla oder Tiger sicher andere sind als bei einem Bären. (Schon die Unterscheide zwischen Schwarz- und Braunbären sind beträchtlich.) Aber wer begegnet bei seinen Wanderungen schon einem Tiger oder einem Gorilla?! Wer tatsächlich damit rechnet, der muss sich zusätzlich aus anderen Quellen informieren.

Zwischen Panik und Plüschtier-Leichtsinn

Der Mensch ist schon ein sehr unberechenbares Tier und neigt zu extremen Verhaltensweisen. Die einen schildern die Gefahren durch Bären (und andere „Bestien") in den blutigsten Farben und spielen das Thema so hoch, dass sie sich selbst kaum mehr aus dem Auto trauen, nur weil in hundert Meilen Umkreis irgendwo eins dieser Tiere sein Wesen treibt. Die anderen sind verrückt genug, um Grizzlies und ausgewachsene Bisons wie Plüschtiere oder Figuren aus Disneyland zu behandeln.

Panik ist genauso fehl am Platze wie mangelnder – oder gelegentlich gar vollkommen **fehlender Respekt.** In Alaska hat mir ein Ranger erzählt, dass dort Eltern allen Ernstes versucht haben, ihre kleinen Kinder auf einen (lebenden!) Grizzlybären zu setzen, um sie für das Familienalbum zu fotografieren. Im Yellowstone-Nationalpark versuchte jemand dasselbe Kunststück mit Büffeln. Und wenn dann – wie jedes Jahr ein paarmal – so ein alter Grummelbüffel ausrastet und diese lästigen Fotomodelle mit einem kurzen Kopfstoß in ihre Schranken weist (bzw. über den Fotografen hinwegschleudert), dann schreit man: Gefährliche Bestien! So nicht! Wer seine natürlichen Instinkte nicht ganz und gar verloren hat, verhält sich gegenüber Bären und anderen Wildtieren **angstfrei, aber respektvoll.** Und wenn er zusätzlich noch einige grundlegende Dinge über das Verhalten dieser Tiere weiß, ist dies die beste Lebensversicherung.

Waffen ja oder nein?

Auf meinen Touren in Kanada habe ich viele Kanuten getroffen, die zur „Sicherheit" ein **Gewehr** dabei hatten (darunter sogar Kleinkalibergewehre!) –, und wenn man auf das Thema Bären kommt, fragt fast jeder, ob er nicht eine Waffe mitnehmen sollte – falls er die Frage nicht schon für beantwortet hält und nur noch wissen will, was für ein Gewehr.

In neunundneunzig von hundert Fällen kann ich nur dringend raten: Um Himmelswillen nein! Fast immer würde das Gewehr eine **erheblich größere Gefahr** darstellen als alle Bären zusammen. Denn ein verwundeter Bär ist ein wirklich gefährlicher Bär. Und ein angreifender Grizzly kann – selbst wenn man ihm das ganze Magazin in den Leib gefeuert hat – den Schützen noch filetieren. Alaskaner und Kanadier, die sich im Busch auskennen, gehen zwar höchst selten ohne Gewehr in die Wildnis, aber sie verstehen mit dem Gewehr umzugehen und damit zu treffen, und sie kennen die Bären. Unter diesen Voraussetzungen und wenn man sich außerdem so weit unter Kontrolle hat, dass man bei einem Bärenangriff nicht zu früh schießt (oft genug ist es nämlich nur ein Scheinangriff!), dann kann ein Gewehr zusätzliche Sicherheit bieten. Aber nur dann!

Bärenknaller und Pfefferspray

Es gibt recht wirksame Mittel, um sich zu neugierige oder aggressive Bären (oder sonstige Tiere) auch ohne Waffeneinsatz vom Leib zu halten. Sie sind **einfach zu handhaben,** relativ ungefährlich und für die Tiere nicht dauerhaft schädlich.

Bärenknaller gibt es in recht unterschiedlicher Form. Am einfachsten zu handhaben sind die sogenannten **True Flare Bear Banger:** eine Kombination aus **Knallkörper und Signalrakete,** die mit einer kleinen, an einen Kugelschreiber erinnernden Vorrichtung abgeschossen werden und etwa 35 m weit fliegen. Man zielt damit nicht auf das Tier, sondern schießt in die Luft oder auf den Boden davor oder daneben. Die *Bear Banger* verursachen einen sehr lauten Knall und können zudem als Signalrakete *(Flare)* eingesetzt werden. Bei trockenem Wetter ist allerdings zu beachten, dass sie einen Waldbrand verursachen können. Die Bärenknaller dienen in erster Linie dazu, weiter entfernte Bären **abzuschrecken,** und eignen sich weniger als Schutz bei einem Angriff.

Bei **direkten Angriffen** oder wenn Bären (oder andere Tiere) zu nahe kommen, schützt man sich mit Bären- oder Pfefferspray. Es enthält einen äußerst **scharfen Pfeffer-Wirkstoff** (Oleoresin Capsicum), der selbst auf der Haut heftig brennt. Die Wirkung auf den Schleimhäuten von Nase, Augen und Mund ist noch stärker, sodass vorübergehende Sehstörungen und Atembeschwerden auftreten können. Das Mittel wird auf Knopfdruck versprüht (entweder als Strahl oder als breit gestreuter Nebel) und reicht etwa 5–10 m weit. Dabei ist zu beachten, dass man möglichst nicht gegen den Wind sprühen sollte! Die zur Bärenabwehr geeigneten Sprays enthalten etwa 225 oder 325 g des Mittels und sprühen 5–8 Sekunden lang (der Einsatz kann unterbrochen und wieder gestartet werden). Nach Ansicht vieler Experten gelten diese Sprays als die besten und **wirksamsten Mittel zur Bärenabwehr.**

Beachten Sie allerdings, dass Sie Bären nicht von Lebensmitteln abhalten, indem Sie den Pfeffer darum herum versprühen. Im Gegenteil: der Duft kann Bären anlocken! Außerdem ist zu bedenken, dass das Spray nicht im Flugzeug transportiert werden darf. Sie müssen es also vor Ort kaufen und dort auch zurücklassen.

Bär ist nicht gleich Bär

Zunächst kommt es darauf an, wo man einem Bären begegnet. Die Bären in **Lappland** beispielsweise sind nach meinen Erfahrungen so scheu, dass man sie nur selten zu Gesicht bekommt. In jedem Fall sollte man den Braunbären Lapplands mit dem gleichen Respekt begegnen wie einem alaskanischen Grizzly. Das gilt auch für die in den letzten Jahren wieder zahlreicher werdenden Braunbären in Slowenien und in anderen Ländern Europas.

Zu einer ernsten Bedrohung wurden die Bären eine Zeit lang in einigen **Nationalparks Amerikas.** Dort waren sie ständig mit Menschen in Berührung gekommen, hatten ihre natürliche Scheu verloren und waren jahrelang sogar regelrecht gefüttert worden. Also haben die gelehrigen Tiere dort den Menschen in erster Linie als Futterlieferanten betrachtet und entwickelten ein unglaubliches Genie, wenn es darum ging, an den Proviant der Camper heranzukommen – ob er nun vor dem Zelt lag, im Kofferraum eingeschlossen war oder vorschriftsmäßig in den Bäumen hing. Das half alles nichts. Und wenn sie bei ihrer Futtersuche von Menschen gestört wurden, konnten die Burschen sehr ungemütlich werden. Die Zeiten, in denen Bären in den Nationalparks offiziell gefüttert wurden, sind allerdings längst vorbei. Trotzdem gibt es hin und wieder „verdorbene" Bären, die ihre Scheu gegenüber dem Menschen verloren haben und ihn als Futterquelle betrachten. Warum? Weil Camper ihre Lebensmittel unachtsam herumliegen ließen oder essbare Abfälle im Camp zurückließen! Solche Bären sind immer potenziell gefährlich.

Bären in **entlegenen Wildnisgebieten** hingegen werden dem Menschen in den allermeisten Fällen aus dem Weg gehen (wenngleich sie nicht gerade Hals über Kopf davonrennen), sofern man ihnen einen Ausweg dazu lässt. Allerdings habe ich mich einem am Ufer Beeren fressenden Bären mit dem Kanu (auf tiefem Wasser!) auch schon auf vielleicht 15 m genähert, ohne dass er große Notiz von mir genommen hätte. Und was das Provianträubern angeht, sind die „Wildnisbären" in der Regel ein ganzes Stück naiver als ihre Artgenossen vom Campground. Aber alle Bären lernen sehr schnell!

026ou18 Foto: sj

Schwarzbär oder Grizzly?

Zunächst und vor allem ist es wichtig, zu wissen, was für einen Bären man vor sich hat. Zwar haben besonders akribische Zoologen allein in Nordamerika Dutzende verschiedener Unterarten allein des Braunbären unterschieden, aber für den Wanderer genügt es meist, wenn er weiß, ob er einen Schwarzbären oder einen Braunbären vor sich hat. Die beiden Arten sind allerdings nicht – wie der Name ja vermuten lassen könnte – zuverlässig an der Farbe ihres Felles zu unterscheiden!

Schwarzbären (auch **Baribal** genannt) sind keineswegs immer schwarz – manche haben ein zimtfarbenes bis braunes Fell (der legendäre „Gletscherbär" spielt ins Bläuliche), und in einer Küstengegend von British Columbia gibt es sogar weiße Schwarzbären (keine Albinos!). Je trockener die Gegend, desto häufiger ist eine helle Färbung. Im Vergleich zu Braunbären haben sie jedoch einen länglicheren Schädel, eine weniger deutlich abgesetzte Schnauze und keinen Schulterhöcker. Es kann jedoch aussehen, als hätten sie einen Schulterhöcker, wenn sie den Kopf gesenkt halten. Ihre Spuren sind daran zu erkennen, dass die Krallenabdrücke näher bei den Zehen liegen (kürzere Krallen), die Zehen mehr bogenförmig angeordnet sind und einen klaren Abstand voneinander haben.

Grizzlybär in Alaska

Schwarzbären leben in fast allen bewaldeten Gebieten Nordamerikas. Sie haben in der Regel deutlich mehr Respekt vor dem Menschen und sind im Allgemeinen kleiner – aber auf beides kann man sich nicht mit Sicherheit verlassen. Bärinnen dieser Spezies neigen viel weniger dazu, ihre Jungen zu verteidigen, als Grizzlymütter. Bei plötzlichen Konfrontationen neigen die „Blackies" deutlich seltener zum Angriff als die Grizzlies, und bei tatsächlichen Attacken durch Schwarzbären kommen die Opfer meist mit relativ leichten Wunden davon. Schwarzbären in der Nähe von Campingplätzen, die sich das Proviantträubern angewöhnt haben, werden dadurch deutlich weniger aggressiv als Grizzlies. Durch Schwarzbären sind erfahrungsgemäß vorwiegend Kinder und kleinere Personen gefährdet, obwohl ein Schwarzbär natürlich mühelos einen starken erwachsenen Mann töten kann, was auch schon vorgekommen ist.

Braunbären (in Nordamerika **Grizzlies** oder Alaska-Braunbären = **Kodiakbären** genannt) haben einen deutlichen Schulterhöcker und eine kurze, von der Stirn klar abgesetzte Schnauze. Die Farbe ihres Fells kann zwischen dunkel bis fast schwarz, gelbbraun und gräulich variieren. Bei ihren Spuren liegen die Krallenabdrücke deutlich weiter vor den Zehen als bei Schwarzbären (längere Krallen), die Zehen liegen eng nebeneinander (meist ganz ohne Abstand) und sind eher in einer geraden Linie angeordnet.

Grizzlies sind wesentlich seltener als Schwarzbären. Sie leben in Bergregio-

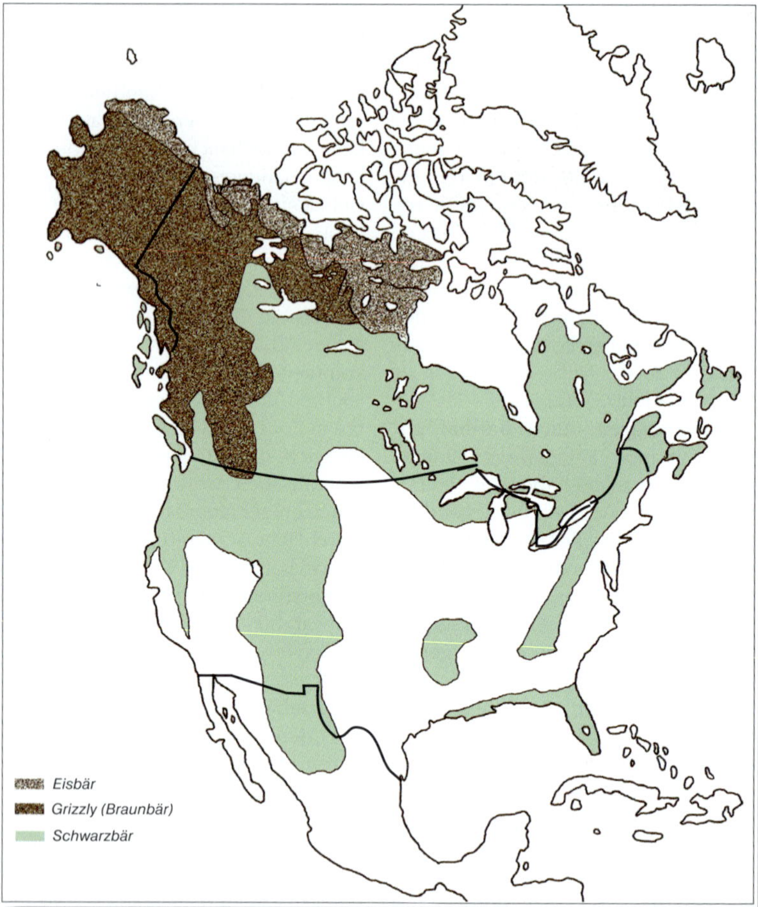

Verbreitungsgebiet der Bären in Nordamerika

nen im westlichen und nordwestlichen Kanada (Yukon, BC) und in Alaska sowie in einzelnen isolierten Gebieten in und um die Nationalparks von Montana, Wyoming und Idaho in den Rocky Mountains. Grizzlies gehen dem Menschen meist ebenfalls aus dem Weg (oft sogar bei plötzlichen Konfrontationen), sind aber unberechenbarer als Schwarzbären, haben weniger Respekt vor dem Menschen, und vor al-

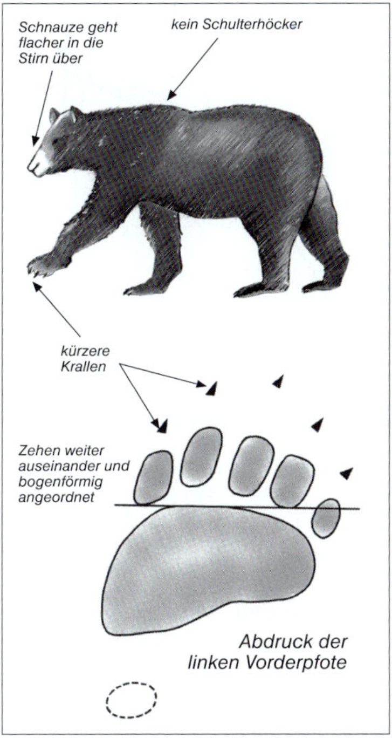

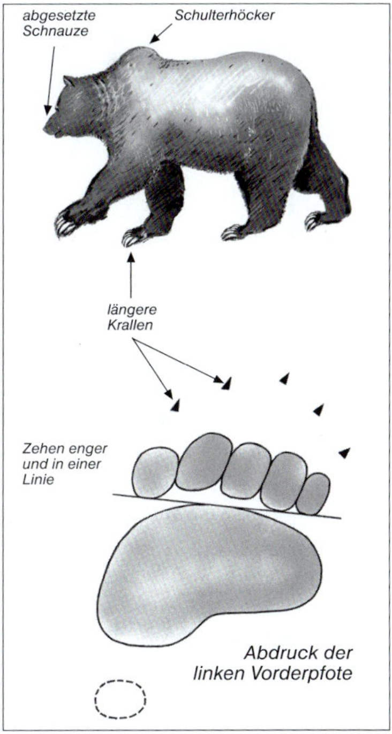

lem Grizzlybärinnen greifen viel schneller und heftiger an, um ihre Jungen zu verteidigen. Bei Attacken von Grizzlies sind schwere bis schwerste Verletzungen weit häufiger als bei Schwarzbär-Attacken. Außerdem werden Grizzlies – wenn sie in einem Camp Lebensmittel oder Abfälle finden – viel schneller aggressiv und gefährlich als die Baribals. In Grizzlygebieten sind daher stets besondere Vorsichtsmaßnahmen geboten!

Eisbären wird man als Wanderer weit seltener begegnen, sofern man nicht auf Spitzbergen unterwegs ist oder in bestimmten Gegenden der kanadischen oder alaskanischen Eismeerküste. Sie sind jedoch im Gegensatz zu allen anderen Bären nahezu reine Fleischfresser und gelten als besonders gefährlich. Vorsichtshalber sollte man sie mindestens so respektvoll behandeln wie Grizzlies. Für Touren in Gegenden mit Eisbären kann es

Schwarzbär

Braunbär (Grizzly)

durchaus ratsam sein, zur Sicherheit eine geeignete Waffe bei sich zu führen. Dass aber die Waffe allein nicht ausreicht, wurde bereits oben gesagt.

Bären und Proviant

Bären, egal welcher Farbe und Art (außer den Eisbären), sind – obwohl häufig als die „größten Landraubtiere" klassifiziert – keine raubgierigen Fleischfresser, die es ungestüm nach einem Wanderer-Lendchen gelüstet, sondern Allesfresser (wie Wildschweine und Menschen), die sich weitgehend vegetarisch sowie von Fischen und Kleinnagern ernähren. Auf Wildniswanderer haben sie meist keinen Appetit – Süßigkeiten sind ihnen viel lieber! Deshalb muss man in Bärengebieten alles, was nach Lebensmitteln riecht, mit höchster Sorgfalt behandeln.

In Gegenden, die häufiger von Menschen besucht werden, lernen die Bären sonst schnell, den Menschen als Futterquelle zu betrachten. Sie sind dann nur sehr schwer wieder davon abzubringen, und im Zweifelsfall ist ihnen jedes Mittel recht, an das begehrte Futter zu gelangen. Selbst geparkte Autos haben sie dazu schon öfter aufgebrochen, und Grizzlies haben die Kraft, selbst solide Blockhütten über den Haufen zu werfen, wenn es drauf ankommt. Bären können in einer einzigen Nacht die Lebensmittel für eine mehrwöchige Tour restlos verputzen! Ein Grizzly, der in meine Blockhütte eingebrochen ist, hat innerhalb von nur zwei Tagen die Hälfte meines Wintervorrats verschlungen – darunter allein 5 Kilo Dörrobst, 15 Kilo Zucker und an die 20 Kilo Fett!

Proviant aufhängen (in abgelegeneren Regionen wird diese Methode funktionieren; in Nationalparks hingegen haben gewitzte Bären schon gelernt, das Seil zu kappen, damit der Sack fällt!)

Viele Bärenunfälle werden dadurch verursacht, dass die Tiere zuerst durch Lebensmittel angelockt und dann durch erschrockene Camper gestört werden. Es geht also nicht nur darum, seinen Proviant zu schützen, dessen Verlust auf einer Wildnistour schon Problem genug sein könnte, sondern vor allem darum, die Bären nicht zu „verderben" – was für den Bären in den meisten Fällen letztlich den Tod bedeutet, da er gefährlich wird und abgeschossen werden muss. Denn oft genug sind nicht (nur) die fahrlässigen Camper selbst die Opfer, es kann durchaus auch vorkommen, dass völlig ahnungslose Nachfolger betroffen sind. In abgelegenen Wildnisgebieten ist das Risiko daher meist geringer als in häufig besuchten Gebieten oder auf Campingplätzen. Grizzlies können schon nach wenigen Erfahrungen dieser Art zu einer echten Gefahr für Camper und Wanderer werden, während Proviantträuber unter den Schwarzbären dadurch nicht unbedingt aggressiver werden.

Was sollte man konkret beachten?

- Um **Proviant „bärensicher"** (und im Übrigen auch geschützt vor Kleinnagern) aufzubewahren, sollte man ihn wenigstens 3–4 m hoch an einem langen Ast oder noch besser an einer Stange zwischen zwei Bäumen aufhängen wie in den nebenstehenden Skizzen gezeigt.
- Bei **Konserven** sollte man nicht meinen, dass sich das Aufhängen erübrigt. Bären zerbeißen auch die stärksten Dosen!
- Da das richtige Aufhängen nicht immer möglich und im besten Fall mühsam ist, wird es meistens doch nicht gemacht. Dann sollte man zumindest alle Lebensmittel (besonders aber die stark riechenden) in **wasserdichte Behälter** (also geruchsdicht) verpacken, um die Bären gar nicht erst anzulocken; z.B. in Bootssäcke oder Kunststoff-Container mit wasserdichten Schraubdeckeln. In manchen Nationalparks erhält man **bärensichere Container,** die selbst ein Grizzly nicht zerbeißen kann. Solche Container sind auch bei uns erhältlich (z.B. bei *Globetrotter),* aber sie sind recht teuer und so klein, dass man für längere Touren eine ganze Anzahl davon benötigt.
- **Proviant und Kochstelle** sollen sich möglichst weit vom Zelt entfernt befinden. Genaue Entfernungsangaben sind nicht möglich, aber 20 m sollten es mindestens sein. In Grizzlygebieten sind 100 m zu empfehlen.
- **Im Zelt** und seiner näheren Umgebung darf sich nichts befinden, was nach Lebensmitteln riecht – dazu gehören auch Cremes, Deos und andere Kosmetika sowie z.B. die Hose, an der man das Fischmesser abgewischt hat.
- Das **Camp stets sauber halten** und auch am Tag keine offenen Lebensmittel, Reste, Abfälle oder nicht abgewaschene Töpfe oder Essgeschirr herumliegen lassen!
- **Nach dem Kochen** und besonders nach dem Ausnehmen von Fischen auch die Hände gründlich waschen.
- **Nie im Zelt kochen** und Zelte, in denen schon gekocht wurde, nicht in Bärengebieten benutzen.

Auch für die **Beseitigung von Abfällen** gelten in Bärengebieten etwas andere Regeln als sonst:

- **Küchenabfälle** keinesfalls vergraben! In Bärengebieten werfe ich grundsätzlich alle organischen Abfälle in den Fluss. Dort können sich die Fische daran gütlich tun, und was sie übrig lassen, verkraftet ein Wildnisfluss mühelos. Besteht diese Möglichkeit nicht, kann man sie in einem starken Feuer verbrennen – dann aber gründlich! Oder man muss sie geruchsdicht in kräftige Plastiktüten einpacken und wieder mitnehmen.
- **Fischabfälle** oder sonstige organische Reste, die man weder in einen Fluss werfen noch verbrennen oder luftdicht verpacken kann, müssen mindestens einige hundert Meter vom Camp entfernt deponiert werden.
- **Töpfe, Besteck und Geschirr** sauber auswaschen; das Abwaschwasser – natürlich möglichst ohne Spülmittel – kommt ebenfalls in den Fluss oder wird mindestens 200–300 m vom Camp entfernt ausgeschüttet.
- **Konservendosen** werden im Feuer ausgebrannt und mitgenommen. Plastikverpackungen, z.B. von eingeschweißtem Speck, kann man ebenfalls verbrennen (was u.U. ekelhaft qualmt und stinkt) oder mit heißem Wasser sauber auswaschen und wieder mitnehmen.
- Auf **Campingplätzen** Abfälle niemals in die Trockentoiletten werfen, da Bären u.U. sonst die Klohäuschen zertrümmern.

Bären im Camp

Einen Schwarzbären, der ins Camp getrottet kommt, kann man u.U. dadurch **verjagen,** dass man ihn anschreit, Lärm schlägt oder mit Steinen in seine Richtung wirft (ohne ihn zu treffen!). Das hilft manchmal, allerdings ist es auch schon vorgekommen, dass sich dann gelegentlich mal einer umgedreht und zurückgeschlagen hat. Ich habe noch nie mit Steinen nach Bären geworfen. In der Umgebung von Campingplätzen und anderen Gegenden, in denen sie mit dem Menschen vertraut sind, kann man Schwarzbären gegenüber ruhig aggressiver auftreten – in entlegenen Wildnisgebieten sollte man vorsichtiger sein.

Bevor man versucht, einen Schwarzbären zu verscheuchen, muss man sicherstellen, dass es 1. tatsächlich ein Schwarzbär ist und dass er 2. einen Ausweg hat und sich nicht in die Enge getrieben fühlt. Hat er sich bereits irgendwelchen Proviant unter die Kralle gerissen, muss man auch mit einem Schwarzbären vorsichtiger umspringen. Denn nach Bärenlogik gehört das Futter dann ihm, und Sie werden ihn kaum vom Gegenteil überzeugen können. Sollten Sie es dennoch versuchen, kann es passieren, dass der Bär zu Argumenten greift, denen Sie vermutlich nicht viel entgegensetzen können!

Man sollte den Bären gut beobachten und versuchen, seine Reaktionen abzuschätzen, was allerdings bei Bären nicht einfach ist, da ihre Stimmungslage kaum im Gesicht zum Ausdruck kommt. Man kann jedoch davon ausgehen, dass ein Bär umso aggressiver ist, je flacher er seine Ohren nach hinten legt. Keinesfalls sollte man versuchen, einen Grizzly durch Steinwürfe zu vertreiben. Das ist ein ungesunder Sport!

Grizzlies lassen sich nicht ohne Weiteres verjagen. Zwei Grizzlies, die in einem Sommer über eine Stunde lang um die Hütte kreisten, weil sie es auf meinen Lachs abgesehen hatten, ließen sich jedenfalls weder dadurch beeindrucken, dass ich (stets in Sprungweite zur Tür, versteht sich) mit zwei Freunden zusammen Lärm machte, noch konnten mehrere Scheinangriffe eines guten Bärenhundes sie endgültig in die Flucht schlagen.

Wenn Sie nachts aufwachen und hören einen **Bären ums Zelt** schnüffeln, bleiben Sie ganz ruhig. Meistens ist es doch nur ein Stachelschwein! Und falls es ein Bär ist, erschrecken Sie ihn nicht durch schrille Schreie o.Ä. – er könnte Sie sonst vor lauter Schreck beschädigen! Verhalten Sie sich ruhig. Sofern Sie nichts im Zelt haben, was seinen Appetit reizt, werden Sie höchstwahrscheinlich in Ruhe gelassen. Übrigens ist man bei Übernachtungen im Zelt (obwohl es für einen Bären praktisch gesehen natürlich kein Hindernis ist) deutlich sicherer als unter freiem Himmel. Verlässt man das Camp, sollte man das Zelt offen lassen, damit ein vorbeikommender Bär hineinschnüffeln kann, ohne es zu zerfetzen.

Gefährliche Situationen und wie man sie vermeidet

In bestimmten Situationen können Bären gefährlich werden, auch ohne dass der Proviant von Campern dabei eine Rolle spielt, und sie neigen dann viel eher dazu anzugreifen als sonst. Wenn man einige Dinge beachtet, kann man diese Situationen fast immer vermeiden oder notfalls entschärfen:

Plötzliche Konfrontation

Werden Bären überrascht und fühlen sich in die Enge getrieben, so reagieren sie wie jedes Tier, das sich bedroht fühlt und nicht ausweichen kann: Sie greifen an. Selbst eine Maus würde das tun. Die meisten Bärenunfälle passieren in solchen Situationen. Selbst Grizzlies werden zwar bei überraschenden Konfrontationen in den meisten Fällen ausweichen, aber gelegentlich greifen sie dann sofort und ohne jede Vorwarnung an.

Um plötzliche Begegnungen in nächster Nähe zu vermeiden, sollte man daher bei Wanderungen im Wald oder Buschland stets genügend **Lärm** machen, damit die Tiere einen schon aus sicherer Entfernung wahrnehmen und einem ausweichen können. Das gilt besonders bei Gegenwind, in der Nähe rauschender Bäche und in Grizzlygebieten. Sonst könnte es leicht passieren, dass man ganz unerwartet einem Bären auf den Zehen steht – bzw. umgekehrt! Jeder Lärm (insbesondere schrille Laute, wie sie von Tieren in Not ausgestoßen werden) kann zwar auch neugierige Bären anlocken, aber das ist eher die Ausnahme.

Bärenglöckchen, die diesen Zweck erfüllen sollen, sind oft nicht laut genug; denn bei starkem Gegenwind und im Wald trägt der Schall nicht weit, und ein Bär, der ins Fressen vertieft ist, kann ausgesprochen unaufmerksam sein, obwohl sein Gehör sehr gut ist. Rufen Sie gelegentlich, singen oder pfeifen Sie laut oder schlagen Sie mit einem Stock oder einem Stein kräftig auf den Boden eines Kochtopfs. Sehr laut und empfehlenswert sind auch luftdruckbetriebene **Signalhörner.** Wer dauerndes Dosengeklapper oder Gejodel als störend empfindet, sollte bedenken, um wieviel störender ein wütender Grizzly werden kann!

Größere Gruppen sind erfahrungsgemäß weit weniger gefährdet als Einzelwanderer oder Zweiergruppen, wenn sie beisammen bleiben. Nur in sehr seltenen Fällen haben Bären eine Gruppe von 4–5 oder mehr Personen angegriffen.

Führende Bärin

Eine Bärin, die ihre Jungen bedroht sieht, kann natürlich sehr gefährlich werden und greift manchmal ohne Zögern an. Das gilt ganz besonders für Grizzlies, da sie erstens ihre Jungen öfter gegen männliche Bären verteidigen müssen, und weil sie zweitens häufig in offenem Gelände unterwegs sind, wo sich die Jungen nicht auf einem Baum in Sicherheit bringen können. Führende Grizzlybärinnen können selbst aus Entfernungen weit über hundert Meter sofort und blitzschnell attackieren.

Schwarzbärenmütter sind weit toleranter als Grizzlies, da ihre Jungen weniger gefährdet sind. Trotzdem sollte man vorsichtig sein und keinesfalls näher als die Bärin selbst an die Jungen herankommen oder gar zwischen Bärin und Junge geraten. Ich kenne zwar Leute, die selbst letztere Situation unbehelligt überstanden haben, aber das Risiko ist groß!

Beachten Sie unbedingt, dass Bärinnen ihre Jungen sehr lange bei sich führen, bis sie fast so groß sind wie die Mutter selbst. Wenn Sie also eine Gruppe von mehreren gleich großen Bären sehen, wird es aller Wahrscheinlichkeit nach eine Mutter mit Jungen sein.

Auch dieser Situation geht man am besten dadurch aus dem Weg, dass man sich von Weitem bemerkbar macht, damit die Bärin ihre Jungen wegführen kann, ehe es zu einer Konfrontation kommt. Befindet man sich hingegen in weitem, offenen Gelände und kann die Tiere bereits auf größere Entfernung sehen, ohne dass sie einen bemerkt haben, dann ist es eindeutig besser, sich rasch und vorsichtig zurückzuziehen und die Bären nicht auf sich aufmerksam zu machen (Windrichtung beachten!).

Ein Grizzly kann sich durchaus auch auf eine Entfernung von weit über hundert Metern bedroht fühlen und entwickelt beim Angriff eine so enorme Geschwindigkeit, dass er den Störenfried in Sekundenschnelle erreicht.

Gezielte Annäherung

Vor allem Fotografen machen immer wieder den Fehler, auf Bären zuzugehen, um bessere Bilder zu kommen. Bei Schwarzbären ist das schon riskant genug, aber bei Grizzlies gleicht es einem russischen Roulette mit nur einer leeren Kammer! Erfahrene **Wildfotografen** arbeiten mit sehr langen Brennweiten. Falls Sie sich den Bären nähern wollen, dann sorgen sie zumindest dafür, dass die Tiere lange vorher ihre Anwesenheit bemerkt haben und wissen, was sie vor sich haben. Und sie pirschen sich nicht an die Bären heran, sondern gehen langsam und offen auf sie zu, aber nicht in direkter Linie. Trotzdem sind auch professionelle Wildfotografen schon öfters von ihren Motiven angefallen und sogar getötet worden.

Der einzig sinnvolle Rat: **Nähern Sie sich nie einem Bären,** ganz gleich wie friedlich er wirkt. Und einem Grizzly keinesfalls näher als auf 100 m (das kann schon zu nah sein!). Grizzlies haben schon aus Entfernungen von über 150 m sofort angegriffen!

Futter

Ein Bär, der sich an oder nahe seiner Futterstelle befindet, ist verständlicherweise immer gefährlicher als ein Bär auf Futtersuche. Dabei ist es unerheblich, ob es sich um ein totes Elchkalb handelt oder um Ihren ursprünglichen Proviant. Weniger kritisch ist die Lage, wenn der Bär dabei ist, Beeren zu fressen (das ist dann eher Futtersuche). Wer aber auf seinen Wanderungen in einem Bärengebiet **Aasgeruch** wahrnimmt, sollte tunlichst sofort den Rückwärtsgang einlegen. Vermutlich befindet sich ein Bär in der Nähe.

Territorium

Ein Bär (insbesondere ein Grizzly), der glaubt, sein Territorium verteidigen zu müssen, kann ebenfalls zum Angriff neigen, wenn man ihm nicht rasch ausweicht. Die weiblichen Tiere beider Spezies haben mehr oder weniger klar abgegrenzte Reviere. Unfälle, die diese Ursache haben, sind zwar wesentlich seltener als die oben genannten, aber wer in Grizzlygebiet unterwegs ist, sollte es unbedingt vermeiden, auf oder direkt neben Pfaden zu übernachten, die an Flussufern entlang verlaufen. Das sind meistens Bärenwechsel, die von Grizzlies auf ihren nächtlichen Streifzügen benutzt werden. Und die Bären können sehr erbost reagieren, wenn man ihr Territorium so unverfroren verletzt.

Auf **Kanutouren** sollte man besonders zur Lachszeit im Juli/August lieber **auf Inseln zelten** als am Flussufer. Bären kommen zwar auch auf die Inseln, aber nicht so oft, während entlang dem Ufer teils ganze „Highways" ausgetreten sind! Schmale, flache und schnell fließende Gewässer sollte man zur Lachszeit möglichst gar nicht befahren, da man sonst vielleicht um eine Biegung kommt und sich inmitten einer Bärenfamilie wiederfindet!

Halbstarke

Halbwüchsige Bären, besonders Grizzlies, können sich einem Zelt oder Menschen aus purer Neugier nähern und dadurch gefährlich werden. In diesem Falle kann lautes Rufen und Armefuchteln die richtige Reaktion sein, um den Bären einzuschüchtern. Man sollte sich jedoch sicher sein, dass es sich um einen halbwüchsigen Bären handelt, und im Zweifelsfalle lieber den Rückzug antreten - besonders wenn sich ein Baum, ein Fahrzeug oder eine Hütte als Schutz anbietet. Besteht keine Fluchtmöglichkeit und ein Bär kommt langsam auf einen zu, so ist Lärmschlagen und Fuchteln meistens die richtige Lösung (s.u.).

Verhalten bei Bärenbegegnungen

Wenn man trotz aller Vorsichtsmaßnahmen bei einer Wanderung plötzlich einem Bären gegenübersteht, kann man in vielen Fällen durch richtiges Verhalten eine Attacke verhindern oder zumindest ihre Folgen mildern. Allerdings ist es unmöglich, allgemein gültige Regeln aufzustellen, da die Bären individuell zu verschieden sind und sehr unterschiedlich reagieren. Alle Ratschläge in diesem Abschnitt haben daher lediglich „Wahrscheinlichkeitswert", und ich kann keinerlei Garantie dafür übernehmen, dass sie bei jedem Bären und in jeder Situation zum Erfolg führen. Ein Grizzly kann, wenn man ihn anbrüllt, sofort die Flucht ergreifen oder aber den Brüller! Die Erfahrung hat jedoch gezeigt, dass in den meisten Fällen ein Anbrüllen nicht ratsam ist.

Auf jeden Fall muss man sich bei solchen Begegnungen darüber im Klaren sein, dass stets der Bär die Vorfahrt hat - denn er war zuerst da (und außerdem ist er der Stärkere)!

Folgende Situationen sind denkbar:

Der Bär hat Sie noch nicht bemerkt

Dann ist es fast immer am besten, sich leise, rasch und unbemerkt zurückzuziehen und einen weiten Bogen zu schlagen (Windrichtung beachten!). Ist der Bär nahe und ein unbemerkter Rückzug schwierig, sieht man sich am besten nach einem geeigneten Baum um und versucht, ihn geräuschlos zu erklimmen.

Der Bär hat Sie bemerkt und richtet sich auf

Wenn sich ein Bär aufrichtet und den Kopf hin und her schwenkt, mag das sehr bedrohlich wirken, ist aber weder eine Drohgebärde noch das Zeichen für einen bevorstehenden Angriff. Er versucht lediglich, Wind von Ihnen zu bekommen, um zu wissen, was er vor sich hat. Aus dem gleichen Grund kann er Sie auch umkreisen, um in den Wind zu kommen. Dann ist es meist ratsam, ruhig auf den Bären einzureden, damit er einen als Mensch identifizieren kann, und sich langsam zurückzuziehen, um nicht als Bedrohung zu wirken.

Lassen Sie den Bären jedoch **nicht aus den Augen,** damit Sie sein weiteres Verhalten beobachten können. Es könnte vorkommen, dass der Bär aus seiner aufgerichteten Haltung in Sekundenbruchteilen zum Angriff übergeht. Vermeiden Sie es, dem Bären längere Zeit direkt in die Augen zu starren, da er dies als Bedrohung empfinden könnte. Rennen Sie auch nicht panisch davon, denn dann können Sie erstens den Bären nicht mehr beob-

achten, und zweitens könnten Sie ihn erst recht zur Verfolgung reizen.

Der Bär hat Sie bemerkt und zeigt Ihnen seine Seite

Ein Bär, der Sie bemerkt hat und sich mit der Flanke zu Ihnen auf alle Viere niederlässt, ohne ruhig weiterzufressen, will Sie durch seine Größe beeindrucken. Das ist eine **Drohgebärde** und bedeutet so viel wie: „Hau bloß ab, sonst setzt's was!" Schnappt er zusätzlich mit den Kiefern, sodass man die Zähne aufeinanderschlagen hört, lässt die Geste an Eindeutigkeit nichts mehr zu wünschen übrig. Spätestens jetzt ist unmissverständlich der Rückzug angesagt und alles, was der Bär als Gegendrohung empfinden könnte (Schreien, Fuchteln, Lärm), ist absolut fehl am Platze!

Bei Schwarzbären hat es sich gezeigt, dass auf solche Drohgebärden (zu denen auch Grollen oder sonstige Laute und das Aufwühlen der Erde mit den Vordertatzen gehört) nur sehr selten ein tatsächlicher Angriff folgt.

Der Bär stürmt frontal auf Sie los

Jetzt wird die Situation am schwierigsten. Nicht nur, weil es in dieser Lage verständlicherweise sehr schwer ist, ruhig und überlegt zu handeln, sondern auch, weil sich das weitere Ver-

Braunbären halten gewöhnlich Winterruhe, können aber in milden Wintern manchmal auch aktiv bleiben

0600p Foto: rh

In der Wildnis

halten des Bären und demzufolge die richtige Reaktion kaum abschätzen lässt. Ein frontal anstürmender Bär kann tatsächlich sofort angreifen, aber in der Mehrzahl der Fälle ist es nur ein **Scheinangriff,** also eine verschärfte Drohung. Dabei kann der Bär mehrmals bis auf wenige Meter heranstürmen und dann wieder abstoppen. Wer ein Gewehr bei sich hat, wird in dieser Lage kaum die Nerven behalten, sondern schießen und die Gefahr dadurch erst recht heraufbeschwören, denn um einen anstürmenden Bären richtig zu treffen, muss man schon ein geübter und erfahrener Schütze sein, und selbst mehrmals getroffen kann der Bär seinen Angriff womöglich unbeeindruckt fortsetzen. Was also tun?

Auf einen Baum **flüchten** (oder auch in eine Hütte, ein Fahrzeug etc.) ist sicher das Richtige, wenn der Bär vor dem Angriff weit weg und der Baum ganz in der Nähe ist. Bären können aber selbst in unwegsamem Gelände eine enorme Geschwindigkeit entwickeln. Wenn der Bär 50 m entfernt war, haben Sie vielleicht nicht mehr als 4 Sekunden Zeit, und selbst bei 100 m sind es nur etwa 8 Sekunden.

Man kann den Bären dadurch aufhalten, dass man einen **Gegenstand fallen lässt** oder in seine Richtung wirft. In den meisten Fällen haben Bären angehalten und zunächst diesen Gegenstand untersucht (manchmal lange und intensiv), aber es kann auch vorkommen, dass sie ihn ignorieren und unvermindert weiterstürmen. Will man einen Baum erklimmen, wirft man besser auch den Rucksack ab. In allen anderen Fällen sollte man das möglichst nicht tun, da der **Rucksack** bei einer tatsächlichen Attacke Schutz bietet. Selbst dicke Kleidung kann die Verletzungen mindern.

Klettert man **auf einen Baum,** so hält man keinesfalls an, ehe man nicht mindestens 5–10 m hoch gelangt ist. Je höher, desto besser! Mehrfach haben Bären den auf einen Baum Geflüchteten wieder heruntergepflückt, wenn er nicht hoch genug geklettert war. Es ist ein Irrglaube, dass Grizzlies nicht auf Bäume klettern können. Ausgewachsene Tiere tun das zwar selten und sind nicht sehr geschickt dabei, aber einige Meter hoch kann Ihnen jeder Grizzly folgen, und manche sind schon 5 m oder höher geklettert. Auf Bäume mit schwachen Stämmen kann Ihnen ein Bär nicht so leicht folgen. Allerdings darf der Baum nicht zu dünn sein, sonst schüttelt er Sie herunter oder schmeißt den Baum einfach um.

Übrigens kann man sich durchaus auch vor Schwarzbären auf Bäume flüchten. Obwohl sie in jedem Alter geschickte Kletterer sind, werden sie die Verfolgung manchmal aufgeben. Und zumindest hat man von oben bessere Chancen, sich zu verteidigen.

Ist der Bär verschwunden, sollte man noch wenigstens 15–20 Minuten warten, ehe man wieder heruntersteigt und sich rasch entfernt.

Reglos stehenbleiben kann das Richtige sein. Ich habe einmal einem Hund und einem Grizzly zugesehen, die sich minutenlang auf wenige Meter gegenüberstanden und abwechselnd Scheinangriffe starteten. Keiner von beiden wich zurück, und keiner griff tatsächlich an. Wenn der Bär bereits vor dem Angriff so nahe ist, dass die Flucht an einen sicheren Ort aussichtslos ist, würde ich (hoffentlich!) reglos stehenbleiben – bzw. langsam rückwärts ausweichen, wenn der Bär seinen Angriff gestoppt hat, aber nicht wieder zurückweicht.

Wegrennen kann einen Angriff stoppen, wenn der Bär einen als Bedrohung betrachtet und nur vertreiben will, aber es hat einige entscheidende Nachteile. Es kann einen Grizzly, der nur einen Scheinangriff im Sinn hatte, zu einer tatsächlichen Attacke provozieren, und ist meist die riskantere Variante. Einem Bären davonrennen kann selbst der beste Athlet nicht. Auch ist es ein Märchen, dass man bergab flüchten soll, weil ein Bär angeblich bergab nicht rennen kann. Humbug!

Totstellen ist fast immer richtig, wenn ein Grizzly tatsächlich angreift – also unmittelbar vor oder schon über einem ist. Nicht früher, da man sonst wiederum den Bären nicht mehr beobachten kann. In den meisten Fällen lässt ein Bär von einer reglos daliegenden Person nach einigen Bissen rasch wieder ab. Wichtig ist, dass man Nacken und Gesicht schützt, da ein Bär in den meisten Fällen dort zuerst angreift und die schwersten Verletzungen verursachen kann. Man legt sich flach oder mit angezogenen Beinen mit dem Gesicht nach unten auf den Boden und verschränkt die Arme über Nacken und Hinterkopf. Auf diese Weise haben schon viele der Angegriffenen heftige Bärenattacken überlebt.

Bei falscher Haltung hat mancher schon sein Gesicht verloren (und das im wörtlichen Sinne!), aber selbst ein großer Bär kann sein Maul nicht weit genug aufreißen, um den Schädel eines Erwachsenen richtig zu packen und zu knacken. Regen Sie sich nicht, ehe Sie sicher sein können, dass der Bär sich außer Sichtweite entfernt hat. Es kann vorkommen, dass er neben Ihnen stehenbleibt und Sie beobachtet.

Lässt der Bär trotz Reglosigkeit nicht nach einigen Bissen ab, kann es sein, dass er Sie als Beute betrachtet (s.u.) und weiteres Totstellen das falsche Verhalten wäre. Ist man mit einer Gruppe unterwegs, so sollten die nicht Angegriffenen sich auf Bäumen in Sicherheit bringen und von dort aus sofort versuchen, den Bären durch laute, schrille Schreie und wildes Fuchteln von seinem Opfer abzulenken. Häufig lassen Bären von einem reglosen Opfer sofort ab, um einem anderen nachzulaufen, der davonrennt.

Gegenwehr kann – so aussichtslos sie einem Bären gegenüber zu sein scheint – das Tier von (weiteren) Attacken abhalten. Das gilt besonders bei Schwarzbären oder bei halbwüchsigen Grizzlies. Dabei ist jedes Mittel recht – Knüppel, Axt, Fäuste oder ein Topf kochendes Wasser vom Lagerfeuer. In manchen Fällen haben sich selbst Grizzlies durch einen Fausthieb in die Flucht schlagen lassen, häufig werden sie dadurch jedoch nur zu noch heftigeren und anhaltenderen Attacken provoziert. Einem Grizzly gegenüber ist Gegenwehr sicher weniger zu empfehlen. Zumindest, wenn er sich dadurch nicht sofort von einem Angriff abhalten lässt, sollte man die Taktik schleunigst ändern und reglos liegenbleiben wie oben beschrieben.

Der Bär pirscht Sie an oder folgt Ihnen

In seltenen Fällen kommt es vor, dass ein Bär den Menschen tatsächlich als Beute betrachtet. Die weitaus meisten Konfrontationen dieser Art gehen übrigens auf das Konto von Schwarzbären und nicht auf das der Grizzlies. Dies kann besonders in Jahren mit schlechter Beerenernte vorkommen oder wenn der Bär sich aus einem anderen Grund nicht genügend Speck angefressen hat, um durch den Winter zu kommen.

Dass ein Bär den Menschen nicht als Bedrohung empfindet, sondern ihn als Beute betrachtet, ist fast immer daran zu erkennen, dass er ihm langsam nachgeht, ihn geduckt umkreist und anpirscht. Dann stürmt er plötzlich los. Wenn er nur die Jungen oder sich selbst verteidigen will, würde er meist nach wenigen Bissen wieder verschwinden. In diesem Fall aber nicht! Totstellen ist dann einleuchtenderweise genau die falsche Reaktion.

In diesem Fall gibt es nur eins: sich dem Bären unerschrocken gegenüberstellen, brüllen, auf ihn zurennen und sich bei einem Angriff mit allen Mitteln zur Wehr setzen. Dieses für ein Beutetier sehr ungewöhnliche Verhalten kann den Bären durchaus in die Flucht schlagen und wird die Überlebenschancen eines Angegriffenen in jedem Fall verbessern.

Um die Dinge zurechtzurücken

Das alles mag sich sehr haarsträubend anhören, aber zum Glück sind Bärenangriffe – besonders in Wildnisgebieten – sehr selten. Und wenn man die Grundregeln beachtet, kann man Jahrhunderte durch die Wälder streifen, ehe einem die Wahrscheinlichkeitsrechnung einen Bären auf den Hals hetzt.

Das wird vielleicht anschaulicher durch einige Zahlen aus dem sehr interessanten Buch von *Stephen Herrero* (siehe Anhang). *Herrero* selbst – obwohl er aus Erfahrungen einen sehr gesunden Respekt vor Bären hat – fürchtet sich auf seinen Exkursionen in Grizzlygebiete zunächst vor Autounfällen und Hubschrauberabstürzen, dann vor dem Durchwaten eiskalter Bäche und erst an dritter Stelle vor den Bären.

Zwei Dinge zum Schluss:

- Sie sollten stets daran denken, dass die Bären zuerst da waren und Heimrecht genießen. Sie sind der Eindringling!
- Was Sie an diesem Kapitel für wichtig halten, sollten Sie sich beizeiten gut einprägen. Informationen über Bären gehören zu den wenigen, die man nicht rasch nachlesen kann, wenn man sie braucht!

Buchtipp

- **„Sicherheit in Bärengebieten"** von *Rainer Höh*, Reise Know-How Verlag, als eBook erhältlich.

Survivaltipps für den Notfall

Survival: Notprogramm, Spielerei oder Unfug?

Man kann sich nicht mit dem Thema „Survival" befassen, ohne vorher abzuklären, was damit gemeint ist und wo etwa die Grenzen zwischen praktisch sinnvollen Maßnahmen, Spielerei und barem Unfug verlaufen.

Was ist Survival?

Survival bedeutet wörtlich „Überleben", und das tun wir jeden Tag bis an unser Lebensende. Gemeint ist also vielmehr das Überleben in Notsituationen allgemein und in der Wildnis im Besonderen. Die weitaus besten „Survivaltipps" sind folglich jene, die solche Notsituationen vermeiden helfen – damit befassen sich die ersten Teile dieses Buches. Tatsächlich versteht man unter Survivaltipps gewöhnlich nur die Maßnahmen in bereits eingetretenen Notfällen.

Warum ist „Survival" so populär?

Bei vielen Outdoor-Kursen und -Vorträgen habe ich immer wieder festgestellt, dass das Interesse an solchen „Survivaltipps" meistens weit größer ist als das Interesse an den viel wichtigeren Hinweisen, wie man den Notfall vermeidet. Dabei wird oft sehr vieles und manchmal sehr Unausgegorenes in einen Topf geworfen.

Woher kommt dieses starke Interesse an Situationen, die man eigentlich vermeiden möchte? Wie kann es sein, dass Notfall-Verhalten zu einem solch „spannenden" Thema mit magischer Anziehungskraft geworden ist? Ich glaube, der Grund liegt ganz einfach in dem oft sehr starken Spannungsfeld zwischen zwei Grundfaktoren unseres heutigen Lebens. Wir leben einerseits in einer extrem arbeitsteiligen Welt, in der wir für unseren „Lebensunterhalt" einer mehr oder weniger unpersönlichen Arbeit nachgehen, die wenig oder gar nichts mit unseren unmittelbaren Bedürfnissen zu tun hat, während für unseren eigentlichen Lebensunterhalt (die wesentlichen Grundbedürfnisse wie Nahrung, Kleidung, Wärme, Schutz) andere zuständig sind, die wir dafür bezahlen. Hierdurch geht der Kontakt zum unmittelbaren Leben in hohem Maße verloren.

Dem steht das angeborene Bedürfnis des Menschen gegenüber, über sein Leben selbst zu bestimmen, selbst und unmittelbar für die Befriedigung seiner Grundbedürfnisse zu sorgen. Dieser mehr oder weniger stark ausgeprägte archaische **Urtrieb,** mit einfachen Mitteln in und von der Natur zu leben, ist selbst im modernen Großstadt- und Büromenschen noch vorhanden.

Dieses Spannungsfeld ist der Nährboden für das Interesse an Survivalkursen ebenso wie für die Faszination an Wildnistouren überhaupt. Dem einen genügt vielleicht das Picknick im Grünen am Wochenende, der andere will nur mit einem Messer in der Wildnis überleben und betrachtet schon einen Schlafsack als groben Stilbruch. Je stärker diese Spannung, desto weniger überraschend ist es, dass sie zu Exzessen führen kann. Und desto leichter kann das an sich wertneutrale Urbedürfnis für verschiedene (auch politische) Zwecke missbraucht werden.

Was eigentlich Mittel zum Zweck sein sollte – nämlich um in der Natur zu leben, um unsere Wurzeln und unseren Platz im großen Organismus wiederzufinden und um uns als Teil der Natur zu erleben – wird leicht zum Selbstzweck. Das ist verständlich, aber dennoch **übers Ziel hinaus geschossen.** Vieles wird zur Spielerei: reizvoll, unterhaltsam und fraglos faszinierend, aber ohne ernsthaften Praxisbezug. Manches wird gar zum grotesken Exzess.

In diesem Teil des Buches soll es jedoch nicht um unrealistischen Unfug gehen, sondern um möglichst praxisbezogene Informationen – obwohl die Grenzen natürlich fließend sind und manche Tipps zweifellos schon mehr in Richtung Spielerei tendieren. Ja, man könnte mit gutem Recht behaupten, dass jeder „Survivaltipp" praxisfern ist, da die praktische Realität nun einmal nicht aus dem Notfall besteht.

Andererseits ist zu bedenken, dass ein Notfall jederzeit eintreten kann – und beileibe nicht nur in wirklichen Wildnisgebieten. Dort ist man nämlich auf schwierige Situationen viel besser vorbereitet. Gerade auf scheinbar harmlosen **Tages- oder Wochenendwanderungen in den Bergen** passiert es am häufigsten, dass man unvorbereitet von einem Wetterumsturz oder von der Dunkelheit überrascht wird, dass man das geplante Ziel nicht rechtzeitig erreicht oder dass man durch einen verstauchten Knöchel überhaupt nicht mehr weitergehen kann. Wer dann nicht weiß, wie er sich verhalten muss, oder wer gar in Panik gerät, kann selbst wenige Kilometer von der nächsten Berghütte entfernt in akute Lebensgefahr geraten. Um ein Beispiel aus nächster Nähe anzuführen: Im Schwarzwald erfror ein Mann im sogenannten besten Alter auf einem Winterspaziergang nur wenige Kilometer vom nächsten Dorf im Schnee, nur weil er von der Dunkelheit überrascht wurde und seinen Begleiter aus den Augen verloren hatte. In den Nationalparks von Nordamerika kommt es jedes Jahr vor, dass Touristen „nur mal eben ins Gebüsch" gehen und nie wieder gesehen werden.

Den Notfall vermeiden

Durch **zweckmäßige Ausrüstung und gründliche Vorbereitung** kann man Notfälle zwar nicht vollkommen ausschließen, aber die Wahrscheinlichkeit dafür erheblich verringern. Genauso wichtig ist es aber, über sich selbst und **seine eigenen Fähigkeiten** Bescheid zu wissen und sie realistisch einzuschätzen. Dazu gehört natürlich Erfahrung. Wer zum ersten Mal eine größere Wanderung oder Kanutour unternimmt, kann unmöglich seine Tagesetappen richtig einschätzen, seine Fähigkeit, unter schwierigen Bedingungen ein Feuer zu entfachen, oder seine Reaktion in unerwarteten Situationen.

Deshalb ist es unerlässlich, erste **Erfahrungen** unter möglichst einfachen Voraussetzungen im Nahbereich zu sammeln, wo man jederzeit die Möglichkeit hat, die Tour abzubrechen und Hilfe zu holen. Auch Outdoorkurse – sofern sie ihrem Namen gerecht werden und ein sinnvolles Programm bieten – können für die Vorbereitung eine große Hilfe sein. Aber auch danach sollte man seine neuen Kenntnisse und Fähigkeiten zunächst in einfachen Gebieten und unter günstigen Bedingungen testen und einüben. Wer dann das erste Mal zu einer Wildnistour startet, sollte dies wenn irgend möglich **zusammen mit einer erfahrenen Person** tun, die in der entsprechenden Region oder einem vergleichbaren Gebiet bereits unterwegs war. Das erhöht nicht nur die Sicherheit, sondern auch die Chancen, dass das Unternehmen überhaupt erfolgreich durchgeführt werden kann. Schon mehrmals haben mich Leute um Rat für eine Kanadatour gefragt, denen ich ein solches Unternehmen ohne Weiteres zugetraut habe, die aber nie zuvor in Kanada gewesen waren und auch niemand bei sich hatten, der sich dort auskannte. Die Folge: Nach ersten tastenden Versuchen bekamen sie es mit der Angst. Die Wildnis war zu groß, zu fremd und zu furchteinflößend – und als dann noch schlechtes Wetter dazukam, brachen sie das Unternehmen ab und hingen die restlichen Wochen unzufrieden in einer Siedlung herum. Wäre nur einer dabei gewesen, der mit der Region vertraut ist, wäre das nicht passiert.

Andererseits ist das **Abbrechen einer Tour** aus Angst oder einem unguten Gefühl heraus absolut keine lächerliche Schwäche. Ganz im Gegenteil! Es ist ein Zeichen dafür, dass die natürlichen Instinkte noch funktionieren und einen rechtzeitig davor warnen, sich in eine zu fremde, riskante Situation zu begeben. Auf solche **„unguten Gefühle"** sollte man unbedingt hören! Ich selbst habe jedenfalls schon öfters auf das innere Warnsystem gehört, meine Route geändert oder eine Tour frühzeitig beendet – und ich habe es noch nie bereut.

Selbstverständlich sollte es sein, dass man **nie allein** eine Wildnistour unternimmt, sofern man nicht über umfangreiche Erfahrung, profunde Kenntnisse und eine zuverlässige Ausrüstung verfügt. Selbst dann ist das Risiko bei Solotouren noch deutlich größer als in einer kleinen Gruppe. Zugegeben: Das Naturerlebnis und die Selbsterfahrung sind noch tiefer und intensiver, wenn man ganz allein unterwegs ist, und ich schätze solche Erlebnisse selbst viel zu sehr, um jedem generell und unter allen Umständen davon abzuraten. Aber man braucht dann wirklich Erfahrung, muss die Region sehr sorgfältig auswählen, sich bestens vorbereiten und unterwegs doppelt vorsichtig sein.

Eigentlich bei jeder Tour, zumindest jedoch bei Wildnistouren, sollte man vor dem Aufbruch jemanden über die **geplante Route und den Zeitplan** informieren, der für den Fall, dass man nicht rechtzeitig zurück ist, eine Nachsuche veranlassen kann. Bei Routenänderungen sollte man nach Möglichkeit in einer Berghütte o.Ä. Bescheid geben. Wer sich vor einer Wildnistour bei einem Polizeiposten oder einer Rangerstation „abmeldet", sollte beim Erreichen des Ziels daran denken, dass er sich auch wieder zurückmeldet! Sonst könnte eine ebenso überflüssige wie teure Suche eingeleitet werden.

Verhalten in Notsituationen

Natürlich ist jede Situation anders, aber es gibt einige Grundregeln, die in nahezu jeder Notlage beachtet werden müssen. Angenommen, Sie haben sich verlaufen, Sie haben Ihr Boot mitsamt Gepäck verloren, oder Sie befinden sich durch sonst ein Unglück mitten in der Wildnis in einer scheinbar ausweglosen Situation. Was tun Sie jetzt?

Ruhe bewahren!

Die meisten „Notfälle" sind eigentlich nur „Pannen", die erst dadurch zum wirklichen Notfall werden, dass die Betroffenen panisch und unüberlegt reagieren. **Kopfloses Handeln** im ersten Schreck ist vermutlich die größte Gefahr, die einen in der Wildnis erwartet. Durch Panik kann aus dem harmlosesten Zwischenfall rasch eine lebensgefährliche Notlage werden!

Panik kann eine natürliche Reaktion sein, die sich nicht immer vermeiden lässt. Aber man kann und muss sie kontrollieren, um keine schweren Fehler zu machen. Was immer auch passiert ist: Bleiben Sie zunächst genau dort, wo Sie sind, und **lassen Sie den Adrenalinschock vorübergehen!** Vorher keinen Schritt und keine Entscheidung!

Ist jemand akut verletzt worden, muss natürlich zunächst Erste Hilfe geleistet werden. Ansonsten gilt (sofern es sich nicht um eine Akutlage wie einen Bärenangriff handelt): Bleiben Sie einfach stehen oder setzen Sie sich hin. Versuchen Sie, sich zu **entspannen,** machen Sie sich einen Tee oder – wenn noch Lebensmittel vorhanden sind – kochen Sie sich zuerst mal in aller Ruhe ein gutes Essen. So unpassend dies in manchen Lagen erscheinen mag – Sie werden staunen, um wieviel einfacher die Dinge nachher aussehen. Das hilft übrigens nicht nur bei Notsituationen in der Wildnis, sondern auch in vielen anderen vertrackten Lebenslagen. Danach sieht die Welt gleich wieder freundlicher aus, die Probleme werden übersichtlicher, und der Kopf ist klarer.

Situation einschätzen

Wenn Sie wieder klar und ruhig nachdenken können, versuchen Sie zunächst, Ihre Lage nüchtern einzuschätzen und die verschiedenen Möglichkeiten gegeneinander abzuwägen. Welche Lösungen bieten sich an, und welche Folgen können die einzelnen Lösungen mit sich bringen?

- Ist es besser, an Ort und Stelle zu bleiben, oder kann man aus eigener Kraft zurückgelangen?
- Kenne ich meine Position bzw. wie kann ich sie bestimmen?
- Kann von der evtl. verloren gegangenen Ausrüstung noch etwas gefunden/geborgen werden?

- Ist es kürzer/einfacher, zurückzugehen oder weiterzugehen?
- Wie weit ist es bis zur nächsten Ortschaft, Straße oder Hütte?
- Ist der Weg dorthin sicher zu finden und problemlos zu bewältigen?
- Welche Orientierungsmöglichkeiten stehen zur Verfügung?
- Welche Hindernisse liegen zwischen mir und dem Ziel, und wie sind sie zu überwinden?
- Wieviel Zeit ist erforderlich, um das Ziel zu erreichen?
- Wie stehen die Chancen, gesucht – und gefunden! – zu werden?
- Wo finde ich eine Stelle, an der ich geschützt bin, aber leicht gefunden werden kann?
- Auf welche Wetterverhältnisse muss ich (hier/auf dem Weg) vorbereitet sein?
- Wie lange reicht der Proviant, und welche Möglichkeiten gibt es, um ihn zu ergänzen?

Durchdenken Sie diese Maßnahmen gründlich und ruhig mehrmals. Überprüfen Sie, was Ihnen an Ausrüstung geblieben ist – sehen Sie in Ihren Taschen nach und im Survival-Kit, falls Sie einen bei sich tragen. Messer, Feuerzeug und/oder Streichhölzer, etwas Zunder und evtl. auch das Verbandszeug sollte man sowieso stets am Körper tragen – und das ist schon eine ganz passable Notfallausrüstung.

Dann schätzen Sie ab, wieviel Zeit Ihnen bleibt, bevor es dunkel wird. In gemäßigten Breiten erhält man bei tief stehender Sonne einen ungefähren Wert, indem man die Hand mit ausgestrecktem Arm vor die Augen hält, sodass der kleine Finger über dem Horizont liegt, und darüber hinweg peilt, wieviel Fingerbreiten die Sonne über dem Horizont steht – eine Fingerbreite entspricht etwa einer Viertelstunde. In den Tropen geht die Sonne natürlich etwas schneller unter, und jenseits des Polarkreises kann sie u.U. eine Handbreit über dem Horizont stehen und trotzdem noch wochenlang nicht untergehen.

Grundbedürfnisse erfüllen

Die vier Grundbedürfnisse sind: **Wetterschutz, Wärme, Wasser, Nahrung.** Meist in dieser Reihenfolge. Finden Sie heraus, was in Ihrer konkreten Situation am vordringlichsten ist.

Bei schlechtem Wetter oder baldiger Dunkelheit ist meist ein **Wetterschutz** das Erste, was man braucht. Falls Sie kein Zelt mehr haben, sehen Sie sich nach einer windgeschützten, trockenen Stelle um, die Sie mit einer Plane oder mit natürlichen Hilfsmitteln zu einem Wetterschutz ausbauen können. Dort richten Sie ein provisorisches Camp ein, bringen Ihre Ausrüstung geschützt unter und hängen ggf. verbliebenen Proviant bärensicher (bzw. vor Nagetieren geschützt) auf.

Dann machen Sie ein **Feuer.** Sind die Streichhölzer knapp, müssen Sie besonders sorgfältig arbeiten, damit ein Streichholz für das Feuer genügt. Streichhölzer der Länge nach zu spalten, ist nicht sinnvoll, da man hierdurch im Endeffekt meist weniger anstatt mehr hat, weil die Köpfe abbröckeln und beide Hälften nicht mehr brauchbar sind. Versuchen Sie lieber, das Feuer (oder zumindest die Glut) die Nacht über zu erhalten, um Streichhölzer zu sparen. Die in vielen Survivalbüchern gern beschriebenen Methoden zum Feuermachen ohne Streichhölzer (Feuerstein, Feuerbohrer, Brennglas) sind fast alle einigermaßen realitätsfern und funktionieren meist nur unter günstigen Voraussetzungen und vor allem mit entsprechender Übung (siehe unten: „Feuer im Notfall").

Mit einem Feuer und einem geschützten Lager hat man gleichzeitig einen **psychologischen Schutz.** Allein das Feuer gibt schon ein Gefühl der Sicherheit und Geborgenheit, das nicht unterschätzt werden sollte, und verringert so die Gefahr der Panik und des unüberlegten Handelns. Ein Übriges tut ein heißer Tee oder Kakao bzw. eine kräftige Mahlzeit.

Trinkwasser ist in den meisten Wildnisgebieten nicht schwer zu finden. Nur in trockenen Regionen muss der nächste Gedanke der Wasserversorgung gelten. Denken Sie daran, dass das Wasser u.U. entkeimt werden muss. Eine schwere Infektion könnte Ihre Lage drastisch verschärfen!

Nahrung hingegen ist längst nicht so wichtig, wie viele glauben. Selbst wenn Sie Ihren gesamten Proviant verloren haben, können Sie problemlos einige Tage oder sogar Wochen ohne Nachschub auskommen. Bleibt einem nur ein sehr kleiner Vorrat, kann es sinnvoll sein, sich diesen aufzusparen für eine Situation, die besondere Kraftreserven erfordert.

Wenn die Aussichten, mit eigener Kraft zur nächsten Straße oder Ansiedlung zu gelangen, nicht ausgesprochen gut sind, sollte man in der Regel besser **an Ort und Stelle ausharren,** sofern die Hoffnung besteht, dass man gesucht wird. Hoffentlich haben Sie vor dem Aufbruch jemandem Route und Zeitplan hinterlassen! Wer sich an einem größeren Fluss befindet (etwa wenn man bei einer Kanutour das Boot verloren hat), der sollte eine Stelle suchen, von der aus der Fluss gut zu überblicken ist, und dort auf Hilfe warten. Selbst auf abgelegenen Wildnisflüssen ist es im Sommer meist nur eine Frage von Tagen, bis ein anderes Boot vorbeikommt. Deutlich schwieriger wird es allerdings ab Ende August oder Mitte September. Gerade als **Wasserwanderer** macht man sich meist keine Vorstellung davon, wie mühsam es ist, eine Strecke zu Fuß durch pfadlose Wildnis zurückzugehen, die man mit dem Boot flussab mühelos in wenigen Tagen (oder auch nur Stunden!) bewältigt hat. Dickicht, Morast und Nebenflüsse machen das Vorwärtskommen sehr beschwerlich, und Seitenarme oder Flussschleifen zwingen zu großen Umwegen.

Um aus eigener Kraft wieder in die Zivilisation zu gelangen, ist es meist besser, ein **Floß zu improvisieren,** als es ohne Pfad auf dem Landweg zu versuchen. Allerdings sollte man den Flusslauf genau kennen (für Wasserwanderer kein Problem, da sie Flusskarten und -beschreibungen dabei haben) und im Zweifelsfalle sehr frühzeitig anlegen, um kritische Stellen vom

Ufer aus zu inspizieren. Ein Floß ist sehr träge, und Wildnisflüsse bergen eine Reihe von Gefahren, die selbst aus Karten und Beschreibungen nicht immer zu entnehmen sind (siehe „Floßbau").

Hat man sich dazu entschlossen, an Ort und Stelle zu bleiben, dann kann man das **Camp weiter ausbauen,** Möglichkeiten schaffen, um sofort Signale geben zu können, falls ein Flugzeug auftaucht, und auf Nahrungssuche gehen. Entfernt man sich dabei vom Camp, so muss man entweder die gesamte Ausrüstung mitnehmen oder dafür sorgen, dass man das **Camp sicher wiederfindet.** Liegt es nicht sowieso an einer Leitlinie (s. „Orientierung"), etwa einem Fluss, so sollte man zunächst eine Leitlinie schaffen; in dichtem Wald etwa entlang zweier sich an der Campstelle rechtwinklig kreuzender Linien Baumstämme markieren oder in offenem Tundragelände auf entsprechende Weise Steine aufrichten oder zu Hügeln aufhäufen.

Sorgen Sie dafür, dass Sie immer etwas zu tun haben. Untätigkeit führt zu Langeweile, dem Gefühl der Verlassenheit und zu unkontrollierter Angst.

Gruppe organisieren

Da man meist nicht allein, sondern mit anderen zusammen unterwegs ist, sind zusätzlich folgende Dinge zu beachten:

- Nach Möglichkeit sollte die Gruppe **zusammenbleiben.** So kann man sich gegenseitig unterstützen und ergänzen. Ein Einzelner ist in der Wildnis immer einem höheren Risiko und einer stärkeren psychischen Belastung ausgesetzt.
- Sofern das nicht bereits zu Beginn der Tour geschehen ist, sollte man jetzt die erfahrenste und psychisch stabilste Person zum **Leiter der Gruppe** bestimmen, die alle Aktivitäten koordiniert und bei Entscheidungen das letzte Wort hat. Natürlich kann man trotzdem alle Probleme im Team analysieren und auch gemeinsam entscheiden. Aber es ist besser, wenn man klar weiß, wer letztlich die Verantwortung trägt und sich bei Meinungsverschiedenheiten nach der Entscheidung des erfahrensten Gruppenmitglieds richtet.
- Erfordert es die Situation, dass **jemand versucht, Hilfe zu holen,** während die übrige Gruppe zurückbleibt (etwa weil jemand verletzt, krank oder zu schwach ist), muss vorher klar geregelt sein, welche Route er einschlägt, wie lange er voraussichtlich brauchen wird und was er macht, falls es ihm nicht gelingen sollte, Hilfe zu erreichen. Wenn irgend möglich, sollte niemand allein losziehen, aber auch bei der zurückbleibenden Gruppe sollte sich wenigstens eine gesunde und erfahrene Person befinden. Ist beides gleichzeitig nicht möglich, sollte man nochmals die Frage überdenken, ob nicht besser alle zusammen abwarten. Im Zweifelsfalle halte ich es für wichtiger, dass die Hilfesuchenden zu zweit sind, aber diese Entscheidung ist natürlich ganz von der Situation abhängig.

Verirrt – aber nicht verloren

„Ich habe schon lange Strecken im Wald zurückgelegt und dabei selten genau gewusst, wo ich mich befinde," hat mir einmal ein Trapper gesagt, „aber verirrt habe ich mich noch nie!" Verirrt – was heißt das überhaupt? Wer nicht exakt weiß, an welchem Punkt des Weges er sich befindet, hat sich deshalb noch lange nicht verirrt. Solange man sich auf seine Fähigkeiten verlassen kann, hat man selbst in einer schwierigen Lage allenfalls vorübergehend die Orientierung verloren; „verirrt" ist man erst, wenn die Orientierungslosigkeit Angst oder gar Panikgefühle verursacht.

Grundsätzlich sollte man folgende Punkte beachten:

- Ruhig bleiben und klar überlegen, ehe man den nächsten Schritt macht.
- Bei schlechter Sicht an Ort und Stelle bleiben, bis die Sicht sich gebessert hat.
- Nicht unüberlegt weitergehen, sonst macht man alles nur noch schlimmer und weiß bald gar nicht mehr, wo man ist.
- Versuchen, sich an bisherige Geländemerkmale und ihre Reihenfolge bzw. an bisherige Kurswinkel zu erinnern (ggf. notieren).
- Anhand der Karte das Gebiet eingrenzen, in dem man sich vermutlich befindet.
- Weiter vorgehen wie unten beschrieben.
- Gelingt es nicht, den Standort zu bestimmen, ist es meist am besten, Pfaden oder Wasserläufen talwärts zu folgen, da man in dieser Richtung am ehesten auf Siedlungen trifft.

Stufen der Orientierungslosigkeit

Man kann man drei Stufen der Orientierungslosigkeit unterscheiden und das weitere Vorgehen entsprechend planen:

Man befindet sich auf einem Weg oder Fluss, weiß aber nicht genau, an welcher Stelle

Das ist kein Grund zur Sorge, da es fast immer problemlos möglich ist, den Standort herauszufinden – meist sogar ohne Kompass.

Ohne Kompass kann man einfach weiter dem Weg/Fluss folgen, bis man eine Auffanglinie oder einen klar erkennbaren Geländepunkt erreicht.

Nur mit der Karte kann man außerdem versuchen, sich an zurückliegende Geländemerkmale zu erinnern und diese auf der Karte zu lokalisieren. Bei guter Sicht kann man oft sogar durch den Vergleich umliegender Geländemerkmale mit der Karte den Standort einigermaßen genau bestimmen.

Mit Karte und Kompass kann man den genauen Standort mit Hilfe eines seitlich des Weges liegenden Orientierungspunktes bestimmen (s. „Orientierung, Positionsbestimmung").

Mit Karte und Höhenmesser kann man den genauen Standort mit Hilfe der Höhe bestimmen, wenn der Weg ein klares Gefälle in einer Richtung hat (siehe „Orientierung, Positionsbestimmung"). Führt er ständig auf und ab, ergeben sich u.U. mehrere mögliche Standorte.

Man hat inmitten pfadloser Wildnis den Weg verloren, weiß aber, in welcher Gegend man sich befindet

Wenn man ohne Pfad marschiert und bemerkt, dass man von der geplanten Route abgekommen ist und nicht mehr genau weiß, wo man sich befindet, sollte man sofort anhalten und versuchen, sich zu orientieren. Nicht irgendwie weitergehen, in der Hoffnung, man werde schon wieder auf die Route oder hilfreiche Orientierungspunkte stoßen. Unbedingt zunächst alle Möglichkeiten in Ruhe durchdenken, ehe man den ersten Schritt unternimmt.

Ohne Karte und Kompass hat man nur die Möglichkeit, auf der gleichen Route zurückzugehen bis zu einem bekannten Geländepunkt und sich dort nach Sicht neu zu orientieren. Das ist in dichtem Wald u.U. sehr schwierig oder gar unmöglich, aber in dichtem, unbekanntem Wald sollte man auch nicht ohne Karte und Kompass unterwegs sein. Ist man im Notfall darauf angewiesen, muss man langsam gehen und bei jedem Schritt versuchen, sich an Geländemerkmale zu erinnern. Vorsichtshalber sollte man die Route markieren, um notfalls wenigstens zu dem Punkt zurückzufinden, an dem man umgekehrt ist, und dort eine neue Suche starten zu können. Anstatt zur bekannten Route zurück kann man auf gleiche Weise auch versuchen, zu einem hoch gelegenen Aussichtspunkt zu gelangen, um sich von dort nach Sicht zu orientieren. Oder man versucht, eine Auffanglinie (Fluss, Weg, Seeufer) zu erreichen, deren ungefähre Richtung bekannt ist.

Nur mit der Karte kann man versuchen, sich wie bei Punkt 1 zu orientieren oder nach Geländeneigung, grober Himmelsrichtung oder ähnlichen Hilfsmitteln eine Auffanglinie anzusteuern. Unterwegs ständig Karte und Gelände vergleichen, um Orientierungspunkte zu identifizieren.

Mit Karte und Kompass kann man bei freier Sicht evtl. seinen genauen Standort durch Kreuzpeilung ermitteln – dazu muss man aber zumindest ungefähr wissen, wo man sich befindet, um Orientierungspunkte auf der Karte identifizieren zu können.

Mit Karte und Höhenmesser kann man den genauen Standort mit Hilfe einer geneigten Standlinie und der Höhe bestimmen, wenn man die Standlinie klar auf der Karte identifizieren kann (s. „Orientierung, Positionsbestimmung"); sonst ergeben sich mehrere mögliche Standorte.

Man hat überhaupt keine Ahnung mehr, wo man sich befindet

Das kann eigentlich nur passieren, wenn man – nachdem man die Orientierung bereits verloren hatte – längere Zeit planlos weiterläuft. Je früher man anhält, nachdenkt, sich umschaut und versucht, Karte und Gelände in Übereinstimmung zu bringen, desto besser!

Ohne Karte und Kompass ist nun das Zurückgehen ebenfalls unmöglich. Es bleibt nur noch die Möglichkeit, einen hoch gelegenen Punkt zu erreichen, um sich vielleicht nach Sicht orientieren zu können, oder eine Auffanglinie, deren ungefähre Lage man kennt. In beiden Fällen unbedingt die Route vom augenblicklichen Punkt aus markieren, damit man darauf zurückgehen und systematisch in einer anderen Richtung suchen kann, so lange, bis man wieder einen vertrauten Geländepunkt entdeckt.

Nur mit der Karte kann man ähnlich vorgehen, dabei jedoch stets versuchen, alle möglichen Geländemerkmale auf der Karte zu identifizieren. Mit der Karte ist es natürlich einfacher, die grobe Richtung einer Auffanglinie zu ermitteln.

Mit Karte und Kompass ist eine Standortbestimmung dann nicht mehr möglich, wenn es nicht mehr gelingt, Orientierungspunkte im Gelände mit der Abbildung auf der Karte zu identifizieren – und es vielleicht nicht einmal mehr sicher ist, ob man sich überhaupt noch „auf der Karte befindet". Man kann nun aber versuchen, nach einem festen Kurswinkel einen Aussichtspunkt oder eine Auffanglinie anzusteuern und im Falle des Scheiterns wieder zum ursprünglichen Ort zurückgelangen (Schritte zählen und, falls Hindernisse zu Änderungen des Kurswinkels zwingen, alles notieren). Kann man eine entfernte Auffanglinie sicher erkennen (aber nicht auf der Karte identifizieren), bestimmt man den Kurswinkel und hält darauf zu. In jedem Fall ständig versuchen, Geländemerkmale auf der Karte zu identifizieren. Sobald man auch nur einen Punkt sicher identifizieren kann, überträgt man den Richtungswinkel auf die Karte und erhält so eine künstliche Standlinie, aus der sich der ungefähre (und sobald man einen zweiten Orientierungspunkt, eine Geländelinie oder die Höhe ermitteln kann, der genaue) Standort ergibt.

Mit Höhenmesser und Karte kann man den Standort ebenfalls nur bestimmen, wenn man ungefähr weiß, wo man sich befindet – andernfalls kann man höchstens die Möglichkeiten eingrenzen, indem man ausschließt, wo man sich nicht befinden kann (das werden aber immerhin mehr als 90 % der Kartenfläche sein!).

Der **schlimmste anzunehmende Fall** ist der, dass man in einem nahezu ebenen, dichten Waldgebiet unterwegs ist und keine Ahnung mehr hat, wo man sich befindet. Der Standort

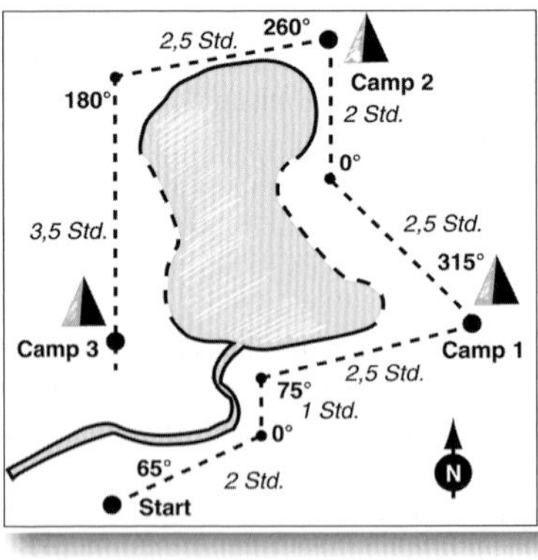

So könnte eine Kursskizze aussehen

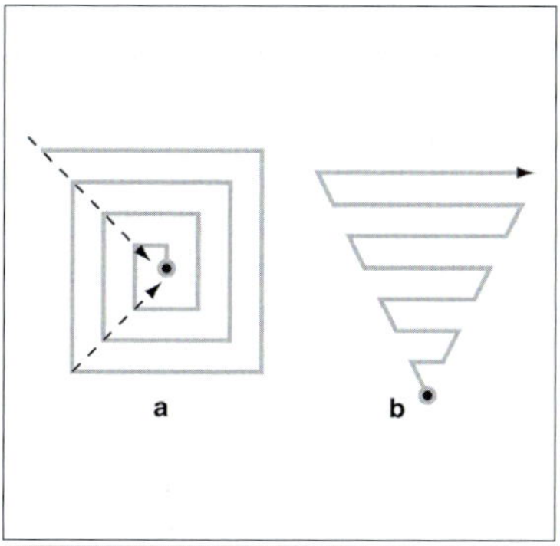

Systematische Punktsuche

lässt sich selbst mit Karte, Kompass und Höhenmesser nicht mehr bestimmen und nicht einmal mehr eingrenzen. Zur Positionsbestimmung hilft hier nur noch GPS. Trotzdem ist der Kompass in dieser Situation noch nützlich, da man mit seiner Hilfe zumindest die Richtung halten und ggf. auf gleichem Kurs zurückkehren kann. Ohne seine Hilfe würde man zumindest bei bedecktem Himmel hoffnungslos im Kreis herumirren und wüsste bald nicht einmal mehr, wo man sich in Relation zu seinem letzten Standort befindet. Mit dem Kompass kann man jedoch zunächst in einer Richtung suchen, in der man die Hoffnung hat, eine Straße oder sonstige Auffanglinie zu erreichen, und diese Richtung auch sicher einhalten. Dabei Kurswinkel und Entfernungen (Schritte oder Zeit) notieren und eine **Kursskizze** anfertigen. Auf diese Weise kann man selbst bei vollkommener Orientierungslosigkeit und notfalls sogar im Nebel eine **große Fläche systematisch absuchen.**

Punktsuche

Weiß man, dass man sich in der Nähe eines bestimmten Punktes (z.B. einer Hütte) befindet, die man aber im dichten Wald nicht sehen kann, und zu der auch der Kurswinkel nicht bestimmbar ist, weil man seinen genauen Standort nicht kennt, dann geht man nach Kompass (!) entweder in einer eckigen Spirale (siehe **Skizze a**) oder – falls man die Richtung kennt, in der der Punkt liegt – in Schlangenlinien wie auf **Skizze b** gezeigt. Dabei wird bei jedem Richtungswechsel die nächste Strecke um etwa doppelt so viele Schritte länger wie die Sichtweite nach links und rechts beträgt.

Will man zum Ausgangspunkt der Suche zurück gelangen, so biegt man von einem der Eckpunkte diagonal nach innen (s. Pfeile); d.h., dass man vom letzten Kurswinkel 135° abziehen muss. Bei einem letzten Kurswinkel von 280° also 145° ansteuern, bei einem letzten Kurswinkel von 80° entsprechend (80–135=) -55° also (360-55=) 305° ansteuern. Wenn der alte Pythagoras Recht hatte, müsste man nach einer Schrittzahl von 70 % der letzten Teilstrecke wieder am Ausgangspunkt sein.

Feuer im Notfall

Feuermachen ohne Streichhölzer

Wie man auch unter erschwerten Bedingungen mit Feuerzeug oder Streichhölzern ein Feuer machen kann, ist im Kapitel „Feuer“ beschrieben. Was aber, wenn man gar keine brauchbaren Streichhölzer und kein Feuerzeug mehr hat? Anstatt zu viel Energie an zweifelhafte Methoden des Feuermachens zu verschwenden, sorgen Sie lieber unter allen Umständen dafür, dass dieser Fall nicht eintritt! Diese Methoden werden zwar in Survivalbüchern gern beschrieben, sind aber nicht sehr praxisnah und erfordern viel Übung, die richtigen Hilfsmittel und möglichst trockenes Wetter. Mit **Feuerstein und Stahl** ist es mir zwar schon gelungen, ein Feuer zu entzünden, aber nur bei Sonnenschein und sehr trockener Luft. Schön, wenn man's kann – zugegeben. Aber nichts für die Praxis. Daher nochmals: **Halten Sie Ihre Streichhölzer trocken,** nehmen Sie reichlich davon mit und sorgen Sie dafür, dass Sie jederzeit einen kleinen Vorrat absolut trockenen Zunders parat haben!

Mit einem Brennglas

Mit einem Brennglas ist es zwar nicht weiter schwer, bei hoch stehender Sonne trockenes Material zum Glimmen zu bringen – aber bis zur offenen Flamme ist es dann noch ein weiter Weg. Ist der Zunder fein genug und absolut trocken, kann es klappen. Sonst nicht. Wichtig ist es, den Zunder ziemlich dicht zusammenzuhalten, damit die Hitze des Funkens die einzelnen Teilchen erreicht, und dann wohl dosiert hineinzupusten – zunächst vorsichtig, dann kräftiger.

Es gibt Leute, die behaupten, man könne ein geeignetes Brennglas sogar aus Eis zurechtschaben und -schmelzen. Das möchte ich mal sehen!

Mit einem Gewehr

Hat man ein Gewehr und noch ausreichend Munition dabei, so kann man ein Feuer zustande bringen, indem man nach einer Methode verfährt, die allgemein so beschrieben wird: Patrone vorn aufschneiden, Projektil entfernen, die Hälfte des Pulvers auf ein Häufchen schütten, das Gewehr mit der präparierten Patrone und einem Fetzen Baumwollstoff laden und in die Luft schießen. Der Fetzen brennt oder glimmt zumindest, sodass man damit das restliche Pulver entzünden kann. Ich habe diese Methode nie ausprobiert, könnte mir aber vorstellen, dass sie funktioniert – sofern man den glimmenden Stoff rasch wiederfindet. Ich würde daher vielleicht doch lieber auf den Boden schießen. Übrigens müsste es auch möglich sein, das Pulverhäufchen direkt mit einem Brennglas zum Entflammen zu bringen.

Mit einem Feuerbohrer

Feuer mit einem Feuerbohrer zu machen, ist schon ein Kapitel für sich und muss erlernt und intensiv geübt werden – wenn es nicht klappt, ist das bestimmt kein Grund, an den Naturgesetzen zu zweifeln. Die Durchführung ist für uns Zivilisationsmenschen ausgesprochen mühsam. Man braucht dazu:

- ein **Brett** oder sonst ein flaches, möglichst hartes und ganz trockenes Stück Holz mit einer Vertiefung am Rand, in die der Bohrer passt, und einer Kerbe direkt daneben,
- einen **Bohrer** aus ähnlichem Holz,
- einen **Bogen** mit einer Schnur, die als Schlaufe um den Bohrer gelegt werden kann,
- einen **Halter** für den Bohrer, z.B. ein Stück Holz oder Stein mit einer flachen Mulde, in die der Bohrer passt.

Man setzt die Teile zusammen, hält das Brett mit dem Knie, den Bogen mit der rechten und den Halter mit der linken Hand (Linkshänder umgekehrt). Der Zunder liegt unter der Kerbe, die so geschnitten ist, dass der Abrieb aus der Mulde auf den Zunder fallen kann. Nun zieht man den Bogen mit raschen Bewegungen hin und her und drückt dabei den Bohrer mit Hilfe des Halters fest nach unten. Die Bewegung muss zügig und ohne Unterbrechung ausgeführt werden – an einer möglichst windgeschützten Stelle.

Wenn man mit genügend Druck schnell genug arbeitet, wird rasch etwas Rauch aufsteigen und schwarzes Holzpulver durch die Kerbe nach unten rieseln. Noch etwas Druck und Ausdauer und das Holzpulver beginnt zu glimmen. Nun muss man im richtigen Moment den Zunder mit dem glimmenden Holzpulver greifen, leicht zusammenpressen und vorsichtig hineinpusten, um die Glut zu verstärken. Hat sich genügend Holzpulver angesammelt und der Zunder ist perfekt, dann wird er durch allmählich kräftigeres Pusten immer stärker rauchen und schließlich entflammen.

Glut transportieren

Wie man bei Mangel an Streichhölzern das Feuer über Nacht bewahren kann, ist im Kapitel „Feuer“ beschrieben. Bleibt man nicht an einer Stelle, so braucht man außerdem eine Möglichkeit, um Glut zu transportieren. Dazu eignen sich **getrocknete Baumschwämme,** wie man sie vor allem an abgestorbenen Bäumen findet. Manche dieser Baumpilze sind ebenfalls schon abgestorben und trocken. Andernfalls muss man sie am Feuer gründlich trocknen. Sie glimmen dann stundenlang und entwickeln fast keinen Rauch. Den glimmenden Schwamm kann man in einem feuerfesten Behälter (Blechdose) transportieren.

Aus dem oberen Teil dieser Baumschwämme, also aus der Kappe, die nicht von feinen Kanälen durchzogen ist, kann man übrigens einen **exzellenten Zunder** herstellen, indem man feine Scheiben daraus schneidet, sie etwas klopft und gründlich trocknet. Das lederartige Endprodukt glimmt ebenfalls lange und kräftig.

Signalfeuer

Als **Notsignal** sind drei Feuer üblich, die entweder in einer geraden Linie oder in einem gleichseitigen Dreieck angeordnet sind. Wenn man weiß, dass man gesucht wird, genügt natürlich auch ein Feuer, um gefunden zu werden.

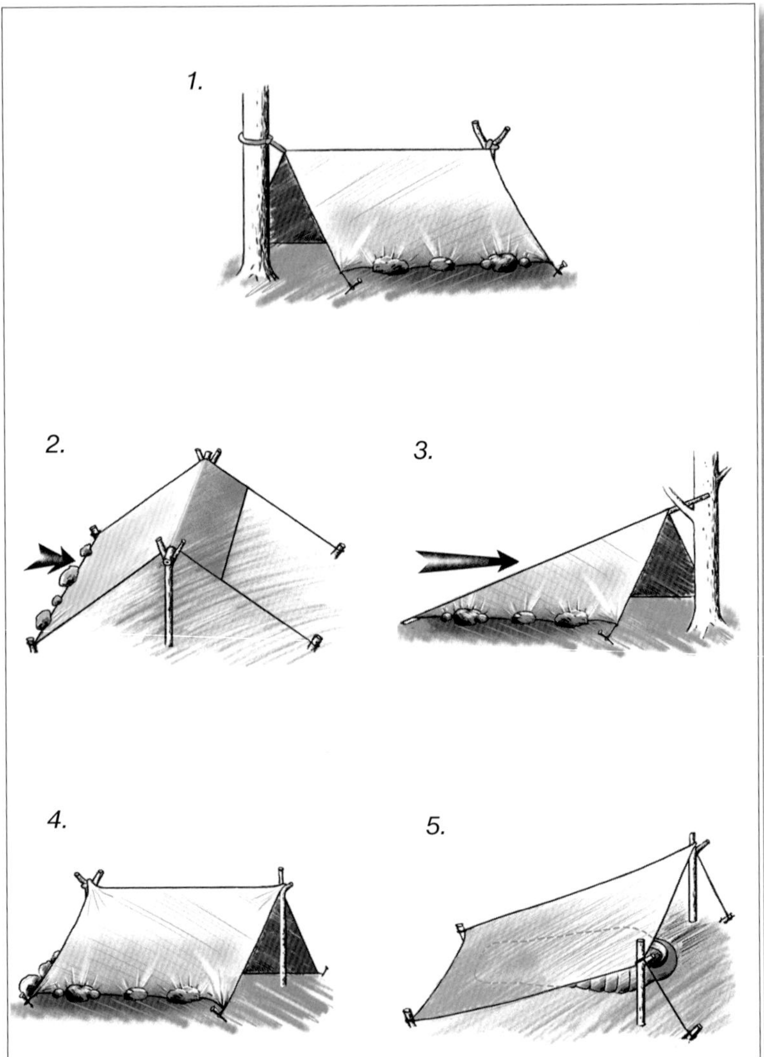
1.
2.
3.
4.
5.

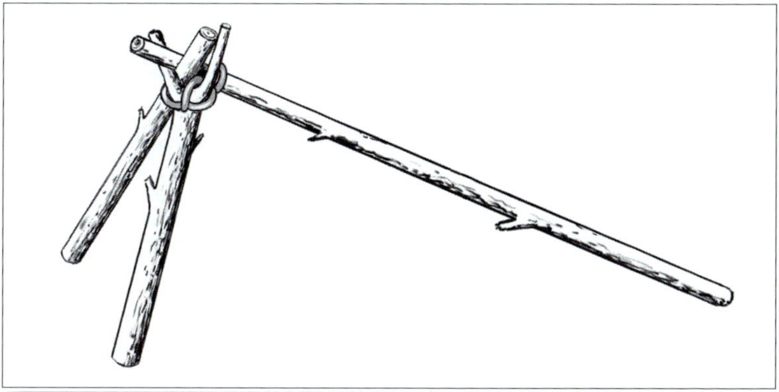

Bei Nacht sollen die Feuer natürlich möglichst hell brennen; also trockenes Nadelholz benutzen. **Bei Tag** sind stark qualmende Feuer am besten zu sehen – im Sommer gewöhnlich mit weißem, im Schnee mit schwarzem Rauch. Um weißen „Rauch" (eigentlich Dampf) zu erzeugen, legt man belaubte Zweige, Gras, Moos oder morsches Holz auf das kräftig brennende Feuer (nicht zu früh, sonst geht es aus). Schwarzen Rauch ergeben harzige Hölzer, Birkenrinde, Harz oder irgendwelche Kunststoff- oder Gummiabfälle. Falls man mit einem Fahrzeug in eine Notlage geraten ist, kann man natürlich auch ölgetränkte Lappen o.Ä. verbrennen. Auch eine Blechdose mit petroleumgetränktem Sand produziert dicken schwarzen Rauch.

Poncho als Wetterschutz

3-Fuß-Gestell

Die Signalfeuer müssen vorbereitet sein, und alles muss bereitliegen, damit man sie rasch anzünden kann, sobald ein Flugzeugmotor zu hören ist.

Wetterschutz

In vielen Klimazonen gehört ein Wetterschutz zu den vorrangigen Bedürfnissen, um sich trocken und warm zu halten. Wählen Sie dazu eine Stelle aus, die schon von sich aus möglichst guten Windschutz bietet (Wald, Buschwerk, Felsblock, Böschung) und beachten Sie die im Kapitel „Camp" beschriebenen Hinweise zur Auswahl des Lagerplatzes.

Wetterschutz mit einer Plane

Besitzt man einen **Poncho** oder eine Plane, so gibt es vielfältige Möglichkeiten, daraus einen passablen Wind- und Regenschutz zu improvisieren. Hier einige Anregungen:

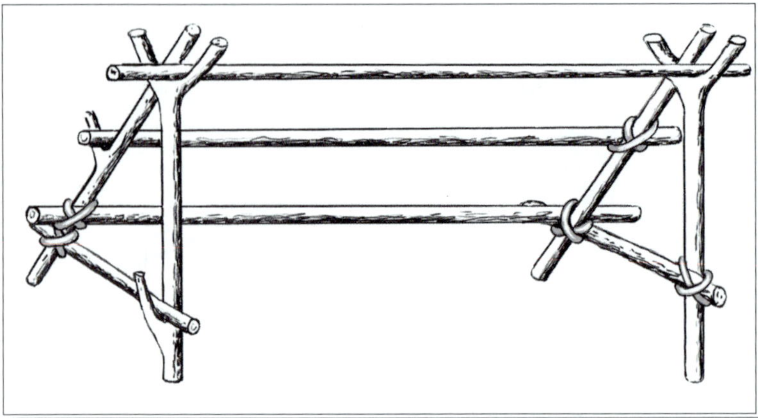

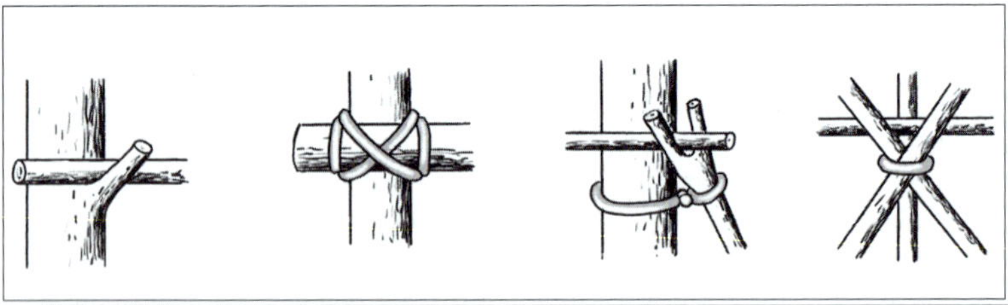

Hat man mehrere Ponchos, die man zusammenknöpfen kann, so sollte die Nahtstelle auf der windabgewandten Seite liegen. Wenn es ganz schnell gehen muss, kann man daraus eine Tüte formen, in die man den Schlafsack hineinsteckt. Allerdings bildet sich darin Kondenswasser, und der Schlafsack wird feucht.

Auf entsprechende Weise kann man auch aus einer **Rettungsdecke** ein Schutzdach improvisieren. Wie man sie ohne Ösen befestigen kann, zeigt eine Skizze im Kapitel „Knoten".

Die alubeschichtete Rettungsdecke eignet sich besonders für einen offenen Wetterschutz, vor dem man ein Feuer unterhält, da sie die Wärme sehr gut reflektiert.

Gerüst für Windschutz

Befestigungen

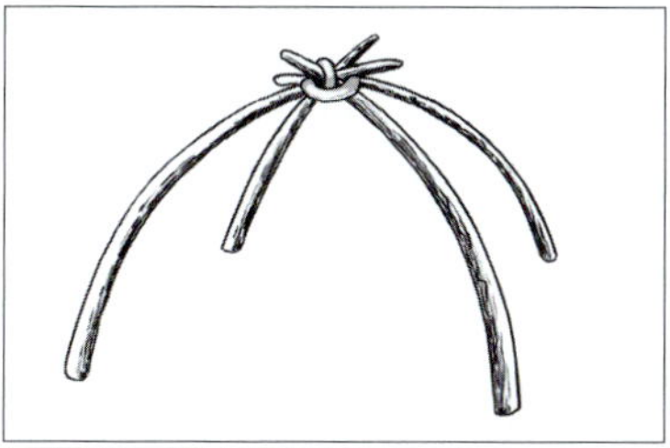

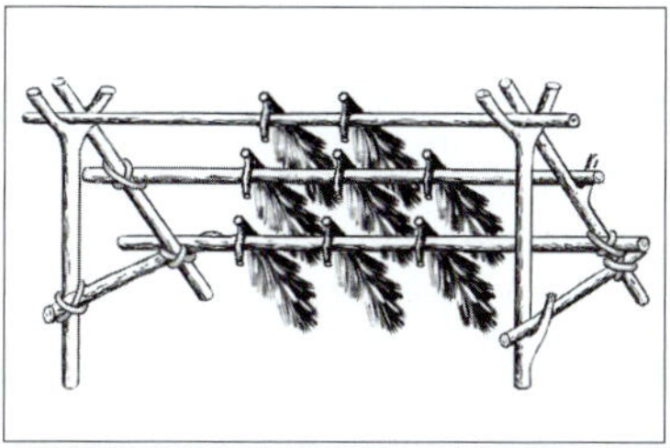

Weidengerüst

Eindecken

Wetterschutz mit natürlichen Mitteln

Hat man keines dieser Hilfsmittel, so muss man einen Wetterschutz aus natürlichen Mitteln improvisieren. Dazu benötigt man zunächst ein **stabiles Gerüst** aus kräftigen Ästen, das auch eine schwere Abdeckung trägt, ohne in die Knie zu gehen. Wenn es schnell gehen muss, kann das Gerüst aus drei Ästen bestehen (einer davon deutlich länger), die man zu einem **Dreifuß** zusammenschnürt, wie auf der Abbildung (S. 421) gezeigt. Das kleine Dreieck bleibt als Eingang offen, gegen die beiden langen Seiten werden Äste gelegt und abgedeckt.

Ein verbessertes Gerüst für einen offenen Wetterschutz, vor dem man ein Feuer unterhalten kann, ein sogenanntes **Lean-to,** erhalten Sie, indem Sie zwei kräftige Stangen mit Astgabeln in den Boden stecken, eine weitere dicke Stange quer in die Gabeln legen und mindestens zwei (besser vier) Stangen schräg dagegenlehnen. Ein Winkel von ca. 45° ist dabei der beste Kompromiss, um sowohl den Regen abzuhalten als auch genügend Platz zu bieten. Bei einem flacheren Winkel kann der Regen evtl. durch die Abdeckung dringen. Die offene Seite weist selbstverständlich in die windabgewandte Richtung.

Anstelle der beiden senkrechten Stangen kann man natürlich auch geeignete Bäume auswählen, zwischen die man den Wetterschutz baut. Einige Möglichkeiten, wie man die obere Querstange befestigen kann, zeigt die Skizze „Befestigungen".

Sind keine geeigneten Bäume oder Äste vorhanden, kann man z.B. auch drei oder vier dünne Bäumchen zusammenbiegen und verschnüren, wie in der Skizze „Weidengerüst" gezeigt:

Zum **Eindecken** des Gerüstes können Tannenzweige, Laubäste, Rindestücke, Gras oder große Blätter verwendet werden. Sie werden, von unten beginnend, wie Dachziegel übereinander geschichtet.

Eine Abdeckung mit Zweigen u.Ä. ist natürlich nicht absolut wasserdicht, aber wenn die Schicht dick genug ist (bei Zweigen mindestens 15–20 cm), leitet sie das Wasser zum Boden ab, ehe es ganz durch die Zweige dringen kann. Selbst bei starkem Dauerregen lässt ein richtig abgedeckter Wetterschutz kaum einen Tropfen durch. (In der Abbildung „Eindecken" wurden der Anschaulichkeit halber nur wenige Zweige in größeren Abständen dargestellt). Die Seiten können entsprechend abgedeckt werden. Für besseren Halt bei starkem Wind wird die untere Reihe der Eindeckung mit Steinen beschwert, die obere festgebunden. Außerdem kann man schwere Äste dagegenlehnen.

Oberhalb der Waldgrenze oder in Gegenden ohne geeignetes Holz kann man zumindest einen **Windschutz aus Steinen oder Bodenstücken** errichten. Dazu kann man entweder einen bereits vorhandenen Schutz (Felsblock, Böschung) weiter ausbauen oder einen U-förmigen Wall aus Steinen oder ausgestochenen Bodenstücken errichten und gegebenenfalls die Ritzen mit Erde, Gras, Moos o.Ä. abdichten. Hat man keine Möglichkeit, den Windschutz gegen Regen von oben abzudecken, so kann es bei starkem Wind auch genügen, wenn man die Rückwand hoch genug baut, um den Regen zumindest an ihrem Fuß einigermaßen abzuhalten.

Den **Boden** in einem Wetterschutz kann man mit Fichtenzweigen o.Ä. abdecken, die hervorragend gegen Bodenkälte und Feuchtigkeit isolieren, oder man baut gleich ein **Wildnisbett,** das nicht viel Aufwand erfordert und noch komfortabler ist: einfach zwei dicke Rundhölzer längs legen (evtl. mit Steinen o.Ä. verkeilen, damit sie nicht wegrollen), Äste quer darüber legen und das Ganze mit Fichtenzweigen als Matratze abdecken.

Wetterschutz im Winter

Im Winter ist vor allem **Windschutz** sehr wichtig, um die Auskühlung möglichst gering zu halten. Selbst wenn man ein Zelt hat, kann es oberhalb der Waldgrenze empfehlenswert sein, auf der Windseite einen einfachen Schutz aus Schneeblöcken zu errichten. Aber auch ohne Zelt gibt es eine Reihe mehr oder weniger aufwendiger Möglichkeiten, einen guten Wind- und Wetterschutz aus Schnee zu bauen. Für alle Varianten, die Schneeblöcke erfordern, braucht man festen (windgepressten) Schnee, wie man ihn oberhalb der Baumgrenze an windexponierten Stellen häufig findet. Manchmal kann man auch aufgetauten und wieder zusammengefrorenen Schnee verwenden.

Hat man es eilig – etwa weil ein Schneesturm droht –, hebt man einfach einen gut körpergroßen **Schneegraben** aus, den man mit Schneeblöcken, Ski, Stöcken, Schneeschuhen, Rucksackgestell etc. und einer Schicht Schnee abdecken kann (Ventilation nicht vergessen!). Das „Dach" sollte dabei (sofern es nicht aus festen Blöcken besteht) etwas versenkt sein, sodass seine Oberkante nicht über die umgebende Schneefläche hinausragt, da die isolierende Schneeschicht sonst weggeweht wird. Das Einstiegsloch

verschließt man so gut wie möglich von innen – z.B. indem man den Rucksack darüberlegt.

Notfalls kann auch ein Graben ohne Dach ausreichen. Er gibt bereits recht guten Windschutz und wird rasch durch Treibschnee zugeweht, der für zusätzliche Isolierung sorgt und so locker ist, dass man nicht darunter ersticken wird. Allerdings kann natürlich der Schlafsack feucht werden, sofern man keinen wasserfesten Bezug oder Biwaksack besitzt.

Überdachter Schneegraben (Die Schneeblöcke in der Zeichnung sind unnatürlich regelmäßig, um das Prinzip zu veranschaulichen)

Ist der Schnee nicht tief genug für einen Graben der o.g. Art, so kann man darüber aus Schneeblöcken eine Art Tunnel errichten, wie auf der Abbildung „Schneegraben" gezeigt.

Um den Blöcken besseren Halt zu geben, schneidet man auf beiden Seiten des Tunnels zunächst eine Kerbe wie in der Abbildung „Schneegraben" links. Errichtet man senkrechte Wände, kann man das Kopfende etwas höher machen, um darin sitzen zu können. Die schräge Version ist natürlich windbeständiger. Ist der Graben tief genug, legt man einfach Schneeplatten waagerecht darüber.

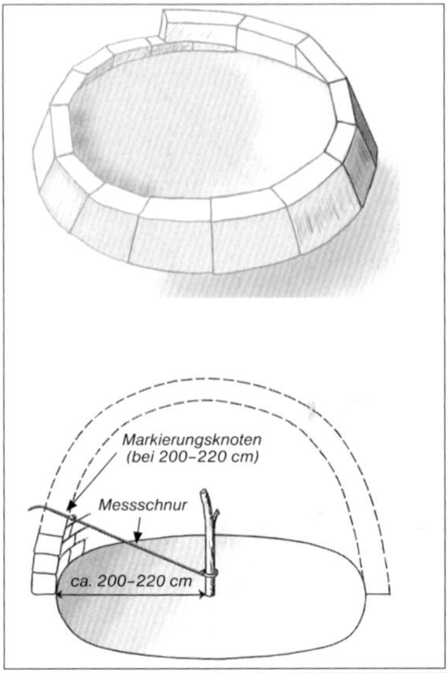

Ein richtiges **Iglu** zu bauen, ist nicht einfach und recht zeitaufwendig – andererseits aber auch nicht so schwierig, wie man manchmal denkt. Man braucht dazu ein Schneemesser bzw. eine Schneesäge (eine spezielle, nur 180 g schwere Schneesäge bietet die Firma *Exped)* und tiefen, windgepressten Schnee, der das Gewicht einer Person ohne Ski trägt. Solche Schneeverhältnisse findet man gewöhnlich nur oberhalb oder jenseits der Waldgrenze.

Iglubau

Zunächst hebt man ein Loch von etwa einem Meter Breite und einem halben Meter Tiefe aus. Von diesem Loch beginnt man in Richtung auf das geplante Iglu **Blöcke** von 20–25 cm Stärke zu **schneiden.** Der Graben soll später als Eingangstunnel dienen. Da das Iglu spiralförmig gebaut werden soll, müssen die Blöcke für den ersten Ring langsam ansteigen (ggf. an Ort und Stelle nach Bedarf abschrägen).

Achten Sie beim zweiten Ring darauf, dass die Fugen versetzt laufen, wie bei einer Steinmauer. Die Neigung der Blöcke nach innen muss stetig zunehmen, um eine halbkugelförmige Wölbung zu erhalten. Die Oberseite eines jeden Ringes wird daher so abgeschrägt, wie es eine Messschnur anzeigt, die im Zentrum des Iglukreises am Boden befestigt ist. Als zusätzliche Hilfe kann man in die Schnur einen Knoten machen, der die Länge des Radius markiert (ca. 200–220 cm). Am einfachsten ist es, die grob quaderförmigen Blöcke zunächst einzusetzen und erst dann anzupassen. Die Blöcke müssen keine exakten Quader sein. Wichtiger ist, dass sie an drei Punkten gut Kontakt haben (oben an der senkrechten, außen an der waagerechten und am Schnittpunkt beider Seiten) und fest eingesetzt werden. Ritzen und Fugen können später immer noch abgedichtet werden. Mit diesen drei Punkten halten auch stark nach innen geneigte Blöcke. Zögern Sie nicht, die von der Schnur vorgegebene Neigung einzuhalten, sonst gibt es keine Halbkugel, sondern so eine Art „Bienenkorb“. Der letzte Block

Natürlicher Wetterschutz

darf nicht kreisrund sein, sondern etwas länger als breit, damit man ihn nach außen durchschieben und von oben einsetzen kann. **Ventilation** nicht vergessen, da ein Iglu innen vereisen und luftdicht werden kann!

In Waldregionen ist es meist nicht möglich, Schneeblöcke zu verwenden, da der Schnee dort zu locker ist und nicht vom Wind gepresst wird. Liegt er tief genug, findet man jedoch oft einen **natürlichen Windschutz** am Fuß einzeln stehender Nadelbäume, der für kurze Rasten während des Tages gut geeignet ist und auch für ein geschütztes Nachtlager nur wenig ausgebaut zu werden braucht. Durch die weit ausladenden Äste dieser Bäume ist der Boden rund um den Stamm meist fast schneefrei und dank der hohen Wände ringsum gut windgeschützt. Außerdem bieten die Äste Schutz vor nächtlichen Schneefällen und reduzieren den Wärmeverlust durch Abstrahlung. Ist der Raum unter dem Stamm zu klein für ein Nachtlager, so kann man den Schnee vom Stamm weg vorsichtig unterhöhlen (nicht sehr tragfähig!). In einem solchen Unterschlupf kann man – wenn man zunächst die dürren Äste entfernt – sogar ein kleines Feuer unterhalten. Da durch die aufsteigende Wärme der Schnee auf den Ästen schmelzen würde, muss das Feuer sehr klein sein (am besten in einem Hobo-Ofen, s.o. „Feuer") und sollte stets durch einen Kochtopf oder Wasserkessel nach oben abgeschirmt sein.

Wo der Schnee tief genug liegt und zumindest leicht verfestigt ist, kann man eine **Schneehöhle** graben. Besonders günstig sind dazu große Schneeverwehungen wie man sie an der Leeseite von Abhängen, Kämmen und Böschungen findet. Der Bau einer Schneehöhle erfordert zwar auch einige Zeit, ist aber viel einfacher als der Iglubau. Indem man möglichst tief unten beginnt, gräbt man zunächst einen etwa ½ m langen Tunnel schräg aufwärts. Dann gräbt man nach den Seiten und höhlt einen Raum aus, der hoch genug ist, um darin sitzen zu können. Wiederum eher nach oben graben, da die Liegefläche in der Höhle höher liegen soll als der Tunneleingang (Kaltluft fällt!). Die Wände sollten kuppelförmig gewölbt sein – einerseits der Stabilität wegen, andererseits, damit Schmelzwasser an den Wänden entlang herunterrinnt und wieder anfriert, anstatt abzutropfen. Die Decke sollte an der dünnsten Stelle mindestens 30–40 cm stark sein, um zu tragen und ausreichend zu isolieren. Lüftungsöffnung nicht vergessen!

Auf der Rückseite der Höhle kann man bei festem Schnee Bänke stehenlassen, die etwa so hoch sein sollten, wie der höchste Punkt des Tunnels. Boden und Bank können evtl. noch mit Zweigen ausgelegt werden. Dann verschließt man den Eingang bis auf eine kleine Lüftungsöffnung mit einem Schneeblock. Gute Ventilation ist besonders dann sehr wichtig, wenn man in der Höhle kocht. In diesem Fall sollte man den Eingang ganz geöffnet lassen. Die Körperwärme und evtl. eine Kerze können schon genügen, um die Höhle angenehm zu temperieren. Weit über null Grad darf die Temperatur aus naheliegenden Gründen natürlich nicht steigen. Nimmt die Tropfenbildung zu, öffnet man den Eingang.

Will man zu zweit an der Höhle graben, geht es schneller, wenn man einen zweiten Eingang gräbt, den man später wieder verschließt. Sofern der Schnee nicht sehr kalt und trocken ist, sollte man zum Graben wasserdichte Kleidung tragen.

Die Trapper in Kanada übernachten im Winter bei Temperaturen von -40°C und noch darunter in einem sogenannten **„Cold Camp“.** Dazu errichten Sie einen nach einer Seite offenen Windschutz aus Stangen und Ästen oder einer Plane wie oben gezeigt (Lean-to) und ein Wildnisbett (s.o.), vor dem sie ein etwa körperlan-

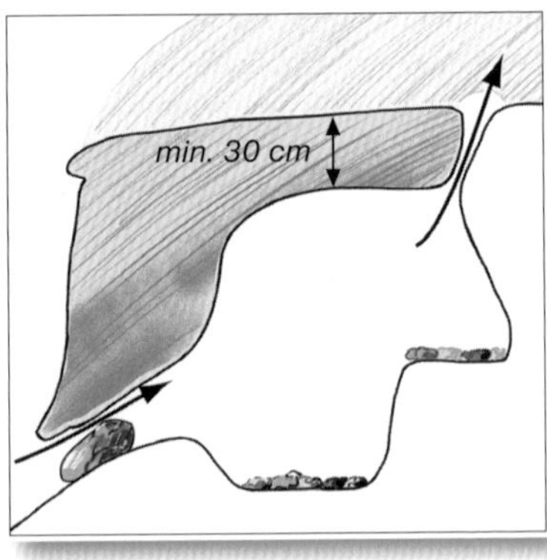

Schneehöhle

ges großes Feuer aus dicken Holzklötzen unterhalten. Bei diesen Temperaturen und den langen Nächten braucht man dabei natürlich eine gewaltige Menge Brennholz, zu dessen Beschaffung man Axt und Säge haben sollte.

Wasser

Wasser ist in jedem Fall weit wichtiger als Nahrung. Verschiedene Methoden, um Wasser im Sommer und Winter zu finden bzw. zu gewinnen, wurden bereits im Kapitel „Wasser" beschrieben. Wichtig ist, dass man auch im Notfall die Wasserreinigung bzw. -entkeimung nicht vergisst. Hat man keine andere Möglichkeit, so ist **Abkochen** (s.o.) die einzig zuverlässige Lösung. Ein **improvisierter Wasserfilter,** wie er in vielen Büchern beschrieben wird, ist gut geeignet, um grobe Verunreinigungen, feinen Schlamm und Schwebstoffe herauszufiltern, und entfernt dank der Holzkohleschicht auch einen Teil der Keime, aber eine zuverlässige Entkeimung kann er nicht gewährleisten. Um einen solchen Filter herzustellen, schlägt man in eine große Blechdose unten ein Loch und füllt – soweit möglich – die auf der Skizze angegebenen Schichten hinein. Bei der Holzkohle, die man aus dem Lagerfeuer gewinnen kann, ist es wichtig, dass sie möglichst fein zerrieben ist.

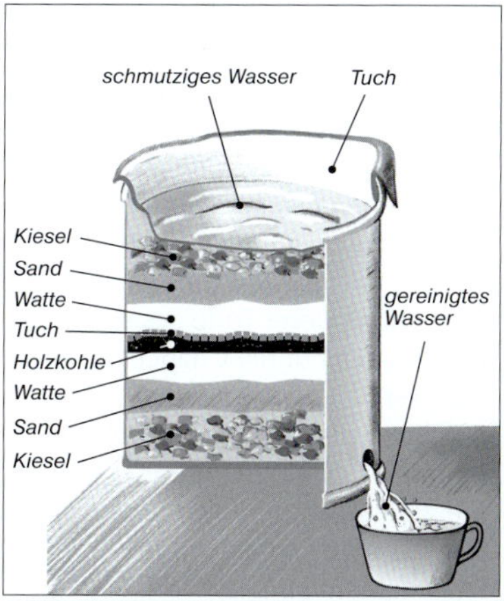

Improvisierter Filter

Nahrung aus der Natur

Das „Vom-Lande-leben" muss grundtief in uns verwurzelt sein und übt eine geradezu archaische Faszination aus. Allzu wörtlich genommen ist es heutzutage freilich Unfug, denn selbst wenn man die erforderlichen Kenntnisse hat, so wäre es doch für den Tourenalltag zu zeitaufwendig. Überdies ist das Verhältnis von Outdoorern zu natürlichen Nahrungsresourcen schon kurz nach „Ötzis" Zeiten dermaßen aus dem Gleichgewicht geraten, dass selbst das schönste Wildnisgebiet heute ruckzuck so leergefressen wäre, als hätten dort die Heuschrecken gehaust.

Aber den Speisezettel mit frischen Nahrungsmitteln aus der Natur ergänzen – das ist eine feine Sache und durchaus empfehlenswert. Solange man damit keinen Flurschaden anrichtet! Es macht Spaß, bereichert den Speisezettel und liefert obendrein wichtige Vitamine. In der Praxis gibt es natürlich enge Grenzen: Gegen „fleischliche Genüsse" frisch aus dem Forst wird in den meisten Revieren der Jagdpächter Einwände haben – hingegen kann man in Kanada z.B. ohne Weiteres einen Permit für Kleinwild bekommen (problemloser jedenfalls als nachher das Kleinwild!). Das Angeln für Topf und Pfanne kann in Wildnisgebieten durchaus mehr als Hobby sein. In Gegenden mit überwiegend privaten Fischgewässern jedoch ist es auch mit dieser Art der Nahrungsbeschaffung Essig. Am wenigsten eingeschränkt sind **Vegetarier,** sofern sie sich nicht auf seltene Arten stürzen. Für sie gibt es eine breite Fülle an Möglichkeiten, von Beeren und Wurzeln über Kräuter und andere Grünpflanzen, Körner und Nüsse bis hin zu Tees.

Allen Survival-Enthusiasten sei noch versichert: Für das Überleben in Notsituationen wird die Futterfrage hoffnungslos überschätzt. Selbst schlanke Gestalten haben Reserven für mehrere Wochen Nulldiät auf den Rippen. Und sollte tatsächlich jemand in eine sogenannte „Survivalsituation" geraten, so wird er garantiert ein halbes Dutzend anderer Tode gestorben sein, ehe er auch nur die Chance hat zu verhungern!

Keinesfalls darf man das „Vom-Lande-leben" **ohne zwingende Not** über die zulässigen Grenzen hinaus betreiben, da man sonst unverantwortbaren Flurschaden anrichtet!

Was ist essbar?

Zunächst ein grober Überblick über die Nahrungsquellen für Notfälle. Die allermeisten davon sind allerdings wirklich nur für den Notfall gedacht, wenn es wirklich ums Überleben geht, und keinesfalls für ein „Überlebenstraining" oder ähnliche Spielereien. Jeder verantwortungsbewusste Naturfreund wird schon von sich aus gar nicht auf die Idee kommen, die Natur dadurch zu schädigen, sofern er nicht ernsthaft darauf angewiesen ist.

Im Notfall essbar sind:

- alle **felltragenden Tiere,**
- alle **Vögel** und **Vogeleier** (auch bebrütete); einige Vogelarten wie Raben, Dohlen, Greifvögel haben aber zähes Fleisch und erfordern lange Kochzeiten,
- **Frösche,** nachdem sie gehäutet sind (die Haut kann giftige Sekrete enthalten); Kröten sind nicht genießbar,
- alle **Süßwasserfische** nördlicher und gemäßigter Breiten (für tropische Gebiete spezielle Infos besorgen),
- **Hausschnecken** (sehr nahrhaft),
- **Schlangen** und **Eidechsen** (in Tropen und Wüstengebieten sind Ausnahmen möglich; auf jeden Fall häuten),
- **Larven** und **Maden** (sehr nahrhaft; Vorsicht: Raupen sind oft giftig!),
- größere **Insekten,** z.B. Grashüpfer (Köpfe, Füße, Flügel entfernen. Kochen! Parasiten möglich!),
- **Muscheln** (Vorsicht: In ihnen können sich im Sommer Giftstoffe ansammeln!),
- Seeigel und andere **Krustentiere** kalter und gemäßigter Zonen (für Tropen spezielle Informationen besorgen),

- **Grassamen,** sofern sie keine schwarzen Punkte oder Auswüchse besitzen (Mutterkorn: giftig!),
- **Bastschicht** vieler Bäume (gemeint ist die saftführende Gewebeschicht zwischen Holz und Rinde; sie enthält viel Stärke),
- **Tang** und **Meeresalgen** (reich an Protein, aber oft mit abführender Wirkung),
- **Nüsse** (äußerst nahrhaft und nicht nur für den Notfall),
- **Pilze** enthalten fast nur Wasser. Ihr Nährwert ist so gering, dass er das Risiko einer Vergiftung nicht aufwiegt,
- **Kerne von Früchten** meiden, da sie nicht selten giftige Stoffe (Blausäure) enthalten,
- **Beeren** nördlicher und gemäßigter Zonen sind meist genießbar; es gibt jedoch fast überall auch giftige Beeren, über die man sich vorher informieren sollte,
- Pflanzen, die **Gurken, Melonen** oder **Bohnen** ähneln, sollte man meiden - viele sind sehr giftig,
- **Pflanzen mit milchigem, rotem, orangem, gelbem** oder **dunklem Saft** oder mit seifigem Geschmack meiden, sofern man sie nicht zuverlässig kennt - besonders dann, wenn der Saft an der Luft schnell dunkler wird.

Allgemeine Tipps

- mageres Fleisch (z.B. Kaninchen, Fisch) möglichst mit Fett zubereiten,
- Vögel sind gerupft weit nahrhafter als gehäutet,
- Wurzeln und Knollen enthalten mehr Nährwerte als grüne Pflanzenteile,
- Pflanzen, die bittere Stoffe enthalten (z.B. Tannin), mehrfach in frischem Wasser waschen bzw. das Kochwasser mehrmals abgießen,
- stärkehaltige Pflanzenteile (Wurzeln, Knollen, Bast) sind gekocht besser zu verwerten,
- Knochen niemals wegwerfen! Das Mark ist sehr nahrhaft. Kleinere Knochen in der Suppe mitkochen, größere zunächst spalten, um an das Mark zu gelangen. Je weniger das Mark gekocht wird, desto reicher an Nährwerten ist es,
- Blut erlegter Tiere für Suppen, Soßen oder Eintöpfe verwenden. Es ist ausgesprochen reich an wichtigen Nährstoffen,
- Fisch ist sehr kalorienarm, sofern es sich nicht um Arten mit Fettreserven handelt (Lachs, Aal).

Essbare Wildpflanzen

Es ist völlig unmöglich, dieses Thema umfassend zu behandeln, das ist klar. Aber vielleicht hilft es, als erste Anregung und Einstieg wenigstens ein paar Beispiele aufzulisten. Voraussetzung ist natürlich, dass man sich mittels Fachliteratur entsprechend kundig macht, denn immerhin gibt es nicht nur unter den Pilzen giftige Exemplare! Ausgewählt habe ich Pflanzen, die meist in größeren Mengen auftreten (damit man den Topf ordentlich voll bekommt) und die auch ohne aufwendige Prozeduren genießbar und schmackhaft sind:

- **Nüsse** - wie Haselnüsse, Bucheckern o.Ä. enthalten viel Fett und Eiweiß und bieten in guten Jahren eine der ganz seltenen Möglichkeiten, tatsächlich den vollen Nahrungsbedarf aus der Natur zu decken.

- **Beeren** – liefern vor allem Zucker und Vitamine. Man kann sie nicht nur frisch essen, sondern auch ins Müsli mixen, in Pfannkuchen oder Kekse einbacken, Tee daraus bereiten und Kompott oder Marmelade kochen. (Tipp: Marmelade zum sofortigen Verbrauch mit weniger Zucker bereiten und nur kurz kochen, so bleiben Aroma und Vitamine viel besser erhalten.)
- **Wacholderbeeren** – in gemäßigten und nördlichen Zonen an sonnig-trockenen Hängen zu finden, ergeben einen ausgezeichneten Tee.
- **Hagebutten** – sind extrem reich an Vitamin C und sehr schmackhaft; man kann sie – evtl. nachdem man die Kerne entfernt hat – so essen, sie ins Müsli mixen, Marmelade kochen und einen sehr guten Tee bereiten (auch aus den Kernen).
- **Fichtennadeln** – können zu jeder Jahreszeit als Tee zubereitet werden. Sie enthalten so viel Vitamin C, dass 1–2 Tassen pro Tag vor Skorbut schützen; die Geschmacksintensität (und damit die Dosierung) ist je nach Jahreszeit, Art und Standort sehr verschieden und kann von fad bis bitter reichen (ggf. Zucker zusetzen).
- **Brennnessel** – wo sie vorkommt, wächst sie meist in Massen, sodass man rasch größere Mengen junger Blätter sammeln kann (mit Handschuh!). Sie fällt – wie alles Grünzeug – beim Kochen stark zusammen, nesselt dann aber nicht mehr und ergibt ein sehr schmackhaftes Gemüse, reich an Eisen und blutreinigend.
- **Löwenzahn** – die jungen Blätter und Blütenknospen als Salat oder Gemüse; falls zu bitter, evtl. mit milderen Pflanzen mischen oder vorher 2 Stunden in Wasser legen.
- **Große Klette** – die bis meterhohen Stengel vor der Blüte ernten, schälen und das schmackhafte, weiße Mark roh essen, als Salat anmachen oder wie Spargel kochen.
- **Beinwell** – wächst an Bachufern oft in großen Mengen. Die Sprossen kann man im Frühjahr, die jungen Blätter fast den ganzen Sommer durch ernten und roh essen oder wie Spinat kochen. Gut mit Brennnessel zu mischen.
- **Wiesenbocksbart** – wächst auf nicht zu trockenen Wiesen und Weiden verteilt, aber in großer Zahl. Die Stengel schmecken vor der Blüte zart und süß (roh oder in Suppen und Gemüse), die Wurzel kann man im Herbst ernten und wie Schwarzwurzel zubereiten.
- **Wiesenknöterich** – gedeiht auf feuchten Bergwiesen und um Quellen, wo er andere Pflanzen überwuchert und wie ausgesät wächst (also reichlich). Die jungen Blätter schmecken mild und ergeben ausgezeichneten Spinat.
- **Spitzwegerich** – junge Blätter, nachdem man die Rippen an der Unterseite wie Bohnenfäden abgezogen hat, gehackt zusammen mit milderen Pflanzen gut in Suppen, Gemüse und Salat; schmeckt herb. Als Tee gut gegen Husten; frische Blätter zerquetscht auf kleine Wunden.
- **Huflattich** – häufiges „Unkraut“, das gleich nach der Schneeschmelze blüht; die Blätter kommen erst nach

der Blüte, schmecken aromatisch und können – zart geerntet – für Suppen, Salat und Gemüse verwendet werden (gut mit Kartoffeln); als Tee schleimlösendes Hustenmittel.

- **Weidenröschen** – wachsen in großer Zahl auf Waldlichtungen und alten Waldbrandflächen; junge Triebe wie Spargel; Blätter (auch im Sommer noch) als Gemüse oder Salat.
- **Gänseblümchen** – findet man in gemäßigten Zonen zu jeder Jahreszeit (sogar unter Schnee). Sie schmecken mild und aromatisch; die jungen Blätter und Blütenknospen als Salat oder gehackt aufs Brot (z.B. mit Bärlauch oder Sauerampfer), als Gemüse mit Brennnessel oder Sauerampfer und sehr gut in gemischter Kräutersuppe; wirkt blutreinigend.
- **Bärlauch** – wächst auf feuchten Waldböden (manchmal flächendeckend) und ist durch seinen Knoblauchduft unverwechselbar; sehr gut in Mischsalaten und als Würze in Suppen, Saucen und Gemüse; köstlich schmecken auch einige in heißem Fett geröstete Blätter. **Vorsicht:** Fehlt der intensive Knoblauchgeruch, handelt es sich vermutlich um das giftige (!) Maiglöckchen, das ganz ähnliche Blätter hat.
- **Schnittlauch** – wächst oft wild auf Kiesbänken und ist wie der aus dem Garten zu verwenden.

Das ist natürlich nur ein winziger Ausschnitt. Wer sich mit essbaren Wildpflanzen befasst, der wird zunächst schier hinweggefegt von deren Vielfalt, und er wird wahrscheinlich jeden für blöd halten, der für seine Ernährung noch Geld ausgibt. Aber Vorsicht: als Zivilisationsbürger mit entsprechend eingestelltem Magen kann man nicht unbedingt von heute auf morgen mit den Rehlein grasen. Zukost soll es sein – mehr nicht.

Fischfang

Geht es nur um die Nahrungsbeschaffung für den Notfall, so ist der Fischfang bei Weitem nicht so lohnend wie oft angenommen wird. Die

061op Foto: rh

Angeln im Winter

meisten Fische sind **arm an Kalorien.** Forellen z.B. bringen pro Pfund nicht viel mehr als 250 kcal; d.h. um seinen Energiebedarf bei anstrengender Tätigkeit ausschließlich mit Forellen zu decken, müsste man täglich sechs bis acht Kilo davon vertilgen! Eine Ausnahme bilden Fische wie Lachs oder Aal, die Fettreserven speichern und pro Pfund fast viermal soviel Energie liefern wie Forellen.

Wer eine **Angelausrüstung** bei sich hat, kann natürlich seine Vorräte gut durch Fische ergänzen oder auch einige Zeit ganz durch Fisch bestreiten. Die unten beschriebenen Methoden für den Fischfang im Notfall sind jedoch schwierig, erfordern Geschick und Übung und sind in den meisten Fällen wenig erfolgversprechend und kaum sinnvoll.

Fangmethoden

Günstige Stellen zum Fischen sind z.B.: Stromschnellen, kleine Wasserfälle, Bachmündungen, Ausflüsse von Seen, Stromschatten von Felsblöcken, Seerosenfelder, Schilfufer.

- **Mit der Hand:** Wenn die Lachse steigen, ist es in flachen Bachläufen oder an kleinen Stromschnellen manchmal möglich, die Fische mit der bloßen Hand zu fangen, wenn sie erschöpft im ruhigen Uferwasser ausruhen. Manche verstehen es auch, Forellen mit langsam tastenden Bewegungen unter Uferhöhlungen aufzuspüren und mit einem schnellen Griff hinter den Kiemen zu packen. Beides ist jedoch nicht einfach und erfordert Geschick und Glück.
- Improvisierte **Haken** aus Sicherheitsnadeln, Holzstücken, Knochen o.Ä. sollte man gleich vergessen. Um mit solchen Hilfsmitteln tatsächlich einen Fisch zu fangen, ist sehr viel Geschick erforderlich. In den meisten Fällen wäre der Versuch reine Zeit- und Energieverschwendung. Ein kleines Sortiment Haken sollte man schon dabei haben, wenn man Fische fangen will. Nur in ernsten Notfällen kann man anstatt dessen ein kleines, an beiden Enden zugespitztes Hölzchen in einem länglichen Köder verbergen und an eine Angelleine binden. Hat ein Fisch es verschluckt, stellt es sich quer und hält ihn fest.
- **Blinker** können notfalls aus einem Stück Blech, einem glänzenden Knopf, Alufolie o.Ä. improvisiert werden.
- Mit **Ködern** sollte man experimentieren – es lässt sich nie grundsätzlich sagen, was am erfolgreichsten ist: Fliegen, Würmer, Käfer, Heuschrecken, Falter, Larven, flaumige Grassamen etc. Hat man einen Fisch gefangen, so kann man seinen Magen öffnen und nachsehen, was er gefressen hat, um sich bei der Auswahl seiner Köder daran zu orientieren. Natürlich sind auch Fischabfälle als Köder gut geeignet.
- **Nachtangeln:** Effektiv kann es auch sein, über Nacht einige Haken mit Köder (z.B. Fischreste) in tiefem Wasser auszulegen und die Leinen am Ufer zu befestigen. Allerdings ebenfalls nur, wenn der Hunger zum ernsten Problem wird, da die Fische u.U. stundenlang am Haken gequält werden!
- **Winterangeln:** Zum Angeln im Winter durch das Eis genügt meist ein

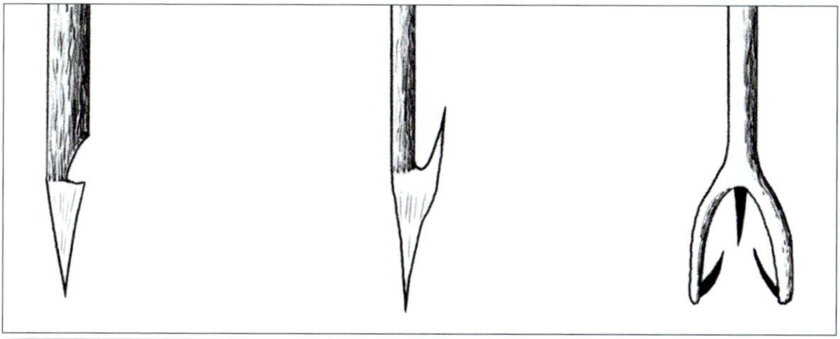

Haken, eine Leine und ein glitzernder Gegenstand.

- **Fischspeer:** Fischen mit einem Speer ist sehr schwierig, sofern man nicht viel Übung hat oder die Bedingungen besonders günstig sind (wie etwa beim Lachszug). Wie man notfalls einen Speer improvisieren kann, zeigen die Skizzen. Ein Fischspeer sollte möglichst lang sein. Wenn man nicht direkt senkrecht über der Beute steht, sollte man die Speerspitze im Wasser halten, um sich beim Zustoßen nicht durch die Lichtbrechung an der Wasseroberfläche täuschen zu lassen.
- Eine **Schlinge** aus Angelleine oder sehr feinem Draht wird an einem langen Ast befestigt und langsam über den Kopf eines ruhig im Wasser stehenden Fisches geschoben. Mit einem plötzlichen Ruck zieht man die Schlinge zu und schleudert den Fisch ans Ufer.

Fischspeere

- **Reusenfalle:** Hat man genügend Zeit und einen fischreichen Bach, so kann man aus Holzpfählen oder Steinen eine reusenartige Falle bauen wie auf der Skizze (nächste Seite) gezeigt. Während des Lachszugs sollte die Öffnung stromab weisen. Sonst kann man die Fische mit einem Köder (Fischabfälle, Innereien) in die Falle locken und anschließend mit einem improvisierten Käscher oder einem Speer fangen.
- Man kann auch den Bach nur durch eine **reusenförmige Barriere** abriegeln und in die Öffnung ein Netz hängen. Dann geht man einige Dutzend oder Hundert Meter stromauf und versucht, im Wasser watend die Fische in die Falle zu treiben, indem man mit Ästen aufs Wasser schlägt und unter überhängende Uferböschungen stochert.
- An Küsten kann man bei Ebbe einen **halbkreisförmigen Steinwall** errichten (Öffnung zum Land), der bei Flut ganz überspült wird. Fällt das Wasser wieder, bleiben – mit etwas Glück – Fische und anderes Meeresgetier hinter

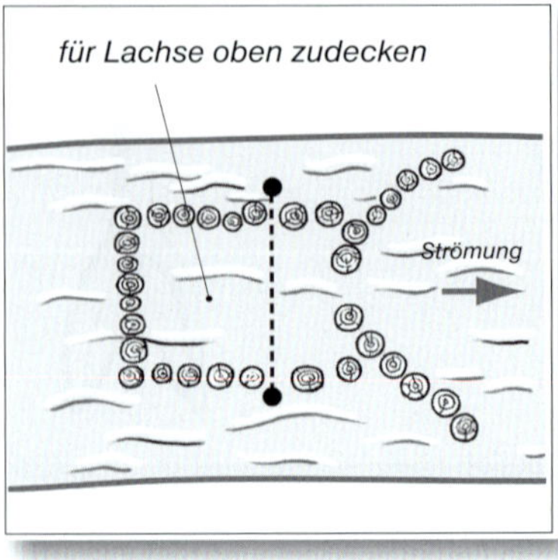

Reusenfalle

dem Wall auf dem Trockenen liegen. Um einigermaßen erfolgversprechend zu sein, müsste der Wall jedoch recht lang gebaut werden, was entsprechend aufwendig ist und sich nur in besonderen Fällen lohnen wird.

- Eine der aussichtsreichsten Methoden ist das Fischen mit dem **Netz.** Besonders geeignete Stellen für das Auslegen eines Netzes sind Ein- und Ausflüsse in bzw. aus Seen und der Stromschatten großer Felsblöcke in Flüssen (besonders für Lachse). Je enger die Maschen des Netzes, desto kleinere Fische kann man logischerweise damit fangen. Normalerweise nimmt man eine Maschenweite von 5–7 cm; für große Lachse genügen 10–15 cm. Ein kleines Netz kann man notfalls aus Angelleine, dünner Schnur, Nähfaden o.Ä. improvisieren.
- **Netz setzen:** Im Sommer kann man das Netz mit einem schweren Stein im Fluss verankern oder mit Hilfe einer langen Stange vom Ufer aus setzen. Im Winter kann man das Netz unter dem Eis eines Sees auslegen, indem man eine Reihe von Löchern schlägt und zunächst eine am Netz befestigte Zugleine von Loch zu Loch weiterschiebt, an der dann das Netz nachgezogen wird.

Es ist zu berücksichtigen, dass die Fische unter dem Eis meist tiefer im Wasser stehen. Außerdem darf die Oberkante des Netzes das Eis nicht berühren, da sie daran festfrieren könnte.

Fische putzen

Fische kann man rasch töten, indem man ihnen das Genick bricht oder mit dem Messer dicht hinter dem Kopf die Wirbelsäule durchtrennt. Dann werden sie abgewaschen und entschuppt, indem man mit der Messerklinge wie mit einem Rasiermesser vom Schwanz her in Richtung Kopf am Fischkörper entlang schabt. Kopf und Flossen müssen nicht gleich abgeschnitten werden. Sie halten die Gräten zusammen, sodass sie sich nachher leichter entfernen lassen. Um den Fisch auszunehmen, sticht man mit der Spitze des Messers am Darmausgang ein, trennt die Bauchdecke bis zu den Brustflossen auf und löst die Innereien heraus (Gallenblase nicht verletzen!).

Größere Fische (z.B. Lachs) kann man entweder in Filets zerlegen, indem man längs zum Körper das Fleisch von den Gräten löst, oder man kann sie senkrecht zur Längsachse in gut fingerdicke Scheiben schneiden.

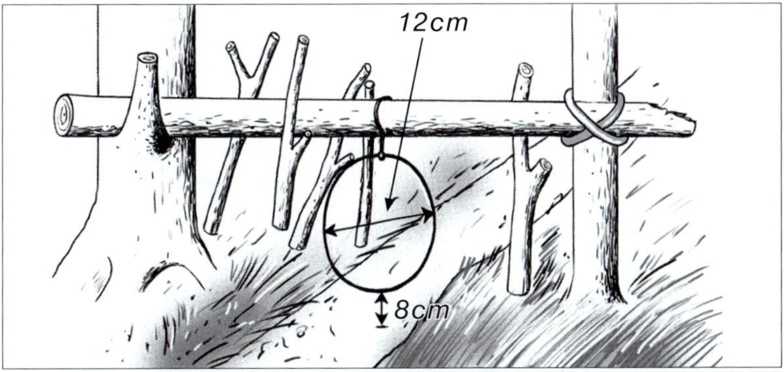

Jagd ohne Waffen

Alle in diesem Abschnitt erwähnten Jagdmethoden dürfen **nur in wirklichen Notfällen** angewandt werden. In vielen Regionen ist für Wildnisreisende jegliche Jagd verboten - und selbst, wenn man eine Jagderlaubnis für Kleinwild besitzt, sind die hier beschriebenen Methoden **grundsätzlich illegal!** Nur wenn es wirklich um das Überleben geht, ist es gerechtfertigt, sich auch auf diese Weise mit Nahrung zu versorgen!

Improvisierte Jagdwaffen wie **Pfeil und Bogen** oder **Speer** sind unbrauchbar, da es sehr viel Erfahrung und Geduld erfordert, um dafür nahe genug an das Wild heranzukommen. Diese Möglichkeit sollte man gar nicht erst in Erwägung ziehen. Schlingen oder Fallen sind weit erfolgversprechender und arbeiten rund um die Uhr.

Schlinge für Kaninchen

Schlingen

Um Schlingen zu legen, sucht man zunächst einen vielbenutzten Wildwechsel - am besten in dichtem Wald. Der Draht für die Schlingen muss stark genug sein, um das Beutetier sicher festzuhalten; für Kaninchen ca. 0,75–1 mm. Die Öse stellt man her, indem man das Drahtende umbiegt und so zusammendreht wie auf der Abbildung gezeigt. Die Schlinge bringt man an einer natürlichen Engstelle des Wechsels an, oder man verengt ihn künstlich, indem man links und rechts einige Zweige in den Boden steckt. Die Schlinge wird für **Kaninchen** etwa 8 cm über der Erde gut befestigt (ein gefangenes Tier entwickelt beträchtliche Kraft). Sie sollte für Kaninchen einen Durchmesser von etwa 12 cm haben. Ist die Schlinge richtig gesetzt, sodass das Tier sich nur mit dem Kopf darin verfängt, so verendet es rasch, da die Blutzufuhr zum Gehirn unterbrochen wird. Sitzt die Schlinge je-

doch zu tief, sodass das Tier zusätzlich mit einem Vorderlauf hineingerät, kann es viele Stunden oder gar Tage dauern, ehe es kläglich verendet. Sollte man dazu gezwungen sein, Schlingen zu legen, so müssen sie wenigstens 1–2-Mal pro Tag kontrolliert werden, und es ist selbstverständlich, dass man später alle Schlingen wieder entfernt. Jede Schlinge muss durch mindestens eine auffällige und weit sichtbare Markierung gekennzeichnet werden (z.B. farbiges Tuch an einem Baum), da es sonst nahezu unmöglich ist, sie in dichtem Wald wieder zu finden. Sicherer ist es, man bringt eine ganze Reihe von Markierungen als „Auffanglinie" an.

Schlinge für Eichhörnchen

Eichhörnchen sind mit Schlingen an einer Stange zu fangen, die schräg an den Baum gelehnt wird. Günstige Bäume erkennt man leicht daran, dass der Boden darunter von entschuppten Zapfen übersät ist. Die Schlingen werden angebracht wie auf der Skizze gezeigt. Es kann sich lohnen, mehrere Schlingen hintereinander anzubringen.

Wenn der Draht zu schwach ist oder man nur Angelleine, Schnur o.Ä. zur Verfügung hat, die das Tier durchbeißen könnte, baut man mit Hilfe eines heruntergebogenen Bäumchens

eine **Springfalle** wie in der Abbildung dargestellt. Bei sehr starkem Frost kann die Falle allerdings nicht lange funktionieren, da das Bäumchen in der gebogenen Stellung gefriert und seine Spannung verliert.

Luft atmende Wassertiere wie **Biber, Bisamratten, Enten** o.Ä. kann man fangen, indem man an einer geeigneten Stelle (Bau, Nest, Wechsel) eine Schlinge auslegt und sie mit einem Stein verbindet, der ungefähr so schwer ist, dass das Beutetier ihn noch wegschleppen kann. Der Stein wird mit einer langen Schnur an einem Pflock befestigt. Das gefangene Tier wird versuchen, ins Wasser zu flüchten und dabei durch den Stein hinabgezogen und ertränkt. Die Schnur zwischen Schlinge und Stein darf dabei natürlich nicht zu lang sein.

Springfalle

Schlagfallen

Hat man keine Möglichkeit, eine Schlinge zu legen, so kann man eine Schlagfalle bauen, was allerdings etwas schwieriger ist und Fingerspitzengefühl verlangt. Am besten ist es, wenn man dabei zu zweit arbeiten kann. Der Auslöser muss empfindlich genug sein, um auf eine leichte Berührung zu reagieren, aber so stabil, dass er nicht bereits beim Aufstellen auslöst. Sicherheitshalber sollte man Schlagfallen nur für kleinere Tiere bauen, um sich beim Aufbauen nicht selbst zu gefährden. Einige Beispiele zeigen die Skizzen auf der nächsten Seite. Passen Sie auf Ihre Finger und Zehen auf!

Nach dem Prinzip der Schlagfalle mit aufgehängtem Stein (s.u.) kann man auch eine **Zugfalle** konstruieren, falls die Temperatur für die oben beschriebene Springfalle zu tief sein sollte. Zu diesem Zweck wird nahe der Auslösevorrichtung eine Schlinge angebracht, durch die das Tier den Kopf stecken muss, um an den Köder zu gelangen. Die Schlinge wird dann durch ein Seil mit dem aufgehängten Stein verbunden. Eine solche Zugfalle erlaubt es, auch etwas größere Tiere mit relativ schwachen Schlingen zu fangen.

Andere für sich jagen lassen

Stößt man auf einen **Greifvogel** oder ein kleineres Raubtier, das eine Beute geschlagen hat, so kann man versuchen, das Tier rasch zu verscheuchen, sodass es seine Beute liegen lässt. Bei einem **Fuchs,** einem **Marder,** einer **Wildkatze** o.Ä. sollte das kein Problem sein. Selbst bei einem **Luchs** oder **Wölfen** kann forsches Auftreten durchaus zum erwünschten Resultat führen. Ziehen sie sich nicht gleich zurück, so gibt man vielleicht besser als der „Klügere" nach. Sollte es sich gar um einen Bären oder eine größere Raubkatze handeln, sollte man sich natürlich sofort aus dem Staub machen. Auch Vielfraße können äußerst ungemütlich werden und haben vor nichts Angst!

Ausnehmen eines Tieres (am Beispiel des Kaninchens)

- Zunächst kann man durch kräftiges Drücken und Streichen die **Harnblase** des Tieres **entleeren,** damit das nicht später während des Ausnehmens passiert.
- Das erlegte Tier **an den Hinterbeinen aufhängen** (dazu kann eine Schlaufe um die Hinterbeine gelegt oder Schnur zwischen Knochen und Sehne der Hinterläufe durchgezogen werden).
- Die Kehle aufschneiden und **ausbluten lassen** (Blut auffangen! Wertvolle Nährstoffe!).
- Zwei Schnitte entlang der Innenseite der Schenkel und Rundschnitt oberhalb der Füße ermöglichen es, das **Fell** an den Hinterläufen **abzuziehen.** Für alle Schnitte ist es am besten, das Fell – sobald man einen Ansatz hat – vom Fleisch abzulösen, indem man mit den Fingern darunter greift, und gleichzeitig mit der anderen Hand zu schneiden. Dabei kann man den Zeigefinger auf die Spitze des Messers halten, um Fleisch oder Innereien nicht zu verletzen.
- **Schwanz** am Ansatz abschneiden (bzw. bei größeren Tieren aus dem Fell herausziehen).
- Bei kleineren Tieren (z.B. Kaninchen) kann das Fell nun wie ein umgestülpter Handschuh bis zum Kopf abgezogen werden; bei größeren Tieren muss man evtl. mit vorsichtigen Schnitten nachhelfen; meist reicht es jedoch, die Faust zwischen Fell und Körper zu drücken.
- Bei größeren Tieren Fell vorsichtig vom Anus bis zum Brustbein auftrennen (Innereien und Bauchdecke nicht verletzen).

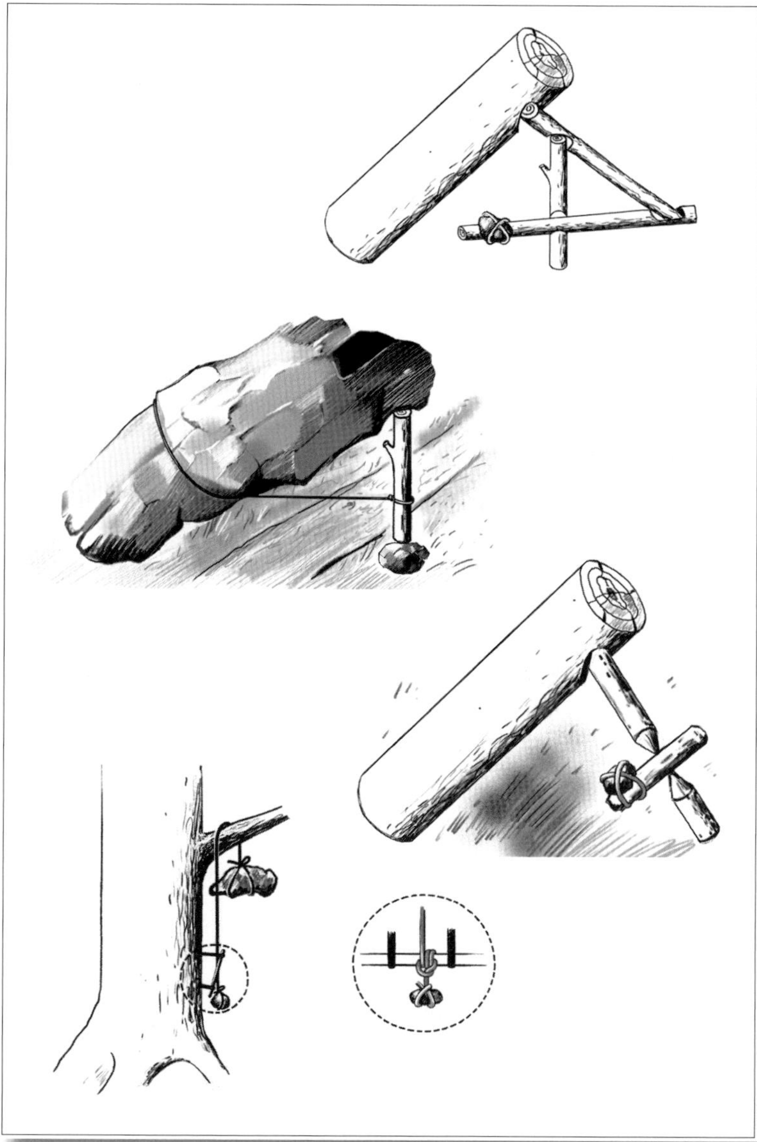

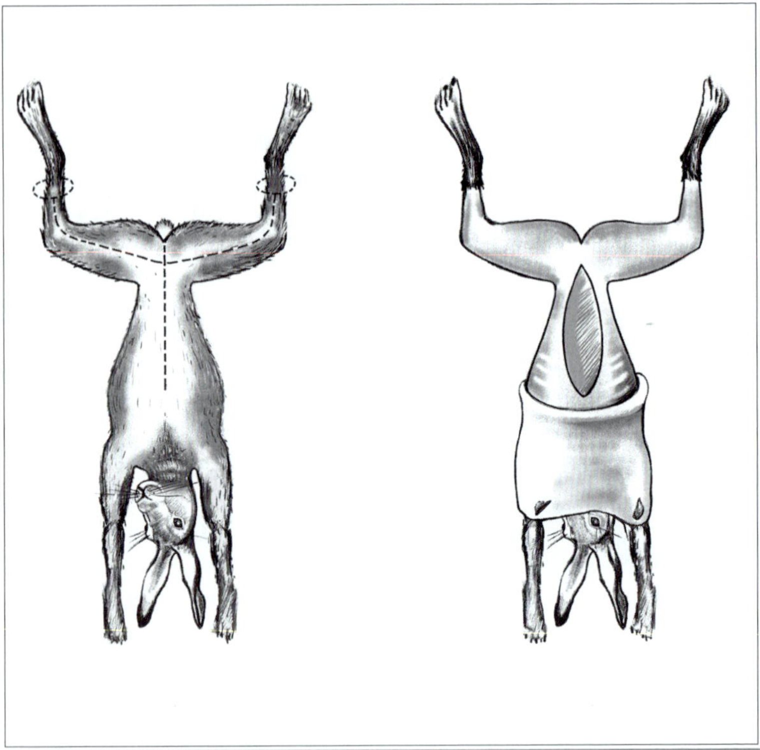

Tier ausnehmen

- **Um Ohren, Augen** und **Schnauze** ist das Fell fest angewachsen, sodass man mit vorsichtigen Messerschnitten nachhelfen muss, um es vollends abzulösen.
- Bauchdecke vom After her vorsichtig aufschneiden (s.o. Schnitte) und **Innereien herausnehmen** (Galle nicht verletzen!).
- **Leber** auf Zysten (Wasserblasen) und Flecken untersuchen. Ist sie gleichmäßig gefärbt, wird sie zusammen mit **Herz** und **Nieren** als besonderer Leckerbissen aufbewahrt. Die übrigen Innereien werden gewöhnlich weggeworfen; aber in Notsituationen kann außer der Gallenblase (die sich an der

0620p Foto: rh

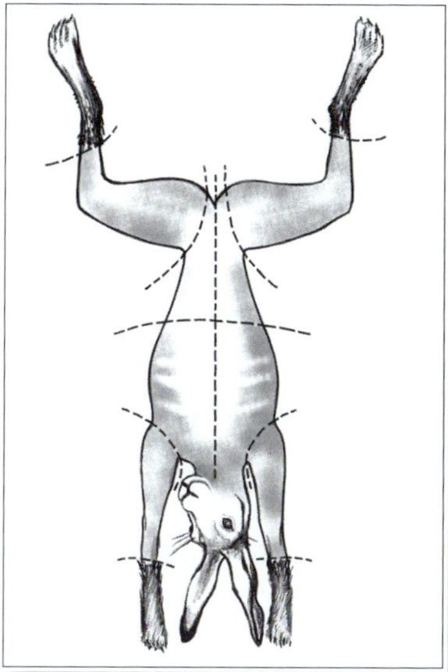

Leber befindet) alles gegessen werden – auch Lunge, Gehirn etc.).

- Bei größeren Tieren die **Bauchhöhle** durch das Einklemmen eines Stocks **offenhalten,** damit der Körper schneller auskühlen kann.
- Hat man ausreichend Zeit, um auf den Geschmack Rücksicht zu nehmen, so empfiehlt es sich, das Wildbret an einem luftigen, kühlen und trockenen Ort einige Tage **abhängen zu lassen.**

Kaninchen ausnehmen

Tier zerlegen

Zerlegen

- Vorderbeine unter dem Schulterblatt abtrennen, Pfoten abhacken,
- Hinterbeine am Becken entlang abtrennen, Pfoten abhacken,
- Kopf abtrennen,
- Rumpf mit einem starken Messer oder Beil längs der Wirbelsäule halbieren,
- Rumpfhälften am Rippenansatz nochmals quer teilen,
- größere Tiere müssen natürlich weiter zerlegt werden, wobei man versucht, sich am Verlauf der Muskelfasern zu orientieren und längs der Faserrichtung einzelne Muskeln oder Muskelgruppen herauslöst.

Notsignale

Alpines Notsignal

Das alpine Notsignal besteht aus:

- 6 Zeichen in einer Minute
- 1 Minute Pause
- 6 Zeichen in einer Minute etc.

Es wird so lange wiederholt, bis man eine **Antwort** erhält, die aus 3 Zeichen in einer Minute, gefolgt von einer Minute Pause und weiteren 3 Zeichen in einer Minute besteht.

Das Signal muss über einen längeren Zeitraum ununterbrochen fortgesetzt werden, damit man es durch seine Regelmäßigkeit von zufälligen Ereignissen unterscheiden kann.

Welcher Art die Signale sind, spielt keine Rolle – es können Rufe, Pfiffe, Schüsse oder andere Geräusche sein, Lichtsignale mit Taschenlampe oder Spiegel, Zeichen durch Heben oder Schwenken eines auffällig gefärbten Gegenstandes etc.

Signalpfeife

Um mit den Mitgliedern der eigenen Gruppe – beispielsweise in dichtem Unterholz, Nebel o.Ä. – Kontakt zu halten oder um andere auf sich aufmerksam zu machen (s.o. „Alpines Notsignal"), ist eine einfache **Trillerpfeife** gut geeignet – sie ist klein und leicht, weit zu hören und kann nicht heiser werden.

Signalfeuer

Die Anwendung von **Feuer und Rauch** für Notsignale wurde bereits im Kapitel „Feuer im Notfall" erläutert.

Internationale Körpersignale Boden-Luft

Y-Stellung (beide Arme schräg nach oben = „**Yes**") und/oder Farbe **grün** bedeutet:

- auf Fragen: **ja**
- an Flugzeug: **bitte landen**
- allgemein: **brauchen Hilfe**

N-Stellung (ein Arm schräg nach oben, einer schräg nach unten = „**No**") und/oder Farbe **rot** bedeutet:

- auf Fragen: **nein**
- an Flugzeug: **nicht landen**
- allgemein: **brauchen keine Hilfe**

Hat der **Pilot** Ihre Signale gesehen und **verstanden,** antwortet er, indem er mit den Flügeln seitlich wippt oder bei Nacht mit einem grünen Lichtsignal.

Hat er die Signale gesehen, aber **nicht verstanden,** signalisiert er dies, indem er mit dem Heck nach links und rechts schwenkt, einen vollen Kreis fliegt oder mit einem roten Lichtsignal.

Dauersignale Boden-Luft

Solche Signale können auf beliebige Weise hergestellt werden, müssen aber **möglichst groß** sein und sich deutlich abheben, um auch aus großer Höhe erkennbar zu sein. Sehr effektiv sind erhöhte Zeichen, die einen Schatten werfen. Im Sommer können sie aus Steinen, Ästen, Bodenstücken etc. errichtet werden; im Winter kann man sie in den Schnee treten und evtl. mit

Weitere Körpersignale

1. Brauche medizinische Hilfe!	auf den Rücken legen, Arme über den Kopf
2. Alles ok!	aufrecht stehend rechten Arm erhoben
3. Kann bald weitergehen. Bitte warten!	s.o. rechter Arm waagerecht
4. Brauche Mechaniker bzw. Ersatzteile!	s.o. beide Arme waagerecht
5. Will mit!	beide Arme nach oben gestreckt
6. Bitte landen!	Arme über dem Kopf hin- und herschwenken
7. Dort landen!	Kniebeuge und mit ausgestreckten Armen in die entsprechende Richtung weisen
8. Bin per Funk zu erreichen!	Ohren zuhalten
9. Nachricht abwerfen!	mit ausgestrecktem Arm mehrmals nach unten winken
10. Ja! (positives Signal)	Tuch o.Ä. vor sich auf- und abschwenken
11. Nein! (negatives Signal)	Tuch o.Ä. vor sich hin- und herschwenken

Ästen, Rinde o.Ä. deutlicher hervorheben. Die Zeichen sollten einen Abstand von mindestens 3 m haben. Allgemein bekannt sind die Notsignale **SOS** oder **MAYDAY.** Auf der nächsten Seite einige weitere gängige **Boden-Luft-Signale,** die von den meisten Piloten verstanden werden.

Boden-Luft-Signale

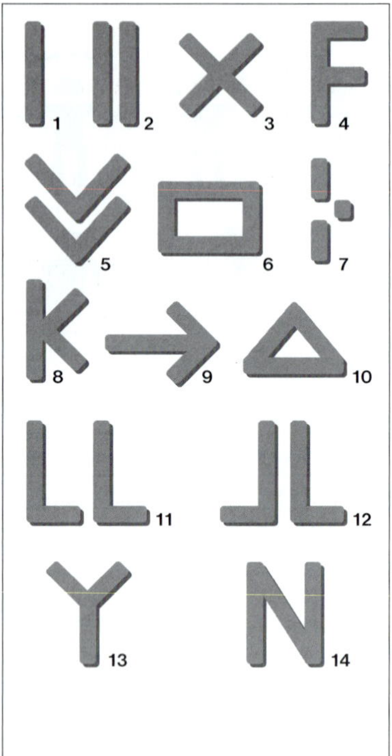

1. Brauche Arzt – ernste Verletzung!
2. Brauche Medikamente!
3. Komme nicht weiter!
4. Brauche Lebensmittel und Wasser!
5. Brauche Schusswaffe und Munition!
6. Brauche Karte und Kompass!
7. Brauche Signallampe, Batterie und Funkgerät!
8. Bitte Richtung weisen!
9. Gehe in diese Richtung weiter!
10. Hier landen!

11 Alles okay!
12 Nicht verstanden
13 Ja
14 Nein

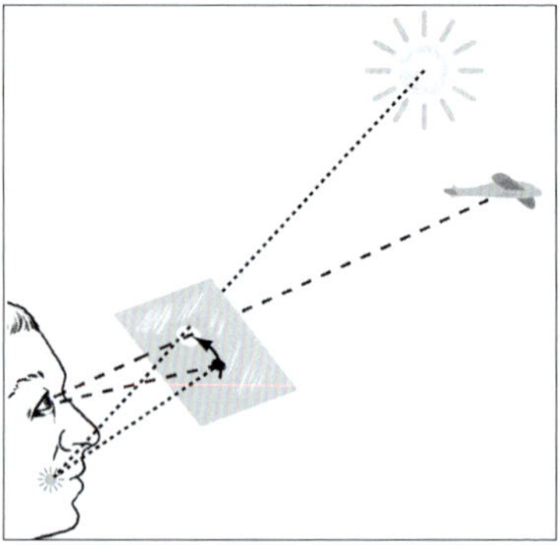

Signalspiegel

Kein anderes so einfaches Signal ist so weit zu sehen, wie das Blinken eines Spiegels, wenn die Sonne scheint. Ein Signalspiegel ist ein doppelseitiger Metallspiegel mit einem kleinen Loch in der Mitte. Solche Spiegel sind im Ausrüstungshandel erhältlich.

Liegt der Winkel zwischen Objekt und Sonne unter 90 Grad (Skizze 1) , so hält man den Spiegel dicht vor das Gesicht und peilt das Objekt durch das Loch im Spiegel an. Dann behält man das Objekt im Auge und kippt den Spiegel so, dass die Spiegelung des Lichtflecks, den die Sonne durch das Loch auf das Gesicht wirft, genau auf das Loch zurückfällt; d.h. dass er vom hinteren Spiegel nicht mehr reflektiert wird und verschwindet.

Signalspiegel 1

Signalspiegel 2

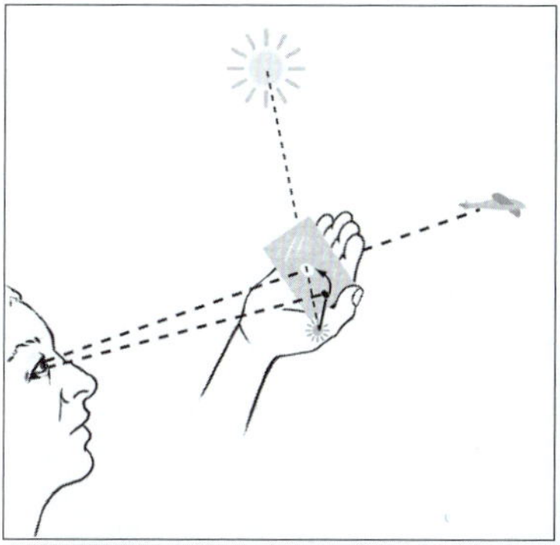

Liegt der Winkel über 90 Grad, hält man den Spiegel wie auf Skizze 2 gezeigt, peilt das Objekt wieder durch das Loch im Spiegel an und kippt ihn, bis die Spiegelung des Lichtflecks auf der Hand wieder mit dem Loch zusammenfällt und verschwindet.

Im Notfall kann man einen Signalspiegel auch improvisieren, indem man in ein blankes Blechstück ein Loch bohrt.

Morsezeichen

Das Internationale Morsealphabet und eine Anleitung dazu findet sich in der hinteren **Umschlagklappe.**

Technische Ortungshilfen

Satellitentelefone

Unter „echten Survial-Freaks" mögen sie verpönt sein, aber tatsächlich können technische Hilfsmittel die Sicherheit in entlegenen Gebieten und Notsituationen erheblich erhöhen. Für Touren in abgelegenen Gebieten werden zunehmend Satellitentelefone eingesetzt, mit denen man auch in Regionen **außerhalb der Mobilfunknetze** Verbindung hat – allerdings je nach Anbieter auch nicht überall. Die Kosten sind recht hoch. Für ein Gerät bezahlt man ca. 400–1300 € (bei weltweiter Abdeckung um 1000 €) und für eine Prepaid-Karte mit 75 Freiminuten und 30 Tagen Gültigkeit bei weltweiter Abdeckung ca. 150 €.

Garmin inReach

Eine sehr interessante und weit preisgünstigere Option ist das *inReach* System von *Garmin.* Damit kann man zwar nicht telefonieren, sondern nur **Textnachrichten** versenden, aber das System funktioniert weltweit an jedem Ort, dient zugleich als **GPS-Gerät,** gestattet SOS-Notrufe mit **Positionsmeldung** an eine rund um die Uhr besetzte Zentrale, **Positionsverfolgung** für Freunde zu Hause und einen optionalen **Wetterdienst.** Das Gerät selbst kostet ca. 450 oder 500 € je nach Modell; Monatstarife gibt es ab ca. 20 € (bzw. 15 € bei einem Jahresvertrag). Weitere Infos:

- https://buy.garmin.com/de-DE/DE/p/561286/pn/010-01735-00#

074op Foto: rh

Anhang

075op Foto: rh

076op Foto: rh

Camp vor dem Seela Pass
auf einer Schlittentour im Yukon

Poncho als Regenschutz

Unterwegs schmeckt's immer

Literaturtipps

Gesundheit/Survival

- *David Werner:* **Wo es keinen Arzt gibt,** Reise Know-How Verlag, Bielefeld. Gründliche Anleitung zur Hilfe und Selbsthilfe auf Reisen; Vorbeugen, Erkennen, Behandeln, medizinische Grundlagen und informative Zeichnungen, wird regelmäßig aktualisiert.
- *Armin Wirth:* **Erste Hilfe unterwegs,** Reise Know-How Verlag, Bielefeld.
- *Rüdiger Nehberg:* **Medizin-Survival. Überleben ohne Arzt,** Piper Verlag.
- *Rüdiger Nehberg:* **Survival, Die Kunst zu überleben,** Kabel Verlag.
- *Hans Otto Meissner:* **Die überlistete Wildnis,** Bertelsmann Verlag. Der Klassiker zum Thema, schön geschrieben und herrlich zum Schmökern.
- *Roland Hanewald:* **Das Tropenbuch,** Jens Peters Publikationen. Wohl das Beste, was es über Tropensurvival auf dem deutschen Markt gibt.
- *John Boswell:* **US Army Survival Handbuch,** Pietsch Verlag. Umfassendes Werk zum Überleben in verschiedenen Klimazonen.

Outdoorküche/-ernährung

- *Eve Marie Helm:* **Feld-, Wald- Wiesenkochbuch,** Heyne Taschenbuch. Ein exzellentes Büchlein mit zahllosen Pflanzenbeschreibungen u. Anwendungsbeispielen.
- **Kräuter und Wildfrüchte; Pilze; Heilpflanzen,** alle drei GU-Kompass, Gräfe u. Unzer Verlag. Sehr gute und kompakte Büchlein für unterwegs mit ausgezeichneten Farbabbildungen, Beschreibungen, Tipps und Rezepten; Kunststoff-Umschlag; passen in jede Hemdtasche.
- *Rainer Höh:* **Wildnis-Küche,** Reise Know-How Verlag, Bielefeld.

Orientierung/Wetter

- *R. Höh, W. Schwieder:* **Orientierung mit Karte, Kompass und GPS,** Reise Know-How Verlag, Bielefeld. Eine leicht verständliche Einführung in den Umgang mit Karte, Kompass und GPS sowie die Orientierung mit einfachen Hilfsmitteln.
- *R. Höh:* **GPS Outdoor-Navigation,** Reise Know-How Verlag, Bielefeld. Vermutlich die kompakteste und umfassendste Einführung in GPS-Orientierung und -Navigation für Trekker, Kanuten und Radwanderer.
- *G.D. Roth:* **Wetterkunde für alle,** BLV. Praxisbezogene Wetterkunde mit vielen Anregungen; klare Beschreibungen und Erkärung der Zusammenhänge.
- *S. Schöpfer, J. Kachelmann:* **Wie wird das Wetter?,** rororo Sachbuch. Leicht verständliche Einführung.

Wasserwandern

- *H. Rittlinger:* **Die neue Schule des Kanusports,** Brockhaus. Mit dem Schwerpunkt Kajak, nicht mehr gar so neu wie der Titel behauptet, aber noch immer ein Klassiker und in Bibliotheken erhältlich.
- *Bill Mason:* **Die Kunst des Kanufahrens,** Arno Gatz Verlag. Schwerpunkt Canadier und Wildwasser, detaillierte Beschreibung aller Techniken in Wort und Bild; die „Canadier-Bibel" für Anfänger und Fortgeschrittene.
- *Rainer Höh:* **Kanu-Handbuch,** Reise Know-How Verlag, Bielefeld. Handlich, kompakt – und der „neue Klassiker", wie manche erfreulicherweise urteilen.

Sonstiges

- *Stephen Herrero:* **Bären. Jäger und Gejagte in Amerikas Wildnis,** Müller Rüschlikon. Das beste und umfassendste Buch über das Verhalten in Bärengebieten, das ich kenne; allzu zart Besaiteten ist das Buch nicht unbedingt zu empfehlen, da es drastisch zahlreiche Bärenunfälle schildert! Nur antiquarisch.
- *Rainer Höh:* **Sicherheit in Bärengebieten,** Reise Know-How Verlag, Bielefeld. Umfassend, kompakt und auch für unterwegs geeignet. Nur als eBook erhältlich.
- *Peter Owen:* **Outdoor Knotenfibel,** BLV. Die 70 wichtigsten Knoten Schritt für Schritt erklärt und abgebildet. Nur antiquarisch.
- **„Outdoor",** www.outdoor-magazin.com. Monatlich erscheinendes Magazin, auch als Download, Reportagen und Tests.

Geografische Buchhandlungen

Im Folgenden eine Auswahl von Buchhandlungen, die sich auf Landkarten und Reiseliteratur spezialisiert haben, ohne jeden Anspruch auf Vollständigkeit. Hier nicht aufgeführte Buchhandlungen haben gegebenenfalls ein ebenso gutes Sortiment.

Aachen
- **Mayersche Buchhandlung,** Matthiashofstraße 28–30, 52064 Aachen, Tel. 0241/4777345, www.mayersche.de

Berlin
- **Kiepert KG,** Hardenbergstr. 9a, 10623 Berlin, Tel. 030/8130523-0, www.kiepert.de, Spezialabteilung Berlin, Top-Karten Brandenburg komplett vorrätig
- **Schropp Fachbuchhandlung für Landkarten, Reiseführer und Sprachen,** Hardenbergstr. 9, 10623 Berlin, Tel. 030/23557320, www.landkartenschropp.de, Spezialabteilung Topo-Karten Nord- und Osteuropas

Bremen
- **Fata Morgana,** Geografische Buchhandlung, Auf den Häfen 7–8, 28203 Bremen, Tel. 0421/79009-12

Essen
- **Orgs Buch- und Landkartenhaus,** Rosastraße 12, 45130 Essen, Tel. 0201/781778

Frankfurt/M
- **Landkarten und Reiseführer Richard Schwarz KG,** Kornmarkt 12, 60311 Frankfurt am Main, Tel. 069/553869, www.landkarten-schwarz.de

Freiburg
- **Landkartenhaus Voigt,** Schiffstr. 6, 79098 Freiburg, Tel. 0761/23908, www.das-landkartenhaus.de, Schweizer Topo-Karten vorrätig

Hamburg
- **Dr. Götze Land & Karte,** Alstertor 14-18, 20095 Hamburg, Tel. 040/357463-0, www.landundkarte.de

Ins
- **Atlas Travel Shop,** Bahnhofstr. 76, CH-3232 Ins, Tel. 032/3134407, Spezialgebiet Sahara und übriges Afrika

Kiel
- **Geobuchhandlung,** Schülperbaum 9, 24103 Kiel, Tel. 0431/91002, www.geobuchhandlung.de, Spezialgebiete: Skandinavien, Baltikum, Polen

Ludwigsburg
- **Buchhandlung Aigner,** Arsenalstr. 8, 71638 Ludwigsburg, Tel. 07141/9363-0, www.aigner-buch.de

München
- **Deutscher Alpenverein,** Tel. 089/140030 Bestellungen: DAV Service GmbH, Paul Gerhard-Allee 24, 81245 München, Tel. 089/82999494, www.alpenverein.de, www.dav-shop.de
- **Geobuch GmbH,** Rosental 6, 80331 München, Tel. 089/265030, www.geobuch.de

Regensburg
- **Pustet,** Gutenbergstr. 8, 93051 Regensburg, Tel. 0941/94240-0, www.pustet.de

Stuttgart
- **Buchhandlung Wittwer,** Königstr. 30, Tel. 0711/2507111, www.wittwer.de

Trier
- **Akademische Buchhandlung,**
Fleischstr.65, Tel. 0651/9799-0,
Allgemeine Buchhandlung
mit Reiseabteilung

Tübingen
- **Osiandersche Buchhandlung,**
Wilhelmstraße 12, 72074 Tübingen,
Tel. 07071/92010, www.osiander.de

Wien
- **freytag & berndt reisebuchhandlung,**
Brunnerstr. 69, A-1231 Wien,
Tel. 0043/1-8699090-0,
www.freytagberndt.com,
Österreichs größtes Sortiment an internationalen Reiseführern, Wanderkarten etc., Spezialsortimente Nautik und Aeronautik

Wiesbaden
- **Buchhandlung Angermann,**
Mauergasse 21, 65183 Wiesbaden,
Tel. 0611/993090, https://buchhandlung-angermann.buchhandlung.de

Wuppertal
- **Buchhandlung Baedeker,**
Geografische Buchhandlung,
Friedrich-Ebert-Str. 31, 42103 Wuppertal,
Tel. 0202/305011,
www.baedeker-buecher.de
(auch GPS-Geräte)

Zürich
- **Travel Book Shop,**
Rindermarkt 20, CH-8001 Zürich,
(Postadresse: Postfach 322,
CH-8022 Zürich),
Tel. 044/25238 83, www.travelbookshop.ch

Ausrüstungsfirmen

Im Folgenden - natürlich ohne Anspruch auf Vollständigkeit - eine Liste von Ausrüstungsfirmen, die qualitativ hochwertige Ausrüstung herstellen oder importieren. Die als Hersteller genannten Firmen haben meist keinen Direktverkauf, aber unter den angegebenen Adressen bekommen Sie Informationsmaterial, Kataloge und ein Verzeichnis der Händler, über die Sie die Artikel beziehen können.

- **AKU,**
www.aku.it/de, Hersteller hochwertiger Wander- und Multiterrainschuhe sowie von Trekkingsandalen.
- **Ajungilak,**
Hersteller exzellenter Schlafsäcke und Winterbekleidung, vertreten durch die Firma *Mammut* (Adresse s.u.).
- **ARTS-Outdoors,**
Am Seewasem 2, 35216 Biedenkopf,
Tel. 06461/806954, www.arts-outdoors.de, großer Internethandel mit umfangreichem Angebot, Bestpreis-Engagement und schnellem, gutem und freundlichem Service.
- **Bach,**
www.bachpacks.com, Hersteller hochwertiger Rucksäcke und Packtaschen.
- **Campingaz,**
Am Eisernen Steg 20, 65795 Hattersheim,
Tel. 06402/890, www.campingaz.com,
Hersteller von Gaskochern, Lampen, u.a.
- **Coleman,**
www.coleman.com, Hersteller von Zelten, Schlafsäcken, Kochern, Lampen u.a.
- **Columbia Sportswear Company,**
Lilienthalallee 40 Studio C/D, 80939 München, Tel. 089/24445777, www.columbia sportswear.de/DE, Hersteller von hochwertiger Outdoor-Kleidung und Schuhen.
- **CRAFT Germany New Wave GmbH,**
Reich Online Services GmbH, Högeringer Straße 27, 83071 Stephanskirchen,
Tel. 08036/94394-11, 0800/2723888 (kos-

tenfrei), www.craft-sports.de, Hersteller erstklassiger Sportbekleidung.

●**Därr Expeditionsservice,**
Lauche & Maas, Alte Allee 28, 81245 München, Tel. 089/880705, www.daerr.de, www.lauche-maas.de, Online-Handel und Ladengeschäft; alles für Abenteuerreisen.

●**Eagle Creek,**
http://eaglecreek.eu/de, Hersteller von Rucksäcken, Taschen, Packtaschen.

●**Exped,**
Hardstraße 81, CH-8004 Zürich, Tel. 01/4971010, www.exped.com, Entwicklung und Herstellung besonders hochwertiger Ausrüstung, z.B. Schlafsäcke, Zelte, Tarps, Matten, DownMat, Biwaksäcke, Packtaschen, Schneesäge.

●**Fibertec,**
Friedrich-Krupp-Str. 14, 40764 Langenfeld, Tel. 02173/9609641, http://fibertec.info.

●**Globetrotter Versand,**
Neuer Höltigbaum 6, 22143 Hamburg, Tel. 040/67966179, www.globetrotter.de, Ausrüstungsversand; bietet alles für Outdoorzwecke.

●**G3 Genuine Guide Gear Inc.,**
www.genuineguidegear.com, Entwicklung und Herstellung erstklassiger Skiausrüstung.

●**HANWAG GmbH,**
www.hanwag.de, Hersteller hochwertiger Berg-, Trekking- und Wanderschuhe.

●**Herbertz,**
Postfach 120127, 42676 Solingen, Tel. 0212/20630166, www.herbertz-messerclub.de, Hersteller und Vertrieb: Messer, Tools, Werkzeug, Schleifgeräte.

●**K-Way Deutschland,**
Rheinstr. 15, 66955 Pirmasens, Tel. 06331/283555, www.k-way.de, Bekleidung, Rucksäcke.

●**Kamik,**
Genfoot Marketing Europe GmbH, Josef Strobel Str. 42/1, 88213 Ravensburg/Oberzell, Tel. 0751/7695410, www.kamik.com, Hersteller hochwertiger Schuhe, Thermo-Stiefel, Mukkluks etc., Vertretung für AKU.

●**Lafuma,**
www.lafuma.com, Outdoor-Kleidung, Schlafsäcke, Rucksäcke, Schuhe.

●**Lowa,**
Hauptstr. 19, 85305 Jetzendorf, Tel. 08137/999-0, www.lowa.de, Hersteller von Wander-, Trekking-, Kletterstiefeln.

●**Lowe Alpine Deutschland GmbH,**
www.lowealpine.com, Rucksäcke, Taschen.

●**Mammut AG,**
Industriestraße Birren/Postfach, CH-5703 Seon, Tel. 0041/(0)62/7698181, www.mammut.ch, Hersteller hervorragender Bergsportkleidung, Schuhe und Ausrüstung.

●**MSR,**
erstklassige Outdoor-Produkte von Schneeschuhen und Schneeschaufeln über Kocher, Matten und Packsäcke bis zu Wasserfiltern, Vertrieb über *Cascade Designs*, www.cascadedesigns.com/de.

●**Ortlieb,**
Rainstr. 6, 91560 Heilsbronn, Tel. 09872/800-0, www.ortlieb.com, Hersteller und Versandhandel: wasserdichte Packsäcke, Rucksäcke, Bootssäcke etc.

●**Patagonia,**
Leopoldstr. 47, 80802 München, Tel. 089/399299, www.patagonia.com, Hersteller hochwertiger Outdoor- und Winterbekleidung.

●**Primus,**
Brogatan 141, 894 35 Själevad, Schweden, Tel. 0046/660266200, www.primusoutdoor.de, u.a. ETA-Kocher, Isolierflaschen und Stirnlampen.

●**Rab,**
https://rab.equipment, Hersteller und Importeur: funktionale Outdoor-Bekleidung, Schlafsäcke, Biwaksäcke, etc.

●**Relags,**
Im Grund 10, 83104 Tuntenhausen, Tel. 08065/9039-0, www.relags.de, Versand von Outdoorzubehör vielfältigster Art.

●**Scandic Outdoor GmbH,**
Zum Sportplatz 4, D-21220 Seevetal, Tel. 04105/6813-0, www.scandic.de, u.a. TRANGIA-Sturmkocher, Kleidung, Nokian-Stiefel, Trockennahrung u.a.

●**Schlafsackladen,**
St. Veitsgasse 5, 72393 Burladingen, Tel. 07475/7382, www.schlafsackladen.de, kleiner Versandhandel für Schlafsäcke, Rucksäcke und Zelte mit Ladengeschäft

und sehr viel Erfahrung im Bereich Schlafsäcke und Thermokleidung.

- **Schöffel Sportbekleidung GmbH,** www.schoeffel.de, Hersteller von Funktions-Jacken und -Hosen, Fleece, Skiunterwäsche.
- **Silva Deutschland,** www.silva.se.
- **Simpert-Reiter,** Weddigenstraße 2–6, 86179 Augsburg, Tel. 0821/2407500, http://travellunch.de, Hersteller sehr guter Trockennahrung, Fertiggerichte und Komplettpakete in großer Auswahl.
- **Tenson,** www.tenson.com, funktionale Outdoor-Bekleidung, Zelte, Schlafsäcke, Rucksäcke.
- **The North Face,** www.thenorthface.com, hochwertige Outdoor-Bekleidung, Schuhe, Zelte und Rucksäcke.
- **Trangia,** Scandic Outdoor (s.o.)
- **VAUDE Sport GmbH,** Siggenweiler Str. 25, 88069 Tettnang, Tel. 07542/93140, www.vaude.com, http://outlet.vaude.com, Hersteller von Outdoor-Ausrüstung und -Bekleidung.

Lawinen-Warndienste (Europa)

Deutschland

- **Bayern:** www.lawinenwarndienst-bayern.de, Ansage: Tel. (0)89-9214-1210

Österreich (++43)

- **Gesamt:** www.lawinen.at
- **Vorarlberg:** warndienste.cnv.at/dibos/lawine, Ansage: Tel. (0)5574-201-1588, Beratung: Tel. (0)5574-51121126
- **Salzburg:** www.lawine.salzburg.at, Beratung: Tel. (0)662-8042-2170
- **Oberösterreich:** www.land-oberoesterreichgv.at/lawinenwarndienst, Ansage: Tel. 0800-501588, (0)7321588
- **Niederösterreich:** lawinenwarndienst-niederoesterreich.at, Beratung: Tel. (0)316-242200, Tel. (0)664-8105928
- **Tirol, Osttirol:** lawine.tirol.gv.at, Ansage: Tel. (0)512-508-802255, Tel. (0)512/508-2252
- **Steiermark:** www.lawine-steiermark.at, Ansage: Tel. 0800-311588, Beratung: Tel. (0)316-242200
- **Kärnten:** www.lawine.ktn.gv.at, Ansage: Tel. (0)50536-1588, Beratung: Tel. (0)664-6202229

Schweiz

- **Gesamt:** www.slf.ch/de/lawinen.html, Tel. (++41) 848 800 187

Italien (++39)

(auch aus dem Ausland die „0“ mitwählen)

- **Gesamt:** www.aineva.it, Tel. 0461230030

• **Valle d'Aosta:**
www.sian.it/infoMeteo,
Tel. 0165776600
• **Piemont:**
www.arpa.piemonte.it,
Tel. 0113185555
• **Ligurien:**
www.arpa.piemonte.it,
Tel. 010532049
• **Lombardei:**
Tel. 0342914400
• **Veneto:**
www.arpa.veneto.it,
Tel. 0436755711, 043679221
• **Trentino:**
Tel. 0461494877
• **Bozen/Südtirol:**
www.provinz.bz.it/lawinen,
Ansage: Tel. 0471271177 (deutsch),
Beratung: Tel. 0471416140
• **Friaul-Venezien Giulia:**
www.regione.fvg.it/asp/newvalanghe,
Tel. 0432555877
• **Alpine Club Italien:**
www.cai-svi.it
• **Meteomont Service:**
www.meteomont.org

Frankreich und Andorra (++33)

• **Gesamt:** france.meteofrance.com/previsions-meteo-montagne/bulletin-avalanches,
Tel. 892 68 10 20*
• **Haute Savoie:** *74
• **Savoie:** *73
• **Isère:** *38
• **Hautes-Alpes:** *05
• **Alpes Haute-Provence:** *05 oder *06
• **Alpes Maritimes:** *06
• **Haute Corse:** *20
• **Corse Du Sud:** *20
• **Pyrénées Atlantiques:** *64
• **Hautes Pyrénées:** *65
• **Ariège:** *09
• **Haute Garonne:** *31
• **Pyrénées Orientales:** *66
• **Andorra:** *99

Spanien (++34)

• **Navarra und Aragonesische Pyrenäen:**
www.aemet.es/es/eltiempo/prediccion/montana?w=&p=arn1,
Tel. 807 170 380
• **Katalonien/Ost-Pyrenäen:**
www.icgc.cat/Ciutada/Explora-Catalunya/Allaus/Butlleti-de-Perill-d-Allaus-BPA
(auch auf Englisch),
Tel. 93 553 89 92
• **Navarra/West-Pyrenäen:**
www.aemet.es/es/eltiempo/prediccion/montana?w=&p=nav1 (auch auf Englisch),
Tel. 93 553 89 92

Polen

• **Tatra und andere Regionen:**
www.gopr.pl/lawiny,
Tel. (+48) 18 2014731

Tschechische Republik (++420)

• **Gesamt:** www.horskasluzba.cz/laviny,
Tel. 499 433 230 (tschechisch),
Tel. 499 433 239

Slowakei

• **Gesamt:** www.hzs.sk, www.laviny.sk,
Tel. (++421) 44 559 16 95

Slowenien

• **Gesamt:** http://meteo.arso.gov.si/met/sl/weather/bulletin/mountain/avalanche,
Tel. (++386) (0)14784 000

Schottland

• **Gesamt:** www.sais.gov.uk

Norwegen

• **Gesamt:** www.varsom.no/en/avalanche-bulletins

Register

A

Ablenkung 257
Abseilen 207
Abspannleinen 81
Achter Buchtknoten 354
Aktivkohlefilter 326
Alaska-Braunbär 393
Alaska-Schneeschuh 230
Alkohol 371
Alpines Notsignal 444
Alto-Cumulus 278
Alto-Stratus 278
Alu-Bedampfung 74
Alu-Flaschen 148, 167
Alu-Gestänge 76
Ananas 186
Angelausrüstung 434
Angeln 433
Anlegekante 243
Antifilz-Ausrüstung 104
Äpfel 179, 186
Aprikosen 179, 186
Apsis 80
AquaStop 108
Äquidistanz 236
Arbeitshandschuh 156
Arbeitsmesser 141
Armer Trapper 346
Atemfeuchtigkeit 101
Aufbaumethoden (Zelt) 78
Auffanglinien 263
Ausballung 126
Auskühlfaktor 369
Auskühlung 368
Ausnehmen
eines Tieres 440
Ausrüstung 20
Ausrüstungsfirmen 452
Außengestell-
Rucksäcke 30, 57
Außentaschen (Rucksack) 41
Außenzelt 73
Axt 142

B

Bäche 208, 223
Backen im Topf 336
Backofenbau 339
Backpulver 180
Bakterien 322
Balaclava 116
Bananen 179, 186
Bannock 336
Bären 389
Bärenbegegnungen 402
Bärenglöckchen 400
Bärenknaller 390
Baribal 393
Bärlauch 433
Barometer 246, 285
Bastschicht 431
Batterien 147
Bauernfrühstück 340
Baumschwämme 419
Baumwolle 103
Bear Banger 391
Bear-Paw-Schneeschuh 230
Beeren 185, 431
Behälter 147
Beil 142
Beinwell 432
Bekleidung 97
- Beschichtungen 106
- Details 122
- Farbe 124
- Größentabelle 122
- Produktbeispiel 115, 120
- Reißverschlüsse 124
- Schichtsystem 113
- Taschen 123
Benzinfeuerzeug 300
Benzinkocher 93
Berg-Tal-Winde 286
Berghaferl 155
Bergseil 207
Bergsteigernahrung 165
Bergstiefel 133
Bergung Verschütteter 385
Besteck 154
Beutel 147
Biber 439
Biberfieber 324
Bindungen
(Schneeschuhe) 230
Birkenholz 304
Birkenrinde 302
Birnen 186
Bisamratten 439
Biwaksack 61
Biwakzelt 72
Blanchieren 189
Blasen 138
Blaubeeren 186
Blinker 434
Blitzarten 286
Blitzeinschlag 286
Blitzschutzmaßnahmen 288
Blitzwirkung 287
Blockfelder 204
Blut 431
Blutzirkulation 375
Boden-Luft-Signale 444
Bodenplane 85
Bohnen 190, 431
Bohnen, Schwäbische 344
Bootsmannsstuhl 354
Bout 126
Brandgefahr 298
Brandsohle 126, 131
Braten 334
Braunbär 393
Breite, geografische 269
Breitengrad 270
Brennglas 418
Brennmaterial 303
Brennnessel 432
Brennstoff-Translator 87
Brennstoffe 87
Brot 175, 336
Buchenholz 304
Buchhandlungen,
geografische 451
Buchstabiertafel Umschlag
hinten, innen
Buchtknoten 354
Bügelsäge 145
Butter 178

C

Cambrelle 126
Camp 290
Camp bärensicher 398
Campleben 292
Campstelle 291
Celsius Umschlag
hinten, innen
Checklisten 156
Chevron Baffles 52

Chlorpräparate 325
Chromgerbung 126
Cirro-Cumulus 278
Cirro-Stratus 278
Cirrus 278
Cold Camp 428
Composite Seam System 112
Cordura 126
Corned Risotto 345
Cumulonimbus 278
Cumulus 277

D

Daisy Chains 43
Dämpfen 333
Dämpfkeil 126
Dampfwolken 281
Dauersignale 444
Daunenjacke 122
Daunenkunde 55
Daunenschlafsäcke 60
Daypack 25
Deckeltasche 42
Deckenschlafsack 58
Dehydrierte Kartoffeln 176
Dehydriertes Gemüse 177
Deklination 240, 258
Destillator 318
Deviation 257
Differentialschnitt 48
Donnerbalken 294
Doppeldachzelt 72
Doppelkappnähte 82
Dörrapparat 184
Dörrfleisch 179, 198
Dörrobst-Riegel 196
Dosenöffner 156
Drahtbandsäge 145
Durchfall 327
Durchwaten 208
Düseneffekt 286
Dutch Oven 153

E

Ehrenkodex 12
Eichenholz 304
Eichhörnchen 438
Eidechsen 430
Einbogenzelte 71
Einnorden 248
Eintopf 343
Eintöpfe 177
Einwandzelt 72
Einweichen 193
Eipulver 178
Eisbär 395
Eisdicke 224
Eisflächen 223
Eisunfälle 227
Eiweiß 171
Elche 389
Endlosfasern 52, 57
Energiebedarf 174
Energierationen 194
Enten 439
Entendaune 55
Entkeimen 324
Erbrechen 377
Erbswurst 177
Erdbeeren 186
Erde-Wolke-Blitz 286
Erfrierungen 373
Ernährung 164
Erschöpfung 369
Erste Hilfe (Checkliste) 157
Esbitkocher 89
Esche 304
Essbares, Notsituation 430
Essbesteck 154
Essen 164
Essgeschirr 150
EVA 126
Evazote 126
Evazote-Matten 62
Expeditionsrucksack 28
Extremtemperatur 63

F

Fachhöhe 52
Fahrenheit Umschlag hinten, innen
Fahrtenmesser 141
Fallstriche 238
Faltsäge 145
Faltwasserlasche 126
Fangmethoden 434
Faserpelz 105
Fäustlinge 117
Feigen 179
Feigenstäbchen 197
Feinorientierung 262
Fersenkappe 126
Fersenquetschfalt 126
Fertignahrung 165
Fett 171
Feuer 297
- anzünden 305
- Arten 307
- bei Regen 315
- Brennmaterial 303
- erschwerte Bedingungen 313
- Grundregeln 299
- im Winter 313
- löschen 315
- vorbereiten 300
Feuer im Notfall 418
Feuerbohrer 418
Feuerstein 418
Feuerstelle 298
Feuerzeug 300
Fichtennadeln 432
Fichtenzweige 301
Fillpower 55
Filter 325
Filzhut 116
Firmen, Ausrüstung 452
Firnfelder 222
Firstzelt 69
Fisch 189
Fische putzen 436
Fischfang 433
Fischspeer 435
Flachkapuze 58
Fladen 336
Flaschen 148, 167
Flaschenzug 359
Fleece 105, 117
Fleisch 189
Fleischspalt 126
Flickzeug (Checkliste) 159
Floßbau 214
Flugzeug 444
Flüsse 214, 223
Flusseis 226
Föhnwolken 280
Folienreflektor 312
Fotografieren (Bären) 401
Frösche 430
Früchte 179, 431
Fruchtleder 188

Fuchs 440
Füllkraft 55
Furt 208
Fuß (Längenmaß) Umschlag hinten, innen
Fußbett 126, 131
Fußbox 59
Fußpflege 138
Futterlaminat 109
Fuzz Sticks 302

G

Gaisburger Marsch 342
Galileo 270
Gamaschen 135
Gänseblümchen 433
Garen 333
Garmin inReach 276, 447
Gasfeuerzeug 300
Gaskocher 91
Gefahren 366
Gefälle 238
Gelände 203
Geländepunkt bestimmen 255
Gelenk 126
Gemüse 177
Gemüse-Bohnen-Eintopf 343
GeN 240
Geodät 69
Geodätisches Gitter 240
Geografisch-Nord 240
Geschirr 155
Geschirrtuch 156
Gesichtsgymnastik 375
Gestängebecher 78
Gestängebefestigung 77
Gestell-Rucksack 24
Gesundheit 157
Getränkepulver 180
Getrocknete Lebensmittel 189
Gewässer 214, 223
Gewehr 390, 418
Gewitter 286
Gewürze 180
Giardia 323
Giardiasis 324
GiN 241
Gitter-Nord 241
Gitterlinien 239
Glasfiberstangen 76
Gleichschatten-Methode 267
Gleitlichtbogen 287
Gletscherbrille 386
Gletscherflüsse 205
Global Positioning System 270
GLONASS 270
Glut 313
Glut transportieren 419
GoreTex 108
GOTO-Funktion 272
GPS 270, 447
Grassamen 431
Greifvögel 440
Grießsuppe 341
Grillen 334
Grillrost 155
Grizzly 393
Groborientierung 262
Größentabelle (Bekleidung) 122
Größentabelle (Schuhe) 137
Grubenfeuer 308
Grundbedürfnisse 411
Grundwasser 318
Gruppe organisieren 413
Gummistiefel 134
Gurken 190, 431
Gürtelrand 126

H

H-Kammern 50
H2No®HB 108
Haferflocken 175
Haferflocken-Kekse 348
Haferflocken-Riegel 197
Hagebutten 186, 432
Haken 434
Halber Schlag 352
Händlerverzeichnis 452
Handschuhe 117
Hanffasern 103
Hangneigung 379
Hardshell 112
Hartfett 178, 334
Harthölzer 303
Hartkäse 179
Hartwurst 179
Hausschnecken 430
Hefe 180
Hefebrötchen 349
Heidelbeeren 186
Heizfeuer 311
Hemd 119
Heringe 82
Herstellerverzeichnis, Ausrüstung 452
Himbeeren 186
Himmelsrichtung, Bestimmung 265
Hindernisse im Gelände 203
Hindernisse umgehen 256
Hinterkappe 126, 132
Hitzestau 377
Hitzschlag 102, 377
Hobo-Ofen 309
Höhenkrankheit 388
Höhenlinien 236, 254
Höhenmesser 246, 254
Hollofill 57
Holz 306
Hose 119
Huflattich 432
Hülsenfrüchte 177
Hundeschlittenfahrten 233
Hybridkleidung 113
Hybridzelt 71
Hydrophobieren 126
Hydrophobierte Schuhe 129
Hygiene (Checkliste) 159
Hyperthermie 377
Hypothermia 367

I

Iglu 426
Igluzelt 69
Impfungen 157
Imprägniermittel 111
Imprägnierung 138
– Funktionsbekleidung 110
– Schuhe 138
Inklination 257
Inlett 60
Innengestell-Rucksack 24
Innenschlafsack 61
Innenschuh 130
Innensohle 131
Innenzelt 73

InReach 447
Insekten 430
Instant-Kartoffelpulver 176
Integrierte 27
Isolation 53
Isoliermatte 62

J

Jacke 120
Jagd 437
Jägerfeuer 307
Jerky 191
Juchtenleder 126

K

Kaffee 180
Kakao 180
Kalorien 174
Kälte 368
Kälteseen 292
Kältestiefel 135
Kaltfront 282
Kameratasche 150
Kaminfeuer 308
Kaninchen 437
Kapuze (Kleidung) 116, 122
Kapuze (Schlafsack) 58
Karte, topografische 235
Kartendatum 274
Kartengitter 274
Kartenrahmen 239
Kartenrand 238
Kartoffeln 176, 190
Kartoffeln, gebackene 347
Käse 179
Käsenudeln 344
Kastenfeuer 308
Kekse 348
Keramikfilter 325
Kerntemperatur 368
Kessel 151
Kirschen 186
Klappmesser 141
Klappsäge 145
Klebegezwickt 126
Kleidung 97
(siehe auch Bekleidung)
Kleidungsdetails 122
Kleinfedern 55
Klemmstopper 124
Klette 432
Klima 275
Klo 294
Knoblauch 190
Knöchelbündchen 123
Knochen 431
Knoten 350
Knusperriegel 198
Kochen 328
- Brennstoff 87
- im Zelt 96
- in Wasser 332
- Produktbeispiel 91, 92, 95
- Sicherheit 95
- Typen 89
Kocher 86
Kochfeuer 309
Kochgeschirr 150
Kochsalz 173
Köder 434
Kodiakbär 393
Kohl 190
Kohlenhydrate 169
Kokosfett 334
Kombizange 142
Komforttemperatur 63
Kompass 243
Kompassabweichungen 271
Kompassarbeit 247, 254
Kompassdose 243
Kompassfehler 257
Kompasskauf 244
Kompassnadel 243
Kompressionsbeutel 147
Kompressionsriemen 42
Konduktion 101
Konservendosen 165
Konturkapuze 58
Konvektion 99, 102
Koordinatensystem, geodätisches 274
Koordinatensystem, geografisches 274
Kopfbedeckung 116
Kopfschmerzen 377
Korkenzieher 141
Körpersignale 444
Kräuter 190
Kraxenrucksack 24
Kreuz des Südens 269
Kreuzfeuer 307
Kreuzpeilung 255
Krokantflocken 198
Kröten 430
Krustentiere 430
Küchenausstattung (Checkliste) 159
Küchenhelfer 155
Kühlgrube 330
Kühlung 329
Kulinarischer Tagesablauf 329
Kuppelzelt 69
Kursbestimmung 249
Kursskizze 417
Kurswinkel 249
Kurzfasern 52, 57
Kurzschatten-Methode 268

L

Lagerleben 292
Lagerplatz 292
Lamblienruhr 324
Laminate 109
Lampen 146
Land-See-Winde 286
Landkarte 235, 271
Larven 430
Lasching 365
Laterne 147
Laufschuhe 134
Laufsohle 126
Lawinen-Airbag 383
Lawinen-Warndienste 454
Lawinengefahr 378
Lawinenopfer 382
Lawinenseil 381, 383
Lawinensuchgerät 382
Layering 97
Lean-to 423
Lebensmittel 175
- aufbewahren 193
- rehydrieren 193
- trocknen 182
LED-Lampen 146
Lehmbackofen 340
Leitlinien 263
Leuchtmarkierungen 246
Liebstöckel 177
Linde 304
Lineal 246

Linealkompass 244, 251
Linsengericht 344
Literaturtipps 450
Loft 52
Löwenzahn 432
Luchs 440
Luftdruck 246, 285
Luftmatratzen 62

M

Maden 430
Magnetisch-Nord 240
Mais 190
Maisbrei 199
MaN 241
Marder 440
Margarine 178
Marmelade 179, 348
Maßstab 235
Mastwurf 358
MAYDAY 445
Medikamente 157
Meeresalgen 431
Mehl 175
Meilen Umschlag hinten, innen
Melonen 431
Mengenelemente 173
Messer 140
Michigan-Schneeschuh 230
Microfaser-Fleece 105
Microloft 57
Mikrobiologische Verunreinigungen 322
Mikrofasern 106
Mikroporöse Beschichtungen 107
Milchpulver 177
Milchreis 346
Mineralstoffe 173
Minimaltemperatur 63
Missweisung 242
Missweisungsausgleich 258
Mittelspalt 126
Mixer 156
Möhren 190
Monoblocksohle 126
Moorflächen 204
Morsezeichen 447
Morsezeichen Umschlag hinten, innen
Moskitonetz 80
MTI Loft 57
Müdigkeit 369
Muffins 349
Mukkluks 135
Mulligan 343
Multifuel 94
Multifunktionsjacke 120
Mumienschlafsack 64
Muscheln 430
Mushing 232
Müsli 175
Mütze 116

N

Nachtangeln 434
Nachtwanderung 220, 228
Nadelabweichung 240
Nadelhölzer 303
Nährstoffe 169
Nahrung finden 429
Nahtband 82
Nähte (Bekleidung) 111
Nähte (Rucksack) 43
Nähte (Schlafsack) 48
Nähte (Schuhe) 132
Nähte (Zelt) 82
Napoleontasche 123
Nappaleder 127
Narbenleder 127
Naturfasern 103
Naturschonung 11
Navigationssatellit 270
Netz, fischen 436
Nimbo-Stratus 277
Norden 240
Nordlandstiefel 135
Nordlinien 240
Nordmarke 243
Notfall 407
Notfallausrüstung 160
Notsignale 419, 444
Notsituationen, Verhalten 410
Nubukleder 127
Nudelauflauf 345
Nudeln 176, 344
Nüsse 180, 431
Nylon 105
Nylonbeutel 148

O

Oberflächenwasser 318
Obst 185
Ofenschlupfer 347
Öl 334
Orangen 186
Orientierung 234
- Fachbegriffe 272
- vereinfachte 261
Orientierungslosigkeit 414
Orientierungspunkte 253
Ortszeit 266
Ortungshilfen 447
Outdoor-Bäckerei 336
Outdoor-Küche 175, 328
Outdoor-Küche, Rezepte 340

P

Packen (Rucksack) 44
Packrahmen 30
Paëlla 345
Palstek 353
Pampelmusen 186
Panik 384
Pappel 304
Paprika 190
Parasiten 322
Peilgerät 381
Peilrichtung 248
Peilung 251
Pemmikan 198
Peperoni 190
Petersilie 177
Petroleumkocher 93
Pfannen 150
Pfannkuchen 341
Pfefferspray 390
Pfeil und Bogen 437
Pfirsiche 186
Pflaumen 179, 186
Pilze 190, 431
Pinole 199
Plane 421
Plane besfestigen 365
Planendach 293
Planung, Route 202

Planzeiger Umschlag
hinten, innen
PlumaFill 57
Polarguard 57
Polarstern 269
Polyacryl 105
Polyester 105
Polypropylen 105
Polyurethan 74
Poncho 121, 421
Positionsmeldung 447
Preise (Rucksack) 29
Preise (Schlafsack) 59
Preise (Zelt) 71
Profilsohle 127
Protein 171
Protozoen 322
Proviant 163, 329
- aufbewahren 329
- Bärengebiete 396
- Bedarf 169
- Energiebedarf 174
- Gewicht 164
- Haltbarkeit 168
- kühlen 329
- Nährstoffe 169
- schützen 329
- verpacken 167
Proviantliste 181
Prusiken 208
Prusikknoten 354
PU 74
PU-Keil 127
Pulka 232
Punktsuche 417
Pyramidenzelt 68

Q

Quallofill 57
Quartier 127
Querfirstzelte 69

R

Radialkonstruktionen 50
Rappellen 207
Raspel 156
Räuchern 331
Raupen 430
Reflektorfeuer 308
Regenhose 120
Reis 175, 345
Reisauflauf 346
Reiseapotheke 157
Reisküchlein 347
Reißverschlüsse
(Kleidung) 124
Reißverschlüsse
(Rucksack) 43
Reißverschlüsse
(Schlafsack) 58
Reparaturhülsen 77
Rettungsdecke 422
Reusenfalle 435, 436
Rezepte Trail Snacks 196
Rezeptvorschläge 340
Rhabarberkompott 346
Ring-Pin-System 78
Risotto 345
Roll-Steck-Verschlüsse 148
Roringstek 358
Rote Bete 190
Routenwahl 202
Rucksack 23
- Anforderungen 24
- Arm-Relax-Schlaufen 36
- Aufhängung 40
- aufsetzen 46
- Außengestell-Rucksäcke 28
- Bauchgurt 31
- Brustgurt 36
- Daypacks
(Tagesrucksäcke) 25
- Deckel 40
- Details 29
- Gewicht 45
- Gyro-Prinzip 28
- Hochtourenrucksäcke 26
- Hüftgurt 31
- Innengestell 30
- Kletterrucksäcke 26
- Kofferrucksäcke 26
- Kopfmulde 40
- Lageverstellriemen 37
- Lastverteilung 33
- Material 38
- Modelle 24
- Nähte 43
- Packsack 38, 40
- Packtipps 44
- Polsterzonen 32
- Preise 29
- Produktbeispiel 28
- Riemen 42
- Rückenpolster 34
- Rucksackschutz 39
- Schlaufen 42
- Schnallen 43
- Schultergurte 36
- schultern 46
- Tourenrucksäcke 25
- Tragesystem 29
- Trekkingrucksäcke 27
- Unterteilung 42
- Verschlüsse 43
- Verstellbarkeit 37
- Wanderrucksäcke 25
- Wasserdichtheit 39
- Wochenendrucksäcke 25
Ruder 215, 219
Rundtörn 352
Rutschstopp 206

S

Säge 144
Salz 180
Salzmangel 327
Salztabletten 320
Sandalen 133
Satellitentelefon 447
Sauerstoff 304
Sauerteig-Muffins 349
Saure Soße 347
Schaft 127
Schal 117
Schalenstiefel 133
Schärfgeräte 142
Schattenspitzen-
Methode 268
Schaufel 146
Schere 141
Scheuerschwamm 156
Schifferknoten 358
Schinken-Reisauflauf 346
Schlafen 65
Schlafsack 47
- aufbewahren 64
- Bauschkraft 55
- Bezug 52
- Daune 54
- Details 57
- Form 57

- Füllkonstruktion 47
- Füllkraft 55
- Füllung 53
- Futter 53
- Größe 57
- Inlett 60
- Isolierkraft 63
- Kammern 50
- Kapuze 58
- Luftisolation 53
- Material 52
- Minimaltemperatur 63
- Nähte 48
- Preise 59
- Produktbeispiele 60
- Reißverschluss 58
- Stege 50
- Tuning 65
- Überzug 61
- verstauen 64
- waschen 64
- Zubehör 60

Schlagfallen 439
Schlangen 430
Schleife, feststellbare 353
Schleifstein 142
Schlinge 353
Schlingen 437
Schlitten 232
Schlittenhunde 233
Schmetterlingsschlaufe 362
Schnecken 430
Schnee 221, 295
Schnee essen 320
Schneeblindheit 386
Schneebrille 387
Schneebrücken 222, 223
Schneegraben 424
Schneehöhle 428
Schneeprofil 381
Schneereifen 230
Schneeschuhe 228
Schneeüberhänge 221
Schneidebrettchen 155
Schnittlauch 177, 433
Schollen 226
Schotstek 357
Schrägkammern 50
Schränkung 145
Schraubdosen 148, 167
Schraubtonnen 149
Schrittströme 287
Schuhe 125

- Anforderungen 125
- Details 130
- einlaufen 137
- Fußbett 131
- Futter 132
- Gewicht 128
- Größentabelle 137
- Kauf 136
- Lexikon 126
- Material 129
- Pflege 138
- Preise 137
- Produktbeispiel 134
- Schaft 132
- Sohle 130
- Typen 133

Schuhlexikon 126
Schummerung 238
Schutzrahmen 132
Schwarzbär 393
Schwebstoffe 323
Schwefeln 186
Seeigel 430
Seen 214, 223
Seide 104
Seil 207, 363
Seil aufschießen 363
Seilbrücken 212
Seilgeländer 212
Seilsicherung 226
Seilspanner 362
Selbstsicherung 213, 225
Sellerie 190
Senfsoße 348
SI 74
Signale 444
Signalfeuer 419
Signalhörner 400
Signalpfeife 444
Signalspiegel 446
Silberpräparate 325
Silikon 74
Silikonspray 138
Sirup-Blanchieren 188
Ski 228
Skistöcke 140
Slipstek 352
Snowpacks 135
Socken 115
Softpacks 24
Softshell 112
Sojamehl 175
Sommerzeit 266
Sonne 265
Sonnenstand 267
Sorbothan 127
SOS 445
Soße 347
Spalten 127
Speck 179
Speck, gebratener 341
Specknudeln 345
Specksoße 341
Speer 435
Spiegel, Signal 446
Spiegelkompass 244, 252
Spirituskocher 90
Spitzwegerich 432
Sportsandalen 133
Sportschuhe 133
Springfalle 439
Spurenelemente 173
Stabilisierungsriemen 38
Stahlwolle 156
Stakstangen 215
Standlinie 253
Standort-
bestimmung 249, 252
Stangentaschen 78
Stärke 171
Steigungen 238
Steinbackofen 339
Steinbrocken 204
Sterne 265
Sternfeuer 307
Stilles Örtchen 294
Stock 206
Stockbrot 337
Strato-Cumulus 277
Stratus 277
Streichhölzer 301
Stromschnellen 217, 220
Strömung 211
Studentenfutter 195
Sturmfeuerzeug 300
Sturmhaube 116
Sturmstreichhölzer 301
Suchgerät 381
Sulfitbad 188
Suppe 177, 342

Suppengrün 177
Survival 407
Survivalkit 160
Süßwasserfische 430
Sympatex 108
Synthetische Fasern 104

T

Tagesrucksack 25
Tang 431
Tanka 124
Tarp 85
Taschen (Bekleidung) 123
Taschenlampe 146
Taschenmesser 141
Tasse 155
Tee 180
Teflon 56, 153
Teigwaren 176
Teleskop-Wanderstöcke 140
Teller 155
Temperatur Umschlag hinten, innen
Temperaturen 284
Terraloft 57
Texon 127
Thermo-Luftmatratze 62
Thermokleidung 121
Thermoloft 57
Thermosflasche 148
Thinsulate Liteloft 57
Tiefschnee 221
Tiefzughaken 128
Tierkot 304
Toilette 294
Tomatenmark 177
Tools 139, 142
Topfdeckel 153
Töpfe 150
Topfgreifer 152
Topografische Karte 235
Topsegelschotstek 359
Torf 304
Torfmoore 204
Torsion 127
Tourplanung 202
Traggestellrucksack 42
Tragschlaufe 362
Trail Müsli 198
Trail Snacks 194
Trailschuhe 133
Transactive 108
Trapezkammern 50
Trapper-Lehnsessel 295
Trauben 186
Treibholz 304
Treibsand 205
Trekking 203
Trekkinghose 120
Trekkingnahrung 165
Trekkingstiefel 133
Trigenäht 127
Trinken 327
Trinkwassermangel 327
Trockenfrüchte 179, 185
Trocknen 293
Trocknen von Fleisch und Fisch 189
Trocknen von Gemüse 189
Trocknen von Lebensmitteln 182
Trocknen von Obst und Beeren 185
True Flare Bear Banger 391
Tunnelzelt 70
Turnschuhe 134

U

Übelkeit 377
Überbacken 334
Überhitzung 102
Überhose 120
Übermüdung 371
Überschuhe 135
Übersocken 116
Uhr als Kompass 266
Uhr stellen 267
Ullfrotté 104
Ultraloft 57
Umrechnungstabelle Umschlag hinten, innen
Unterkühlung 101, 367
Unterwäsche 114

V

V-Kammern 50
Vapor Barrier Liner 61
Variabel Knit Technologie 114
Veganer Schuh 128
Vegetabiles Leder 128
Vegetarier 430
Veloursleder 128
Ventilation 75, 100
Verbandszeug (Checkliste) 157
Verdunstungskälte 330
Verhaltenstipps 12
Verirren 265, 414
Verkanten 257
Verpackungen 147
Vibram 128
Vielstoff-Brenner 94
Viren 322
Viskose 103
Vitamine 172
Vögel 430
Vogeleier 430
Vollleder 128
Vollmilchpulver 177
Vorderblatt 128
Vorderkappe 132
Vorzelt 80
Vulkanisieren 128

W

Wacholderbeeren 432
Waffen 390
Wald 299
Waldläufer-Paëlla 345
Wandererfrühstück 340
Wandern 202
Wanderrucksäcke 56
Wanderschuhe 133
Wanderstab 140
Wanderstiefel 133
Wanderstöcke 140
Wandertipps 202
Wärmekragen 59
Wärmestau 102
Wärmeverlust 99
Wärmflasche 297
Warmfront 281
Wasser 316
- abkochen 324
- entkeimen 324
- finden 318, 429
- im Winter 320
- Mangel 327
- Verunreinigungen 321

Wasserbeutel 148
Wasserdicht (Kleidung) 106
Wasserdicht (Rucksack) 39
Wasserdicht (Schlafsack) 52, 61
Wasserdicht (Schuhe) 129
Wasserdicht (Zelt) 75
Wasserdichte Behälter 147
Wasserentkeimer 326
Wasserfilter 326
Wasserfilter, improvisierter 429
Wasserkessel 154
Wasserläufe 209, 222
Wassermangel 327
Wasserverschmutzung 321
Wasserwandern 294
Waten 208, 209
Waterbloc-Schlafsäcke 53
Wathilfen 212
Watstock 209
Watt 205
Waypoint 272
Webleinenstek 358
Weichtrittkeil 128
Weidenröschen 433
Weißbrot 346
Werkzeug 140
West-Ost-Band 243
Weste 122
Wetter 275
Wetterbericht 275
Wetterfronten 281
Wetterlasche 128, 132
Wetterschutz 421
Wetterschutzrand 128, 132
Wetterzeichen, allgemeine 283
Wiesenbocksbart 432
Wiesenknöterich 432
Wildfotografie 401
Wildgemüse 342
Wildkatze 440
Wildkräutersuppe 342
Wildnis-Ehrenkodex 12
Wildnisbett 424
Wildpflanzen, essbare 431
Wildwechsel 203, 221
Wind 286
Windchill-Faktor 99, 369
Windchill-Tabelle 370
Windschutz 372, 424
WindStopper Fleece 106, 117
Winkelmesser 248
Winterangeln 434
Wintercamp 295
Winterwandern 220
Wochenendrucksack 25
Wölfe 389, 440
Wolke-Erde-Blitz 286
Wolken 276
Wolle 104
Wurst 179

Z

Z-Liner 109
Zähllinien 236
Zangengriff 151
Zeitzonen Umschlag vorn, innen
Zelt 67
- Abspannleinen 82
- Apsis 80
- aufbauen 84
- Aufbaumethoden 78
- Außenzelt 73
- Befestigung 81
- Beschichtungen 73
- Boden 73, 81
- Details 80
- Eingänge 80
- Formen 68
- Gestänge 76
- Gewicht 84
- Größe 83
- Heringe 82
- Innenzelt 73
- Materialien 73
- Nähte 82
- Preise 71
- Produktbeispiel 70
- Ventilation 75
- verpacken 84
- Wasserdichtheit 75
- Zubehör 85
Zeltlaterne 147
Zeltnägel 82
Zerlegen eines Tieres 443
Zimmermannsstek 362
Zubehör 140
Zucker 169, 180
Zugfalle 439
Zunder 301
Zünder 300
Zunge 128, 132
Zurichten 128
Zwicken 128
Zwiebeln 177, 190
Zwiebelprinzip 97
Zwiegenäht 128
Zwischensohle 131

Der Autor

013op Foto: rh

Rainer Höh, geboren 1955 in einem Dorf auf der Schwäbischen Alb, ist unter Outdoor-Freunden kein Unbekannter. Nicht wegen spektakulärer Unternehmungen, denn Erstbegehungen, Routenbezwingungen und ähnliche Extremleistungen waren nie seine Sache. Ihm ging es immer mehr um das Draußensein und das Naturerlebnis. Dass er dabei immer wieder auch mit extremeren Verhältnissen fertig werden musste, liegt in der Natur der Sache, war aber nie Selbstzweck.

Schon während der Schulzeit zog es ihn jeden Sommer zu ausgedehnten Wanderungen nach Lappland. Danach folgten Schneeschuh-Touren in Mitteleuropa und Lappland, dann Wanderungen, Kanutouren und Floßreisen in Kanada und Alaska - später auch verschiedene Winterreisen. An einem Nebenfluss des Yukon nahe der alaskanischen Grenze baute er 1979 eine Blockhütte, in der er als Einsiedler hauste, bis der Grizzly kam.

Danach begann er die Erfahrungen seiner Wildnisreisen in Buchform zusammenzufassen. Zunächst erschienen die Sachbücher „Survival", „Rucksack-Küche" und „Winterwandern", die das vorliegende Buch in aktualisierter Form zusammenfasst. Von ihm sind im Reise Know-How Verlag außerdem die Bände „Kanu-Handbuch", „Orientierung mit Karte, Kompass und GPS" und „GPS Outdoor-Navigation" erschienen.

Rainer Höh gründete ein Reiseunternehmen für Nordlandtouren und führte einige Jahre lang Gruppen auf Wildnistouren in Kanada und Alaska. Im Winter 2003 unternahm er eine Ski- und Hundeschlittentour auf der Route der legendären „Lost Patrol" im kanadischen Yukon Territory.

Heute lebt er in einem Blockhaus auf 1500 m Höhe im französischen Vercors und verdient „seine Bannocks" als Reisejournalist, Buchautor, Fotograf und Übersetzer.